经以致七
理论前沿
贺教育部
社科司向项目
办至礼

教育部哲学社会科学研究重大课题攻关项目
"十三五"国家重点出版物出版规划项目

利率市场化背景下的金融风险研究

RESEARCH ON FINANCIAL RISKS UNDER THE BACKGROUND OF CHINA'S INTEREST-RATE MARKETIZATION

田利辉 等著

中国财经出版传媒集团
经济科学出版社
Economic Science Press

图书在版编目（CIP）数据

利率市场化背景下的金融风险研究/田利辉等著. -- 北京：经济科学出版社，2021.5
教育部哲学社会科学研究重大课题攻关项目 "十三五"国家重点出版物出版规划项目
ISBN 978 – 7 – 5218 – 2546 – 6

Ⅰ.①利… Ⅱ.①田… Ⅲ.①金融风险防范 – 研究 – 中国 Ⅳ.①F832.1

中国版本图书馆 CIP 数据核字（2021）第 089170 号

责任编辑：孙丽丽 胡蔚婷
责任校对：杨　海
责任印制：范　艳

利率市场化背景下的金融风险研究
田利辉　等著
经济科学出版社出版、发行　新华书店经销
社址：北京市海淀区阜成路甲 28 号　邮编：100142
总编部电话：010 – 88191217　发行部电话：010 – 88191522
网址：www.esp.com.cn
电子邮箱：esp@ esp.com.cn
天猫网店：经济科学出版社旗舰店
网址：http：//jjkxcbs.tmall.com
北京季蜂印刷有限公司印装
787×1092　16 开　36.5 印张　700000 字
2021 年 12 月第 1 版　2021 年 12 月第 1 次印刷
ISBN 978 – 7 – 5218 – 2546 – 6　定价：148.00 元
（图书出现印装问题，本社负责调换。电话：010 – 88191545）
（版权所有　侵权必究　打击盗版　举报热线：010 – 88191661
QQ：2242791300　营销中心电话：010 – 88191537
电子邮箱：dbts@ esp.com.cn）

课题组主要成员

首席专家 田利辉

主要成员 马　静　谭德凯　王可第　王　薇
　　　　　　李亭亭　何　枫　陈韶韵　范乙凡
　　　　　　刘晓勇　李志辉　沈中华　宋　敏
　　　　　　周爱民　周　晴

总　序

哲学社会科学是人们认识世界、改造世界的重要工具,是推动历史发展和社会进步的重要力量,其发展水平反映了一个民族的思维能力、精神品格、文明素质,体现了一个国家的综合国力和国际竞争力。一个国家的发展水平,既取决于自然科学发展水平,也取决于哲学社会科学发展水平。

党和国家高度重视哲学社会科学。党的十八大提出要建设哲学社会科学创新体系,推进马克思主义中国化、时代化、大众化,坚持不懈用中国特色社会主义理论体系武装全党、教育人民。2016年5月17日,习近平总书记亲自主持召开哲学社会科学工作座谈会并发表重要讲话。讲话从坚持和发展中国特色社会主义事业全局的高度,深刻阐释了哲学社会科学的战略地位,全面分析了哲学社会科学面临的新形势,明确了加快构建中国特色哲学社会科学的新目标,对哲学社会科学工作者提出了新期待,体现了我们党对哲学社会科学发展规律的认识达到了一个新高度,是一篇新形势下繁荣发展我国哲学社会科学事业的纲领性文献,为哲学社会科学事业提供了强大精神动力,指明了前进方向。

高校是我国哲学社会科学事业的主力军。贯彻落实习近平总书记哲学社会科学座谈会重要讲话精神,加快构建中国特色哲学社会科学,高校应发挥重要作用:要坚持和巩固马克思主义的指导地位,用中国化的马克思主义指导哲学社会科学;要实施以育人育才为中心的哲学社会科学整体发展战略,构筑学生、学术、学科一体的综合发展体系;要以人为本,从人抓起,积极实施人才工程,构建种类齐全、梯队衔接的高校哲学社会科学人才体系；要深化科研管理体制改革，发挥高校人才、智力和学科优势，提升学术原创能力，激发创新创造活力，建设中国特色新型高校智库；要加强组织领导、做好统筹规划、营造良好学术生态，形成统筹推进高校哲学社会科学发展新格局。

哲学社会科学研究重大课题攻关项目计划是教育部贯彻落实党中央决策部署的一项重大举措，是实施"高校哲学社会科学繁荣计划"的重要内容。重大攻关项目采取招投标的组织方式，按照"公平竞争，择优立项，严格管理，铸造精品"的要求进行，每年评审立项约40个项目。项目研究实行首席专家负责制，鼓励跨学科、跨学校、跨地区的联合研究，协同创新。重大攻关项目以解决国家现代化建设过程中重大理论和实际问题为主攻方向，以提升为党和政府咨询决策服务能力和推动哲学社会科学发展为战略目标，集合优秀研究团队和顶尖人才联合攻关。自2003年以来，项目开展取得了丰硕成果，形成了特色品牌。一大批标志性成果纷纷涌现，一大批科研名家脱颖而出，高校哲学社会科学整体实力和社会影响力快速提升。国务院副总理刘延东同志做出重要批示，指出重大攻关项目有效调动各方面的积极性，产生了一批重要成果，影响广泛，成效显著；要总结经验，再接再厉，紧密服务国家需求，更好地优化资源，突出重点，多出精品，多出人才，为经济社会发展做出新的贡献。

作为教育部社科研究项目中的拳头产品，我们始终秉持以管理创新服务学术创新的理念，坚持科学管理、民主管理、依法管理，切实增强服务意识，不断创新管理模式，健全管理制度，加强对重大攻关项目的选题遴选、评审立项、组织开题、中期检查到最终成果鉴定的全过程管理，逐渐探索并形成一套成熟有效、符合学术研究规律的管理办法，努力将重大攻关项目打造成学术精品工程。我们将项目最终成果汇编成"教育部哲学社会科学研究重大课题攻关项目成果文库"统一组织出版。经济科学出版社倾全社之力，精心组织编辑力量，努力铸造出版精品。国学大师季羡林先生为本文库题词："经时济世　继往开来——贺教育部重大攻关项目成果出版"；欧阳中石先生题写了"教育部哲学社会科学研究重大课题攻关项目"的书名，充分体现了他们对繁荣发展高校哲学社会科学的深切勉励和由衷期望。

伟大的时代呼唤伟大的理论，伟大的理论推动伟大的实践。高校哲学社会科学将不忘初心，继续前进。深入贯彻落实习近平总书记系列重要讲话精神，坚持道路自信、理论自信、制度自信、文化自信，立足中国、借鉴国外，挖掘历史、把握当代，关怀人类、面向未来，立时代之潮头、发思想之先声，为加快构建中国特色哲学社会科学，实现中华民族伟大复兴的中国梦做出新的更大贡献！

教育部社会科学司

前 言

《利率市场化背景下的金融风险研究》一书，是教育部重大攻关项目《利率市场化背景下的金融风险研究》（项目批准号：13JZD006）的最终研究成果。

一、中国的利率市场化改革

利率市场化改革是金融自由化的一个重要表现，自麦金农和肖提出金融压抑理论以来，以利率市场化为代表的金融自由化改革一直备受许多国家青睐，被视为走出经济发展瓶颈的重要举措之一。简单来说，利率市场化即是国家或货币当局逐渐减少对利率的直接管制，使之由市场自行决定的过程；利率市场化是金融发展的一个必经阶段。

（一）推行利率市场化改革的必然性

利率是资金在国内市场上的价格，受管制的利率必然扭曲资金的价格，使价格不能够反映市场上的真实供需信息，进而降低资金的配置效率；管制利率能够保护金融机构，但也会降低金融机构的努力程度，引发道德风险，并降低金融机构投资实体经济的意愿；利率不能自由波动也会降低机构和投资者提前预测利率走势，并平滑利率风险带来的冲击能力；利率管制虽然降低了市场风险，但也减少了市场的活力，不利于金融市场的发展成长；利率与汇率存在着联系，国内无法给资金正常定价的情况下，国外也将难以很好地给资金定价，利率不能市场化将阻碍汇率的市场化，进而阻碍人民币的国际化。自2008

年以来，美国金融危机带来全球经济的萎靡不振，受出口下降，人口和改革红利逐渐消失等因素的进一步影响，中国经济逐渐步入新常态。推动金融体系的市场化改革，促进金融发展，使之更好的为实体经济服务成为这一背景下的重要研究话题。因此，利率市场化改革对于中国的长远发展至关重要。

（二）中国的渐进式利率市场化改革进程

我国自1993年提出利率市场化改革的构想以来，经历了长达22年的探索和实践，直到2015年才基本实现了存贷款利率的市场化。为降低改革给经济社会带来的冲击，减少改革可能面临的阻力，我国采取了双轨制的改革办法，即先在管制利率之外的市场上构造并培育一批市场化利率，逐渐形成基准，然后再实现管制利率与市场化利率的并轨。注意到资金批发市场利率的市场化不会影响企业的融资成本，同时还有利于提高资金配置效率（易纲，2009），故而我国的利率市场化改革是从货币市场的利率市场化开始的。渐进式改革降低了改革的阻力，减轻了改革给经济带来的冲击，但也产生了一系列问题。比如，信贷配置效率低下、银行体系利润过高、影子银行规模迅速膨胀、中小企业融资困难以及国有企业的预算软约束等。因此，需要系统回顾我国利率市场化改革的历程，并分析这一改革进程带给我们的各种问题和挑战。

二、利率市场化背景下的金融风险趋势

聚焦到金融系统，利率市场化改革带来的最大挑战即在于其可能引发的各种金融风险。风险是不确定性及由不确定性引致的不利后果，金融风险是经济主体在从事金融活动中所遭受损失的可能性。金融是一个庞大而又复杂的系统，本书拟从五个方面探讨利率市场化改革以及随之而来的金融风险。

（一）利率市场化改革的理论和经验

世界上大部分经济体已经完成了利率市场化改革，这些经济体的

利率市场化改革实践可以给我们带来诸多有益的启示，源于这些经济体的改革经验也形成了不少的理论研究。对现有改革有关理论的总结将能使我们更好地把握利率市场化改革进程中可能出现的各种金融风险以及经济问题。利率完全放开将使金融市场得以快速发展，其在资本方面的放大作用也将突显，实际上，本次美国金融危机背后的贫富差距拉大便肇始于该国的利率市场化改革之后。因此，分析利率市场化改革的国际经验将有助于我们明确哪些因素导致了利率市场化改革的失败，对于相对成功的改革，其背后又将蕴藏着怎样的风险。

（二）利率市场化改革背景下的微观金融风险

产生金融风险的根源在于金融活动的参与者，同时其也是金融风险的直接受害者。在中国的主银行体制下，金融活动的最直接参与者是商业银行，而利率市场化改革影响最大的也是商业银行。一方面，存款利率由市场决定将严重减少银行的特许权价值（franchise values），进而会降低银行在控制风险方面的激励；另一方面，市场竞争加剧也会使银行有更高的动机通过过度降低利差的方式进行恶性竞争以抢占市场。这两方面因素使得利率市场化改革后如何管理商业银行可能出现的风险成为倍受关注的一个研究话题，而中国特有的隐性担保及随之而来的银行不倒预期也将加剧利率市场化改革背景下的银行层面风险。因此，我们将首先从商业银行的角度分析利率市场化改革的大背景下，我国商业银行的风险表现出哪些特点，这是后续探讨金融风险的一个重要起点。

（三）利率市场化改革背景下的中观金融风险

单个金融机构的风险往往已足以给整个金融系统形成巨大冲击，但单个企业的风险往往可以因金融系统网络而分散掉。因此，在微观层面，我们更关注以银行为代表的金融机构，进一步，在中观层面，我们则重点关注与金融有关的各个行业可能产生的风险。具体来讲，除了传统金融行业，房地产行业和有关实体经济行业均会受到利率市场化改革的冲击。一方面，利率市场化使过去难以获得贷款融资的行业可以通过提高贷款利率的方式获得融资支持；另一方面，逆向选择又会减少金融机构的优质客户,产生金融脱媒;利率调整也会引发银行的存贷款期权风险以及行业的违约风险。此外,源于利率管制而产生的表外业务和影子银行风险也将有可能集中爆发。因此,我们进一步在中观层面上分析利率市场化改革背景下的各种行业风险。

(四) 利率市场化改革背景下的宏观金融风险

实际上,明确的区分微观风险、中观风险和宏观风险是困难的,这三者的风险均可以很快的蔓延成为系统性金融危机,比如大银行的倒闭或者房地产行业的整体崩盘。尽可能的与前两者有所区分,宏观部分将着重探讨金融市场在利率市场化背景下会出现的风险。利率是许多金融资产的贴现率,利率波动会引起各种金融资产价格的波动,因而随着利率市场化改革推进,宏观金融市场会出现大量的资产泡沫风险,与利率有联动关系的汇率也会表现出币值风险。因此,我们在微观和中观机构之外,讨论宏观金融市场在改革背景下面临的金融风险。

(五) 利率市场化改革背景下的系统性金融危机

2008年美国金融危机的爆发表明,即使所有微观机构的风险均得到了很好的控制,金融系统整体也不会完全稳健,许多金融风险会以关联的形式出现,即所谓的系统性风险。利率市场化改革不仅会推高微观层面的风险,也会导致系统性金融风险上升,甚而可能导致系统性金融危机的爆发。实际上,我国采取渐进式的改革模式一方面出于降低改革阻力的考虑,另一方面也是希望降低金融危机出现的可能性。而各国的利率市场化改革实践暗示着,伴随着利率市场化改革,金融危机爆发的可能性往往会显著提升。因此,在利率市场化改革的大背景下,需要我们更系统地评估中国的系统性风险现状,并提出对未来可能爆发危机的隐患的合理预期。

三、利率市场化背景下的金融风险防范

分析风险的发展趋势,目的在于防范风险给经济社会带来的负面

冲击。总体来说，改善金融市场环境，降低金融风险的手段有两种，一是深化改革，推进各种配套改革的实施，从而减少市场上会出现的新风险；二是加强监管，修补监管在理念和模式等方面的不足，从而削弱改革过程中释放积压风险产生的冲击。

（一）利率市场化配套改革的完善

利率市场化改革是金融自由化改革的核心，在完成了国内资金由市场定价后，相匹配的，也需推进国外资金定价的市场化以及为应对资金价格自由波动而进行一定的市场创新。实际上，当今世界金融衍生品的出现便是源于美国的金融自由化改革，利率期货和外汇期货等产品的出现正是为了应对资金价格自由波动而产生的风险。此外，金融的本源是要服务于实体经济，利率市场化的目的也是希望通过市场决定利率来更好的配置资金资源，从而为实体经济服务。但利率市场化的出现往往处在一国经济上升的瓶颈期，金融行业特许权价值的减少又会降低金融机构的努力动机，这使得利率市场化改革并不必然意味着实体经济会得到更好的金融支持，因此也需要推行配套的改革措施，以保证实体经济不仅不会受到损害，而且能够得到更好的金融服务。

（二）利率市场化背景下的金融监管调整

应对系统性金融风险有两种主要的措施，一是征税，二是监管。由于准确测算系统性风险存在难度，因而监管是各国均比较青睐的防范风险手段。本次美国金融危机进一步提升了世界各国或经济体对金融监管的重视，金融全球化的趋势以及互联网的冲击也凸显了当前金融监管模式可能存在的各种不足。利率市场化改革是放松对金融市场的管制，因而往往会伴随有监管自由化的倾向，这是世界各国或经济体在利率市场化改革后爆发金融危机的重要原因之一。因此，伴随着利率市场化改革，配套的推进金融监管调整是必须的，尤其在当前的时代背景下。这需要我们梳理在利率市场化改革的大背景下，我国金融监管的特点，以及这些特点反映出的与改革背景不相匹配的部分。

四、本书重点关注的问题

本书的主体内容将沿着上述三个方向展开。更具体的，我们根据专家的建议，经过认真讨论，对研究内容、思路和方法进行了重要的调整，并将着重研究如下一些问题：

(1) 研究利率市场化改革会给中国带来哪些好处；又将产生哪些问题和挑战。

(2) 研究哪些因素决定了不同国家或经济体的利率市场化改革成败；其中又有哪些好的经验值得我们借鉴。

(3) 研究利率市场化改革将给商业银行带来哪些冲击；在此背景下，金融机构应该做出哪些调整。

(4) 研究利率市场化改革背景下，各个行业会产生怎样的变化；如何利用金融的发展使之更好的服务于实体经济，促进产业升级。

(5) 评估中国系统性金融风险的现状；研究利率市场化与宏观金融风险的关系；探讨可能导致中国爆发金融危机的冲击点。

(6) 研究利率市场化改革的背景下，需要推进并完善哪些配套改革，包括汇率和衍生品等，进而使利率更好的与市场互动。

(7) 研究我国金融监管的特点以及不足；分析如何对金融监管做出调整，以使之更好地发挥防范金融风险的作用。

五、内容结构和理性分析框架

针对上述问题，形成了本书的具体内容组织方式与理性分析框架。

当下中国的主要经济问题是我们探讨利率市场化改革和金融风险的主要背景，这一背景既决定了我们需要推行利率市场化改革，也决定了我们推行利率市场化改革的过程中其之后将面临着诸多金融风险。

首先，回顾中国的利率市场化改革进程，结合中国的经济问题，进而说明当下推动利率市场化改革完成和完善的必要性。这将构成本书第二章的主要内容。

其次，推行改革必然会面临诸多风险，从归纳理论和总结经验两个角度出发，我们进一步分析利率市场化过程中金融风险会有怎样的表现。这将构成本书的第三章和第四章，即对利率市场化与金融风险有关研究的理论文献综述和对世界各主要经济体利率市场化改革经验的总结。

再次，我们重点探讨利率市场化背景下我国金融风险的表现。金融是一个非常庞大的系统，尤其是当风险可以在其中迅速蔓延的情况下，很难有效地划分出一个个井然有序的分析门类并分别研究。为使论证更加清晰明了，我们采用从微观到中观再到宏观的风险分析框架。具体而言，对不同讨论层次的划分我们基于其可以产生的风险冲击在同一个数量级的角度。就微观而言，一家银行的倒闭很可能立即对整个系统形成冲击，并导致金融危机的爆发，比如经常被诸多学者所讨论的大而不倒问题。也就是说，在微观层面上，对金融系统冲击最大的是银行，尤其在中国的主银行体制下，因此，我们对微观风险的分析主要集中于对银行的讨论。就中观而言，一家企业的倒闭，其所能产生的风险往往会因金融系统网络而得到分散；一家证券机构的倒闭，其所能产生的冲击也往往是可控的，而且我国过去一段时间曾有过较为丰富的应对证券机构倒闭的经验。因此，这些风险往往是在一整个行业爆发后进而冲击到整个金融系统的。所以，在同一个风险数量级的考虑下，我们对这些风险的分析关注于中观层次，即实体行业的风险、非银行金融业的风险以及互联网金融业的风险等。就宏观而言，我们的分析更注重于各种金融市场的讨论，每一类金融产品的交易市场，其风险冲击均足以危及整个金融系统。在上述讨论的基础上，我们进而分析在利率市场化改革的大背景下，我国金融系统性风险的整体情况，利率市场化与系统性金融风险的关系，以及我国系统性金融危机爆发的可能性和隐患。本书第五~第八章将论述这部分内容。

最后，针对上述风险，我们探讨在利率市场化改革的背景下如何应对这些风险。主要是推进相关配套改革措施和调整我国的金融监管体制。这将构成本书的最后两章内容，即第九章和第十章。

更直观地，图0-1为本书的具体研究框架。

图 0-1 研究内容框架

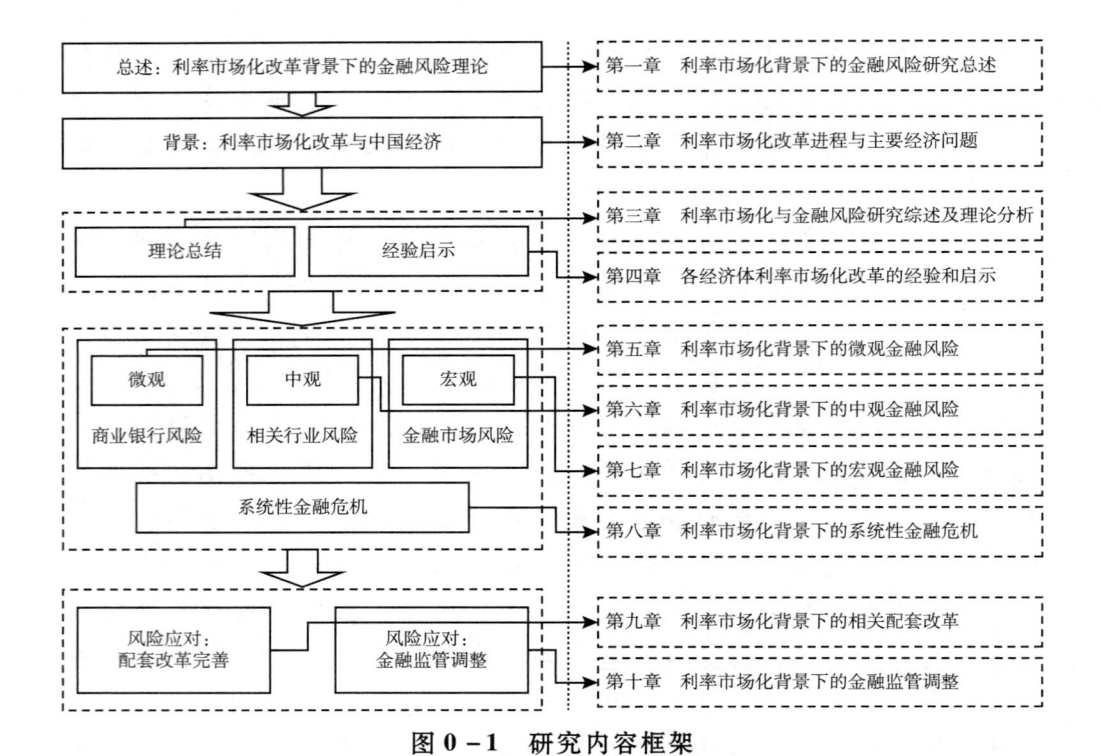

六、主要研究贡献

利率市场化改革是中国金融市场成熟壮大的必经之路，这一话题吸引了大量优秀学者的目光，并形成了丰硕的有重要学术价值的研究成果。与之相比，本书希望可以从以下几个方面能够在这一领域做出一些贡献。

（一）从整体上更为清晰地划分利率市场化改革的各个阶段，进而分析不同改革阶段我国经济环境表现出的各种问题

利率市场化改革中的存款利率放开于2015年，这使得我们能够从一个更加整体的视角来分析中国利率市场化改革的历程。具体而言，我们将中国的利率市场化改革进程划分为改革前夕（1993年之前）、萌芽期（1993~2003年）、稳步推进期（2004~2008年）、缓慢推进期（2008~2012年）和加速推进期（2013~2015年）等五个阶段。

可以说，改革的目标是明确的，但道路并不平坦。进而，我们将分析不同阶段我国经济系统表现出的各种问题。在此基础上，我们还创新性的构造了衡量我国市场化程度的利率市场化指数。

（二）归纳各经济体利率市场化改革相对成功或失败的经验，找出决定改革成败的客观因素

通过总结历史经验，本书将已经完成利率市场化改革的经济体划分为相对成功（如德国）、较为成功（如美国）和相对失败（如日本）等三个部分，对三者改革背景的对比显示，利率市场化较为成功的主要原因可归纳为宏观经济较为稳定，金融市场和金融机构较为成熟以及金融监管较为充分等三条。

（三）探索利率市场化改革给商业银行带来的冲击，并研究导致银行风险变化的关键要素和需要采取的应对方式

商业银行最大的风险来源于信贷资产，进而体现在利率自由波动带来的利率风险、信用风险、流动性风险和期权风险等方面。其中，企业债务未来对商业银行的风险影响将最为重要，房地产和地方政府债务可能产生的影响也不容忽视。此外，也要注意商业银行在掩盖不良贷款数据方面的倾向。总体来讲，我国商业银行风险的两个最关键的隐患是政府隐性担保产生的道德风险和银政不分产生的行政干预风险。

（四）探索利率市场化改革给不同行业带来的冲击，从而能够更全面地了解我国各主要行业面临的风险

在中观层面上，我们粗略地把各行业划分为传统金融行业，影子银行与互联网金融等创新性的金融行业、房地产等类金融行业和实体行业等四个部分，进而分别探讨利率市场化给这些行业带来的影响。无论实体行业还是金融相关行业，利率市场化改革均会引发各种金融风险。金融要服务于实体经济，我们应该构建金融业与实体行业共赢的生存发展模式，建立一套成熟的机制应对行业发展的"顺境"和

"逆境"。金融监管部门也应该适当加强对各种行业融资途径的监控。

（五）探索利率市场化改革给各金融市场带来的冲击，分析金融市场在改革背景下的风险隐患

在宏观层面上，我们分析了当下债务有关市场、股票市场、货币市场、商品市场以及汇率市场的风险现状，目前风险相对较高的部门仍然是债务市场。最核心的是企业债务和地方政府债务两部分，去杠杆依然是主要的工作方向，也需逐步推动打破刚性兑付。其他金融市场在改革的背景下，虽然发生了一些风险事件，风险有所下降，但目前也还存在诸多风险隐患，需要认真应对。

（六）评估我国的系统性风险现状，探索利率市场化改革与系统性风险的关系；提出利率市场化改革导致金融危机爆发的根源在于金融体系积聚的旧风险在改革过程中随着监管不足而迅速爆发并产生的不同于以往的影响

利率市场化改革后，金融市场得以发展，放大风险的能力变强，过去的风险在新的市场环境下将产生更大的冲击和破坏。伴随着改革，金融监管往往出现放松倾向，因利率扭曲而积聚的风险在此时释放并产生了更大的影响，这才导致了金融危机。此外，美国此次金融危机的分析也提示我们，要注意由利率市场化改革后，金融市场在财富方面的放大作用所引致的贫富差距不断加大，进而形成长期的危机隐患。

（七）系统梳理了我国汇率制度变迁历程，就利率市场化改革的相关配套改革进行了尝试性的分析和探索

在推动利率市场化改革的背景下，为应对金融风险，让改革更好地发挥效用，我们还需要构建金融风险的预警机制，推动利率衍生品市场发展完善，形成能够覆盖整条利率期限结构的衍生品市场，推动汇率市场化改革，实现货币政策向价格调控型转变，完善利率走廊制度，从而使货币政策能更好地应对流动性风险。我们认为资本账户完全开放在当前的背景下不宜过快实现，在央行基准利率的选取上也需要更加谨慎。

（八）提出为应对当前的金融风险，我国的金融监管需进行理念、模式以及方式手段等三个方面的重构

当前我国金融监管体系的特点显示出三个主要的问题，即政治关联、监管自由化倾向和缺少监督机制。为防范利率市场化可能带来的各种金融风险，需要我们重构监管理念，以风险控制为核心，明确维护金融稳定和金融消费者保护这两大目标，理顺金融与实体经济、金融监管与行业发展、金融创新、货币政策的关系，理顺监管与管制、中央与地方、宏观审慎和微观审慎的关系。"双峰监管"模式将是最值得我国借鉴的金融监管模式。

我国已完成了商品体系从计划经济向市场经济的转变，当前正在经历资本体系从计划经济向市场经济的转变。利率市场化将改善我国资本市场的资金配置效率，但同时也会给我们带来诸多的风险隐患。希望我们的研究能够抛砖引玉，推动中国金融理论研究的进一步深入，为中国的金融改革进程做出贡献。

摘 要

利率市场化改革对我国金融市场的成熟发展具有重要意义。本书研究了利率市场化改革给我国经济社会带来的影响，以及在此背景下我国金融风险的发展趋势和可行的防范措施。系统梳理了我国利率市场化改革的进程。总结了相关理论和各经济体利率市场化改革的经验。在此基础上，分析了利率市场化给我国微观、中观和宏观三个层面带来的金融风险，以及系统性金融危机的隐患。进而提出应对金融风险的所需要采取的配套改革和金融监管调整。

具体而言，本书内容如下：

第一章 利率市场化背景下的金融风险研究总述：分析当下中国出现的各种经济问题，这些经济问题既是推行利率市场化改革的原因也是导致利率市场化改革风险巨大的原因；进而总述利率市场化改革与金融风险的关系；最后指出应对金融风险应当着力的方向。第一章是对全书内容的统领，提供了总体的理性分析框架。

第二章 利率市场化改革进程与主要经济问题：总结我国利率市场化改革的模式；分为"改革前夕""萌芽期""稳步推进期""缓慢推进期"和"加速推进期"等五个阶段系统梳理我国的利率市场化改革历程，并具体分析每一时期的利率市场化改革措施和出现的新经济问题；在此基础上，我们还创新性地尝试构造了衡量我国利率市场化程度的指数。第二章介绍了全书研究背景的概况。

第三章 利率市场化与金融风险研究综述及理论分析：讨论了利率市场化有关的理论文献；评述利率市场化带来的微观层面风险；分析利率市场化带来的行业层面风险；探讨利率市场化带来的系统性金

融风险；最后探讨金融监管的有关学术理论。

第四章 各经济体利率市场化改革的经验和启示：介绍各国家或地区利率市场化的国际经验；从宏观和微观两个层面对比利率市场化相对成功的国家或地区和相对失败的国家或地区的经济发展水平；详细分析利率市场化后通常出现的三种金融危机（银行危机、资产价格泡沫和债务危机）；探讨影响利率市场化后金融风险的几个关键因素（金融自由化、以通货膨胀和财政赤字为代表的宏观因素、银行业结构、金融创新以及存款保险制度），并在狭义利率市场化完成的背景下从商业银行、货币政策和金融监管三方面探讨利率市场化后可能出现的变化与金融风险；得出对于我国的启示。

第五章 利率市场化背景下的微观金融风险：从理论和实证两方面首先在总体上论证利率市场化改革与银行风险的关系；通过我国商业银行资产负债表中各个项目在利率市场化过程中的变化分析利率市场化对商业银行资金的影响；深入分析利率市场化背景下，商业银行利率风险、信用风险和流动性风险的变化；探究利率市场化加剧银行风险的根源，剖析我国商业银行的道德风险，指出道德风险是我国利率市场化后银行风险加剧的根本原因；提出针对监管层面、行业层面和银行自身的政策建议。

第六章 利率市场化背景下的中观金融风险：分析银行业在利率市场化背景与其他行业间的风险蔓延；研究非银行传统金融行业的风险；探讨利率市场化对影子银行的影响；讨论互联网金融在利率市场化背景下的风险；剖析了房地产行业在利率市场化背景下的风险；研究钢铁和煤炭等产能过剩实体行业的风险以及产业风险。

第七章 利率市场化背景下的宏观金融风险：分析利率市场化对债务风险的影响，尤其是企业债务和地方政府债务；研究股票市场的风险冲击；探讨利率市场化给货币市场带来的风险；剖析商品市场风险与利率市场化的关系；讨论利率市场化背景下的汇率市场风险。

第八章 利率市场化背景下的系统性金融危机：分析系统性金融风险的特征；总结各经济体系统性金融危机的共同特点；从理论和实证两个角度论证利率市场化改革与系统性金融风险间的关系；探讨利率市场化改革后系统性金融危机的隐患以及出现金融危机的可能性。

第九章　利率市场化背景下的相关配套改革：就构建我国的金融风险预警机制进行探讨；分析其他相关改革的推进，包括金融衍生品市场、汇率市场化、资本账户开放以及服务于实体经济的金融系统等等；最后分析央行货币政策需要进行的调整以及央行如何通过货币政策发挥应对金融风险的作用。

第十章　利率市场化背景下的金融监管调整：研究我国金融监管体系在制定、实施、评估和修正金融政策时存在着的诸如政治关联、监管自由化倾向和缺少监督机制等问题；提出我国必须对监管理念、监管模式、监管方式和手段等实现全方位的彻底的改革，重构中国的金融监管体系；从金融监管结构改革、金融监管组织体系构建、监管队伍与监管监督体系建设三个方面提出我国金融监管机构改革的方案；探讨利率市场化背景下的金融监管政策实施。

Abstract

The marketization reform of interest rate is important to the development of China's financial market. This book analyzes China's financial risk and its measures in the content of interest rate liberalization reform. It sorts out the process of China's interest rate marketization reform, summarizes the relevant theories and experience of market-oriented interest rate reforms in various economies. Based on these, analyses our current situation of financial risk from the lens of micro, meso and macro-level respectively. moreover, we also highlight the hidden dangers of the systemic financial crisis. Finally, in order to deal with financial risks, the authorities must carry out reforms and financial regulatory adjustments.

The contents of this book are as the following:

Chapter 1, The overview of financial risk research under the background of interest rate marketization: We analyze the various economic problems that have emerged in China today, these economic problems are both the reasons for the introduction of interest rate marketization reforms and the source of the huge risk of interest rate marketization reforms; then we summarize the relationship between interest rate marketization reforms and financial risks; and finally point out ways to deal with financial risks. The first chapter is an overview of this book and provides an rational analysis framework.

Chapter 2, The process of interest rate liberalization reform and major economic problems: We discuss the selections of reform patterns. Then we sort out five stages in the process of China's interest rate liberalization (Before the Reform, Infancy Stage, Steady Progress Stage, Nudge Stage and Accelerating Stage) and analyze the reforms in each stage and new economic problems caused by these approaches. Based on these, we also innovatively tried to construct an index that measures the degree of marketization of interest rates in China. The second chapter is an overview of the research background of the book.

Chapter 3, A survey and theoretical analysis of marketization of interest rate and financial risk: We discuss the theory and international experience on interest rate liberalization reform, review the micro level risk, industry level risk and systemic risk by interest rate liberalization. Finally, we discuss the relevant theories of financial supervision.

Chapter 4, International experience and its inspiration of interest rate liberalization reform: We introduce the international experience of different countries and regions, compare the economic development of relatively successful cases to others from macro and micro levels, analyze three financial crisis that frequently comes up after interest rate deregulation (bank crisis, asset price bubbles and debt crisis), discuss some key factors which will influence financial risk after interest liberalization (financial liberalization, macro factor, structure of banking, financial innovations and deposit insurance system), studies the economic situation changes and possible risks after losening interest rate control from commercial banks, monetary policy and financial regulation respectively and its inspiration on China.

Chapter 5, Micro-financial risks in the context of interest rate liberalization: From the theoretical and empirical aspects, we firstly demonstrate the relationship between interest rate marketization reform and bank risk. Then we analyze the effect of interest rate liberalization on commercial Banks through the changes of various projects on the balance sheets and study the changes of interest rate risk, credit risk and liquidity risk of commercial banks. Moreover, we explore the root causes of why the liberalization interest rate increase Banks' risk. Then we find out that moral hazard is the root cause of the risks after the interest rate liberalization. At last we put forward recommendations perspective from the regulatory, industry level and the own policy of the banks.

Chapter 6, Meso-financial risks in the context of interest rate liberalization: We analyze the risk spread between the banking industry and other industries, the risk of the non-bank financial sector, the risk of shadow banking, the risk of internet finance, the risk of real estate industry and the risk of steel and coal industry under the background of interest rate liberalization.

Chapter 7, Macro-financial risks in the context of interest rate liberalization: We analyze the risk of the debt market, the stock market, the money market, the commodity market, the exchange rate market under the background of interest rate liberalization.

Chapter 8, Systemic financial crisis in the context of interest rate liberalization:

We summarize the characteristics of systemic risk and the common features of the systemic financial crisis in various economies. Then we demonstrate the relationship between interest rate marketization reforms and systemic risk from both theoretical and empirical perspectives. At last we discuss the possibility of the outbreak of financial crisis in China.

Chapter 9, Related reforms in the context of interest rate liberalization: We discuss the establishment of China's early warning system. We analyze the promotion of other relevant reforms, including financial derivative markets, exchange rate marketization, capital account liberalization, and the improvement of financial systems to serve the real economy. Finally we analyze the adjustments of central bank's monetary policy and the role of monetary policy in responding to financial risks.

Chapter 10, Adjustment of financial supervision in the context of interest rate liberalization: The financial regulatory system in China exists political associations, regulatory liberalization tendency and some problems in process of the formulation, implementation, evaluation and correction of the financial policies, therefore, we considered China need deep-level reform regards the regulatory concepts, regulatory mode and regulatory means to rebuild China's financial regulatory system. We put forward proposals in three respects: the reform of the structure of the financial regulation, the construction of financial supervision organization system and the supervision team and regulatory supervision system. At last we discuss the implementation of financial regulatory policy under the background of interest rate liberalization.

目 录

第一章 ▶ 利率市场化背景下的金融风险研究总述　1

　　第一节　当下中国的主要经济问题　2
　　第二节　利率市场化与金融风险　9
　　第三节　利率市场化背景下的金融风险应对　18

第二章 ▶ 利率市场化改革进程与主要经济问题　24

　　第一节　利率市场化改革模式的选择　24
　　第二节　中国的利率市场化改革进程　28
　　第三节　中国的利率市场化指数　76
　　本章小结　81

第三章 ▶ 利率市场化与金融风险研究综述及理论分析　83

　　第一节　利率市场化文献评述　84
　　第二节　微观层面的金融风险评述　92
　　第三节　行业层面的金融风险评述　99
　　第四节　宏观金融风险评述　105
　　第五节　金融监管理论评述　112
　　本章小结　117

第四章 ▶ 各经济体利率市场化改革的经验和启示　118

　　第一节　各经济体利率市场化改革的经验　118
　　第二节　利率市场化与经济发展　137
　　第三节　利率市场化与金融危机　143

第四节　影响利率市场化后金融风险的关键因素　154
第五节　利率市场化后的市场变化与金融风险　167
本章小结　186

第五章 ▶ 利率市场化背景下的微观金融风险　189

第一节　利率市场化影响商业银行风险的理论和实证分析　189
第二节　利率市场化背景下商业银行的经营变化　196
第三节　利率市场化改革对商业银行风险的影响　212
第四节　利率市场化背景下商业银行风险探源　223
第五节　利率市场化背景下商业银行风险治理　239
本章小结　241

第六章 ▶ 利率市场化背景下的中观金融风险　242

第一节　银行业与其他行业的关联风险　242
第二节　利率市场化背景下的非银行传统金融业风险　245
第三节　利率市场化背景下影子银行的金融风险　266
第四节　利率市场化背景下互联网金融行业的风险　280
第五节　利率市场化背景下房地产行业的风险　289
第六节　利率市场化背景下实体行业的风险　301
本章小结　318

第七章 ▶ 利率市场化背景下的宏观金融风险　320

第一节　利率市场化背景下的债务风险　321
第二节　利率市场化背景下的股票市场风险　334
第三节　利率市场化背景下的货币市场风险　344
第四节　利率市场化背景下的商品市场风险　350
第五节　利率市场化背景下的汇率风险　356
本章小结　365

第八章 ▶ 利率市场化背景下的系统性金融危机　367

第一节　系统性金融风险简述　367
第二节　20世纪以来主要系统性金融危机的启示　374
第三节　利率市场化改革与系统性金融危机的关系　385
第四节　中国系统性金融风险的测算与评估　391

第五节 利率市场化背景下中国爆发系统性金融危机的可能性　409
本章小结　430

第九章 ▶ 利率市场化背景下的相关配套改革　432

第一节 金融风险的预警机制　432
第二节 相关改革的推进　442
第三节 中央银行货币政策的调整　457
本章小结　461

第十章 ▶ 利率市场化背景下的金融监管调整　463

第一节 中国金融监管的历史沿革　463
第二节 中国金融监管体系重构　467
第三节 中国金融监管机构改革　483
第四节 利率市场化背景下的金融监管政策实施　497
本章小结　506

参考文献　509

Contents

Chapter 1 The Overview of Financial Risk Research under the Background of Interest Rate Marketization 1

    1.1 The Current Major Economic Problems in China   2

    1.2 Marketization Reform of Interest Rates and Financial Risks   9

    1.3 The Response to Financial Risks under the Background of Interest Rate Marketization   18

Chapter 2 The Process of Interest Rate Liberalization Reform and Major Economic Problems 24

    2.1 The Selections of Reform Patterns   24

    2.2 The Process of Interest Rate Liberalization Reform in China   28

    2.3 China's Interest Rate Liberalization Index   76

    Chapter Summary   81

Chapter 3 A Survey and Theoretical Analysis of Marketization of Interest Rate and Financial Risk 83

    3.1 Literature Review of Interest Rate Marketization   84

    3.2 Micro-level Financial Risk Review   92

    3.3 Industry-level Financial Risk Review   99

    3.4 Macro-level Financial Risk Review   105

    3.5 Financial Supervision Theory Review   112

    Chapter Summary   117

Chapter 4 International Experience and Its Inspiration for Interest Rate Liberalization Reform   118

4.1 The Experience of Interest Rate Marketization Reform in Various Economies   118

4.2 Marketization of Interest Rates and Economic Development   137

4.3 Interest Rate Marketization and Financial Crisis   143

4.4 Key Factors Affecting Financial Risk after Marketization of Interest Rates   154

4.5 Market Changes and Financial Risks after Marketization of Interest Rates   167

Chapter Summary   186

Chapter 5 Micro-financial Risks in the Context of Interest Rate Liberalization   189

5.1 Theoretical and Empirical Analysis of the Impact of Interest Rate Marketization on Commercial Banks' Risk   189

5.2 Commercial Banks' Operational Changes under the Background of Interest Rate Marketization   196

5.3 The Influence of the Reform of Interest Rate Marketization on the Risk of Commercial Banks   212

5.4 The Origin of Commercial Banks' Risk under the Background of Interest Rate Marketization   223

5.5 Commercial Bank Risk Management in the Background of Interest Rate Marketization   239

Chapter Summary   241

Chapter 6 Meso-financial Risks in the Context of Interest Rate Liberalization   242

6.1 Banking and other Industry Related Risks   242

6.2 Non-bank Financial Industry Risk under the Background of Interest Rate Liberalization   245

6.3 The Shadow Bank's Financial Risk under the Background of Interest Rate Marketization   266

6.4　The Risk of Internet Finance Industry in the Background of Interest Rate Marketization　280

6.5　The Risk of Real Estate Industry under the Background of Interest Rate Marketization　289

6.6　The Risk of the Industry in the Background of Interest Rate Marketization　301

Chapter Summary　318

Chapter 7　Macro-financial Risks in the Context of Interest Rate Liberalization　320

7.1　Debt Risk in the Background of Interest Rate Marketization　321

7.2　Stock Market Risk in the Background of Interest Rate Marketization　334

7.3　The Money Market Risk in the Background of Interest Rate Marketization　344

7.4　The Commodity Market Risk under the Background of Interest Rate Liberalization　350

7.5　Exchange Rate Risk under the Background of Interest Rate Marketization　356

Chapter Summary　365

Chapter 8　Systemic Financial Crisis in the Context of Interest Rate Liberalization　367

8.1　Systemic Risk Overview　367

8.2　The Revelation of the Main Systematic Financial Crisis since the 20th Century　374

8.3　The Relationship between Interest Rate Marketization Reform and Systemic Crisis　385

8.4　China's Systemic Risk Measurement　391

8.5　The Possibility of China's Outbreak of Systemic Crisis in the Background of Interest Rate Marketization　409

Chapter Summary　430

Chapter 9　Related Reforms in the Context of Interest Rate Liberalization　432

9.1　Early Warning System　432

9.2　Promotion of Related Reforms　442

9.3　Adjustment of Central Bank's Monetary Policy　457

Chapter Summary　461

Chapter 10　Adjustment of Financial Supervision in the Context of Interest Rate Liberalization　463

10.1　The Characteristics of China's Financial Supervision System and Its Institutional Defects　463

10.2　Reconstruction of China's Financial Supervision System　467

10.3　China Financial Regulatory Authority Reform　483

10.4　The Implementation of Financial Supervision Policy in the Background of Interest Rate Marketization　497

Chapter Summary　506

References　509

第一章

利率市场化背景下的金融风险研究总述

中国经济在过去数十年中取得了举世瞩目的成就，这与改革密不可分。习近平总书记在十九大报告中指出："只有改革开放才能发展中国、发展社会主义、发展马克思主义。"从计划经济向市场经济的转轨过程中，价格的市场化是关键内容。在商品价格市场化后，资金价格的市场化成为中国改革进程中的一个重要表现。资金的价格在国内表现为利率，在国外表现为汇率。反映到改革进程中即是利率市场化改革和汇率市场化改革。连平等（2014）指出，利率市场化本质上就是一个逐步发挥市场机制在利率决定中的基础性作用、进而实现资金流向和资源配置不断优化的过程。

利率管制能够提高金融机构的特许权价值（franchise values），对金融行业的早期发展具有保护作用。早期的学者往往轻视金融体系的价值，认为除了金融危机发生的时候，金融体系是无足轻重的。而在西方社会早期出现的数次危机更让金融倾向于受到严格的管制，比如法国在"密西西比泡沫"破灭后直到拿破仑上台的近百年时间里均未设立中央银行。第二次世界大战后，受之前"大萧条"的负面影响以及发展经济的需要，世界各国均对利率进行了严格的管制，其好处是在第二次世界大战后直到20世纪70年代石油危机期间，世界上几乎很少发生银行危机。

石油危机爆发后，以美国为代表的西方国家经济受到巨大冲击，为摆脱经济困境，金融自由化改革逐渐开始成为世界潮流。麦今农（McKinnon，1973）和肖（Shaw，1973）更是提出"金融压抑"理论，其认为许多落后国家或地区经济发展缓慢甚至倒退的根本原因在于对包括利率在内的本国金融系统的过度管制。此后，利率市场化被世界各国所采纳推行，然而其结果却喜忧参半。如斯蒂格利茨（Stiglitz，2000）指出的，由于信息不对称和道德风险等问题，金融自由化不是提升效率，反而会增加风险。

从历史经验可以看出，各经济体的利率市场化往往是在经济增长遇到瓶颈后才开始推行的。中国的利率市场化从1993年提出这一想法以来，直到2015年基本完成，历时22年。虽然经过了如此长时间的准备工作，但实际上利率市场化的加速实现主要在2012年中国经济增速逐渐步入新常态之后。各种经济问题的显现叠加上利率市场化改革这一大背景，使得当下中国的金融风险变得更为复杂。这要求我们在推进改革时不得不更加谨慎，与此同时，也需要对当下中国的金融风险有一个系统的研究和评判。

第一节 当下中国的主要经济问题

当前，中国经济已步入新常态，我国正处于增长速度换挡期、结构调整阵痛期和前期刺激政策消化期的三期叠加状态。当下中国的主要经济问题，既是利率市场化改革的背景，也是利率市场化改革的原因。与改革共生的各种金融风险也多数源于这些问题。

一、资金配置低效

价格机制是资源配置的核心机制。目前由于资金的价格尚且不能有效地发挥配置资源的能力，使得我国经济运行过程中资金配置相对低效，并严重制约了我国经济的长远发展和健康活力。

（一）资金空转，金融服务实体经济的功能不强

伴随着全球经济萎靡和我国经济增速的下降，实体经济的回报率也较过去明显减少，统计数据[1]显示，我国2016年规模以上工业企业的利润增长率只有8.66%，而在2012年之前，这一增长率长期在12%以上。相比来讲，金融行业以及有金融特征的房地产行业的利润增长率却一直较高（根据统计数据计算，2016年我国房地产行业的利润总额增长率高达38.59%），这使得资金更倾向于

---

[1] 数据来自国研网统计数据库（DRCNET Statistical Database System）。

进入金融相关行业，以期追求短期高回报，并在金融体系内空转，甚至表现出庞氏信贷的特征。

创新是走出经济困境的重要动力。创新活动需要大量资金的长期投入，而且极具风险。在当前经济增速下滑的背景下，推动企业创新是使经济恢复活力的重要举措之一。由于债权融资对风险的极度厌恶，企业的创新活动往往靠权益融资等非债权的方式进行支持，这要求有高度发达的多层次金融市场作为支撑。而利率管制带来的金融压抑使得我国金融市场发展相对不足，未能在多层次上很好的支持企业的创新活动。作为金融活动目前的主体，银行在只能以固定利率放款的背景下，将极度厌恶风险，仅对低风险项目进行支持。其结果是低风险的项目因为回报低，进而埋怨融资贵；高风险的项目因为风险高，进而埋怨融资难。这严重限制了金融对我国实体经济的服务能力。

（二）货币政策传导机制不健全

目前我国的货币政策仍然主要采用数量型的调控政策。然而如寥和塔波索巴（Liao and Tapsoba，2014）所指出的，货币需求函数稳定是数量型货币政策发挥作用的前提，金融系统的结构变化会显著影响货币需求函数的稳定，因而在推行如利率市场化等金融改革的过程中，数量型货币政策将越来越不适用。鲁政委（2008）也指出，在金融创新的推动下，经济主体持有财富的方式和运用财富的模式日益多样化，而货币统计理论和操作根本无法就此适时做出调整，使得大量流动性极强、对经济影响巨大的财富形式难以被包括在货币统计中，这使得数量目标在实际操作中的效力不断下降。

中国人民银行（以下简称"央行"）可以通过调节利率进而影响市场上的资金供需状况，影响储蓄、投资，是宏观调控的重要手段。而利率本身又反映了市场上的流动性情况，甚至金融市场压力状况，是央行采取调控政策的重要参考。能够随市场状况波动的利率是货币政策的重要传导途径。由于多年的利率管制，利率这一既能反映市场情况又能影响市场情况的重要工具还未获得有效利用。我国的货币政策传导机制还需要进一步完善。

（三）中小企业融资难与国有企业过度投资并存

中小企业在推动国民经济发展、增加就业、促进产业结构调整和加快产业升级等方面扮演着重要的角色。然而，由于担保品较少或者价值较低，信息不对称程度更加严重等原因，中小企业融资往往面临着较为严重的困境（吕劲松，2015）。对此的一个最直接的反映就是近几年非正规金融的兴起，当中小企业无法从正规金融渠道获得资金支持时，非正规金融顺势而生。吕劲松（2015）指出，从 2014 年上市的中小板创业板 45 家企业来看，其 IPO 从申请受理到上市的平均期限高达 2.7 年，而九成以上的企业无法通过 IPO 融资。国家统计局抽样调查的 3.8 万家小微型工业企业经营数据显示，仅有 15.5% 的小微型企业能够获得银行贷款。对 415 户中小企业的抽查还显示，其贷款利率上浮幅度平均达到 21.6%，最高的上浮了 75%。这些突显了中小企业面临的融资困境。

然而，另一方面，国有企业却因为更容易获得融资支持而存在显著的过度投资现象。孙晓华和李明珊（2016）对我国 31 个省份的测算数据显示，国有企业过度投资现象自 2004 年开始趋于明显，并于 2008 年达到峰值，之后虽有所下降，但过度投资现象依然显著。一方面，有创新意向的项目难以获得资金支持；另一方面，养尊处优的大企业习惯了赚容易钱的生活，不肯承担风险又缺少甄别项目潜力的能力，进而抱怨可投资的"好"项目太少。这充分反映了我们缺少一个有效地调节资金配置的机制，进而使得资金无法合理的在各个项目上进行分配。

二、银行业整体竞争力不强

银行是我国金融系统的核心部门，为我国经济曾经的高速发展立下了汗马功劳。然而，由于长期受政府保护，使许多银行更像是"温室的花朵"，在竞争能力上表现出弱势。

（一）不良贷款水平较高，制约了银行发展

我国商业银行的不良贷款率自 2012 年开始上升，到 2017 年已高达 1.81%。考虑到银行有遮掩风险水平、瞒报数字的可能性，实际的不良贷款水平或许更高。这其中，实体行业、政府和房地产是三个重要的来源。经济增速下滑降低了实体经济的回报率，使企业的利息保障倍数下降，极大地增加了其违约的可能性。2008 年之前，中国非金融企业的杠杆率一直稳定在 100% 之内，美国金融危机之后，企业加杠杆的趋势明显，负债占 GDP 的比重一路上升到 2014 年的 317%，李扬（2015）指出，日本的杠杆率问题主要是政府，美国的杠杆率问题主要是居民，中国的杠杆率问题集中在中国企业上。政府为刺激经济增长加大支出，房地产市场的高回报率吸引了大量资金参与，也有许多银行贷款被用于房地产开发或投资房产，随着房地产市场去库存及相关风险的显现，这方面的贷款也成为银行不良贷款的重要来源。

由于我国居民的储蓄较高，银行有充足的资金展开投资活动，在以往高特许权价值的保护下，银行获得了快速发展，并以扩展规模而非利润作为银行的主要

发展模式。这种模式降低了银行在分析项目潜力、监督项目运行以及改善市场信息不对称等方面的能力，并使其更为依赖在大型企业、政府和房地产有关部门的贷款业务。随着银行不良贷款率攀升，这必然会抑制银行在这些方面继续开展业务，在未能充分提升竞争力的情况下，在其他领域的投资活动或业务转型必然给银行带来更高的风险，因此，目前较高的不良贷款率将严重制约银行的未来发展。

（二）创新能力和风险管理能力相对不足

由于政府管控利率，人为的提高了银行的息差水平，进而形成了巨大的特许权价值。在发展早期，这种方式有利于保护初创期的金融机构，使之快速成长。但其也有负面影响。尤其在中国，银行的发展可以说是备受呵护，同时也备受监督。一方面，不仅存在着由于利率管制而带来的高特许权价值，而且存在着准入限制，外资和内资的竞争均受到压制；另一方面，为防范可能产生的风险，银行的各种业务均需政府批准，并受到严格的监督，银行管理者为了政治前景也不敢轻易的开展业务尝试。这两方面影响必然会压低银行的创新意愿和活力，进而使得我国商业银行存在着创新能力不足的问题。随着非正规金融的兴起，其进一步又将冲击银行的盈利能力。随着外资进入，银行业竞争程度加剧，创新能力不足进而盈利能力不足必将成为许多中小银行的短板。

利率风险、信用风险等均是银行需要重点管理的风险。然而再好的管理理论如果仅停留在理论层面上，终究是无用的，提升银行风险管理水平既要有理论支持，也要有大量的实践经验积累。由于利率在管制下较少波动，显然我国大部分银行在利率风险管理上的经验积累是空白的。金融体系发展的相对滞后，使得我国银行系统在创新能力和风险管理能力上均有较大的进步空间，这是未来这些银行走向世界，能够与国际金融机构竞争的核心要素。

（三）公司治理机制尚不完善

我国的银行等大型金融机构多数由国家控股，由此也产生了银政不分的问题，银行的董事长或行长由政府指派，同时拥有行政级别。这种方式增强了政府对银行的控制能力，有利于支持战略性产业的发展，但也同时会给银行造成社会负担和预算软约束的问题。在就业压力较大时，银行往往会负担一定的就业人口，从而降低了银行的效率和利润。政府的隐性担保又使得银行的债权人缺少监督银行行为的激励，形成预算软约束，即银行的负债水平无法约束其投资行为。此外，我国银行也存在着假账问题，使得银行后台风险巨大。这一系列问题使得完善银行的公司治理机制，提高公司治理质量成为未来银行业发展的重要议题。

三、产能过剩问题较为严重

经济周期波动的过程中，生产能力相对过剩是一种正常现象，其是企业提高生产效率和调整产品结构的动力，这种情况下，产能过剩不需要宏观经济政策之外的其他措施来应对。然而，中国的产能过剩有其深刻的体制背景，并成为当下中国经济的一个需要迫切解决的问题。

国务院发展研究中心《进一步化解产能过剩的政策研究》课题组（2015）通过实地调研，对我国当前的产能过剩情况进行了分析。从统计数据看，我国目前部分行业产能过剩矛盾突出，钢铁行业的产能利用率为72%，水泥行业为73.7%，电解铝行业为71.9%，平板玻璃行业为73.1%，船舶行业为75.2%，[①]与合适标准相比均有较严重的产能过剩问题。这些行业的产能过剩主要体现出三个特征，一是产品同质化程度高，二是受到过多的政策优惠，三是由于国内或国外原因市场需求骤降。

诸多学者就我国的产能过剩问题进行了探讨，目前来看，较为集中的原因主要在于对政府干预的讨论。王文甫等（2014）通过模拟推演显示，地方政府为追求GDP和税收的最大化，会通过政府购买和补贴等方式干预企业，并向大企业、重点企业倾斜，结果在促进产量增加的同时，也导致了这些企业投资过度，形成非周期性的产能过剩。杨其静和吴海军（2016）进一步发现，在中央政府产能管制措施出台后，市政府向受管制行业继续出让工业用地的现象依然非常普遍。这表明，地方政府为业绩而采取的各种推动措施是导致我国目前产能过剩严重的重要原因。

除了政府干预，许多行业的固定资产投资过多也被认为是其产能过剩的原因（韩国高等，2011）。过度投资源于这些行业中的企业拥有更多的资金，这又返回到资金配置低效的问题上来。进而说明，利率作为价格未能很好地发挥调配资源的功能，产能过剩的出现也是其后果之一。

为应对产能过剩问题，去产能是我国政府当下的一项重要任务。显然，去产能会让一批传统企业日子难过，甚至会让一些企业破产清算。由于产能过剩多数是集中在某个行业，去产能带来的往往是一个行业的低谷，形成行业风险，而与这些实体行业有资金联系的金融体系必将受到严重的负面冲击，进而使产业风险演变成金融风险甚而经济危机。

---

① 数据来自国务院发展研究中心（https://www.drc.gov.cn）。

四、系统性风险存在诸多隐患

不发生系统性金融危机是我国政府的底线。在经济运行过程中，系统性风险的出现不可避免，但在经济较快发展的上行期，风险一般可以很好地得到控制。当经济下滑出现时，一旦突破明斯基时刻，系统性风险将迅速扩散，演变成大规模的经济金融危机。因此，消除系统性风险隐患是防范金融危机的重要手段。目前，随着我国经济逐渐步入新常态，一些系统性风险的隐患也开始显现出苗头。

（一）房地产市场价格水平较高，可能存在泡沫破灭的风险

我国房地产市场价格自 2008 年美国金融危机之后数次快速上涨，既引发了监管机构对房价泡沫的担忧，一些学者甚至认为房地产市场的崩盘风险就是当下中国最大的"灰犀牛"。形成房地产市场泡沫风险的两个核心因素是人口和货币。统计数据显示，我国的人口占比情况，15～65 岁之间的人口在总人口中的比例在 2010 年达到高峰，此后不断下降；平均家庭规模在 2012 年后也下降到 3 人/户以下。人口是支撑房地产市场需求的关键，人口拐点的到来预示着未来的房地产价格将越来越多地靠其金融属性支撑，并随时可能会有因流动性紧张而产生的超低价抛售风险。货币是影响房价的最主要短期因素，随着美国货币政策逐渐恢复正常化以及缩表影响，全球流动性将逐渐趋紧，我国的货币政策未来也将有逐步收紧的可能性，这些均将形成短期打压房价的重要因素，并形成房地产市场泡沫破灭的风险。房地产是贷款的重要抵押品，同时，随着近几年实体经济回报不及虚拟经济，许多贷款也被应用到房地产开发中去，因而房地产市场的风险将最直接迅速地形成信贷违约风险，进而向债券市场、股票市场层层蔓延，形成系统性崩盘。

（二）债务水平，尤其是政府债务水平较高，可能存在债务违约风险

债务杠杆是企业以及社会快速发展的助力，对过去中国经济的飞速成长起到了重要的推动作用。在经济环境整体上行的环境下，即使是小企业往往也有能力偿还债务，并通过财务杠杆更快地发展自己；但在经济环境整体下行的环境下，即使是大企业往往也会面临着偿债压力，利息保障倍数会随着经济周期的变化而变化。

中国的债务问题主要反映在企业债务和政府债务两方面。企业的债务风险主

要在于受经济增速减缓影响,在利润下滑的情况下,企业未雨绸缪不足,不愿承担产业升级或产品创新等带来的风险,在偿还债务压力陡增的情况下不断借新还旧,甚至通过非正规金融渠道进行高利贷,寄希望于危机的冲击仅是短暂的,可以在危机过后还款,因而形成庞氏债务风险。出于对政绩和晋升的考量,地方政府官员对于产业升级也往往有抵触情绪,以避免承担税收和经济波动产生的风险,因而大量地方政府债务往往投资于过剩产能,甚至庞氏企业,形成了较大的风险。截至2017年底,财政部测算的我国地方政府债务余额为16.47万亿元,占当年GDP的19.91%,有学者认为,我国地方政府还有很大一部分隐性债务,可以高达30万亿元,如果算上这些隐性债务,则我国地方政府债务占GDP的比重大致在50%多一些,目前还没有到《马斯特里赫特条约》规定的60%上限。[①]但考虑到未来产业升级带来的税收风险,以及有关减税政策的实施,至少当前的一段时间里,去杠杆仍然是一项较重的政府工作任务。

(三) 美国有危机再次深化的可能性,将给全球经济带来巨大冲击

自2008年美国金融危机以来,全球经济一直处于低迷状态,只是近几年才略表现出弱复苏的可能性。在此背景下,一方面美联储开启了货币政策正常化的路径,步入加息轨道,另一方面又开始逐步进行缩表,这将极大地冲击全球货币的流动性,而历史经验表明,每次美联储开启加息状态,往往导致世界上一些国家陷入经济和金融危机。美国的发展同样长期靠债务支撑,而近几年美国的债务水平在不断攀升,其不得不不断央求国会调整债务上限,若无强大的军事政治实力作为后盾,美国的债务风险情况并不差于欧债危机的各国。与经济弱势复苏不能匹配的是次贷危机以来美股的不断走高,以及近期VIX等衡量市场风险的指数的不断走低,并形成了资产价格高位而很可能无人接盘的风险。如刘鹤在《两次全球大危机的比较研究》中指出的,"在经济未实现好转之前,通胀的上升和股市的繁荣往往带来一次虚假复苏,但很快会遇到经济的二次探底。"未来美国出现这一状况的可能性很高,而一旦美国爆发的金融危机再次深化,在金融经济全球化的今天,其给全球带来的冲击将高于2008年的金融危机甚至高于1929年的大萧条。做最坏的打算,这很可能是当前我们需要提早准备和面临的最大的系统性风险隐患。

---

① 财政部地方债务管理网站 (http://yss.mof.gov.cn/zhuantiluanmu/dfzgl)。

第二节　利率市场化与金融风险

由市场决定资金的价格将有助于更好地分配资源，也可以使我们对市场的流动性状况有更直观的了解，源于利率市场化的金融发展也将提升金融机构的竞争力，促进实体经济发展。因此，推行利率市场化改革有助于突破当下中国经济发展的瓶颈，促进产业升级。然而，改革与风险相伴而生，利率的自由波动本身就是一种风险，需要我们更加系统地梳理利率市场化与金融风险的关系，探究如何降低风险带来的负面冲击。

一、利率市场化与金融风险的关系

利率市场化改革的目的正是应对当下经济运行中出现的突出问题，推行改革在一定程度上是可以减少风险的；但伴随着这些问题的不断释放以及利率的自由波动，金融风险又会增加。因此，利率市场化改革既有降低风险的一面也有增加风险的一面。

（一）利率市场化改革降低金融风险

（1）推行利率市场化改革能够缓解或化解许多当前经济运行中面临的问题，这些问题带来的负面影响因此被削弱，金融风险相应降低。比如，由于银行不能随意决定贷款利率的高低，因此会更偏好风险较低的项目，当经济增速较高时，大多数企业均能获得不错的甚至低成本的融资支持，但当经济增速下滑时，实体经济回报下降，银行将更倾向于投资非实体经济，其中，与房地产等有关的企业会更加受银行青睐，这一方面加剧了实体企业面临的债务压力，另一方面又会推高房地产市场的泡沫风险。日本20世纪的房地产市场泡沫破灭，其中一个主要的原因就是利率市场化改革的非对称推进，当贷款利率和其他非银行融资渠道的利率均市场化后，存款利率尚没有市场化，公众将大量存款放置在银行，导致银行有充裕的资金进行放贷，但贷款利率市场化导致贷款利率下降，非银行融资渠道的市场化同时产生了较为严重的大企业金融脱媒现象，使商业银行的优质客户大幅减少，银行在缺乏足够的甄别企业和项目能力的情况下，在诸多申请贷款的中小企业中，只能偏向选择与房地产或股票交易有关的企业，因为他们有更多的担保品且风险看起来比其他中小企业要低，这导致大量资金流入房地产市场，推高了房地产市场泡沫。因此，全面推进和完善利率市场化改革可以缓解由资金配置低效和银行竞争力不强等问题带来的不利影响，一定程度上有助于资金流入实体经济，进而可以降低部分金融风险。

（2）利率的自由波动给金融机构提供了平滑利率冲击的机制，可以降低由利率冲击带来的风险。在利率管制的情况下，实行积极的组合管理策略实际上风险往往更高。比如采用利率预测的方式管理投资组合，管理者事先调整好组合配置后，利率的后期表现很可能与其最开始的预期是相反的，在利率管制的情况下，利率的波动往往是跳跃式的，一次性会出现较大的非预期波动，给组合带来巨大的风险，因此，积极的管理策略会受到很大影响。当利率市场化后，利率的连续波动使得管理者可以根据过去利率的走势通过各种计量经济学模型进行更好地预测，而非仅仅根据对中国人民银行（以下简称"央行"）行为的猜测，而利率的连续波动也让管理者能够尽早的发现预测错误的苗头，并纠正。因此，在利率市场化后，平滑的利率走势带来的风险冲击会小于离散跳跃式的利率波动冲击。

（3）市场化的利率本身可以成为对市场风险状况的预警，能够使监管者尽早采取措施，减少危机性事件发生的可能性。在利率由市场供需决定的情况下，利率水平的变化可以很好地反映市场的流动性充裕情况，当流动性不足时，利率会相应大幅上升，此时往往金融机构会面临较大的准备金压力，而企业的短期融资能力也将受到极大的限制，也就意味着金融危机发生的可能性较高，因此，利率本身可以作为对风险的一种预警。目前国外设计的金融压力指数，其中最常见的TED利差，就是美国三个月期限的Libor与国库券的利率差异，其反映了银行间市场违约的可能性，TED升高意味着银行间市场资金稀少，金融市场压力处于较高的水平，可能有风险爆发的可能性。因此，实现利率的市场化本身有助于形成对风险的预警机制，监管者可以根据利率的极端波动尽早地采取防范措施，降低危机性事件出现的频率或概率。

（二）利率市场化改革增加金融风险

（1）高风险的项目可以通过提高利率的方式获得融资，经济系统中获得贷款支持项目的总体风险相应增加。在利率管制的情况下，银行投资高风险的项目并不能获得相应的高收益，因此不会给高风险的项目提供信贷支持。利率市场化后，对于高风险的项目，银行可以收取更高的贷款利息，虽然要承担更高的风险，但也有更高的可能性回报作为补偿，高风险的项目获得支持，自然抬高了社会整体获得贷款支持的项目风险水平。此外，在高风险项目以高回报获得贷款支持的同时，由于信息不对称还会产生逆向选择和道德风险。逆向选择会使劣质项目逐渐驱逐优质项目，导致最后向银行借款的都是较差的公司或项目，进而还可能产生庞氏信贷风险。道德风险则不利于银行收回贷款，从而降低银行监督的努力程度，增加项目的执行风险，进而增加还款风险。利率市场化的目的就是让市场可以接受更多的风险，进而让愿意承担风险的参与者帮助分担风险，同时共享收益，结果是通过这种方式更好地调配资源，并发挥一定的风险管理作用。因此，这既有其增加风险的一面，也有其有利于经济发展的一面。

（2）经济运行中出现的问题可能在利率管制的情况下聚积成堰塞湖，利率市场化改革会带来堰塞湖风险。实际上，我们认为，各个经济体在利率市场化改革后爆发金融危机等一系列不利事件的根源正是这些堰塞湖在改革后的倾泻。比如韩国，其国内债务问题很早便已暴露，20世纪60年代和70年代末均发生过财阀企业违约事件，但并未引发较为严重的危机，随着国内债务不断积累，为了得到更多的债务支持，财阀企业游说政府并放开了资本账户管制，其结果是韩国不仅内债高企外债也迅速高企，在利率市场化改革后，债务风险爆发，陷入了严重的金融危机，不得不接受IMF苛刻的经济援助。在利率管制、经济下滑的背景下，我国的银行不良信贷、企业和政府债务、为规避管制而产生的影子银行和互联网金融以及房地产泡沫均有形成堰塞湖的可能性，利率市场化相当于主动疏通了阻塞湖水的障碍，在解决堰塞湖问题的同时也必然需要面临洪水风险。

（3）利率波动本身就是一种风险，为管理利率风险而进行的金融创新也会增加金融系统风险。仅就银行来说，利率波动会改变债务的价值，也会改变资产的价值，因此会产生利率敏感性负债与利率敏感性资产间的缺口风险；利率也会影响债务和资产的久期，产生久期缺口风险，银行往往需要通过杠杆化久期的匹配来实现权益资产对利率的免疫或者资产与债务久期的直接匹配来实现资本充足率对利率的免疫。此外，利率波动也会使存款人或贷款人有提前支取存款或提前偿付贷款的可能性，形成期权风险。为应对利率风险，除了在管理上采取免疫等策略，购买衍生品也是一种重要的抵御利率风险的手段。利率有关衍生品的产生是对金融体系的创新，为保障金融产品的流动性，衍生品往往需要大量的投机者参与交易，一般衍生品的交易量均会高于实际需要的风险对冲量，因此，虽然衍生品的出现可以降低个体面临的风险，但会同时增加整个系统需要承担的金融风险。这些是由利率市场化改革带来的新的外部金融风险。

二、利率市场化背景下金融风险的三个层次

利率市场化改革之所以采取渐进的方式推行，目的在于削弱金融风险带来的负面冲击，因此，我们更关注由利率市场化改革带来的风险增加部分。为更清晰地阐述利率市场化给金融系统带来的影响，我们将金融风险划分成三个层次。微

观层次关注商业银行的风险，一家银行的风险性事件往往已足以冲击整个金融系统；中观层次关注相关行业的风险，企业或其他非银行金融机构往往是整个行业出现风险性事件后将足以冲击整个金融系统；宏观层次关注金融市场的风险，每个金融产品的交易市场出现崩盘性事件均会冲击整个金融系统。

（一）微观层面风险

（1）商业银行的不良贷款水平有进一步恶化的风险。随着2012年开始，我国经济增速有所下降，商业银行的不良贷款水平也相应攀升。除了不良贷款，我国商业银行还存在大量的关注类贷款，随着经济增速减慢，实体企业回报率下降，其偿还贷款的压力不断增加，未来这些关注类贷款变为不良贷款的可能性也较高。除此之外，我国商业银行还存在大量的表外业务，以及影子银行风险，甚至在汇报数据时也有掩盖风险的动机。在市场化改革的背景下，存贷款利差也存在着变窄的可能性，从而减少银行的利润来源。在收益存在粘性的情况下，银行为不使利润下降过快，在收益搜寻动机下，会倾向于承担更高的风险，这会进一步形成未来不良贷款的隐患。

（2）利率波动给商业银行带来经营风险。利率风险是银行风险管理所要应对的一个重要风险。利率波动会导致敏感性债务和资产价值的变化，也会导致其久期的变化，这些往往需要银行采取一些免疫策略，匹配敏感性资产和负债的缺口，而对久期的免疫策略，维持资本充足率和权益价值往往是两个不能同时实现的目标，前者要求久期恰好匹配，后者要求杠杆化久期的匹配，在过去利率管制的情况下，银行尚且缺少这方面的足够经验，未来利率完全市场化后，银行在这些风险上的管理需要更多的经验积累和权衡。除了利率波动外，由长短期利率的不同步波动还会带来期限结构的风险，从而需要银行进一步调整其资产组合在不同期限上的配置。此外，利率波动还会使存款者或贷款者有提前支取存款或偿付贷款的可能性，这会给银行带来再投资风险，如果将这种行为视为根据利率波动而伺机行使的权力，又可将其称为期权风险，应对这一风险往往需要基于大数定律的过往统计分析以及对利率走势的随机过程模拟。综上，来自利率波动的风险要求银行拥有一定的实践积累才能在数据和经验的支撑下进行更好地应对，在利率市场化初期，由于缺少这方面的实践经验，其对商业银行的风险管理不仅是培育也是挑战。

（3）信息不对称和公司治理机制的不足会带来较高的道德风险。利率管制可以提升商业银行的特许权价值，较高的特许权价值会激励银行管控风险，进而维护和保持特许权。利率市场化后，银行特许权价值会明显减少，其在风险管理上的激励也会因此下降，来自市场上的激烈竞争会进一步增加银行的经营压力，在此背景下，银行会有追求高风险项目的动机，如果政府的隐性担保存在，则银行还会有可能追求过高风险。我国商业银行的特殊体制有银政不分的问题，银行高管多数有政府行政级别，这会进一步增加政府对银行提供隐性担保的可能性，从而加剧利率市场化后商业银行的道德风险。

（4）应对微观层面的风险。首先需要建立金融稳定委员会，加强商业银行经营信息的透明公开。其次要强化商业银行风险管理，权责对等。再次，需要探索商业银行与国企共生的新模式。总之，改善商业银行的公司治理，有效应对银行可能出现的道德风险是应对利率市场化改革过程中微观层面风险的重点举措。

（二）中观层面风险

（1）传统金融行业同质化严重，有受到不利冲击而集体出现亏损的可能性。在金融管制的情况下，金融行业有较高的特许权价值，这会降低相关行业的创新动机；对各种业务的限制也会制约金融机构开展创新业务的空间。这两方面影响会导致整个金融行业在业务开展上有高度的同质化倾向，因而往往一荣俱荣，一损俱损。在利率市场化的情况，利率自由波动带来的各种市场风险会同时冲击各个金融机构，由金融机构构造的网络联结关系将无法发挥分散风险的作用，反而仅能成为风险传递和蔓延的渠道。因此，会加剧整个行业实际面临的利率波动或利率市场化引发的其他风险。

（2）利率市场化过程中行业有绕过监管开展创新业务的倾向，在监管未能迅速覆盖的情况下会形成风险隐患，利率市场化后这些业务也会形成严重的金融风险。在利率市场化渐进式推进的情况下，会导致金融脱媒现象的出现，即一些优质企业发现可以从其他市场化的渠道获得贷款，而减少与银行间的业务。这无疑会减少银行的优质客户，在此情况下，为获取更多利润，银行往往通过一些创新业务绕过金融监管的倾向。实际上，银行绕过金融监管而开展的各种创新业务往往是倒逼利率市场化改革的重要推手，同时这种方式也可以平滑银行在利率市场化后受到的冲击。目前，相关的金融创新活动集中表现在影子银行和互联网金融方面，这些新的金融活动出现往往会使监管部门无所适从，一方面不知道该由谁来监管，另一方面也缺少监管这些金融活动的经验，因此这些金融创新活动往往会在早期野蛮生长，形成极大的金融风险。在利率市场化改革后，正规金融业务将对这些过去为规避管制而产生的业务形成有力竞争，进而又会加重这些行业面临的风险。

（3）实体行业的融资环境会出现更多的不确定性，周期性行业的风险会因利率波动而被放大，在去杠杆和去库存的过程中也会有更多的风险释放。利率是实体行业融资成本的最主要决定因素，利率的波动会使实体企业的融资面临更多的不确定性，当市场上的不确定性升高时，实体企业的发展会受到很大限制。比如创新活动往往需要大量资金持续长期投入，如果融资成本有很大的不确定性，长期资金的充足和稳定程度就会受到影响，进而影响企业投资创新活动的意愿。利率波动也会让周期性行业面临的风险有被放大的可能性，当行业进入周期低谷时，利率的上升往往会加剧行业的周期振幅。当下，我们还有较高的产能过剩压力，去产能也会导致一些传统行业的偿债压力进一步上升，与之相关联的金融行业也会受到一定的风险冲击。

（4）应对中观层面的风险。首先需要监督和鞭策各级地方政府在推动产业升级上的努力程度，通过税收融资等多个方面的措施鼓励产业升级，进而推动经济增长，在经济向好的情况下，即使是中小企业也不会存在严重的信贷风险。其次是鼓励金融机构结合自身特点发展特色业务，降低金融行业的同质化程度。再次是强化对金融有关行业的监管措施。最后是探索产融结合的模式，加强金融机构服务实体经济能力，使金融回归本源。

（三）宏观层面风险

（1）债务风险是宏观层面的核心风险。实际上，金融风险之所以破坏力大，根源在于其放大风险的能力，而金融放大风险的主要渠道就是债务杠杆。自2008年美国金融危机以来，为刺激经济，减缓衰退，世界各经济体均出现了明显的加杠杆现象，欧盟成员国的高杠杆还引发了2010年的欧债危机。目前我国的债务风险主要体现在企业债务和政府债务两方面。企业债务主要是许多过剩产能有关行业出现的"僵尸企业"，其不断通过借新还旧的方式进行庞氏融资，随着利率市场化推进，这种融资方式将越来越难以为继，并形成违约风险。

（2）利率影响评估金融资产价值的贴现率，会给金融资产带来价格波动风险。货币市场资产、债券、股票和商品期货等的估价与利率水平密切相关，利率市场化会给这些资产市场带来新的交易模式，增加新的影响资产价格波动的因素。许多金融资产同时也常常被作为融资的担保品，资产价格的波动会影响担保品的价值，进而会产生催缴保证金所带来的流动性骤然紧缩风险。1987年美国的黑色星期一，股票市场价值大幅下跌，当时美联储的一项重要救市措施就是立即向期货清算中心依托的银行提供流动性，从而有效地稳定了金融市场，防止了一场很可能由股票市场引发的大规模金融危机。利率市场化也会影响市场对通货膨胀水平的预期，在缺乏有效的应对通货膨胀手段的情况下，其也会导致投资者对金融或类金融资产比如房地产过度追捧，形成较高的投机氛围，进而产生严重的金融资产泡沫风险。

（3）利率市场化也影响货币的自身价值，其与汇率间的联动关系会形成币值风险。利率是国内资金的价格,汇率是国外资金的价格,显然,利率市场化后出现的利率波动会使汇率也出现更多的波动。但目前我国的汇率尚未完全市场化,资本和金融项目的账户尚不能完全兑换,因此虽然利率市场化会给汇率带来波动风险,但这部分风险的影响比较微弱。目前给汇率市场带来最多风险的是中国的经济增长状况和汇率市场化相关改革本身。利率市场化相伴的金融风险会冲击经济发展,带来一定的对未来经济运行的不确定性,这会使境外投资者产生担忧;但利率市场化也能促进经济长远发展,又会使部分投资者看好人民币,投资者之间出现的分歧会增加汇率风险。

(4)应对宏观层面的风险。首先是继续推行去杠杆的政策和力度,降低企业和政府部门的债务水平,探索地方政府发债融资和增加税收的模式,根本上改善地方政府财权与事权不匹配的问题。其次是推动产业升级,实现经济平稳增长,实体经济的繁荣将能改善金融市场的投机氛围,也能起到稳定汇率的作用。再次是加强对金融市场的监管强度,尤其应注意金融资产中的杠杆水平。最后,需加强对媒体的引导和监督,正确引导市场预期,改善房地产市场只涨不跌的预期,对泡沫较高的部门既要做好管控也需要通过市场机制正确引导。

三、利率市场化背景下的系统性金融危机

利率市场化改革的经验显示,许多经济体在改革前后出现了一定程度的金融危机,本书对各种金融风险的探讨其目的之一也在于分析金融危机爆发的可能性,并对此提出可行的防控建议。

(一) 20世纪以来主要金融危机的启示

分析20世纪以来,美国、墨西哥、日本、韩国、东南亚以及欧洲的主要金融危机可以发现,这些危机虽然在细节上会有一些差异,但也存在着许多共性。一是金融资产泡沫破灭往往是危机发生的前奏;二是流动性中断往往是危机扩大的原因;三是危机前各国均会出现经济增长趋缓或衰退的现象;四是美元强势程度往往与金融危机密切相关;五是利率市场化改革往往与危机相伴。

对各经济体金融危机经验的分析表明,利率市场化改革与金融危机有着明显的关联,二者同时出现并非偶然。一个主要的原因是各国推行利率市场化改革多是被迫之举,是在经济增速下滑后,为发展经济不得不采取的措施。但其结果却往往事与愿违,许多经济体进行利率市场化改革后不仅没有出现经济恢复活力的现象,反而深陷金融危机的泥沼。这也引发了许多学者对金融自由化改革的批评。因此,细致分析利率市场化与系统性风险的关系是非常必要的。

（二）利率市场化与系统性金融风险的关系

1. 我国系统性金融风险的评判

自 2008 年金融危机以来，对系统性风险测度的研究吸引了诸多学者的关注，并进行了大量有益的尝试。我们将系统性金融风险划分为金融机构系统性风险和金融市场系统性风险两种，并结合现有理论文献提出的方法进行了初步的测算研究。

金融机构系统性风险的测算，目前较为流行的方法主要基于在险价值、预期损失和违约概率三种，典型的方法如 CoVaR、SRISK 以及 SCCA 等。考虑到数据的可得性以及方法的复杂性，我们倾向于使用 SRISK 的方法来测算我国金融机构的系统性风险。评估结果显示，农业银行目前是系统性风险贡献最高的金融机构；我国整体的金融机构系统性风险有不断上升的趋势，但上升速度近期明显下降。监管部门应该对金融机构的系统性风险情况引起高度重视。

金融市场系统性风险的测算，采用了溢出指数的构建方法。选用股票、债券、基金、商品、货币和外汇市场的周频指数数据，我们滚动计算了六个金融市场间的溢出指数。用总溢出指数作为金融市场系统性风险的度量，评估结果显示，随着近期金融市场监管趋严，我国金融市场间的总体溢出程度有一定下降趋势，系统性风险有所减少。在各金融子市场中，货币市场的溢出能力最强，对该市场的风险情况需要给予高度重视。

2. 利率市场化对系统性风险的影响

本书结合我国的利率市场化改革进程构建了衡量我国利率市场化程度的指数，包括制度利率市场化指数和实际利率市场化指数。用该指数对银行风险和系统性风险的实证回归分析显示，推行利率市场化改革不仅能提升银行的微观风险水平，也会提升其系统性风险水平。利率市场化改革与金融系统性风险之间存在着显著的正向关系。

传统观点认为，利率市场化改革会产生阶段性风险和恒久性风险，这种划分方式以时间为维度，区分了利率市场化改革进程中和完全实现后风险上的不同。但这种方式并不能说明利率市场化改革过程中系统性风险产生的主要原因。利率市场化改革导致系统性金融风险上升源于两个方面，一是利率自由波动带来的新风险，二是利率管制时期因价格扭曲而积聚的旧风险。分析各经济体在利率市场化改革后发生金融危机的经验可以发现，体系内积聚的旧风险在改革过程中的释放才是导致系统性风险大增的主要原因。一个简单的逻辑是，如果利率风险会常常导致金融危机爆发，那么各经济体又怎么会推动这样一项危险的改革方案呢？

3. 利率市场化改革背景下系统性风险演变为金融危机的原因

旧风险是一直存在于金融系统中的，为何会直到利率市场化改革才演变成金融危机呢？我们认为，导致系统中长期积聚的旧风险演变成金融危机的原因在于，一是金融市场放大风险的能力在改革后变强，二是监管自由化倾向导致的监管不力。

金融市场可以通过加杠杆的方法放大资产收益率，但也会同时放大资产面临的风险。随着利率市场化改革推进，金融市场不断发展，其放大风险的能力在改革后已远非改革前可比。金融加速器效应，股票市场的财富效应等等也会在利率市场化改革过程中影响能力增强。利率市场化是金融自由化的组成部分，本身就是由自由派人士所主导，因而往往使利率市场化改革过程中同时出现监管自由化倾向，让风险不能得到及时有效的调控和应对。综合这两方面作用，利率市场化改革过程中，往往因经济系统中积聚的堰塞湖而出现金融危机。

（三）利率市场化背景下我国出现系统性金融危机的可能性

短期来看，我国的系统性金融风险基本可控，不会发生严重的系统性金融危机。但中长期来看，我国还存在着一些爆发系统性金融危机的隐患。

中期来看，我国系统性金融危机的隐患在于债务风险和资产泡沫。目前我国的企业债务和地方政府债务是两项重要的风险隐患。企业债务风险源于长期依赖低端产业，在美国金融危机后长期借新还旧而形成的大量庞氏信贷和"僵尸企业"；所有债务风险背后的根本原因在于我国长期存在的刚性兑付。未来打破刚性兑付势在必行，打破刚性兑付的过程必然会给社会带来不小的冲击，需要做好充分的准备。此外，在打破刚性兑付后，由"大而不倒"或"多而不倒"导致的隐性担保也是导致金融危机的一项重要隐患。

资产泡沫风险隐患主要在房地产市场。高房价是对政府发展经济的努力程度和成就的一种肯定，但过高的房价会导致投资者对未来房地产市场走势出现观念上的分歧，投资者观念上的分歧是泡沫产生的根本原因。目前房地产市场的风险隐患主要出现在人口和货币两个因素上，一是有购买力的人口占比早在 2010 年已经出现拐点，二是随着美联储货币政策正常化，全球货币政策均呈现出紧缩的趋势，资金的短缺必然会使房地产价格受到一定的影响。

长期来看，利率市场化改革最大的风险隐患在于贫富差距拉大。美国的经验显示，利率市场化改革往往是贫富差距走势的拐点，在改革完成后，经济社会中的贫富差距会迅速拉大。《两次全球大危机的比较研究》中指出，贫富差距过大是危机的前兆。目前我国的贫富差距情况已经处于较为严重的水平，利率市场化将进一步恶化贫富差距程度，这将成为我国最大的金融危机爆发隐患。

第三节　利率市场化背景下的金融风险应对

随着利率市场化改革的完成和完善,旧的金融风险不断释放,新的金融风险不断形成,为应对这些风险,保障经济平稳健康发展,我们认为,需要从两个方面入手,一是相关配套改革措施的推进,二是对金融监管的调整。

一、相关配套改革的协调推进

利率市场化改革仅仅完成了资金在国内的价格由市场确定,这一过程最终能否发挥较好的效果,以及这一过程中出现的各种金融风险能否得到很好的控制,不至于让改革事与愿违,还需要相关配套改革的推进作为保障。

(一)构建金融风险预警机制

构建金融风险预警机制的想法,最早出现于1997年亚洲金融危机之后。卡明斯基、利佐诺多和赖因哈特(Kaminsky, Lizonodo and Reinhart, 1998)提出了第一个预警系统(Early Warning Systems, EWS),即所谓的KLR方法。此后陆续有学者提出使用Probit模型、多项Logit模型、Markov区制转换模型以及Bayesian方法等来构建金融风险预警机制。但遗憾的是,虽然这些方法看起来很有吸引力,但实际效果均远不如预期,大多数模型都只能获得较好的样本内预测,却难以获得有效的样本外预测,对危机也不能提出有效的预警。

现有金融风险预警机制存在着四个方面的主要缺陷。(1)数据的严重滞后。多数金融风险预警机制均采用宏观经济数据作为主要的预警变量,这些数据大多频率在月度以下。作为月度数据本身在反映市场状况时已有滞后,数据的搜集、确定和公布还会耗费大量时间,使得月频数据用来预警往往要在数月之后才能得到计算结果,遑论前瞻性的预警。(2)预警机制的检验或验证有逻辑上的自我矛盾。预警机制的构建往往要求一国发生过金融危机,这样才能找到可以预测危机的变量,而构建了预警机制后要通过是否能预警危机来确定其好坏。好的预警机制可以消弭危机,这样也就无从得到检验,反过来又无从知道该机制是好是坏。(3)经济全球化会干扰危机预警机制的构建。目前构建预警机制的思路是分析不同国家的数据来总结危机发生过程中宏观经济变量出现的共同变化,但随着经济全球化,许多国家的经济变量是一同波动的,这种分析模式会让一些变量被过度重视，而新危机的发生又往往不会源于这些已经被注意到了的经济变量。
(4) 容易忽视定性指标的影响。预警机制是通过定量回归分析等方法来构建预警指标的，但许多因素，比如金融监管强度是无法用定量的数据来衡量的，但其却会对金融危机爆发的概率有较强影响。

我们认为金融风险预警机制应当是一个庞大的系统，涉及方方面面，这样可以给出更多的预警信号。预警信号过多，出现接受假的错误并不可怕；预警信号过少，出现拒绝真的错误才可怕。除了已有的一些预警方法，我们认为，考虑金融市场压力指数是一个非常好的预警金融风险的指标，其可以在一定程度上规避上述的一些缺陷。

依据现有文献中的方法，结合中国金融市场数据，我们尝试构建了中国金融市场压力指数。该指数可以较好地拟合中国金融市场的风险事件，总体来看，目前我国的金融市场压力状况不高，但近期出现了金融市场压力上升的现象，对此需要在未来对金融市场密切关注。

(二) 汇率市场化改革与资本账户开放

我国的汇率制度可以大致划分成六个阶段，第一阶段从1949~1952年，是国民经济恢复时期，第二阶段从1953~1980年，是计划经济时期，第三阶段从1981~1984年，是官方汇率与贸易内部结算价并行阶段，第四阶段从1985~1993年，是官方汇率与外汇调剂市场汇率并行阶段，第五阶段从1994~2004年，是单一的有管理的浮动汇率制度阶段，第六阶段从2005年至今，是汇率渐进市场化阶段。

未来随着利率市场化改革逐渐完成，汇率市场化改革也将提上日程。下一步推行汇率市场化改革还需要进行一些准备工作，比如，现有制度的稳定运行和经验积累，使中间价及人民币汇率指数的作用得到进一步发挥；产业升级协调推进，使汇率波动带来的风险可以在国家内部得到对冲；汇率衍生品市场更加完善，使外汇业务有关机构和企业能够更好地管理自身面临的汇率风险。

汇率市场化的推进目前是可行的，但我们认为，资本账户完全开放不宜过快推进。首先，人民币不具备与美元相媲美的在贸易结算和商品标价中的需求，一旦完全开放资本账户，根本不会出现资本的均衡流入流出，而是大规模的资本单向流出。其次，国内外所有制结构存在根本不同，虽然我们也保护私有财产，但社会发展的终极目标决定了，私有财产较高的家庭会大规模的把财富转移到海外，尤其是国内非法所得，这会形成较高的资本外逃风险。最后，在国外金融风险高企的背景下，急于放开资本账户无异于鼓励国内群众去给国外的资产市场接盘。综合这些原因，我们认为不应急于放开资本账户。就金融改革来说，并没有什么所谓的正确方向，更不存在必然的改革，所有改革措施都会有利有弊，获取收益就必然要承担风险，我们推行改革的目标不是改革，而是为了让中国更加强大，让更广大的中国人民从中受益。

（三）服务于实体经济的金融制度设计

利率市场化的情况下，银行为追求规模迅速扩张，有较强的开展恶性竞争的动机。银行恶性竞争会使利率波动加剧，形成较高的金融风险，扰乱市场，最终损害实体经济。因此需要一些制度设计来辅助防范银行的恶性竞争。我们认为，首先，可以借鉴汇率市场的经验，明确银行定价的参考基准，建立完善的基准价形成机制和定价偏差过大的问责机制。央行会设定某个统一的基准价，银行也会就自身的存贷款利率设定一个最优的基准价，监管问责可以从由此产生的两个利差入手。一是银行存贷款基准利率与央行基准利率的利差，二是银行实际存贷款利率与自身存贷款基准利率的最高利差。如果利差超过了央行或其他监管部门的心理预期，可以要求有关银行给出制定过高利差的合理说明。如果说明不能使监管部门信服，可以对其进行调整存款保证金率或存款保险费用的惩罚。其次，可以发挥党组织对银行管理者行为的监督机制。大银行均为国有，有较好的党组织建设，可以发挥党组织对党员的约束作用，使大银行不主动参与或挑起恶性竞争。最后，在继续发挥行业自律机制的同时，健全和完善法律法规。

除了构建一套可以防范银行恶性竞争的制度外，还应使金融回归其管理风险的功能，减少"赚快钱""赚容易钱"的现象。只有将金融进行更好的风险管理，才能更好地支持实体经济技术创新，而对技术创新的支持是金融服务于实体经济的最主要方式。除此之外，使金融回归实体经济的最根本方式，还是提升实体经济相对于风险的回报率，这一方面要求我们能够有力地实现产业升级，同时也要大幅减少金融市场上"赚快钱"和"赚容易钱"的现象，让赚钱变得困难，资金才会踏踏实实地回到实体经济，一步一个脚印地向前发展。

二、适应市场化改革的金融监管调整

整体来说，金融监管仍然是防范金融风险的最主要手段，许多经济体在利率市场化改革的过程中或过程后爆发金融危机的一个主要原因在于当时的监管自由化倾向。因此，为防控利率市场化改革带来的金融风险，强化监管并结合时代特点进行适当的监管调整是必要的。

（一）我国金融监管的特点

我国的金融监管体制变迁是与我国经济发展和金融体制改革一脉相承、紧密交织的，但其并非是自我发展的结果，而是由我国政府主动主导的。新中国成立以来的金融监管制度可以大致划分成四个阶段，第一阶段从 1949~1977 年，是"大一统"的金融体系与金融管理制度阶段；第二阶段从 1978~1992 年，是市场经济金融体系的引进与统一监管的实施阶段；第三阶段从 1993~2003 年，是金融体制改革深化与分业监管模式的确立阶段；第四阶段从 2004 年至今，是"一行三会"监管模式的发展与完善阶段。尽管目前，我国已成立了金融稳定发展委员会，并将银监会与保监会合并为银行保险监督管理委员会，但总体的分业监管情况并没有完全消失，而且"一委一行两会"的模式刚刚开始运行，具体功能还尚未明晰，因此我们还是将其归并到"一行三会"以来的发展阶段当中。

总体来看，我国金融监管的特点仍然是分业监管的模式。此外，目前监管体系存在三大主要的问题。第一，较之发达国家金融机构和我国非金融类企业，我国金融机构的政治关联程度更强。这种情况下，监管者和金融行业之间可能形成庞大的利益共同集团，以损害国家利益和亿万中小投资者利益为代价来获得一己之私，严重损害政府的声誉。第二，有问题的监管理念和思想导致系统性的监管失灵，金融监管者被一种错误的观念所影响，从而引发了一系列的监管问题。如果政府和监管者对这样的意识形态产生了共鸣，并依靠公众对意识形态的广泛认同来获取权力和威望，那么他们就会不遗余力地为其辩护而对相互矛盾的证据视而不见，监管自由化倾向正是由此产生。第三，缺少对金融监管者的监督机制，而且对于监管者的处罚方式往往与可能的违法收益不匹配，起不到警示作用。

（二）金融监管的调整

对于目前金融监管体系的问题，我们首先要从监管理念、监管模式和监管方式上实现重构。监管理念的重构需要我们首先明确金融监管的目标，转变以社会稳定和政治目标为中心的旧监管价值取向，建立以风险控制为核心的监管理念。其次还需要我们理顺金融监管中的七大关系。一是理顺金融与实体经济的关系，有效化解金融风险才能真正发挥金融服务于实体经济的作用；二是理顺金融监管与金融行业发展的关系，监管者同时承担发展的目标本身就存在着利益冲突；三是理顺金融监管与金融创新的关系，金融创新的目的之一是绕过监管，而监管过严使得创新不足又会不利于金融发展；四是理顺金融监管与货币政策的关系，在我国，金融监管有时也被作为宏观目标的工具，缺乏应有的独立性；五是理顺监管与管制的关系，管制的目的是保护特殊利益，而监管的目的是防范金融风险；六是理顺中央与地方的关系，中央和地方金融监管分工不清会产生利益冲突；七是理顺宏观审慎与微观审慎的关系，仅管控微观层面风险并不能使整个金融系统获得稳健。

2008年美国金融危机之后，世界上各经济体均对本国的金融监管系统进行了调整，总体来看，均体现出了一定程度的"双峰"监管理念，强调了对金融消费者的保护。重构我国的金融监管模式比较适合借鉴"双峰"模式，在市场环境不断变化的情况下，监管体制并不存在最优，既不是越集中越好，也不是越分散越好，而是要结合市场实际情况不断进行调整。

重构我国的金融监管方式，首先是要从机构监管转向功能监管。功能监管是按照经营业务的性质来划分监管对象的金融监管模式，这种方式有利于金融监管的专业性和针对性，有利于监管理念的一致性，也有利于实现监管公平，促进竞争。当然，在金融混业经营的趋势下，机构监管也有其价值，其与功能监管不是非此即彼的，二者应该互相结合，共同发挥作用。其次是要从行政手段转向法律手段。过多采用行政手段使得我国的金融监管存在着规则的随意性，执法缺乏专业性，以及政策有不可预见性等问题，不利于金融市场的制度化和法制化。最后是向前瞻性监管、嵌入式监管和分析式监管转变，进而辅助提升金融机构公司治理水平，公司治理水平的提高是维护金融稳定的基石。

在利率市场化背景下，金融业混业经营的大趋势要求我国改革现有的金融监管架构。此外，还应注意对监管队伍的培养和监管监督体系的建设。人才是监管系统的核心，好的监管要求一支专业、高效、协调充分的监管队伍，日益深化和复杂的金融风险也对监管者的能力提出了严重挑战。监管者也需要受到监管，我们应该建立一支独立于金融市场，由金融学家、经济学家、会计师、律师等组成的跨学科专业化队伍，对监管的实施进行权威评估。

(三) 利率市场化背景下的金融监管实施

在利率市场化背景下，为应对金融风险，在监管层面，我们需要协调实施微观审慎监管和宏观审慎监管，并完善有关金融基础设施的建设。

在微观审慎方面，监管者需要不断完善资本监管制度和流动性监管标准，切实鼓励提高金融机构的公司治理水平，进而提升金融机构应对风险的能力。在宏观审慎方面，目前央行已经推出了宏观审慎评估体系（MPA），将其与差别准备金率相结合，未来需要在此基础上不断结合实际情况进行相应的调整和对系统的完善，使之更有效地发挥应对系统性金融风险的作用。在金融基础设施建设方面，我们需要完善高风险金融机构的处置和退出机制，尝试推行"购买与承接"

等市场化处置手段，还应加强对金融消费者的保护机制建设，健全有关法律体系，构建全民金融教育体系，提升消费者的自我保护意识和能力。

本书将首先从回顾中国的利率市场化改革历程开始，其次从理论和经验两个角度分析利率市场化与金融风险的关系，再次分微观、中观和宏观三个层面研究利率市场化背景下我国金融风险的预期表现，再次从总体上分析系统性金融危机爆发的可能性，最后探讨在利率市场化改革的背景下应对金融风险的手段。

金融体系繁复庞杂，金融改革更是一项复杂的系统工程，我们的研究难以面面俱到。但通过对利率市场化改革背景下我国金融风险的表现和应对的这些分析，希望可以为中国的金融稳定和长远经济发展提出一些有价值的借鉴，为中国的金融改革作出一些有益的理论探索。

第二章

利率市场化改革进程与主要经济问题

我国的利率市场化改革肇始于1993年,伴随着商品市场价格市场化的完成,资本市场价格的市场化被逐渐提上日程。经过长达22年的改革,直到2015年利率市场化才基本完成,后续仍将有许多进一步完善的措施。伴随着渐进式的改革,我国经济系统中也表现出一些突出的问题,这些问题形成了我国推进利率市场化改革的主要原因,同时,这些问题也形成了利率市场化改革过程中及其后需要面临的重要风险。

第一节 利率市场化改革模式的选择

20世纪80年代末,许多实行计划经济的国家开始逐步向市场经济转轨。从各经济体的经验来看,转轨方式一般分为"渐进式"和"激进式"两种。1978年,我国经济改革也开始逐步进入双重转型阶段。到20世纪90年代,就经济转轨应该采用"激进式改革"(比如,休克疗法)还是"渐进式改革"这一问题,吸引了大量经济学者的研究兴趣。

"激进式改革"的拥护者认为"人不可能分两次越过深渊","休克疗法"可以快速消除新旧制度过渡过程中的不稳定预期。菲舍尔和萨海(Fischer and Sahay, 2000)比较了中东欧国家转轨改革的成功经验,发现改革进行得越早、越快、越彻底的国家会有较好的经济表现。

林毅夫等（1993）则认为根据一个预定的改革时间表所进行的"一揽子"改革，不能从根本上改变计划经济，计划者不能获得充分信息所造成的改革效率低下问题。市场经济制度规则的建立，不仅要求制度设计，还需要制度的发育和生成。旧的规则和惯例可以通过"激进式改革"迅速废除，但新的制度规则却无法立刻建设起来。盛洪（1996）提出过渡经济学是找出一条改革的最优路径，以最小的改革成本和阻力完成经济体制的过渡。而"休克疗法"的研究者是以新古典经济学为主要研究方法，探讨的重点在于不断重复"市场经济优于计划经济"这一常识，认为市场化改革只是简单的市场经济对于计划经济的替代。

"激进式改革"是将改革寄希望于复制发达国家的成功经验。而渐进式改革本质上是改革的试错过程，是在试错中实现体制、制度变迁的协调。樊纲（1993）对两种改革模式进行比较，发现并没有理论证据表明哪一种改革模式较为优越。在进行"休克疗法"的国家中，人们的眼光多放在"社会冲突"及其引发的经济损失，因而会更多地讨论"是否应放慢脚步以缓解矛盾"；"渐进式"改革的国家中，人们争论的焦点则多为经济长期扭曲、双重体制及经济预期不稳定，会更注重探讨"是否应加快改革脚步以结束改革中所产生的扭曲"上。

结合我国国情，邓小平同志强调经济改革应遵循"走一步，看一步""摸着石头过河"的渐进式改革模式。

具体到利率市场化改革，各国利率市场化的经验告诉我们，渐进式改革模式是符合中国经济金融基本国情的理性选择。当前中国经济的特征与利率市场化之前的美日韩等国具有较大相似之处。一方面，通货膨胀率高企和市场利率攀升，"负利率"现象日益严重；另一方面，"金融脱媒"对银行传统业务模式提出了严峻挑战。

同时，美日韩等经济体的改革经验表明，利率市场化的渐进式过程需要一个较长的时间。从市场主体看，国有企业作为主要资金需求方，对其资金硬约束仍需进一步增强；而作为资金供给方的商业银行，公司治理机制等仍需进一步完善。培育经济主体的市场观念和市场行为，加强和完善金融市场的基础制度建设，都将是一个长期的过程。因此只有做到改革循序渐进，才能有效应对利率市场化过程中不断出现的新情况新问题。

基于上述考虑，我国逐渐明确了利率市场化改革的总体思路。2003年2月20日，中国人民银行发布了《2002年中国货币政策执行报告》公布了我国利率市场化："先外币、后本币；先贷款、后存款；先长期、大额，后短期、小额"的"三先三后"总体改革思路。

1. "先外币、后本币；先长期、大额，后短期、小额"的改革思路

若先开放本币利率，容易造成利率的大幅波动，难以控制风险。而先开放占比较小的外币，便于银行和监管部门进行风险控制，同时又可作为参照，为之后的本币存款利率开放提供政策建议。

由于流动性等因素的制约，短期银行存款契约较难转换为长期银行存款契约，而长期存款转换为短期存款却极为容易。若先开放短期银行存款利率，长期存款因放开管制后短期存款利率的升高而迅速向短期银行存款转换，会加大银行的利率风险和流动性风险。

同样地，作为银行系统主要资金来源，放开小额存款利率会使得银行大部分存款利率提高，同时，在市场机制作用下，大额存款会通过迅速转换成小额存款规避管制从而导致政策失效（陈伟光，2003）。从国际经验来看，许多国家也是利用逐渐放松对小额存款利率来完成过渡的。

2. "先贷款，后存款"的改革思路

我国于2013年7月全面放开贷款利率，先实现了贷款利率的市场化；然后于2015年10月基本全面放开存款利率，实现存款利率的市场化。

先贷后存的改革思路源于以下一些原因：

（1）保障银行业的安全性。

王国松（2001）认为，通过"先贷后存"的次序安排，政府为银行部门创造了一种政策性租金机会，即将银行存款客户在自由竞争市场中应得的一部分利息收入通过存款利率控制政策而让渡给银行部门；相反，如果是"先存后贷"，政府可为企业部门创造一种政策性租金机会。简单来说，就是政府将这部分的政策性租金让渡给实体经济部门还是银行部门的选择问题。

如果从1979年恢复农业银行开始算起，中国现代银行业并未经历很长的发展时间。在此之后的很长一段时间内，中国金融业以银行业为主导，银行业总资产占金融业总资产99%以上，银行业贷款占社会融资规模总量的90%以上。随着金融脱媒的产生和"影子银行"、互联网金融的兴起，传统银行业的资产规模比重明显下降，但银行业的金融机构"龙头老大"地位仍然稳固。据银监会的统计数据，截至2016年第一季度，银行业资产总额达到208.56万亿元，负债总额达192.48万亿元。可见，无论是在"三先三后"改革思路提出的2003年，抑或在金融高速发展的今天，银行业都具有不可撼动的地位。

在完全实现利率市场化前，需要保障银行金融机构的稳定与安全，否则容易引发金融危机，造成经济瘫痪。因此，政府选择将政策性租金让渡给银行部门。

（2）借鉴国际经验。

首先，纵观国际上成功完成利率市场化改革的国家和地区（见表2-1），大多都施行"先贷款后存款"的改革模式，将存款利率放开作为最后、也是最为关键的一步。

表 2-1　　　　　　　利率市场化改革次序的国际经验

国家或地区	利率市场化开始时间	贷款利率市场化完成时间	存款利率市场化完成时间	利率市场化完成时间
美国	1970 年 7 月	1980 年 3 月	1986 年 3 月	1986 年 3 月
德国	1962 年	1967 年 4 月	1973 年 10 月	1973 年 10 月
日本	1977 年 4 月	1989 年 1 月	1994 年 10 月	1994 年 10 月
韩国（第二次）	1991 年	1995 年 7 月	1997 年	1997 年
印度	1992 年	1998 年	2011 年	2011 年
中国台湾	1975 年	1987 年	1989 年 7 月	1989 年 7 月

资料来源：张健华：《利率市场化的全球经验》，机械工业出版社 2012 年版。

金中夏等（2013）认为，放开贷款利率有利于保持一定利差，为金融机构增强资金定价和风险管理能力、提高盈利水平争取必要的准备时间，相关监管机构也争取到足够的准备，加强金融监管，避免迅速放开存款利率后出现恶性竞争的现象。同时，在金融体系还不够发达时，从金融资源配置的角度来看，贷款利率市场化的作用大于存款利率市场化。

首先，若单纯以"多数国家采用"作为政策制定的参考依据，毕竟略微单薄。因为也有未采用"先贷后存"改革顺序成功完成利率市场化的国家。这些国家的经验对我国是否适用值得探讨。

其次，尽管英国成功的完成了利率市场化，也并未遵循渐进式的"先贷后存"的模式，而是在 1971 年发表 Competition and Credit Control 报告取消银行所有利率协定，"一步到位"的开放了贷款利率和存款利率。但由于"一步到位"政策，加上英国当时的高通胀率、英镑贬值的经济衰退情况，1972 年政府再次干涉利率，1973 年又对部分存款进行长达 2 年的利率限制，使得利率市场化过程有所反复。

最后，与大多数国家相反，法国适用的是先开放存款利率再开放贷款利率的顺序推动利率市场化改革。实行这种改革目标的原因，可以从当时法国的经济环境考虑。与我国"流动性过剩""预防性储蓄"的情况不同，第二次世界大战后为恢复经济，法国政府对信贷加强了管制，使得实际利率在长时间内处于"负利率"的状态，银行吸收存款能力受限，资金供求紧张，流动性不足。因此，法国将开放存款利率作为推行利率改革的第一个步骤，是为了强化银行吸收资金的能力。基于这点，法国的经验对于我国来说或许并不适用。

基于上述原因，我国确立了"先外币、后本币；先贷款、后存款；先长期大额、后短期小额"稳步推进的改革思路。

第二节　中国的利率市场化改革进程

表 2-2 汇编了我国利率市场化改革中的各个重要节点，可以让读者先对我国利率市场化改革全过程有一个直观的了解。

表 2-2　　　　　　　中国利率市场化改革进程编年史

时间		事件
1993 年	12 月	提出利率市场化改革基本设想
1996 年	1 月	Chibor 建立
	5 月	贷款利率上浮幅度缩小十个百分点到 10%
	6 月	银行同业拆借利率开放
1997 年	6 月	开放回购利率和现券交易价格
1998 年	3 月	改革再贴现利率及贴现利率的生成机制，放开贴现和转贴现利率
	9 月	银行间债券市场首次进行市场化发债
	10 月	扩大贷款利率浮动区间
1999 年	10 月	尝试大额长期存款利率市场化
2000 年	9 月	积极推进境内外币利率市场化
2002 年	3 月	实现中外银行外币利率政策公平
2003 年	7 月	放开英、法、加的外币小额存款利率管理
	8 月	尝试扩大贷款利率上限
	11 月	放开美、日、港、欧元小额存款利率管理
2004 年	1 月	再次扩大贷款利率浮动区间
	3 月	实行再贷款浮息制度
	10 月	基本取消贷款利率上限，允许存款利率下浮
2005 年	3 月	个人住房贷款优惠利率回归正常贷款利率水平并实行下限管理
		同业存款利率基本放开
2006 年	8 月	扩大商业性个人住房贷款浮动范围
2007 年	1 月	Shibor 上线
2008 年	10 月	再次调整商业性个人住房贷款下限
2010 年	9 月	贷款购买第二套房，贷款利率不低于基准利率 1.1 倍

续表

时间		事件
2012 年	6 月	央行降低贷款利率浮动下限
		调整存款利率浮动上限
	7 月	进一步调整贷款利率浮动下限
2013 年	7 月	全面放开金融机构贷款利率（房屋贷款除外）
	10 月	贷款基础利率（LPR）运行
	12 月	发布同业存单管理办法
2014 年	3 月	上海自贸区试点外币存贷利率完全放开
	11 月	扩大人民币存款利率浮动区间上限，简化了存贷款基准利率的期限档次
		存款保险制度方案正式推出
2015 年	2 月	存款利率上浮区间由 1.2 倍调整为 1.3 倍
	5 月	《存款保险条例》正式出台
		存款利率浮动区间的上限由存款基准利率的 1.3 倍调整为 1.5 倍
	6 月	《大额存单管理暂行办法》宣布面向机构及个人推出大额存单，按期限分，共 9 个品种
	8 月	放开一年期以上定期存款利率浮动上限
	9 月	存款就准备金考核制度由时点法变更为平均法
	10 月	存款利率上限开放（利率市场化基本完成）

资料来源：作者根据相关文献资料整理。

1993 年 11 月中共十四届三中全会通过了《中共中央关于建立社会主义市场经济体制若干问题的决定》，同年 12 月国务院下发了《国务院关于金融体制改革的决定》，初步提出了利率市场化改革的基本构想。2002 年在党的十六大报告中指出"稳步推进利率市场化改革，优化金融资源配置"，这是中央第一次明确提出利率市场化这一概念。2003 年中共十六届三中全会通过了《中共中央关于完善社会主义市场经济体制若干问题的决定》，确立了利率市场化改革的目标是"建立健全由市场供求决定的利率形成机制，中央银行通过运用货币政策工具引导市场利率"。

2003 年 3 月，在人民银行公布的《2002 年中国货币政策执行报告》中对我国利率市场化改革的总体思路进行论述，即按照"先外币、后本币，先贷款、后存款，先长期、大额，后短期、小额"的思路推进利率市场化改革。至此，我国的利率市场化改革目标、思路基本确立。

2013年11月，中国人民银行副行长潘功胜在中国金融会计学会2013年学术年会上明确指出，进一步推进利率市场化改革的基本思想是：坚持以建立健全由市场供求决定的利率形成机制为总体改革方向，完善市场化的利率体系和利率传导机制，充分发挥市场在资源配置中的基础性作用，提高中央银行利率调控能力，增强宏观调控的有效性，稳妥有序推进利率市场化改革。

我国利率市场化的总体目标是明确的，但路途并不平坦。正如所有的金融改革一样，每一阶段的改革又导致新的金融扭曲的出现。"渐进式改革会造成经济扭曲与无效率长期存在，新旧体制摩擦不断增大，新体制成长遭受严重桎梏，腐败及经济增长放缓等问题加剧社会不稳定……"，且新旧体制摩擦还会延缓矛盾暴露，导致改革进程迟滞不前（戴金平等，2014）。不仅如此，改革越深入，需要的相关配套措施就越多，改革的难度就越大。

下面，我们将利率市场化改革分为改革前夕、萌芽期、稳步推进期、缓慢推进期和加速推进期五个阶段，分析改革措施及每一阶段衍生出的新问题，试图理清我国利率市场化的改革逻辑与进程。

一、改革前夕（1989～1993年）

20世纪80年代，中央计划经济与控制思想逐渐被经济自由化原则替代。

同时，随着"拨改贷"的推进，专业银行逐步恢复，人民银行专门行使中央银行职能，金融机构呈现多元化发展，机构间资金余缺调剂的需求推动同业拆借市场迅速发展，资金批发市场初具规模。金融机构、甚至于一些个人都进入了同业拆借市场。在南方的一些城市，同业拆借利率甚至一度高达200%。资金需求的刺激、监管体制尚未健全以及市场的不透明性导致了高风险拆借行为的盛行。

在管制利率下，我国主要通过调整官方利率作为主要利率调节手段：通过综合考虑各种如社会总供求、银行利润，特别是物价等宏观因素后，制定一年期的存贷款利率，再推算出各期限的存款利率，最后制定贷款利率。值得一提的是，利率水平的最终确定是企业、国有银行、财政及央行等多方博弈的结果。这种制定方式使得不同期限的利率表现出高度的相关性，无法较好地反映市场需求及风险预期，削弱了利率政策的有效性。

谢平等（2003）通过观察我国利率政策的运行环境发现，1989年以来我国利率结构不尽合理，出现存贷利差为零甚至倒挂的现象（见表2-3）。这一现象与我国1979年前后发生的情况相似：由于对利率的认识上存在误区，只将利率作为国民收入再分配的手段，而忽视了利率本身优化金融资源配置的作用。在高通货膨胀时期，为保护存款者的利益提高存款利率，却因为国企、财政部门的反对无法提高相应贷款利率,最终不利于金融体系的健康运行。

表 2-3　　　　　　　　　改革前夕存贷利差

时间段	一年期贷款利率	一年期存款利率	利差	持续时间（月）
1989 年 2 月~1990 年 3 月	11.34	11.34	0	13
1990 年 3 月~1990 年 4 月	10.08	11.34	-1.26	1
1990 年 4 月~1990 年 8 月	10.08	10.08	0	4
1991 年 4 月~1991 年 6 月	8.64	8.64	0	2
1993 年 7 月~1995 年 6 月	10.98	10.98	0	24

资料来源：谢平、袁沁敔：《我国近年利率政策的效果分析》,载于《金融研究》2003 年第 5 期。

20 世纪 80 年代末,尽管我国在农业改革初期及经济特区建立后取得了明显成功,但也受到货币失控引起的通货膨胀和隐蔽通货膨胀的破坏（麦金农,1993）。1992 年邓小平同志南方谈话之后,我国各地掀起市场经济投资热潮。第一季度新开工项目计划总投资同比增长 224%,货币投放大幅增加,有史以来首次在 3 月就已出现货币净投放的现象,居民存款储蓄余额下降。而粮食的减产也激发了抢购潮,零售物价明显上升。

1993 年过热的大规模基础建设投资导致央行对货币和信贷的控制不再有效,出现高通胀和信贷急速扩张的情况。秉光贤等（1993）认为,为防止投资、消费双膨胀,应收缩信贷,提高利率,改变实际利率为负的情况以稳定居民储蓄。尽管存款利率提高能稳定居民储蓄,由各相关部门共同影响的贷款利率确定起来却更为复杂,无法按照货币管理当局的意愿快速提高,不利于遏制通货膨胀。同时,如果通货膨胀是成本推进的通货膨胀,要素成本上升,供给不足,制定高利率反而会造成企业经营困难。

市场决定的利率相较于管制利率更能较好地引导资源分配。在利率市场化的必要性和重要性日益凸显的情况下,我国开始有了利率市场化的改革构想。

二、萌芽期（1993~2003 年）

（一）改革措施

针对改革前夕的问题,这一阶段的改革措施从以下几个方面出发：

1. 启动利率市场化改革

1993年11月中共十四届三中全会《中共中央关于建立社会主义市场经济体制若干问题的决定》首先确定了建立社会主义市场化经济体制的目标：使市场在国家宏观调控下对资源配置起基础性作用。同时，将利率市场化的基本构想初步设定为"中央银行按照资金供求状况及时调整基准利率，并允许商业银行存贷款利率在规定幅度内自由浮动"。

同年12月，《国务院关于金融体制改革的决定》完善了这一构想："中国人民银行要制定存、贷款利率的上下限，进一步理顺存款利率、贷款利率和有价证券利率之间的关系；各类利率要反映期限、成本、风险的区别，保持合理利差；逐步形成以中央银行利率为基础的市场利率体系"。

2. 尝试放开特定的存、贷款利率

贷款利率的调整最初可以追溯到1983年国务院授予了中国人民银行在基准贷款利率基础上，上下各20%的浮动权。

在长期产业先行、金融抑制的政策惯性影响下，决策者出于对贷款利率市场化会增大企业财务成本的顾虑，同时也受到来自实体经济相关各部门的巨大阻力，改革一度有所倒退。

1996年5月，为减轻企业的利息支出负担，贷款利率的上浮幅度由20%缩小为10%，浮动范围仅限于流动资金贷款。

1997年适逢亚洲经济危机爆发，影响中国经济运行，为了鼓励银行对中小企业的贷款，中国人民银行建议商业性贷款利率上浮上限扩大至30%。但由于相关部门担心商业银行对大型企业的贷款利率上浮导致其融资成本上升，意见折中后决定自1998年10月31日起，金融机构对小企业的贷款利率上浮幅度由10%扩大到20%，农村信用社贷款利率上浮幅度由40%扩大到50%，维持大中型企业贷款利率上浮幅度10%。尽管这次的调整不大，却无疑是贷款利率市场化改革的一次破冰之举（易纲，2009）。

1999年为了支持中小企业的发展，贷款利率上浮幅度再度扩大，将县以下金融机构和商业银行对中小企业的上浮幅度增至30%。

由于存款利率市场化改革的影响相对于债券市场更加深远，对银行的产权机制、经营体制要求更高，更容易影响金融体系安全，因此，相比于贷款利率市场化的进程，存款利率的开放是一步三探，审慎实施。

1999年10月，中央对存款利率改革进行了一次初步尝试。中国人民银行选择了风险相对可控的机构间批发市场，批准中资商业银行法人对中资保险公司法人试办由双方协商确定利率的大额定期存款（最低起存金额3 000万元，期限在5年以上不含5年）。

2002~2003 年，协议存款试点的存款人范围逐步扩大。由于金融机构资本约束机制难以在短期内形成、片面追求扩张的冲动依然较强，在零售市场上存款利率的放开可能导致金融机构间哄抬利率的非理性价格竞争，需要利率上限对其进行约束，对零售存款利率形成了"管住上限，向下浮动"的市场化思路。

3. 对我国秩序混乱的资金拆借市场（特别是 1993 年前后）进行整顿

中国人民银行开始对拆借利率实行管制，整顿同业拆借市场。我国同业拆借市场发展至 20 世纪 90 年代后期，相关制度规范得以不断完善。

1996 年，央行建立了全国统一的同业拆借市场，银行间同业拆借利率（Chibor）随之上线运行。这一市场的建立意味着同业拆借的透明化，开放拆借利率的条件更为成熟。于是，1996 年 6 月 1 日起，中央银行取消了同业拆借利率的上限管理，同业拆借利率完全由市场供求决定，即实现同业拆借利率市场化。

4. 为拆借利率市场建立良好的运行环境

为给拆借利率市场化创造良好的运行环境，财政部通过交易所平台实现了利率招标、收益率招标等多种方式的国债市场化发行。国债发行的市场化为债券市场的市场化开创了先河。

1997 年 6 月，银行开办了债券回购业务，根据中国人民银行下发的《关于银行间债券回购业务有关问题的通知》，开放了回购利率与现券交易价格，实现了回购利率市场化。

1998 年 3 月央行改革了再贴现利率及贴现利率的生成机制，放开了贴现和转贴现利率。9 月，国家开发银行的金融债券在银行间债券市场首次以公开招标的市场化方式发行。而财政部也于次年首次在银行间债券市场采用市场招标形式发行国债。

央行通过取消拆借利率上限、政策性银行市场化发行金融债券、国债市场化发行等政策引导债券的市场化发行步入轨道，扩大利率市场化的范围，完善银行间市场利率的形成。

5. 汇率市场化改革与利率市场化改革协调推进

金融抑制最典型的表现就是政府对于利率和汇率的管制。

如果说，利率是资金的价格，那么汇率就是货币的价格。利率和汇率的区别就在于一个对内，一个对外。利率市场化可以降低投资率，促进消费需求实现我国的经济转型；汇率市场化则可通过人民币升值减少经常项目顺差，从而实现经济再平衡（尼古拉斯·拉迪等，2013）。

利率市场化只是金融深化的一部分，真正实现金融自由化还需要放松汇率限制和资本账户管制，促进经济发展。

盛松成和刘西（2015）认为，利率市场化、汇率市场化及资本账户改革三者需协调推进，可以避免金融指标大幅波动。因而我们在考虑利率市场化的同时，也需要同时推动汇率市场化和资本项目可兑换。

1994年1月起，我国实行汇率并轨，建立"以市场供求为基础的、单一的、有管理的"浮动汇率制度，取消外汇留成与上缴、取消境内外汇计价结算，实行银行结汇售汇，加强国际收支管理，推动人民币经常项目下的有条件兑换，初步确立市场配置外汇资源的基础地位（胡晓炼，2008；王坤，2009）。

6. 发展规范的资本市场

发展资本市场是金融自由化的重要环节。资本市场的发展有助于构建企业的治理结构，加强企业管理约束，实现由直接融资向间接融资的转变，实现实体经济市场化，是利率市场化的基础。

1990~1991年，上海证券交易所、深圳证券交易所相继建立。但由于建立之初，交易机制、监管机制不完善，对资本市场发展存在认识误区，股价呈现较大波动。为加强金融监管、推动资本市场有序发展，1992年10月，我国成立国务院证券管理委员会和中国证券监督委员会。

1993年我国颁布《股票发行与交易管理暂行条例》《公开发行股票公司信息披露实施细则》《禁止证券欺诈行为暂行办法》等一系列法律法规，资本市场监管体系初步形成。

1998年4月，撤销国务院证券管理委员会，由中国证券监督委员会统一管理。

亚洲金融危机后，为稳定金融市场发展，1998年12月29日第九届全国人大常委会第六次会议通过了《证券法》并于1999年7月1日起正式实施。这是新中国成立以来我国第一部规范证券发行交易的法律，标志着证券市场在我国市场经济中的重要法律地位。

综上，这一阶段的改革主要体现了"摸着石头过河"的改革方式。对于利率市场化的推进大多处于"尝试"的阶段。改革在这一时期取得了一些不错的成果：首先，货币市场利率市场化初步完成；其次，存贷款利率改革（特别是贷款）虽然遭遇反复，但仍有较大的突破。再次，国有银行改革也完成了市场化。最后，国企也开始从国有企业向国资企业逐渐转变。

（二）改革过程中的经济问题

尽管这一阶段改革成果颇丰，但新旧体制摩擦也产生了许多经济扭曲的问题：

1. 存贷款利率设置不合理

表2-4列举了存贷款利率设置过高的时期。

表 2-4　存款准备金利率和央行再贷款利率分别高于一年期存贷利率

时间段	准备金存款利率	一年期存款利率	利差	持续时间（月）
1993年5月~1993年6月	7.56	7.56	0	1
1996年8月~1997年10月	8.28	7.47	0.81	14
1997年10月~1998年3月	7.56	5.67	1.89	5
1998年3月~1998年6月	5.22	5.22	0	3
时间段	央行再贷款利率	一年期贷款利率	利差	持续时间（月）
1996年5月~1996年8月	10.98	10.98	0	3
1996年8月~1997年10月	10.62	10.08	0.54	14
1997年10月~1998年3月	9.36	8.64	0.72	5
1998年3月~1998年6月	7.92	7.92	0	3

资料来源：谢平、袁沁敔，《我国近年利率政策的效果分析》，载于《金融研究》2003年第5期。

一般情况下，许多国外的央行对超额准备金[①]付息较低甚至为零，我国央行设置如此高的利率本意是为了通过对超额准备金付息，鼓励银行将暂时不用的闲置资金存入央行，同时设置高于一年期贷款利率的再贷款利率，加强对信贷规模的控制。

但这一政策的效果没有得到体现。商业银行发现将存款转入央行可以保本甚至获利，因而其备付金和准备金余额双重增长。

我国在1997年前后受亚洲金融危机的影响经济下行。央行曾试图通过降息启动经济，但"为兼顾货币政策与金融机构的利益平衡，在维持再贷款利率较高的水平下提高存款准备金和备付金率"（谢平等，2003）导致了利率结构失衡。

2. 长期的利率结构失衡导致利率结构刚性

在我国管制利率下，存贷利率由央行决定仅仅是一种形式，利率实际上是由国务院、财政部、经贸委等多个部门共同协商博弈的结果。在兼顾各部门利益进行人为调控的同时，管制利率的滞后性也更加显现：一方面，我国经济发展等原因导致本身的利率政策传导具有外在滞后性；另一方面，由于利率制定的过程是多方博弈，延长了利率政策的内在时滞。双重滞后性导致利率与经济变量的弱相关性（曹龙骐和郑建明，2000）。

3. 管制利率的弊端日益凸显

启动利率市场化之前，在计划经济的背景下，管制利率的弊病并未凸显出

---

① 超额准备金，也称备付金，是商业银行及存款性金融机构在央行存款账户上的实际准备金超过法定准备金和自由准备金的部分，是商业银行及存款性金融机构希望立即消除的准备金部分。

来。而进入20世纪90年代后，随着市场机制作用不断增大，除了国企、国有银行经营模式逐渐向市场化转变，非国有企业、股份制银行和外资银行的兴起也使得管制利率的弊端愈发突出（黄金老，2001）。

在管制利率下，银行不能通过差别利率识别不同风险的贷款人；由于存款利率被人为压低，债券利率一直高于存款利率，资金从银行流向债券市场；利率管制造成的本外币利差也导致了一定程度的资本外逃现象。

而高通货膨胀加上管制利率导致的存款"发毛"，形成了一种居民补贴企业的财富分配机制，导致国民收入分配不断向企业和政府倾斜。

4. 管制利率的政策意图不再有效

利率管制的政策目的在于：（1）通过贷款利率管制，降低资金成本，促进投资、提高企业利润，推动经济发展；（2）存款利率管制可以降低银行吸纳储蓄成本，维护银行利润，防止银行间的恶性竞争。

但是，企业获得资金成本的降低使得企业可运用"便宜"的资金进行投资，容易造成投资浪费；由于银行无法通过价格方式竞争，为了争夺有限的存款，不少银行通过馈赠礼品、给予回扣等方式吸收存款。

5. 政府体制改革与金融改革之间出现摩擦

1992年邓小平同志南方谈话中正式明确了我国要建设社会主义市场经济体制。我国金融改革，特别是银行体系改革的同时，政府体系改革也不断深入。

地方政绩考核制度决定了地方GDP指标是最重要的政绩考核指标。地方政府通过培植地方税、开展各种新项目等增加财政收入和预算外收入。而这些项目的资金来源主要有两方面：（1）由于国有商业银行分行存在地域性特征，地方政府拥有一定的对国有银行分支机构的领导考核权，国有银行分支机构有迎合地方政府偏好的倾向，从而成为地方政府重要的金融资源。（2）1994年开始，城市信用社逐渐整改为城市商业银行。依据当时的《城市商业银行暂行管理办法》，地方政府在城市商业银行控股中形成"一股独大"的局面。地方政府也利用城市商业银行改制机会将其作为地方金融的另一资金来源（巴曙松等，2005）。

截至2003年，我国共有110家城市商业银行。其中，七成以上的城市商业银行利润为零；不少银行技术上早已破产；一些城商行的不良贷款率高达50%以上，并且，没有一家的资产利润率超过1%（巴曙松等，2005）。

（三）相关改革的协调推进

推进利率市场化，在放松利率管制的同时还需要其他相关改革的协调推进。我们认为，我国利率市场化进程中一个重要的障碍，就是国企、银行和政府间存在严重的"预算软约束问题"。

实体经济自由化是利率市场化的基础。有别于发达国家的情况，大部分的发展中国家在金融抑制下形成的非完全竞争市场存在许多歧视、垄断和非公平交易等。这主要体现在国有企业和国有银行。尽管 1979 年我国就开始实行"拨改贷"，但由于存在计划经济遗留问题，国有企业仍更易获得银行贷款，而银行降低对国有企业放贷又是基于国有银行与中央财政间的"金融契约"，即国家对国有银行的隐性担保。

要实现利率市场化，就需要改变政府（特别是地方政府）、国有企业和银行间的非市场化关系，否则就算利率开放管制，也不能真正意义上实现市场定价机制，令利率市场化成为一纸空谈。了解国有企业、银行改革、政府体制改革进程，有助于更好理解我国利率市场化进程。

1. 国有企业公司化

自中共十一届三中全会开始，国企改革快速推进。对于国企改革的阶段，不同学者的划分也不尽相同（比如林毅夫，1994；杨其静，2008；田国强等，2014）。李保民等（2014）通过国企称谓的变化（"国营企业"→"国有企业"→"国资企业"）勾勒出国企改革的路线图。参考他们的划分方法，本文将十一届三中全会以来国有企业改革分为几个阶段：

1993 年之前的国企改革分为"放权让利"阶段（1978~1984 年）和政企分开与两权分离阶段（1984~1993 年）。这两个阶段的改革措施包括：给予企业自主经营管理权；明晰工业生产经济责任制；通过"利改税"等一系列措施增强企业活力；开创股份制改革先河等等。

"放权让利"阶段与"政企分开两权分离"阶段改革成效十分有限。1988 年以前，国有企业亏损一般低于 20%，但到了 20 世纪 90 年代初，国有企业的经营状况开始下降，出现盈亏"三三制"，再后来甚至出现 40% 以上的亏损，国有部门也出现了净亏损高达 130 亿元的情况。究其原因，是这些改革并未从根本上改变国有企业的基本制度，也没能建立起有效的激励机制和公司治理机制，因而无法解决国有企业的各种深层次问题。

1993 年中共十四届三中全会提出要深化国有企业改革需通过建立"产权清晰、权责明确、政企分开、管理科学"的现代企业制度，实现企业制度的创新。

虽然国务院选择 100 家国有企业试点，但在改革初期，由于未强调"多元持股"这一重要形式，使得试点企业并未从根本上形成有效的公司治理机制。直到 1997 年中国共产党第十五次代表大会和 1999 年中共第十五届四中全会的召开才进一步明确了对大中型国有企业改革的模式和方向。

1998 年以后，国有大中型企业从根本上进行公司化改革，包括实现政企职责分离，打破垄断，促进竞争以及企业重组上市（吴敬琏，2010）。

与此同时，由于党的十四大首次提出"多种经济成分长期共同发展"的方针，国内经济学家开始关注将大中型国有企业和中小型国有企业进行"分类改革"，提出通过"包""租""卖"的方式将小型国企民营化（吴敬琏，1992）。于是，一些地方政府大胆改革，开始对一些中小型国有企业进行非国有化。此举得到了中央政府的认同，并引发了一场中小型国企私有化的浪潮。1995 年，党的十五大正式确立"抓大放小"的改革方针（杨其静，2008）。

2. 国有银行商业化改革与市场化改革

1978 年以前，计划经济体制下资金配置基本是根据国家计划，通过财政拨款进行的。1979 年 8 月 28 日，中国人民银行从财政部独立，正式履行央行职能。但分设出来的专业银行因为缺乏自我约束机制，在利益驱使下，出现了"抢占地盘，争发贷款"的现象，造成信贷混乱。而由于当时中国人民银行既要履行央行职责，又要承担工商信贷业务，也没有必要的经济手段，因而难以进行宏观调控，稳定市场，并未形成真正意义上的中央银行体系。

经过专家学者、银行业界人士的探索和深入讨论，1983 年 9 月 17 日，国务院发布《关于中国人民银行专门行使中央银行职能的决定》，标志着中央银行制度在我国正式确立（刘鸿儒，2013）。中国银行与外汇管理局分设，使得中国银行正式成为央行领导下的外汇外贸专业银行。为让中央银行集中精力进行宏观调控，1984 年 1 月 1 日中国工商银行挂牌成立，分离过去由人民银行承担的工商信贷及储蓄业务。至此，我国确立了以中国人民银行为中央银行，中国银行、中国农业银行、中国工商银行、中国建设银行为四大国有商业银行（当时称为国有专业银行）的银行体系，也意味着"拨改贷"的实现。

但是，由于此时的国家专业银行仍是行政化管理体制，商业贷款和政策性贷款共存，是否完成国家的政策性信贷计划在管理者考评中占有重要地位。这还极易造成商业银行将经营不善等归咎于政策性贷款，导致道德风险的产生（田利辉，2005a；易纲，2009）。

而真正让政府意识到这一问题严重性的导火索是：1993 年我国通货膨胀率达 21.7%，创历史新高。同时，为实现 13.5% 的 GDP 增长，当年的国内信贷急速扩张 60%（国有银行信贷规模占信贷市场八成）。为遏制国有银行信贷的高速扩张，切断经济增长与国有银行体系的刚性依赖关系，我国开展了新一轮银行改革（张杰，2008）。

我国国有商业银行改革大致可划分为商业化（1994～1998 年）、市场化（1999～2003 年）和股份化（2004 年至今）三个阶段（田利辉，2005a）。

（1）银行商业化改革（1994～1998 年）。

改革以来，我国政府一方面承担起了经济发展的重任，又要面对放权让利的改革模式和快速被削弱的财政能力，两者间的冲突需要依靠国有银行体系。因此，长期以来，国有银行体系的运行本质是通过与国家缔结一种"金融契约"（即由国家提供隐性担保）为政府提供巨额的资金支持（张杰，2008）。而这种运行模式恰恰是银行改革中最难跨越的障碍。

1993 年中共十四届三中全会的改革目标推动下，国务院下发《国务院关于金融体制改革的决定》，提出通过设立政策性银行，以改变政策性金融与商业金融不分的情况。1994 年，我国陆续成立了三家政策性银行：国家开发银行、中国农业发展银行和中国进出口银行。此后，国家专业银行开始了商业化的改革进程。

中共十四届三中全会后成立的三家"为贯彻特定的经济发展政策而向国有企业提供贷款"的政策性银行，旨在将原有的"金融契约"转移给政策性银行，对国有银行仅承担有限风险担保。1995 年 3 月和 5 月，我国相继出台《中国人民银行法》《中华人民共和国商业银行法》两部银行法规，也表明其改革的决心。

一系列的改革措施在紧缩信贷方面取得了良好成果（由 1993 年 3 500 亿元贷差到 1996 年竟出现 1 132.45 亿元存差），通货膨胀率也不断下降。

但并非所有措施都有显著成效。巴曙松等（2005）认为 1994 年的"分税制"改革虽然初步理顺了中央与地方政府的财政分配问题，但地方政府为培植地方税源、增加地方财政收入和预算外收入，会尽可能利用国家和地方资源（特别是国有商业银行信贷资源）扩大当地的经济规模。从国有银行分行的角度，因其具有地域性特征，在地方政府拥有动用地方存储和对地区分行领导考核的双重权利下，也偏向于迎合地方政府的行为。

同时，大部分政策性贷款义务并未退出也使得国家被迫保持对国有银行的风险承诺，这就导致了"金融契约"未能实现完全转移。

由于在此轮银行改革中，国家未能"在有效削弱地方等因素干扰的条件下同步实现风险承诺的转移，导致了国有银行市场化改革对金融控制的'内生需求'。从此，风险承诺与金融控制很快呈现相互胶着的状态，而兼顾市场化与金融控制抑或推进有控制的国有银行市场化也就被迫成为国家的基本政策诉求"（张杰，2008）。

（2）银行市场化改革（1999~2003 年）。

需要注意的是，自 1995 年两部银行法（特别是《商业银行法》）出台后，人们开始用商业银行标准来审视国有银行。令人失望的是，四大国有银行当时不良贷款率高达 20%~25%，净资本充足率也一度低至 −7.39%。

若我们观察国企改革的进程便不难发现这一问题的症结。其实自"拨改贷"

开始，国家几乎不再向国有企业注入资金。虽然国企和银行改革同步进行，但20世纪90年代以来，国企出现了严重的亏损情况。相应地，为其提供贷款的银行业也坏账频生。

国企亏损严重的可能原因众多（如决策失误、社会负担等），在此不再赘述。而一旦出现亏损，由原本的政府进行财政补贴转变为国有银行对其延长还款期或者追加新贷款的方式，是银行坏债增加的直接原因（樊纲，1999）。

1997年5月，国际投机者看中了经常账户赤字数十年、实体经济受损的泰国，开始大量抛售泰铢。由于当时泰国央行错误地决定维持泰铢兑美元汇率，且泰国银行不良贷款率高企导致银行体系十分脆弱，无法像香港金融管理当局一样，通过提高银行间拆借利息率击退国际投机者对泰铢的攻击（余永定，2007）。1997年7月，泰国央行无奈宣布泰铢对美元贬值并实行浮动汇率，亚洲金融危机爆发。

亚洲金融危机严重影响了一些东亚国家的经济，出现经济萧条甚至倒退。虽然当时金融危机并没有对我国经济构成重大威胁，但却让我国政府深切认识到银行坏账问题的严重性。

1997年11月，全国金融工作会议在北京召开，分析了中国当时的经济问题和金融风险，提出如何防范金融危机、整顿金融秩序和进一步深化金融改革的方案，力争三年内使国内金融秩序明显好转。

1998年11月，政府发行2 700亿元为期30年，年利率7.2%的特别国债，专门用于补充四大国有银行资本金。同时，通过下调银行的法定准备金率，让银行以这部分的资金购买特别国债。财政部用这部分国债收入对银行注入资金，四大国有银行可以将这部分资金用于偿还央行的再贷款。尽管这样的方法提高了四大国有银行的资本充足率，但多年累积的信贷风险难以通过四家银行自身完全消化，若用更为审慎的方法测算，当时四家银行仍资不抵债（平均资本充足率仅为-2.29%）（易纲，2009）。

1999年，国家专门成立信达、华融、东方、长城四家金融资产管理公司（AMCs）。政府进而将1.4万亿元的银行不良资产剥离，由这四家公司接收处置，并勒令银行缩减不良贷款。随后，中央出台了一系列政策进行改革以推进国有银行商业化进程：首先，取消贷款规模制度，实行资产负债比例管理；其次，建立授权授信制度及风险内控机制；再次，银行管理者考核由行政型评估向经济型评估转变；最后，精简冗员。这在相当程度上确立了国有银行市场导向的经营模式（田利辉，2005a）。

这些举措虽在一定程度上降低了我国国有四大银行的不良贷款率，但还未能十分有效地缓解银行体系资产质量恶化的问题。2002年末根据中国人民银行的统计显示，四大国有商业银行的不良贷款仍高达 26.12%。而西方国家对于这个比例估计得更高，一般认为在 30% 以上（聂庆平，2002）。并且从资本充足率来看，除中国银行外，四大国有商业银行也没有达到《巴塞尔协议》的要求。

改革收效甚微，刘鹏和温彬（2007）从制度经济学的角度分析，认为这是因为改革都在技术性边界进行扩展，而没有触动产权结构这一关键变量。如果不进行结构调整并且完善配套改革措施，国家注入资金就很可能被视为纳税人对银行所有者的一次转移支付，或者被轻易地挥霍掉。由此可见，只有从不良债权的内在产生机制和产权结构出发进行改革，才能化解银行体系的风险。

3. 政府体制改革

市场化发展必然要求政府自身进行改革。本部分主要从财政改革和政府行政体制改革进程两个方面出发，分析"预算软约束"的形成原因。

（1）财政制度改革。

在 1978 年实施改革开放之前，地方政府吃中央财政的"大锅饭"，不需要对其财政支出负责。而为适应改革开放，防止财政收入下降，1977 年财政部引进"分灶吃饭"的财政包干体系。地方政府上缴中央政府规定的收入金额，剩余收入由地方政府自行分配。

"财政包干"制度鼓励地方政府推行市场改革、促进地方经济发展，在 20 世纪 80 年代成效显著。然而，随着市场化改革深入，这种财政分配体系难以为继。

我国政府财政收入主要依靠国有企业。市场化改革使得许多新生非国有企业开始蓬勃发展，国有企业利润由于遭遇生产率下降和非国有企业竞争不断减少，政府财政收入随之减少。地方政府需要上缴中央的部分财政收入占比增大。一方面，中央没有自己的税收机构，只能通过地方政府上缴，而地方政府总是想方设法规避上缴义务，把税收从预算内转到预算外……还通过税收优惠和免税的方式"藏富于企业"（陈抗等，2002）。另一方面，这一制度导致了地方保护主义突出：如阻止跨区商品流通、国有企业保护、对国有银行地方分行信贷直接干预等，造成各地区普遍的重复建设和经济无效率。可见，财政包干制阶段就已出现对国有企业的"预算软约束"问题。

不仅如此，"财政包干"导致了中央政府与地方政府收支增长不均衡。由于财政收入包干对地方政府的优惠政策使中央政府收入比重提高得极为缓慢，该数值到 1993 年时仅为 22%。同时，地方政府支出远远高于中央政府支出，占总支出比率迅速增长[①]。

为此，中央曾试图对税收体制重新集权，但被地方政府成功抵制。1993 年，

[①] 到 20 世纪 90 年代末，这项指标上升带了 70% 以上，而在 1980 年时仅为 45%。

中央政府推行了新的税收分配体制——分税制。这一制度将税收划分为中央税、地方税和中央与地方的共享税①，并专门建立了国家税务局征收国税，而地方税务局则仍旧征收地方税（陈抗等，2002）。

（2）政府行政体制改革。

从1982年起为建立与市场经济相适应的政府职能而开始进行政府改革。政府由无限政府向有限政府转变，1993年市场经济体制正式确立，经过十多年的努力，与市场机制相适应的政府初步形成。

1993年国务院机构改革时已经将适应市场化发展作为改革目标，但由于当时市场经济处于建立之初，尚未成熟，此次改革并没有取得很大的进展。

1998年政府改革是改革开放以来最具意义的一次，对宏观调控、专业经济部门进行重点改革：国家经济体制改革委员会不再是国务院的组成部门，调整为国务院高层议事机构；将16个专业经济部门精简为8个，以综合性经济管理部门逐步取代一些原有的专业性经济管理部门（李文钊和毛寿龙，2010）。

除了精简管理部门，政府关系也相应地进行调整。市场化经济下更多地需要进行分权化管理，要求中央政府下放一定的权利给地方政府，由地方政府根据当地经济环境制定发展战略和目标。

行政和财政的这种分权化是市场经济体制的必然结果，但是，正如我们前面所述，造成了体制改革与金融改革的摩擦。分权化管理成为政企关联、预算软约束的重要诱因。

三、稳步推进期（2003～2008年）

1996年起，央行开始实践利率市场化。进入21世纪，中国的金融体制改革取得了巨大的进展，经济实力不断增强，监管规范也日益完善，对中小企业贷款利率调整有效进行和顺利实施增强了实体经济相关部门对利率市场化的信心。

根据上一阶段"摸着石头过河"的改革成果，我国在2003年明确了利率市场化改革的总体方向。

2003年3月发布的《2002年中国货币政策执行报告》对我国利率市场化改革的总体思路进行了论述，即按照"先外币、后本币，先贷款、后存款，先长期、大额，后短期、小额"的思路推进利率市场化改革。

---

① 中央、地方共享税主要是增值税（VAT），75%归中央，25%归地方政府。

（一） 改革措施

1. 促进经济发展，放松贷款利率管制

2003 年，国内经济景气回升，为促进经济发展、发挥经济的适应性调节功能，2003 年 8 月将农村信用社改革试点地区的农村信用社贷款利率浮动上限扩大至贷款基本利率的 2 倍。紧接着在 2004 年的 1 月 1 日起，又将商业银行、城市信用社的浮动上限扩大至基准利率的 1.7 倍，农村信用社的适用范围也从原来的试点地区扩大到全体，且贷款利率浮动对象不再受企业性质、大小所影响。

虽然此举使得金融机构贷款利率的市场化程度显著提高，但中央银行对金融机构贷款利率的确定方式还不能适应货币政策预调和微调的需要，不能充分发挥货币政策工具协调配合的综合效应。以 2003 年为例，受上调法定存款准备金率和大盘股发行等因素影响，自 8 月 28 日~11 月 13 日，货币市场 7 天期回购加权平均利率均高于 20 天以内再贷款利率，导致同期商业银行增加借用短期再贷款。再贷款利率低于货币市场利率导致基础货币投放，背离了货币政策调控的总方向，不利于货币政策意图的全面贯彻。

为完善我国的货币政策间接调整制度体系，逐步提高中央银行引导市场利率的能力，2004 年 3 月，中国人民银行决定建立再贷款浮息制度，以增强中央银行根据经济金融形势适时调整再贷款（再贴现）利率的能力。不仅如此，当市场发生剧烈波动时，再贷款、再贴现将发挥安全阀的作用，为市场提供短期流动性支持，有助于稳定货币市场短期利率。

2004 年 10 月，央行除对城乡信用社仍实行贷款利率上限 2.3 倍的管理外，取消了其他金融机构贷款利率上限。

2. 存款利率改革进一步推进

存款利率在上一阶段只做了一些尝试性的改革，在这一时期得到进一步推进。在 2004 年 10 月放开贷款利率上限的同时，央行允许存款利率下浮。

实施这一举措的其中一个考量是由于我国在财政、国企和银行改革中，银行与国家之间的隐性"金融契约"所导致的长期、低的贷存利差和高不良贷款率对银行资本利润和发展能力造成侵蚀和限制。使用存款利率上限管制可弥补银行的亏损，加强银行这一最重要金融机构的资本和防范风险的能力，为之后的改革打好基础。

在以资本充足率为核心的风险管理框架下，这一政策还赋予银行运用利率杠杆主动调整资产负债规模和结构的空间，有利于发展直接融资（易纲，2009）。

但是，从理论上来说，当存款利率被人为压低后，供给曲线右移。此时的利率小于均衡利率，银行会使用低于均衡利率的贷款利率，这会导致企业的过度信贷，市场的流动性过剩。只有结合贷款利率下限管制或通过其他工具：如存款准备金等，才能防止银行间的恶性竞争和过度信贷引起的通货膨胀（何东等，2013）。

至此，我国的利率市场化改革进入"贷款利率管下限，存款利率管上限"的阶段。

3. 同业存款利率开放

银行同业业务是商业银行及其他金融机构之间的资金融通方式。有效的银行同业业务市场可为银行提供流动性以满足暂时的流动性短缺，促进资金优化配置，提高金融体系运行效率。

经过一系列的整顿与改革，我国已基本实现同业拆借利率市场化。为进一步开放和完善同业业务市场，2005年3月我国开放了同业存款利率。

4. 建立了更好的市场利率指标

利率市场化的意义在于，需要利率逐渐脱离政策主导，最终形成由市场主导的定价模式。随着利率市场化的不断推进，金融市场替代中央银行成为基准利率提供者的重要性日益突出。

1996年Chibor建立之初，央行就有意将其培养成我国的基准利率。但由于Chibor属于政府主导，且当时制度不完善、金融结构单一等原因，再加上交易市场清淡，Chibor的报价不能反映实际交易价格，使得Chibor逐渐走向没落。

在完成"存款利率管上限，贷款利率管下限"的阶段性目标后，央行开始着力引导金融机构加强其定价机制的建设，培养其定价能力。因而，在借鉴了英国、日本、中国香港等发达国家和地区的市场基准利率形成机制的基础上，2007年上海银行间拆借利率（Shibor）正式上线，是我国实现利率市场化进程中十分重要的一步。

5. 汇率市场化改革持续推进

亚洲金融危机的爆发一度减慢了我国汇率市场化的脚步。

进入21世纪，特别是加入世界贸易组织以来，我国加快了融入经济全球化的步伐。国际收支占比不断攀升，形成长期的"双顺差"，外汇储备规模也不断扩大（见图2-1）。

2003年起，我国由对外净债务国变为净债权国，外汇储备规模超过4 000亿美元。人民币升值预期强烈、央行对冲压力、企业进口成本不断增大，同时又有来自国际社会的升值压力。

为减缓人民币升值压力、减小通货膨胀发生的可能性，保证我国货币政策的有效性，2005年7月21日，中国人民银行发布《关于完善人民币汇率形成机制改革的公告》。公告中正式宣布开启外汇体制改革，放弃之前盯住美元的汇率制度，转而实行"以市场供求为基础、参考一篮子货币进行调节、有管理的浮动汇率制度"。

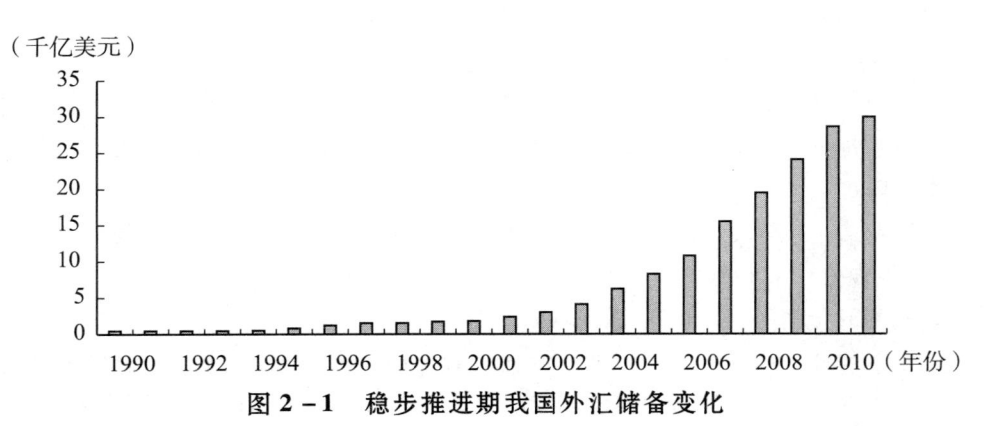

（千亿美元）

图 2-1 稳步推进期我国外汇储备变化

资料来源：国家外汇管理局。

这是汇率市场化改革的重要一步，汇率形成机制改革使得汇率弹性增强，汇率水平更趋合理，更符合经济发展的需要。从根本上看，汇率市场化改革正式启动。

而后，中国人民银行和国家外汇管理局又采取了多项举措：扩大市场参与主体、增加交易品种和工具，"初步形成外汇零售与银行间批发市场相结合，竞价和询价交易方式相补充，覆盖即期、远期和掉期等类型外汇交易工具的市场体系"（胡晓炼，2008）。

6. 完善制度建设

放松利率管制只是一个政策形式，更重要的是在于能有高质量的制度建立确保在放松管制后经济仍可运行顺畅。金融自由化的一个关键因素就是制度质量。

制度主要分为三类：一是产权的基础设施建立，确保市场经济的良好运行；二是政治的基础设施，以保障社会秩序；三是有关生态秩序的制度建立。

市场经济需要明确产权。通过制定法律、法规对私人产权、金融合同和投资者权力形成法律保护，建立起金融主体的激励约束机制，可减少政府干预及金融体系中的道德风险与逆向选择问题，促进金融深化。

滑冬玲（2006）分析发现，诸如"平均制度质量""政府有效性""法律条款"等制度指标都与"银行改革和利率自由化指数"显著相关。由此可知，制度质量在很大程度上影响金融自由化进程，建立和完善具有市场导向的制度结构有利于加速加快金融自由化。

我国在 2004 年 3 月 14 日的第十届全国人大二次会议上通过了第四次宪法修正案。修正案第 13 条中明确规定"公民的合法的私有财产不受侵犯"，承认私有产权。

2005年10月27日，第十届全国人民代表大会常务委员会第十八次会议修订颁布新《公司法》，使其在原《公司法》的基础上更为贴合市场经济的需求，鼓励投资。同时，也对《中华人民共和国证券法》进行了修订。

7. 推进政企分开，加强银行专业化监管

从上一阶段开始，在政府体制改革和金融改革中出现的预算软约束问题，随着银行管理体制不断完善，政府体制改革不断深入，地方政府对国有银行的影响逐渐下降。

2002年11月，党的十六大正式提出政府对国有资产应"有所为，有所不为"，并设立中央和省、市（地）两级地方政府的国有资产管理机构，推进政企改革和两权分离。

不仅如此，为加强对银行的专业化监管，2003年4月28日，我国成立银监会，履行原来央行的银行业监管职责，至此，标志着我国形成"一行三会"的金融分业监管体制。

（二）改革过程中的经济问题

从改革编年史中可以看出，在明确了我国利率市场化改革的目标和路径后，这一阶段的改革在持续推进中。尽管改革步伐不断深入，实施的政策及效果仍未能达到预期。

1. 长期金融抑制导致投资需求抑制

我国债券市场在长期的金融抑制下，产生了两个明显特征：一是无风险收益率偏低；二是高风险债券缺失（邓海清和林虎，2015）。

由于我国居民的"预防性储蓄"偏好和存贷款利率管制，银行以很低的成本吸收了绝大部分的居民存款，抑制了其他金融市场，致使替代资产流动性受限。稳健经营的需求及较高的风险厌恶使得银行更偏好于政府信用担保的国债和政策性金融债。同时，过度监管及需求方低风险偏好为高风险债券的进入和发展设置了较高的门槛。

尽管20世纪90年代以来，我国金融市场较之前已有很大发展，金融产品供给的多元性还远远未能满足人们的理财需求，投资需求被抑制。因而无论是股票、债券还是房地产等的兴起都能引发我国居民的极大投资热潮，也成为日后我国房市、股市泡沫产生的重要原因之一。

2. 利率政策效果滞后

2003年后，央行多次上调存贷款基准利率（见表2-5）。然而，我国投资增长并未放缓，2004年底至2007年固定资产投资累计增速都超过20%，并未受到利率上调的影响；房地产开发投资增速不降反增，由19.8%升至31.4%。不仅如此，经济增速、物价、金融机构贷款等都没有明显下降，甚至还进一步上升。

表2–5　　　　　稳步推进期央行调整利率一览表　　　　　单位：%

时间		一年期贷款基准利率	调整幅度	一年期存款基准利率	调整幅度
2002年2月21日		5.31	-0.54	1.98	+0.27
2004年10月29日		5.58	+0.27	2.25	+0.27
2006年	4月28日	5.85	+0.27	—	—
	8月18日	6.12	+0.27	2.52	+0.27
2007年	3月18日	6.39	+0.27	2.79	+0.27
	5月19日	6.57	+0.18	3.06	+0.27
	7月21日	6.84	+0.27	3.33	+0.27
	8月22日	7.02	+0.18	3.60	+0.27
	9月15日	7.29	+0.27	3.87	+0.27
	12月21日	7.47	+0.18	4.14	+0.27

资料来源：中国人民银行。

本应作为宏观经济最有效调节手段的利率并没有发挥其应有的作用，主要原因在于我国的货币政策传导机制滞后导致的政策效果不佳。

3. 货币政策传导渠道不合理

盛松成和吴培新（2008）指出，由于我国不同层次利率之间尚未形成市场化的传导链条，货币政策难以通过利率渠道来传导，主要通过信贷渠道来传导，而且信贷规模构成我国实际的货币政策中介目标。

我国的货币政策传导渠道中存在着不同于利率与汇率这样价格渠道的数量渠道——信贷渠道。这是央行实行价格与数量并重的货币政策操作方式造成的。然而这也无疑是对我们的一种警示——对银行增加新的管制以及银行失败都可能造成经济波动与衰退（战明华和蒋婧梅，2013）。

4. 预算软约束问题并未得到很好解决

尽管政府体制改革和金融改革不断深入中，明确了政企分离、加强了银行监管，但这些政策效果并非一蹴而就。

在新的内外部环境下，随着地方政府对国有商业银行信贷行政干涉能力不断下降，地方政府不得不放弃原有的通过直接干预银行经营来争夺国有金融资源的方式，转而采用更隐蔽的"通过协助、纵容或默许辖内国有企业或其他能使自身利益最大化的企业逃废债等来争夺辖区内金融资源的，同时借助于当地的司法体系,以直接纵容一些企业借转制悬空银行债务、'赢了官司输了债'等形式有效地替代逃废债"(巴曙松等,2005)。

这种对国有银行信贷从显性干涉转为隐性干涉的行为,通过辅助企业逃废银行债务来消极对抗银行防范信用风险,使"逃废债"成为银行新增不良贷款的重要组成,严重影响了银行风险管理。

5. 政府对银行的干预影响货币政策传导有效性

一方面,地方政府争夺银行金融资源所导致的预算软约束问题,增加了大量的银行不良资产。这些不良资产的累积,降低了银行自身流动性,且由于存贷比的限制,这些不良资产挤占了银行发放贷款份额,降低其放贷动机,直接影响扩张性货币政策效果。

另一方面,当央行实行紧缩性货币政策时,基于考核压力,地方政府仍会对银行施压以阻碍其紧缩贷款的意图,使得紧缩货币政策效果下降。

(三) 相关改革的协调推进

1. 国资企业发展阶段 (2003~2013年)

党的十六大报告提出要建设国有资产管理体制,标志国企改革进入新阶段。2003年3月,国务院国有资产监督管理委员会(以下简称"国资委")成立,负责对当时199家的国有大型企业进行监管。

国资委成立初期,工作主要集中在"调整""监管"和"建设"三方面:通过推进国有经济结构和布局的战略性调整实现国家从一般竞争性领域中的有效退出。对国家尚未完全退出的公司进行国家股权管理,并对国有资产保值进行监督。国资委还负责推进国有企业的现代化制度建设和改善公司治理结构(田国强等,2014)。

但在这一阶段初期,由于改革的"战略性调整"进度缓慢,导致在一些领域甚至出现了"国进民退"的现象,遭到了一些专家学者的诟病和质疑。这使得国资委将工作重心逐渐转移到"监管"上,又造成了"管的过多""管的过细"(吴敬琏,2010)。

2. 银行股份制改革阶段 (2003~2010年)

1998年剥离不良贷款的措施,仍没有改变我国国有商业银行不良贷款率居高不下的局面。坏账比率高企加剧了我国原本就稚嫩的金融体系的风险,特别是中国加入世界贸易组织(WTO)后,银行更难以适应来自外资银行的竞争,因此化解金融风险,改革银行体系的呼声越来越高。

2003年12月,国家出资设立中央汇金投资有限责任公司,动用450亿美元的外汇储备向中国银行、建设银行(均为225亿美元)注入资金,标志着国有银行新一轮改革的开始。

2004年1月6日,中国银行、中国建设银行率先进行股份制改革试点。2005年4月汇金公司对工商银行注资150亿美元,随后中国工商银行吸取建设银行的经验开始进行股份制改革;又于2008年对中国农业银行注入资金190亿美元。与此同时,国有银行的上市融资也卓有成效地展开。

这一轮改革的核心是银行产权结构与内部治理。四大国有银行的股份制改革路径可以基本概括为(四大国有银行改革进程详见表2-6):

第一,国家注资,提高资本充足率。

第二,剥离不良贷款,发行次级债券。继1999年的1.4万亿元之后再次剥离不良贷款,并通过银行间债券市场发行次级债,进行财务重组,以降低坏账率,提高资本充足率。

第三,股份化和引入境外战略投资者。从根本上实现股权结构多元化,完善公司治理;还有助于提高管理水平,加强内部控制机制建设;再者,境外投资者起到"背书"的作用,增强国际投资者信心,有利于成功上市(林文顺等,2013)。

第四,IPO上市,进一步充实了银行资本,推进改革。到2009年1月,中国农业银行股份公司成立,历时五年的国有商业银行改革初级阶段完成。在这一阶段,我国通过股份化、引入境外投资者、IPO等方式充实资本,引进国外先进管理理念,完善我国银行治理结构,加强内部风险控制。但仍存在许多问题和风险。

在股份制改革的过程中,除中国农业银行外其他三家国有银行都引进了境外投资者和战略合作伙伴,这一方面是为了充实银行资本,引进先进的公司治理机制和制度;另一方面是为了履行我国在加入WTO时,进一步向外资银行、企业开放的承诺。

然而,这一阶段的银行改革还存在许多问题:治理结构"形似神不似"、高层任免未按照市场经济规则、信贷仍有政府推动的影子、风险管理、创新能力、服务意识弱等。

表2-6　　　　　　　四大国有银行股份制改革进程大事记

银行	注资时间及金额	主要事件	
中国建设银行	2003年12月 225亿美元	2004年1月	股份制改革试点
		5月	确认首批候选发起人
		6月	获银监会批准分立重组

续表

银行	注资时间及金额	主要事件	
中国建设银行	2003年12月 225亿美元	8月	在银行间债券市场成功发债
		9月	正式签署《发起人协议》、获财政部、银监会批准设立中国建设银行股份有限公司
		2005年3月	美洲银行投资25亿美元
		7月	淡马锡投资14.7亿美元
		10月	在香港联交所上市
		2007年9月	回归A股市场
中国银行	2003年12月 225亿美元	2001年10月	重组香港中银集团,合并成立中国银行(香港)有限公司
		2002年7月	中国银行(香港)有限公司在香港上市
		2004年1月	股份制改革试点
		2月	逐笔审查和处置各类资产
		6月	剥离可疑类贷款到信达
		7月	在银行间债券市场发行次级债
		8月	中国银行股份有限公司成立
		2005年8月	苏格兰皇家银行投资16亿美元、淡马锡投资15亿美元
		9月	瑞士银行UBS投资5亿美元
		10月	亚洲开发银行注资7 500万美元
		2006年6月	在香港联交所上市
		7月	在上海证交所上市
中国工商银行	2005年4月 150亿美元	2005年4月	开启股份制改革
		8月	发行次级债券
		10月	财政部、汇金公司共同发起设立中国工商银行股份有限公司
		2006年1月	与高盛、安联集团、美国运通签署战略投资协议
		6月	社会保障基金理事会签署投资协议
		10月	同时在香港、上海上市

续表

银行	注资时间及金额	主要事件	
中国农业银行	2008年11月190亿美元	2007年1月	开启股份制改革
		6月	新一届党委成立，股份制改革准备工作全面展开
		10月	《中国农业银行股份制改革总体实施方案》获批
		2009年1月	中国农业银行股份有限公司成立
		2010年6月	IPO路演
		7月	在香港、上海上市

资料来源：作者根据各银行网站及相关文献资料整理。

3. 政府改革

（1）地方分权的经济体制。

1994年的分税制改革彻底改变了原本统支统收的财税制度，明确了以中央政府为主导的税收划分格局；确立税收返还制度①。

世界银行（2003）对分税制改革后政府收支情况进行了考察，肯定了其对于经济领域中公共支出效率低下的纠正效果。但是此次分税制改革未涉及支出划分，实施并不彻底，收入分配十分复杂，仍保留旧体制（包括"财政包干制"）的特性。

分税制改革也导致了地方政府支出责任与收入不匹配。

分税制使中央与地方的财政收入配比由原来的不足25%迅速升至55%。在财政支出方面，20世纪70年代以来，中央政府实际上主要负责国防支出、债务还本付息②以及地质勘探；地方政府在福利、社会服务（教育、医疗卫生等）项目的支出占总支出的90%以上，这使得省级以下地方政府，特别是县、乡/镇一级政府的负担十分沉重③。而除转轨经济外的其他国家，社会保障和福利常由中央政府提供。这种支出责任和收入的不匹配和来自中央的行政命令、压力④导致地方政府寻求预算外收入和最大化税收动力增强。

不同于国外情况，我国地方政府没有独立税权，但中央政府允许地方政府实施一些税收优惠政策。郭杰和李涛（2009）利用1999~2005年中国省级面板数

---

① 税收返还制度是指中央政府对于地方的净上划收入以1993年为基数逐年递增向地方政府返还。
② 彼时中央政府尚不允许地方政府发债。
③ 县、乡/镇提供大部分重要公共服务，包括70%的教育支出和55%以上的医疗卫生支出。市和县级市提供100%的失业保险、社会保障和福利支出。
④ 如果无法完成中央每年设定的税收增长目标，税务局领导可能被替换。

据测算发现，我国地方政府更多依赖相关税法和政策来进行税收竞争，如通过税收优惠吸引外资等。增值税和企业所得税都被作为税收竞争工具。

由此可见，分税制下的财权事权不匹配是预算软约束的成因之一。同时，财政分权制度还容易导致地方政府对于大型企业的政策倾斜以保证财政收入来源稳定。财政分权化改革还强化了地方政府自我利益和预算约束，迫使地方政府寻求更多的隐性担保、信贷干预等手段对原本低效的国有企业进行扶持，造成信贷规模扩张和通货膨胀（贾俊雪等，2012）。特别地，地方政府也可通过进行税收优惠、零地价、压低电价、政府补贴、容忍排放污染等招商引资、补贴亏损国有企业，导致企业产能过度、扭曲市场对资源配置的有效性，造成预算软约束。

（2）"向上负责"的政治体制。

我国改革开放40多年来的转轨进程中保持了经济得以保持高速增长，地方政府有着至关重要的作用。

俄罗斯在经济转型过程中，上下级政府间没有一套与经济发展相适应的激励机制促进政府行为转型，而官员选举的约束和激励机制也很弱，因而没能阻碍地方经济发展的"攫取之手"（Shleifer，1997）。

但在我国，政治体制决定了地方政府官员是通过上级任命而非基层选举，我国也一直保持行政、权利集中模式。而正是这种与经济分权相配合的政治上的中央集权，造成了地方政府的"向上负责"而非"向下负责"的政治激励与治理模式。即：地方政府在获得财政分权利益的同时，需服从中央政府且与中央政府保持目标一致（张军等，2007）。

布兰查德和雪弗莱（Blanchard and Shleifer，2001）在比较了我国和俄罗斯的情况下，认为我国经济高速增长的原因是经济上地方分权与政治上中央集权相结合。

无论是1995年中央下发的《关于加强和完善县（市）党委、政府领导班子工作实绩考核的通知》，1998年颁布的《党政领导干部考核工作暂行规定》还是2000年8月中央批准下发的《深化干部人事制度改革纲要》，2002年7月印发的《党政领导干部选拔任用工作条例》中都没有给出具体的领导干部考核标准（陶然等，2010）。尽管如此，我们仍可以从一些事实、实证分析中得到关于地方官员间围绕GDP竞争的若干证据。

李和周（Li and Zhou，2005）运用1970~1995年省委书记、省长更替数据，发现省级干部晋升概率随着所在地经济增长的升高而增大；若能带来更高的经济增长率，提拔概率也越高。这与周黎安等（2005）得出的"官员晋升与地方经济绩效显著相关"这一结论相符。

地方政府热衷于 GDP 和相关经济指标的排名。当上级政府提出某一经济发展指标时，下级政府会相继提出更高的指标，出现层层加码的现象。例如："十一五"规划中我国设定的经济增长目标为 7.5%，而这一增长目标在 31 个省公布的"十一五"计划中均值达到了 10.1%，最高的省份达到 13%，最低省份也有 8.5%，以至于发改委紧急发文要求各省"减速"（周黎安，2007）。

四、缓慢推进期（2008～2012 年）

2008 年美国金融危机的波及下，我国经济开始出现下行。为稳定经济运行环境、避免改革带来的风险叠加，这一时期利率市场化的脚步有所放缓。

黄金老（2011）认为，整个"十一五"期间，央行虽然鲜有明显的利率市场化动作（仅在 2008 年 10 月下调了商业性个人住房贷款下限，存贷款基准利率和央行对金融机构人民币"贷款利率管下限、存款利率管上限"的两条管制都并未松动），但"非金融企业债务工具以及银行理财产品的大规模发行开辟了利率市场化的'第二战场'"，我国的利率市场化得以不断推进。因此，本书将这一时期称为缓慢推进期而非改革停滞期。

（一）改革措施

1. 央行创造非金融企业债务，直接促进了企业筹资利率的市场化

短期融资券、中期票据等在这一阶段发展迅速，这得益于：（1）监管者开放的态度，真正实现注册制；（2）实行完全市场化利率。

企业债务融资工具的设立促进了监管主体的竞争，同时也改变了企业融资结构。我国企业债务工具发展迅速，从 2006 年的 5.38%一路上行至 24.06%，使其成为重要的融资手段之一。多元化的融资手段降低了企业对于银行贷款的依赖，也从一定程度上降低了银行贷款利率。

2. 促进个人投资收益率的市场化

在前文中我们提到，我国在长期的金融抑制下居民的投资需求被抑制，无论是股票、债券还是房地产等的兴起都能引发我国居民的极大投资热潮。而投资需求被抑制的重要原因之一是个人并未享受到改革带来的"改革红利"。

这一时期，监管当局对银行理财产品的发展采取宽容态度以促进个人投资收益率市场化。

2007 年我国银行理财产品发行额不足 0.8 万亿元，2008 年就上升至了 3.7 万亿元人民币。根据人民银行调查统计司的数据，截至 2012 年 6 月末，我国银行业理财产品余额达 3.57 万亿元，占同期人民币存款余额的 4.5%[①]。这也就意味着，有 4.5% 的存款性质资金已实现市场化收益。

（二）改革过程中的经济问题

随着这一时期的利率市场化推进，我国金融市场得到了极大地丰富，金融机构的运作能力得到了明显加强，普通民众获得了实惠，但同时也带来不少负面影响。

1. 影子银行发展迅速，缺乏有效监管

2008 年以前，流动性投放渠道主要是信贷。而 2008 年金融危机，政府实行凯恩斯主义需求管理政策，认为可通过货币政策刺激以保持经济不衰落。

2. 金融机构加杠杆现象日益严重

日本在 20 世纪 80 年代曾出现过严重的迂回贷款[②]问题。当时日本的银行出于受到管制、风险过大等原因，自身无法开展业务，于是通过设立非银行金融机构来发放贷款，以期通过迂回方式来逃避管制。因此在泡沫经济时期，迂回贷款的规模被放大了若干倍。到 90 年代末，达到了 90 万亿日元左右（占当时日本 GDP 的约 1/4）。这些通过非银行金融机构放出的迂回贷款逃离了管制，最终用途并不明朗，而后来日本也自食恶果。

我国也出现了类似的情况：通过信托产品进行理财和资金运用的情况很普遍。尤其是为了逃避监管，面向房地产的贷款多采取信托方式。

一些股份制银行由于贷款管制政策，不能直接向企业放贷。于是它们通过一家过桥银行所设立的理财产品向该企业放贷，以绕过贷款规模的管制。放贷银行将理财产品的收益权买入，同时商定在未来会返售给过桥银行。这样就把一项实为信贷的业务计入了买入返售金融资产。因而在银行的资产负债表中，买入返售金融资产增长迅速。

不仅如此，一些中小银行自身存款资金有限，不足以满足放贷所需，于是通过银行间同业市场进行拆借，然后通过影子银行投放流动性，进一步加大杠杆率。同时，使用拆借资金进行放贷造成的期限错配更加剧了其流动性风险。

3. 影响资金配置效率

一些相对低效的国有部门融资规模进一步扩大，而中小民营企业融资相对较难，我国法治水平和行政能力的限制，使得很多政策必须要实施"一刀切"。本应该在利率市场化过程中受益的一些民营企业部门被挤出了金融市场，严重影响

---

① 中国人民银行调查统计司（http://www.pbc.gov.cn）。
② 迂回贷款，是指银行通过非银行金融机构的借贷以达到规避监管的目的。

资金配置效率。

4. 实体经济环境导致改革脚步受阻

战明华和蒋婧梅（2013）通过检验信贷与产出的关系发现，随着金融市场改革的逐步推进，我国信贷与产出呈倒"U"型特征。

他们认为，造成这种倒"U"型特征的原因是我国实体经济发展并未为金融的进一步利率市场化改革提供合适的环境。国有经济在资源及一些重要行业所占份额重新迅速增大；被挤占资源的民营经济难以升级；房地产业非正常发展引发的经济过热，2008年后的全球经济紧缩，迫使央行重拾信贷规模数量控制的工具。这些新的约束条件让央行虽拥有更多的可选择货币政策工具以及更娴熟的货币政策操作手段也日益娴熟，却使利率市场化改革无法进一步深入。

可见，利率市场化改革是整个经济市场化改革的有机组成部分，利率市场化改革不能脱离实体经济环境单独进行。

5. 缺乏真正意义上的金融创新

根据战明华和蒋婧梅（2013）的实证结果，我国各项信贷与GDP之比呈波浪上升形，这表明经济对银行信贷的依赖并未随时间而减弱，这意味着我国的金融改革对于金融创新并没有很强的推动作用。

不少学者将此次美国的次贷危机归咎于"过度创新"，大量衍生工具创造的虚拟繁荣是泡沫累积的重要原因。相对来说，我国面临的问题是"监管过度"。

（三）相关改革的协调推进

1. 行政体制改革中简政还要放权

2007年10月，胡锦涛同志在党的十七大报告中指出，政府行政管理体制改革是深化改革的重要环节。2008年2月27日，党的十七届中央委员会第二次全体会议通过《关于深化行政管理体制改革的意见》，提出我国政府存在对微观经济干预过多；部门交叉、权责脱节导致效率低下；行政权力监督制约机制不完善等问题。明确了到2020年前建立起比较完善的中国特色的社会主义行政管理体制的改革总体目标。2008年3月，温家宝同志在十一届人大一次会议上进一步指明，我国的行政体制改革要坚持同发展社会主义市场经济相适应，坚持管理创新与体制创新，发挥中央和地方两个积极性。图2-2为我国政府机构改革过程机构数目的变化（见图2-2）。

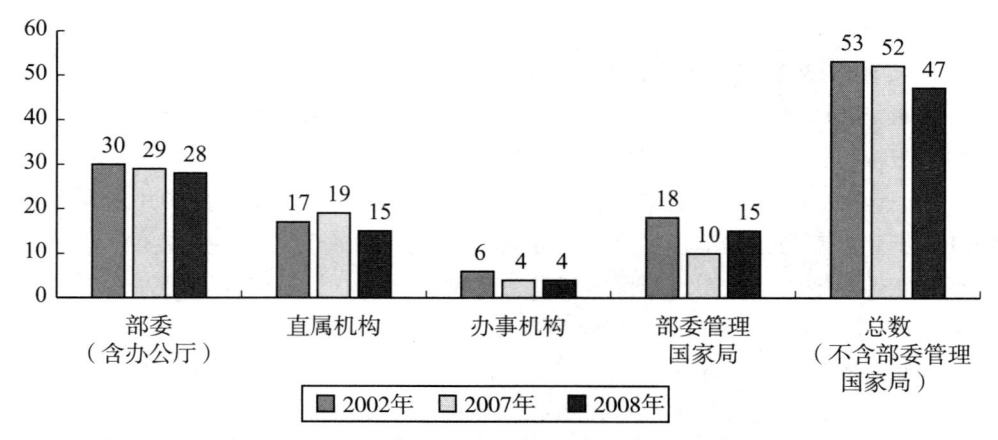

图 2-2 2002年和2008年两次改革机构变动图

资料来源：李文钊、毛寿龙，《中国政府改革：基本逻辑与发展趋势》，载于《管理世界》2010年第8期。

2008年8月20日，中共中央、国务院印发《关于地方政府机构改革的意见》，开启新一轮地方政府机构改革。本轮改革的主要特点是：（1）以转变政府职能为核心；（2）要求有权必有责，明确责任；（3）推进大部门制；（4）向下放权。

通过对新的工业、能源、建设、交通、环境保护和人力资源等部门的大部制改革，降低政府运营成本，提高政府效率。然而在"简政"的过程中还需要"放权"。政府部门更擅于控制过程，而非对其结果负责。将相关政府职能部门精简为数量更少规模增大的大部门时，减少了个人承担的责任[1]，但也降低了部门效率[2]。

当然，我们并非对"大部门化"不赞同，而是认为应正视"简政"带来的不良后果，并出台具体的应对措施，明确权责，同时还要与"放权"相结合。将资源集中用于实现有限的目标，并对地方政府和监管机构"放权"（如审批权、监督权等），加强改革效果。

2. 简化纵向财政扭曲政府职能

然而，本轮的地方政府改革仍并未触及中央与地方政府权责划分的核心问题。

上文我们提到1994年分税制改革导致地方政府特别是县、乡/镇承受很大的支出责任。县域经济出现财政困难、发展乏力的情况。在整体分权格局难以根本改革的情况下，一些省份开始实施省直管县的财政体制改革，试图解决上

---

[1] 例如："9·11"前，人们可能始终认为在美国领土遭受重大袭击之时，美国中央情报局的领导人应被开除。但那并没有发生。而在这个国土安全部无处不在的当下，一旦发生事故，也难以说清具体的责任人应该是谁。

[2] 援引自财经网：http://www.caijing.com.cn/2008-03-27/100054248.html。

述问题。

贾俊雪和宁静（2015）利用 2002~2007 年我国省级面板数据，识别出改革对于县级政府支出结构的因果处置效应。结果发现，省直管县财政体制具有较强的职能扭曲效应。这一改革导致县级政府的基本建设支出比重大幅增加，教育和医疗卫生支出有所减少。可能的解释是：省直管县的财政体制改革削弱了省级以下的协调机制，强化了辖区间的财政竞争。这意味着省直管县的财政改革非但没有切实改变以 GDP 增长为核心的政府发展模式，反而加剧了这一趋势，最终可能导致预算软约束。

3. 地方政府融资平台成为软约束主体

我国在改革开放以来的很长一段时间内，中央政府都不允许地方政府发行地方政府债券①。地方政府在财权上移事权下移的行政体制下，形成众多财政缺口和政策性负担，需要通过一系列措施缓解融资压力，地方政府融资平台就是其中之一，用于绕开举债限制。

2008 年后，我国中央政府出台"一揽子"经济刺激计划应对国际金融危机的影响，地方政府通过设立政府融资平台等途径为本地基础设施建设提供资金来源，导致地方政府投融资平台和地方政府债务规模不断膨胀。

地方政府融资平台公司是由地方政府及其部门机构等通过财政拨款或注入土地、股权等资产设立，承担政府投资项目融资功能，并拥有独立法人资格的经济实体。可见，地方政府融资平台的融资主要依靠地方政府信用担保。银行对于融资平台的信贷发放也会因这种财政信用而松动，以较低利率向其贷款，对于其他企业（特别是民营企业）形成"挤出效应"，造成资金配置扭曲。

五、加速推进期（2012~2015 年）

在金融危机风暴逐渐远离，全球经济开始复苏后，我国加速推进了利率市场化。央行行长周小川（2012）在《中国金融》上撰文，指出商业银行债务重组和股份制改革取得了阶段性成果，在极大程度上消除了财务软约束问题，开始在市场竞争中产生产品和服务的定价。为下一轮利率市场化改革奠定了重要基础，因此，进一步推进利率市场化条件基本具备。

---

① 1994 年制定的《预算法》第二十八条明确规定，"除法律和国务院另有规定外，地方政府不得发行地方政府债券"。

（一）改革措施

1. 完成贷款利率市场化

为继续贯彻利率市场化，降低企业融资成本，引导资金价格下行，2012年6月8日和7月6日中国人民银行两次下调金融机构贷款基准利率。1年期贷款基准利率由6.56%下调至6%，同时将金融机构贷款利率浮动区间的下限调整为基准利率的0.7倍。两次微调效果比较显著，使得金融机构贷款定价能力明显增强，更加完善了金融机构内部管理制度及利率定价机制。

2013年7月20日，央行按照国务院统一部署，放开对金融贷款机构的贷款利率下限管制：取消贷款利率（除商业性个人住房贷款）0.7倍的下限和农信社贷款利率上限，放开票据贴现利率管制。放开利率管制后，为给金融机构信贷产品市场化定价提供参考，在借鉴了美国（Prime Rate）及日本的贷款基础利率的经验后，中国的贷款基础集中报价和发布机制（Loan Prime Rate，LPR）从2013年10月25日开始正式运行。贷款基础利率集中报价和发布机制作为市场利率定价自律机制的重要组成部分，是上海银行间同业拆放利率（Shibor）机制在信贷市场的进一步拓展和扩充，有利于强化金融市场基准利率体系建设，促进定价基准由中央银行确定向市场决定的平稳过渡；提高金融机构信贷产品定价效率和透明度，增强自主定价能力，维护信贷市场公平有序的定价秩序；为进一步推进利率市场化改革奠定制度基础。

这标志着我国贷款利率管制完全放开，贷款利率市场化完成。

2. 完成存款利率市场化

随着我国通货膨胀水平逐渐回落及贷款利率管制的不断放松，存款利率市场化也进入了加速推进时期。

2012年6月和7月，存款基准利率与贷款基准利率同时下调，1年期存款基准利率由3.5%下调至3%，并且金融机构存款利率浮动区间上限调整为基准利率的1.1倍。

政策一出台，银行的存款利率定价初步形成了分层有序的格局，大型银行迅速上调一年期以内存款利率浮动幅度，平均上浮幅度为8%，而中小银行一浮到顶。

另外，部分银行根据客户自身情况、存期长短区别确定存款利率。这为金融机构提供了更大的自主定价权，有利于促进其完善定价机制，使得金融机构定价精细化特征更为凸显，推动经营模式多元化发展。

2013年12月8日，为规范同业存单业务，拓展银行业存款类金融机构的融资渠道，促进货币市场发展，中央银行制定并发布了《同业存单管理暂行办法》。

2014年11月21日，人民银行将人民币存款利率浮动区间上限由基准利率的

1.1 倍扩大至 1.2 倍，同时还简化了存贷款基准利率的期限档次，扩大了利率市场化定价的空间。

尽管在 2015 年我国进入经济的"新常态"，经济增长放缓，但物价水平总体处于低位、银行体系流动性总量较为充裕，市场利率上行压力较小，2 月 28 日，人民银行将存款利率浮动区间由基准利率的 1.2 倍上调至 1.3 倍；5 月又将此区间进一步扩大为 1.5 倍，而存款保险制度也正式出台。

同年 8 月 25 日，央行寓改革于调控，结合降息进一步推进利率市场化改革，宣布放开一年期以上定期存款利率浮动上限，标志着我国利率市场化改革又向前迈出了重要一步。继续保留一年期以内定期存款及活期存款利率浮动上限不变，也体现了按照"先长期、后短期"的基本顺序渐进式放开存款利率上限的改革思路。

2015 年 10 月，我国放开存款利率上限，标志存款利率市场化的基本完成。

3. 完善相关配套政策和措施

现阶段，我国不仅将存贷款利率管制放开，同时，对上一阶段存在的政策"一刀切"、配套措施不健全等问题也实施了相关政策。

我国引入新的货币政策工具，如平均法存款准备金考核制度、央行逆回购（SLO）等，使得制度上更为灵活、更能适应我国经济环境变化，减小经济波动。央行还实行定向降准，促进资金流向"三农"等行业中。

2014 年 11 月 30 日，存款保险制度方案推出。2015 年 5 月，酝酿了二十多年的《存款保险条例》的正式出台，不仅能够完善金融机构市场化退出机制，同时作为利率市场化的必要条件，它保证了存款利率的放开和充分的市场竞争，是利率市场化乃至金融改革过程中的关键步骤。

（二）改革过程中的经济问题

利率市场化应实现两个终极目标：其一是存贷款利率管制放开，其二是建立畅通的货币政策传导机制。由此可见，存贷款利率放开仅仅是利率市场化的其中一个目标，因而我们可以说，狭义上的利率市场化已经完成。但是广义上的利率市场化，即，最终建立起畅通的货币政策传导机制，我国还有较长的路要走。

不仅如此，尽管利率管制形式上已经放开，但现阶段我国仍存在包括上一阶段的经济扭曲和新产生的许多问题，使得利率未能体现出真正的"市场化"。

1. 滞后的货币传导机制

如前面所述，我国还没有建立起畅通的货币政策传导渠道。作为基准利率培养的 Shibor 还未成为真正意义上的基准利率。

2. 资金配置扭曲

我国大量资金投入到产能过剩、低效行业，造成的"超前、重复 GDP"形成了"流动性黑洞"。

金融体系结构性矛盾突出、资源错配严重、资金空转导致了不健康的银行资产负债表。2013年"钱荒"正是金融体系对于金融资源错配的典型。

2013年6月,"高息风暴"席卷银行间市场。令人不解的是这次"钱荒"的成因并非在于货币量不足。自2009年起,中国的广义货币发行量M2就超越美国成为了世界第一大货币发行国。中国的流动性是不少的,甚至可以说是过剩、泛滥的。但这次为何整个银行体系会陷入"钱荒"?究其原因,正是结构性的流动性紧缺,即金融体系对金融资源的错配。

针对这次的"钱荒",国务院常务会议提出,在保持宏观经济政策稳定性、连续性的同时,逐步有序不停顿地推进改革,优化金融资源,用好增量、盘活存量,更好地服务实体经济。国务院还公布了《关于金融支持经济结构调整和转型升级的指导意见》(以下简称《意见》),首次对金融该如何支持实体经济做出了全面而系统的阐述。《意见》第一条就强调,要盘活存量资金,用好增量资金,加快资金周转速度,提高资金使用效率。"用好增量、盘活存量"的八字方针是中央银行和金融机构的政策执行重点。

3. 预算软约束和制度性利润问题

软约束经济主体主要指国有企业和地方政府平台企业。在中国经济国际化大趋势下,这些经济主体也有一部分约束性,为了可持续经营也会对盈利目标有所考虑,但是更多地追求费用最大化、规模最大化。所有者利益最大化不是这些主体的经营目标,它们会在不知道能否偿还的情况下继续借贷扩张,宁可亏损也不愿意出卖资产压缩规模。各级政府通过直接或间接手段为亏损甚至资不抵债的企业提供帮助,支持它们增加融资。部分金融机构由于相信这些企业的隐性政府信用而继续对其融资。

据统计,截至2013年地方政府相关债务约30万亿元,113家中央国有企业负债约30万亿元,再加上地方国有企业负债,这些财务约束偏软的主体的债务总额非常巨大。软约束主体在融资方面可能存在道德风险,在现金流困难时不计成本地借入资金。

近来金融市场上出现所谓金融产品"刚性兑付"概念,主要是指对这些软约束主体债务链的维持,与其说是刚性兑付维稳,不如说是中国经济政企不分非市场化的体现。

这就要求我国国企、银行改革继续推进,特别是需要改变长期存在的"贷款歧视"问题,改善国有企业和民营企业之间的不平等竞争,鼓励资金更多流入三农、小微企业。

4. 影子银行监管问题,新型金融业态隐含风险

众所周知,金融创新的速度常常高于监管进步的速度。我国影子银行规模较大，其业务和经营模式存在监管漏洞。

近年来我国的影子银行的规模从2013年银监会公布的10万亿元人民币到中国社会科学院在《金融监管蓝皮书：中国金融监管报告（2014）》中发布的27万亿元。穆迪也预测2014年底中国影子银行规模将超40万亿元人民币。

金融稳定理事会（FSB）表示"在新兴市场中，中国的影子银行规模庞大且增长迅速，值得特别关注。"理事会经测算认为，中国影子银行规模已达到全球第三。IMF则提醒公众需警惕中国非银行金融机构的道德风险，由此看出影子银行已成为金融风险重雷区。

影子银行并非中国独有，在全世界，影子银行因为灵活性，可以弥补银行传统业务的不足。但是，当影子银行规模不断扩大，透明度不断下降，特别是出现了各种金融、信贷衍生品（CDO等）就会出现监管不到位甚至难以监管的问题。

但从我国的情况来看，影子银行概念却与欧美等发达国家不同。美国的影子银行是金融创新过度，金融监管缺位所产生的；我国的影子银行大部分限定在传统的融资范畴，是对商业银行一部分业务的一种替代，是利率管制以及金融市场不发达的一个产物，最终流向的是房地产、地方政府融资平台等。这些行业虽得到传统信贷的热衷，却受到监管限制，从这个角度看，影子银行从事的实质仍是"类信贷"业务（廖岷和孙涛，2014）。

从非银行业渠道看，我国的影子银行主要包括小额贷款、融资担保、互联网金融、第三方理财等，其最大的共通点可以归结为均具有较高资金成本（15% ~ 30%），这些资金除了少数用于应急资金周转，大部分都投入了高投资高回报且高风险的领域，而房地产行业正是这些领域之一。

影子银行体系及非传统信贷融资的发展，暴露出中国金融体系众多体制性和机制性弊端，利率市场化的实施，将有利于规范影子银行，确保金融体系的稳定运行。但同时也不能忽视监管缺失带来的风险问题，而我国在影子银行和互联网金融的监管上还需更进一步。

近些年来，中国金融业态出现多元化趋势，一些市场交易所等类金融机构及P2P为代表的互联网金融缺乏有效监管，中小投资者缺乏风险自担的意识和能力，部分交易场所违规经营甚至涉嫌非法集资等违法活动，一旦发生资金链断裂，风险和责任有转嫁社会、商业银行和政府的趋势。

5. 制造业与银行业间的利润鸿沟

近年制造业与银行业之间的"矛盾"越来越被各方关注。尽管数量持续在减少，但制造业企业在历年500强企业中数量都在50%以上，但是。长期以来，制造业企业一直受到来自银行等金融部门的压力，即使大型企业也面临融资贵、为银行打工的问题，制造业与银行业之间的"利润鸿沟"越来越大。

2014 年中国企业 500 强中有 260 家制造企业和 17 家银行企业（包括以中国邮政储蓄银行为主要业务来源和利润来源的中国邮政集团），260 家企业的营业收入合计为 23.0 万亿元，资产合计为 20.9 万亿元，净利润合计为 4 623 亿元，分别占 500 强营收总额、资产总额、净利润总额的 40.6%、11.8% 和 19.5%；17 家银行的营业收入合计为 5.52 万亿元，资产合计为 107.3 万亿元，净利润合计为 1.23 万亿元，分别占 500 强各项总额的 9.7%、60.8%、51.0%，制造业企业的平均净资产收益率为 8.8%，而银行的平均净资产收益率为 18.6%。[①]

中国大企业"大而不强"问题愈发严峻：2014 年 500 强企业营收总额达 56.68 万亿元，只比全国 GDP 总值少 2 000 亿元，其中有 43 家亏损，只有 1 家民企；利润率仅为 2.7%，是 2009 年以来最低水平；17 家银行净利润为 1.23 万亿元，是 260 家制造业企业的 4 623 亿元两倍多；平均盈利能力不足美国 500 强企业的一半；近 1/4 上榜企业净资产收益率赶不上 1 年期存款利率。[②]

虚拟经济利润高则流向实体经济的资金大幅减少，当生产等创造出来的利润率无法满足银行高额的贷款利率，资金不会用做从事生产活动而是从事回报率更高的金融活动，实体经济就会萎缩。

金融本应是为实体经济服务的，而当前越来越多的资金投入到了虚拟经济而非关系民生的农业、医疗、制造等实体经济中，挤占了实体经济的利润，若不加以改善，对我国经济发展会造成十分不利的影响。

6. 需要面对经济新常态时期的经济放缓

2014 年以来，我国进入经济放缓的"新常态"，经济增长逐步下行，之前的不少企业将资金投入了拥有较高回报率的房地产业，而进入"新常态"，房地产价格开始回归理性，房地产和制造业投资减速快于预期，国有土地出让收入大幅下滑，经济环境也不如从前景气。再加上我国许多钢铁、煤炭等产能过剩行业的企业面临亏损，造成企业慎贷，银行面临有效贷款需求不足的局面。一部分本是为钢铁等产业生产周边配套产品的小微企业也遭受到波及。同时，由于经济下行，银行不良贷款率升高，使得针对部分行业银行谨慎放贷的局面。

这就要求我国进行经济结构调整，鼓励大众创新。

利率市场化对中国经济结构的改善有非常积极的作用。贷款会更多地投入一些效益比较好的企业和部门，投资规模会相对下降，但是投资效益会比以前有所改善。

因此，中国经济的增长将从过去的投资规模驱动向投资效益驱动转变。如何运用好利率市场化以实现经济"新常态"下的平稳过渡，是需要面临的问题。

[①][②] 《2014 中国企业 500 强报告》（https://www.guancha.cn/economy/）。

（三）相关改革的协调推进

1. 新常态下国企改革新模式（2013年底至今）

2003年国企改革以来，随着中国经济快速增长，国有和非国有企业也得到了良好的发展，国企生产效率得到显著提高，初步建立了相对有效的资产管理体制。但是，由于（1）国有经济兼具"盈利性使命"和"公益性使命"，导致国有经济在"盈利以壮大国有资本"和"不盈利以保障市场公平和效率"中处于两难；（2）产权改革停滞不前；（3）政治关联，政企不分现象仍然存在；（4）没有建立起成熟的公司治理机制。因此，我国上一轮改革并不到位，国有经济与成熟市场未完成有机融合（中国社会科学院工业经济研究所课题组，2014）。

微观来看，国企仍存在如资本生产效率在多数行业低于非国企、对其他企业溢出效应低、占有资金比重大等诸多问题。吴延兵（2012）从国企双重损失的角度分析，发现与民营企业相比国有企业中存在创新效率与生产效率的双重损失，并提出下一步国企改革应建立多元化薪酬体系，推进国有企业民营化，提高国企创新及生产效率，才能"最终清除阻碍企业生产激励和创新激励的体制弊端"。从宏观层面看，国企改革对于经济增长有明显的促进作用：改革前期主要通过要素配置改善效应，而改革后期则需要依靠外部溢出效应。当前我国亟待寻求和发掘经济增长内生动力，需要积极推进国企产权改革，改善企业效率，提振国家经济（许召元等，2015）。

2013年11月，中央召开十八届三中全会提出对国有经济改革的新要求，包括继续推进由国有企业向国资企业转变、完善现代企业管理制度、健全公司治理结构、规范国企管理人员薪酬待、划转部分国企股权至社会保障基金等。会议还专门强调了"积极发展国有资本、集体资本、非公有资本等交叉持股、相互融合的混合所有制经济，是基本经济制度的重要实现形式"。

早在党的十五大报告中就首次提出了"混合所有制"的概念："公有制经济不仅包括国有经济和实体经济，还包括混合所有制下的国有成分和集体成分"，党的十六大报告中又要求"积极推行股份制，发展混合所有制经济"。

首先需要明确的是何为"混合所有制"。1941年，汉森在其发表的《财政政策和经济周期》中解释了"混合经济"的含义——私人经济与社会化经济并存的"公私混合经济"（"双重经济"）。萨缪尔森也提出了"混合经济"是既带有市场经济（market economy）又带有计划经济（command economy）成分的经济组织方式。"混合所有制"是从中国经济实际情况出发，强调多种所有制成分共同发展，可以简单理解为国有经济和非国有经济的混合。

世界各国国有企业改革的一个大方向是民营化。学术界对混合所有制中的国有股权问题一直有着激烈的争论。国有股权容易带来政府干预行为，造成资源优化配置的扭曲，降低企业效率。不仅如此，根据不完全合约理论，由于国有股权与其他股权之间的权利差距，会造成政府信用破坏问题。一些学者则认为国有股权可以带来政府监督，且在法律法规不健全条件下，国有股东可以起到保护公司的作用（李涛，2002）。

"混合所有制"是由于缺乏完善的治理机制和制度环境，转型经济中使用的渐进推进国企改革的模式。混合所有制有利于优化市场结构，引入非国有股权可以提高企业效率，建立有效的公司治理机制。同时，混合所有制也为民营企业带来新的机遇与发展。汤吉军（2014）从不完全契约角度分析发现，若资产专用型或沉淀性很大，国有化是大型国有企业的一种内生治理机制，而私有化却是最次的一种方式，可能会导致市场失灵。国有化则恰恰是弥补市场失灵的重要工具。混合所有制经济不仅是"公有制理论创新和重大发展也是完善市场经济体制面临的新课题"。由此可见，我国国企改革的最终形式仍未可知，取决于我国未来的经济发展情况，但就现阶段来说，混合所有制是国企改革的一个不可避免的中间、过渡阶段。

2014年9月2日公布的"中国企业500强"报告显示：2014年我国前500家企业有43家亏损，与2013年度相同，但这43家企业中只有1家是民营企业，国有企业成为亏损"重灾区"。

我国经济发展已步入新常态，社会发展进入后工业时期，经济下行压力不断增大。国有企业一方面面临民营企业的经营压力，另一方面又有来自外资企业的"外忧"，使得国有企业竞争压力日渐增加，国有企业需要更深层次的改革模式以实现经济"新常态"下的平稳过渡。

2015年的《政府工作报告》中明确指出要"深化国企国资改革。准确界定不同国有企业功能，分类推进改革。加快国有资本投资公司、运营公司试点，打造市场化运作平台，提高国有资本运营效率。有序实施国有企业混合所有制改革，鼓励和规范投资项目引入非国有资本参股……完善现代企业制度，改革和健全企业经营者激励约束机制。要加强国有资产监管，防止国有资产流失，切实提高国有企业的经营效益"。

2014年2月，中国石油化工集团（以下简称"中石化"）打响央企混合所有制改革的"第一枪"。中国石化子公司中国石化销售有限公司于2014年9月12日与25家投资者签署增资协议。至2015年3月，25家投资者已缴纳了增资价款共计人民币1 050.44亿元，完成巨额引资。①

---

① 经济时报：《中国石化打响央企混合所有制改革第一枪》（www.jjsb.cet.com.cn/show_174980.html.）。

随后，上海、天津、贵州、湖南、广东等地相继提出地方国企改革具体方案。北京、山东、深圳等也已开始构建国企改革路径。

2015年5月18日，山东省率先将三家国有企业部分股权划转至山东省社会保障基金，被视为国企改革新模式的试点，"划拨国有资产充实社保资金"的改革政策正式落实。

2015年9月13日，国务院公开发布《关于深化国有企业改革的指导意见》，提出了国企改革到2020年必须实现的目标：提出了从改革的总体要求到分类推进改革、发展混合所有制经济、强化监督防止国有资产流失等方面，全面提出了新时期国有企业改革的举措和目标。这一顶层设计方案的出台，标志着未来5年我国国企改革正式拉开序幕。

表2-7总结了这一阶段国企改革的重要事件。

表2-7　　　　　　　　新一轮国企改革大事记

时间	重要事件	重点内容及意义
2013年11月12日	十八届三中全会《中共中央关于全面深化改革若干重大问题决定》	明确国企改革概念性规定 提出包括继续推进由国有企业向国资企业转变、完善现代企业管理制度等国有经济改革新要求 强调基本经济制度的重要实现形式
2014年2月19日	中石化宣布对中国石化油品销售业务板块进行重组，引入社会和民营资本参股，实现混合所有制经营	打响混合所有制改革"第一枪"
7月15日	国资委发布央企"四项改革"试点名单	央企改组国有资本投资公司试点：中粮集团、国投集团 央企发展混合所有制试点：中国医药集团、中国建材集团 央企董事会行使薪酬管理职权等试点：中国节能环保集团、中国建材集团、新兴际华集团、中国医药集团 央企派驻纪检组试点：2~3家具体未列 用好试点改革，发挥试点企业的示范带动作用，进一步探索改革的正确道路
3月5日	全国人民代表大会	明确改革大方向 准确界定不同国有企业功能，分类推进改革 鼓励非国有参股，发展混合所有制 解决历史遗留问题

续表

时间	重要事件	重点内容及意义
5月18日	国务院批转发改委《关于2015年深化经济改革体制重点工作的意见》	明晰国企改革1+N模式（"1"为顶层设计方案，N为实施配套文件） 三个推进+两个体制改革 （推进混合所有制、现代企业管理制度、完善监督机制；深化电力、石油等重点行业体制改革）
	山东三家国企划归社保	"划拨国有资产充实社保资金"方案落实
6月5日	深改组会议通过《关于加强和改进企业国有资产监督防止国有资产流失的意见》《关于在深化国企改革中坚持党的建设的若干意见》	强调试点改革重要性 提出诸如完善监督、责任追究制度，机制制度创新等有助于解决国资流失关键问题，摈除改革障碍，改革前景更明朗
7月中旬	习近平总书记在吉林省考察调研	有利于国有资本保值增值，有利于提高国有经济竞争力，有利于放大国有资本功能，进一步明确国企改革目标和标准
9月13日	国务院发布《关于深化国有企业改革的指导意见》	国企改革上层设计已确定，提出改革措施与目标

资料来源：作者根据公开资料整理。

2. 银行深化改革与转型

回顾我国银行业改革，完成股份制改革的大型商业银行已成为我国金融体系的基石。但股份制改革的完成只能表明我国银行业改革的其中一个目标的实现，国有商业银行仍存在许多问题。2008年金融危机的爆发、蔓延和加深，让监管当局意识到我国银行业仍需要进一步深化改革（周小川，2012）。

（1）完善公司治理和风险管理，探索中国特色的银行公司治理机制。

2008年美国次贷危机爆发的其中一个重要原因就是一些金融机构的公司治理和风险管理存在严重缺陷，并形成"大而不倒"格局。因而国有商业银行需要继续推进完善公司治理结构、建立现代企业制度，推进股权多元化，提高透明度和信息披露程度，防止内部人控制。

2014年8月14日，银监会、财政部、人民银行、证监会、保监会联合制定了《金融资产管理公司监管办法》。12月3日，银监会印发《关于加强村镇银行公司治理的指导意见》。12月9日，银监会发布《加强农村商业银行三农金融服务机制建设监管指引》。

2015年1月16日,银监会对2008年颁布的《银行并表监管指引(试行)》进行全面修订,发布了《商业银行并表管理与监管指引》,对商业银行并表范围、资本管理和风险隔离提出了明确要求。

(2)转变银行发展模式,加快综合化经营步伐。

我国银行业改变发展迅速,但许多银行业金融机构主要依靠贷款拉动经营规模扩张、重视规模和数量,追逐大型客户,导致银行服务质量与经营业绩不完全匹配。不仅如此,有不少商业银行在贷款导向、行业研究方面也过于粗放,贷款完全根据国家政策允许/禁止的行业来笼统地进行发放,未能全面考虑其中一些细分行业仍有很强的竞争力,导致有时无法真正抓住产业发展的机会,事后调整时银行就会产生大量的不良资产。

进入经济新常态,我国商业银行经营环境有了较大变化。经济下行、经济矛盾暴露、风险不断累加,利率市场化后依靠利差的传统盈利模式受到冲击,银行业竞争加剧,这就要求银行从根本上转变原本依靠资产规模扩张的粗放发展方式。同时,提升产品创新和服务质量,大力发展中间业务,实现盈利模式、客户、产品和服务转型。

随着利率市场化改革不断推进,我国大中型商业银行明显加快综合化经营的步伐。16家上市银行通过内部综合化(发展投资银行、资产管理公司等)和外部综合化(成立全资子公司等)进行跨业尝试(殷剑峰,2016)。

我国监管当局积极推动银行业金融机构发展以适应银行集团化的要求,并根据不同业务特点,实行子公司制、条线事业部制、专营部门制和分支机构制等改革(银监会2014年年报)。

2016年4月21日,银监会、科技部、人民银行联合发布《关于支持银行业金融机构加大创新力度,开展科创企业投贷联动①试点的指导意见》。同时,还公布了国家开发银行、中国银行、北京银行、天津银行等十家试点银行以及北京中关村国家自主创新示范区、上海张江国家自主创新示范区、天津滨海国家自主创新示范区等首批试点地区。

(3)大型银行国际化,银行业加速对外开放。

金融全球化背景下,我国国有五大银行加快境外扩张步伐。截至2014年,我国五大国有银行境外总资产超过8万亿元,占资产总额的8.7%。银行业也开始降低外资银行、央行类投资机构在我国的准入门槛。

---

① 投贷联动是指银行的信贷投放与其具有投资功能的子公司的股权投资相结合,投资收益抵补信贷风险,为科技创新企业提供持续融资的模式。

2014年7月和12月，我国两次修订《中华人民共和国外资银行管理条例》，放宽外资银行设立要求。

2015年7月，央行宣布允许境外央行类机构投资中国的银行间债券市场，放松债券市场的准入限制。发改委也于同年9月发布《国家发展改革委关于推进企业发行外债备案登记制管理改革的通知》，取消原有的企业发行外债额度审批制，改为备案登记制。在债券发行的时机和数量方面给予企业一定的灵活性。这将有利于我国企业获得外币银行贷款，促进跨境融资，激活实体经济。随后，央行发布公告表示允许境外央行类机构进入中国银行间外汇市场，开展包括即期、远期、掉期和期权在内的各品种外汇交易。11月25日，包括中国香港金融管理局、澳大利亚储备银行等首批央行类机构在中国外汇交易中心完成备案，正式进入中国银行间外汇市场。

（4）规范银行同业业务。

在利率市场化缓慢推进期，理财产品、互联网金融、影子银行等得以快速发展，同业业务①也迅速膨胀。2009~2013年，银行业金融机构同业资产由6.21万亿元增至21.47万亿元，增幅246%；同业负债从5.23万亿元升至17.87万亿元，增幅236%，远高于银行存贷款增长水平②。

同业业务存在不收存款准备金、存贷比约束等特点，容易造成银行通过同业业务规避监管。而同业业务期限短，但金融机构用其再投资于期限长、回报高的项目，造成期限错配愈加严重。同时，同业业务的不透明性增加了监管难度。同业业务占比增大也加强了金融机构间的资金联动性，一旦其中一环发生风险，易引发交叉性风险传染。银监会发布《中国金融稳定报告2014》中首次以公开报告形式提出同业业务、信托理财等快速增长蕴含风险隐患，要求金融机构警惕这些业务风险，规范业务发展。

2014年4月24日，银监会与人民银行、证监会、保监会、国家外汇管理局联合发布《关于规范金融机构同业业务通知》，规范金融机构同业业务经营，有效防控风险，引导资金流入实体经济。5月8日，银监会下发《关于规范商业银行同业业务治理的通知》专门对银行机构同业业务治理进行规范，以促进同业业务健康发展。10月，银监会发布《关于开展银行业金融机构同业新规执行情况专项检查的通知》，对同业业务规范的落实情况进行检查。

（5）加强对影子银行监管及风险防控。

有别于发达国家的情况，我国的影子银行，是金融抑制下的产物，是在复杂

---

① 同业业务是指金融机构间以投融资为核心的各项业务，包括同业存款、同业借款、买入返售业务等。
② 《中国金融稳定报告2014》。

衍生品、结构证券交易的信用创造机制尚未建立的情况下发展起来的金融创新，实质上是"银行的影子"（类银行[①]）（于建忠等，2016）。我国影子银行主要包括：①无金融牌照、完全无监管的信用中介（包括新型网络公司、第三方理财等）；②无金融牌照，存在监管不足的信用中介机构（融资新担保公司、小额贷款公司等）；③持有金融牌照但存在监管不足或规避监管业务的机构（资产证券化、理财业务等）。可见，银行的一些理财业务和资产证券化就是一种影子银行。

2013年10月，银监会创设银行理财管理计划和银行理财直接融资工具发行，力求通过打造银行主导的资产证券化模式，将"非标"资产转为标准资产。12月，国务院下发《关于加强影子银行监管的通知》指出，影子银行满足多元化金融需求的同时，存在业务不规范、管理不到位和监管套利的问题。

为进一步规范银行理财业务发展，整治不合规范的影子银行。2014年7月11日，银监会发布《中国银监会关于完善银行理财业务组织管理体系有关事项的通知》，要求银行按单独核算、风险隔离、行为规范、归口管理等开展理财业务事业部制改革。进一步加强对商业银行理财业务的监督管理，重申"让理财回归资产管理业务的本质"。

2016年4月28日，银监会下发《关于规范银行业金融机构信贷资产收益权转让业务的通知》，对信贷资产收益权转让业务交易透明性、会计处理和资本、拨备计提的审慎性等问题进行规范。压缩了银行信贷资产出表和监管套利的空间，禁止银行通过AMC通道实现不良资产的假出表，从而引导银行使用更透明规范的资产证券化（ABS）手段完成不良资产真实出表。

（6）打破垄断、允许民营银行建立。

我国企业，特别是小微企业长期存在融资贵、融资难问题。为实现金融多元化、市场竞争公平化目标，令金融业更好地为实体经济发展提供高效率和差异化的服务，我国鼓励和引导民间资本进入银行市场。

2013年的《国务院办公厅关于金融支持经济结构调整和转型升级的指导意见》和《中共中央关于全面深化改革若干重大问题的决定》中明确了允许具备条件的民间资本依法发起设立中小型银行等金融机构。2014年3月13日，银监会修订《金融租赁公司管理办法》，引导各类社会资本进入金融租赁业，进一步提高金融租赁行业的开放程度。

2014年3月，银监会公布首批民营银行试点名单，五家银行入选。2015年6月，首批试点银行中的最后一家浙江网商银行开业。2016年6月22日，国务院

[①] 类银行是指从事传统商业银行体系之外的信贷、类信贷业务，通过不同的金融工具完成信用转换、流动性转换等活动的信用中介。

转发银监会《关于促进民营银行发展的指导意见》，表示民间资本进入银行业通道已全面打开，银监会也将积极推进民间资本设立银行等金融机构。表 2-8 整理了我国首批民营银行的相关情况。

表 2-8 我国首批民营银行

项目	股权结构	开业时间 注册资本，地点	特色
微众银行	腾讯 30%，百业源 20%，立业集团 20%，淳永投资 9.9%	2015 年 4 月 30 亿元，深圳	不设立网点，互联网金融小额贷款，"个存小贷"
华瑞银行	均瑶集团 30%，美特斯邦威 15%	2015 年 5 月 30 亿元，上海	上海自贸区优势，服务小微大众、科技创新和自贸改革
网商银行	蚂蚁金服 30%，上海复星工业技术 25%，万向三农集团 18%，金润资产公司 16%	2015 年 6 月 40 亿元，杭州	不设立网点，基于阿里巴巴自主研发的金融云计算和数据开发库，服务"长尾"客户
金城银行	天津华北集团 20%，麦购集团 18%	2015 年 4 月 30 亿元，天津	公存公贷，专注于财政金融、汽车金融、医疗卫生、旅游养老、节能环保、航空航天六大市场
民商银行	正泰集团 29%，华峰氨纶 20%，森马集团、奥康国际、力天房产、富康科技各 9.9%	2015 年 3 月 20 亿元，温州	发挥本地优势，专注当地小微、"三农"服务

资料来源：作者根据相关报道和公司资料等搜集整理。

2016 年银监会改革重点之一就是继续推进民营银行。两会期间，银监会主席尚福林表示，新设民营银行的受理权限已经下放给了各地银监局，已有 12 家进入论证阶段[①]。

表 2-9 总结整理了这一阶段我国银行业改革的重要事件。

---

① 民营银行申设包括辅导和正式申设两个环节。其中辅导环节又包括可行性调研、论证、会商三个阶段。地方银监局论证结束后，还需同地方金融办进行会商。进入正式申设环节，需发起人向银监局申请，银监局初步审核后再报银监会审批。

表 2-9　　　　　　　　　　新常态下银行业改革大事记

时间		主要内容及意义
2013年	8月	金融监管协调部际联席会议制度建立,防范系统性风险,有望解决跨行、跨金融市场的创新及监管套利行为
		支持在区内设立外资银行和中外合资银行,推动外资金融机构的金融服务业全面放开
	10月	银监会创设银行理财管理计划和银行理财直接融资工具发行,打造银行主导的资产证券化,将"非标"资产转为标准资产
	12月	《关于加强影子银行监管的通知》
2014年	3月	公布首批民营银行试点名单
	4月	政策性银行改革方案落地:国家开发银行"要坚持开发性金融机构定位",中国进出口银行"强化政策性职能定位",中国农业发展银行"坚持以政策性业务为主体"
		银监会与人民银行、证监会、保监会、国家外汇管理局联合发布《关于规范金融机构同业业务通知》
	5月	《关于规范商业银行同业业务治理的通知》
	7月	(1) 取消设立营业性机构前需设立代表处的要求; (2) 放宽营业性机构申请经营人民币业务条件; (3) 取消外资法人银行拨付境内分行营运资金的最低数量要求
		中国人民银行发布《关于银行间外汇市场交易汇价和银行挂牌汇价管理有关事项的通知》,取消银行对客户各币种挂牌买卖价差管理
		人民银行《关于加强银行业金融机构人民币同业银行结算账户管理的通知》
		银监会《关于完善银行理财业务组织管理体系有关事项的通知》
	11月	《金融资产管理公司监管办法》
	12月	取消外资银行、合资银行总行拨给营运资金下限 放宽作为外资银行唯一或控股股东要求 取消外资银行初次设立分行的 2 年限制 放宽外资银行经营人民币业务的申请条件
		发布《全国银行间债券市场债券预发行业务管理办法》,在银行间债券市场推出债券预发行交易

续表

时间		主要内容及意义
2015 年	3 月	27 家银行获得开办信贷资产证券化业务资格,央行推行信贷资产证券化注册制
	4 月	发布《国务院关于实施银行卡清算机构准入管理的决定》,开放境内清算市场
	5 月	存款保险制度推出
	6 月	《商业银行法》修正,将存贷比由法定监管指标转为流动性监测指标,释放银行差异化发展潜力
		交通银行开启混业改革
		发布《关于促进民营银行发展指导意见》
		央行发布《大额存单管理暂行办法》,大额存单采用电子化方式发行,发行利率以市场化方式确定
		中国银行业协会与新华社中经社控股集团首次联合发布"商业银行稳健发展能力陀螺（GYROSCOPE）评价体系"
	7 月	允许境外央行类机构投资中国的银行间债券市场 放松债券市场的准入限制
	9 月	允许境外央行类机构直接进入银行间外汇市场
		取消企业发行外债的额度审批制,实行备案登记制 促进跨境融资便利化,更易于企业获得外币银行贷款
	10 月	取消存贷比监管指标
	11 月	工、农、中、建四大国有银行进入全球系统重要性银行名单
		首批境外央行类机构在中国外汇交易中心完成备案
	12 月	发布《推进普惠金融发展规划（2016~2020 年）》
2016 年	4 月	银监会、科技部、人民银行联合发布《关于支持银行业金融机构加大创新力度,开展科创企业投贷联动试点的指导意见》
		银监会下发《关于规范银行业金融机构信贷资产收益权转让业务的通知》,对银行业金融机构开展的信贷资产收益权转让业务进行了规范

资料来源:作者根据相关报道和文献资料整理。

3. 政府改革仍需深化

我国政府在不断推进市场化改革过程中也不断进行着自我改革。

（1）体制改革。

尽管政府不断推进体制改革和财政改革，但三十多年来的政府体制改革实践中也展现出政府改革的一些问题：

改革没有涉及体制内核，"政府权力结构的变革也只是在存量基本不变的前提下作增量的修改"（沈荣华等，2013）。

不仅如此，我国政府行政改革步伐与大刀阔斧的经济改革相比较为落后，"强政府、弱市场"态势突出。

有别于其他发展中国家改革起步时期的弱政府，我国是从计划经济体制向市场经济转型，一直是"强政府"。这在20世纪90年代以市场化经济改革为重心的改革进程中强政府态势没有显现。进入21世纪，经济改革告一段落，政府干预对于经济的影响凸显出来，成为我国经济失衡的原因之一。政府（特别是地方政府）过多参与、干预市场经济活动，扭曲了市场原本的发展方向和资源配置机制，形成"强政府、弱市场"的态势。

经济转轨过程中减少政府干预，要求打破高度集中的计划管理，实行简政放权。

我国当前处在从计划经济向市场经济的过渡阶段，仍有一些计划经济遗留问题，管理权限过度集中就是其中之一，束缚了地方政府的创新积极性和改革方面的优势发挥。我国与西方发达国家公共管理改革不同：西方发达国家是在完成法制建设的基础上追求自主与活力，而我国由于长期缺乏法制建设，依靠中央统合主义推行的改革策略，尽管大大降低了制度交易成本，但却导致了地方政府改革过程中的"上有政策，下有对策"的弹性行为和政府寻租，使得改革效果大打折扣。因而，实施简政放权，首先需要厘清政府与市场间的界限，同时不断完善法制建设，通过市场化的信号引导生产实现资源优化配置，通过扩大地方经济管理权限调动地方政府自主创新性，更好地实现改革目标。

近几年来，我国简化、取消了多项行政审批项目[①]，"简政"方面成绩斐然。然而"简政"只是手段，"放权"才是目的。相对于简政来说，"放权"效果仍不足，存在一些部门在行政审批制度改革中"放虚不放实""放利小责重、留利大责轻"的问题。

2013年8月27日中共中央政治局会议通过了《关于地方政府职能转变和机构改革的意见》。会议指出，地方政府职能转变和机构改革，要与国务院机构改革和职能转变相衔接，适应社会主义市场经济发展需要。要把职能转变作为改革

---

① 详见《国务院关于取消和调整一批行政审批项目等事项的决定》；《关于第一批清理规范89项国务院部门行政审批中介服务事项的决定》；《2016国务院清理第二批192项行政审批事项》等。

的核心、把深化行政审批制度改革作为重要抓手和突破口，继续简政放权，增强经济发展内生动力。要充分发挥地方政府的积极性，鼓励地方因地制宜、从实际出发进行改革探索，大胆创新。党的十八届三中全会指出"经济体制改革是全面深化改革的重点，核心问题是处理好政府和市场的关系，使市场在资源配置中起决定性作用和更好发挥政府作用"。2016年3月第十二届全国人民代表大会第四次会议上，李克强总理表示简政放权是转变政府职能的关键，继续大力削减行政审批事项，注重解决放权不同步、不协调、不到位问题。

下一步的政府体制改革，需要从体制内核出发，真正下放权力；逐步减少政府干预和政治关联，让市场机制有效发挥配置效应，根本上改变"强政府、弱市场"的态势。

（2）财政改革。

首先，仅依靠财政改革不能完全消除预算软约束，还需要完善配套制度。

财政部规定2011年1月1日起实施将政府预算外资金纳入预算内管理机制，通过控制预算外资金减少地方政府预算软约束的可能。但由于我国转移支付制度仍不完善，地方政府还可通过中央财政转移支付来软化预算约束，造成"跑部钱进""跑部进京"现象（张延，2016）。

2015年1月1日开始生效的新《预算法》允许省级政府在批准额度内为自身或下级政府发行债券。地方政府不再通过地方政府融资平台或企业渠道举债。一方面，这在一定程度上缓解了地方政府债务膨胀，另一方面也推动了地方政府融资公司这一软约束主体的转型。然而，地方政府债券额度受限，并没有完全放开，较大的地方政府财政缺口下基建投资需求以及偿债压力依然存在，亟需与金融、财政、法律各方面的配套改革相结合，从根本上提高地方政府财政状况。

要完全消除预算软约束，除了财政改革和相关制度建设，最根本的，还是需要改变地方政府支出责任与收入不匹配的现状，缓解地方政府政治负担。

（3）市场化改革。

首先，需要打破刚性兑付和政府隐性担保。

预算软约束的经济主体所考虑的更多的是追求费用最大化、规模最大化，而不是盈利目标、所有者利益最大化。因而会在不考虑是否能偿还的情况下继续借贷。同时，各级政府通过直接或间接手段继续扶持亏损企业，银行等金融机构由于地方政府对这些软约束主体的财政担保而对其继续融资。而"刚性兑付"主要是地方政府和金融机构等对这些预算软约束主体债务链的维持，因而"与其说是刚性兑付维稳，不如说是中国经济政企不分非市场化的体现"（张敬国，2014）。

前面提及的近年来我国迅速膨胀的地方政府融资平台也是软约束预算主体。投资者出于对地方政府信用的信任，忽略了城投公司的收益率倒挂事实，继续为城投公司提供资金供给。"政府兜底"使城投公司不顾偿还债务负担高价举债，造成城投公司较低的利率敏感性，降低资源配置，扰乱国内金融市场秩序（姚洋和徐高，2015）。一个典型的例子是：2013年"钱荒"事件后利率高企，产业债发行规模明显减小，而城投债的发行量并未受太大影响。

发展市场经济，就要求政府打破对这些预算软约束主体的刚性兑付和隐性担保。

化解地方政府融资平台给金融市场带来的扭曲。地方政府融资平台公司所从事的那些具有公益性，而微观回报率水平较低的项目，就应该由财政资金来加以支持。而那些有盈利前景的商业项目，政府应该撤除其隐性担保，完全交由市场。同时，财政支出必须要相应地放大，接下平台公司留下的融资缺口。

其次，政企不分的根源是法制不健全。

田利辉和张伟（2013）采用2001~2008年间561家A股上市公司数据分析，发现一些民营企业寻求政治关联以获得政府产权保护、更多贷款及政府补贴等，从而导致了较高的新股长期回报。因而政治关联对公司经济绩效的提升成为民营企业寻求政治关联的非正当激励，最终扭曲了市场公平竞争环境。

放权式改革的经济取向是市场化经济，但这就意味着在放权式改革过程中，由于政府控制着资源分配权和政策制定权，形成市场在相当程度上是由政府培育的情况或者政府在市场中起主导作用。而那些脱离原有国有体制的经济主体，获得高于平均水平的利润最便捷的途径便是获得政权的特殊对待，因而才会出现政治关联、钱权交易、滋生腐败（徐勇，2005）。

可见，政治关联的产生是放权式改革下的政府主导市场导致的。而从本质上来说，政治关联、钱权交易、腐败的来源是法制不健全。若没有完善的法制体系，政商交往容易产生官商勾结，滋生以权谋私的问题。近年来我国政府大力倡导的反腐"清政"，并不意味着完全阻断政商交往，而是要在透明公开的环境下接受社会监督，使政商交往有节有度。

（4）监管改革。

首先，当前我国的金融监管存在"政治关联""简政不放权"和"监管者乏力"三大问题。

除了前面提及的"政治关联"问题可能造成监管放松和监管漏洞，我国金融监管还存在"简政不放权"问题。

当前我国金融机构虽数量繁多，但同质化现象严重，还存在监管机构领导下的集体性垄断问题。监管机构以零风险为目标，监管手段过于简单化、行政化，导致金融机构忙于应付监管当局，而无暇开展市场化运营（田利辉，2015）。

1992年以来，证监会、保监会、银监会先后从央行剥离，我国形成分业监管格局。2008年的金融危机暴露出分业监管体制的不足——缺乏对系统性风险的审慎监管及对金融消费者利益保护不足。

分业监管格局中各监管部门间协调性较差，容易出现交叉监管或监管真空的问题。当不同机构共同参与金融活动时，分业监管可能导致不同专业监管部门间的权力争夺和责任推诿。在金融市场不断发展下，混业经营模式已成为许多金融机构的未来发展趋势，而对"互联网金融"的监管真空也充分说明分业监管格局已不能适应我国当前的金融市场，出现"监管者乏力"现象。因而需要改革旧的监管体制。

其次，我国金融监管应树立综合监管、原则监管和党和人民对于监管者的监督的三大理念。

第一，随着金融市场全球化和金融创新工具、技术的不断进步，对于金融监管要求也越来越高。金融集团和"互联网金融"等新型金融机构的出现对我国现存的分业监管模式提出了有力挑战。综合监管具有金融监管的规模经济效应、简化监管框架、降低监管成本等优势，更适合对混业经营金融机构监管。需要注意的是，以往的风险监管更注重微观审慎监管，不能有效防范系统性风险、保持金融体系稳定，因此还需加强宏观审慎监管。

第二，我国现行的监管理念是以美国为代表的规则监管理念。金融自由化和全球一体化进程加快了各种金融创新的发展，原本"规则监管"的规则制定无法跟上金融创新的步伐，而"原则监管"下，监管机构和金融机构根据特定的行为原则进行监管和经营，更具弹性，可有效避免"规则监管"下的"监管空白"和"监管真空"问题。我国未来的监管改革需要逐步向原则监管转变（曹凤岐等，2013）。

第三，市场经济的本质是法治经济，对市场交易透明度、会计准则和披露制度有较高要求。经济主体、社会公众具有知情权，可以在舆论上对市场正常运行和公平正义实行社会监督（易纲，2009）。在从计划经济向市场经济过渡的过程中，市场经济要求监督模式也从原有的内部监督逐渐转变为社会监督与内部监督相结合。因而监管改革应该阳光化监管、加强监管透明度，在内部监督基础上加入社会监督，有效改善监管疏失、监管不力和由于政治关联带来的监管不足、放松监管现象。

第三节　中国的利率市场化指数

结合中国的利率市场化改革进程，我们将在此基础上尝试构造反映我国利率市场化程度的综合指标。该指标也将是本书部分实证研究所需的基础数据。

目前已有许多学者尝试着构建我国利率市场化程度的指标。比如，张孝岩和梁琪（2010）采用存贷基准利率并结合其允许的浮动范围来构建衡量我国利率市场化程度的指标。王舒军和彭建刚（2014），李成等（2015）以及彭建刚等（2016）均通过将我国的利率体系划分成若干维度，然后就每个维度上利率的市场化程度进行人为打分，进而综合得到衡量我国利率市场化程度的指标。此外，还有文献通过设定虚拟变量，即在贷款利率完全市场化前后分别设定变量取值的方式来分析利率市场化给一些经济指标带来的影响，这种方式则相对过于粗糙。而前两种方式构造的利率市场化指标也存在一定问题，比如其仅考虑了市场制度的变化带来的影响，而银行实际上可以通过多种办法绕过监管，因此其实际面临的利率管制程度往往与制度存在较大差异，上述构建利率市场化指标的方式显然无法衡量这种银行实际面临的利率市场化程度。而且，我国的利率市场化改革如前文所述，自1996年以来经历了大量的改革步骤，每一次推进对于整个利率市场化改革来说均具有重要的制度意义，而上述指标所关注的往往是利率市场上的某一个点，比如利率浮动范围变化，而忽视了整个制度变革的阶段变化。本书将结合前文对利率市场化改革进程的回顾，尝试构造两种衡量利率市场化程度的指标，一是衡量制度市场化的指标，二是衡量实际市场化的指标。

一、制度利率市场化指数

结合表2-2，我们认为，如果某一项改革措施放松了对某一种利率的管制，包括浮动区间的扩大，则对指数的赋值加1。比如1996年6月全面放松了对同业拆借利率的管制，此时则在指数赋值上加1；而1996年1月，Chibor建立仅仅是设定了一个新利率，而且存在着对Chibor的管制，因此不对指数的赋值进行调整；2003年7月，放开英、法、加的外币小额存款利率管理，我国的利率市场化循着先外币后本币的改革步骤，对外币利率管制的放开显然也是推动利率市场化改革的一项重要举措，因此我们也对指数的赋值加1，显然这种情况是无法被以往研究中仅考虑存贷款利率浮动范围的方式所覆盖的。

自1993年提出利率市场化构想，彼时利率尚且受到严格管制，此时制度利率市场化指数取值为0。经过不断增加赋值，到2015年10月完全放开对存款利率的管制时，制度利率市场化指数取值为27。为方便使用，我们对所有赋值做除以27的处理，即得到在利率制度完全非市场化时取值为0，完全市场化时取值为1的衡量制度利率市场化的指数。图2-3为我们最终得到的利率市场化指数走势情况。

图 2-3 制度利率市场化指数

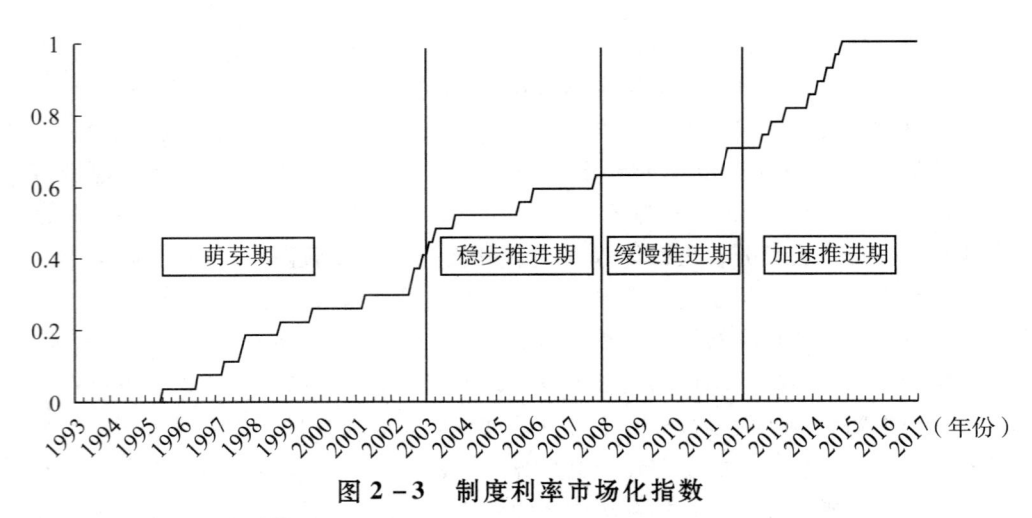

资料来源：作者计算绘制。

将前文对我国利率市场化改革的阶段划分放入图中，可以明显地看到，在1993~2003年之间，我国利率市场化有关制度的变革在逐步推进，但总体处于较低的水平，故此视为萌芽期。2004~2008年之间，我国的制度利率市场化指数继续稳步上升，超过一半，即0.5，意味着我国的利率市场化制度放松已达到较高的水平，此阶段即稳步推进期。2009~2012年，制度利率市场化指数长期没有明显上升，仅在2012年内略微升高，此即缓慢推进期。2013年后，指数表现出明显的快速跳跃上升趋势，最终达到制度完全市场化，因此将此阶段称为加速推进期。由此可见，我们构建的制度利率市场化指数与我们前文基于事件的阶段划分恰好可以吻合，说明我们的制度利率市场化指数构建是合理的。

二、实际利率市场化指数

尽管央行在制度上逐步放开对利率的管制程度，但商业银行实际面临的利率管制程度是不同的。一方面，商业银行可以采用各种手段规避央行监管，比如使用表外业务等，银行通过大量理财产品吸收存款也使其实际面临的存款利率很可能早已超过央行的管制上限。另一方面，即使央行已经在很大程度上放开了对利率的管制，但由于经营上的惯性或者其他一些原因的限制，制度上的放开不等于银行实际面临的利率也会放开。因此，利率制度的市场化与银行实际面临的利率市场化程度是不会完全相同的。我们希望可以构建一个能够衡量银行实际面临的利率市场化程度的指数。

我们注意到当银行利率受到严格管制时，大多数银行能够自行操作或者绕过监管的空间有限,因此不同银行的实际贷款利息收入和存款利率支出应有较强的相关性,即离散程度较差;而当银行面临的实际利率管制越来越宽松时,不同银行的实际贷款利率和存款利率离散度将变大。因此,我们通过计算不同银行实际存贷款利率的离散程度来衡量实际的利率市场化程度。

具体计算公式为:

$$\text{实际贷款利率}_{it} = \text{总利息收入}_{it} / \text{总贷款}_{it} \quad (2.1)$$

$$\text{实际存款利率}_{it} = \text{总利息支出}_{it} / \text{总存款}_{it} \quad (2.2)$$

$$\text{贷款利率市场化指数}_t = \sqrt{\frac{1}{N-1}\sum_{i=1}^{N}(\text{实际贷款利率}_{it} - \overline{\text{实际贷款利率}_t})^2} \quad (2.3)$$

$$\text{存款利率市场化指数}_t = \sqrt{\frac{1}{N-1}\sum_{i=1}^{N}(\text{实际存款利率}_{it} - \overline{\text{实际存款利率}_t})^2} \quad (2.4)$$

$$\text{实际利率市场化指数}_t = \text{贷款利率市场化指数}_t + \text{存款利率市场化指数}_t \quad (2.5)$$

我们从 Moody's Analytics BankFocus 数据库中获得中国银行业 2011~2016 年的财务数据,BankFocus 数据库是在 Bankscope 数据库的改版,但改版后缺失了中国银行业 2011 年之前的财务数据,我们利用以往搜集的 Bankscope 数据库中中国银行业的数据与 BankFocus 数据库中的数据按照银行代码和银行名称进行整合,从而获得了中国银行业 2005~2016 年间共 12 年的财务数据。2017 年的数据由于数据库中许多银行尚未更新年报,缺失值较多,因此未包括在研究样本内。研究样本内共有 300 余家商业银行,观测值共 3 853 个。

根据以上式(2.1)~式(2.5),我们计算了各商业银行实际面临的存贷款利率,进而获得了存贷款利率的离散程度。我们构建的实际利率市场化指数结果如表 2-10 所示。

表中最后一列也同时汇报了前面的制度利率市场化指数,即将每年的指数值取平均数得到当年的制度利率市场化指数。上述指数的走势见图 2-4。对比实际利率市场化指数和制度利率市场化走势,可以发现二者走势大体接近,说明我们实际利率市场化指数的设计具有合理性。细节对比显示,二者还存在一定的差异,如仅考虑制度变革,易见我国总体上的利率市场化改革方向是确定的,制度利率市场化指数仅有上升不会出现下降;而商业银行实际面临的利率市场化程度还是有变化的,既有市场化程度加强的阶段也有市场化程度倒退的阶段,这是仅考虑制度因素会忽略的变化。

表 2-10　　　　　　　　　实际利率市场化指数

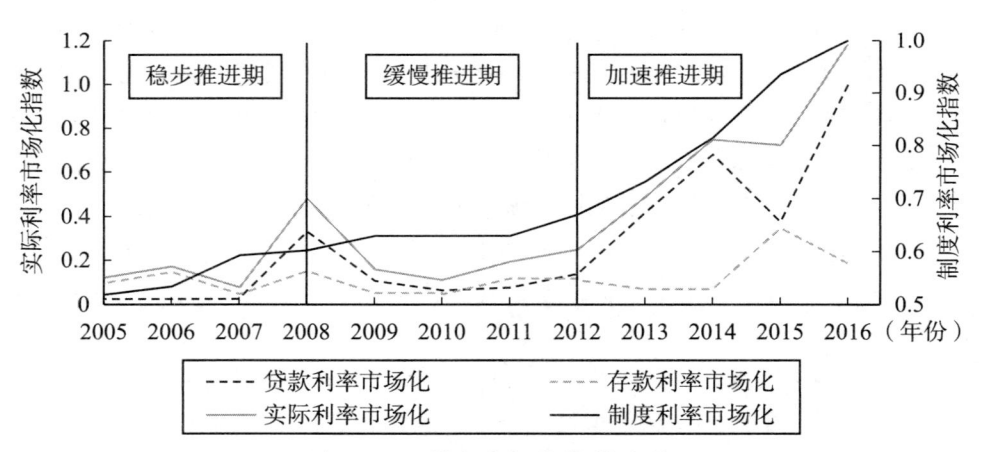

年份	贷款利率市场化指数	存款利率市场化指数	实际利率市场化指数	制度利率市场化指数
2005	0.0246	0.0970	0.1217	0.5185
2006	0.0249	0.1465	0.1714	0.5340
2007	0.0305	0.0466	0.0771	0.5926
2008	0.3303	0.1507	0.4810	0.6019
2009	0.1065	0.0515	0.1580	0.6296
2010	0.0644	0.0462	0.1106	0.6296
2011	0.0764	0.1165	0.1929	0.6296
2012	0.1382	0.1099	0.2481	0.6698
2013	0.4173	0.0696	0.4868	0.7315
2014	0.6766	0.0698	0.7464	0.8148
2015	0.3745	0.3468	0.7212	0.9352
2016	0.9973	0.1858	1.1832	1.0000

资料来源：作者计算整理。

图 2-4　利率市场化指数走势

资料来源：作者计算绘制。

从图 2-4 中，我们也能看到，在利率市场化改革的稳步推进期，商业银行实际面临的利率市场化程度是呈总体上升状态的；此后进入缓慢推进期，银行实际面临的利率市场化程度较 2008 年明显降低，但大体与 2008 年之前的水平持平，这一阶段该指数没有较为明显的上升，同样表现出缓慢推进的特点；2012

年后，实际利率市场化指数出现大幅上升的现象，凸显了这一阶段的加速推进特点。因此，总体来看，我们计算的实际利率市场化指数也能够与我们前文的阶段划分相吻合。

贷款利率市场化于 2013 年全面实现，商业银行的实际贷款利率市场化指数在 2013 年也出现了大幅上升，此后总体表现为上升态势，2015 年虽有下降，但也高于 2013 年之前的所有市场化指数取值。存款利率市场化于 2015 年全面实现，图 2-4 同样显示了，存款利率市场化指数在 2015 年出现大幅上升，2016 年略微下降，但也同样高于 2015 年之前的所有水平。对比贷款利率市场化指数和存款利率市场化指数还表明，我国的贷款利率市场化水平总体要高于存款利率市场化水平，这也与我国先贷款后存款的利率市场化改革思路是相吻合的。对利率市场化改革事件的良好吻合意味着，我们通过计算银行实际存贷款利率离散度的方式来衡量实际利率市场化水平的方式是合适的。

本 章 小 结

本章回顾了中国利率市场化改革的过程以及在这一过程中暴露出的各种经济社会问题。我国的利率市场化改革选择了"先外币、后本币；先贷款、后存款；先长期大额、后短期小额"的总体改革思路。在这一思路引导下，我国的利率市场化先后经历了改革前夕、萌芽期、稳步推进期、缓慢推进期和加速推进期等五个阶段。基于对改革进程的回顾，我们设计并构建了反映我国利率市场化程度的指数，一是反映利率市场化有关制度变革的制度利率市场化指数，二是反映商业银行实际面临利率约束的实际利率市场化指数，结合前文的改革进程分析，我们构建的指数能够与之很好地吻合，可以衡量我国的利率市场化程度。

在分析利率市场化改革进程的过程中，我们也发现伴随着长期的利率管制，我国的经济社会在运行过程中出现了许多的问题。集中反映在：（1）资金资源配置低效；（2）金融发展不足，商业银行竞争力较弱；（3）实体行业有较为严重的产能过剩；（4）债务风险、房地产风险等可能引发系统性风险的隐患较多。实际上，后两个问题也可以视作前两个问题带来的影响之一。

因而，上述利率市场化过程中，我国经济所表现出的主要问题可以总结为资金配置低效和金融发展不足。而这恰好是金融压抑的主要反映，从这个角度来看，在中国经济增速放缓的当下，继续推进利率市场化的全面实现是非常必要的，其将是解决当下中国经济发展瓶颈的一个重要推手。然而，这些经济问题的堆积也意味着，随着利率管制的全面放开，各种相关金融经济风险也将随之出现，在利率市场化背景下的金融风险也变得更加复杂。因此需要我们就这一问题展开大量的深入研究和探讨。以下将首先从理论和各经济体的实践两个角度来分析利率市场化与金融风险之间的关系。

第三章

利率市场化与金融风险研究综述及理论分析

利率市场化的有关理论可以追溯到19世纪通货学派与银行学派之争。银行学派认为信用的广泛使用会助长投机，诱发危机，因此应对信用加以统制，而对信用的控制主要是对利率的控制（李扬，1983）。彼时，包括银行学派代表人物约翰·穆勒（John Stuart Mill）在内的许多经济学家及政策制定者认为除了危机发生的时段，金融体系是无足轻重的，因而倾向于采取金融压抑的政策以方便管理（Caprio et al.，1996）。1973年布雷顿森林体系解体之后，利率市场化、金融自由化开始成为世界潮流。麦金农和肖等经济学家更是指出，利率管制等带来的金融压抑是一些落后国家或地区经济发展缓慢的重要原因。在此背景下，许多国家开启了以利率市场化为代表的金融自由化改革，希望能够通过金融发展促进经济增长。

金融和风险相伴而生，金融风险研究历来是西方学术界研究的重点问题。随着我国市场经济建设不断推进，利率市场化也在逐步推展。那么，在利率市场化背景下的金融风险如何识别、度量、管理和防范呢？综述利率理论等文献，我们认为，利率制度对于经济发展作用重大，利率市场化有助于经济的长期增长。然而，回顾各国利率市场化实践，利率市场化的金融风险巨大，有时会引发经济危机。我国利率市场化改革历经22年，2015年10月宣布放开存款利率上限，标志着我国已从形式上实现利率市场化。然而，由于我国金融机构出现的道德风险和逆向选择问题严峻，风险巨大，我们不仅需要风险管理，而且需要公司治理。同时，利率市场化对于我国银行业、非银金融业、房地产业、制造业冲击严重。我国需要考虑设定利率市场化背景下的产业政策，防止中观风险，并且应该借助利率市场化的契机，实现制造业等产业的凤凰涅槃。利率市场化可能会带来大型金融机构的破产倒闭或者行业性的经济风险，也可能带来通货膨胀和货币危机，从而产生间接或直接的系统性风险。我国需要发展现有金融监管体系，防范微观风险的扩散和预警系统性风险。本章首先回顾利率市场化的有关研究文献，然后从微观、中观和宏观三个层面来评述相关金融风险，最后探讨应对上述金融风险所需要的金融监管调整。

第一节　利率市场化文献评述

艾格林（Eichengreen，2001）认为，在全球化趋势加速发展和现代信息技术及通信技术突飞猛进的年代，对于那些希望通过加入开放的世界经济体系来获得较高的投资率、较快的增长和不断提高生活水平的国家来说，金融自由化是必不可少的。德米尔古特－昆特和德拉贾奇（Demirguc－Kunt and Detragiache，1999）在其研究中将一国金融机构的自由化直接解释为国内利率市场自由化。利率市场化是一柄"双刃剑"，既能推进我国的金融深化，也会给我国带来更大的利率风险。

一、利率市场化的理论基础

利率市场化包括利率决定、利率传导、利率结构和利率管理的市场化。推进利率市场化的利率基础涉及利率决定理论、利率传导理论以及金融发展理论。

（一）利率决定理论

研究利率市场化首先需要明确利率是如何决定的，以及其影响因素是什么。利率决定理论分析利率的决定因素和影响因素，是利率理论的核心。

本节根据时间顺序依次介绍利率决定理论的发展，包括"古典"利率理论、凯恩斯流动性偏好理论、"新古典"利率理论（可贷资金理论）和新古典凯恩斯综合理论等。

1. 古典利率决定理论

古典决定理论认为储蓄和投资的均衡决定市场利率水平。

在资本主义早期的经济理论中，配第（Petty）、洛克（Locke）、劳（Law）和孟德斯鸠（Montesquieu）等经济学家认为货币就是财富，借贷货币就应该支付利息，因此得出利息是由货币所产生的观点，从而形成货币的利息和利率理论。他们认为利率的决定主要取决于一国货币量的多少。若一国居民负债额或贸易额增加，货币流通量就会相应减少，这样就会导致利率上升，反之利率下降。

1690 年，巴本（Barbon）在其《贸易论》中首次提出了实物资本借贷决定利率的理论。之后，诺斯（North）、休谟（Hume）等经济学家进一步发展了该理论：利率不是由货币供给决定的，而是由借贷资本供求决定。斯密（Smith，1776）综合了巴本等学者的观点，从产业资本的角度出发，指出利息是放弃使用产业资本获利的出借人应得的报酬。

在利率决定理论发展到这一时期，已经初步形成了一个理论体系，但在论述利率由借贷资本供求所决定时并未深入探讨哪些因素对资本供求产生影响。因此，只能称为理论雏形，而不能作为正式的理论学派。

马克思在《资本论》中从借贷资本角度分析利率决定问题，认为利息是贷出资本家从借入资本家资产中分割而来的一部分剩余价值。利息是利润的一部分，因而社会平均利润率决定利息率；此后，伯姆－巴维克（Böhm－Bawerk，1884）、马歇尔（Marshall，1890）、威克塞尔（Wicksell，1893）、费雪（Fisher，1907）等开始研究这些影响因素。他们认为既然利率为资本供求所决定，资本的供求又表现为储蓄和投资，因此利率应由储蓄与投资的均衡点所决定。当储蓄小于投资时，利率上升，人们减少投资并增加储蓄；反之亦然。

$$S < I, \ r \uparrow \Rightarrow I \downarrow \& S \uparrow \quad (3.1)$$

理论强调了利率的自动调节功能。由于这一时期的理论继承了古典经济学家在经济理论研究中强调实物因素的传统，因此被称为古典利率理论。

2. 凯恩斯流动性利率

虽然古典利率理论强调了储蓄与投资等实物因素对利率的决定作用，但却忽视了货币因素的影响。

针对这一理论缺陷，1936 年凯恩斯（Keynes）在其《就业、利息和货币通论》中批判了古典利率理论并提出了新的利率理论，即凯恩斯流动偏好理论。他认为利息是对于放弃流动性偏好的补偿，但受到债券市场、货币政策和经济周期等因素的影响。

相比较于古典利率理论产生与发展的年代，凯恩斯所处的时期商品经济快速发展，货币在交易中的作用日趋重要，因此凯恩斯认为，利率应该是属于一种货币现象而非实物的范畴。利率的高低应由货币供求所决定。货币供给是由货币发行机构所控制的，是一种不变的外生变量，货币的需求则取决于人们对货币流动性的偏好（Liquidity Preference）。流动性偏好理论因而得名。

流动性偏好理论一经发表便引起了学术界的激烈争论。引起这场争论的主要原因是虽然凯恩斯理论正确地批判了古典利率理论忽视货币因素的缺点，但流动性偏好理论本身也过分重视了货币因素。

3. "新古典"理论

正如汉森（Hansen）所说"凯恩斯对古典理论的批判同样适用于他自己的理论"。在这场"大辩论"的过程中，奥林（Ohlin，1937）、罗伯逊（Robertson，1937）等经济学家将货币因素引入到古典利率决定之中，从而提出了可贷资金利率理论，又称新古典利率理论。该理论认为，利率并不像凯恩斯所说的纯粹是一种货币现象，利率的决定因素应当既有货币市场的因素又有实物市场的因素。货币供应量只能决定短期利率，长期利率水平应由储蓄和投资决定。然而，该理论中的可贷资金总供求均衡并不意味着商品市场与货币市场这两个市场的同时均衡，因而用这种方法确定的利率缺乏稳定性，不是一种真正意义上的均衡利率。

4. 新古典—凯恩斯综合理论

与此同时，约翰·希克斯（John Hicks, 1937）和汉森（Hansen, 1953）发现，凯恩斯的利率决定理论的缺陷在于该理论会陷入一个循环推论——利率通过投资影响收入，而收入通过货币需求影响利率。他们将货币市场和商品市场相结合，建立了一般均衡模型（IS-LM 模型），认为利率是由投资、储蓄、货币需求和货币供给共同决定的，也是我们在做宏观经济分析中最为熟知且应用最多的利率决定理论（见图 3-1）。该理论综合了凯恩斯和新古典学派的利率理论，并引入国民收入这一重要因素，从而进一步发展了利率决定理论。因而被称作新古典—凯恩斯综合理论。

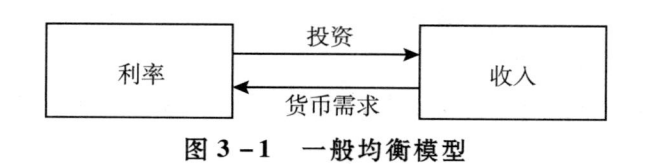

图 3-1 一般均衡模型

（二）利率传导理论

利率市场化要求利率传导机制实现市场化，从而真正发挥利率作为货币政策中介目标的作用，缩短货币政策时滞。利率传导理论为利率市场化提供了理论基础。

从时间顺序看，利率传导理论的发展包括：凯恩斯（keynes）、托宾（Tobin）、莫迪利安尼（Modigliani）等利率传导理论。

1. 凯恩斯利率传导理论

凯恩斯（1937）在回应可贷资金理论批判时，承认其流动性偏好理论的缺陷，并加入融资动机（finance motivation）因素。他认为当投资和储蓄相当的时候，物价才能稳定，经济处于均衡状态。而利率正是调节投资和储蓄的重要指标，可以通过利率政策的调整，实现预期的经济目标。在人们持有货币的三种需求中，交易动机和谨慎动机对利率并不敏感，投机动机则被视为利率的函数。

凯恩斯的利率传导机制（传统传导机制）如同凯恩斯模型中描述的：

$$M\uparrow \Rightarrow r\downarrow \Rightarrow I\uparrow \Rightarrow Y\uparrow \tag{3.2}$$

该模型表示扩张的货币政策使得利率下降，刺激了投资进而影响总需求和国民收入。

然而，20世纪50年代开始，弗里德曼（Friedman, 1956, 1970, 1972）等货币主义经济学家开始质疑凯恩斯理论。他们认为"货币是长期中性的"，但价格、工资刚性的前提下，货币政策是短期有效的。

货币主义学派强调货币政策通过改变资产价格进而影响国民收入。其中，从资产价格到产出的传导通过投资支出（托宾Q理论）和消费支出（财富效应）的变化实现（刘伟和张辉，2012）。

2. 托宾Q理论

托宾的Q理论（Tobin, 1969）是对凯恩斯主义的利率传导理论的继承和发展。该理论进一步认为，货币供给增加时，市场利率下降，企业市场价值与企业重置成本比值上升且大于1，投资支出增加，国民收入随之增加。

托宾继承了IS-LM模型的一般均衡分析法和基本结论，将社会经济划分为实体经济和金融体系两大领域，肯定利率对货币需求的决定作用；认为金融资产是多元的，资产之间不能够完全替代，突破了凯恩斯理论中资产仅包括货币与政府公债的假定；坚持利率是衡量货币政策效果的重要指标，利率不再是IS-LM模型假定的单一利率，而是各种利率的对比关系或作为真实投资的金融成本的某种利率组合。具体而言，当货币供给增加时，市场利率下降，企业市场价值与企业重置成本的比值上升且大于1，投资支出相应增加，国民收入随之增加。

20世纪70年代末，美国出现经济停滞增长，但失业率、通货膨胀率均高涨的罕见现象——滞涨。这一现象引起了经济学界对凯恩斯主义的普遍质疑，掀起了一场新古典理论革命。1977年，卢卡斯发表著名的卢卡斯批判（Lucas Critique），认为任何会被公众预期到的货币政策均是无效的。

面对以卢卡斯为代表的理性预期学派的质疑，一部分凯恩斯主义经济学界和货币主义经济学家自20世纪80年代初开始着手从微观角度研究货币政策传导机制（刘伟等，2015）。

3. 财富效应

弗里德曼（1957）提出持久性收入假说（Permanent Income Hypothesis, PIH）。他将收入分为持久性收入和临时性收入（transitory income），认为从长期来看，只有持久性收入能影响居民消费决策。而临时性收入通过影响持久性收入进而影响消费决策。收入包括劳动收入与资产收入。莫迪利亚尼（1971）则认为，利率传导机制通过利率变化影响股票价格和居民财富，进而影响居民消费和实体经济。

在生命周期假说（Life Cycle Hypothesis，LCH）中，消费不同于消费者支出。消费指消费者在非耐用品和服务上的开支，不包括在耐用消费品上的支出。而消费者支出不仅包括消费支出，还包括在耐用消费品上的支出。决定消费者支出的是消费者毕生的资财。消费者毕生资财包括：人力资本、实物资本以及金融财富。其中，普通股是金融财富的重要组成部分。其利率传导过程可以被描述为：

$$M\uparrow \Rightarrow r\downarrow \Rightarrow P_e\uparrow \Rightarrow FW\uparrow \Rightarrow LR\uparrow \Rightarrow C\uparrow \Rightarrow Y\uparrow \qquad (3.3)$$

其中，M 为货币供应量，r 为利率，P_e 为金融资产价格（股票价格），FW 为金融财富，LR 为毕生财富，C 为消费，Y 为国民收入。

与 PIH 相似，LCH 说明财富效应对短期消费函数有很大影响，金融政策可通过资产价格和消费渠道最终影响总量需求（Modigliani，1971）。

梅尔策（Allan Meltzer，1995）基于 PIH 和 LCH，从资本市场和产出市场的均衡条件出发，认为中央银行通过公开市场操作或改变货币供应量调整货币政策时，造成一个短期利率变化的同时也会导致资产实际价格和预期价格的变化，影响总需求，最终传导到总产出；总产出的变化又反过来作用于货币政策，形成完整的货币政策传导机制（张成思，2011）。如：中央银行下调基准利率导致证券价格上升，商业银行增加贷款投放，从而市场利率下降，真实资产价格上升，企业利润增加，国民收入增长。

利维和哈利基亚斯（Levy and Halikias，1997）认为利率政策的传导机制通过金融机构的资产调整发挥作用，并创建了双资产模型，用于描述利率政策的传导机制。假设存在两种金融资产，即货币和债券，且二者不能完全替代。作用机制可以被描述为：货币当局降低利率后，商业银行储备增加，银行体系派生存款能力提高并增加债券持有量，家庭将增持货币。经过价格的滞后调整，家庭发现持币量高于理想水平，随后资本市场真实利率下降，投资和耐用消费品开支上升，真实产出增加。

通过不同角度，上述利率决定理论和利率传导理论指出，利率是由投资、储蓄、货币供需、可贷资金和社会平均利润率等多种因素决定的，而利率的变动又将对于投资、消费和国民经济产生影响。

（三）金融发展理论

上述理论说明，利率制度对于经济发展有着重大作用。没有实行利率市场化的国家，通常实施利率管制；利率管制会形成金融抑制。麦金农和肖提出的金融抑制理论与金融深化理论是利率市场化的思想基础。

麦金农（McKinnon，1973）认为，发展中国家通过政府直接制定存贷款利率或设定名义利率上限，使得名义利率低于市场均衡水平，加上通货膨胀率的影响，使得这些国家的实际利率普遍很低，导致储蓄相应减少，而这些国家由于经济发展往往贷款需求较高，储蓄到投资的渠道受阻使得这些国家不得不采取信贷配给等扭曲市场的手段，从而制约了经济的正常发展。鲁比尼和萨拉伊马丁（Roubini and Sala-i-Martin，1992）通过模型推导和实证检验两种方式进一步说明了金融抑制不利于发展中国家的经济增长。哈斯拉格和古（Haslag and Koo，1999）进一步考虑了金融抑制影响经济增长的渠道，结果发现通货膨胀率和储蓄率是金融抑制影响经济增长的中介因素之一。林毅夫和孙希芳（2005）指出，如果一个经济中存在利率管制、限制银行进入等金融抑制政策，那么将使正规金融通过信贷合约筛选借款人、屏蔽风险的能力和激励受到限制，进而导致非正规金融或地下金融的广泛存在。徐爽和李宏瑾（2006）通过模型分析也指出，发展中国家通过利率管制并不能达到其预期的目的；利率的市场化不仅能够提高经济整体在长期内的消费水平，而且能够缩小不同生产要素之间的消费水平差距。

以肖和麦金农为代表的金融发展理论认为，只有消除金融压制，推行金融自由化，实现金融深化政策，才能有效地抑制通货膨胀，实现金融和经济的良性循环。金融深化政策的具体内容是：政府放弃对金融市场和金融体系的过度干预，放松对利率和汇率的严格管制使利率和汇率成为反映资金供求和外汇供求关系变化的信号。金融深化理论认为，金融压制不利于货币积累，只有放松利率管制，才有利于增加储蓄和投资，促进经济成长。上述对金融抑制和金融深化的研究文献均认为，以利率管制为主要表现形式的金融抑制行为不利于一国经济的健康稳定发展，因此以推行利率市场化为代表的金融自由化对发展中国家来说是必由之路。

二、利率市场化的国际经验

多数国家在历史上均实行过利率管制。为了减少金融抑制获得经济发展，大部分国家取消了利率管制，实施了利率市场化。利率市场化改革有失败的教训，比如韩国的第一次利率市场化改革；也有成功的经验，比如中国台湾和香港地区。下面首先回顾失败的案例，然后总结成功的经验。

（一）发展中经济体

阿根廷在20世纪90年代初推行了一系列金融自由化的措施，包括利率市场化、商业银行私有化和资本市场全面开放。这些自由化措施曾经遏制了当时的恶性通货膨胀，而且使GDP增长率在短期内大幅提高。阿根廷一度被称赞为所谓新自由主义成功典范，但是阿根廷经济开始出现内外失衡，政府债台高筑（陈金德，2004）。自由化带来的金融风险演化成为了债务危机，进一步演变为社会动荡和政治危机，政府内阁频繁更替，国民财富倒退到十年以前的水平（益言，2004）。

泰国的金融自由化始于20世纪80年代末，措施包括取消存贷款利率上限、资本项目放开、允许商业银行和金融公司扩大业务范围以及发展离岸银行业务等（江时学，2001）。根据史宝平（2003）的统计，泰国在实行利率市场化后，GDP增长率大幅上升。但是，为追求经济的快速发展，泰国的外汇储备长期维持在较低水平，使该国央行宏观金融调控能力受到严重限制，无法应对国际投机资本的狙击（陈雨露和马勇，2009），结果导致泰铢大幅贬值，最终引发亚太金融危机。

实际上，对拉美及东亚国家利率市场化的经验研究均显示，这些国家在利率市场化的初期获得了短暂的繁荣，随之而来的往往是严重的金融危机，导致金融体系失去控制（譬如，江时学，2001；陈金德，2004；陈雨露和马勇，2009）。正如斯蒂格利茨（2001）所说，全球化结构的调整改革让发展中国家落入地狱般的经济困境。

（二）发达经济体

陈晨（2012）根据IMF对利率市场化后国家银行危机的统计，指出利率市场化后发生危机绝不是偶然事件。美国、日本等发达国家在利率市场化后同样发生了银行危机。巴曙松（2012）对美日在利率市场化后银行集中度变化的研究中指出，日本在利率市场化结束后，遭遇了泡沫崩溃，主要银行出现巨额不良资产，国际竞争力迅速下降。菲兹罗等（2010）系统地总结了北欧国家、美国、土耳其和韩国的利率市场化改革经验，指出了孕育其中的金融风险。在放松利率管制后，北欧国家信贷出现井喷，实际利率上升，但利差下降。在价格竞争中，部分银行倒闭，而监管者未能及时斩断金融风险扩散的链条，北欧国家的银行危机最终形成，特别是瑞典和芬兰。

美国在1980年取消了贷款上限规定，并在1983年取消了所有定期存款利率的上限。同时，美联储正式独立于财政部，逐步实现独立性；美联储的间接利率能力不断提高，货币政策影响着美国经济。但是，利率出现上升，巨大的期限错配也开始显现，导致众多储蓄机构倒闭。仅在1984年就有14 483家银行出现破产倒闭或者被并购，然后银行数量连年持续减少。持续存在的其他商业银行也纷纷改变依赖存贷利差的传统盈利模式，纷纷开展资产证券化业务，产生了庞大的影子银行系统。但是，由于联邦存款保险制度、储蓄监管办公室和资产重组信托公司等制度的出台，20 世纪 80 年代部分银行的倒闭并没有酿成严重金融危机。

利率市场化改革有时存在反复。土耳其在实行利率市场化后，利率急速攀升，其后不到两年，数家银行和大量经纪公司倒闭，金融系统陷入危机，该国不得不重新实施利率管制。在对银行监管改进取得重大进展后，土耳其再次进行利率市场化改革，此次改革没有造成过度竞争和银行破产。韩国也进行了两次利率市场化改革尝试：第一次改革因劳动管理争议和出口停滞导致了利率快速上升，使政府重新实行利率管制；第二次的改革被分为四个阶段逐步推进，但在最后一个阶段恰逢亚太金融危机的爆发，导致韩国经济迅速恶化。

（三）中国台湾地区和中国香港地区的利率市场化改革

自 1975 年开始，中国台湾地区启动利率市场化进程，在 1989 年才完全实现利率市场化，历时 14 年。在放松利率管制之后，台湾地区的存贷利差逐渐缩小，通货膨胀有所控制，总体平稳，在 20 世纪 90 年代经济得到较快增长。台湾地区的利率市场化改革是相对比较成功的金融改革案例。孟建华（2003）将台湾地区的利率市场化进程分为了六个阶段：一是准许银行间利率存在差异，二是货币市场利率先期市场化，三是部分利率完全市场化，四是建立基本放款利率制度，五是存款上限利率的简化，六是利率完全市场化。李春平（2006）认为台湾地区的利率市场化可以给大陆如下几点启示：一是金融自由化进程要循序渐进，二是需完善金融机构的治理结构并建立退出机制，三是加强金融功能性监管，四是建立一体化和独立的金融监管体系。尽管台湾地区的利率市场化相对比较成功，但是台湾地区在利率市场化后也出现了存款利率上升的同时利差缩窄的现象，并导致该地区所有银行集体亏损三年，众多中小银行倒闭。

1981 年，香港银行公会成立，开始实施利率管制。1994 年，香港地区启动利率市场化改革进程，遵循先大额后小额、先长期后短期的步骤，在 2001 年完成利率改革，历时 7 年。改革较为成功，保持了香港的国际金融中心地位。在改革之前，香港改革了监管机制，设立了香港金融管理局。在改革之中，香港商业银行也在经营战略上及时做出了相应调整。譬如，设立分层利率体系，参与保险业务和资产管理业务，通过创新实施产品差异化，加强利率风险管理，主动实施并购或被并购战略。这样，香港银行业较为顺利地应对了利率市场化对于业务结构、利率结构和银行结构的冲击。

综合这些国家的利率市场化改革经验，我们看到：首先，利率市场化后一般都会有短期内利率大幅上升的现象，有时甚至会形成超高利率，同时出现存贷款利率的利差明显下降；其次，利率市场化后出现金融机构数量减少，集中度上升的情况；最后，利率管制放开，带来了金融风险的显著上升，在没有良好应对措施的国家，金融风险演变成为危机。

（四）中国大陆地区的利率市场化改革

我国学者认为，我国存在严重的金融抑制，需要逐步推进金融自由化。譬如，周业安（1999）指出，我国的金融抑制损害了企业的融资能力，进而阻碍了非国有经济的发展。又如，李锐和朱喜（2007）指出，我国农村的金融抑制程度达70.92%，严重影响了农民的福利水平。拉迪（Lardy，2008）总结道，中国的金融抑制严重降低了资产配置效率，滋生了巨大的地下金融市场，对于中国的商业银行长远发展具有不利影响，并且严重危害着中国经济的健康发展。

鉴于金融抑制给中国经济带来的不利影响，我国本着渐进式方式，从1996年开始逐步推进利率市场化，但是存贷款利率市场化定价的关键步骤至今尚未实施。李扬（2003）、易纲（2009）、黄金老（2011）以及周小川（2012）等文献对我国利率市场化目前已采取的措施进行了总结：我国的利率市场化采取了"先外币、后本币，先贷款、后存款，存款先大额长期、后小额短期"的改革顺序。从1993年到2014年，我国完成如下环节：一是逐步放开外币存贷款利率；二是扩大银行存贷款定价权；三是在企业债、金融债、商业票据方面以及货币市场交易中全部实行市场定价，对价格不再设任何限制；四是扩大了商业性个人住房贷款的利率浮动范围；五是近年放开了贷款利率上限和下限。可以认为，我国在利率市场化方面已做出了大量工作。

2015年10月，央行宣布完全放开存款利率上限，从形式上迈出了利率市场化的最后一步。然而，从理论和国际经验来看，这一举措必然会骤然增大金融风险，将给我国的企业、行业和国家带来冲击。而如何应对利率市场化所带来的风险是本书研究的关键所在。

第二节 微观层面的金融风险评述

金融风险研究的文献可谓汗牛充栋，我们将其分为微观风险研究、中观风险研究和宏观风险研究。我们认为，一个个体受到冲击的风险是微观风险，行业中多个个体同时受到冲击的风险是中观风险。倘若微观和中观风险管理不当，不断积累和演化，可能会引致整个金融系统丧失基本功能和国民经济出现重大问题，形成宏观的系统风险。

利率市场化改革的推进将对我国金融各行业造成巨大冲击，对金融机构的经营管理风险控制产生深远影响。究其原因，不仅仅是因为利率市场化带来的经济系统性风险，以及在这一大环境下面临的行业冲击，更重要的是金融机构内部的治理机制与风险管控能力将遭遇前所未有的挑战。下文分别介绍金融机构和我国金融机构的特性，金融机构的风险问题，金融机构的风险防控和公司治理。

一、金融机构和我国金融机构的特性

金融机构，是专门从事货币信用活动的中介组织，也是金融类企业。作为金融类企业，金融机构应该谋求利润最大化，也存在破产倒闭的可能；同时，也会存在委托代理问题和道德风险问题，需要公司治理和风险防控。金融机构作为中介组织对于经济的发展有着重要贡献，但是也存在自有资金不足和期限错配问题带来的自身金融风险。金融机构可以分为银行与非银行金融机构两大类。后者包括证券、保险、信托和基金等相关机构。当前，银行和非银机构出现了混业经营趋势。

（一）金融机构有利于国家金融发展和社会风险管理

传统金融中介理论认为，金融中介能生存和发展的主要原因是资金的最终供给者和需求者之间信息不对称，如直接交易，搜寻、交易及监督等成本过高。莫顿（Merton，1995）提出金融机构的功能观，金融机构是在不断结构优化和动态演化，来推动金融市场的发展和经济的进步的。随着近十多年来金融中介职能的转变，人们开始寻求交易成本之外的其他原因，典型的如风险管理（Allen and Santomero，1998）。风险、不确定性、信息成本和交易费用构成了金融中介演化的客观要求，而制度、法律和技术则构成了中介演化的现实条件。所有这些也构成了金融中介理论的主要内容。实际上，风险管理已经成为银行和其他金融中介的主要业务。

莫顿（Merton，1989）认为金融中介具有在不同参与者之间分配风险的能力。金融中介的主要增值能力在于它们具有以最低成本有效地分配风险的功能，譬如金融中介可以通过动态交易战略创造大量的合成资产，其业务日渐集中于风险交易和各种金融合约风险的捆绑和拆分。艾伦和桑托梅罗（Allen and Santomero，1998，2001）指出，在金融中介帮助金融活动参与者减少参与成本之外，金融机构是风险转移的推进器和处理日益复杂的金融工具及市场难题的推进器。有些学者则认为，风险管理从诞生起就是银行的核心业务，银行总是持有风险资产并管理它（Scholtens and Wensveen，2000）。依靠在信息生成和处理上的专业化以及分散个体信贷和期间风险，中介一直能够吸收风险。在传统的以银行业为基础的经济中，金融市场的作用并不显著，银行管理风险的办法是将风险跨期平滑化：在资金充裕的时候吸收大量短期流动性资产，而在资金短缺时用它们作为流动性风险的缓冲剂。

在近20年来的西方国家，利率纷纷施行市场化，资本市场和货币市场发展迅速，能够给予投资者提供比银行利息高得多的回报，对商业银行为代表的金融中介机构形成了冲击。作为追逐利润的企业组织，银行等金融中介绕开分业经营的限制，开拓新业务，进入新市场，进行金融创新，推出新的金融产品，向"全能银行"转变。银行开始在金融市场中扮演着进行资产交易和风险管理代理人的角色。

（二）企业风险管理和金融机构核心竞争力息息相关

弗鲁特和斯坦（Froot and Stein，1998）认为，金融机构进行风险管理的基本路径与非金融机构相同，金融机构价值增长来源于风险管理、资本预算和资本结构这三大相互影响的基本财务问题的解决。莫顿和佩罗德（Merton and Perold，1993）指出，金融类企业较之其他企业在风险管理方面的特殊性在于金融机构的财务困境成本更高。这是因为金融机构的债权人和业务客户相同或相近，譬如银行的存款者和保险公司的保单持有者。一旦出现破产风险，不仅存在债权人挤兑行为，而且会出现客户的大量流失。而且，迈尔斯和玛姬芙（Myers and Majluf，1984）指出，金融机构内部管理者和外部投资者之间存在着严重的信息不对称，需要更高的风险溢价来补偿委托代理风险。也就是说，金融机构之间的竞争往往也是其风险管理能力的竞争。进一步而言，从市场经济本质角度看，一个金融机构的核心竞争力是指在市场竞争中长期获得高盈利的能力，而这往往意味着有能力承担高风险的机构才能获得高盈利的投资机会。资本金规模和风险管理水平决定着金融机构的风险承担能力。所以，陈忠阳（2006）认为，风险管理是金融机构的核心竞争力。实施利率市场化要求我国金融机构提高风险管理能力。

（三）金融自由化和混业经营改变金融机构风险管理模式

在金融自由化推动下，银行、证券公司、保险公司等机构的业务互相渗透、交叉，混业经营成为了国际趋势。关（Kwan，1997）发现，专业银行可以通过混业经营来分散风险。巴斯等人（Barth et al.，2000）也指出，对商业银行从事证券业与持有非金融公司股份的限制越严格，银行遭遇风险的可能性越大。埃斯特瑞（Estrella，2001）指出，美国前十大银行控股公司在合并证券业、保险业和持有非金融公司后，风险都明显下降。国内学者王艺明和陈浪南（2005）通过分析全球银行数据发现，商业银行混业经营能够提高利润，并且政府治理和监管能力在银行混业限制和经营绩效上也扮演着重要的角色。王鹤立（2008）通过对美、日、德、韩等国家混业经营模式的案例分析，得出我国应借鉴美国金融控股公司模式的结论。混业经营目前在我国虽然还没有真正实现，但是各金融行业之间的业务渗透已经非常普遍，如保险资金入市、券商股票抵押贷款、非银行金融机构进入同业拆借市场、保险公司推出连结保险和分红保单等。也有越来越多的机构同时涉足银行、保险、证券和信托业务等，如光大集团拥有光大银行、光大证券、光大信托三大机构，并且控股申银万国证券、组建中加合资寿险公司等；平安保险也同时涉足产险、寿险、信托和证券，并成功收购深圳发展银行。

然而，混业经营客观上使得金融非协同效应显著超越经营协同效应。过度的金融创新使交易对手、信贷机构、评级机构、监管机构都无法准确地评价新业务独立风险，诸如"次级按揭贷款"、信用违约掉期（CDS）等。创新工具最终脱离了金融监管的能力范围，使得经营复杂金融产品的金融机构杠杆率过高，最终导致金融风险集中爆发，而且危机一旦发生，由于资本纽带和担保关系将引发新老业务的风险串联，使得金融风险扩大化。

近年来，伴随混业经营出现的金融控股公司，提高了金融企业问题成为系统性风险的可能性，也对我国的监管制度提出了新的要求。在美欧国家，持续至今的并购浪潮，形成了能够提供银行、证券、信托、保险和租赁等综合金融服务与产品的金融控股公司。实际上，我国的平安集团和信达集团也是金融控股公司形态，中国建设银行和中国工商银行等商业银行也纷纷设立资产管理公司、金融租赁公司等。虽然，在威廉姆森的组织理论为分析框架下，郭敏（2003）等国内学者认为，金融控股公司有助于交易成本的减少。然而，凯文和艾德丽（Kevin and Adrienne，2006）等国外学者认为，商业银行向非传统金融业务的扩张会造成高风险以及低收益。至少，混业经营和金融集团的出现要求我国改革"一行三会"的金融监管体制（曹凤岐等，2012）。不可否认，随着金融深化的不断加深，利率市场化的放开，这种金融机构将面临巨大的潜在风险。首先，金融控股公司由于占有金融资源过大，其对于系统风险的影响较大；其次，容易出现内幕交易和利益冲突，子公司之间的关联交易导致内部问题；最后，外来资本的重复利用将价值财务杠杆比率过高引发的风险。利率管制的进一步放开必将提升利率水平。虽然，商业银行业务的减少可以对冲利差下降的风险，但是倘若金融控股公司杠杆率过高，利率的上升可能引发财务困境等严峻的金融风险。

（四）我国金融机构的特性要求审慎的风险管理

第一，较之发达国家金融机构和我国非金融类企业，我国金融机构的政治关联程度更强。多数银行的董事长或行长由政府指派，多数证券公司和基金公司总经理曾经任职证监会。曾康霖、高宇辉（2006）认为，监管当局、金融机构债权人群体特性以及分级管理的模式明显改变了金融机构的公司治理格局，产生了新的信息不对称和新的委托代理问题。在利率市场化条件下，政治关联可能会扭曲市场竞争（田利辉和张伟，2013）。

第二，我国金融机构多为国家控制，承担了社会负担。以银行为例，由于产权特性，国有银行需要进行政策性贷款，一度造成大量呆账坏账（田利辉，2005a）。随着利率市场化的实行，我国金融机构将彼此竞争。能否使其处于不败之地的将不再是其国有产权特性或政治关联，而是科学的风险监督管理体系、创新发展的金融产品以及必不可少的人力资本。

第三，我国金融机构存在国家隐性担保，预算软约束问题普遍（张杰，2003；田利辉，2005b 等）。典型的国家隐性担保行为包括：国家为发生支付危机的国有银行提供紧急财政援助、国家向问题券商提供再贷款来偿还其挪用的客户保证金、在关闭农村合作基金会时由地方财政承担全部清偿责任以及中央财政直接偿付被关闭金融机构的主权外债等。倘若在利率市场化条件下，由于有隐形担保形成的预算软约束，商业银行和金融控股公司可能对于市场份额进行恶性竞争，逐步形成系统性风险。所以，本书研究需要结合政治经济学、转轨经济学、制度经济学和公司治理理论等多个学科，研究我国金融机构的特殊性和利率市场化背景下的金融风险。

二、金融机构的风险和风险管理

金融机构不仅是社会风险的载体，而且是自身存在着特有的经营风险。西方风险管理理论（Hull，2012）认为，金融机构存在的主要金融风险有市场风险、信用风险、操作风险和流动性风险等。风险的管理主要依靠风险的量化和明确的监管要求。风险量化主要有希腊值指标（Greek Letters）、价值风险度指标（VaR）和 Coupla 函数技术。监管要求主要有巴塞尔协议和公司治理要求。

金融机构的交易平台通常被称为前台。前台交易人员来通过对冲手段来控制单一风险额度。西方金融机构的交易员通常使用 Delta、Gamma、Vega 等希腊值和情景分析来衡量风险，并且对于据此调整资产组合，进行风险管理。一些文献对于希腊值进行了解读和评述 [Derman，Ergene and Kani（1995）]。如果某个交易风险指标过高，交易员应立即采取措施来减小风险暴露。

管理金融机构所面临的整体风险、资本充足率和监管合规部门通常被称为中台。

J. P. 摩根公司在 1994 年公布了 RiskMetrics 模型，经过修正，演化为价值风险度指标（Value at Risks，简称 VaR）。1996 年，巴塞尔协会开始建议金融机构采用 VaR 设定银行资本金。1997 年，CreditMertics 系统开始用于信用风险管理。1999 年，CorporateMetircs 系统开始用于管理非金融机构的风险。此外，同一思路的风险度量和管理还有 KMV 公司的 KMV 模型、McKinsey 公司的 Credit Portfolio View 模型、瑞士信贷银行的 Credit Risk + 模型、KPMG 公司的贷款分析体系以及死亡率模型等。VaR 的目的是衡量金融机构的整体风险，也就是对于金融机构的资产组合提供一个单一的指标。不少监管机构根据 VaR 来要求银行设定包括市场风险、信用风险和操作风险的动态资本金。巴萨克和夏皮罗（Basak and Shapiro，2001）等对 VaR 进行了经典评述，乔里恩（Jorion，2007）等对于 VaR 的具体操作解读清晰，论述深入。

风险具有不确定性。衡量风险通常会计算波动率，波动率的衡量可以通过方差、幂律、指数加权移动平均（EWMA）、自回归条件异方差（ARCH）以及广义自回归异方差（GARCH）等。

风险往往是联动，而非单一的。多种业务的风险之间是存在对冲效应，还是联动效应，对于金融机构的整体风险度量意义重大。通过 Copula 函数，我们可以定义多变量的相关结构。Copula 函数在风险管理领域有着多种应用，可以计算违约相关性，可以加算贷款组合的 VaR，可以针对信用衍生产品定价，也可以用于计算经济资本金。基鲁比尼等人（Cherubini et al.，2004，2011）是两部介绍论述 Copula 函数和动态 Copula 函数在金融中应用的力作。

陈忠阳（2000）、张玲和白效锋（2000）、程鹏等（2002）分别运用 J. P. 摩根的 Credit Metrics 方法、KMV 模型、Credit Risk + 方法对中国企业的信用风险进行了实证分析，并分析了上述模型的主要缺陷。沈沛龙和任若恩（2002）对国际上比较著名的信用风险模型进行了比较研究。刘宏峰和杨晓光（2003a）研究了影响违约回收率的主要因素，提出了在我国建立违约资产的清算数据库。石晓军、陈殿左（2004）利用信用监测模型对我国上市公司的违约情况进行分析，发现该模型对我国的适用性较差。周开国（2005）对国际流行的信贷风险管理模型进行了研究，并且分析了其缺陷。使用判别法、Logit 和 Probit 方法来研究违约风险的文献有梁琪（2003）、郭奔宇（2005）、吴世农和卢贤义（2001）、马九杰等（2004）；等等。另外，章忠志等（2003），于立勇（2003）等将神经网络和人工智能纳入信用风险评估体系中。以期更好地利用和实践国外流行的信用风险度量方法。

此外，国内学者还提出了一些适合本国国情的信用风险度量方法，并进行适用性改进。骆颖浩（2002）指出除了上述分析方法之外，还可运用信用风险统计模型来对贷款组合进行违约率的测算。郑良芳（2004）提出要借鉴美洲银行的"RAROC"分析核算系统，运用数据模型和新的分析核算系统来提高风险控制能力。毕秋香和何荣天（2002）设计出证券公司风险评估及预警系统，考虑的指标有资产流动性指标、盈利能力指标、市场风险指标和信用风险指标等。王辉（2002）对量化信托公司面临风险的必要性进行了研究，同时指出应建立内部动态风险控制、预警体系。建议采用国际上较为通用的 VAR 方法，对信托投资公司经营过程中的风险进行测算。

余大经（2002）则认为 VaR 具有一定的局限性，提出应运用 TRM（Total Risk Management）即全面风险管理进行风险控制。洪梅和黄华珍（2012）认为，国内保险公司应从组织架构、制度流程、系统模型、配套机制等方面建立健全操作风险管控体系。的确，风险管理不仅在于指标计算，根据我国情况，公司治理对于金融机构风险管理的意义尤为重要。

三、我国金融机构的后台风险和公司治理

我国金融机构存在着严重的道德风险和逆向选择问题。在西方文献中，金融机构的后台通常被认为是记账和财会结算。然而，我国不仅存在假账问题，而且资本预算存在软约束，因此后台风险巨大。本书认为，完善金融机构后台风险管理需要提高公司治理质量。

我国银行等大型金融机构多数由国家控股。国有产权不仅扭曲了市场竞争，而且产生了隐形担保。国有银行对于风险管理重视不足。所以，刘伟和黄桂田（2002）认为银行业改革的方向是产权结构改革而不是市场化改革。米建国等（2001）认为依靠增加激励的商业化改革已经走到了尽头，必须对国有银行进行产权改革。胡乃武和张海峰（2003）指出，随着金融业市场化和全球化，国有金融企业竞争力落后，需要改制上市。作者研究中银香港上市的案例，认为海外上市是有助于我国银行提高风险控制的（田利辉，2005a）。对于保险公司的研究，刘新立（2003）得出了类似结论。

达瓦蓬和蒂罗尔（Dewatripont and Tirole，1999）将传统的银行监管理论与公司控制理论有机地结合起来，提出了银行公司控制模型，指出银行股东和债权人存在的特殊性，指出内部人控制的道德风险在金融机构尤为严重。宋玮（2003）认为商业银行的特殊性不仅来源于银行资产负债表，也来源于银行债权人和股东的利益冲突。阎庆民（2005）认为，银行业具有较大的外部性和风险聚集性，其较高的财务杠杆和更严重的信息不对称等都大大改变了银行业公司治理的基本内涵，在股东可能成为风险偏好者的情况下，银行业公司治理的关键已不再是普通

公司所关注的"股东—经营者"之间的委托代理问题,而是转变为"债权人—经营者"之间的委托代理问题。李维安和曹廷求(2005)认为银行公司治理机制的特殊性表现在银行监管、董事会、并购机制和股权结构四个方面,并集中讨论了监管和政府干预对银行公司治理的影响。德米库茨昆特和莱文(Demirgüç-Kunt and Levine,2004)认为,银行资产组合的不透明性和严格的外部监管对银行公司治理有着显著的影响。它们扭曲了银行经营者的行为,削弱了标准的公司治理程序。在政府控股的银行,经营者以金融稳定为借口而不对银行绩效负责。潘敏(2006a,2006b)分析了我国制度设计对于银行公司治理的影响。他认为,严格的市场准入、产品及经营范围管制既限制了大股东在公司治理中的机能,也削弱了外部市场竞争机制的作用。存款保险、中央银行担保和资金援助等危机预防和救助机制增强了银行股东和经营者的风险选择倾向。夏秋、黄荣冬(2005)认为,和所有者与管理者之间的冲突相比,由最后贷款人制度和存款保险制度等监管工具引发的道德风险成为银行治理中更为突出的矛盾。在我国,金融机构的公司治理和风险管理息息相关。

面对利率市场化,我国金融机构风险显著增大,需要通过风险管理技术和公司治理制度来管控风险。

第三节 行业层面的金融风险评述

利率市场化作为我国金融自由化改革的重点已行至关键阶段。存贷利率的彻底放开不仅将改变金融类企业和非金融企业的风险状况,也将会对我国金融行业和其他行业产生显著冲击。

一、利率市场化下的中小银行经营风险

(一)中小银行利润下降

从银行的"特许权价值"(franchise values)这一概念出发,德米库茨昆特和德特拉贾凯(Demirguc-Kunt and Detragiache,1999)通过53个国家25年的面板数据分析了金融自由化与银行危机的关系,认为金融自由化之所以增加金融体系的脆弱性,是因为在取消利率上限或降低进入银行业的壁垒后,银行的"特许权价值"受到削弱,从而加剧"道德风险"。就我国而言,利率市场化之后,银

行业会进行洗牌和并开始整合。因其经营区域窄,在经济波动之下,部分小银行经营收益容易出现问题,从而倒闭或被并购,进而被迫退出市场。大型且富有竞争力的银行可以趁机扩大规模,提高行业集中度。当然,倘若部分中小型银行充分发挥快速的决策效率和优秀的学习能力,能够进行竞争,积极并购其他银行,包括大型银行,这些中小银行反而以其自身优势重新拓展了空间,譬如北欧。

德米库茨-昆特和德特拉贾凯(Demirguc-Kunt and Detragiache,1999)还指出,对于制度环境较好的国家,金融自由化对其银行业脆弱性造成的影响则很弱。所谓制度环境,在该文中包括对法律的尊重、腐败程度以及契约的执行情况。伊特韦尔(Eatwell,1997)认为,理论上,金融自由化应让资金从资金充裕的国家流动到匮乏的国家,但事实上资金却从后者转移到了前者。虽然有些发展中国家获得了一些资金,但这主要限于新兴市场发展中国家。而且,流入这些发展中国家的资金有时导致了资产价格的"泡沫",和资金撤离时资本市场的崩溃和金融恐慌。在比较拉美和东亚的金融自由化过程时,江时学(2001)发现,这些发展中国家在实行金融自由化后往往伴随着一定的银行危机。他认为,不可否认,伊特韦尔(Eatwell,1997)的见解存在片面之处;问题的关键不是要不要实施金融自由化,而是在什么条件下实施自由化。

周小川(2011)指出,我国需要进一步推进利率市场化改革,但这一过程是逐步的循序渐进的。贷款利率改革可先行一步,存款方面可通过促进替代性负债产品发展及扩大利率浮动区间等方式推进。他也认识到,随着利率改革的深化,我国中小银行业面临着诸多风险,需要提高其风险管理能力、盈利能力以及产品定价能力。

巴曙松(2012)认为中小银行传统业务竞争力弱,中间业务发展相对落后。在利率市场化环境下,中小银行将面临利差收窄、经营利润大幅下降的风险。另外,中小银行通过机制和产品业务创新形成的服务中小企业的特色化经营优势,将受到价格竞争的直接冲击,经营转型的步伐将更加艰难。马蔚华(2005)指出,由于长期利率管制,利率市场化初期可能造成过激的市场反应,估计大银行的净利差将会收窄 0.25% ~ 0.5%,中小银行的净利差将会收窄 1% ~ 1.5%,四大国有商业银行的拨备前利润估计将减少 10% 左右,中小银行的拨备前利润将减少 30% 左右,这将对我国银行业务发展和盈利模式产生深远影响。游春和胡才龙(2011)在其研究中同样认为,利率市场化对中小银行带来的最大冲击是大大缩减中小银行以利差收入为主的营业利润。他们针对北京银行、南京银行、宁波银行、华夏银行、光大银行五家上市中小银行 2010 年财报数据发现,中小银行的利差收入占主营业务收入比重较大,华夏银行甚至达到了 90% 以上,并且这类银行其中间业务收入比例非常小，仅为 10% 左右，由此可见中小银行的盈利对高额利息的依赖程度非常大。

（二）中小银行利率风险管理能力将受到冲击

巴曙松（2012）认为，我国中小银行其资金转移及资金定价能力差，资金管理职能不一，导致总行资金池与分支行资金池不是一个有机整体。加上信息不对称等外部性，中小银行的资金使用安排相对不合理。利率市场化后，市场利率的波动幅度和频率会大大提高。如果利率敏感性资产和利率敏感性负债不相匹配，那么利率的不利变动意味着需要银行承担相应缺口，这会导致该银行可能在利率波动中遭受巨大损失。

（三）逆向选择风险加剧

马蔚华（2005）认为利率市场化将极大地刺激金融创新，更多的金融产品和更多的投资渠道可供投资者选择，从而分流银行储蓄出现储蓄分流风险。同时，也使银行从优质客户中获取的收益下降。为弥补收益，银行可能将更多贷款投向高风险的借款人。对中小银行而言，其大量客户群为规模有限的中小企业，优质的大规模企业客户较少，利率市场化导致的上述结果将加剧其逆向选择风险。

（四）小银行存在一定支付危机

刘伟和黄桂田（2002）认为，我国国有银行存在的系列问题集中反映在两个相互关联的问题上：一是资本充足率低，部分国有银行平均资本充足率与 8% 的标准还有很大距离；二是不良贷款比例高。由于规模小，中小银行信息的不对称问题更加严重。利率市场化放开资金价格的管制，加剧竞争，容易出现资本充足率下降和不良贷款比例上升的情况。在市场化环境下，银行的流动性困境与银行的支付危机往往是同步的。如果银行财务不良的信息略有传播，那么银行的支付危机问题的爆发就难以避免。这时，可能需要财政无偿拨付、银行直接发债等资本金补充手段来帮助其度过支付危机。一旦危机发生，小银行本身的信用程度难以使其通过发债等手段度过危机；倘若不能获得政府援助，那么可能面临破产和被收购的命运。20 世纪 80 年代中期美国利率市场化完成之后，中小银行金融机构倒闭数量急剧上升，每年倒闭的银行数量超过 100 余家，1987 年甚至达到 184 家。在日本，利率市场化改革之后，存款利率水平的总体上升，企业内源性融资比例提高。为了增加收益，银行从贷款业务而逐渐转向了土地经营、股票投资，催生了经济泡沫。同时，利率市场化改革使大银行竞相抬高存款利率，降低贷款利率,甚至出现存贷款利率倒挂现象。小银行难以招架,或被大银行吞并,或破产倒闭。

二、利率市场化条件下其他金融类企业的变化

近年来,我国信托行业发展迅猛,"影子银行"增长很快,这是我国尚且没有进行利率市场化的一种反映。

所谓"影子银行",是向企业、居民和其他金融机构提供流动性、期限配合和提高杠杆率等服务,从而在不同程度上替代商业银行核心功能的那些工具、结构、企业或市场。我国的影子银行体系具体包括商业银行表外理财、证券公司集合理财、基金公司专户理财、证券投资基金、投连险中的投资账户、产业投资基金、创业投资基金、私募股权基金、企业年金、住房公积金、小额贷款公司、非银行系融资租赁公司、专业保理公司、金融控股公司、典当行、担保公司、票据公司、具有储值和预付机制的第三方支付公司、贫困村资金互助社、有组织的民间借贷等融资性机构。

目前的我国"影子银行"之中,信托融资业务较大。

黄益平等(2012)认为,这是由于我国的金融抑制造成的。虽然我国似乎是"金融过剩",但是一些潜在的借款人不能通过正规渠道进行融资。国有金融机构、基准利率监管以及政府控制资金配置,这些因素导致了银行系统以外旺盛的资金需求和供给。中小企业融资困难,公众也通过尝试用不同手段来减少高通货膨胀的不利影响和绕过利率管制。然而,利率市场化将会改变中小企业融资状况和储蓄客户对于存款利率的不满。利率市场化将会将部分信托融资业务转为正常的信贷业务,从而减少信托融资所产生的影子银行,也会相应减少信托行业的利润。但是,利率市场化是金融自由化,与其相关的措施可以推动其他金融类企业的发展,包括商业银行中的非银类业务。

利率市场化将直接影响我国的资本市场。

一般而言,利率市场化之后的较短时间内,利率会出现上升,这将提高贴现率,降低资产价格。但是,由于混业经营的开启,商业银行等由于利差的缩小,可能通过设立股票基金等方式进入股市,从而推高资产的价格。利率市场化对于资本市场的影响是复杂的。通过对 1973 年以来 28 个成熟或新兴经济体实现金融自由化的事件研究,卡明斯基和施穆克勒(Kaminsky and Schmukler, 2008)发现,金融自由化对于股票市场长期的周期变化并没有显著影响。然而,金融自由化的短期影响对成熟经济体和新兴经济体有着较大差别。对于新兴经济体,自由化后即出现了较大的经济起伏波动。相反,对于相对成熟的经济体,自由化带来

了较大的"牛市"。这也就是说，利率市场化对于证券行业也会产生直接的，但是复杂的影响。本书也将深入研究我国的利率市场化如何影响资本市场和相关行业。

三、利率市场化对房地产泡沫的影响

我国银行业中大量的信贷资产是以房地产贷款或与房地产直接相关的形式存在的。房地产行业可以产生显著的金融风险。譬如，房地产开发商通过各种渠道获得的银行资金占其资产的比率在70%以上，高负债经营隐含财务风险突出；又如，基层银行发放房地产贷款操作风险明显，在个人住房贷款中假按揭问题严重；再如，土地开发贷款有较大信用风险；等等。特别是房地产市场泡沫的存在几乎等同于金融风险，很可能会影响中国金融市场的稳定和发展。

贝特朗（Bertrand，1995）在对全球房地产周期的研究中，认为在金融自由化和放松利率管制的情况下，金融机构违规借贷和金融风险的累加，加速了房地产周期波动和房地产泡沫的形成与破灭。实际上，日本房地产泡沫的形成和日本利率市场化密切相关。当日本放开了利率管制之后，利差迅速缩小，各家银行不约而同地增大房地产投资和股市投资，直接推动了房地产泡沫的生成。徐滇庆等（2002）研究了台湾地区的利率市场化后的货币供给量对房地产"泡沫"的影响和相关关系，发现台湾地区前期货币大量供给对房价上涨有较强的解释能力。古腾塔格等人（Guttentag et al.，1986）研究了银行在房地产泡沫形成和崩溃中的作用。艾伦和盖尔（Allen and Gale，2000）认为资产价格的投机"泡沫"是由银行信贷部门的代理关系引起的。拉邦特（Labonte，2003）指出，房地产泡沫会冲击宏观经济的正常运行。一旦"泡沫"崩溃，通过负财富效应渠道，房地产资产减少会引起消费下降，房地产价格的下跌会造成建筑业的不景气，贷款违约率的增加会给金融系统带来问题，使得个人债务负担沉重，使得金融机构减少信贷发放，直接引起企业投资的减少。克鲁格曼（Krugman，1998）指出所有卷入东南亚危机的国家和地区在经济危机前经历了房地产市场的剧烈波动。

宋芳秀等（2010）利用中国内地上市公司1998~2007年的面板数据，分析研究了房地产公司投资对利率变动的反应后发现，企业的产权特性对其投资影响要大于利率的变化造成的影响。该文指出，我国房地产开发企业的成本包括土地费用、前期软成本、建安费用、市政公共设施费用、各类税费、管理费用、贷款利息、灰色投入等。其中，银行贷款利息仅占开发总成本的一小部分，比重较小。此外，由于我国土地和房产有效供给的有限性和居民对房产的巨大需求，房地产开发企业增加的成本能够很容易地通过房价的调整转嫁给购房者。因此，利息成本的提高不会对房地产投资产生较大影响。同时，由于利息的增加速度比不上房价上涨的速度，房地产企业利润不会受到利率变化的过大影响。

然而，我们认为，宋芳秀等（2010）对于利率变化的考虑仅在于样本期间内政府的几次调息，这并没有涉及利率市场化的本质，即对存贷利率的放开。利率市场化的实施，将改变利率的定价机制。房地产企业的贷款利率和购房者家庭按揭贷款利率会出现显著变化，房地产企业将产生直接的经营风险。

同时，由于我国房地产价格上涨的预期和我国房地产市场的投机性，即使利率实现自由浮动，金融市场的信息不对称也会导致市场失灵的出现。也就是说，银行难以辨别借贷者信用水平，从而出现逆向选择和道德风险问题（Stiglitz，1981）。逆向选择会导致市场均衡利率较高，而道德风险将使借贷者将资金投向高回报且高风险的领域。这不但增加了银行产生坏账的概率，由于资金流动性增强，可能会有更多资金流入房地产等行业，加大房地产泡沫。日本房地产泡沫的迅速增大和利率市场化后的资金流动密切相关。

所以，我们需要研究利率市场化背景下房地产行业的金融风险。

四、制造业在利率市场化背景下的金融风险

长期以来，我国采取了利率管制以及信贷配给等金融抑制手段，导致资本需求大于资金供给，需要通过利率市场化来提高资本边际收益（雷震和彭欢，2009），这会对制造业产生冲击。我国资本资源分配也存在严重扭曲，由于较大的存贷利差，我国银行业近年来出现了持续的政策性高利润率，然而制造业利润却下降明显。利率市场化的实现能否有效扭转这种市场失效的局面，缓解制造业长期低迷的现状，将是本书研究的重点之一。

金融自由化理论代表人物麦金农（Mckinnon，1973）和肖（Shaw，1973）认为，发展中国家通过压低利率来保障企业低成本地获取资金，但是，较低的利率抑制了资金的供给，并造成经济对资金的超额需求。在信贷配给中，我国中小制造业企业和民营制造业企业往往受到歧视。实现利率市场化，利率反映资金的供给和需求，往往会出现短期内的利率上升情况。利率市场化能够减少关系性贷款。如此，有竞争力能够支付较高利息的小企业以及民营企业的融资约束得以放松，能够获益。然而，新结构主义的代表人物之一泰勒（Taylor，1988）指出，金融自由化不会导致资金供给总量的增加；因为利率提高只会使得资金供给从非正规部门转向正规部门，总的借款额不会出现净的增加。所以，小企业有效融资状况不一定由于金融自由化的实施而有所改变。斯蒂尔（Steel，1994）补充认为，即使实施了利率市场化，由于较高的交易成本、抵押品的缺乏等问题使得小企业在获取银行贷款时仍将面临着诸多的限制。

实际上，伯格和乌德尔（Berger and Udell, 2002）指出，关系性贷款更适用于中小企业。因为，关系性贷款涉及的是难以量化和传递的"软信息"，而不拘泥于企业能否提供合格的财务信息和抵押品。小企业往往面临着比大企业更加严重的信息不对称，这导致其量化和传递"硬信息"的能力较弱。为了获取关系性贷款，企业和银行之间必须保持长期、密切而且相对封闭的交易关系。大量实证研究发现，无论在中小企业贷款占银行总资产的比率还是在中小企业贷款占全部企业贷款的比率上，小银行的指标均高于大银行；小银行比大银行更加倾向于向中小企业提供贷款（Berger and Udell, 1995; Levonian and Soller, 1995）。这样，在对中小企业融资的问题上，存在着"小银行优势"（Small Bank Advantage）的假说。

然而，如前所述，利率市场化的实行可能导致部分小银行破产或被并购。那么，小企业获取贷款的路径变窄，反而不利于小企业融资。另外，利率的上升将导致企业的资本成本上升，这也将对小企业的经营活动造成不小压力。

对于规模较大的制造业企业，其投资往往缺乏利率弹性（曾鹏和张静，2000；方先明等，2005）。库耐等（Kornai et al., 2003）和田利辉（2006）认为政府的补贴行为造成了企业对政府救助的预期以及预算软约束，使得大企业投资行为和利率之间的反向关系并不明显。在我国的特殊制度背景下，往往大规模的国有企业更容易获得政府补贴等优惠政策。同时，政府行政性资金配置（李庆云，2001）以及市场机制的缺位（姚玲珍和王书豪，2003）也是会导致大企业的投资缺乏利率弹性。利率市场化导致的利率有限上升对大企业影响应该是有限的。

上述文献多从投融资成本角度考察利率市场化对企业的影响，但是忽略了企业自身特性如产权、行业等情况以及不同制度环境中利率市场化影响的差异。贝卡尔等人（Bekaert et al., 2005）认为在有着较好制度环境的国家，金融自由化能够推动经济发展；反之，则阻扰其发展。故需要就加强企业自身特质及制度环境等方面影响的进行研究。特别是我国正处于劳动密集型企业不断下降，需要调整优化产业结构之时，利率市场化导致的初期利率上升以及未来利率的不确定对于我国制造业发展的影响需要认真考量、深入研讨。

第四节 宏观金融风险评述

在宏观层面上的风险是系统性风险。本章首先对于系统性风险概念进行梳理，然后分别评述直接和间接的系统性风险文献，我们进而评述对于系统性风险预警和防范的相关文献。

一、系统性风险的概念和分类

与微观和中观风险类似，现有文献对系统性风险的定义并不统一。考夫曼（Kaufman, 2000）认为，系统性风险是指整个经济系统在个别部分倒闭的影响下出现故障（损失）的风险或可能性，系统各要素间的联动或关联性是这一风险产生的原因和证明。施瓦茨（Schwarcz, 2008）在整合各种因素的情况下对系统性风险给出如下定义：（1）一个经济的冲击（例如市场或机构的破产）引发了（通过恐慌或其他形式）一系列市场或机构的破产，或者金融机构的一系列显著损失，（2）导致资本成本的上升或可用资本的减少，通常以金融市场价格的大幅波动作为证明。泰勒（2009）指出系统性因素是指通过传递、感染和连锁反应，对整个金融体系和真实经济有全局性影响力的风险。这也就是说，微观金融风险可以通过扩散，生成为宏观金融风险。

综合这些定义可知，系统性风险是指经济系统整体发生大规模危机的可能性。大规模危机往往来源于外部因素和内部因素。作为外部因素，他国危机的扩散可能产生金融危机。譬如，国际金融家对泰铢的炒作产生传染效应，坏账问题并不严重的韩国也难逃1997年的亚洲金融风暴的冲击。作为内部因素，宏观问题往往由微观企业和中观行业引发。譬如，2008年9月的美国金融风暴是由雷曼兄弟的公司破产直接引致。雷曼兄弟的破产根本原因是其内部公司治理不良，直接原因是次级抵押市场崩盘；然而，次级抵押市场仅占全部抵押市场的4%（Brunnermeier and Oehmke, 2012）。这一案例充分说明了，微观风险、中观风险和宏观风险是可以相互转化、密不可分的。

我们认为，在利率市场化的背景下，我国金融市场可能存在的系统性风险包括直接风险和间接风险两个方面。

直接风险是指利率市场化的推行直接带来的宏观经济金融系统性问题；间接风险是指实行利率市场化产生的企业和行业的冲击，由于监管部门作为不及时，通过某些特定的传导机制带来的整个金融系统风险。

1977年，阿根廷在推行利率市场化后，物价飞涨，直接影响了宏观经济。又如，美国利率市场化的实施导致了部分中小银行的倒闭，但是监管部门及时干预，中观风险没有演化成为宏观风险，更未形成金融危机。下文将就这两个方面分别对利率市场化背景下我国金融市场系统性风险的变化进行阐述。

二、利率市场化给宏观经济金融系统带来的直接风险

(一) 利率市场化导致利率水平上升

拉美及东亚国家经验表明，在实行利率市场化之后，国内利率水平会有上升的现象。刘义圣（2001）指出，从总体上来看，我国仍属于资金短缺国家，市场化改革难免会导致利率水平上升。邵伏军（2004）也指出，利率市场化后，利率水平必然会上升。上升的利率会导致经济的一系列变化。

何东等（2013）利用泰勒规则估算了利率市场化后我国实际均衡利率水平，结果显示，在其他条件不变的前提下，我国的存款利率和市场利率水平上升幅度约在2%~3%，有效平均贷款水平不会有太大变动。这意味着，利率市场化后的利率上升成本将主要由银行承担。

(二) 可能引发通货膨胀

曾康霖（1994）指出遏制通货膨胀不能仅从控制货币入手；史宝平（2003）分析了七个国家的利率市场化的经验，发现利率市场化和通货膨胀率之间的关系相对复杂。在利率市场化后，美国、日本和韩国通货膨胀率呈下降趋势，英国和泰国在利率市场化后通货膨胀率总体呈上升趋势。在利率市场化之前，阿根廷和智利出现了恶性通货膨胀，利率市场化后智利通胀率下降，但是阿根廷通胀率却起伏不定，给经济发展带来严重影响。

杜金岷和方志平（2004）认为，一国的利率水平和通货膨胀率直接存在着显著关系，当利率市场化后利率的上升成为必然时，通货膨胀率也会随之上升，形成高利率与高通胀的螺旋式交替上升，形成严重的宏观金融风险。王国松（2001）指出，高利率与高通胀并存的情况，会使政府的债务负担加重，对投资需求和消费需求也有一定的不利影响，因而贸然实行利率市场化将会带来巨大的宏观风险。

(三) 削弱我国宏观金融调控能力

在当前体制下，我国政府的宏观金融调控能力将会因为利率市场化而被削弱。张磊与徐忠（2000）以及邵伏军（2004）指出，利率市场化后，中央银行只能通过公开市场业务等手段间接调节市场利率，央行降低宏观经济波动的能力将大为减弱。

同时，利率市场化容易推动大量金融衍生工具的产生，这将进一步加大宏观金融调控的难度。没有能力来调控宏观金融或者错误地调控宏观金融都会给我国经济的平稳发展带来风险。

综上所述，我们可以看到利率市场化存在着引致我国利率和通货膨胀率同时上升的可能性，进而可能带来滞胀的风险，影响国内的投资和消费需求。利率市场化也会降低对我国政府的宏观调控能力，降低对于金融风险的应对能力。

三、利率市场化给我国宏观经济金融系统带来的间接风险

在利率市场化条件下，国际因素和微观个体风险分别通过"传染"和"扩散"可能生成为宏观系统性风险。

（一）国际因素带来的系统性风险和风险传染

国际因素带来的系统性风险可分为汇率风险和危机传导风险两部分。

的确，曾康霖（1994）指出，利率市场化在导致整个利率水平上升的同时会抬高本币汇率。邵伏军（2004）认为，利率市场化改革之后我国利率水平上升会造成国内外利率差距进一步扩大，国际短期资本必然会通过各种手段进入我国套取利差。杜金岷和方志平（2004）也认为，利率市场化后持续高涨的利率必然导致国际游资的冲击，使得人民币升值压力骤增。对拉美及东亚国家利率市场化的经验研究，如陈金德（2004）以及陈雨露和马勇（2009），也说明了利率市场化后会有国际资本大量流入的压力。这些资本大量流入，股票、房地产等虚拟资产的价格迅速上涨，形成泡沫。在市场力量或不当政策的作用下，这些泡沫一旦破灭，就会酿成严重的系统性金融危机。譬如，在20世纪80年代，墨西哥实行利率市场化，利率上升，在资本账户对外开放的情况下，外资大量涌入来套取高利息。但是，1994年底比索贬值，外资大量流出，引发了墨西哥金融危机。另外，利率上升一般带来汇率上升，将产生无风险套利，国际热钱炒作人民币的可能性增大。

在市场化的利率条件下，危机在国家之间容易相互传播。弗兰克尔和施穆克勒（Frankel and Schmukler, 1998）指出危机会在国家之间进行蔓延，而且大国的危机蔓延能力强于小国。卡明斯基和莱因哈特（Kaminsky and Reinhart, 2000）分析了危机在国家之间传导的机制，指出贸易链接及金融因素（比如跨国银行借款、跨国家和市场的对冲交易）是危机传导的重要渠道。里杰格海姆和韦德（Rijckeghem and Weder, 2001）却指出，相对于贸易渠道，跨国银行借款等金融渠道可以更好地解释危机在国家间的蔓延。不同于这些观点，福布斯和里哥本

(Forbes and Rigobon，2002）却指出，这些国家间并不存在着所谓的关联性或风险传染，之前的研究之所以检测出这种关联性是因为没有对所计算的相关系数进行风险校正。不过，科蒂塞等（Corsetti et al.，2005）指出福布斯和格里邦（Forbes and Rigobon，2002）施加了不现实的限制，如果抛开这些限制，至少有五个国家间存在着明显的风险蔓延。戈德斯坦和仓兹纳（Goldstein and Pauzner，2004）通过模型分析也指出，跨国投资者的投资组合行为也会造成危机从一个国家向另一个国家的传导。根据对 2008 年美国金融危机的研究，门多萨和夸德里尼（Mendoza and Quadrini，2010）指出，金融的全球化和一体化使得不同国家资产价格波动的溢出效应越来越明显。肯努吉奥斯等（Kenourgios et al.，2011）发现，金融危机具有从一个国家向其他国家传染的效应，而且金砖四国相对更容易受到金融危机的传染。结合这些研究文献，我们可以知道，在金融全球化不断加强的背景下，国际金融市场风险在国家间蔓延传导的能力不断上升，作为发展中国家的我国受这种国际金融市场风险的影响将越来越大，尤其在存贷利率管制放开和利率市场化完全实施之后。同时，前面已经提到，在利率市场化的背景下，我国央行调控宏观经济运行的能力将被一定程度的削弱。所以，利率市场化的存在给我国带来巨大的系统性金融风险的可能。我们需要在利率市场化的同时，构建金融危机预警机制和"防火墙"。

（二）微观风险向宏观经济金融系统的扩散

之所以危机会从微观金融机构向宏观金融系统扩散，是因为金融市场的放大作用（Brunnermeier and Oehmke，2012）。金融类企业存在"同质化"问题，相互模仿，商业模式趋同；一家企业发生问题，容易产生多米诺连锁效应。同时，金融类企业大量资产为证券产品，一旦个别企业出现问题，改变了市场预期，往往也会通过市场参与者的内生反应，将个别企业的问题放大，扩展到整个市场。

具体来讲，金融危机从微观金融机构向宏观经济金融系统的扩散可通过如下几种机制：

1. 银行挤兑是危机从微观向宏观传导的一个重要原因

银行挤兑是极端金融危机下的一个共同特征，机构的期限结构错配造成了银行挤兑（Diamond and Dybvig，1983）。另一种观点认为，银行挤兑经常发生在关于银行或金融系统不健康等基本面坏消息传出之后（Gorton，1988）。通过模型分析得出，银行挤兑会在基本面变量跨越某一阈值时产生［Morris and Shin（2001）和 Goldstein and Pauzner（2005）］。这意味着，经济环境基本面信息的一个微小改变会导致经济行为的巨大变化。阿查里亚（Acharya，2009）认为，单间银行倒闭会影响其他银行的存续，一方面，存款的部分转移使存续银行市场份额扩张；另一方面，存款的减少使市场出清利率上升，恶化了存续银行的盈利能力。银行的投资偏好取决于两种效应的净作用，而企业的有限责任制和预期的政府救助计划会引致道德风险，增加破产倒闭的概率，从而导致系统性风险。马君潞等（2007）研究了国内银行间风险传染的特征，认为系统性银行危机发生概率的增加幅度取决于同时倒闭的银行多少和财产损失的大小。一些银行倒闭是有可能引起整个金融系统危机的。分析了香港地区银行市场的系统性风险，周天芸等（2012）发现，金融机构间的传染和风险溢出效应会导致系统性风险的增加。但是，不同规模银行对于系统性风险的溢出程度不一样，规模较大银行的溢出效应较为明显。

2. 金融工具价格变化的共振是扩散效应的另一途径

由于相关保证金账户或者融资融券等制度设计，一项资产价格出现暴跌常常会迫使投资者抛售其他投资品，或者诱致投资者改变风险偏好。进而，导致金融系统各种资产价格的一同下降，使危机从微观机构向金融系统整体扩散。由于预算等约束，当第一最佳使用者（First-best users）的公司面临危难之时，其将不得不以较低的价格把所持资产转卖给第二最佳使用者雪莱佛和维什尼（Shleifer and Vishny，1992）。熊（Xiong，2001）构建了套利者和长期投资者投资于单一风险资产的模型，证明了套利者的财产效应（wealth effect）能够放大噪音冲击，加剧资产价格的波动。凯尔和熊（Kyle and Xiong，2001）进一步考虑了两种风险资产的情况，发现套利者能够导致金融风险在资产间蔓延，资产价格高度相关。戈布和瓦亚法斯（Gromb and Vayanos，2002）进一步指出，因为保证金账户的约束，套利者可能会抛售资产获得现金，从而使得风险在不同资产间蔓延。

3. 网络外部性也会导致危机的扩散

艾森伯格和诺（Eisenberg and Noe，2001）提供了一个直接网络依赖的模型。最初网络中的某处银行发生违约，然后人们会检查系统中的其他机构是否有能力进行支付；而某个其他机构可能是违约机构的债权银行，人们会认为该银行也有可能违约，并且进一步预期该银行的债权银行违约可能性，形成相互循环依赖的债权债务结构。在这种框架下，一个初始的违约能够通过直接的平衡表联系导致进一步的大量违约。这就构成金融危机在微观机构间传播并蔓延成系统性危机的一个原因。这种因金融系统的网络结构而导致的危机传播有时也被称为"多米诺效应"（Brunnermeier and Oehmke，2012）。许多学者通过仿真模拟对多米诺模型进行了检验［Upper and Worms（2004）和 Degryse and Nguyen（2007）］，结果发现通过直接的多米诺联系造成的传染经常不足以产生较大的危机；在这一框架下，只有非常大的初始冲击才可能导致显著的风险蔓延，譬如利率市场化。奇富恩特斯等（Cifuentes et al.，2005）在多米诺模型中加入了资产价格，增加了通过银行平衡表的资产价格下降传染这一渠道，发现风险蔓延的这两个渠道可以互相加强，使得风险传导的多米诺效应非常显著。

综合分析这些文献，可以知道微观金融机构的风险会通过一些特有机制扩散到宏观经济系统，如果我国实施利率市场化，缩小的利差和加剧的竞争可能导致部分金融机构破产，上升的利率也会导致多数金融工具现值的下降。如果上述文献综述中的微观扩散理论正确，那么个别银行的破产会引发其他银行的挤兑，进而演变成我国内生的金融系统危机。同时，抵押品资产的价格下降，也可能引致抵押品挤兑，导致金融系统内各种资产价格的整体下降，最终演变成大规模的金融危机。因此，利率市场化给我国金融市场整体带来的系统性风险是非常值得重视和研究的。

四、金融市场系统性风险的测度和预警

系统性风险的测度从本质上来说，一定与公司风险的衡量有关，这使得公司层面的风险估计自然成为衡量系统性风险的出发点。但是，个体公司层面的风险并不能很好地衡量金融系统整体的风险，因为系统性风险并非这些个体风险的简单加总。目前对系统性风险的测度方法已有很多，但各有侧重，而且仍存在一些缺陷，比西亚等人（Bisias et al., 2012）总结了31种对系统性风险的测度方法，限于篇幅，恕不一一说明，在此仅选几种比较有代表性的方法略作介绍。

阿德里安和布伦纳迈尔（Adrian and Brunnermeier，2008）提出了CoVaR，Co表示条件（Conditional）、风险蔓延（Contagion）或联动（Comovement），CoVaR衡量了整个金融系统在个别机构处于不幸状况下的在险价值。（Acharya et al.，2010）则基于期望损失提出了系统性期望损失（SES）和边际期望损失（MES）两种方法，这两种方法可以度量分位数以外的损失，并且具有可加性，能够克服CoVaR存在着的一些问题，在近来的研究中得到广泛应用。范小云等（2011）便利用这两种指标测度了我国金融机构对系统性风险的边际贡献。但是，正如比西亚斯等人（Bisias et al., 2012）所述，目前这些对系统性风险的测度方法均未能在当前危机外的样本得到检测，而且其中许多方法仍处于初期，尤待改善。至于究竟哪种方法可以更好地测度我国的系统性风险，并可提供足够有效的预警能力仍需进一步研究。所以，本书将会在微观风险扩散和系统性风险预警理论上做出一定的贡献。

第五节　金融监管理论评述

金融制度的改革重点需要重构金融监管。在利率市场化过程中，如果不加强监管，有可能会导致银行业危机，甚至触发严重的金融危机。因此为应对利率市场化改革的金融风险，需要对金融监管做出一定的调整。

一、金融监管的经济学理论基础

不断提高监管水平、维护金融稳定需要深入地理解金融监管理论，特别是理论背后所依据的经济学理念。尽管历次金融危机似乎对金融监管的必要性给出了肯定性的证明，但是，仍然有不少学者对此持有不同的观点。

有效市场理论认为，当资产价格出现任何对其内在价值的偏离时，理性投资者的套利将使价格迅速恢复到接近其价值（Malkiel and Fama, 1970）。根据该理论政府所要做的就是制定基本的法律法规，保障自由竞争。根据有效市场理论，金融监管的最终目标是去管制化，降低政府干预。以哈耶克为代表的奥地利学派提出的"自由银行制度"理论（哈耶克，1978）甚至认为唯有自由市场能够做出最佳决策，而政府的监管必然会产生权力的滥用，从而导致货币危机和银行体系效率低下，金融监管不仅没有必要，而且应该撤销中央银行。

然而，伴随着凯恩斯主义成为各国政府干预经济的行动指南，学术界也出现了强调金融监管必要时的理论。公共利益理论认为，金融市场同样存在着失灵，从而导致金融资源的配置不能实现"帕累托最优"（Stiglizt, 1981、1993）。杨爱文和林丹红（2002）、胡维波（2004）、巫和懋（2010）等研究综述了金融市场失灵的主要表现：

一是金融体系中广泛存在着信息不完全和信息不对称。巫和懋（2010）认为，如果存在信息不完全和信息不对称，在纯粹的理论层面上便无法实现最有效的风险分担，在应用理论层面上，便会导致如内幕交易、经理人道德风险、保险公司逆向选择等一系列高风险的问题。

二是自然垄断。梅尔策（Meltzer, 1976）等研究认为银行业往往具有规模经济的特征，这意味着它具有一定的自然垄断倾向。金融部门的垄断可能造成价格歧视、寻租等有损资源配置效率和消费者利益的不良现象，对社会产生负面影响；会降低金融业的服务质量和有效产出，造成社会福利的损失，应该通过监管消除垄断。

三是外部性。巫和懋（2010）认为，对单个投资者来说，持有与资产负债期限不匹配的高杠杆头寸而将自己暴露在流动性螺旋的风险是合理的，但是，这一行为的社会成本却非常高。原因在于，如果每个投资者将未来价格视为既定，从而没有考虑抛售资产会迫使其他投资者同样进行抛售，进而损害其他投资者的利益。这就是金融理论中的"低价销售的外部性"。

明斯基于 1982 年首次提出"金融不稳定假说"也强调金融监管的重要性。该理论认为，银行的利润最大化目标促使它们在系统内增加风险性业务和活动，导致系统的内在不稳定性，因而需要对银行的经营行为进行监管。一些文献从银行及金融机构的流动性方面分析了银行体系脆弱性的原因［Minsky（1982）、Cypher（1996）、Kregel（1997）、Friedman and Schwartz（1986）和 Diamond and Rajian（2001）］。考夫曼（Kaufman，1996）认为个别银行比其他企业更容易受到外界影响而失败，银行业也比其他产业更加脆弱、更容易被传染，从而从银行体系的传染性和系统风险的角度证明了银行体系的脆弱性。戴蒙德和蒂博韦格（Diamond and Dybvigr，1983）的"银行挤兑模型"则认为银行经营失败涉及的利益相关者众多，发生较快，所以银行业的确存在着较高的脆弱性和传染性；一旦金融恐慌引发挤兑，很容易出现连锁的"技术性破产"。

二、金融危机与国际金融监管改革

金融市场发展与金融监管体制的严重脱节被认为是引起美国次贷危机的重要原因之一。突飞猛进的金融创新和混业经营、金融全球化的客观现实造成的监管真空和监管不足。金融稳定理事会和巴塞尔委员会以及各国政府全面反思现有的金融监管体系，沿着微观审慎、宏观审慎和金融基础设施三条主线推进国际金融监管体系改革，重新构建金融监管框架。

（一）微观审慎

金融危机发生后在巴塞尔银行监管委员会和金融稳定理事会的主导下，金融机构的微观审慎监管制度改革不断推进，目的是增强单体金融机构的安全稳健性。这些改革措施既包括以巴塞尔协议Ⅲ为代表的监管指标的完善也包括改善公司治理能力和薪酬激励机制。2010 年底，针对本次金融危机暴露的金融机构资本和流动性不足、杠杆率过高的问题，二十国集团领导人首尔峰会出台了巴塞尔协议Ⅲ文件，规定了新的资本、流动性和杠杆率监管标准，作为国际监管改革的重要阶段性成果，称为国际银行监管的新标准。

有效的公司治理是金融稳定的基石,为了维护金融体系的金融稳定必须改革公司治理结构不断提升公司的风险管理能力。巴塞尔委员会 2010 年发布了修订的《强化公司治理指导原则》初步确立了公司治理的改革方向。

(二) 宏观审慎

本轮金融危机后,宏观审慎的监管理念受到空前重视。宏观审慎监管理念认为,仅凭微观层面的努力难以实现金融体系的整体稳定,监管当局需要从整体上评估金融体系的风险,从纵向时间维度解决顺周期问题,从横向时空维度解决系统性风险传染问题。在宏观审慎监管理念指导下,国际金融监管改革主要从三个方面防止系统性的金融危机:一是加强对系统重要性金融机构的监管,解决大而不能倒的问题;二是解决金融监管的顺周期问题;三是加强对影子银行体系的监管,弥补监管真空。

(三) 金融基础设施建设

金融危机发生以来,会计准则改进及会计国际趋同受到广泛关注,二十国集团(G20)领导人峰会、金融稳定理事会(FSB)倡议建立全球统一的高质量会计准则,国际会计准则理事会(IASB)也积极响应。建立和采用高质量的国际会计准则体系,已经成为国际社会的共识。

金融危机发生过后,加强对评级机构的监管减少对评级机构的依赖性成为国际评级行业监管改革的共识。2009 年,G20 伦敦金融峰会《加强金融系统》宣言,已明确提出扩大金融监管的范围,将信用评级机构涵盖其中。2010 年 G20 多伦多峰会公报在重申加强评级机构的监管的同时提出,在法规制定和监管方面减少对外部评级的依赖。随后,金融稳定理事会在 2010 年 10 月发布了《减少外部评级依赖的高级原则》。

国际金融危机爆发以来,各国政府、金融监管当局以及国际社会逐渐认识到,只关注金融机构的利益而忽略金融消费者的利益会破坏金融业赖以发展的基础,影响到金融体系的稳定。故而,金融消费者保护越来越成为各国金融监管的重点。

三、中国金融监管实践

中国的金融监管制度的变迁一直是由中央政府主导的,自上而下的,循序渐进的政府强制行为。新中国成立以来我国金融监管的制度按照其发展历程大致可划分为四个阶段：

（1）"大一统"的金融体系与金融管理制度（1949~1978年）。新中国成立以后，我国建立起高度集中的计划经济体制，自1953年以后，与经济体制相适应，我国建立起一个高度集中的金融体系，该体系一直延续到20世纪70年代末。

（2）市场经济金融体系的引进与统一监管的实施（1978~1992年）。这一时期由于我国计划经济体制的基础尚未发生根本改变，我国的国家专业银行和中央银行作为货币资金计划分配工具的地位仍未改变。在此期间，我国的金融监管仍处于探索阶段，虽然金融监管已经取得实质性进步，但是与规范化、市场化的金融监管还有相当的差距，其监管制度和监管行为仍带有鲜明的计划性和行政性的金融管理特点。监管手段仍然单一。

（3）金融体制改革深化与分业监管模式的确立（1993~2003年）。在亚洲金融危机不断蔓延之时，我国金融体制改革迈开了实质性步伐，中国人民银行、中国证监会、中国保监会共同作为金融监管的主体分别对银行业、证券业和保险业实施监管。2003年3月，第十届全国人民代表大会第一次会议通过《关于国务院机构改革方案的决定》，批准国务院成立通过银行业监督管理委员会（以下简称"银监会"）。至此，中国人民银行、银监会、证监会和保监会"一行三会"分工明确、互相协调的金融分工监管体制形成。

（4）"一行三会"监管模式的发展与完善（2004年至今）。全球金融危机过后，我国的金融监管体系开始了新一轮的改革和借鉴，确定了构建逆周期的金融宏观审慎管理制度框架，强化了中央银行的系统性风险管理职能，加强对系统重要性金融机构的监管，建立存款保险制度和消费者保护的改革方向。

金融监管并非仅仅是一个技术性的经济学问题，金融监管还面临来自政治学的挑战。监管俘获理论（Stigler，1971；Peltzmann，1976）认为具有特殊影响力的利益集团——被监管机构，针对监管者的自利动机进行寻租活动，使监管者成为被监管者的"俘虏"，并参与共同分享垄断利润。巴斯（Blyth，2002）指出，整个20世纪，经济学思想不仅影响金融，还塑造了经济政策和经济制度。在我国的金融改革中，存在着监管自由化倾向，监管者在"自由主义"信条下试图一味放松监管。同时，我国缺少对金融监管者的监督机制。金融的模糊性和复杂性使得无法对金融监管做出全面、专业和独立的评估，从而无法影响金融监管者（Barth et al.，2012）。在无法有效评估的情况下，公众无从知道监管者到底在做什么，也无法评价监管行为的后果。

综上所述，我国金融监管体系在制定、实施、评估和修正金融政策时存在着政治关联、监管自由化倾向和缺少监督机制等系统的制度性问题。

四、利率市场化条件下重构中国金融监管

如果不能修补金融监管者面临的系统性问题,那么监管机构的制度性问题将引发许多严重的问题,金融制度改革也会沦为口号。为了应对利率市场化的挑战必须重构我国的金融监管体系。

第一,监管理念重构。学术界认为好的监管(包括管制)能够使金融市场顺畅运转并通过纠正市场失灵(特别是外部性、信息不对称),减少市场波动风险(Barth et al.,2006;Brunnermeier et al.,2009)。监管目标的选择与定位并非易事,多重目标往往并存,不同监管目标见时而也会发生冲突(曹凤岐等,2012)。金融监管到底管什么是重构我国金融监管体系必须回答的核心问题。金融监管应本着稳健运行、持续发展,确保不发生系统性区域性金融风险底线的原则,保护金融消费者合法权益。金融的可持续发展和对公众利益的保护也是绿色金融和普惠金融的理念的体现。

第二,监管模式重构。2008 年的全球金融危机暴露了现有监管模式的缺陷,美国、英国、欧盟等国家和地区纷纷对金融监管体系进了改革(谢平、邹传伟,2010;潘林伟,2012)。危机后的金融监管改革大都体现了"双峰"的模式(綦相,2015)。当然,在市场环境不断变化的情况下,监管体制并不存在最优。监管并非越集中越好,也不是越分散越好,关键要看监管的理念、功能是否能与监管的权责对应。如果能够对应,不论是合并还是分拆,都能实现监管功能。在改革和完善我国金融监管体制时,应优先考虑本国的金融体系发展、金融监管体制沿革和面临的主要挑战,同时,体制变革的短期冲击成本也是最优决策要考虑的重要因素。

第三,监管方式和手段重构。在利率市场化的驱动下,金融创新不断持续,金融机构提供的金融产品与服务的范围不断变化,金融机构与金融市场的边界也是不断变化的。金融机构的业务范围和风险暴露已经跨越了原有的传统范围和领域。随着金融机构经营范围的扩大,以机构为对象的监管范围也开始扩大和交叉,监管重叠与监管真空同时并存的问题更加突出,监管套利的空间明显增加,单纯的机构监管理念和框架越来越不适应金融业务发展的需要莫顿(Merton,1993)开创了功能监管理论,他指出在持续的金融创新中,金融机构提供的金融产品与服务的范围实际上是不断变化的。

重构我国的金融体系还应完善现有监管框架,进行监管机构改革。在金融自由化不断深入,我国金融风险逐渐显现,金融体系问题暴露集中,需要加强监管和现实可操作的角度下,对现有金融框架进行大的调整合并并不适宜。我们建议

在维持现有"一行三会"基础上，设立国家层面的金融稳定委员会，负责明确各部门监管职能、统一监管标准，做实日常重大监管协调决策机制，负责全局性监管决策的指定与执行。

本 章 小 结

第二次世界大战以后，为快速恢复因战争而满目疮痍的经济环境，各国均采取利率管制、金融管制的方式来发展经济。随着各国经济发展步入瓶颈，20世纪70年代开始，与自由主义思潮同时出现的，是对金融自由化的倡导。从学术理论到各经济体的实践经验，均可以看到，利率市场化是这些经济体为应对本国经济发展瓶颈而采取的措施，而随着利率的放开，这些经济体往往会出现各种危机。

通过对现有学术文献的分析，结合理论推演，本章认为利率市场化与金融风险之间存在着密切的联系。利率市场化是各经济体用来应对本国经济问题的一个主要手段，由于能够化解经济系统中的矛盾，因此其本身具有缓解金融风险的一面。但另一方面，利率市场化也会带来微观、中观和宏观三个层次的金融风险。微观层面的风险主要是金融活动中的个体受到损失的可能性。中观层面的风险则主要指多个类似个体（比如同行业）同时受到类似冲击而产生损失的可能性。宏观层面则是大量不同个体同时受到冲击，而产生的大规模损失的可能性。本章划定的这三个方面层层递进，可以较为充分全面地反映利率市场化给金融系统带来的影响。进而，我们也回顾了为应对金融风险，国外以及我国在金融监管上的实践和金融监管所表现出的特点。这将成为后文我们进一步分析如何调整金融监管来应对利率市场化带来的金融风险的基础。

注意到本章对利率市场化国际经验有关研究的回顾显示，许多经济体在利率市场化改革的过程中经历了金融危机，但也有一些国家没有出现非常严重的不利影响。因此，下面我们将进一步深入对比分析各个经济体的利率市场化改革实践经验，以从中得到对我国利率市场化改革有价值的启示，作为进一步分析我国利率市场化改革背景下金融风险的借鉴。

第四章

各经济体利率市场化改革的经验和启示

邓海清（2013）指出，"利率市场化的重点和难点并非存款利率管制的放开，而是如何形成利率体系，如何完善央行利率调控框架，如何理顺利率传导机制，如何实现资金配置效率优化，如何发挥市场配置资源的决定作用"。因此利率市场化后我国金融市场、货币政策、金融监管等将发生何种变化，如何预测、防范和化解利率市场化对金融市场乃至整个经济带来的金融风险，是我们当前关注的重点。借鉴国际上相关国家进行利率市场化以及其在利率市场化背景下金融风险管理的国际经验，对于识别、预测和防范我国利率市场化过程中可能出现的金融风险、构建市场化利率背景下的金融风险管理体系具有重要意义。本章侧重于介绍利率市场化背景下金融风险的国际经验，以期为正处于狭义利率市场化完成初期的我国提供借鉴和参考。

第一节 各经济体利率市场化改革的经验

20世纪60年代以来，不论是发达的欧美国家还是处在转型中的新兴国家都实行了不同程度上的利率市场化。在此之前，许多国家（地区）在利率市场化之前一直都奉行凯恩斯主义理论，认为政府应该对利率进行管制，政府可以通过货币政策等手段改变利率，改变人们对未来政策方向的预期，进而对利率形成影响。然而随着金融市场的不断发展，各国都出现货币化程度低、金融运行效率低下、金融市场不发达，政府干预过多等问题。麦金农和肖针对以上问题提出了"金融抑制理论"，该理论以发展中国家金融市场为研究对象，认为发展中国家大多数存在金融管制，例如存贷款利率受到管制。金融管制的存在，首先，会促进人们倾向于提前消费，减少未来消费，储蓄率降低；其次，会使获得贷款的借款人进行密集型投资；最后，会使投资的平均效率降低。因此，在此基础上进一步提出"金融深化理论"，该理论主张政府应该减少对金融部门的干预，推行金融自由化，认为实行金融自由化能够促进经济增长，取消利率上限可以实现投资最大化目标，提高投资效率。然而，金融深化理论是建立在借贷双方掌握全面信息、市场规模很大，完全竞争市场的基础上，因此，只是一种理想状态。

其后，许多国家尤其是发展中国家以罗纳德·麦金农和爱德华·肖的金融抑制理论成为利率市场化的主要依据，开始进行金融自由化改革。在新技术革命和经济全球化的背景下，利率市场化的改革在20世纪80年代成为一种潮流，美国、日本、英国、德国等发达国家和众多拉丁美洲国家、东南亚的发展中国家先后完成了利率市场化的改革。我们在对以上国家地区利率市场化的国际经验进行总结时不难发现，既有利率市场化较为成功的国家，又有利率市场化相对失败的国家。而不顾经济发展的水平和环境，盲目进行利率市场化，不仅会给整体金融市场造成混乱，影响经济发展，严重的还会爆发金融危机。

本节按照世界版图，将全球分为北美洲、亚洲、西欧、东欧、拉丁美洲五个区域，结合各经济体利率市场化的背景，进程以及利率市场化后的结果和特点进行分析，并在此基础上总结利率市场化成功和失败的经验，力图给读者提供清晰的框架，并为我国经济发展提供经验和借鉴。

一、各经济体利率市场化改革的经验

（一）美国（1970~1986年）

美国的利率市场化进程从1970年开始，持续至1986年。其整个市场化进程可以看作是放松"Q条例"管制的过程，其改革是以金融产品的创新为突破口。

在20世纪30年代以前，美国的利率是处于自由化状态的，1929~1933年的"大萧条"给美国带来了严重的危机，监管部门认为对于利率的完全放松引致各银行争相提高利率造成的市场过度竞争是危机产生的原因之一。因此，危机过后在1933~1935年期间美国颁布了一系列的金融管制法案，其中以《1933年银行法》中的第Q项条款（以下简称"Q条例"）为代表。"Q条例"规定会员银行对于活期存款不得支付利息，对于储蓄存款和定期存款规定最高利率限度。1935

年对 Q 条例进行了修订，使其存款利率最高限度不仅适用于联邦会员银行，而且还适用于非会员银行的商业银行。1966 年其适用范围又扩大到非银行金融机构（其存款利率上限高出商业银行 0.25%）。值得注意的是，"Q 条例"中管制的范围仅限于存款（活期存款、储蓄存款和定期存款），对贷款及银行手续费等没有管制。但许多州一级的政府对银行和储蓄银行的贷款规定了最高贷款利率。可以看出，"Q 条例"旨在通过限制银行的存款利率上限控制银行经营成本，保障银行利润，避免其倒闭，因此"Q 条例"成为整个美国利率管制的代名词。除此之外，在此期间还限制银行对证券的投资，禁止金融机构持有股票，使商业银行与证券业分离；同时成立美国联邦存款保险公司，对 5 万元以下的银行存款提供担保，避免发生公众挤兑；限制新银行开业，加强联邦储备银行的地位。美国利率市场化进程也因此可以看作是存款利率的市场化。

以"Q 条例"为代表的利率管制对于 20 世纪 30 年代恢复金融秩序及第二次世界大战期间借款筹集和战后恢复都起到了积极的作用。但是随着 20 世纪 60 年代战后经济的繁荣和经济的扩张，其弊端逐步显现，主要体现在如下几方面：一是从 20 世纪 60 年代开始，美国通胀率不断走高，"金融脱媒"问题在通胀不断走高的背景下开始凸显（见图 4-1）。尤其是 20 世纪 70 年代两次石油危机的冲击之后，经济增长放缓，通货膨胀率在 1974 年一度高达 11%。名义利率也迅速攀升，联邦基金利率在 1974 年曾一度高达 14%，远远大于银行存款利率最高限制，大量资金从银行流向货币市场，造成了银行存款来源紧张，传统银行信贷业务受到巨大的挑战，最终会波及实体经济。二是大量金融创新工具应运而生，导致货币政策传导途径受阻。受管制的金融机构为了解决上述问题，纷纷通过各种手段逃避利率管制，因此各种金融创新工具应运而生，如大额可转让存单、银行持股公司发行的商业票据等。这些金融创新产品游离于银行传统业务之外，改变了金融市场形态和结构，造成了之前传统的货币政策传导机制受阻，货币政策效果受限。总体上来说，美国"Q 条例"造成的资源配置的扭曲，使得市场有内部动力去废除利率管制，关于利率市场化的呼声越来越高，美国利率市场化就此展开。

1970 年 6 月，美国总统尼克松批准成立了"金融结构与管制委员会"，任命亨特任该委员会主席，1971 年 12 月发表了著名的"总统委员会关于金融结构和管制的报告"，即"亨特报告"。报告的核心是强调金融机构的自由竞争有利于提高效率，主张金融业自由化。1973 年，尼克松总统提出了"美国金融制度改革建议"，指出存款利率上限的规定损害了存款人和存款机构的利益。在此期间，美国实行了 10 万美元以上、3 个月以内的短期定期存款的利率自由化，还取消了 90 天以上的大额存款的利率上限限制，建立货币市场基金，允许非银行金融机构设立支票账户并允许对余额支付利息等。上述措施并没有缓解"Q 条例"对银行业的限制,"金融脱媒"化现象更为严重,银行业继续面临着大量的存款流失问题。

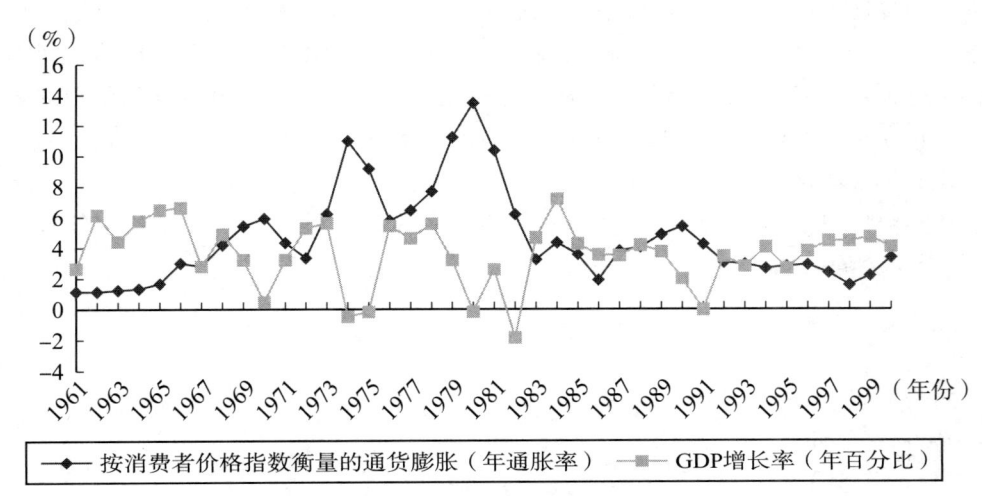

图 4-1 美国 CPI 和 GDP 增长率

资料来源:世界银行数据库。

1980 年 3 月,美国国会通过了"1980 年存款机构放松管制及货币控制法",同年建立了存款放松管制委员会(DIDC),决定自 1980 年 3 月 31 日起,分 6 年逐步取消"Q 条例",即存款利率的上限限制。1982 年颁布的"加恩—圣杰曼存款机构法案"责成 DIDC 创造"货币市场存款账户"(MMDA)。截至 1983 年底,仅商业银行吸收的 MMDA 存款余额就高达 2 300 亿美元(黄小军,2014)。这种"反脱媒化"过程是通过监管当局主导的产品创新实现的。1983 年 10 月,DIDC 取消了一个月以上定期存款及最小余额为 2 500 美元以上的短期存款利率上限,监管利差进一步收窄。1986 年 3 月 31 日起,客户存款利率管制完全取消,对贷款利率,除住宅贷款、汽车贷款等例外,也一律不加限制。至此,"Q 条例"完全终结,美国的利率市场化完成。

美国利率市场化开始之前,金融机构分业经营的模式,造就了美国以美联储为核心,联合联邦储蓄与贷款保险公司(FSLIC)、联邦存款保险公司(FDIC)、美国证券交易委员会(SEC)等机构构成的美国伞形、分业监管的金融监管模式。随着利率市场化的进行,美国金融监管当局也适时地作出改变,以适应迅速变化的金融市场,例如在颁布《1980 年存款机构放松管制及货币控制法》之后,1984 年颁布《反垄断法》,以维护市场竞争秩序。然而在利率市场化完成后,美国混业经营趋势增加,但美国分业监管模式并没有进行根本性的改革,从而导致存在大量金融监管真空、重复监管等严重问题,因此直接导致了 2008 年金融危机的爆发。

整体上来讲，美国利率市场化是成功的，利率市场化的顺利进行促进了美国经济的发展，也为美国金融市场发展成为全球最重要的金融市场打下了基础。从图 4-1 中可以看出，利率市场化后通货膨胀降低，GDP 增速平稳，整体宏观经济运行稳定。但是美国的利率市场化过程不是一帆风顺的，受利率管制保护的金融机构在利率市场化过程中面临着巨大的市场竞争和经营压力，在 1980 年之后以及利率市场化后的一段时间内，大批中小银行纷纷破产倒闭，仅 1990 年一年破产和救援的银行甚至超过了 500 家（见图 4-2），其中最为著名的事件就是"储贷协会危机"。

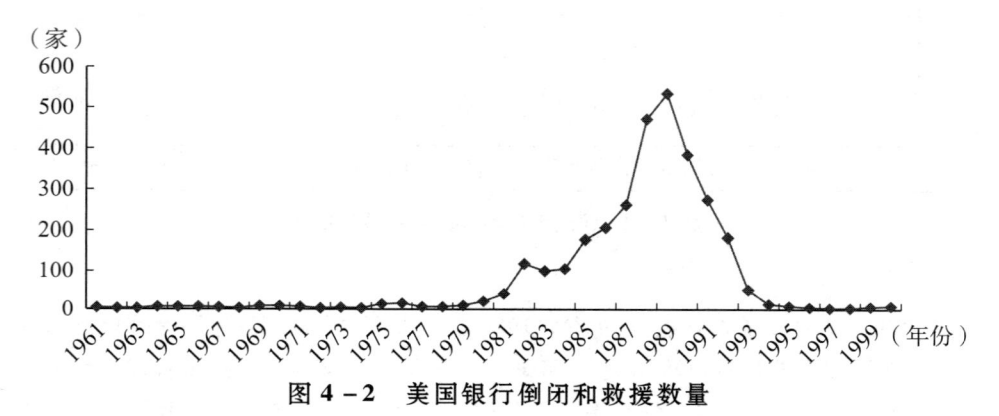

图 4-2　美国银行倒闭和救援数量

资料来源：Wind 数据库。

关于美国利率市场化过程中，有几方面显著的特点，具体如下：

首先，利率市场化之前，美国货币政策的中介目标为货币供应量，利率市场化之后一段时间内，美联储仍然以货币供应量为中介目标。直至 1993 年 7 月，美联储主席艾伦·格林斯潘（Alan Greenspan）突然宣布，今后以实际利率作为对经济进行宏观调控的主要手段，在此之后将利率作为货币政策的中介目标，并确立联邦基金利率为官方基准利率，国债收益率为市场基准利率。这表明货币政策中介目标的选取应该切实以利率是否能够传导并调控经济为准，而并不是以利率市场化形式上完成为准。

其次，1944 年 7 月布雷顿森林体系的建立，标志着美元成为国际货币，因此在利率市场化过程中，美国与其他国家显著的一点区别是其外汇风险暴露很小。而众多其他国家的外汇风险暴露，通常是利率市场化中的一个重要影响因素。

最后，美国利率自由化过程与金融产品创新和金融制度相辅相成。由政府主导的金融工具的创新为利率管制的放松提供了平稳的过渡，防止了由于突然放松管制而引起的市场风险。

（二）亚洲

1. 日本（1977～1994年）

第二次世界大战之后的日本，国内物资匮乏、经济陷入崩溃边缘。为了稳定经济，日本政府1947年出台了《临时利率调整法》，对存款和短期贷款采取上限限制，对长期贷款没有直接限定上限，但规定长期优惠利率必须与长期金融债券利率联动，而金融债券利率是受到政府指导限制的。此外，日本对整个利率体系管制都非常严格，其货币市场单一，金融机构的业务范围也受到严格限制，不得越过各自范围展开竞争。利率管制为"二战"后日本的经济恢复和快速发展打下了基础，随后日本经济进入了战后持续18年的快速发展时期。

日本利率市场化与其他国家的一个显著区别是在国内因素和国外压力双重推动下进行的。20世纪60年代之后，日本经济持续增长，积累了巨额的经常项目顺差，成为资本输出国和债权国家。20世纪70年代之后，国际经济形势发生了巨大变化。在经历快速增长和资本积累之后，资本的边际产出下降，全球经济增速放缓，两次石油危机之后，全球经济逐渐走入"滞胀"困境。日本经济也遭受了巨大影响，1973年日本实施浮动汇率制，1980年实现了资本项目的开放，倒逼了利率市场化的进行。与此同时，欧美等国也在日本开设银行，但是一直受到日本国内对利率的限制，因而，欧美等国不断给日本施加压力。同时在此期间，主张自由市场经济的货币主义和新古典经济学在学术界占据主流，金融抑制理论开始逐渐流行，金融自由化思想越来越受到人们的重视。而在日本国内，20世纪80年代后证券市场的蓬勃发展，吸引了大量来自企业、家庭和个人的资金，导致银行存款大量分流。同时高额的通货膨胀，使得实际利率下降，在1975年通货膨胀甚至超过了20%，使得实际利率为负（见图4-3），更加促进了银行领域存款的流失。而严格的利率管制和分业制度使得银行不得进入其他领域展开竞争，银行经营面临巨大压力，因此关于取消利率管制的呼声越来越高。

1977年，日本的利率市场化进程正式开始，并以国债市场为起点，这背后是有深刻原因的。20世纪70年代日本经济增速的放缓，日本政府为了刺激经济增长，财政支出日益增加，政府成为当时社会资金最主要的需求者。日本政府以低于市场利率的价格强制向各大商业银行发行带有回购协议的短期国债，且限制银行不得在资本市场上转让国债。一方面，商业银行难以长期承受国债的低利率；另一方面，经济的放缓使得税收逐渐不能弥补财政赤字，日本政府回购国债面临着巨大压力。因此1977年4月，日本政府批准国债可以上市自由流通，同时国债发行对象也由商业银行扩大到机构和个人。1978年，日本大藏省首次以公募招标方式来发行中期国债，开始了利率市场化的先河，并逐渐形成了国债发行和交易的利率自由化。

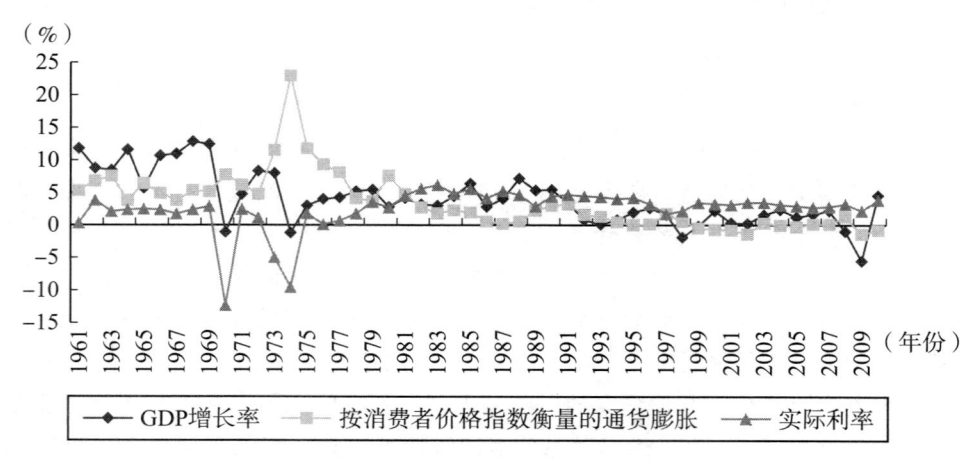

图 4-3 日本宏观经济状况

资料来源：Wind 数据库。

在此之后，日本的利率限制主要集中于货币市场和银行信贷市场。在货币市场方面，1978 年 4 月，日本允许银行间拆借利率弹性化，6 月又允许银行之间的票据买卖利率自由化。这样，实现了银行间市场的利率自由化。此外日本还大力发展货币市场创新产品，丰富货币市场品种，如大额可转让存单、贴现国债（1977 年）、短期国债（1978 年）等，并于 1987 年 11 月创设了国内的商业票据（CP）市场。至此日本货币市场已经基本成型，并且实现了利率自由化，为之后培育真正的短期市场利率打下了基础。

日本存贷款利率的自由化是伴随着金融创新展开的。1983 年 11 月，日美货币委员会成立。1984 年 5 月，日本大藏省发表了《金融自由化及日元国际化的现状和展望》，确定了先大额后小额的渐进方式，计划到 1987 年实现可转让大额定期存单、超大额定期存单和浮动利率存款的利率市场化，在此之后再逐步取消小额存款的限制。1985 年 4 月 1 日，推出了一种自由利率的新型存款产品——市场利率联动型产品（MMC），由此推动大额存款利率的市场化。并随后逐步放松了 DC、MMC 等的发行额、发行单位和发行期限等，通过扩大自由利率存款的比重来深化自由化程度。1989 年 6 月创设了小额 MMC，开始小额储蓄的利率市场化，1911 年 11 月，创设了小额的定期市场利率产品，并逐渐放松面额等限制，至 1993 年 6 月 21 日实现了定期存款利率的完全市场化。1994 年 10 月，流动性存款利率实现了市场化。至此，除了支票存款（禁止付息）之外，所有的存款利率均实现了市场化。

而与存款利率市场化同时进行的，还有贷款利率市场化。1989 年之前，日本银行的短期贷款采取上限限制，对长期贷款没有直接限定上限，但规定长期优惠利率必须与长期金融债券利率联动。1989年1月起，日本银行采取以银行平均融资利率决定短期优惠贷款利率的新办法，并由三菱银行率先实施。1991年4月长期贷款利率也取消与长期金融债券利率的联动，采取短期优惠利率加上相应的期限等利差。至此，贷款利率的市场化完成。

但日本的利率市场化并不是完全意义上的利率自由化。出于对中小金融机构保护的目的，政府对利率仍有一定的限制。例如，3年期小额MMC存款利率以长期国债名义利率为基准而确定，长短期利率间有当期限制，贷款利率并不是自由市场竞争产生的，实际上是一种协商利率或者"卡特尔利率"等。

日本金融监管格局在利率市场化进程中为分业监管。在金融管制放开的过程中，日本监管当局并没有认清当时金融市场的变化，出台防范措施，反而放松金融监管，从而推动了20世纪80年代末的股市和房地产泡沫。例如1984年后，日本监管当局实行了"特定金钱信托制度"，使得日本大企业能够将巨额资金委托给银行或证券公司，从而投入资本市场，使得企业和家庭部门的资金能够进入资本市场，催生了泡沫经济。在泡沫经济破灭后，日本在处理危机的过程中同时也改变本国的金融监管体系，2000年，日本建立金融服务厅，对金融机构的成立，经营和破产都有参与和决定的权利。同时，对证券行业进行监管，并划归内阁统一管理，金融混业监管模式初步形成。

利率市场化后，日本国内的通货膨胀水平大大下降，在零附近徘徊，甚至一度出现通货紧缩（见图4-3）。但由于在利率市场化过程中，传统银行业务受到巨大挑战，商业银行为寻求发展，积极寻求高风险高收益项目。而1985年广场协议的签订，加剧了日元升值（见图4-4），造成国际热钱的投机性流入，国内利率水平大幅降低，而分业经营的限制使得大量的银行资金进入了股市和房地产贷款市场，从而造成了1985~1990年间的股市泡沫和房地产泡沫。在此期间，股价每年以30%，地价每年以15%的左右幅度增长。1991年泡沫破灭之后，日本经济遭受了巨大损失，造成了银行大量的不良贷款，大批银行倒闭。同时日本GDP由1975年超过6%以上的增长率，逐渐下降为20世纪90年代0%~3%左右的增长，同时CPI长期在零值左右徘徊，甚至一度低于零值（见图4-3），日本经济陷入了长期低迷。

日本的利率市场化过程呈现出如下几方面特点：(1) 日本采取的渐进式的利率市场化改革路径，具有先国债、后其他品种；先银行同业，后银行与客户；先长期利率后短期利率；先大额交易后小额交易的特点。(2) 日本利率市场化过程中伴随着金融工具的创新，这与同是第二次世界大战后，迅速崛起的德国不同，与美国类似。日本的存款利率市场化，是依靠引进新的存款利率模式，从而倒逼对原有的利率放开管制。

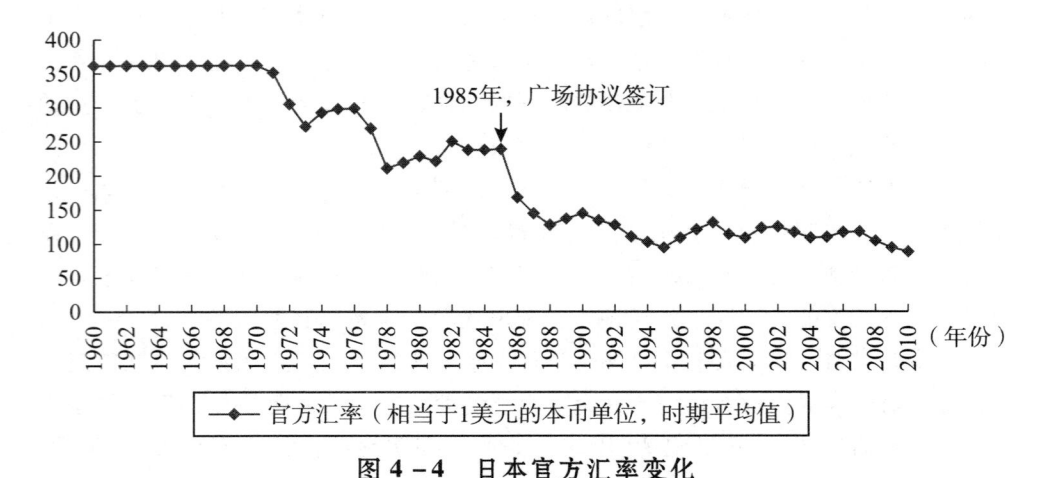

图 4-4 日本官方汇率变化

资料来源：Wind 数据库。

2. 韩国 （1981~1988 年；1991~1997 年）

韩国利率市场化进程与其他国家显著的区别在于反复性，第一次从 1981 年 6 月到 1988 年 12 月，最终失败；第二次是从 1991 年 8 月~1997 年末，取得了成功。

韩国于 1952 年颁布《利率限制法》，规定金融机构利率变动权归财政部集中掌握，使得利率的调整和决定服务于政府的经济政策意图，不能反映真实的资金供求情况，存贷款利率长期低于市场均衡水平，严重制约了资源的有效配置。加之韩国政府所主导政策性贷款，导致信贷配给现象严重，经济增长产生的较大资金需求得不到满足，实体企业统统转向非正规金融渠道融资，韩国地下金融非常猖狂。另外，1979 年的第二次石油危机及韩国政局动荡导致韩国企业经营环境恶化，经济出现大幅下滑。在此背景下，韩国政府于 20 世纪 80 年代初进行了第一次利率市场化尝试，期限为 1981~1989 年。

第一次利率市场化以 1981 年放开商业票据贴现利率为标志。1982 年允许企业债券收益率在一定幅度内波动，降低了部分贷款与优惠贷款间的利差，消除了对重点部门贷款的优惠利率。1984 年实施了贷款利率分级制，同年实现了银行拆借利率和未担保企业债券发行利率自由化。1986 年 3 月实现了公司债券、金融债券的发行利率和可转让存单利率市场化。此时韩国宏观环境改善，经济快速增长，企业的资金需求更加强烈，韩国政府决定加速利率市场化进程。1988 年 12 月放开除部分政策性贷款外的所有贷款利率和两年以上的存款利率，以及可转让定期存单、商业票据和公司债的利率等。但此时由于存贷款利率步伐放开较快,市场条件尚未完全成熟,加上1989年初国际形势和韩国国内宏观经济形势恶化(东欧剧变,房地产价格暴涨,通货膨胀,劳资纠纷等),经济增长速度明显放缓,导致市场利率水平急剧上升,因此韩国央行不得不重新恢复了对利率的管制。

第一次利率市场化尝试失败以后,韩国国内对利率市场化进行了激烈的讨论,1991年8月韩国银行和财政部联合公布了《对利率放宽管制的中长期计划》,为未来的改革指明了方向。第二次改革采取渐进式改革,先贷款后存款,先长期后短期,先大额后小额,逐步地扩大了市场利率的比重。并强调存款和贷款、不同的金融产品、不同的金融部门之间的相互平衡,在最大程度上维护金融市场的稳定。此次改革主要分为四步:(1)1991年实现大多数银行和非银行金融机构短期贷款利率自由化,并使3年期以上的存款利率自由化,同时实现货币市场和资本市场金融工具利率的自由化。(2)1993年进行了最为关键的一步改革,即实现了除政府融资贷款和银行再贴现贷款以外的所有银行和非银行金融机构贷款利率自由化,同时放开了两年或以上的长期存款利率和所有债券的发行利率。(3)1994年,大额存单、大额回购协议和商业票据的最低期限被缩短,一年期以上的存款利率和由韩国银行再融资的贷款利率实现自由化;1995年,放开了中央银行再贴现支持的贷款利率以及除活期存款以外的所有存款利率。同年12月韩国政府出台《存款人保护法》,并于1996年6月成立存款保险公司,正式建立存款保险制度。(4)1997年逐步放开活期存款利率。至此完全实现了利率市场化。

(三) 西欧

1. 德国 (1962~1973年)

德国的利率市场化相较于其他发达国家来说比较早,在20世纪60年代初其就开始利率市场化改革,汇率自由化和资本项目的开放是倒逼德国利率市场化的重要原因之一。

1929年的金融危机之后,为了防止资本外流,制止金融机构竞相提高存款利率揽储陷入恶性竞争,德国于1932年开始试行利率管制。1935年颁布了《信用制度法》,利率管制范围较广,涉及存款利率、票据贴现率和各种手续费等,同时贷款利率跟中央银行贴现率挂钩。利率管制使得德国政府有效的控制国内经济水平,并支持德国成为"二战"后经济恢复最快的国家之一。但是1958年德国恢复马克在经常项目下的自由兑换,德国国内的私人和企业为寻求高利息,纷纷将存款转向欧洲货币市场,同时1953年底,德国政府颁布《资本交易法》取消了债券市场利率限制,从侧面给银行存贷款利率限制带来了冲击。受利率管制的银行面临巨大压力,纷纷通过优惠措施高息揽储,使得利率管制形同虚设,关于利率市场化的呼声越来越高。

1962年,德国政府调整了《信用制度法》中利率管制的对象,利率市场化由此拉开。1965年3月,货币当局制定了《利率调整法令》,实现了2.5年以上定期存款利率的自由化。同年7月,取消100万马克以上、期限三个半月以上的大额存款利率管制。1967年2月德国政府提出废除利率管制的议案,同年4月全面放开利率管制,实现了形式上的利率市场化。但出于防止金融机构之间过度竞争的考虑,德国在废除利率管制的同时,规定了存款利率实施标准利率制度,规定金融业同业组织相互协商制定存款指导利率,并向其所属金融机构建议,这种建议并没有强制性。直至1973年10月,上述规定被废止,至此德国彻底实现了利率自由化。同年,由于布雷顿森林体系的瓦解,德国外汇由固定汇率制度变为浮动汇率制度。值得一提的是,在利率市场化过程中,德国于1966年成立了"商业银行存款担保基金",这成为德国存款保险制度的雏形。

德国的利率市场化过程比较平稳,并没有出现大规模的金融危机,并且与其他国家不同的是,德国利率市场化过程中并没有伴随着明显的金融制度创新和金融工具创新。这首先是因为德国利率市场化改革初期,通胀水平较低,负实际利率出现的情况并不频繁,因此名义利率与管制利率差别不大,私人部分寻求高利率存款替代金融工具的内在需求不强烈。其次是因为德国的银行为"全能银行制",银行可同时经营传统银行业务、证券投资、保险、信托、表外业务等,因此其在利率市场化过程中为通过金融创新产品规避利率管制的内在需求不大,而且多元化的业务经营增强了银行的综合经营能力和抗风险能力。

2. 英国（1971~1981年）

英国的利率管制在第一次世界大战之后就存在,表现为银行间的利率协定。以中央银行的再贴现为基础,商业银行对存贷款利率和同业拆借利率实行以下协定:（1）存款利率协定。支票存款不支付利息,通知存款低于再贴现率2个百分点。（2）贷款利率协定。贷款和透支利率比再贴现率高0.5~1.0个百分点。（3）拆借利率协定。拆借利率比存款利率稍高,但最低利率应比再贴现利率低1个百分点。因此,英格兰银行通过再贴现率与市场利率的紧密联动关系,通过再贴现利率影响市场利率。同时,在20世纪40~60年代期间,英国不同类型的金融机构之间几乎不存在竞争。例如银行业服务和住房融资服务分别由银行和住房抵押贷款互助会提供。

20世纪60年代末和70年代初,英国通货膨胀加剧,实际利率水平通常为负。当前以利率为中介目标的货币政策难以达到预期目标,因此英国货币当局开始以货币供应量为货币政策中介目标。高企的通货膨胀使得受利率管制的银行业面临严重的存款外流压力。同时政府开放了进入伦敦金融城的限制，外国银行迅速渗透到英国银行体系，加剧了银行业的竞争。随着国际资本的频繁流动和欧洲美元市场的不断扩大，导致国内资本外流。1967年11月英镑因国际收支发生危机而贬值。

在上述背景下，英国开始尝试进行利率市场化，但刚开始并没有成功。1971年5月，英格兰银行公布了一份"竞争与信用管制"报告，剔除了金融改革方案，于同年9月开始实施。其中一项重要改革内容就是废除银行间利率协定，由银行自主决定利率，允许清算银行进入CD市场等。但是在其实施后一两年，由于通货膨胀、经济衰退和英镑贬值压力，1973年9月，英国政府要求银行不得对1万英镑以下的存款支付高于9.5%的利率，这种限制持续到1975年2月。1979年英国取消了外汇管制，实现了国际金融交易的自由化。1980年，取消对银行贷款的控制，银行将信贷领域拓展到住房融资，次年取消最低贷款利率，实现利率完全自由化。

（四）东欧

1. 俄罗斯（1992～1995年）

俄罗斯的利率市场化是激进式失败案例的代表，其利率市场化过程与苏联解体和经济体制转轨分不开。

20世纪80年代，典型社会主义计划经济体制下的苏联经济形势严重恶化，经济增长几乎停滞，90年代初期甚至出现负增长，金融体系脆弱。同时高企的通货膨胀和高额的财政赤字更加加剧了国民经济的恶化程度。1991年12月苏联解体，俄罗斯中央银行延续了原来苏联中央银行的职能，成为卢布区内唯一的货币发行者，而制定和执行货币政策的职能由独联体各国央行分别行使，独联体各国大量发放贷款，导致俄罗斯央行货币发行量激增，卢布区内其他国家的卢布通过贸易渠道大量回流俄罗斯，使得俄罗斯的货币总量增长失控，更加加剧了通货膨胀水平。同时货币政策与政府的独立性不足，大约80%的财政赤字要靠央行贷款弥补，财政赤字的货币化推高了通货膨胀水平，并使得货币政策传导机制受到严重的干扰。此外，俄罗斯的资本市场发展薄弱，货币政策工具对市场的影响程度较小。因此，在上述背景下，俄罗斯于1992年开始启动利率市场化改革，并于1995年完成，大致分为如下两个阶段：

第一个阶段是1992～1993年。1992年1月，俄罗斯政府开始实行"休克疗法"，同时一次性放开了价格和商业银行利率管制，开启了俄罗斯利率市场化改革的进程。但放开利率管制并不意味着俄罗斯真正的利率由市场定价，因为其同时从1992年初开始收紧直接贷款发放条件、实行季度信贷分配限额制。1993年央行在银行间同业拆借利率以上设定央行再贷款利率,因此推动了俄罗斯银行间同业拆借市场的发展,中央银行最后贷款人的功能才逐渐确立,停止了无休止的透支。此外,俄罗斯中央银行从 1992 年 8 月首次在市场上进行国债交易,开始培育公开市场操作;1993 年发行国家短期债券,公开市场操作开始成为中央银行间接调控货币供应量的重要工具。

第二个阶段是 1994~1995 年初。1994 年 2 月 28 日,俄罗斯央行首次对 3 个月混合到期贷款进行拍卖,推动了信贷拍卖制的形成,从间接渠道放松了信贷配额,推动了利率由市场定价。1994 年底,财政赤字由原来的依靠中央贷款支持转变为依靠发行国家债券和外国贷款进行支持,俄罗斯央行的直接贷款模式彻底取消,标志着俄罗斯央行货币政策的独立性获得重大提升。

俄罗斯的利率市场化并不是彻底的,这与其政治变迁紧密相关。俄罗斯激进式的利率市场化与当时的政治背景和转轨经济是分不开的,俄罗斯改革前的种种困境已经意味着其采用渐进式改革方式的意义不大。同时,俄罗斯利率市场化的过程中也伴随汇率自由化和资本账户放开,二者为投机创造了条件,外资购买和抛售债券都使得俄罗斯金融市场持续震荡,从而诱发了经济危机。

2. 波兰(1989~1991 年)

波兰被称为利率市场化改革激进式成功的典范,与俄罗斯不同的是,波兰的金融深化改革和利率市场化改革是在较好的财政控制的前提下进行的,财政赤字程度相对俄罗斯较小,同时波兰利率市场化前相对较平稳的宏观经济环境也为其利率市场化改革奠定了良好的基础。

波兰的利率市场化是伴随着银行产权制度改革进行的。1989 年,波兰政府颁布了国家银行法和金融法,将部分国有银行转变为商业银行;随后,商业银行开始朝私有化和联合股份制转变,并于 1991 年实现了以所有权变更为基础的利率市场化。

值得我们注意的是,波兰利率市场化过程中最重要的两点是控制了财政赤字和通货膨胀。1990 年巴尔采罗维奇"稳定纲领"实施后,波兰的通货膨胀从上半年的月平均 167% 下降到 8 月的不足 2%;财政赤字在 1989 年高达 GDP 的 20%,在"休克"后半年盈余达到国内生产总值的 3%;外贸收支逆差也变为顺差。①

(五)拉丁美洲

1. 巴西(1975~1979 年;1988~1989 年)

巴西的利率市场化过程呈现出反复性的特点,第一次激进式改革于 1975 年

---

① 扬·格乌夫契克:《波兰政府经济纲领的破产》,载于《俄罗斯研究》1993 年。

开始，但是并没有成功；第二次于 1988 年开始，并于 1989 年完成。

第二次世界大战之后，巴西等拉美国家受到凯恩斯理论的影响，普遍实施利率管制，其特点是管制范围广，种类多。此外，持续高企的通货膨胀是巴西利率市场化改革前最具特色的宏观环境：1959 年，巴西的批发物价上涨 38%，到 1964 年一度达到 90%。严重抑制了经济的长期发展，政府和企业短期内无法获得长期融资。为化解通胀影响，巴西政府在 1964 年推出指数化货币校正制度，强制实行工资、租金和债务的货币指数化，并取得了短期效果：银行储蓄增加，短期通胀水平得到了抑制。但 1973 年第一次石油危机又使得巴西国内的高通胀再次抬头，长期通胀预期无法得到改变，高通胀使得利率管制的弊端凸显，金融体系扭曲和资源配置效率低下使得巴西当局开始着手进行利率市场化。

1975 年，巴西实施了近乎"一夜到位"的利率市场化改革，除了对某些特定部门提供优惠贷款利率外，贷款利率、存款利率在 1975 年全部实现市场化，同时直接放弃货币指数校正政策。但利率管制放开后导致国内利率急剧上升，于加剧了经济波动，国内 GDP 增速严重下滑，由 1975 年之前的 9% 左右的水平下降到 1978 年的 3%，1978 年第二次石油危机对巴西经济造成了巨大影响，利率市场化改革并未取得成效，因此巴西于 1979 年恢复了利率管制。①

20 世纪 80 年代初，巴西债务危机爆发，危机过后在 IMF 的干预下，巴西于 1988 年重新开始系统性、有步骤地进行利率市场化改革，如通过立法加强了中央银行独立性，宣布取消贷款利率上限，并在 1989 年实现了存款利率完全自由化。至此，巴西完全实现了利率市场化。与第一次利率市场化不同的是，此次改革过程中，巴西也注重配套改革的推动，如允许商业银行实行混业经营、切断中央银行与巴西银行之间的联系、防止政府赤字货币化、降低商业银行存款准备金率、允许外资进入股票市场和银行业、健全银行监管体系，建立存款保险制度等。

2. 阿根廷（1971~1976 年）

阿根廷是拉美国家中较早实施利率市场化的国家，其背景与巴西相似，但经济不稳定程度要比巴西更高，具体体现在其实际利率和恶性通货膨胀上，阿根廷在实施利率市场化之前的实际存款利率为 -56.8%，而巴西是 -1.1%；另外，1977 年阿根廷的通货膨胀已经高达 450%。

1971 年 2 月，阿根廷开始试水利率市场化，但由于大量资金从商业银行流向非银行金融机构的现象并没有丝毫减缓，因此不到一年的时间便失败了。1975 年，第一次石油危机使得原来国内的通货膨胀更加严重，名义利率高企，导致受

---

① 网易财经.《利率市场化改革：巴西印度的经验》（https://money.163.com/13/0515/）。

利率管制的存款类金融机构面临巨大的经营压力,在此背景下,阿根廷第二次开始推行利率市场化,储蓄存款利率上限仍然定在40%,取消了其他所有利率管制。1976年9月,储蓄存款利率放宽到55%,次年6月全部放开利率管制,完全实现了利率市场化。

但是利率市场化并未有效缓解阿根廷国内通胀率高企、金融市场发展缓慢的局面,反而增加了经济的波动性。利率市场化后,阿根廷的GDP增长率在大幅提高之后,又出现大幅下降情况,通货膨胀率也并没有得到有效遏制,国内利率迅速上升,且利差进一步放大。并于1981年3月爆发阿根廷金融危机,70多家金融机构被清算,占商业银行总资产的16%,金融公司总资产的35%。阿根廷政府于20世纪90年代初放弃了利率市场化政策。

二、影响利率市场化成功或失败的因素

从利率市场化的国际经验来看,利率市场化之后,有的国家或地区并没有发生严重的金融危机,如德国、波兰和中国香港;有的国家或地区发生了局部的金融风险暴露,但波及范围较小并且时间较短,并没有造成经济持续的动荡,如美国、英国、韩国、中国台湾等;有的国家则发生了严重的金融危机,并造成了此后较长时间内国内宏观经济环境持续的不稳定,如巴西、阿根廷、俄罗斯等,或者造成了经济的持续低迷,如日本。我们将前两种情况划分为利率市场化相对较为成功的国家或地区,将最后一种情况划分为利率市场化相对较为失败的国家或地区。总结各国或地区利率市场化改革成败的具体情况如表4-1所示。

表4-1　　　　各经济体利率市场化改革的相对成败情况

改革成败情况		国家或地区	利率市场化时间	改革后的金融危机情况	改革后经济长期是否较稳定
相对成功	成功	德国	1962~1973年	—	是
		波兰	1989~1991年	—	是
		中国香港	1994~2001年	1997年亚洲金融危机	是
	较为成功	美国	1970~1986年	储贷协会危机	是
		英国	1971~1981年	1976年、1992年英镑危机	是
		韩国	1981~1988年 1991~1997年	1997年亚洲金融危机	是
		中国台湾	1975~1989年	全银行业亏损三年	是

续表

改革成败情况	国家或地区	利率市场化时间	改革后的金融危机情况	改革后经济长期是否较稳定
相对失败	巴西	1975~1979年 1988~1989年	20世纪80年代中期债务危机	否
	阿根廷	1971~1976年	1970年以来共发生多次货币危机	否
	俄罗斯	1992~1995年	1995年银行危机 1997~1998年金融危机 2004年银行危机	否
	日本	1977~1994年	20世纪80年代末泡沫经济	否

资料来源：作者根据相关资料整理。

（一）利率市场化较为成功的原因分析

从利率市场化的国际经验来看，利率市场化较为成功的国家之所以能够平稳地渡过利率市场化阶段，没有对经济产生严重危害的原因主要有如下几方面：

首先，宏观经济较为稳定是利率市场化成功的前提。较为稳定的宏观经济水平通常指较低且平稳的通货膨胀水平、合理的财政赤字水平、GDP增速较为平稳等。从利率市场化的国际经验来看，利率市场化前宏观经济较为稳定的国家，其利率市场化过程中和利率市场化结束后金融危机发生的可能性、严重程度将越小，例如美国、德国等国家。但是宏观经济较为稳定可能涉及方方面面，如稳定的政治环境、稳定的社会环境等，对利率市场化的成功也十分重要。

其次，较为成熟的金融市场和金融机构是利率市场化成功的基本条件。利率市场化的主体是金融机构，市场利率形成的基础是金融市场，利率市场化的根本目的是实现资金价格市场化，建立利率传导机制和利率期限结构，因此需要具有一定深度和广度的金融市场，才能充分反映均衡的利率水平。同时，较为成熟的金融机构通常意味着较高的公司治理水平和较高的抗风险能力，因此在利率市场化过程中有更好的适应性，抗风险能力更强。从上述表格中可以看出，利率市场化较为成功的国家大多数为发达国家，拥有在国际上名列前茅的国际金融市场和机构，如美国、德国、英国等。

最后，金融监管的改革是利率市场化成功的重要保障。利率市场化是金融自由化的重要组成部分，但金融自由化并不等于监管自由化。从上述国际经验可以看出，利率市场化过程中金融市场和金融机构行为将发生重大变化，金融创新层出不穷，金融监管能否及时改革，适应金融市场的发展，避免监管漏洞和监管套利等问题的出现，涉及利率市场化能否成功。以美国为例，在利率市场化过程中，美国金融监管当局对储贷协会一度采取放纵宽容的态度，允许储贷协会投资股票房地产等高风险项目，从而导致了储贷协会危机的爆发。日本也类似，日本利率市场化过程中金融监管的放松直接导致了20世纪80年代末的股市和房地产泡沫，对经济造成了严重冲击。因此，我们可以看出，在利率市场化不断深入的过程中，必须加强金融监管，并及时根据市场变化做出相应改变，才能较为平稳地的完成利率市场化改革。

（二）利率市场化相对失败的原因分析

在总结巴西、阿根廷等国家利率市场化相对较为失败的原因时，我们发现每个国家都由于其自身的特点，出于不同的原因而失败，比如俄罗斯是政治体制的变革，巴西、阿根廷是举债发展模式，但从中进行探析，我们可以发现如下几条共同点：

首先是宏观环境不稳定。正如前面所说，稳定的宏观环境是利率市场化成功的必要前提，在不稳定的宏观环境下进行利率市场化改革，通常面临的巨大的金融风险，如俄罗斯在苏联解体后，国内政治环境不稳定的前提下进行利率市场化改革，进而引发了经济危机。

其次是国内金融市场和金融机构发展不成熟。从利率市场化的国际经验可以看出，利率市场化较为失败的国家大多为发展中国家，其国内金融市场和金融机构成立时间相对于成熟经济体较晚，且发展较为不成熟，存在制度和结构上等众多问题，这在利率市场化进程中突出地表现为抗风险能力不足，利率市场化进程中较小的金融风险爆发可能使得整个金融市场陷入崩溃，从而对整体经济造成进一步的影响。

最后是利率市场化过程中金融监管的放松。一些国家的金融监管当局认为，以利率市场化为主的金融自由化进程和理念，也意味着监管自由化，因此纷纷在利率市场化进程中放松金融监管，如日本。但由于监管的放松，导致大量高风险投机行为的产生，最终爆发了金融危机，并给经济带来沉痛的打击。

三、基于全球金融改革数据的实证分析

进一步地，我们尝试使用全球金融改革的相关数据来分析利率市场化与金融风险的关系。

阿比亚德等（Abiad et al., 2008）设计了一套较新的衡量金融改革的数据库，包含了全球 91 个国家从 1973 年到 2005 年的金融改革数据。其构造了七个相关维度，分别为：信贷控制和过高的准备金要求；利率管控；金融机构进入壁垒；银行部门的国有控制权；资本账户限制；审慎关系和对银行部门的监管；证券市场政策。对于每个维度，其分别设置 0、1、2、3 等四个分值，用于衡量其改革程度，然后通过查找相关资料对各个维度进行相应打分。我们用该数据库中给出的金融改革指数，减去金融监管维度的数值作为衡量金融改革程度的指标。仅用金融监管维度的数据作为衡量该国金融监管强度的指标。

世界银行的全球金融发展数据库（Global Financial Development Database，GFDD）涵盖了 162 个国家自 1960 年到 2016 年的金融状况数据。其将有关指标划分为四个主要维度，分别衡量金融的发展程度、资产、效率和稳定性，每个维度下均结合大量数据计算了各个相关指标的值。我们用该数据库中的商业银行不良贷款占总贷款的比重作为该国金融体系风险的主要衡量；金融系统存款总额与 GDP 的比率作为该国金融发展程度的主要衡量。此外，我们从世界银行搜集了各国 GDP、通货膨胀率（CPI）等宏观指标。回归模型如式（4.1）。

$$NPL_{it} = u_i + \beta_1 \Delta FR_{it} + \beta_2 gdp_{it} + \beta_3 sdgdp_{it} + \beta_4 cpi_{it} + \beta_5 fd_{it} + \beta_6 sup_{it} + \varepsilon_{it} \quad (4.1)$$

其中，ΔFR_{it} 为金融改革程度变化，代表金融自由化的推进或倒退；$sdgdp_{it}$ 为该国 GDP 增长率过去 3 年的标准差，衡量一国宏观经济的稳定程度；fd_{it} 是金融机构总存款与 GDP 的比率，衡量一国金融发达程度；sup_{it} 是阿尔比亚德等（2008）所设计的数据库中的金融监管维度数据，衡量该国的金融监管环境。被解释变量是不良贷款占总贷款的比率。表 4-2 为相关回归结果。

表 4-2　　金融自由化对金融风险的影响（国际经验）

变量	（1）FE	（2）RE	（3）RE	（4）RE	（5）RE	（6）RE	（7）RE
ΔFR	0.5588* (0.3385)	0.5499 (0.3383)	0.4864 (0.3580)	0.6851* (0.3553)	0.5424 (0.3433)	0.5720* (0.3329)	0.6066* (0.3351)
gdp	-0.5146*** (0.0658)	-0.4837*** (0.0651)		-0.4137*** (0.0676)	-0.5464*** (0.0635)	-0.4737*** (0.0638)	-0.5103*** (0.0640)
$sdgdp$	0.8756*** (0.1262)	0.8508*** (0.1245)	0.7103*** (0.1301)		0.9460*** (0.1233)	0.8509*** (0.1227)	0.8658*** (0.1238)
cpi	16.2972*** (4.4689)	15.6506*** (4.3342)	24.2563*** (4.4032)	21.9024*** (4.4390)		16.6554*** (4.2505)	16.6325*** (4.3055)

续表

变量	(1) FE	(2) RE	(3) RE	(4) RE	(5) RE	(6) RE	(7) RE
fd	-0.0391 (0.0261)	-0.0315* (0.0167)	-0.0221 (0.0171)	-0.0308* (0.0170)	-0.0379** (0.0166)		-0.0371** (0.0172)
sup	-0.7197 (0.5747)	-1.2797** (0.5199)	-1.8746*** (0.5395)	-1.4908*** (0.5405)	-1.4753*** (0.5232)	-1.3577*** (0.4935)	
obs	515	515	515	515	515	532	515

注：***、**、*分别表示在1%、5%、10%的显著性水平下显著。括号内为标准差。省略了常数项的回归结果。

资料来源：作者计算整理。

表4-2前两列分别列出了固定效应模型和随机效应模型的回归结果，尽管在回归系数的符号上差别不大，但豪斯曼检验认为，不能在1%的显著性水平下拒绝随机效应模型比固定效应模型更好的假设，因此，相关回归均采用了随机效应模型。此外，F检验则认为固定效应模型比混合回归更好，因此没有做混合回归。

分析表4-2中第(3)~(7)列的结果可以发现，当回归中不包含GDP增长率和通货膨胀率两个指标时，金融自由化的推进依然不会显著提升金融风险。但若不包含GDP增长率波动、金融发达程度以及金融监管环境三个指标中的任何一个，金融自由化的回归系数均会变得显著。这意味着，推行金融自由化一定程度上会提升一国的金融风险，但在控制了宏观经济稳定、金融发达程度和金融监管环境三个因素时，可以缓解金融自由化给金融风险带来的冲击。这支持了上一节的结论，即推行金融自由化改革需要保持宏观经济运行的相对稳定、有足够发达的金融市场和机构以及加强金融监管，这是不同国家在推行利率市场化改革后成败迥然的重要原因之一。

几个控制变量的回归结果显示：一国经济增长较好的情况下，金融风险会降低；经济增长波动较大的情况下，金融风险也会上升；通货膨胀率较高的情况下，金融风险会上升；金融发达程度较高的情况下，金融风险会下降；金融监管加强的情况下，金融风险会下降。

第二节 利率市场化与经济发展

实际利率与经济增长的关系是金融抑制理论和金融深化理论的核心。麦金农（Mckinnon，1989）指出，发展中国家金融抑制所导致的较低的实际利率损害了实际资本积累的数量和质量，不利于经济增长，其认为金融自由化能够缓解低实际利率带来的金融抑制，从而促进经济发展。世界银行（1989）指出实际利率与经济增长之间存在正相关关系。然而，也有学者发现实际利率与经济增长之间存在负向的相关关系（Amsden and Euh，1993；World Bank，1993；Philip and Panicos，1997）。因此，从更长的时间跨度来看，利率市场化后的实际利率与经济发展水平到底如何变化，需要进一步探讨，这也是本节的主题。本节将基于四个利率市场化相对成功的国家或地区（美国、德国、韩国、中国台湾）以及三个利率市场化相对失败的国家（日本、巴西、阿根廷）进行对比分析，从宏观方面和微观方面两个层次探讨利率市场化后各国宏观和微观经济指标的变化，以探求利率市场化后对经济发展的影响。

一、宏观层面

在宏观层面我们选取实际 GDP 增长率，GDP 平减指数两个指标来度量利率市场化对整体宏观经济中经济增长和通货膨胀的影响。

（一）实际 GDP 年增长率

我们选取实际 GDP 年增长率衡量经济增长水平，如图 4 – 5 所示。从图中可以看出，利率市场化前美国、德国、韩国、中国台湾的 GDP 年增长率相对比较稳定，其利率市场化后的 GDP 也相对较平稳，其中韩国和德国的 GDP 增速在利率市场化后出现了短暂的下跌，随后趋于平稳，整体上保持了正的增长。其中最为显著的一点是利率市场化后 GDP 增长率的波动幅度变小，表明经济更加稳定。

而与上述国家相反的是，日本、阿根廷、巴西利率市场化前的 GDP 增长率变化幅度很大，例如阿根廷从 – 5.31% 到第二年的 10.13%，相邻两年变化幅度将近 300%。利率市场化后，日本的 GDP 年增长率波动情况有所缓解，但相对前面几个国家仍然较高，但阿根廷和巴西仍然面对剧烈的 GDP 波动情况，造成了经济的严重不稳定。

由此可以看出，利率市场化较为成功的国家，在利率市场化完成之后其实际GDP增长变动会相对利率市场化之前趋于平稳。而利率市场化相对失败的国家，利率市场化后实际GDP增长率波动更为剧烈，如巴西、阿根廷，或长期陷入低增长通道，如日本。

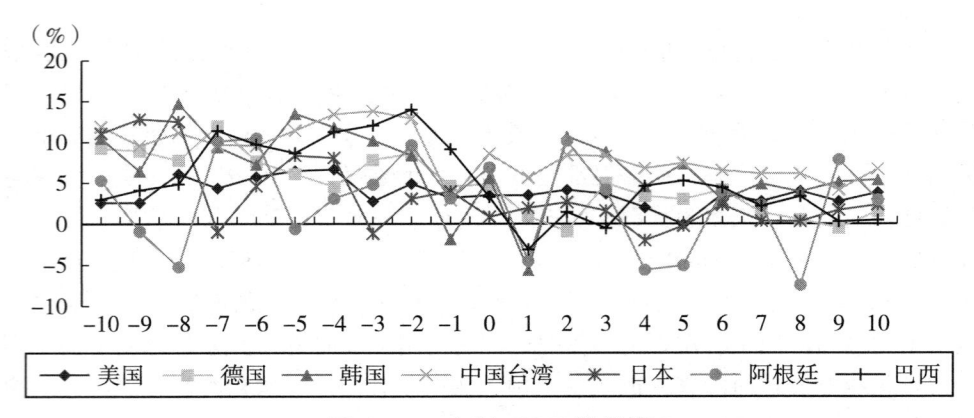

图 4-5 实际 GDP 增长率

注：0时刻为利率市场化完成年，1为利率市场化结束年份后一年，-1为利率市场化开始年份的前一年。为突出变化，剔除了改革过程中的各年数据。

资料来源：世界银行数据库，Wind 数据库。

（二）通货膨胀率

选取 GDP 平减指数衡量通货膨胀水平，对比各经济体通胀水平在利率市场化前后的变化，如图 4-6 所示。

图 4-6（a）中除日本外均为改革相对较为成功的国家或地区，可以看出，这些国家或地区改革前的通货膨胀水平较高，且通货膨胀水平变化较为剧烈；而进行利率市场化改革之后，其通胀水平则相对较低，且波动远远不如利率市场化之前剧烈，相对比较平稳。如韩国的通货膨胀水平在利率市场化前一年高达 24.38%，而利率市场化之后三年内，韩国通胀水平最高也仅仅为 4.95%，相对稳定。

而利率市场化相对失败的国家则面临着不同的情况。一种是类似巴西、阿根廷，如图 4-6（b）。巴西利率市场化前通胀高企达 34.8%，且长期处于高通胀状态，利率市场化当年及之后 5 年，通胀演化为恶性通胀，一度超过 2 000%，在第 6 年才开始进行显著下降，并在之后逐渐趋于正常。而同处于拉丁美洲的阿根廷在利率市场化前的通胀水平相对于韩国和阿根廷虽然相对较低，但其在利率市场化完成当年以及之后，一直处于高通货膨胀状态，在利率市场化后第六年一度高达380%。另一种情况是图4-6（a）中的日本，其利率市场化前的通胀水平虽然没有巴西、阿根廷那么高，但是相对于德国、美国等还是较高，其利率市场化之后的通胀水平一度维持在零左右或者负的水平，面临着较为严重的通货紧缩压力。

由此可见，利率市场化前较为平稳且较低的通货膨胀水平会为利率市场化提供良好的环境。利率市场化相对成功的国家在利率市场化后通胀水平相对平稳，但利率市场化相对失败的国家则通常面临着高通胀水平或通货紧缩。

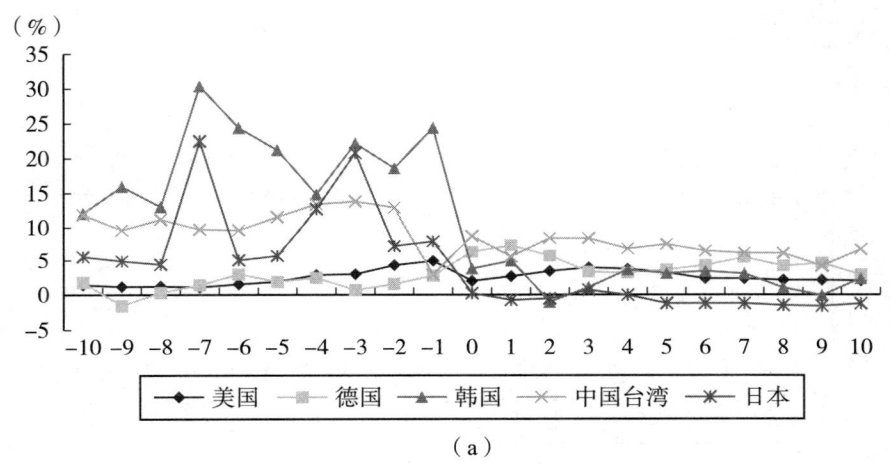

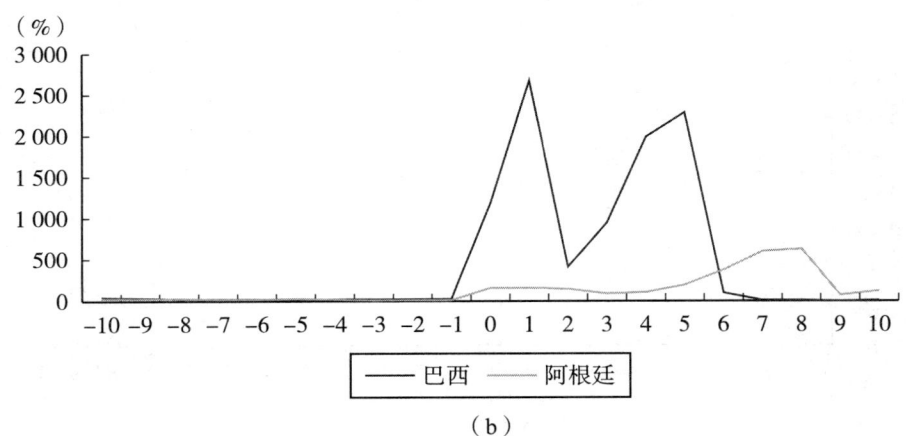

（a）

（b）

图4-6 各经济体利率市场化改革前后的通货膨胀率

注：0时刻为利率市场化完成年，1为利率市场化结束年份后一年，-1为利率市场化开始年份的前一年。为突出变化，剔除了改革过程中的各年数据。

资料来源：世界银行数据库，Wind数据库。

二、微观层面

在微观层面我们主要选取实际存款利率水平、存贷款利差两个指标来研究利率市场化对微观市场的影响。

（一）实际存款利率

各经济体改革前后实际存款利率水平如图4-7所示。

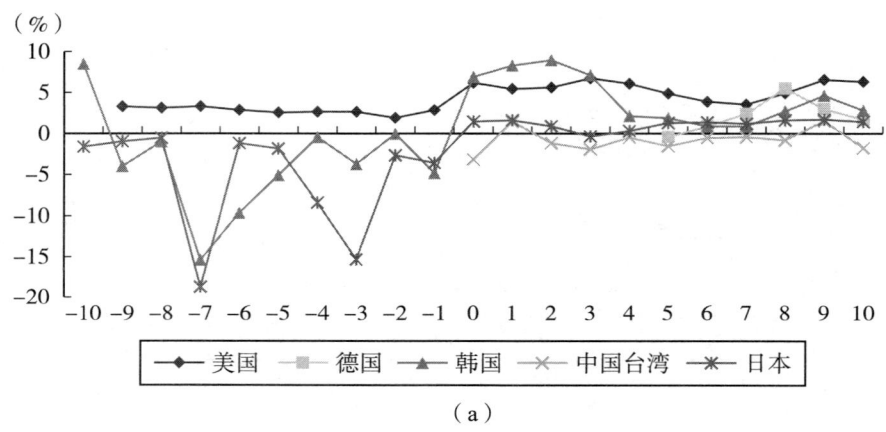

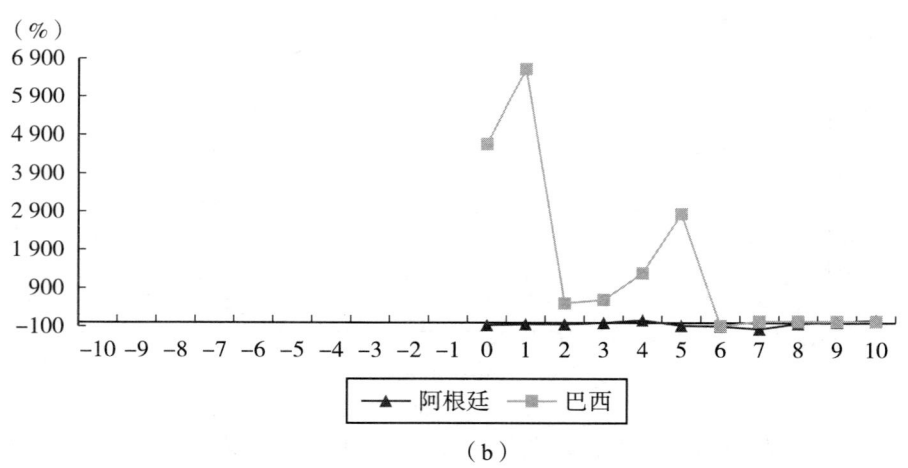

（a）

（b）

图4-7 实际存款利率

注：实际存款利率=名义存款利率-通货膨胀。0时刻为利率市场化完成年，1为利率市场化结束年份后一年，-1为利率市场化开始年份的前一年。为突出变化，剔除了改革过程中的各年数据。

资料来源：世界银行数据库、Wind数据库。

从图 4-7 中可见，利率市场化较为完善的国家在利率市场化完成后，实际存款利率水平大部分出现不同程度的上升，这与盛松成和潘曾云（2013）的结果相一致。美国利率市场化前的实际利率水平在 5% 以下，但在利率市场化之后一度超过 6%。韩国在利率市场化完成之前长期处于负的实际利率水平，在利率市场化完成当年实际利率即高达 6.95%，在随后一年又上升至 8.33%。

而利率市场化相对不完善的经济体，其实际利率水平呈现出不同的特征，如阿根廷则是在利率市场化之后较长时间内实际利率一度为负值，一度低至 -81.38%，之所以出现这种情况，是因为阿根廷在利率市场化完成之后国内出现了恶性通货膨胀，通胀水平一度高达 159.43%，通货膨胀严重恶化了实际利率水平。巴西同样面临着短期恶性通胀，由于名义利率的高企，实际存款利率也一度高企，利率市场化完成后 1 年高达将近 6 900%，严重破坏了国内经济发展。日本则是在利率化之前面临长期负的实际利率水平，利率市场化前第三年一度低于 -15%，而利率市场化完成后第一年即变为 1.55%，并在较长时间内保持相对平稳。日本之所以会出现这种情况，是由于利率市场化前高通胀水平使得实际利率为负，而在利率市场化完成时，由于泡沫经济的破灭，国内通胀水平迅速下降至接近于 0 的水平，甚至一度为负值，因此使得实际利率为正。

从上述分析可以看出，利率市场化较为成功的国家在利率市场化完成之后通常会面临实际利率高企的情况。这一方面是由于利率管制的放松使得市场竞争加剧，从而使得实际利率升高；另一方面从通货膨胀的国际经验可以看出，利率市场化完成后，较为成功的国家通常面临较为合理且平稳的通胀水平，因此在一定程度上使得实际利率升高。而利率市场化不成功的国家，由于实际利率受通胀水平的影响，呈现出严重高企或持续为负的特征，如阿根廷或巴西。

（二）存贷款利差

利差是商业银行利润的重要来源，传统的观点认为利率市场化完成之后，由于商业银行竞争的加剧，利差通常会缩小。从图 4-8 来看，利率市场化较为成功的国家或地区在利率市场化之后，大部分利差维持在了 1.5% ~5% 的水平，波兰的利差呈现出下降趋势，中国台湾利率市场化后水平相对平稳，维持在 3% 左右，中国香港、韩国呈现出上升的趋势，尤其是韩国，利率市场化前一年的利差水平为负，利率市场化当年上升为正值，并逐渐保持稳定在 1.5% ~2% 左右①。

我们认为，利率市场化后利率由市场决定，商业银行的利差水平趋于均衡利差水平。市场竞争中的利差是均衡状态下的商业银行的风险溢价和利润空

---

① 由于数据的可获得性，未显示巴西和阿根廷等利率市场化改革较为失败国家的利差变动情况。

间，因此如果利率管制放开之前利差过高，则利率市场化之后则会向均衡水平下降，如果利率管制放开之前利差过低，则利率市场化之后利差会上升趋向均衡利差水平。

从图4-8中还可以看出利率市场化完成后，各经济体的利差往往都维持在正的且相对合理的水平，相对于利率市场化之前，利差的波动逐渐减小，平稳性逐渐增强。

综合上述宏观层面和微观层面的分析，我们可以得出如下两点：

（1）从宏观层面上讲，利率市场化较为成功的经济体，在利率市场化完成之后，实际GDP增长率和通胀水平都较为平稳，宏观经济较为稳定，而利率市场化相对失败的经济体则通常面临着恶性通胀或通货紧缩，宏观经济不稳定。

（2）从微观层面上来讲，利率市场化相对较为成功的经济体，在利率市场化完成之后，通常面临实际利率走高，利差趋于竞争均衡利差水平的情况。而利率市场化较为失败的经济体，通常实际利率水平不稳定，或者严重高企或者较长时间为负值。

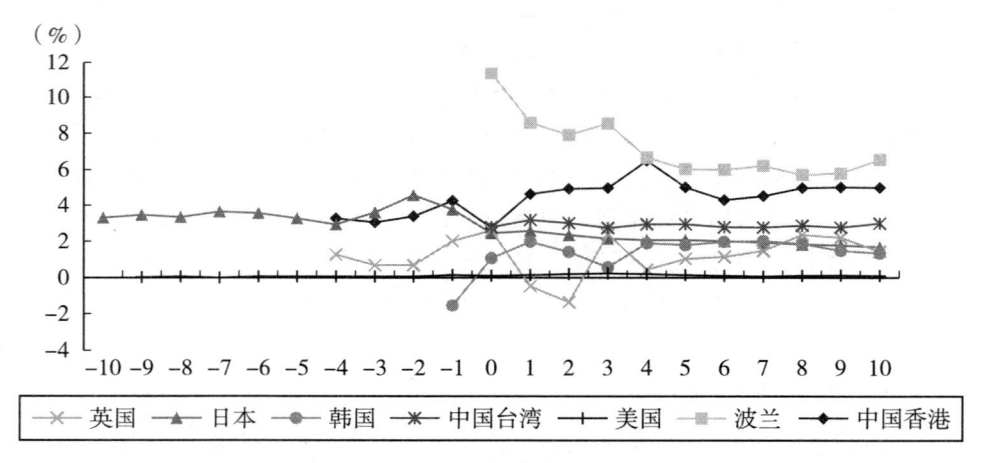

图4-8　存贷款利差（贷款利率—存款利率）

注：0时刻为利率市场化完成年，1为利率市场化结束年份后一年，-1为利率市场化开始年份的前一年。为突出变化，剔除了改革过程中的各年数据。

资料来源：世界银行数据库，Wind数据库。

三、基于全球金融改革数据的实证分析

结合阿比亚德等（2008）的金融改革数据，我们也回归分析了金融改革程度与各种经济变量之间的关系，包括存贷款利差、实际利率、GDP增长率、金

融发展程度、通货膨胀率（CPI）以及汇率（1 美元兑换本币数）。其他所有数据均源自世界银行，样本中包括 91 个经济体，时期是从 1973 年到 2005 年（金融改革数据库中的起止年份）。使用固定效应模型，回归结果如表 4-3 所示。

表 4-3　　　　　　金融自由化程度与各经济指标的关系

项目	（1）利差	（2）实际利率	（3）GDP 增长率	（4）金融发展	（5）通货膨胀率	（6）汇率
FR	-4.9663* (2.6735)	0.5846*** (0.2126)	0.1139*** (0.0212)	1.1955*** (0.0545)	-0.0123*** (0.0006)	60.1528*** (5.7593)
obs	1 028	1 204	2 546	2 483	2 354	2 481

注：***、*分别表示 1%、10% 的显著性水平。括号内为标准差。省略了常数项。
资料来源：作者计算整理。

表 4-3 中第（1）列显示利差与金融自由化程度的关系略微显著，这体现了一些经济体在利率市场化过程中也会出现利差扩大的可能性，但总体来说，存贷款利差随着金融改革的推进会有下降的趋势。

对于实际利率，回归结果显示，随着金融自由化推进，实际利率水平会明显上升，许多经济体推行利率市场化改革的一个重要目的是未来缓解负利率的影响，这一回归结果说明推行金融改革总体上起到了一定的效果。

推行金融改革的目的是发展金融系统，进而促进经济增长。从表 4-3 中（3）（4）两列的结果来看，推行金融改革从长期来看确实能够促进金融发展，而且会提升经济增长率，有利于经济金融的发展。

通货膨胀率的回归结果显示，尽管有部分经济体在金融自由化改革的过程中出现了恶性通货膨胀，但从各经济体的总体来看，金融改革还是降低了大多数国家的通货膨胀水平，从而有利于经济的健康运行。

最后一列的结果显示，推行金融自由化改革后，1 美元能够兑换各经济体本币的数量（回归中已剔除了美国数据）会有所上升，也就是说，金融自由化程度的提升，会使本币相对于美元有贬值的趋势，这可能会构成一定的汇率风险。

第三节　利率市场化与金融危机

以利率市场化为核心的金融自由化通常会增强市场不稳定性（Stiglitz,

2000),从利率市场化的国际经验也可以看出,利率市场化通常都伴随着不同程度的金融危机。但在利率市场化较为成功的经济体中,这种利率市场化所带来的金融机构破产并没有扩展成为金融危机,如德国;但在有些经济体如巴西、阿根廷就直接演化成为金融危机或经济危机,且对国家经济的破坏程度巨大。因此如何防范利率市场化过程中行业性或者区域性金融风险进一步传染扩散成为系统性的金融风险,是我们关注的重点。

各个国家或地区的金融危机均具有不同特点,我们暂不一一列举。根据作用机理和爆发点的不同,我们将不同的金融危机类型大致分为如下三类:银行业危机、资产价格泡沫、债务危机。三者并不是互相独立的,而是互相联系的,例如往往债务危机通常会伴随着银行业危机,如巴西债务危机中伴随着银行业危机。为便于分析,本节将选取不同类型的金融危机的代表:银行业危机——美国储贷协会危机;资产价格泡沫——日本泡沫经济;债务危机——巴西债务危机进行分析。同时,我们也将对危机爆发的原因进行分析,并总结危机处理方式,以期对我国利率市场化后可能面临的金融风险及应对措施提供一些借鉴。

一、银行业危机:美国储贷协会危机

储贷协会是美国金融机构中规模仅次于商业银行的重要存款机构。美国储贷危机是 20 世纪 80 年代发达国家或地区之中较为严重的一场金融危机,是利率市场化进程中银行危机的代表。1980~1994 年 15 年间,约 35.75% 的储贷协会倒闭,平均不到 3 家储贷机构就有一家倒闭;倒闭储贷协会资产总额占全部储贷协会资产总额的 41.26%,美国政府为处理储贷协会危机付出了约 1 614 亿美元的代价(陈志英,2001)。

1831 年,美国储蓄贷款协会(简称"储贷协会"或"S&Ls")成立于宾夕法尼亚州,其最早运作模式是吸收会员的小额存款,对会员发放住房贷款。为了更好地支持储贷业的发展,1932 年政府颁布了《1932 年联邦住房贷款银行法案》,创设了联邦住房贷款银行体系。1934 年《全国住宅法》设立了联邦储贷保险公司,监管参加储贷存款保险的机构。由于储贷机构受到严格监管,其资金运用被严格限制在主要为当地居民提供由家庭作担保的住房抵押贷款上,储贷协会的资产大部分为中长期住房抵押贷款。20 世纪 50 年代之后,在政府税收、住房政策等鼓励下,储贷协会发展迅速,1952 年其资产规模约为 226 亿美元,到 1979 年其资产规模达到了约 5 800 亿美元(见表 4-4)。

表 4-4　　　　　　　　全美储贷协会机构及资产总额

年份	机构数量（家）	资产（百万美元）	年份	机构数量（家）	资产（百万美元）
1900	5 356	571	1952	6 004	22 585
1914	6 616	1 357	1959	6 223	63 401
1924	11 844	4 766	1965	6 071	129 442
1930	11 777	8 829	1970	5 669	176 183
1937	9 225	5 682	1974	5 023	295 545
1945	6 149	8 747	1979	4 709	579 307

资料来源：刘胜会：《美国储贷协会危机对我国利率市场化的政策启示》，载于《国际金融研究》2013 年第 4 期。

美国的利率市场化改革从 1970 年至 1986 年，由于受利率管制取消、国内宏观环境恶化、市场竞争加剧等原因影响，从 1980 年起一直持续到 1992 年，美国储贷协会持续出现大批机构倒闭的情况，并于 1985~1991 年集中爆发，这就是著名的"储贷协会危机"。1988 年超过 150 家储贷协会倒闭或陷入救援困境，而 1989 年这一数字上升至 275 家。1980~1992 年期间超过 1 000 家储贷协会倒闭或陷入救援困境，占 1979 年储贷协会数量的 1/3（见图 4-9）。

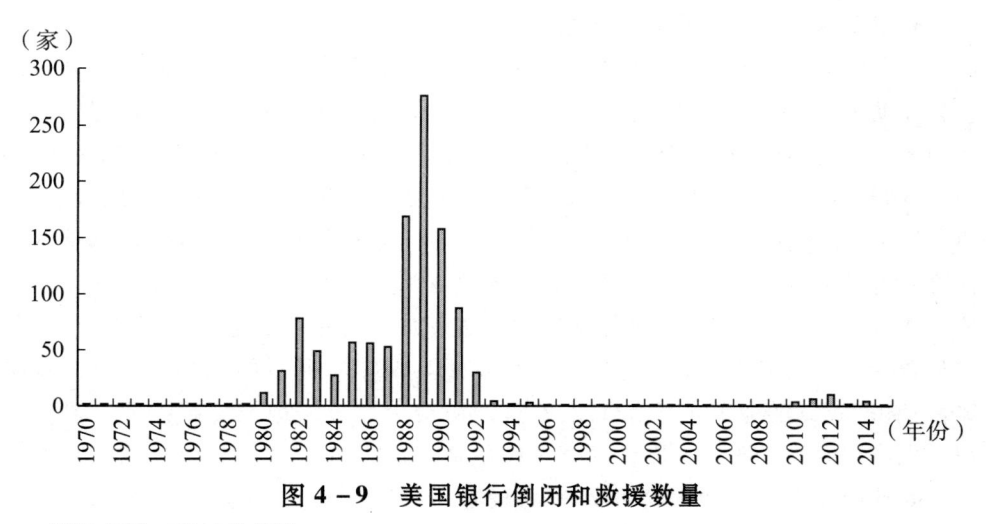

图 4-9　美国银行倒闭和救援数量

资料来源：Wind 数据库。

（一）危机发生的原因

刘胜会（2013）认为，在利率市场化背景下，储贷协会危机爆发的原因主要有如下几个方面：

1. 借短贷长的业务模式使得其在利率市场化背景下面临巨大的利率波动风险

美国20世纪30年代"大萧条"之后，S&Ls一直采用借短贷长的业务模式，吸收存款，发放长期固定利率的房屋抵押贷款。这种借短贷长的业务模式具有先天性"期限错配"的风险，而利率市场化过程中由于金融市场竞争加剧，存款利率有所上升。加之1979年10月6日，时任美联储主席的保罗（Paul Volcker）发表了著名的反通胀演讲，随后美联储大幅提高短期利率水平以抑制通货膨胀，使得S&Ls的期限错配模式潜在的利率风险爆发，存贷利差缩小，大幅压缩利润空间水平。到1982年中，S&Ls整体资本净值为负，其抵押品的市场价值为1 000亿美元，仅仅相当于其负债的15%（Bert Ely，1993）。因此大量储贷协会举步维艰，面临破产或救援的困境。

2. 市场竞争加剧，S&Ls投向高风险项目以获取高收益

利率市场化过程中利率管制水平的取消和金融工具的创新，使得原来受保护的储贷协会机构面临存款竞争的压力，为了吸收存款，储贷协会通过发行大额、高利率的可转让存单吸收高成本资金；同时为了获取利润，其投资于房地产等高风险高回报的领域。在房地产经济上升时期，S&Ls规模迅速扩张，机构数量大幅膨胀，其资金管理能力和风险承担能力远远落后于自身规模的增长速度。因此当房地产进入下行周期时，储贷协会遭受了巨大损失。

3. 金融监管当局放纵和市场纪律宽容

在利率市场化进程中，监管当局缺乏有效的监管措施，反而通过一系列举措包容和助长了S&Ls机构的高风险行为，加剧了道德风险的产生，具体主要体现在如下几个方面：一是宽松的资本监管要求。1980年11月，监管部门将S&Ls的资本要求从5%降低到4%，之后又进一步降低到3%。1981年9月，监管部门允许出现问题的S&Ls发行"收入资本凭证"补充资本，该凭证由联邦储蓄与保险公司提供担保，但能够使得本已经不具有清偿能力的机构在账面上显得具有清偿能力，还允许S&Ls采取更宽松的有管理的会计准则代替公认的会计准则。二是金融监管当局对S&Ls业务范围的放松。1982年通过的《加恩—圣杰曼法案》使得S&Ls的业务范围由原来的只能向会员发放房地产贷款扩展到投资公司、地产和商业债券、垃圾债券等风险资产；1983年，联邦住房贷款银行委员会废除其最高贷款比例不超过75%的限制，允许发放房屋价值100%的住房贷款。三是税收等法律对高风险投资的支持。1981年的《经济振兴税法》和1986年的《税收改革法》将房地产投资的一般收入税率从70%降到50%，房地产投资资本利得税从28%降低到20%。同时在商业地产中引入加速折旧法，允许商业地产的折旧年限最短从40年改为15年，这些举措大大降低了S&Ls投资房地产的成本。四是存款保险制度的固定费率制，加剧了金融机构的道德风险，使得

S&Ls 有激励从事高风险业务，损失由联邦储蓄贷款保险公司承担。

因此，从上述分析可以看出，商业银行自身短借长投模式的期限错配风险、市场竞争加剧和金融创新带来的追逐高风险高收益项目，以及金融监管当局的监管放松是利率市场化过程中发生银行危机的主要原因。

（二）危机应对措施

美国对储贷危机的处理模式为政府主导模式，布什总统上台后，开始采取一系列果断措施处理储贷协会危机，主要有如下两方面：

第一，美国政府于 1989 年颁布《金融危机改革、恢复和强制法》，重组管理架构、提供充足资金及时关闭、集中处理所有丧失清偿能力的储贷机构，解散实际已经破产的储贷保险公司；成立重组信托公司（RTC）和重组融资公司（RFC），专门负责组织融资和处理失去清偿能力的 S&Ls，加强对 S&Ls 的监管。

第二，1991 年颁布《联邦存款保险公司完善法》，该方案旨在解决存款保险制度带来的道德风险等问题。一是通过严格控制保险范围，如收窄对资本充足状况不良机构的保险范围，严格限制"大而不倒"原则的使用，要求对丧失支付能力的机构必须按照最小成本原则立即处理，以减少道德风险；二是改变原来的固定费率制度，依据风险水平缴纳保险费；三是加强监管，例如实行严格的报告制度和年度现场检查制度等。

上述措施采取后，储贷协会以及整个银行体系在 1995 年之后恢复正常运行。

二、资产价格泡沫：日本经济泡沫

利率市场化过程中日本与美国所面临的危机有一个显著的不同点：美国的储贷危机只是局部金融危机，虽然对实体经济产生了一定影响，但并没有导致实体经济的崩溃。而日本则是由于股票市场和房地市场的资产价格泡沫进一步波及到实体经济和居民，最终造成了整个国民经济长达二十多年的萧条。日本的经济泡沫虽然不如巴西、阿根廷等利率市场化失败的国家所带来的经济动荡更为明显，但也是我们应该时刻警惕陷入的另一种形式的危机。日本经济泡沫起始于 1986 年，于 1994 年伴随着股市和房地产泡沫的终结而结束，但其影响长达将近二十年。

1985 年，日本基本上实现了日元的浮动汇率制和资本项目开放，此时利率市场化已经进行了将近 8 年。1985 年 9 月 22 日，"广场协议"的签订，标志着日元升值通道的开启。日元兑美元汇率从 1 美元兑 240 日元左右上升到一年后的 1 美元兑 120 日元，避险和投资资金大量涌入日本国内市场。而日本政府为了补贴由于日元升值受到打击的出口产业，开始实行宽松货币政策，产生了过剩的流通资金。同时20世纪70年代全球经济放缓，加之两次石油危机的冲击，日本的以出口为导向的制造业面临转型压力，同时由于资本市场的发展，对银行信贷的需求减少。因此日本的银行为寻求利润空间开始转向于不动产、零售业、个人住宅等融资。因此在上述背景下，大量资金流入房地产和股票市场，房地产和股票市场价格开始飙升。

20世纪80年代初，日本的股票和土地开始呈现出上涨趋势，特别是1985年之后，随着日元的不断升值，虽然日本企业的国际竞争力有所下降，但国内的投机气氛浓厚，股市和土地价格增长速度加快，如图4-10所示。1985年日经指数比1980年增长了约82%，到1989年日经指数相对于1985年增长了约2倍，1989年达到最高峰约4万点。日本主要城市的土地价格指数从1980~1985年上升了约33%，而1989~1985年期间却上升了将近1倍，并于1991年达到最高峰223.40，是1980年初的约3.6倍。

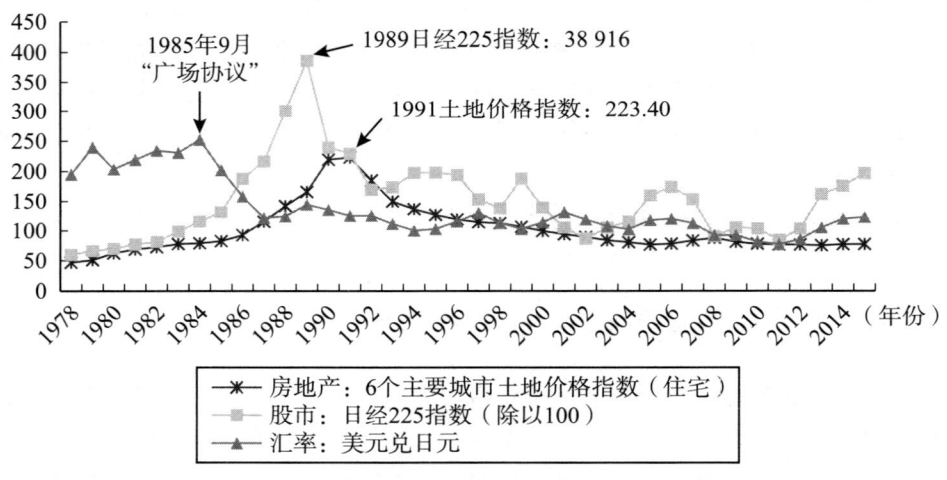

图4-10 日本资产价格泡沫指数

资料来源：Wind数据库。

日本股市和房地产价格的快速增长，脱离了实体经济的支撑，泡沫终于在1989年到达了顶峰并开始破裂，股市泡沫首当其冲。1989年日本股市全面下跌，日经225指数由最高点时的38 916点下跌到1990年的23 849点，跌幅约为39%。1990年日本大藏省发布《关于控制土地相关融资的规定》，对土地金融进行总量控制，这一人为的"急刹车"导致走向自然衰退的泡沫经济加速下落，并导致支撑日本经济核心的长期信用体系陷入崩溃。同时1989年5月~1990年8月，日本央行五次上调中央银行贴现率，从2.5%升至6%，并控制不动产贷款，更加剧了泡沫的破裂。股市到 1992 年日经 225 指数仅为 1989 年最高值时的约 43%，跌幅约为 57%。股价暴跌几乎使所有银行、企业和证券公司出现巨额亏损。同时 1991 年房地产泡沫开始破裂，日本 6 大主要城市的土地价格指数从最高的 223.40 一路下跌到 1995 年的 125.70，跌幅将近 50%。随后虽然下跌趋势放缓，但截至 2006 年才开始企稳小幅回升，而此时的土地指数仅约为 78。日本经济泡沫的破灭涉及金融、制造业等国民经济的各个行业以及居民家庭和个人的财富水平，形成大量的不良债权，造成了日本经济长达 10 年的衰退，甚至到现在仍没有明显的复苏迹象。

（一）危机发生的原因

1. 金融自由化

众多学者均认为，金融自由化是日本经济泡沫产生的重要原因之一（凌星光，1993；周见，2001）。日本的利率市场化过程也可以说是金融自由化过程，日本的利率市场化开始于 1977 年，并于 1994 年基本完成，但日本的利率市场化的过程伴随着外汇自由化和资本项目自由化，并且后两者均早于利率市场化的完成。1973 年日本实施浮动汇率制，1980 底的《外汇法》原则上实现了资本项目的开放，并根据《日美日元美元委员会报告书》，1984 年 6 月撤销了对日元汇兑业务的管制，随后一年之内迅速放松了对欧洲日元交易的管制、允许外资银行参与日本信托业务等措施，全面实施了资本市场的自由化和国际化。金融自由化从如下两个方面促进了泡沫经济的产生：

首先，外汇浮动汇率制度和资本账户的开放，加之 1985 年广场协议的签订，使得大量国外避险和投机资本进入日本，为避免日元升值速度过快对国内经济产生过大冲击，日本央行多次介入外汇市场，支撑美元，导致日本的外汇储备迅速攀升，国内货币流通量大大增加，这成为日本经济泡沫的重要推动原因之一。

其次，实体经济和金融体系的不匹配也是危机发生的重要原因之一。冯维江和何帆（2008）认为，日本泡沫经济的问题源自改革的次序：在传统企业体系并未产生结构性的转变下对金融系统进行了大刀阔斧的改革，以至于一方面缺乏足够的创新型企业为资本市场提供分散其不确定性所要求的回报，另一方面导致传统型企业长期积累的资金通过银行等机构进入金融和房地产市场，造成风险的积累。

2. 经济判断和货币政策的失误

日本的泡沫经济是与当时日本实施的较为长期宽松的货币政策分不开的，是"泡沫产生的必要条件"（日本前央行总裁速水优语）。1985 年 9 月"广场协议"签订之后，日元开启升值通道，对国内经济造成了一定冲击，出口企业优势明显减弱，经济出现一定程度的衰退。为避免日元升值可能带来的经济萧条，日本央行从 1986 年 1 月起 5 次下调再贴现率，到 1987 年 2 月已经降至 2.5%。但是 20

世纪 80 年代日本经济并不像现在这样疲软，到 1987 年中期开始从此走向复苏和繁荣阶段，本应该采取适当紧缩的货币政策，但 1987 年 10 月 19 日美国股市出现"黑色星期一"的暴跌，为防止美元大跌，在国际协调压力下日本央行被迫维持低利率政策不变。但是日本为此维持的低利率时间过长，长达两年多，直到 1989 年 5 月 31 日才将再贴现率上调到 3.25%。凌星光（1993）认为，长期的低利率促进了经济的繁荣，而日元升值又使得国内物价稳定，日本国内经济形势呈现"良性状态"，从而使人们产生了资产价格的快速增长属于正常现象的错觉，导致了相关经济政策的滞后和失误。

3. 金融监管自由化

日本金融自由化过程中伴随着金融监管自由化，对股市和房地产泡沫的产生起到了推波助澜的作用。在经济增速放缓的背景下，金融监管的放松使得实业资本也开始投机于资本市场获取巨额利润。例如日本于 1984 年后，实行了"特定金钱信托制度"，使得企业和家庭部门的资金能够进入资本市场，日本大企业纷纷将巨额资金委托给银行或证券公司，从而投入资本市场，催生了泡沫经济。如 1985～1989 年东京证券交易所的制造业企业，本行业利润为 1.25 万亿日元，而金融收入却高达 1.91 万亿日元（凌星光，1993）。

（二）危机应对措施

利率市场化过程中的大量房贷使得日本泡沫经济破灭后，银行等金融机构聚集了大量的不良债权，1996 年 3 月，大藏省公布的金融机构不良债权总额为 34.7 万亿日元（杨栋梁，2015），但事后统计证明，这个数字还不到真实数字的 1/3。日本花费长达将近十年的时间来处理这些不良债权，严重深化和扩大了危机对经济的影响。日本处理不良债权的过程具体分为如下三个阶段：

1991～1996 年为第一阶段，这一期间日本的不良债权问题逐步显露出来。1993 年 1 月，日本 162 家民间金融机构共同出资，成立了共同债权收购公司（资本金 79 亿日元），试图依靠银行自身的力量对不良债权进行处理。由于共同债权收购公司处理的多为回收希望不大的不良债权，加之缺乏政府的必要支持，其处理不良债权的实际效果并不理想。

1996～1998 年，日本采用了政府和银行联合出资的方式，为处理不良债权的第二个阶段。1996 年 1 月桥本内阁上台后，把解决"住房专业贷款"问题和金融体制改革作为头等大事，并于当年 4 月提出存款保险、金融机构及安全化以及金融机构重建的"金融三法案"政策。6 月 11 日，颁布了《关于促进特定住宅金融专业公司债权债务处理等特别措施法》，并于同月 21 日实施，具体从中央银行、金融机构、政府方面采取了如下三方面措施：（1）1996 年 7 月，由中央银行日本银行和存款保险机构共同出资成立了住宅金融债权管理机构（资本金 2 000 亿日元），主要负责对已破产的 7 家住宅金融专业公司的有望回收债权进行处理；(2) 1996 年 9 月，为处理住宅金融专业公司以外其他非银行性质的金融合作组织的不良债权，日本银行、民间金融机构与存款保险机构共同出资，在改组原东京共同银行的基础上成立了整理回收银行（资本金 1 600 亿日元）；(3) 1997 年 12 月，日本政府公布"稳定金融体系的紧急对策"，决定投入 30 万亿日元的公共资金（其中 10 万亿为政府国债，20 万亿为政府担保的借款），全面清理金融机构的不良债权，使整理回收银行的功能和作用得到了进一步加强，被称为是日本版的 RTC。上述措施解决了部分住宅金融专业公司问题，并没有全面整顿不良债权问题，住专问题只是整个金融机构不良债权问题的冰山一角，进入 1997 年，地方银行、城市银行、证券公司等金融机构的不良债权问题接连曝光，一批大型的金融机构接连破产。

1998~2005 年为第三阶段，为金融机构不良债权问题彻底暴露阶段，日本采取了"硬着陆"的政策，其主要措施有：

1998 年颁布《金融机能安定化紧急措施法》，存款保险机构决定向 17 家城市银行注入公共资金；颁布《金融机能再生紧急措施法》和《金融机能早期健全化紧急措施法》，建立"特定业务账目"和保证银行全额支付客户存款的"金融危机管理账目"，投入公共资金援助问题银行，金额为 1.8 万亿日元。

1999 年，金融再生委员会决定向 15 家大银行投入公共资金，原住宅金融债权管理机构和整理回收银行合并，成立"整理回收机构"，向 4 家地方银行投入公共资金 7.5 万亿日元。

2001 年，金融厅决定向三家地方银行投入公共资金 1 120 亿日元。

2002 年，政府制订《金融再生计划》，颁布了针对金融机构等组织的《促进重组特别措施法》，计划至 2005 年 3 月解决不良债权问题。

2003 年，成立"产业再生机构"，授权该机构可使用 10 万亿日元公共资金。

2004 年，颁布《金融机能强化特别措施法》。

2005 年，日本长期困扰经济发展的不良债权问题才基本解决。2006 年 6 月与 2003 年度相比较，城市银行、长期信用银行和信托业不良债权率由 7.2% 降至 1.5%，地方银行由 7.8% 降至 4.4%，全国平均由 7.4% 降至 2.7%，全国待处理的不良债权余额为 12.3 万亿日元（杨栋梁，2015）。至此，日本的金融业功能才开始正常运行。

日本对泡沫经济危机的处理长达将近十五年，在此期间，金融体系饱受不良债权的困扰，严重延长和扩大了资产价格泡沫对经济长期发展的危害，这也是导致日本经济"失去的十年"的重要原因之一。从日本和美国危机应对措施可以看出，日本在危机处理初期由 162 家民间金融机构共同出资，成立了共同债权收购公司，效果并不显著，表明金融危机过程中，金融机构本身处于巨大的潜在风险当中，由其自身进行金融危机的处理并不能取得显著成效，而应该类似美国，由政府等外力介入危机处理，才能取得较好的成效。

我国当前的经济形势与利率市场化前的日本有很多类似的地方，例如都是间接融资为主的社会融资结构，都面临着以制造业为主的经济转型升级，并且我国利率市场化过程中也出现了日本类似的资产价格泡沫，比如2014年底以来的A股上升行情以及随后的暴跌。但相较于日本，我国的经济与之不同的三点在于：（1）我国的房地产资产价格泡沫和股市价格泡沫并没有像日本一样同时出现，因此减少了同时爆发对经济的冲击，并且泡沫破灭过程中尚未演化成为威胁到整体国民经济的金融风险。（2）我国的工业发展水平相对于日本来讲还十分落后，因此可能潜在的实体经济冲击更为严重。（3）已经有相关的国际经验和理论，因此我国政策制定相对于日本来讲，更为理性和合理。

三、债务危机：巴西债务危机

巴西债务危机是拉丁美洲债务危机的典型代表，是众多发展中国家在经济发展和转型过程中都面临的问题，地方债务问题也是我国金融风险的重要来源之一，因此分析利率市场化背景下的巴西债务危机对我国有重要借鉴意义。在巴西利率市场化过程中以及完成初期，共有两场债务危机。

（一）危机发生的原因

巴西的第一次债务危机源于其20世纪60~70年代"负债发展"的经济战略，由于国内储蓄率较低，资金积累不足，为维持经济的高速增长，巴西政府沿用了之前的"进口替代战略"，同时依靠向国际金融市场举债来筹集资金，维持国内的高投资。1973~1978年巴西债务增长率为38.7%，1978年的外债净额为316亿美元（谢璐和韩文龙，2014）。高额的债务使得巴西政府无力偿还，为了维持在国际债务市场上的声誉，巴西政府开始举借新债偿还旧债，逐渐发展成庞氏融资。但是到了20世纪70年代末，随着石油危机的爆发，国际金融市场债务利率大幅上升，巴西政府无力偿还高额的债务利息，各州纷纷宣布停止对国外债权人债务的清偿，导致80年代末巴西外债危机爆发。

巴西于1989年完成了利率市场化，在第一场外债危机爆发之后，地方政府改变了此前向国际市场借贷的做法，转而依靠州立银行大量举借债务。数据显示，1993年，银行金融机构对地方政府的放贷规模达到500亿雷亚尔，占银行业全部贷款的比例接近14%（谢璐和韩文龙，2014）。而巴西利率市场化完成后，国内通货膨胀水平高企，一度超过 2 000%，从而名义利率也一度高达 8 000%，使得地方政府债务成本攀升，无法偿还，1994 年前后违约集中爆发，引起了金融市场的恐慌。投资人，尤其是外国投资人纷纷从股票市场撤资，股市大跌，资本外逃，外汇贬值，造成了又一次严重的债务危机。

（二）危机应对措施

第一次债务危机爆发时，巴西联邦政府作为州政府债务的最终担保人，不得不与外国债权人谈判达成还款协议，接管了州政府约 190 亿美元的外部债务，偿还期限为 20 年，但巴西的债务问题并没有从根本上解决。

1994 年第二次危机发生以后，中央政府与州政府再次达成协议，由联邦财政部偿还部分州政府拖欠联邦金融机构的 280 亿美元债务，期限为 20 年。危机初步化解后，联邦政府开始采取措施规范各州举债，如规定各州应偿还的债务与其收入的比率高于巴西参议院制定的一个下限的话，则超额部分可以延期偿付，并通过资本化，计入债务余额；对拖欠不还的州，不允许其向联邦金融机构举借新债；对宪法也做了相应修订，明确允许联邦政府从中央对地方的转移支付资金中扣除地方应该偿还的债务资金。这些措施对地方政府的无序举债起到了一定约束作用，但并未从根本上建立全面有效的债务风险控制机制。

巴西债务危机的主要原因并不是利率市场化，而是巴西经济发展过程中的"举债发展"的发展模式造成的，但是从巴西债务危机中可以看出，利率市场化后如果名义利率上升，则会使得原先经济发展过程中积累的债务问题暴露。

巴西债务危机应当引起我们警戒，我国与巴西的经济发展模式在一定程度上具有相似性，在经济发展初期都是以投资为主，举债发展的模式，因此我国也面临巴西政府类似的地方政府债务问题。利率市场化过程中高企的利率成本以及利率市场化完成后利率波动性的增加，将增加地方政府债务违约的风险，这应当是我们时刻警惕的。而在债务问题处理过程中，类似 20 世纪 80 年代末巴西政府在第一次债务危机时采取的中央政府债务置换、延长债务期限等措施，只能解决燃眉之急，并不能从根本上解决债务危机，并最终导致了第二次债务危机的爆发。只有切实地消除没有任何偿还能力的"僵尸企业"，提高企业的偿债能力才是解决债务危机的根本途径。

四、利率市场化与金融危机国际经验的思考

从上述利率市场化与金融危机的国际经验可以看出，利率市场化并不是导致金融危机的唯一因素，而以利率市场化、汇率自由化、资本项目开放为主的金融

自由化是上述金融危机爆发的主要原因之一。完美的自由竞争市场只是理想状态，而现实世界中金融自由化过程中随着金融管制的放松，资本自由流动优化资源配置的同时，波动性也大大加强，自由市场中资本的逐利性和短视性被放大，资本的投机性也逐渐加强，更加容易引发资产价格泡沫，甚至金融危机，因此可以看出金融自由化的成本是十分巨大的。

完全的金融自由化是否是消除金融抑制，促进经济发展的"良方"，这一点已经引起了众多学者的思考，尤其是在 2008 年金融危机之后，自由金融市场环境下的衍生品市场迅速发展，对美国"次贷危机"起到放大和杠杆作用并迅速演化为全球性的金融危机，金融自由化思想又一次面临着现实的冲击。而 2008 年金融危机之后可以看出，各国监管当局纷纷颁布更加严厉的监管措施，比如"巴塞尔协议Ⅲ"等，可以看作是"逆"金融自由化的举措。

因此，我们认为，完全的金融自由化并不是解决金融抑制、促进经济发展的"良方"，尤其是在中国经济结构、金融结构面临转型巨大压力，国有企业和部门面临"预算软约束"、金融机构和个人风险管理意识和能力不强等市场基础问题没有解决的时候，实施完全的金融自由化不仅不会促进经济的发展，相反很可能带来类似日本和阿根廷等国家所面临的金融风险。我们应该在借鉴国际经验的基础上，权衡我国的实际情况，在狭义利率市场化完成的情况下，不要急功近利进行资本项目开放，同时切实加强市场基础建设，加强金融监管，将金融风险杜绝在源头。

同时在金融危机爆发后进行救助和处理的过程中，金融机构本身处于巨大的潜在风险当中，由其自身进行金融危机的处理并不能取得显著成效，而应该类似美国，由政府等外力介入危机处理，才能取得较好的成效。

此外，货币政策的顺周期性、金融监管的放松等对金融风险的产生具有推波助澜的作用，例如日本 20 世纪 80 年代末的股市泡沫就是在长期低利率的环境下催生的，同时金融监管的放松使得美国储贷协会不断扩张风险业务，从而最终爆发储贷协会危机。因此，建立逆周期的货币政策调控体系和完善的金融监管体系对防范金融风险也有十分重要的意义。而货币政策、金融监管与金融风险的影响是双向的，由于利率是货币政策的核心工具，因此利率市场化本身也对货币政策和金融监管造成了重大的冲击，从而使得各国的货币政策体系和金融监管体系呈现出一些新的特征，将在下面进行详细的探讨。

第四节　影响利率市场化后金融风险的关键因素

通过前面各个国家和地区的利率市场化的国际经验可以看出，不同的经济环境、影响因素、路径选择等，使得不同的国家和地区的利率市场化进程和结果均呈现出不同的特点，并最终具体体现在利率市场化后的金融风险呈现出明显分化，例如德国在利率市场化完成之后并没有爆发大规模的金融危机，而日本、阿根廷等国家均发生了严重的金融危机，对国家的长期发展造成了巨大影响。但在利率市场化过程中关键的几个因素，对利率市场化后的金融风险有着显著影响，因此我们将着重对如下几方面的关键因素进行探讨，以求对我国利率市场化之后所面临的潜在金融风险起到借鉴作用。

一、金融自由化路径的选择

利率市场化并不等于金融自由化，利率市场化是金融自由化的重要组成部分，不仅仅关系到整个金融自由化过程的成败，又会对利率市场化后的金融风险产生重要影响。

关于金融自由化路径的选择，学术界有很多讨论。麦金农（Mckinnon, 1982）、爱德华兹（Edwards, 1984）等认为发展中国家应该首先稳定宏观经济，其次按国内金融自由化、贸易自由化、资本项目开放的次序实现金融自由化。1991年麦金农在其《经济市场化的次序——向市场经济过渡时期的金融控制》书中对上述路径做了修正，指出金融自由化的顺序应该是首先平衡中央政府预算、其次是开放国内资本市场，即利率市场化，然后是外汇自由化，最后是资本项目自由化。财政赤字的货币化通常会引发通货膨胀，从而通过影响名义利率的渠道影响整个金融系统和实体经济，造成利率市场化的困难，因此财政支出的平衡是利率市场化的重要前提。利率是汇率定价的基础，在利率市场化完成以后，可以适当的推行外汇自由化。同时，麦金农指出，"财政政策、货币政策和外汇政策如何安排次序是十分重要的，政府不能、也许也不该同时实行所有的市场化"。后有众多学者在上述框架上对金融自由化的路径选择做了修正或者进一步研究，如查普（Chapple, 1990）、史密斯（Smithand, 1992）、威廉姆森和马哈尔（Williamson and Mahar, 1998）。大多数学者关于金融自由化路径的基本观点一致，即先进行利率市场化，其次实现外汇自由化，在外汇自由化中应该先开放经常项目自由化，资本项目的开放在最后。

此外，部分学者认为，资本项目开放与其他改革措施应该一起全面推行，甚至资本项目开放应该早于利率市场化、汇率市场化等改革。如罗兰（Roland, 1990）认为转型中国家金融自由化的顺序应该为在进行有计划经济向市场经济转变的私有化改革的同时，开展国内金融自由化的改革以及开放资本项目。休克疗法支持者萨迟斯（Sachs, 1994）认为，转型经济中的国家改革伊始就应该推行私有化，实现价格放松与稳定政策、实现外汇自由化，同时迅速放开经常项目和国内市场其他管制。奎克（Quirk，1994）认为资本管制可以迅速解除，而不必过多考虑排序问题，同时外汇私有化及国内金融市场的改革，作为整体改革的一部分，可与其他改革措施一同迅速地推进。

从上述总结可以看出，学术界相对达成共识的是实体经济的自由化是金融自由化的前提，但资本项目开放在金融自由化中的次序至关重要，也是学术界关注的重点。因此我们将依据金融自由化过程中利率市场化、汇率自由化与资本项目开放的完成时间先后将进行利率市场化的国家分为五类，详见表4-5。

表4-5　　　　　　　各经济体金融自由化路径选择

（a）利率市场化→资本项目开放→汇率自由化

经济体	利率市场化	资本项目开放	汇率自由化	金融危机
阿根廷	1971~1977年 20世纪90年代恢复管制	1989~1995年 20世纪80年代实行严格资本管制；1989~1995年实现资本项目开放；2001年金融危机后又加强了管制	1975~2002年 1975年由固定汇率转为爬行盯住，1981年双重汇率制度，1991年货币局制度，2002年1月管理浮动	1970年以来共发生9次货币危机

（b）利率市场化→汇率自由化→资本项目开放

经济体	利率市场化	资本项目开放	汇率自由化	金融危机
巴西	1975~1979年　1988~1989年 1979年恢复利率管制	1987~2005年 1987年3月允许外国机构投资者进入证券市场；1991年进一步放松直接投资和国际信贷；2005年资本项目完全开放	1994~1999年 1994年爬行盯住美元；1999年实行自由浮动	20世纪80年代中期债务危机

续表

经济体	利率市场化	资本项目开放	汇率自由化	金融危机
俄罗斯	1992~1995年	1992~2006年	1992~2001年	
		1992年实现经常项目可兑换；2004年实施新货币调控法，极大推动资本项目开放；2006年7月1日宣布实现资本项目开放	1992年7月~1994年底实行自由浮动；1995年初~1998年8月设立汇率走廊限制汇率波幅；1998年9月~2001年6月加强外汇管制；2001年6月实行自由浮动	1995年银行危机 1997~1998年金融危机 2004年银行危机
波兰	1989~1991年	1990~2002年	1990~2000年	
		1990年允许非居民在境内交易本外汇，允许居民出国换汇；1995年实现经常项目及大部分资本项目的可兑换；2002年实现资本项目开放	1990~2000年从盯住美元到盯住一篮子货币，再爬行盯住一篮子货币，然后到爬行盯住+浮动区间；2000年实行自由浮动	—

注：俄罗斯、波兰的利率市场化、汇率自由化、资本项目改革虽然不是同时完成的，但是基本上是同时开始推行的。

(c) 汇率自由化先行

经济体	利率市场化	资本项目开放	汇率自由化	金融危机
日本	1977~1994年	1979~1998年	1973年	
		1979年放松资本流入管制；1985年左右放松流出管制；1998年开放金融跨境交易	1973实现自由浮动	日本经济泡沫

续表

经济体	利率市场化	资本项目开放	汇率自由化	金融危机
英国	1971~1981年	1958~1979年	1973年	1967年汇率危机 1992年英镑危机
		1958年恢复英镑可兑换;1961~1979年多次加强或放松管制;1979年1月~10月迅速实现资本项目开放	1973年布雷顿森林体系的瓦解,实现自由浮动	
中国香港	1994~2001年	1973~1983年	1974~1983年	1997年亚洲金融危机
		1973年取消外汇管制;1978年取消外资银行限制;1982年和1983年分别取消外币、港元存款利息税	1974年实行自由浮动;1983年10月实行联系汇率制	

注：香港并没有完全实现汇率自由化,仍为联系汇率制度。

(d) 资本项目开放先行

经济体	利率市场化	资本项目开放	汇率自由化	金融危机
美国	1970~1986年	1974年	1973~1978年	储贷协会危机
		1974年取消利息平衡税,废除包括自愿指导原则在内的资本管制措施	1973年实行浮动汇率制,但干预较多;1978年接受IMF修订后的相关条款实行自由浮动制	

注：美元为国际货币,所以资本项目开放、汇率自由化冲击较小。

(e) 利率市场化和汇率自由化→资本项目开放

经济体	利率市场化		资本项目开放	汇率自由化	金融危机
	1981~1988年	1991~1997年	1989~2007年	1980~1997年	
韩国	1989年恢复利率管制		1989~1997年加快放松资本流出入；1992年允许非居民有限进入股市、增加居民境外发行证券种类；1997年12月后加快开放步伐；2007年实行资本项目开放	1980~1990年盯住一篮子货币；1990年实行市场平均汇率制；1997年12月实行自由浮动	1997年金融危机
中国台湾	1975~1989年		1983~2003年	1978~1989年	
			1983年开始放松外资准入；1987年修正《外汇管理条例》开放了经常项目；1995年第二次修正则在不涉及新台币的兑换下完成外汇业务的开放。在证券投资方面，中国台湾于1991建立QFII制度；2003年9月30日QFII制度取消，并通过《华侨及外国人投资证券管理办法》，基本实现资本项目开放	1978年实行管理浮动；1989年4月实行自由浮动	—

续表

经济体	利率市场化	资本项目开放	汇率自由化	金融危机
德国	1962~1973年	1952~1984年	1973年	—
		1952年批准个案居民对外直接投资；1961年实现对外投资自由化；1984年12月，实现资本项目自由化	1973年布雷顿森林体系的瓦解，实现自由浮动	

资料来源：张春生、蒋海：《利率自由化与资本项目开放的次序：理论、经验与选择》，载于《经济学家》2015年第5期。

从表4-5中的（a）表可以看出，采取"利率市场化→资本项目开放→汇率自由化"路径的国家的典型代表为阿根廷，除此之外还有本书中并没有详细列举的泰国、马来西亚、菲律宾等国家，但是这些国家利率市场化过程中或利率市场化之后都发生了严重的金融危机，并且造成了宏观经济较长时期的不稳定，因此这种路径的风险很大。

从表4-5中的（b）表可见，部分国家采取了麦金农（Mackinnon，1991）所倡导的"利率市场化→汇率自由化→资本项目开放"的路径，如巴西、俄罗斯和波兰，其中波兰的金融自由化是较为成功的，金融自由化之后宏观经济状况良好。巴西虽然在利率市场化过程中发生了债务危机，但是在汇率自由化完成之后，并没有再发生危机，而且利率市场化完成之后虽然经济短暂有大幅波动，但在中长期逐渐企稳，宏观经济向好。俄罗斯两次金融危机均发生在汇率自由化之前，在资本项目开放之后，较长时间之内并没有再发生金融危机，并且国内宏观经济开始复苏。

由表4-5（c）可见，日本、英国、中国香港采取了"汇率自由化先行"的模式，其中日本是"汇率自由化→利率自由化→资本项目开放"的路径，但是实际上来讲资本项目完成的进度大于利率自由化的进度，资本项目的过早开放是日本泡沫经济的产生以及"失落的十年"的重要原因之一。英国遵循的是"汇率自由化→资本项目开放→利率市场化"的路径，中国香港则采取的是"汇率自由化和资本项目开放→利率市场化"的路径。

从表4-5（d）中可以看出，美国是唯一先开放资本账户的国家，其遵循的是"资本项目开放→汇率自由化→利率市场化"的路径，但这其中值得我们注意的一个问题就是美元的国际货币属性，使得资本项目开放和汇率自由化对国内经济的冲击相对较小。

从表（e）中可以看出，韩国、中国台湾、德国均采用了"利率市场化和汇率自由化→资本项目开放"的路径，虽然韩国利率市场化过程中出现了反复，但三个国家或地区整体上的金融自由化后相对其他国家或地区宏观经济较为稳定。

从上述分析我们可以看出，发达国家和地区通常会选择（c）、（d）、（e）路径，发展中国家通常会选择路径（a）或者（b）。比较路径（a）和（b）可以看出，选择路径（b）的国家金融自由化相对成功，金融自由化完成后国内经济相对较为稳定（张春生和蒋海，2015）。因此结合我国的实际情况，我们也应该选择首先实现利率市场化，其次是汇率自由化，最后实现资本项目的完全开放，资本项目的开放必须慎重。

斯蒂格里茨（Stiglitz，2000）指出，金融和资本项目自由化会增加经济体的不稳定性，在亚洲金融危机中，印度和中国所受冲击较小的一个重要原因就是短期资本项目受到严格管制，而其他资本项目自由化程度较高的国家则遭受重创。同时其从理论上和实证上为阻止短期资本项目开放提供了经验证据。同时，我们从前面利率市场化的国际经验也可以看出，利率市场化之后存贷利率限制的取消，由于竞争压力的增大，银行信贷规模短期内过度扩张，容易形成资产价格泡沫，而若此时资本项目开放，则容易吸引大量短期海外投机资金涌入，进一步推高资产泡沫，并且泡沫破灭后容易形成资金大量外流的局面，加剧了市场的震荡。

因此我们应该选择"利率市场化→汇率自由化→资本项目不完全开放"的金融改革路径，完全的金融自由化或者完全的资本项目开放并不可取，至少在中国当前的经济金融形势下并不合适。如果逐步放开资本项目，其过程中可能面临短期投机资本对国内经济稳定的冲击，同时加上长期投资资本面临的不确定性较高，因此，我们应该对短期资本项目采取严格管制，同时可以通过如下两个途径缓解资本项目开放中的短期投机资本冲击，促进长期投资资本的引进：（1）在资本项目开放初期可以采取智利政府曾经尝试采取的行动，即拒绝短期投资，允许长期投资。（2）通过税收制度引导长期投资，比如对短期投机资本的资本利得征收重税，对长期投资资本给予税收优惠。

二、宏观经济因素

从前述国际经验可以看出，宏观经济状况良好的国家，利率开放后过渡比较平稳，对国内经济运行的冲击较小。而在宏观经济不稳定的国家中，利率市场化会造成宏观经济的不稳定，甚至造成金融危机的出现甚至利率市场化失败。在宏观经济中，有两个主要因素值得我们思考。

（一）通货膨胀

名义利率既能影响居民和企业的储蓄存款，又是企业投资的直接成本，同时也是各种金融资产定价的基础，因此名义利率变动对金融机构以及金融市场的影响很大。由费雪等式可知，名义利率＝实际利率＋通货膨胀，因此通货膨胀通过作用于名义利率，进而影响国内居民和企业部门的储蓄、信贷以及金融资产价格，对整个国民经济产生影响。从各国利率市场化的经验可以看出，利率市场化前夕高额的通货膨胀所导致的银行存款大量流失的压力是国家进行利率市场化的重要推动原因之一。如美国通货膨胀率在1974年一度高达11%，名义利率也迅速攀升，联邦基金利率在1974年曾一度高达14%，远远大于银行存款利率最高限制，大量资金从银行流向货币市场，造成了银行存款来源紧张，因此成为利率市场化的重要推动原因之一。

同时，利率市场化后高企的通货膨胀会引发利率市场化后潜在的金融风险，恶性通货膨胀通常是金融危机发生的原因之一，如阿根廷。利率市场化完成之后，阿根廷国内的通货膨胀水平并没有得到有效控制，曾一度高达100%以上，高企的通货膨胀严重破坏了国内稳定的经济秩序。

因此，无论是在利率市场化之前还是在利率市场化之后，我们都应该时刻注意保持合理且平稳的通货膨胀水平，以减少通胀对利率市场化后金融风险的冲击。

（二）财政赤字

麦金农（Mackinnon，1991）在《经济市场化的次序——向市场经济过渡时期的金融控制》中指出，"在价格通货膨胀适当的逐步消失以及资本市场对自由借贷开放之前，第一也是最明显的是需要平衡中央政府的财政""财政控制应该优先于金融自由化"。财政赤字通过如下两种渠道影响利率市场化后的金融风险：

（1）财政赤字通常有两种方法筹集资金：一种是向中央银行借款或透支，也就是直接或间接增加发行货币的货币法，另一种是发行公债的债务法。前者直接将财政赤字货币化，增加了中央银行货币供给，而后者对货币供给的影响途径较为复杂。众多学者均认为，长期持续大量的财政赤字终将引发通货膨胀（财政部财政科研所课题组，1999；孙文基，2001）。而正如我们前文所说的，通货膨胀对金融风险的影响至关重要。

（2）巨额的财政赤字通常意味着巨额的政府债务，如果处理不当则会进一步演化成为债务危机。而在利率市场化过程中，可能出现的名义利率高企会使得中央政府或者地方政府巨额的债务危机暴露，从而引发债务危机，如巴西和阿根廷的债务危机。

因此，财政赤字所引发的货币供给增加过程会复杂货币创造和利率传导过程，使得货币政策的传导途径更加复杂，货币政策的效果更难以评估；同时财政赤字可能所隐藏的巨额债务风险在利率市场化背景下也成为风险来源之一。

三、银行经营模式

利率市场化过程中利率管制的取消，使得原来受保护的商业银行面临巨大的市场竞争压力，多个国家出现了银行危机。但不同的银行经营模式在利率市场化过程中的表现不一样，具体有如下两种：

第一种是混业经营模式，典型代表为德国全能型银行，不仅经营传统商业银行业务，而且还能够经营保险、证券、金融衍生业务以及其他业务，有的还能持有非金融机构的股权。全能银行多元化的经营能够实现业务互补，风险分散，例如当传统信贷业务利差件减小时，银行可通过出售有价证券弥补损失。因此利率市场化对德国银行业的冲击很小，德国在利率市场化过程中并没有发生大规模的银行危机。

第二种是美国银行为代表的分业经营的模式，这种经营模式的银行业在利率市场化过程中通常遭受了巨大的冲击，并且通常伴随着银行业危机。例如利率市场化前美国银行业处于分业经营的模式，限制银行对证券的投资，禁止金融机构持有股票，使商业银行与证券业分离。分业经营的模式使得美国银行业在利率市场化期间遭受了巨大冲击，利率市场化过程中市场竞争的加剧和传统存贷款利差的缩小，使得商业银行面临大量存款外流、经营利润下滑等经营困境，并爆发了著名的"美国储贷协会危机"。利率市场化之后，美国银行业混业经营的趋势加剧，以金融控股公司形式的银行业经营模式逐渐发展起来。

从上述分析可以看出，混业经营模式的商业银行在利率市场化过程中抗风险能力较强，而利率市场化内在推动了商业银行经营模式由分业经营向混业经营的转变。因此在利率市场化过程中，我们应该同时注重推动混业经营与利率市场化的协调，以促进银行业在利率市场化过程中的平稳过渡，防范由于银行危机引起的金融风险。

四、金融创新

从利率市场化后金融风险的国际经验来看，在各国爆发的金融危机中，金融创新往往是危机发生的重要原因之一。学术界关于金融创新的研究有很多，通常来讲，众多学者均认为金融创新有利于金融机构进行风险分散、降低成本、增加市场流动性和市场深度，促进价格发现等（Van Horne，1985；Merton，1992），从而有助于金融市场的发展和金融稳定。从利率市场化的国际经验中可以看出，随着利率市场化过程中市场竞争的加剧，商业银行为突破利率管制寻求更多的利润空间，通常会通过创新性金融产品来躲避金融监管，因此利率市场化过程中通常会伴随着金融创新。这种创新可能是由于政府推动的，也可能是适应市场需求而自发产生的。一方面，创新产品作为利率市场化过程中的过渡性工具，扩大了利率市场化的范围，平滑了利率管制放开时的波动，降低了利率市场化所可能带来的潜在的风险，是金融当局推动利率市场化的有力手段；另一方面，创新性金融工具丰富和深化了金融市场，为投资者提供了更多可选择的投资机会，有助于市场利率的形成。

但金融创新在深化和发展金融市场的同时，也因为被忽略的风险增加了金融系统的脆弱性（Gennaioli et al.，2012），因此在20世纪80年来以来各国利率市场化完成之后频频爆发的金融危机中，金融创新往往是危机产生的重要原因之一，例如日本1984年后，实行了"特定金钱信托制度"，这一创新产品使得日本大企业能够将巨额资金委托给银行或证券公司，从而投入资本市场，使得企业和家庭部门的资金能够进入资本市场，直接催生了泡沫经济的产生。金融创新往往具有高流动性、高杠杆性、不稳定性、高投机性和高风险性（曾志耕，2012），并且往往具有跨界性，因此对金融风险的产生、传染和扩散具有推波助澜的作用，最为典型的案例就是2008年美国次贷危机在金融衍生品市场的杠杆和快速传染效应下，迅速发展成为全球性的金融危机。在我国在狭义利率市场化完成的背景下，对金融创新的研究对潜在的金融风险的防范和识别有着更为深刻的意义。

关于金融创新对金融风险影响主要有如下几个渠道：（1）金融创新的流动性创造功能在促进金融市场发展的同时，对信息和流动性更为敏感，在金融动荡时期金融创新产品本身更容易产生信用骤停，从而引发流动性危机（Duffie，2008）；（2）同时，金融创新通常模糊了金融市场的边界，使得相同金融子市场机构之间、不同金融子市场的金融机构之间甚至金融机构与实体经济之间的联系更为紧密，使得风险的传染更加具有"蝴蝶效应[①]"和"探戈效应[②]"（Duffie，2008），从而使得局部的金融风险更加容易演化成为系统的金融危机。（3）金融创新产品往往是带有杠杆的，往往对金融风险具有放大功能，使小范围的金融风

[①] 蝴蝶效应：一个节点上发生金融动荡，经过信息渠道迅速扩散和放大，成为一个更大的危机。
[②] 探戈效应：一个节点发生财务困难，直接影响相关金融机构的流动性，可能导致更多的金融机构倒下，即风险的流动性渠道传染途径。

险更容易放大成为金融风险，严重的甚至可能爆发金融危机。

而在我国，利率市场化过程中以及狭义利率市场化完成初期，由于市场竞争加剧，由金融创新而引发的一些局部风险已经开始显现，因此在利率市场化完成初期，我们应该在利用好金融创新服务市场的同时，更应该防范由于投机需求而产生的金融创新以及其所可能导致的金融风险。

五、存款保险制度

关于存款保险制度与金融风险，学术界主要有如下几种观点，一种认为存款保险制度通常被认为能够通过增强银行体系的市场约束有效防止银行挤兑的发生（Diamond and Dybvig, 1983），另一观点则认为存款保险制度并没有发挥有效作用，如佩里亚和施穆克勒（Peria and Schmukler, 2001）通过研究阿根廷、智利和墨西哥20世纪80~90年代的金融危机指出，存款保险制度与市场约束机制之间并没有相应的联系，即存款保险制度并不能减少存款人在金融危机时挤兑的行为；基利（Keeley, 1990）通过研究发现固定费率的存款保险制度加强了商业银行从事高风险业务的道德风险。

从利率市场化后金融风险的国际经验来看，存款保险制度也并不一定能够阻止金融危机的爆发，反而可能会对金融危机起到推波助澜的作用。例如美国20世纪80年代的储贷协会危机发生的一个重要原因就是存款保险制度的固定费率制，使得S&Ls有激励从事高风险业务，从而追求高额收益，损失由联邦储蓄贷款保险公司承担，因此道德风险加剧，最终发生银行危机。

据中国保险学会（2007）的统计，在利率市场化过程中，建立存款保险制度的26个国家中将近一半发生了金融危机，而没有建立存款保险制度的国家也有将近一半没有发生金融危机。从表4-6中也可以看出，建立了存款保险制度的部分国家如美国、日本、韩国、英国等也发生了金融危机，而没有建立存款保险制度的国家如波兰并没有发生严重的金融危机。

表4-6　　　　　各经济体存款保险制度与金融危机

经济体	利率市场化	是否建立存款保险制度	金融危机
美国	1970~1986年	是	储贷协会危机
日本	1977~1994年	是	日本经济泡沫

续表

经济体	利率市场化	是否建立存款保险制度	金融危机
韩国	1981~1988 年 1989 年恢复了利率管制	否	1997 年金融危机
	1991~1997 年	是	
中国香港	1994~2001 年	否	1997 年金融危机
中国台湾	1975~1989 年	是	—
德国	1962~1973 年	是	—
英国	1971~1981 年	是	1967 年汇率危机； 1976 年、1992 年英镑危机
俄罗斯	1992~1995 年	否	1995 年银行危机； 1997~1998 年金融危机； 2004 年银行危机
波兰	1989~1991 年	否	—
巴西	1975~1979 年 1979 年恢复利率管制	否	20 世纪 80 年代 中期债务危机
	1988~1989 年	否	
阿根廷	1971~1977 年 20 世纪 90 年代恢复管制	否	1970 年以来共发生 9 次货币危机

资料来源：作者根据相关资料整理。

虽然存在上述争议，但是存款保险制度作为金融自由化中防范风险的重要举措，仍然被众多国家采用。王道平（2016）基于相关数据的实证分析显示，存款保险制度对系统性银行危机发生概率的影响取决于其金融稳定作用和带来的银行道德风险孰强孰弱；尽管利率市场化后存款保险导致的银行道德风险上升和金融稳定作用均不明显，但利率市场化时期建有存款保险制度将有助于降低改革期间系统性银行危机发生的概率。

截至 2006 年 6 月，全球共有 95 个国家和地区建立了显性存款保险制度。我国的存款保险制度也于 2015 年 5 月 1 日开始正式实施，因此如何通过机制设计更好地发挥存款保险监督、保险职能，避免对金融机构的道德风险激励，是我国存款保险制度在运行中应该注意的重点。

第五节　利率市场化后的市场变化与金融风险

我国狭义利率市场化已经完成,但本质上是否完成还要依据利率市场化后基准利率定价和传导渠道等建设是否完成。利率是金融机构定价的基础,是货币政策的政策工具,是金融监管者重要的观测指标,因此随着我国利率市场化的逐步完成,无论是金融机构、货币政策、监管框架都将发生重大变化,而这些变化一方面是适应市场变化,对防范金融风险起到一定作用,而另一方面对金融风险是否产生新的影响,是本节讨论的主题。

一、利率市场化后的商业银行与金融风险

银行业是利率市场化过程中受冲击最大的,金融抑制通过管制存贷款利率为银行业提供稳定的利差收入,是商业银行重要的利润来源。从利率市场化的国际经验来看,利率市场化后随着利率由市场定价,市场竞争的加剧,商业银行在业务模式和经营模式上有几个显著的特点:

1. 银行业务结构发生重大变化,信贷利差收入占总利润的比重下降

利率市场化过程中商业银行通常面临着利差减小、市场竞争加剧的情况,因此商业银行开始扩展新的利润来源,但从前述分析可以看出,利率市场化后十年内的商业银行存贷款利差基本稳定,但由于竞争的加剧,商业银行纷纷此时寻求非利息收入扩展利润空间。从图4-11中可以看出,美国1986年完成利率市场化后,非利息收入与利息收入的比例不断增加,按价值加权,2003年美国银行业非利息收入为利息收入的约1.6倍。

银行业务结构转变的背后意味着银行经营模式从分业经营到混业经营模式的转变。利率市场化过程中利率管制的放松,使得非银行金融机构纷纷通过货币基金、票据市场、保险理财等渠道挤压银行业的利润空间,市场竞争压力的加大使得商业银行在传统信贷来源的基础上,纷纷开展证券投资等其他业务寻找利润空间,加之金融自由化过程中金融监管的放松,加剧了银行经营模式由分业经营向混业经营的转变。美国在利率市场化过程中的分业经营向混业经营模式的转变成为1999年《金融服务现代法案》颁布和实施的重要驱动力。

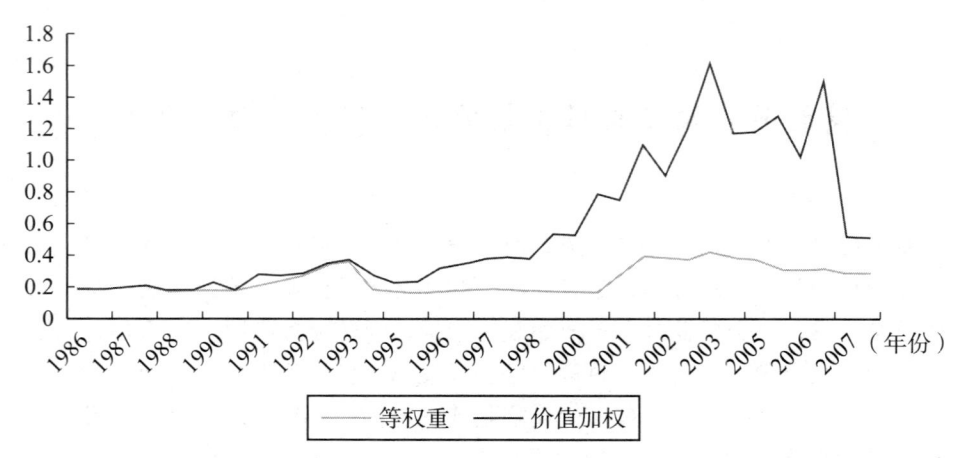

图 4-11　美国银行业非利息收入与利息收入的比值

资料来源：Markus K. Brunnermeier, Gang Dong, Darius Palia. Banks' Non-interest Income and Systemic Risk，NBER 工作论文，2012 年，第 29 页。

2. 利率风险加大

黄金老（2001）指出，利率市场化使商业银行获得了资金定价权，也使一种主要的市场风险——利率风险产生了。利率管制时期，存贷款利率受到严格的限制，而利率市场化后，利率由市场自主定价，利率的不可预见性和波动性加大，使得存在先天期限错配的商业银行面临巨大的风险暴露。20 世纪 80 年代末美国的储蓄贷款协会危机爆发的原因之一就是储贷协会的"短借长投"的业务经营模式面临巨大的利率风险暴露，而利率市场化过程中由于利率由市场定价，波动性增加，使得储贷协会的利率风险爆发，最终导致经营困难，从而大量的储贷协会破产或倒闭。因此利率市场化的完成，要求商业银行必须加强自身的资产负债表管理，提升风险管理能力，减少利率风险暴露。

3. 道德风险加大

海尔曼等人（Hellmann et al.，2000）指出，金融自由化背景下的市场竞争加剧了商业银行的道德风险。随着利率市场化的进行，市场竞争的加剧缩小了传统商业银行业务的利润空间，为寻求发展，商业银行有激励去寻求高风险高收益项目，从而积累大量金融风险。因此，利率市场化背景下商业银行所可能出现的道德风险行为也应是金融监管者注意防范的。

综上所述，随着利率市场化后商业银行混业经营模式的发展，在一定程度上增加了银行抗竞争能力，在一定程度上防范了由于经营亏损导致的金融风险的产生，但是由于银行商业经营模式的变化，导致其所面临的金融风险呈现出一些新的特征：首先，混业经营模式中随着商业银行向证券等业务的扩展，使得商业银行面临的风险来源更加多样化；其次，交叉业务使得金融机构间的联系更为紧密，从而使得风险的传染和扩散也更为迅速，这一典型表现为流动性风险的扩散；再次，由于利率由市场定价，因此商业银行面临的利率风险也较之前更为严重；最后，利率市场化背景下市场竞争的加剧使得商业银行的道德风险更为严峻。利率市场化后商业银行面临的金融风险新的特征可能使得商业银行面临较之利率市场化之前更为严重的金融风险，因此我国在狭义利率市场化完成之初，应当时刻注意加强商业银行自身风险防范和风险管理能力，同时加强金融监管，防范金融风险的发生。

二、利率市场化后的货币政策框架转型与金融风险

从前文利率市场化与金融危机部分可以看出，货币政策的顺周期性和失误也是金融危机产生的重要原因之一，而利率市场化过程中金融市场结构的变化、金融创新产品的产生对货币政策原有的传导机制将造成重大挑战。从国际经验来看，各个国家利率市场化后的货币政策框架纷纷从数量型货币政策框架调整成价格型货币政策框架体系，这一方面适应了市场的需求，降低了由于货币政策扭曲造成的金融风险；但另一方面，价格型货币政策调控体系所面临的一些新的风险特征也值得我们思考和借鉴。因此本部分将介绍美国、德国、日本和韩国四个国家利率市场化后货币政策框架转型的国际经验，以对我国利率市场化后的货币政策框架转型提供经验和借鉴，并对价格型货币政策框架背景下所出现的一些新的金融风险特征进行探讨。

（一）利率市场化后货币政策框架转型的国际经验

1. 美国

美国的利率市场化起始于 1970 年，完成于 1986 年。在利率市场化之前，美联储一直将利率作为货币政策中介目标，1970 年开始，美联储采取公布 M1 增长率。1975 年美国国会通过《第 133 号联合决议》，要求美联储事前预先公开货币增长目标，事后向国会监管委员会报告有关目标的执行情况，在此期间货币政策的操作目标是联邦基金利率。在这一操作目标下，美联储允许非借入准备金的自动调整，使得基金利率稳定在目标水平附近在一定范围内波动。但 20 世纪 70 年代以来美联储面对不断高企的通货膨胀，受到各方试图阻止利率提高的压力，更加恶化了随后的通胀，因此使得这种政策的有效性得到了质疑。

1979 年，美联储正式采纳货币主义的政策主张，公开宣布控制 M1 增长率指标，并执行逐日操作以提高其控制能力。1987 年 10 月以后，改为以 M2 增长率为目标。在此期间，按美联储货币政策操作目标不同又分为两个阶段：（1）1979

年 10 月～1982 年，美联储转向以非借入准备金为主要操作目标，允许联邦基金利率在较大范围内波动。以非借入准备金为操作目标的货币政策，要求非借入准备金变动与货币供给量、通胀、产出等变动存在相对稳定的关系。在 20 世纪 70 年代末 80 年代初，M1 与名义收入之间确实存在比较稳定的联系，从而可以根据名义收入增长目标逆向推算 M1 增长目标，但这种联系在 80 年代早期和中期由于金融市场的巨大变化而消失了。(2) 1983 年～1987 年 10 月，美联储转向以借入准备金作为货币政策目标，不再强调 M1 的重要性，而是力图使得银行体系准备金短期需求更加稳定，从而使联邦基金利率更为稳定。

进入 20 世纪 90 年代之后，美联储逐渐转向以公开市场操作调整联邦基金利率。1993 年 7 月，美联储前主席格林斯潘表示不再将货币供应量设定为货币政策的中介目标，此后美联储并没有公布替代货币供应量的新名义锚，[①] 但是一般认为美联储在设定基准利率时遵循的是泰勒规则，即通过观察通胀和产出缺口来设定基准利率目标，最终实现稳定通胀的目标，这标志着美国货币政策框架由数量型向价格型的重大转变。

关于美国货币政策框架调整的原因，经过总结，主要有如下两个方面：

（1）美国于 1986 年完成了利率市场化，在此过程中金融创新产品的产生、资金定价机制的改变等，使得原有的货币供应量与产出的稳定关系（中介目标的相关性）不复存在，这是利率市场化完成之后货币政策框架进行调整的重要原因。

（2）另外一个重要原因是利率市场化改变了美国的融资结构，使美联储对社会信用总量失去控制。这体现在如下两个方面：第一，直接融资快速增长，改变了原来的以间接融资为主的融资结构。美国的利率市场化过程伴随着金融产品的创新和资本市场的快速发展。货币市场基金和企业债券迅速发展，使得传统商业银行的存贷款业务受到很大的冲击。竞争压力使得商业银行不得不改变传统的依赖信贷利差的经营模式，纷纷转向"发行—分销"模式，通过资产证券化将风险资产从资产负债表上剥离出去，将相对缺乏流动性的资产转变为流动性高、可在资本市场上交易的金融产品；第二，影子银行迅速发展，资产证券化促进金融市场繁荣的同时，也在传统银行体系之外培育了庞大的影子银行体系。伴随着影子银行的发展，美国社会融资规模从银行信用的 1.5 倍升至 4 倍。一方面，影子银行体系使得融资行为严重"脱媒"，贷款通过各种形式包装、销售或转移等方式，从银行资产负债表上脱离，银行信用转化为非银行信用。由于货币总量主要反映银行信用状况，因此影子银行的快速发展使得银行信用不能完全反映全部的社会

---

① 实现物价稳定目标的货币政策，一般指货币指标制、通货膨胀指标制、带有隐性名义锚的政策。

信用创造活动，货币总量与经济增长之间的关系遭到破坏，所以以货币供应量为中介目标的货币政策框架体系逐渐失效；另一方面，影子银行大多属于非银行金融机构，与中央银行之间没有直接的金融交易活动，导致中央银行实际上无法有效的控制影子银行的活动，导致数量型货币工具在调控社会信用总量时的传导有效性大大降低。

2. 德国

德国的利率市场化阶段为 1962~1973 年。与美国不同的是，利率市场化过程中德国的直接融资规模虽然有所扩大，但以间接融资为主的社会融资结构并没有发生根本变化，这可能是由于德国的"全能银行制"，使得银行能够为客户提供信贷、证券等综合业务，因而德国银行在利率市场化过程中适应能力较强。因此，德意志银行在 1974 年利率市场化完成后的很长一段时间内，仍将中央银行货币量（流通中的货币和准备金，即基础货币）作为货币政策中介目标，以通过控制银行信贷规模，实现价格稳定。

但是随着利率市场化的推进以及 20 世纪 80 年代全球金融自由化浪潮的兴起，金融创新尤其是证券化产品的创新丰富了居民的投资选择，德国住户部门的金融资产结构发生了显著变化（见表 4-7）。从中可以看出，银行资产从 70 年代的占比约 53.9%，下降到 90 年代的 32.8%，而保险资产和证券资产却稳步上升。金融资产结构的变化使得货币乘数变得不稳定，以中央银行货币量为中介目标的货币政策逐渐失效。因此在 1988 年，德国货币政策的中介目标调整为 M3。进入 20 世纪 90 年代以后，德意志银行在兼顾数量型中介目标的同时，强化公开市场操作对货币市场短期利率的引导，建立起数量和价格并重的货币政策框架。

表 4-7　　　　　　　德国住户部门金融资产结构变化　　　　　单位：%

项目	1960~1969 年	1970~1979 年	1980~1989 年	1990~1997 年
银行资产	56.5	53.9	38.5	32.8
建筑和储贷协会资产	8.6	7.4	1.4	2.6
保险资产	15.9	16.9	27.6	29.5
证券资产	13.7	14.6	23.1	28.9
其他资产	5.3	7.2	9.3	6.2

资料来源：Deutsch Bundebank Monthly Report January 1991。

1998 年欧洲央行成立以后，主要延续了德国央行的调控框架，以维护物价稳定作为单一货币政策目标，在中介目标的选取了采用了德国央行数量与价格并重的模式，在短期以隔夜拆借利率为操作目标，通过建立边际存贷款便利机制，构建起欧洲央行利率走廊模式（见图 4-12）。欧洲央行管理委员会每月讨论一次再融资利率水平,将其作为隔夜拆借利率的上限,将存款便利利率作为隔夜拆借利率的下限,这样就保证了货币市场利率在利率走廊之间波动。

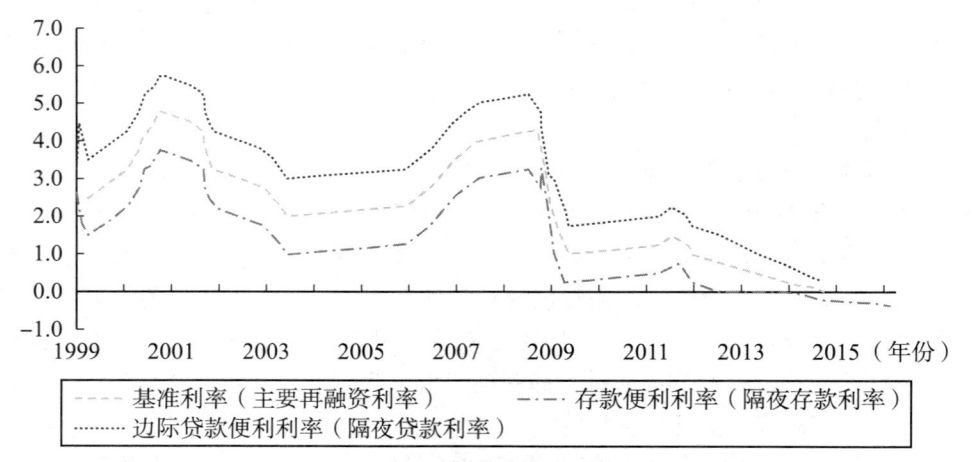

图 4-12 欧洲央行利率走廊

资料来源：Wind 数据库。

在中长期采取德国央行的"双支柱"策略：第一支柱是货币供应量（M3）的增长率,包括现钞、隔夜存款、两年期内存款、三个月内可通知赎回存单、回购协议、货币市场基金股份及货币市场票据、两年期内的债券；第二支柱是对未来价格风险开展广泛评估。除了货币供应量之外,欧洲中央银行将大量的经济和金融数据作为货币政策战略的第二支柱进行分析,主要包括通常在短期或中期内对物价产生影响的指标,这些指标包括工资、汇率、债券价格和收益曲线、财政政策指标、价格和成本指数、商业和消费者调查等。

3. 日本

日本的利率市场化改革起始于 1977 年,完成于 1994 年。第二次世界大战后到 20 世纪 70 年代,日本金融体制的主要特征是都银(主银行)制度,银行是企业的最大股东之一,也是企业最大的贷款者。但是日本银行的独立性不足,直到 1997 年全新的《日本银行法》颁布前,日本银行只是大藏省的附属机构。在此期间,日本为促进战后经济的恢复和发展,实行利率管制,而此时货币政策的制定也主要服从于日本经济恢复和发展的需要,以保障国内经济高速发展的资金需求为最终目标,货币政策的中介目标是银行信贷量,具有强烈行政色彩的"窗口指导"和信贷规模控制为常用货币政策工具,而利率等价格型工具在货币政策传导中的作用被忽视和弱化。

随着 1973 年石油危机的爆发和外围资本主义国家经济的衰退,日本通货膨胀高企,经济陷入"滞涨"困境。在上述背景下,日本将货币政策的最终目标调整为稳定物价。受货币主义学派的影响，20世纪70年代后，主要发达国家都将货币政策的中介目标设定为货币供应量，日本也不例外。日本银行最初设定的中介目标为M1，后来改为M2，1979年引入大额定期可转让存单后，又改为M2＋CD。但随着利率市场化过程中金融创新的产生，使得货币创造过程更加复杂，日本银行对货币供应量作为中介目标的依赖性逐渐减弱，开始关注利率、汇率、资产价格、广义货币等一系列指标。

在货币政策工具方面，随着利率市场化的推进有两个重要变化：一是利率市场化过程中短期金融工具的创新和货币市场的发展，使得公开市场操作逐渐成为货币调控的主要工具，而具有强烈行政指导色彩的"窗口指导"和信贷配额则逐渐淡出了货币政策工具范围，准备金率的操作次数也大大降低；二是日本当局越来越重视官定利率（央行向金融机构再贷款或再贴现利率）等价格型工具的使用，使其逐渐成为货币政策的重要工具。

1997年，新颁布的《日本银行法》将货币政策的目标设定为控制货币，维持物价稳定，以促进国民经济健康发展。同时将货币政策的操作目标设定为隔夜拆借利率，具体操作工具为公开市场操作和向金融机构提供贷款来调节金融机构在日本银行准备金账户（CABs）的头寸。虽然日本货币当局没有公布通胀目标，但一般认为，日本同美国一样，实行的是隐含的通胀目标制。

关于日本货币政策框架调整的原因，主要有以下两个方面：

首先，利率市场化过程中日本金融资产结构发生了巨大变化，使得原有的货币政策框架逐渐失效。这主要是由于利率市场化过程中日本非管制利率金融市场获得较快发展，其中最为典型的是日本货币市场和债券市场的发展。非管制利率金融市场大部分为直接融资市场，这逐渐改变了以银行信贷为主的日本融资结构，具体表现在两个方面：一是日本企业直接融资占比上升。在利率管制时期，间接融资比例的占比一度高达93%以上，利率市场化后，企业直接融资比重逐渐上升，到1988年高达11%；二是家庭部门金融资产结构发生重大变化，居民存款比例大幅下降，而信托、保险等金融资产比例大幅上升。此外，加之利率市场化过程中金融创新产品的快速发展，模糊了货币分类和定义，使得传统的货币创造途径逐渐失效，货币乘数不再稳定。由于货币总量主要反映间接融资活动，不能有效地反映直接融资活动，因此以货币供应量为中介目标的货币政策逐渐失效。

其次，日本的资本项目开放与汇率改革基本完成，为货币政策转型打下了良好的基础。按照蒙代尔"不可能三角"理论，货币政策独立、固定汇率和资本自由流动三者不能同时兼得，只能同时实现其中两者。日本于1973年实行自由汇率制度，于1977年推动利率市场化改革，同时于1984年开始启动资本项目开放。直至1998年，日本政府开始实施《外汇与外国贸易法》，最终实现资本项目的完全开放。至此，日本形成了汇率浮动、资本自由流动和货币政策独立的金融格局，具备了实施价格型货币政策的基础和条件。

4. 韩国

韩国的利率市场化经历了反复，第一次尝试从1981年6月至1988年12月，以失败而告终，第二次利率市场化改革从1991年开始，至1997年完全实现了利率市场化。

同日本一样，第二次世界大战以后的韩国金融体系具有明显的政府主导、高度管制的特征，最为明显的标志是利率管制和信贷限额控制。1957年，韩国实施了金融稳定计划，对M1总量和各个经济部门的信贷限额作出规定，标志着韩国货币政策体系开始实行。1965年，为应对国际收支逆差和严重的通货膨胀，韩国政府与IMF签署了Stand-by信贷协议，根据协议，韩国政府必须遵从IMF确定的货币政策中介指标。当国际收支得到改善后，韩国脱离IMF的干预，独立制定货币政策中介目标为M1，并公开宣布M1的增长目标。由于实际产出和目标产出偏离较大，1979年韩国开始使用M2代替M1成为货币政策的中介目标，并对货币政策目标实行区间管理。1981年开始，韩国开始尝试利率市场化改革，在此过程中，韩国政府也曾试图效仿其他发达国家放弃以货币总量作为中介目标的货币政策框架，但由于改革过程缓慢等问题，不具备实施价格型调控的条件，因此以货币供应量为中介目标的货币政策框架一直保持到了20世纪90年代中期。

在利率市场化过程中，伴随着利率管制的放松和金融产品的创新，韩国金融市场结构发生了重大变化，原有的货币政策框架体系的有效性面对巨大挑战。1996年，韩国对原来没有准备金要求的信托账户开始要求缴纳准备金，实施后资金从信托产品大幅流出，进入银行，结果推动M2快速增长，增速由1996年5月的14%目标水平，上升到同年四季度的18.3%，导致存款结构发生重大变化，因此中介目标M2的作用发挥受到了妨碍。为解决上述问题，韩国推出新的中介目标MCT（MCT包括M2、大额储蓄存单CDs和信托资金）。但1997年2月，韩国政府又对CDs要求缴纳2%的准备金，导致CDs的收益率下降，被大量赎回，从而导致MCT增长率指标从1996年12月19%下降到1997年5月15.6%，逼近增长目标下限。因此盯住货币总量的货币政策框架越来越受到质疑。

1997年韩国完成了利率市场化，但随后爆发的亚洲金融危机对韩国的货币政策造成了巨大挑战。作为IMF贷款援助的条件，1998年亚洲金融危机之后，韩国修改了《韩国银行法》，开始采用通货膨胀目标制，货币政策中介目标也逐渐过渡到隔夜回购利率。但是在实施初期，为实现货币政策的平稳过渡，在设定通货膨胀目标之外还设定了 M3 增长目标。1999 年后，韩国央行货币政策委员会开始每月宣布目标利率水平，2001 年开始 M3 只作为监控变量，而不是中介目标，标志着韩国通货膨胀目标制的价格型货币政策框架的最终形成。

需要指出的是，支持韩国货币政策框架转向价格型调控的重要制度基础是利率和汇率改革的基本完成。尽管早在 20 世纪 80 年代，韩国国内也曾一度质疑货币总量作为货币政策中介目标的有效性，但由于国内利率、汇率和资本项目开放等改革缓慢，货币政策框架转型的基础不具备，并且货币供应量目标在经过 M1、M2、MCT 等一系列调整之后，与货币政策最终目标之间仍具有相对稳定的联系，因此以货币总量为中介目标的货币政策框架一直持续到亚洲金融爆发之前。

从 1981 年开始，韩国启动利率市场化改革，并于 1997 年完全实现利率自由化，而韩国的浮动汇率与资本项目改革开放也始于 20 世纪 80 年代。1990 年，韩元和美元之间的汇率开始由银行间的供需决定，但每日的波动被限制在一定区域内。1997 年在 IMF 的帮助下，韩国加快资本项目开放，并于 12 月底实现了汇率的自由浮动。1998 年亚洲金融危机之后，韩国货币政策框架最终转向通货膨胀目标制的价格型货币政策体系。

综上所述，利率市场化后的价格型货币政策调控体系主要有如下两种模式：一种是以欧盟、加拿大货币政策为代表的"利率走廊模式"，另一种是以美国为代表通过公开市场操作直接干预的模式，汇总如表 4-8 所示。

表 4-8　　　　　　各经济体价格型货币政策调控体系

模式	经济体	最终目标	操作目标	中介目标	货币政策操作
利率走廊模式	欧盟	保持物价稳定	未明确提出	双支柱战略：M3 和对未来价格风险广泛评估	构建利率走廊模式，实现再融资利率（MRO）目标
	加拿大	通过较低和稳定的通货膨胀提升加拿大人民生活水平	隔夜利率	无	构建"利率走廊"模式，上限为加拿大银行对金融机构的再融资利率，高于隔夜利率 25bp；下限是加拿大银行对金融机构存款支付的利率，低于隔夜利率目标 25bp

续表

模式	经济体	最终目标	操作目标	中介目标	货币政策操作
美国模式	美国	控制通货膨胀，促进充分就业	联邦基金利率	无	通过公开市场操作实现联邦基金目标利率
	日本	维持物价稳定，促进国民经济健康发展	隔夜信用拆借利率	无	通过公开市场操作和再贷款控制货币市场利率，进而影响各个市场利率，实现市场价格稳定
	英国	通胀目标维持在2.5%以下	根据资源协议储备所支付的利率	无	通过公开市场操作引导操作目标逼近官方利率
	巴西	将通胀目标设定在围绕4.5%上下波动的对称区间内	SELIC利率（银行间隔夜国债抵押利率）	无	通过公开市场操作使SELIC利率逼近目标利率水平
	韩国	中期实现通胀目标	无抵押隔夜利率	无	通过公开市场操作使无抵押隔夜利率不偏离基础利率太远
	澳大利亚	中期内将CPI维持在2%~3%，在此前提下，促进经济增长	货币市场现金利率（金融机构隔夜贷款利率）	无	利用公开市场操作，使得现金利率尽可能地接近央行设定目标

注：韩国基础利率：韩国银行和金融机构进行回购协议，韩国银行贷款和存款便利等交易时的参考利率。欧盟的货币政策框架体系更倾向于价格与数量并重的货币政策调控体系，在短期通过欧洲央行利率走廊模式调控短期利率，中长期则采用德国央行的"双支柱"策略：M3和对未来资产价格风险的广泛评估。

资料来源：贺聪：《利率市场化与货币政策框架转型》，浙江大学博士学位论文，2015年。

（二）利率市场化后货币政策框架转型的思考

从上述国家利率市场化后货币政策框架改变的国际经验来看，利率市场化完成后，这些国家的货币政策都转向了价格型调控，其历史必然性和背后深刻的原因值得为我们思考，具体体现为如下几点：

1. 利率市场化的完成并不一定意味着货币框架转型的必然

利率市场化是货币政策转型的必要而非充分条件（贺聪，2015）。货币政策框架转向价格调控型体系除了需要利率市场化完成之外，更重要的是利率定价和利率传导机制的完善，这是价格型货币政策框架的基础。利率定价和传导机制的完善又要求较为成熟的金融市场，例如"信贷配给"问题基本得到解决，微观主体财务约束和风险意识的提高，短期利率向长期利率传导机制的建立，以及有效的货币政策工具等。因此利率市场化的完成并不一定意味着货币政策框架转型的必然。

此外，汇率浮动和资本项目开放改革是货币政策框架转型的外部条件。利率不仅仅是国内资金的价格，也是外汇市场定价的重要依据，而汇率对国内利率也有重要影响。在汇率和资本项目开放等改革未完成的情况下，价格型货币政策框架未必合适。

2. 社会融资结构变化是货币政策框架转型的重要原因

贺聪（2015）指出，社会融资结构变化是货币政策框架转型的重要原因。货币供应量的主要构成是银行存款，而银行存款是银行对居民和企业的负债。控制货币总量实际上是限制银行的负债能力，从而间接限制银行的信贷能力。在以间接融资为主的金融体系中，银行信贷在社会融资结构中占比较大，与总产出的关系较为稳定，控制货币总量就能够控制银行信贷，从而控制总产出和总价格水平。但利率市场化过程中利率管制的放松，加之金融产品创新，一个普遍的现象就是"金融脱媒"现象，表现为直接融资占比显著增加，而中央银行无法直接调控直接融资，因此传统以货币供应量为目标的货币政策逐渐失效。而利率是资金的价格，不仅仅是间接融资的价格，也是直接融资的价格。因此在直接融资为主的金融体系中，需要建立价格型调控方式，通过影响和调控利率水平，影响直接融资规模，进而影响社会融资总规模，从而对总产出和总体物价水平产生影响。例如德国，1973年完成利率市场化，但社会融资结构仍然以间接融资为主，因此在此后长达十几年仍然采用货币供应量作为货币政策中介目标。直至20世纪80年代左右随着金融自由化浪潮兴起，德国社会融资结构发生显著变化后，德国才于1998年将货币政策体系调整为价格型货币政策框架体系。

3. 货币政策框架转型并不是一蹴而就的，而是一个渐进过程

从利率市场化后各国货币政策框架转型的国际经验来看，货币政策框架转型并不是一蹴而就的，而是一个漫长而曲折的过程，要与当下国内和国际的经济形势和金融结构相适应。在利率市场化过程，各国央行对数量型中介目标进行了多次扩展，例如韩国的数量型中介目标从 M1 扩展到 M2，随后又扩展到 MCT，但最终难以满足货币政策调控要求，央行才逐渐将货币政策体系从数量型调控体系向价格型调控体系。因此在货币政策框架转型过程中，我们应该时刻关注研究金融市场的变化，切实根据实际情况而制定相适宜的货币政策，不能为了转型而转型，以防止货币政策不当对经济产生巨大的负面影响。

（三）价格型货币政策框架与金融风险

价格型货币政策调控体系并不是完美的，2008 年金融危机之后，价格型货币政策框架的弊端开始显现，随着金融市场的发展，价格型货币政策体系下的金融风险呈现出一些新的特征，具体体现在如下两个方面：

1. 系统性金融危机爆发后对常规货币政策不敏感

金融危机发生后，金融市场和经济体系对利率等常规货币政策敏感性变差是价格型背景下金融风险的一个显著特征。利率是价格型货币政策框架的核心和最为重要的货币政策操作目标，如美国的货币政策操作目标即为联邦基金利率，日本货币政策操作目标为隔夜信用拆借利率等。但危机背景下，市场信心受到打击，流动性危机蔓延，因此利率作为资金的价格受到市场信心、流动性等方面因素影响而发生扭曲，其传导路径不能正常发挥，同时由于名义利率所隐含的非负性使得价格型货币政策框架在危机下其对利率调控的空间有限（但有部分央行已经打破了名义利率的非负限制，开始实行负利率，如欧洲央行、日本央行等），因此多个国家央行开始打破常规的价格型货币政策框架体系，实施非常规的货币政策。欧洲中央银行经济学家玛吉（Smaghi，2009）认为，中央银行为直接解决银行、个人和非金融类公司所面临的外部融资成本与供给问题而采取的政策措施为非常规货币政策，这种政策措施的融资既包含中央银行直接提供的流动性和信贷，也包含中央银行通过购买各种固定收入证券或股票而向机构或市场提供资金。非常规货币政策具体体现为两类，一种是常规货币政策的非常规实施，如将利率水平大幅降低至接近零甚至负的水平；另一种是区别于传统货币政策工具的非常规货币政策（陈敏强，2010），如资产购买计划等。金融危机背景下中央银行非常规货币政策的实施通常是为了维持金融市场的流动性，保证市场的正常运作，防止流动性风险的爆发和传染。

2008 年次贷危机之后，美国实施的非常规货币政策主要有如下两个方面：

一是将联邦基金目标利率维持在 0%~0.25% 的水平不变,并承诺低利率水平一段时间内不变,属于非常规货币政策的第一种;二是以"量化宽松"政策为标志的扩大央行资产负债表和调整资产负债表结构的第二种非常规货币政策。

而面对 2008 年次贷危机,欧洲央行一方面将利率连续下调,并在 2009 年连续一段时期维持在 1%,2005 年 12 月 3 日利率水平已然下调至 -0.3%,这显然是常规货币政策的非常规操作;另一方面实施"强化的信贷支持政策",包含增大流动性供给规模,延长流动性供给期限,降低抵押证券信用等级,进一步扩大抵押资产范围等,同时最为重要的内容为 2009 年 7 月 6 日推出的"有资产担保的债券购买计划"(Covered Bond Purchase Program,CBPP),是典型的准金融资产买断型的非常规货币政策。

非常规货币政策的实施使得货币政策具有如下新的特征值得我们注意:首先,央行公开市场操作的对手或市场参与者打破了传统意义上的金融机构范围,扩大至包括非金融类公司、个人和政府机构;其次,中央银行购买的证券范围也从国库券或政府债券扩大至范围更广、期限更长的具有一定风险的金融资产;最后,中央银行以买断方式购入的金融资产,在一定时段内不进行常规的对冲操作。

2. 价格型货币政策体系下的资产价格泡沫

价格型货币政策体系下的金融风险的一个典型特征就是局部的资产价格泡沫频发,如果处理不好,则很可能进一步演变成为全局的金融危机。数量型货币政策调控体系通过调控货币供应量,从而间接调控银行信贷,进而对实体经济及通货膨胀产生影响。利率是资金的价格,以利率为操作目标的价格型货币政策调控体系将资本市场纳入货币政策调控范围,而资本市场对利率变动的反应是十分迅速的,比银行信贷敏感的多,使得价格型货币政策调控较之数量型货币政策一个显著的不同是货币政策的变化往往会首先反应在资本市场价格的变化上,随后才会反映在间接融资体系以及 CPI 上。同时加之贸易全球化,使得潜在上升的 CPI 可能被低价的进口商品所抵消,因此持续宽松的货币政策可能会首先催生资产价格泡沫,而短期内 CPI 变化不大。资产价格泡沫可能通过"财富效应""托宾 Q 效应"和"金融加速器效应"三种渠道传导至实体经济(李婧,2010),因此一旦泡沫破灭,则将会演化为严重的金融危机。

因此在价格型货币政策框架下,我们应该更加关注资产价格的变化及其与实体经济的联系,将其作为货币政策调控的辅助目标,防范由于局部资产价格泡沫可能引发的金融风险。此外,长期低利率的宽松货币政策更容易引起资产价格泡沫,但由于"货币政策犹如钝器,会对所有的资产价格和经济整体产生影响"(伯南克,2012),所以针对局部的资产价格泡沫,相对于货币政策,改用更具针对性的政策工具可能更有效。因此我国制定货币政策时要与局部市场的具体政策相协调，以防止宽松的货币政策可能引发的局部资产价格泡沫。

三、利率市场化后的金融监管框架转型与金融风险

金融监管是防范金融风险的重要手段。从前面利率市场化的国际经验来看，金融自由化过程中金融监管的放松，是金融危机爆发的重要原因之一。利率市场化并不等于监管的自由化，麦金农在《市场经济化的次序——向市场经济过渡时期的金融控制》一书中指出，"银行系统永远必须受到管制，以维护整个支付机制的安全运作"。因此利率市场化后并不意味着金融监管的放松，反之，由于利率市场化后金融市场结构和金融活动的变化，金融风险也呈现出与之前不同的特征，因此为适应风险管理的需要，国际上金融监管出现了一些新的变化，值得我们思考和借鉴。本部分我们首先总结利率市场化后各国金融监管发生的变化，随后进行探讨和分析。

（一）利率市场化后金融监管框架变化的国际经验

正如前面所述，金融监管是防范金融风险的重要措施。利率市场化完成之后，金融监管框架也发生了巨大变化，但由于不同国家金融市场结构、制度体制、社会文化等方面存在不同的差异，因此利率市场化完成后各个国家的金融监管框架的变化也不尽相同。

1. 美国

美国的利率市场化过程起始于1970年，完成于1986年。在利率市场化之前，美国的金融机构处于严格的分业经营模式下，美国的金融监管体系中以美联储为核心，联合联邦储蓄与贷款保险公司（FSLIC）、联邦存款保险公司（FDIC）、美国证券交易委员会（SEC）等机构，构成美国伞形、分业监管的模式。同时美国的银行业监管具有双轨制，即除了联邦级的银行监管外，各州又设立自己的银行监管部门。但利率市场化过程中，随着金融自由化浪潮的兴起，银行、证券、保险等金融机构纷纷打破传统分业经营的限制，追求混业经营，谋求利润和发展。直到1999年，《格拉斯—斯蒂格尔法案》被废止，《金融服务现代化法案》通过，金融机构分业经营模式终结，但是，美国分业监管的机制仍然持续，直至2008年美国次贷危机爆发。

金融监管目标的变化是利率市场化前后美国金融监管体系重要变化之一。大萧条之后，金融体系安全性是金融监管最为重要的目标，但20世纪60年代以来，随着金融自由化浪潮的兴起，美国金融监管体系的目标也从安全向效率转

移,尤其是 80 年代之后,在利率市场化关键时期,美国为了强化市场效率原则,开始着眼于放松管制、清除重组并购障碍和鼓励竞争,并为此出台了《存款机构放松管制和货币控制法》《公平竞争法》等重要法律规范。在此背景下,美国众多储贷协会纷纷扩大经营范围,从事高风险业务,谋求竞争和利润空间,最终爆发了储贷协会危机。储贷协会危机爆发之后,金融监管在一定程度上得到了加强,例如实行严格的报告制度和年度现场检查制度等,但在金融业混业经营的大趋势下,仍然坚持分业监管的监管模式,直至 2008 年美国次贷危机的爆发。

金融业界混业经营与金融监管分业监管模式的不匹配,使得金融监管存在大量的监管真空和重复监管等问题,是美国 2008 年次贷危机爆发的重要原因之一。危机爆发之后,2008 年 3 月,美国财政部公布了金融监管改革蓝图,提出了短期、中期和长期建议。其中短期的建议主要集中在针对目前的信贷和房屋抵押市场,采取措施加强和监管当局的合作,强化市场的监管等;中期的建议主要集中在消除美国监管制度中的重叠,提高监管的有效性;最值得关注的是长期建议,长期的建议是向着目的为导向的监管方式转变,并认为其为最优的监管框架。具体措施为设立三个不同的监管当局:负责市场稳定的监管当局(market stability regulator)、负责与政府担保有关的安全稳健的审慎金融监管当局(prudential financial regulator)和负责商业行为的监管当局(business conduct regulator),同时建立联邦保险保证公司和公司财务监管当局。

相比以原则导向监管区分银行、保险、证券和期货的分业监管模式,以目的为导向的监管注重监管的目标,不再区分银行、保险、证券和期货几个行业,而是按照监管目标及风险类型的不同,将监管划分为三个层次:第一层次是着眼于解决整个金融市场稳定问题的市场稳定监管;第二层次是着眼于解决由政府担保所导致的市场纪律缺乏问题的审慎金融监管;第三层次是着眼于和消费者保护监管相关,解决商业行为标准问题的商业行为监管。三个层次监管目标和监管框架的紧密联系,使监管机构能够对相同的金融产品和风险采取统一的监管标准,将大大提高监管的有效性。

2009 年 6 月 17 日,美国政府正式公布了自 1929 年"大萧条"以来最彻底的全面金融监管改革方案,称之为美国金融监管体系改革的"白皮书"。这份长达 88 页的改革方案几乎涉及美国金融领域的各个方面,从更严格的消费者保护政策到出台对金融产品更为严格的监管规则,这一计划把之前游离在监管之外的金融产品和金融机构,都置于联邦政府的监管之下。改革目的旨在全面修复美国现有金融监管体系,防止类似危机的再度发生。其中有两点特别值得我们注意:一是关于系统性风险方面,专门成立由美国财政部领导的金融服务监管委员会,以监视系统性风险;同时强化美联储权力,授权美联储解决威胁整个系统的风险累积问题，监管范围扩大到所有可能对金融稳定造成威胁的企业；二是建立消费者金融保护局，保护消费者和投资者不受不当金融行为的损害。

这次金融监管体系的改革效果还有待观察，我国当前虽然处于狭义利率市场化完成的初期，但也面临着与美国相类似的情况：即金融业混业经营趋势加剧，而金融监管体系仍为分业监管的模式，因此美国金融监管体系的变化值得我们长期关注和借鉴。

2. 英国

英国的利率市场化进程起始于 1971 年，完成于 1981 年。英国金融监管的模式主要经历了以下几个阶段的变化：（1）英国在 19 世纪和 20 世纪上半叶，金融监管一直采取金融行业的自律和道义劝说。1979 年以前，英国监管是靠银行和被监管者之间的信任和合作，但是随着金融市场的发展，金融产品的日益增加，这种监管模式不再能够有效地发挥作用。（2）利率市场化初期，由于市场竞争加剧，英国大量次级银行发生挤兑，进而危及整个银行体系，被称为"次级银行危机"。英国政府意识到仅仅依靠自律或者合作的方式监管银行业已经不符合金融发展的客观要求。因此，1979～1997 年，英国形成了自律管制和立法监管的结合管理模式。《1979 年银行法》明确英格兰银行的监管职能，但是管理范围非常宽泛。（3）1986 年英国颁布了《金融服务法》，从根本上确定立法来管理金融机构，成立证券投资委员会，对金融机构进行监管。《1987 年银行法》明确了英国金融监管的法律框架，允许英格兰银行在这一法律体系下，根据金融机构的具体情况，采取适当的监管方式，这一时期，英国以自由灵活的监管方式促进英国金融行业蓬勃发展。（4）1987 年以后，随着金融自由化不断加深，20 世纪 90 年代英国先后发生银行重大倒闭事件，通货膨胀指数连年飙升，宽松的金融管制已经无法适应新时期金融发展的步伐。1997 年，英国成立金融服务局，主要监管银行金融业。1998 年，英国通过修订的《英格兰银行法》赋予英格兰银行制定货币政策的权利，将金融监管权力交付给金融服务局。2000 年通过《2000 年金融市场与服务法案》，明确金融服务局监管范围，监管标准，监管内容，是英国规范金融行业的基本法律，英国混业监管模式基本建立。

英国金融监管的特点如下：首先，英国是早期的资本主义国家，崇尚自由民主，因此，英国金融监管一直采取自律和道义劝说方式，而并非通过法律进行强制监管，其理念是以谨慎为主而并不是监控；其次，英格兰银行，金融服务局和英国财政部各有所管辖的范围，同时这三者之间成立三方小组会谈机制，定期就出现的问题进行协商，分享信息，共同维护英国金融体系的稳定；最后，英国法律、法规也对金融服务局做出相应规定，避免以权谋私，权利失控的可能，用法律手段监管金融业。

3. 日本

日本的利率市场化进程起始于 1977 年，完成于 1994 年。日本的金融监管主要分为两个时期，第一个时期是 2000 年以前的分业监管时期，第二个时期是以 2000 年日本金融服务厅建立为标志的混业监管时期。日本在第二次世界大战之前，规定日本银行负责对金融机构进行监管，而专业型的银行由各自法律规定的监管机构进行监管，最主要的监管机构为大藏省（日本财政部）。但是在这一时期内，法律并未对日本银行的监管职能内容作出明确规定，监管主要由政府财政部进行。第二次世界大战之后一直到 1998 年，日本的金融监管体制是由大藏省和日本银行共同监管。20 世纪 70~80 年代，日本以利率市场化为核心的金融自由化改革，促进金融市场发展的同时，也积累了大量风险，并最终导致了 20 世纪 80 年代末 90 年代初的股市和房地产泡沫。泡沫破灭以后，对日本金融业和实体经济造成了巨大的损失，日本多家银行证券公司相继倒闭，并积累了大量不良债权。日本学界认为，银行大量的坏账是由于日本监管当局监管不力，过多干预银行，造成资金供求扭曲，资金配置不当，而银行机构过度依靠政府，道德风险严重，金融市场缺乏竞争，致使日本金融体系发生崩溃。日本在处理泡沫经济的过程中同时也改变本国的金融监管体系，2000 年，日本建立金融服务厅，对金融机构的成立，经营和破产都有参与和决定的权利，同时，对证券行业进行监管，并划归内阁统一管理，日本由此建立了混业监管体制。

4. 韩国

韩国的利率市场化经历了反复，第一次尝试从 1981 年 6 月~1988 年 12 月，以失败而告终，第二次利率市场化改革从 1991 年开始，至 1997 年完全实现了利率市场化。

韩国在发生 1997 年亚洲金融风暴之前，一直奉行市场自由化原则，政府不能过多干涉金融机构，金融监管由财政部和韩国银行负责。1997 年亚洲金融危机对韩国金融行业造成了极大的冲击，将近 80 家银行在一年之内倒闭。因此，韩国总结此次金融危机的经验教训，对金融监管做出了重大改革：成立金融监管委员会，在其下设立证券期货委员会和金融监管院，分别对资本市场和金融市场进行监管，统一管理存款保险业务。经过改革后，韩国银行具有较大的货币政策制定权利，财政部和金融监督委员会协商对金融制度进行制定或修改。韩国金融监管改革明确了职能分工，界定权限，形成相互协调的机制，由金融监督委员会统一监管，避免了职能不清，重复监管。这使得韩国能够快速摆脱亚洲金融危机的影响，稳定金融市场。

5. 巴西

巴西的利率市场化过程呈现出反复性的特点，第一次激进式改革开始于 1975

年，但是并没有成功；第二次于 1988 年开始，并于 1989 年完成。

20 世纪 60 年代，巴西参照美国模式开始建立金融监管体制，按地区进行分业监管。20 世纪 70~80 年代，随着利率市场化的进行，巴西各个银行开始合并重组，形成了一些具有一定规模的大型银行，金融机构开始走向混业经营模式。巴西的监管部门主体为国家货币理事会，下设巴西中央银行，证券交易委员会，私营保险监管局和补助养老金秘书处，其中最重要的机构为巴西中央银行，对几乎所有的银行实行监管，证券行业由证券交易所和央行共同监督，保险和养老金机构中除部分养老基金单独由补助养老金秘书处监督，其他大部均由私营保险监督局单独监督，因此，巴西的金融监管体系是以巴西中央银行为主的混业经营监管体系（于孝建，2006）。

在经历过 2008 年金融危机后，各个国家都在加强金融监管，确保银行体系能够对抗外来冲击，采取强有力的监管措施，特别是对风险的处置。巴塞尔委员会对现行银行监管国际标准进行重大改革，2009 年颁布《巴塞尔协定Ⅲ》，并于 2013 年开始实施，预期于 2019 年全面达到新的监管要求。新的巴塞尔要求体现了微观审慎监管和宏观经济相结合的特点，按照资本质量，流动性监管，资本数量，资本充足率和杠杆率并行，注重对银行风险的衡量和控制，确定国际上银行监管的新标准。

（二）利率市场化后金融监管框架转型的思考

从利率市场化后各国金融监管体系转型的国际经验来看，有如下几方面值得我们思考：

1. 利率市场化后金融机构混业经营的发展趋势推动金融监管体系由原来的分业监管向混业监管体系转变

从国际经验可以看出，自利率市场化完成后，很多国家都选择统一综合的混业监管模式，例如，英国、德国、日本、巴西等，美国在长期监管体系改革中也指出将转向以目的为导向的金融监管体系，即混业监管格局。其原因在于随着以利率市场化为核心的金融自由化的实施，使得市场竞争加大，金融机构纷纷打破行业壁垒和限制，开始混业经营，谋求利润空间，如商业银行开始经营证券、保险等业务。混业经营使得原有的分业监管的金融监管体系不能满足当前的监管需求，造成了大量的监管真空和重复监管。金融机构利用监管漏洞进行监管套利，从事高风险业务，很容易造成风险的累积，严重的甚至会爆发金融危机。

2. 按照央行在金融监管的地位和作用，可以将利率市场化后的监管模式分为以中央银行为主和独立于中央银行的综合监管模式

前者包括美国、德国、巴西、印度等国，后者包括英国、日本、韩国等国。

采取何种模式，是根据各个国家金融市场和金融监管的历史背景、现状以及社会文化等各种因素分不开的，例如美联储成立时间较早，并且在历史上一度承担金融监管的主要职责，因此在美国当前的监管体系中仍然以美联储为主。各种监管形式各有优劣，最重要的是监管理念、监管目标的变化。

3. 金融风险和金融稳定越来越受到各国监管当局的重视，并开始成立专门机构进行管理

随着金融市场的发展和混业经营趋势加剧，金融机构之间的联系越来越紧密，风险的传播和扩散的渠道也更加地多元化和复杂，单个金融机构的风险和局部风险更容易传染和扩散成为金融系统风险，严重的甚至爆发金融危机。因此金融风险的防范成为利率市场化之后，尤其是2008年美国次贷危机爆发之后，各国金融监管当局关注的重点，并纷纷成立相关部门关注金融风险，例如，2009年美国专门成立由美国财政部领导的金融服务监管委员会，以监视系统性风险；2000年日本建立金融服务厅，对风险进行全面监管。

（三）利率市场化后的金融监管体系与金融风险

金融监管是金融风险的最后一道防线，金融监管的放松和落后也是金融危机发生的重要原因之一，因此利率市场化后的金融监管体系可能引发的金融风险体现在如下两方面：

1. 金融监管与金融市场发展的不匹配所导致的金融风险

以利率市场化为核心的金融自由化改革大大推动了各国金融市场的发展，尤其是资本市场的发展，并促进了金融机构经营模式由分业经营模式向混业经营转变。因此金融市场的巨大变化往往领先于金融监管的发展，很容易由于金融监管落后引起监管真空、监管不足等现象，引发金融机构进行监管套利，从事高风险业务，从而引发金融风险。最典型的例子就是1986年利率市场化后，美国金融业混业经营趋势加大，但监管当局仍然沿用分业监管的监管模式，从而导致大量的监管真空，例如对冲基金、大量金融衍生品业务没有受到监管，从而直接导致2008年美国次贷危机迅速演化为全球性的金融危机。因此金融监管要时刻注意金融市场的变化，并随时合理地进行自身调整，以满足不同市场情况下的监管需求。

2. 金融监管机制设置不合理可能引发金融机构的道德风险，从而引发金融风险

虽然利率市场化后的金融市场内在的变化推动了金融监管体系的变革的内在力量，但如果金融监管机制设置不合理，则反过来会作用于金融市场，阻碍金融市场的发展，严重的甚至会造成金融风险的累积。

因此，在我国利率市场化初步完成的背景下，以及国内金融机构混业经营的趋势不断增加，各种金融控股公司层出不穷的情况下，我国当前的金融监管格局也必须适时地进行调整，以应对当前金融市场的发展。基于利率市场化后的金融监管体系改革与金融风险，我们针对当前金融监管框架的改革有如下几点建议：（1）根据市场发展的需要，从上到下推动我国金融监管框架由分业监管向混业监管转变；（2）按照央行在金融监管中的地位和作用，可以将利率市场化后的监管模式分为以中央银行为主的监管模式和独立于中央银行的监管模式，各种监管形式各有优劣，最重要的是监管理念、监管目标的变化；（3）我们应学习美国、英国、日本、韩国等国家的国际经验，专门设立相关机构，对金融风险和宏观稳定进行监管；（4）类似美国、英国等国家建立相应的金融消费者保护等职能或机构，我国未来需要建立相关机构，保护消费者的合法权益，防范金融诈骗等违法行为，促进金融行业的转型和发展；（5）应时刻注意防范金融监管框架转型过程中金融监管真空、机制设置不当等因素可能引起的金融风险。

本 章 小 结

本章梳理了各经济体利率市场化改革的实践经验，并详细探讨了利率市场化与经济发展和金融危机的关系、影响利率市场化背景下金融风险的关键因素以及利率市场化后的变化与金融风险。通过对国际经验总结分析，可以得出如下一些启示：

（1）从利率市场化的国际经验可以看出，利率市场化的成功往往需要较为稳定的宏观经济、较为成熟的金融市场和金融机构以及相匹配的金融监管调整。

（2）利率市场化前后经济环境的变化上：宏观层面，利率市场化较为成功的经济体，在利率市场化完成之后，实际GDP增长率和通胀水平都较为平稳，宏观经济较为稳定；而利率市场化相对失败的经济体则通常面临着恶性通胀或通货紧缩，宏观经济不稳定。微观层面，利率市场化相对较为成功的经济体，在利率市场化完成之后，通常面临实际利率走高，利差趋于均衡利差的情况；而利率市场化较为失败的经济体，通常实际利率水平不稳定，或者严重高企或者较长时间为负值。

（3）以利率市场化为核心的金融自由化改革通常是金融危机爆发的重要原因之一。银行危机、资产价格泡沫和债务危机是利率市场化后金融危机的通常表现形式。此外，货币政策、金融监管的顺周期性往往起到推波助澜的作用。因此我国在利率市场化初步完成的阶段，应时刻防范金融危机的产生。在应对危机方面，由政府主导的外力干预模式往往救助效果较好。

（4）完全的金融自由化并不是解决金融抑制、促进经济发展的"良方"，尤其是在中国经济结构、金融结构面临巨大转型压力，国有企业和部门存在"预算软约束"、金融机构和个人风险管理意识和能力不强等市场基础问题没有解决的时候，实施完全的金融自由化不仅不会促进经济的发展，相反很可能带来类似日本和阿根廷等国家出现的巨大的金融风险。在狭义利率市场化完成的背景下，我们应该结合我国的实际情况，借鉴国际经验，不要急功近利进行资本项目开放，同时应该选择利率市场化、汇率自由化，但资本项目不完全开放的金融改革路径。在部分资本项目开放过程中，可以通过税制等级、开放长期投资的同时抑制短期投资等措施来鼓励资本投资于实体经济，防范投机资本对国内金融体系的冲击；同时切实加强市场基础建设，加强金融监管，将金融风险防范在源头。

（5）利率市场化背景下的金融自由化路径的选择、通货膨胀、财政赤字、银行经营模式、金融创新和存款保险制度是影响金融风险的几个关键因素。在狭义利率市场化完成的背景下，我国应该保持通货膨胀的相对平稳，防范恶性通胀引发的风险和通胀紧缩引发的经济萧条；同时应该保持合理的财政赤字水平，防范财政赤字过度货币化可能引发的风险和债务危机；加强对银行业的监管，加强银行自身风险管理建设，尤其是利率风险管理建设，防范银行业危机；将金融创新纳入金融监管的范围，防范金融创新引发的金融风险。

（6）在利率市场化背景下，随着商业银行混业经营模式的发展，其所面临的金融风险呈现出一些新的特征：首先，随着商业银行向证券等业务的扩展，其面临的风险来源更加多样化；其次，交叉业务使金融机构间的联系更为紧密，从而使得风险的传染和扩散更为迅速；再次，由于利率由市场定价，商业银行面临的利率风险也较之前更为严重；最后，利率市场化背景下市场竞争的加剧使得商业银行的道德风险更为严峻。因此在狭义利率市场化完成之初，我国应当时刻注意加强商业银行自身风险防范和风险管理能力，同时加强金融监管，防范金融风险的发生。

（7）从国际经验来看，利率市场化后各经济体的货币政策调控体系纷纷从数量型货币政策体系转向价格型货币政策体系，一方面反映出货币政策框架体系调整是由利率市场化内在推动的，另一方面反映出利率市场化是货币政策框架由数量型转向价格型的必要而不充分条件。此外，货币政策框架转型并不是一蹴而就的，而要依据利率是否由市场定价、利率传导途径是否建立、短期利率向长期利率传导机制是否建立等条件，同时要与金融市场的发展相适应，我国利率市场化完成初期货币政策框架调整应依据实际情况进行。但同时也要防范价格型货币政策调控体系下可能频发的资产价格泡沫等金融风险。

（8）在狭义利率市场化完成的初期，金融机构混业经营不断加剧，因此我国当前的金融监管格局也必须适时地进行调整，以适应金融市场的发展。基于利率市场化后的金融监管体系改革与金融风险，我们认为当前金融监管框架的改革有如下四点建议：①根据市场发展的需要，从上到下推动我国金融监管框架由分业监管向混业监管转变；②按照央行在金融监管的地位和作用，可以将利率市场化后的监管模式分为以中央银行为主的监管模式和独立于中央银行的监管模式，各种监管形式各有优劣，最重要的是监管理念、监管目标的变化；③我们应学习美国、英国、日本、韩国等国家的经验，设立专门的相关机构，对金融风险和宏观稳定进行监管；④建立类似美国、英国等国家保护金融消费者等机构或部门。同时在我们应时刻注意防范金融监管框架转型过程中所产生的金融监管真空、机制设置不当等因素引起的金融风险。

总而言之，在利率市场化初步完成的阶段，我们应时刻关注金融市场的变化和风险，从公司治理、货币政策、金融监管等各个方面加强措施，防范局部风险的产生，同时应该更加注意风险的传染和扩散，防范金融风险的爆发以及其对国民经济所产生的巨大危害。

源于长期的利率管制，我国经济金融系统中积累了大量的问题，推行利率市场化改革将有助于缓解这些问题带来的不利影响。但在当前全球经济复苏尚不稳定，金融风险较高，国内产业结构升级，全面深化改革，金融系统尚不发达等一系列背景下，推行利率市场化改革所面临的金融风险环境也变得更加复杂。从前两章的理论分析和国际经验来看，利率市场化的过程中会产生大量的金融风险，稍有不慎便有酿成金融危机的可能性，这需要我们对当下中国的金融风险进行更加深入系统的研究。后面，我们从金融风险的三个层次微观、中观和宏观分别研究利率市场化改革的当下我国的金融风险情况。

第五章

利率市场化背景下的微观金融风险

利率市场化对金融系统的影响是方方面面的，诸多个体会受到冲击，尤其是作为金融活动最主要参与者的金融机构。我国的金融体系以商业银行为主，银行业在资产规模、融资规模各方面都占据主要位置。尽管近年来，在利率市场化的进程中，直接融资的规模在迅速扩张，但银行业为主导的间接融资仍然占有主要地位。截至 2014 年底，我国银行业资产规模对金融业资产规模占比仍达 78.6%。利率市场化最直接影响的就是商业银行，因而商业银行风险也是最为主要的微观层面金融风险。尽管证券保险等其他金融机构也会受到利率市场化冲击，但这些机构的风险主要体现在行业的层面上，因而我们在中观层面上探讨其他这些非银行金融机构的风险。

第一节 利率市场化影响商业银行风险的理论和实证分析

一、利率市场化影响商业银行风险的理论分析

国内外研究和国际经验表明，一国利率市场化将对商业银行经营的方方面面产生影响。利率市场化将改变整个金融市场，并同时对宏观经济环境产生影响。商业银行的资产端，负债端，以及盈利能力普遍受到很大冲击。

利率市场化后，商业银行的负债结构和负债成本都发生较大变化。利率市场化后，商业银行负债中存款的比例普遍下降，而负债成本普遍上升。美国银行业的存款在整个负债中的占比一直下降，利率市场化启动的1970年存款占负债比重是91.11%，1980年下降到84.73%，1986年为82.78%，2000年进一步降至73.13%。存款利率水平受到很多因素影响，比如政治因素还有宏观经济政策等因素。进一步考察负债成本，美国和日本利率市场化初期，均出现了负债成本上升的情况。负债结构和负债成本的变化，主要通过两方面增加银行风险：一是银行争夺存款市场份额，引起价格竞争。存款价格竞争提高银行负债成本的同时催生道德风险。二是负债成本的上升使得银行利润空间缩减，无法通过留存收益补充资本金，转而采取扩股融资等补充资本金的方式。

利率市场化后，商业银行的资产结构也会发生较大变化。利率市场化使得银行单纯依靠资产规模增长获得利息收入的业务模式无法持续，银行资产规模增速放缓。同时为了缓解利润下降的压力，银行业会加大贷款投放力度。美国银行业总资产规模在利率市场化阶段缓慢增长，增速下滑，由1972年的15.36%下滑到1990年的2.73%。但同期美国银行业贷款占资产比重上升，存贷比也不断上升。日本银行业的情况类似，在1984~1994年利率市场化推进的重要时期，贷款在总资产中的比例一直上升。银行在加大投放贷款时，多向高风险行业倾斜，因而资产结构的变化会增加银行的信贷风险。而由于各国监管机构对银行均有风险监管指标的约束，因而即使存贷比不存在，银行也无法一直扩大贷款占资产比例。但当道德风险较高时，银行也会通过各种方式绕过风险监管指标约束，产生较多的违规贷款。美国的经验是，通过资产证券化和成熟的金融市场将超过监管要求的贷款迅速转入金融市场。日本的经验是通过扩大非利息收入，补充银行不良贷款上升带来的损失。

利率市场化带来银行资产端和负债端的变化，结果往往是银行传统业务方面盈利能力降低。资产端和负债端的变化，使得银行存贷利差降低，存贷利差降低意味着银行从传统的存贷业务中获得的收益降低，但存贷利差降低不一定导致银行盈利能力下降。因为银行吸收的存款并不会全部用于放贷，还会有很大一部分缴纳存款准备金、进行债券投资等，而这些资金运用都会获取利息收入。而利率市场化后银行是否能继续保持竞争力，也取决于其对其他生息资产的管理能力。日本和美国的经验表明，利率市场化在短期内会导致银行ROA和ROE的剧烈波动，甚至导致银行亏损，但长期来看，利率市场化有助于提高银行的竞争力。

利率市场化还影响银行收入结构，利差降低使得银行纷纷争相扩大非利息收入。非利息收入不仅可以增加银行收入，而且并不占用风险资产份额。美国银行业务1980年的非利息收入占比20.31%，随后逐年上升，在利率市场化后的

2003 年到达阶段顶点 43.77%。日本银行业开始向非传统业务渗透，非利息收入逐渐成为银行收入的重要部分，而非利息收入占比逐年攀升，在 2000 年差不多达到接近 50%。①

利率市场化带来的银行业经营模式的变化，往往导致一批中小银行的倒闭，也有可能引发系统性的银行业危机。对于实力雄厚的大银行，利率市场化对其的影响是暂时的，而广大的中小型银行的生存态势则相对严峻，利率管制环境一定程度上保护了这些定价和风险管理能力较弱的机构，一旦利率自由化，它们与大型银行的差距将比较明显地凸显出来。一方面，资金来源成本将更高，大型银行可以通过大量的网点以及层出不穷的主动负债工具吸收资金，中小型银行受客观条件限制，只能更加依赖同业存款等工具，负债结构比较单一，其负债成本上升幅度将大大高于大型银行。另一方面，由于资产业务简单，难以通过中间业务的扩张来弥补传统信贷业务的损失，在资金来源成本上升的情况下，将迫使中小银行转向高风险高收益的领域和客户，导致其资产风险大大提升，资产质量下降。一旦经济金融形势出现不利变化，首当其冲受影响的将是中小银行，要么破产倒闭，要么被大型银行兼并重组，银行业集中度将提高。美国银行业在利率市场化推进之后，尤其是 1984 年以后，不少中小银行倒闭，银行机构数量明显减少，同时银行业的资产规模却不断增加。1985 年之前，资产规模在 100 亿美元以上的商业银行数量，占所有银行的数量不超过 50%；而在 1986 年以后，该比例超过了 50%，且有持续上升的趋势。1994 年，资产规模在 100 亿美元以上的银行数量占所有银行的比例已经超过了 60%，而且，资产规模大于 1 000 亿美元以上的银行数量比例也在不断增加。② 可见，美国利率市场化后，资产规模较大的银行数量占比提高，银行业集中度是在上升的。日本情况类似，利率市场化期间商业银行的数量逐渐减少，尤其是 1994 年利率市场化完成后，银行数量减少更多，许多大银行尝试通过收购兼并的形式做大做强，比如三井银行和住友银行、东京银行与三菱银行、第一劝业银行和富士银行的合并等。在机构数量减少的同时，部分大银行资产规模越来越高，行业集中度的趋势比较明显。

各国利率市场化实践的一个重要特征是银行信贷的过度扩张导致银行业危机。张建华在《利率市场化的全球经验》中总结发现，在利率市场化改革过程中，英国、美国、日本等国都出现了银行业危机。利率市场化会带来利率升高，萨奇（1996）研究表明实行利率市场化之后，在名义利率资料完整的国家和地区中，15 个出现上涨，5 个出现下降；在实际利率资料完整的 18 个国家中，只有波兰在推行该政策后实际利率下降，其余 17 个国家和地区都有不同程度的上涨，

---

①② Wind 数据库。

这一方面是由于利率市场化导致银行追逐风险收入，另一方面也是长期控制下银行取得业务自由的一种扩张冲动。

金融危机可分为主权债务危机、银行危机和国际收支危机。与以希腊为代表的主权债务违约引发的危机为主权债务危机不同，银行危机在高收入国家，中等收入国家和低收入国家发生的影响都非常相似。处于世界金融中心的国家，经历的银行危机更多。政府为应对银行危机往往需要付出较高的救助成本，尤其是为应对大型银行的"大而不倒"问题。此外，有研究发现银行危机通常导致税收收入大幅下滑，银行危机对税收和公共债务的影响远远大于危机时对银行的救助成本。政府在银行危机过后三年间的真实债务平均要攀升86%。执行财政政策，因风险溢价上升导致带来的利息支出上升都是导致赤字攀升的原因。

综上所述，利率市场化会导致商业银行风险上升，银行风险上升会给我国经济的健康发展带来不利影响，因此需要我们对商业银行的风险状况以及如何应对利率市场化背景下的商业银行风险进行研究。

二、利率市场化影响商业银行风险的实证分析

结合在第二章中构造的衡量我国利率市场化程度的指数，我们进一步通过数据实证分析利率市场化过程中我国商业银行的风险表现。

目前已有大量学术文献探讨货币政策对我国商业银行风险承担行为的影响，其中，商业银行风险资产占银行总资产的比例是较为常见的衡量银行风险承担情况的指标（比如，方意，2012）。我们也沿用这一指标来衡量我国商业银行的风险承担情况，具体计算方法如式（5.1）。

$$RAR = \frac{总资产 - 对银行的贷款和垫款 - 政府证券 - 现金}{总资产} \times 100 \quad (5.1)$$

对于控制变量，结合现有学术文献，我们选择了银行规模 $size$（总资产的对数值），资本充足率 cap（权益与资产的比值），银行盈利能力 $prof$（税前利润与总资产的比值），银行经营效率 $effic$（运营收入与运营支出的比值），实际 GDP 增长率，通货膨胀率 def（GDP 平减指数变化率），3 个月期限拆借利率的变化 $dr3m$，以及银行是否为上市银行的虚拟变量。我们从 BankFocus 数据库中搜集了中国银行业 2011 年到 2016 年间的财务数据，通过以往的 Bankscope 数据库中的资料整理中国银行业 2005 年到 2010 年间的财务数据，最终得到了 2005 年到 2016 年的研究样本。为剔除极端值的影响，对所有银行财务数据变量均进行了 5% 分位数的 winsorize 处理。我们使用式（5.2）和式（5.3）两种回归模型来检验利率市场化对银行风险承担影响，以确保结果对方法的稳健性。

$$RAR_{it} = u_i + \beta_1 liber_t + \Psi X_{it} + \Gamma Z_t + \varepsilon_{it} \qquad (5.2)$$

$$RAR_{it} = u_i + \sum_{j=1}^{2}\theta_j RAR_{i,t-j} + \beta_1 liber_t + \Psi X_{it} + \Gamma Z_t + \varepsilon_{it} \qquad (5.3)$$

式（5.2）使用固定效应模型进行回归分析，Hausman 检验的统计量为 63.40，在 1% 的显著性水平下认为固定效应模型比随机效应模型更好；F 检验的统计量为 4.71，也在 1% 的显著性水平下认为固定效应模型比混合最小二乘回归更好。因此使用固定效应模型进行回归分析。此外，我们也在混合回归的情况下进行了 VIF 检验，平均统计量小于 10，说明变量间不存在多重共线性。式（5.3）的区别在于考虑了商业银行风险承担在不同时期下的自相关，也即考虑了商业银行风险承担的变化，采用了动态面板模型，因此将使用系统 GMM 方法进行回归分析。式（5.2）的回归结果如表 5-1。

表 5-1　利率市场化对我国商业银行风险承担的影响
（固定效应模型）

项目	(1)	(2)	(3)	(4)
贷款利率市场化	7.8987*** (1.2190)			
存款利率市场化		23.0788*** (2.9728)		
实际利率市场化			10.7031*** (1.1382)	
制度利率市场化				22.6704*** (3.1641)
$size$	-0.3914 (0.6879)	-1.3716** (0.6899)	-0.7429 (0.6719)	-2.5286*** (0.7396)
cap	-0.0941 (0.0866)	-0.0724 (0.0859)	-0.0631 (0.0847)	-0.1237 (0.0861)
$prof$	-2.7619*** (0.6055)	-2.7923*** (0.5943)	-2.0341*** (0.6009)	-2.5519*** (0.6066)
$effic$	-0.1491*** (0.0415)	-0.2096*** (0.0397)	-0.1193*** (0.0405)	-0.1649*** (0.0406)
gdp	0.9543*** (0.2720)	1.4666*** (0.2881)	1.5469*** (0.2796)	1.1503*** (0.2767)

续表

项目	(1)	(2)	(3)	(4)
def	0.9663*** (0.2738)	-0.9913*** (0.2856)	0.7055*** (0.2459)	0.2549 (0.2442)
$dr3m$	-3.6133*** (0.5002)	0.0934 (0.5318)	-3.0704*** (0.4481)	-1.7899*** (0.4495)
$dumipo$	2.9132* (1.5960)	3.6243** (1.5688)	2.0899 (1.5622)	2.6315* (1.5910)
obs	1 146	1 146	1 146	1 146

注：***、**、*分别表示1%、5%、10%的显著性水平。( )内为标准差。省略了常数项的结果。

资料来源：作者计算整理。

表5-1的回归结果表明，无论是实际上的利率市场化推进，还是制度上的利率市场化推进，均会显著的提升商业银行的风险承担水平。这印证了我们之前的理论分析，也意味着，我们需要对利率市场化过程中出现的商业银行风险水平上升给予充分的重视。表5-2为使用系统GMM方法所得的回归结果。显而易见，上述回归结果对方法是稳健的，无论哪种形式的利率市场化均会导致商业银行风险承担水平的上升。这需要我们在改革过程中密切关注商业行业的风险变化，并研究可行的应对措施。

表5-2　　利率市场化对我国商业银行风险承担的影响
（系统GMM模型）

项目	(1)	(2)	(3)	(4)
贷款利率 市场化	2.0919*** (0.2516)			
存款利率 市场化		10.0906*** (0.6838)		
实际利率 市场化			4.3087*** (0.2336)	
制度利率 市场化				9.6192*** (0.6119)
$L.RAR$	0.6125*** (0.0085)	0.6462*** (0.0078)	0.5828*** (0.0076)	0.6131*** (0.0105)

续表

项目	(1)	(2)	(3)	(4)
$L2.RAR$	-0.1005*** (0.0073)	-0.0517*** (0.0069)	-0.1021*** (0.0080)	-0.0788*** (0.0088)
$size$	-0.0433 (0.0959)	-0.3427*** (0.1089)	0.1116 (0.1018)	-0.1507 (0.1061)
cap	-0.3262*** (0.0222)	-0.2742*** (0.0210)	-0.3378*** (0.0182)	-0.3630*** (0.0272)
$prof$	2.3672*** (0.1258)	1.6333*** (0.1071)	2.6378*** (0.1259)	2.2439*** (0.1130)
$effic$	-0.0679*** (0.0087)	-0.0851*** (0.0072)	-0.0383*** (0.0088)	-0.0474*** (0.0082)
$dr3m$	-2.5007*** (0.1140)	-0.7420*** (0.0721)	-2.8969*** (0.0809)	-2.3557*** (0.1044)
gdp	-0.8777*** (0.0525)	-0.3773*** (0.0462)	-0.4698*** (0.0656)	-0.6961*** (0.0374)
def	0.5893*** (0.0584)	-0.4061*** (0.0438)	0.7285*** (0.0429)	0.5979*** (0.0675)
$dumipo$	-1.2336*** (0.4114)	0.7233 (0.5850)	-0.7935* (0.4132)	-0.1568 (0.6128)
obs	631	631	631	631
AR(1)	-3.28*** [0.001]	-3.15*** [0.002]	-3.32*** [0.001]	-3.25*** [0.001]
AR(2)	-0.20 [0.841]	-0.74 [0.458]	-0.13 [0.899]	-0.480 [0.631]
Sargan	103.04 [0.866]	102.91 [0.868]	103.03 [0.866]	98.72 [0.922]

注：***、**、*分别表示1%、5%、10%的显著性水平。()内为标准差，[]内为p值。省略了常数项的结果。

资料来源：作者计算整理。

第二节 利率市场化背景下商业银行的经营变化

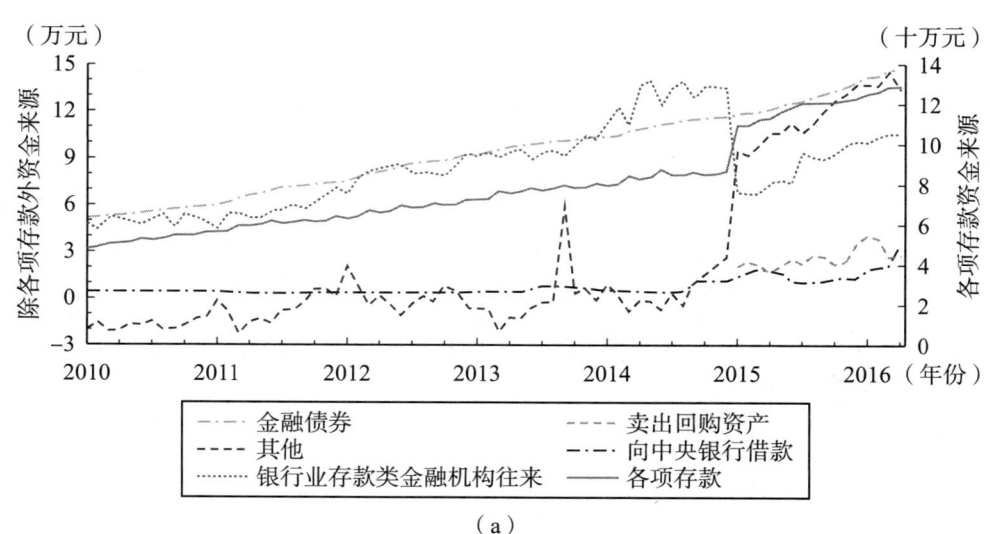

一、利率市场化背景下商业银行资金来源变化

由图 5-1 可见，截至 2014 年底为止，商业银行存款占比不断减小，但在 2015 年开始出现明显回升。许多国际经验和理论研究大多认为，利率市场化过程中，存款占比不断下降，是利率管制下金融脱媒的表现，而放开存款利率管制后，可以缓解银行的存款流失。但是我国商业银行存款占比的变化节点并非出现在 2015 年 10 月 24 日放开存款利率上限后，而是在 2015 年 1 月就出现明显上升。原因是我国银行业在利率市场化之前和完成后，买方市场的主导地位并没有改变，存款占比的变化源于监管规则的变化。

在 2015 年初各项存款明显回升，同时银行业存款类金融机构往来资金明显下降。这是由于 2015 年 1 月 15 日，央行发布了《关于调整金融机构存贷统计口径的通知》（以下简称《通知》），提出将非存款类金融机构存放在存款类金融机构的款项纳入"各项存款"统计口径。以前属于同业往来项目的非存款类金融机构存放计入存款统计口径，计提准备金比例暂定为 0。这一改变分流了 2015 年以前统计项目中的同业往来，增加了存款项目规模占比。

(a)

(十万元)

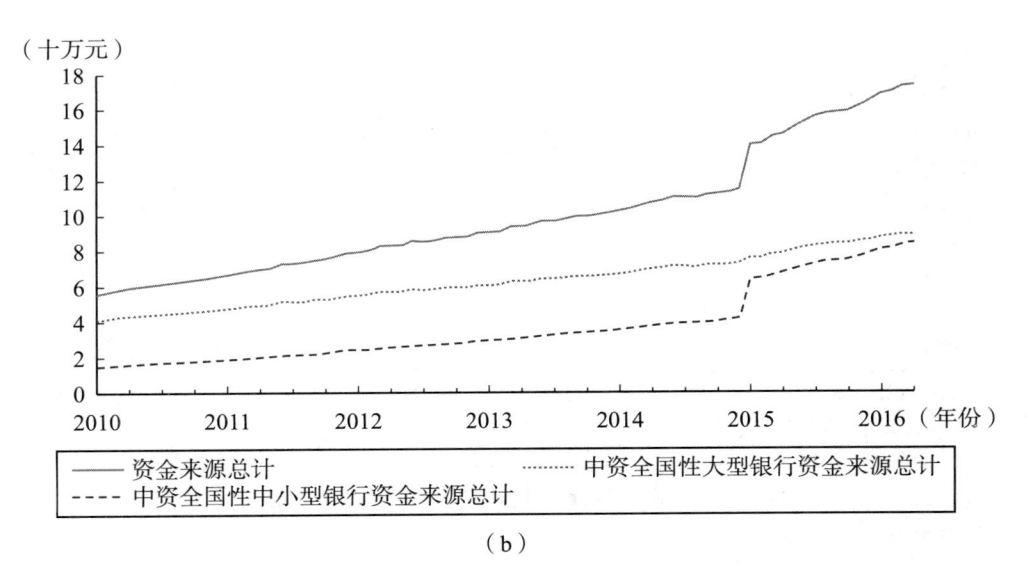

(b)

图 5-1　商业银行资金来源

注：按照人民银行公布统计口径，银行业存款类金融机构包括银行、信用社和财务公司。银行业非存款类金融机构包括信托投资公司、金融租赁公司、汽车金融公司和贷款公司等银行业非存款类金融机构。图中小型银行指本外币资产总量小于2万亿元的银行（以2008年末各金融机构本外币资产总额为参考标准）。中资大型银行指本外币资产总量大于等于2万亿元的银行（以2008年末各金融机构本外币资产总额为参考标准），包括中国工商银行、中国建设银行、中国农业银行、中国银行、国家开发银行、交通银行和中国邮政储蓄银行。中资全国性四家大型银行人民币信贷收支表本表机构包括中国工商银行、中国建设银行、中国农业银行、中国银行。

资料来源：Wind数据库。

由图5-2可见，本次监管规则调整影响最大的是中小银行，中小银行存款规模的变化贡献了总资金规模变化中的绝大部分。但大型银行的资金来源中存款占比仍明显高于中小型银行。四家大型银行存款占比最高；全国性大型银行的存款占比其次；中小银行存款占比最低。就下降幅度来说，全国性大型银行存款占比2014年较2009年下降幅度最大，中小银行下降幅度最小。但中小银行下降幅度较低可能是2015年初存款统计口径调整，将非银同业存放计入存款口径使得中小银行存款占比在2015年初出现了结构性变化。非银机构存款虽然计入存款统计口径，但非银机构存款的利率不同于一般活期定期存款，往往是利率较高，期限较长的协定存款。存款是成本较低的负债，而中小银行存款占比较低，利率市场化对中小银行经营成本的冲击不言而喻。

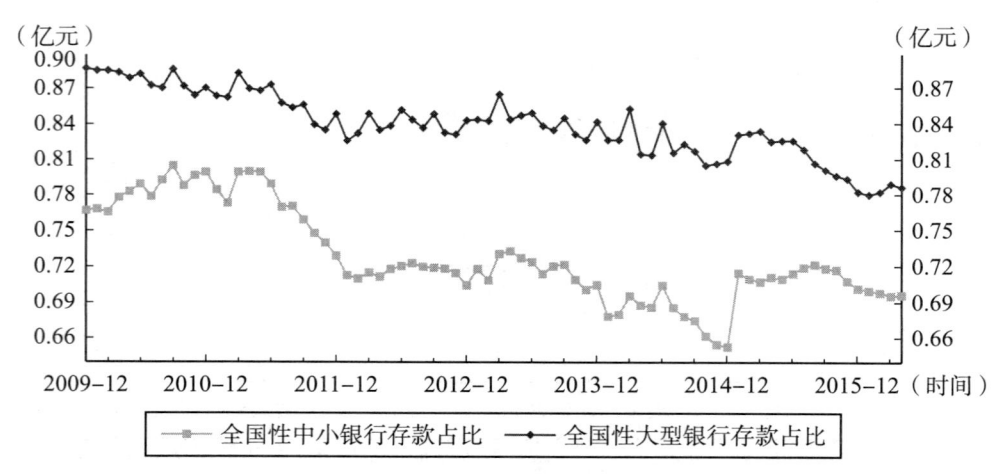

图 5-2　银行各项存款占其总资金来源的比重

资料来源：Wind 数据库。

互联网金融的兴起带来的存款分流使得住户和非金融企业存款中活期存款的比例逐步走低，但实际上是活期存款流入非银行金融机构，又以其他存款的方式流回银行体系。由图 5-3 可见，活期存款占比下降趋势一直保持至 2014 年 12 月，而 2015 年 1 月开始商业银行活期存款的占比突然上升。2015 年活期存款占比出现结构性变化是因为 2015 年 1 月开始非银行业金融机构的存款也计入了银行存款口径。互联网金融创新将货币市场与及时赎回技术结合，创造出可以替代活期存款的各种业务，最初以余额宝为代表。在存款利率管制严格时期，以余额宝为代表的货币市场基金飞速发展，分流了大量活期存款。2009~2014 年活期存款在存款中占比连续下降。但由 2015 年统计口径变化后活期存款占比的变化可知，活期存款并没有脱离银行业体系。

图 5-3　商业银行活期存款占比

资料来源：Wind 数据库。

全国性大型银行活期存款占比高,全国性中小银行活期存款占比较低。银行吸收活期存款的能力与其规模密切相关。第一,活期存款要求银行满足客户随时支取的需要,即使是在互联网金融和网上银行高度发展的阶段,仍有很多日常支付需要支取现金,依赖银行网点和ATM机。我国目前的支付方式仍然是电子支付和现金支付共存,短期内大型银行在活期存款方面的优势不会消失。第二,四大银行和全国性大型银行在其他业务的优势带来大量活期存款,例如2015年股市火爆带动了活期存款占比缓慢上升。股市火爆从两方面推升活期存款规模:一是直接炒股,交易量大幅增加导致交易结算资金规模扩张;二是打新股,IPO发行节奏加快导致始终有大量资金冻结在交易结算资金中用来新股申购。

一般情况下,银行对于交易结算资金需要支付活期存款利率,或1年期定存利率;目前已有创新业务出现,将闲置交易结算资金投资于货币资金。使得交易结算资金变为非银同业存款,通常为协议存款①,因而银行付出成本会有所提高。这也是一种活期存款通过其他金融机构流回银行存款的形式。

价格并不是带来活期存款占比上升的原因。2015年存款利率管制逐渐放宽直至取消管制,根据理论研究和国际经验来看,面对利率管制松绑,银行一般会提高存款利率,争取存款份额。2015年央行多次采用降息降准,为了准确考察银行活期存款的定价行为,我们统计了上市银行活期存款利率基准利率上浮水平(见表5-3)。各大银行的定价策略并不完全相同,但均具有随基准利率调整的特点。在存款利率管制不断放宽的过程中,上市银行并未加大上浮水平,相反的,在2015年底还出现了较基准利率下浮一定比例的情况。活期存款占比的变化与活期存款的定价没有明显关系。

表5-3   上市银行活期存款利率浮动情况

项目	2012年6月8日	2012年7月6日	2014年11月22日	2015年3月1日	2015年5月11日	2015年6月28日	2015年8月26日	2015年10月24日
北京银行	0.04	0.04	0.07	0.07	0.07	0.07	0.04	0
华夏银行	0	0.04	0.04	0.04	0.04	0.04	0.04	-0.05
交通银行	0.04	0	0	0	0	0	0	-0.05
南京银行	0	0	0.07	0.11	0.04	0	0	0
宁波银行	0.04	0.04	0.07	0	0	0	0	0

---

① 从天弘基金披露的余额宝(天弘增利宝)的投资组合来看,92.3%的资金投向了银行协议存款,4%投向债券,3.4%用于金融资产回购协议,0.2%投向其他资产。协议存款是期限较长、起存金额较大、利率、期限、结息付息方式、违约处罚标准等由双方商定的人民币存款品种。

续表

项目	2012年6月8日	2012年7月6日	2014年11月22日	2015年3月1日	2015年5月11日	2015年6月28日	2015年8月26日	2015年10月24日
浦东银行	0	0.04	0.07	0.04	0.04	0.04	0	-0.05
平安银行	0	0.04	0	0.04	0.04	0.04	0	-0.05
兴业银行	0.04	0.04	0.07	0.04	0.04	0.04	0	-0.05
招商银行	0	0.04	0	0	0	0	0	-0.05
工商银行	0.04	0	0	0	0	0	0	-0.05
建设银行	0.04	0	0	0	0	0	0	-0.05
民生银行	0	0.04	0.04	0.04	0.04	0.04	0	-0.05
农业银行	0.04	0	0	0	0	0	0	-0.05
中国银行	0.04	0	0	0	0	0	0	-0.05
中信银行	0	0.04	0.07	0	0.04	0.04	0	-0.05
邮政储蓄	0.04	0	0	0	0	0	0	-0.05

资料来源：Wind 数据库。

利率市场化使得存款占比不断减小，而应付债券比重有所上升。除四大银行外，全国性大型银行和全国性中小银行应付债券规模继续上升（见图 5-4）。由前面分析，相比于大型银行，中小银行存款占比较低，需要通过金融债券和同业负债进行补充。2013 年底开始，同业存单发行，大多数银行将同业存单记录到

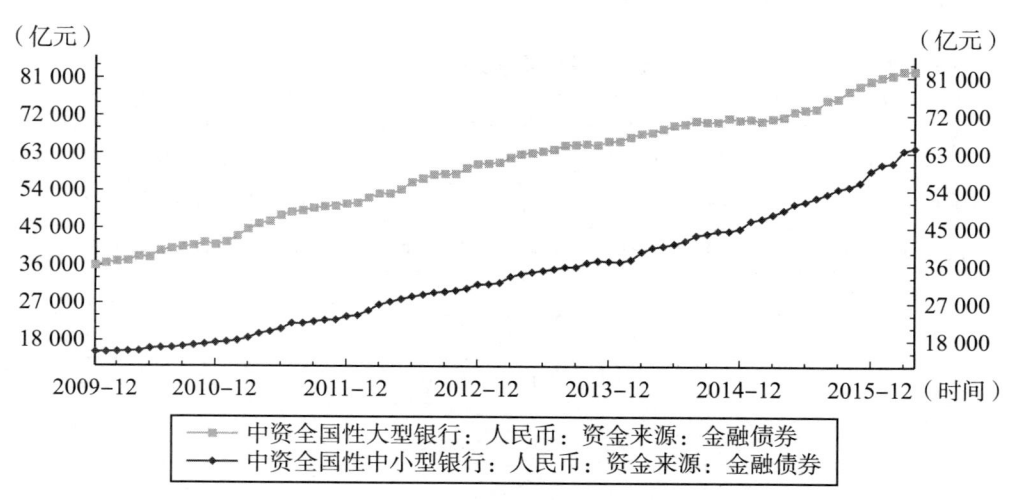

图 5-4 商业银行金融债券规模

资料来源：Wind 数据库。

应付债券项目。2014 年第四季度开始，同业存单发行呈现井喷式增长，2015 年前 4 个月发行量是去年同期 25 倍，预计全年发行量将突破 3 万亿。理论上同业存单对于银行同业负债起到替代作用，但实际中同业存单增速与同业负债增速基本同步。同业存单发行利率与资金利率较为相关，2015 年保持在 3%～4% 左右的水平。

存款保险制度推出后，面向企业和个人发行的大额存单推出，但大额存单规模并没有像同业存单一样迅速增长，只有少数银行开展了期限选择有限的几种大额存单。首先，B 银行购买 A 银行的同业存单；A 银行利用该笔资金投资利用通道方进行受益权投资业务；B 银行利用 A 银行的同业存单为资产管理方的信托贷款或委托贷款提供存单质押；同时签署接触存单质押合同的抽屉协议。

利率市场化完成后，商业银行的同业存放规模均增加（见图 5-5）。中小银行的同业存放增长最多，中小银行在资金来源方面对同业市场的依赖越来越强。《关于规范金融机构同业业务的通知》在规范"非标"类资产的同时，也对同业负债占比进行了约束：单家商业银行对单一金融机构法人的不含结算性同业存款的同业融出资金，扣除风险权重为零的资产后的净额，不得超过该银行一级资本的 50%。2011 年后，同业存放从 9% 左右的占比上升至 12% 左右，拆入资金从 1% 上升至 2% 左右，卖出回购资金资产从 1% 上升至 1.6% 左右，14 年同业负债占比受到限制后，增速均出现一定程度放缓。

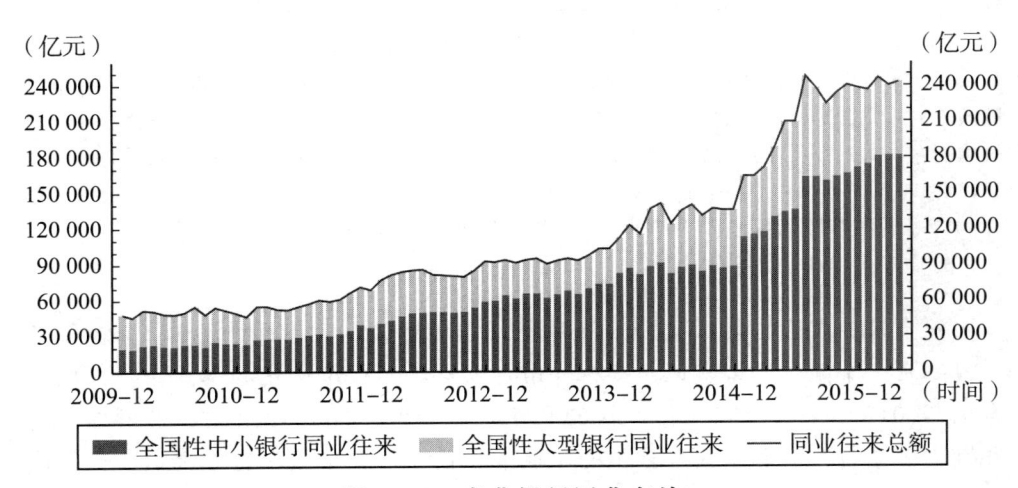

图 5-5　商业银行同业存放

资料来源：Wind 数据库。

利率市场化的完成并没有改变银行在金融体系中的主导作用。2015 年同业存放中，非银行金融机构存放在商业银行的款项明显上升，增速超过银行间同业存放（见图5-6）。一方面，与股市火爆，非银行金融机构增加在银行的存放资金有关。另一方面，货币基金分流的活期存款，又通过协议存款或者同业存单的方式流回银行系统。银行在居民和企业存款业务上仍有垄断优势，居民和企业的存款利率并没有出现大幅上升。而具有一定议价能力的其他金融机构则通过货币基金的方式将资金转入银行系统，虽然抬升了银行的负债成本，但并没有改变商业银行在资金来源方面的主导地位。

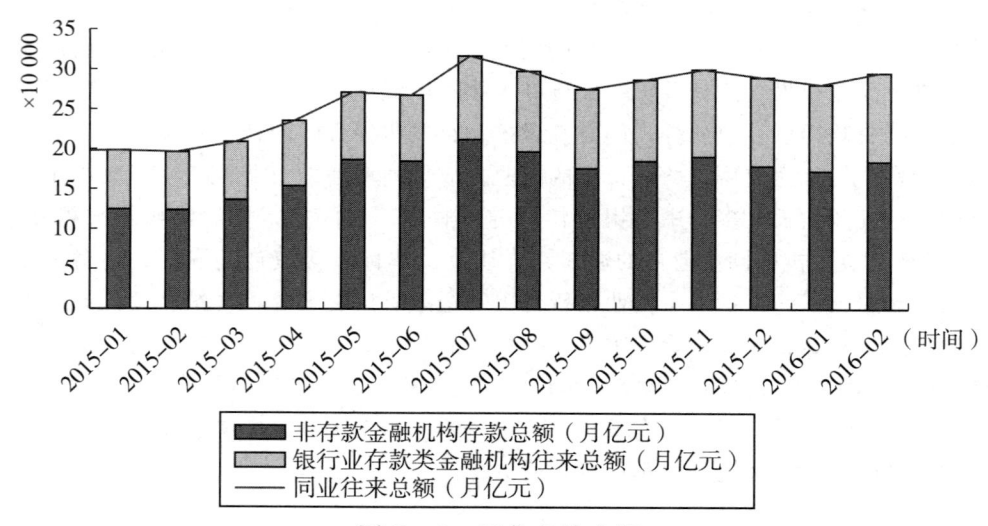

图5-6 同业存放来源

注：2014年12月27日，《关于存款口径调整后存款准备金政策和利率管理政策有关事项的通知》规定，2015年起将对存款统计口径进行调整，将原来同业往来项目下非银行业金融机构的存款纳入各项存款范围。以往同业往来项目下的银行业存款机构存款仍列为同业负债。2015年1月15日，央行发布了《关于调整金融机构存贷款统计口径的通知》（以下简称《通知》），提出自2015年起修订"各项存款"和"各项贷款"统计口径。

资料来源：Wind数据库。

资金来源方面，货币市场工具筹资（同业拆入、卖出回购等）、企业债务工具筹资、金融债券筹资以及银行外币存款早已实行市场化利率。银行人民币存款，2015年之前受到央行严格的利率管制，但一部分存款的利率仍是市场化利率。单位存款和个人存款中的保证金存款，其利率虽为官方规定，但实质上是作为质押品，利率高低不是该存款人所关注的要点。个人存款中的结构性存款，实质上是一种理财产品，其收益率已不受存款利率制约。财政性存款中，国库现金定期存款利率采取招标形式定价，适用市场化利率。委托存款，利率由委托方自主确定。其他存款，主要由协议存款、协定存款构成，实行市场化利率已经多年。2014年，保证金存款、结构性存款、国库现金定期存款、委托存款、其他存款余额合计 14.6 万亿元，约占全部银行人民币存款（113.86 万亿元）的 12.8%。相比于 2012 年的占比 11.86%，上升了 1 个百分点（黄金老，2013）。即我国 12.8% 的银行存款在存款利率市场化完成之前已经实行市场化利率。

  本书认为，利率市场化之后，之前受利率管制的一般定期存款和活期存款并没有出现争相调整利率抢占存款份额的情况可能有以下几点原因：（1）利率市场化完成后，对商业银行利率并不是完全放任自流，而是由大银行组成利率自律委员会，实际上对银行利率的窗口指导并未停止。（2）银行在存款市场具有垄断地位，居民和企业缺乏金融选择权，即使有货币基金的创新业务出现，最终也是流向银行的协定存款。天弘增利宝货币基金 2013 年四季报显示，银行存款和结算备付金占基金资产比例达到 92.21%。AAA 评级的短期融资收益率略高于一个月期限的银行协议存款。但对超大规模的货币基金而言，短期融资能容纳的资金非常有限。一支短期融资的规模能达到 15 亿~20 亿元，已经是规模比较大的品种。但基金投资一支短期融资的比例不能超过发行规模的 10%，也就是最多投资一两亿元左右。货币基金规模达到 1 000 亿元以上，基本就只能投向存款，才能容纳每天几十亿的净申购资金。

  研究存款利率及其影响因素的文献大多研究存款市场结构、市场集中度与存款利率的关系。罗森（Rosen，2007）研究发现市场规模结构和市场中跨地区经营的银行对存款利率有显著影响；规模结构对存款利率的影响呈倒"U"型；跨地区经营的银行的存款份额也会影响当地市场存款利率。而研究银行特征与存款利率定价关系的则相对较少，主要集中在银行规模对利率定价的影响上。主要原因可能是市场结构的数据较容易获得，而银行特征的数据不易获得。贝格（Berger，1995）等指出，研究存款利率定价不应忽略来自银行层面的变量，这些变量系统性地影响银行对存款的需求、获得存款成本以及愿意支付的存款利率。

  针对银行规模与存款利率的研究发现，规模较大的银行往往支付较低的存款利率，原因一是大银行较小银行具有网点优势；原因二是大银行负债端配置具有更多选择，因而对存款依赖程度较低。汉南和普拉格（Hannan and Prager，2006）研究发现，大银行或大银行的分支行比小银行支付更低的利率。同时，还发现在小银行数量众多的市场，大银行也会支付较低的利率。比尔（Biehl，2002）认为，大银行倾向于支付更低的存款利率，而储户则通过更加优质的服务得到补偿，比如全国范围的网点和 ATM 机。汉南（Hannan，2006）研究发现，规模更大的银行支付更低的存款利率而收取更高与存款相关的费用。汉南和普拉格（Hannan and Prager，2004，2006）认为，资产大于一定规模的大银行由于在批发业务上的融资优势，因此只需支付比小银行更低的存款利率。之所以大银行支付较低利率是由于大银行比小银行能获得更多非存款类负债资金，对存款的依赖度更低，因而不愿意支付更高的存款利率。

由于我国长期以来实行利率管制，2012年之前针对我国银行存款利率的研究并不多。最近有一些针对存款利率的研究表明，大银行比小银行支付更低的利率，观察16家股份制商业银行的存款利率上浮情况也是同样。张桥云和王宁（2013）研究发现，中间业务占比越高的银行，存款利率上浮幅度越小，认为增加中间业务收入和降低存款依存度对商业银行取得存款利率定价优势具有重要作用。但结合前面的分析，我们认为，大银行的存款利率上浮比例较低，除了网点优势和对公客户较多的原因外，是因为大银行需要跟随监管机构对利率的窗口指导，防止利率市场化过程中，存款利率升高造成融资成本上升。

2015年8月25日央行放开一年期以上（不含一年期）定期存款的利率浮动上限，活期存款以及一年期以下定期存款的利率浮动上限不变。由表5-4可见，商业银行并没有全部整体大幅升高存款利率。这可能与央行放开一年期以上定期存款利率浮动上限同时进行窗口指导有关。工商银行、农业银行、中国银行、建设银行、交通银行、招商银行和邮政储蓄银行的存款利率基本一致，在基准利率基础上上浮程度最小，属于第一梯队。而其他股份制商业银行普遍上升幅度更高，且个别商业银行具有差异化表现，比如南京银行一年期以上定期存款显著高于其他银行，协议存款利率也高于其他银行。而光大银行和民生银行的存款利率上浮程度较小，较贴近第一梯队的利率水平。

余额宝一类的产品主要分流了活期存款，短期理财产品分流了一年期以下的定期存款。这使得活期和一年期以下定期存款在存款中占比会持续降低。而各大商业银行也都推出了自己的"宝宝"产品。商业银行自身的这类理财产品相比于互联网金融产品，具有更好的风险控制水平和更高的安全性。但都无疑提高了银行负债端的成本。商业银行面临的负债成本升高和资产质量下降的双重压力。对商业银行而言，相对于债券和同业负债，存款还是成本最低的负债。商业银行竞争存款的压力不会减少，但为了季末冲时点的短期疯狂揽储现象会减少。来自互联网金融创新等方面给银行吸收存款造成的压力也是我们需要推进完成利率市场化改革的重要原因之一。

表 5-4 主要商业银行存款利率

机构	活期	3月	6月	整存整取 1年	2年	3年	5年	零存整取、整存零取、存本取息 1年	3年	5年	协定存款	通知存款 1天	通知存款 7天
央行基准	0.350	1.350	1.550	1.750	2.350	3.000	无基准	1.350	1.550	无基准	1.150	0.800	1.350
工商银行	0.350	1.600	1.800	2.000	2.500	3.000	3.050	1.600	1.800	1.850	1.150	0.800	1.350
农业银行	0.350	1.600	1.800	2.000	2.500	3.000	3.050	1.600	1.800	1.850	1.150	0.800	1.350
中国银行	0.350	1.600	1.800	2.000	2.500	3.000	3.050	1.600	1.800	1.850	1.150	0.800	1.350
交通银行	0.350	1.600	1.800	2.030	2.500	3.000	3.050	1.600	1.800	1.850	1.150	0.800	1.350
建设银行	0.350	1.600	1.810	2.000	2.500	3.000	3.000	1.600	1.810	1.810	1.150	0.800	1.350
邮政储蓄	0.350	1.600	1.800	2.000	2.500	3.000	3.050	1.600	1.800	1.800		0.800	1.350
招商银行	0.350	1.755	2.015	2.275	2.750	3.350	3.350	1.720	1.960	2.200	1.265	0.960	1.620
北京银行	0.385	1.750	2.000	2.250	2.650	3.350	3.500	1.750	1.820	2.000	1.265	0.880	1.485
华夏银行	0.385	1.750	2.010	2.250	2.960	3.780	4.200	1.750	2.010	2.250	1.380	0.960	1.620
南京银行	0.350	1.750	2.000	2.400	2.850	3.350	3.550	1.750	2.000	2.400	1.265	0.960	1.620
宁波银行	0.350	1.750	2.000	2.250	2.650	3.050	3.100	1.600	1.800	1.900	1.150	0.800	1.350
浦发银行	0.350	1.750	2.000	2.250	2.750	3.050	3.100	1.500	1.700	3.300	1.150	0.800	1.350
平安银行	0.350	1.750	2.000	2.250	3.000	3.450	3.450	1.750	2.000	2.250	1.265	0.960	1.620
兴业银行	0.350	1.750	2.000	2.250	2.660	3.000	3.250	1.770	2.010	2.010	1.265	0.880	1.485
光大银行	0.350	1.750	2.000	2.250	2.700	3.300	3.350	1.750	2.000	2.000	1.150	0.800	1.350
民生银行	0.350	1.750	2.000	2.250	2.650	3.250	3.300	1.750	2.000	2.000	1.150	0.800	1.350
中信银行	0.350	1.750	2.000	2.250	2.650	3.250	3.300	1.750	2.000	2.000	1.150	0.800	1.350

资料来源：Wind 数据库。

我国居民在金融资产配置上缺乏选择权，不论是投资于固定收益类产品还是股权投资，最终都流入银行体系（见图5-7）。利率市场化后居民存款只是从活期和一般定期存款迁移，又经其他渠道流入银行，银行在资金来源方面的垄断地位没有改变。居民可以选择的固定收益投资有一般存款、保本理财和货币基金。保本理财和货币基金不属于银行存款业务，但其投放主要标的还是银行存款。保本理财一般投向结构性存款，而货币市场基金90%以上均配置为银行协议存款。这两种产品的功能只是将无法投资结构性存款和协议存款的居民与银行联接。居民还可以进行股权投资，2014年底开始的股市牛市吸引了大量居民入市。居民参与股市投资可以通过券商加杠杆，用于加杠杆的资金大多是由银行理财资金通过伞形信托提供。不加杠杆的情况下，居民直接炒股增加券商在银行的交易结算资金规模。银行一般对此类资金支付活期利息，这类资金表现为非银行金融机构在银行的存款，2015年1月开始已经计入银行存款统计口径。

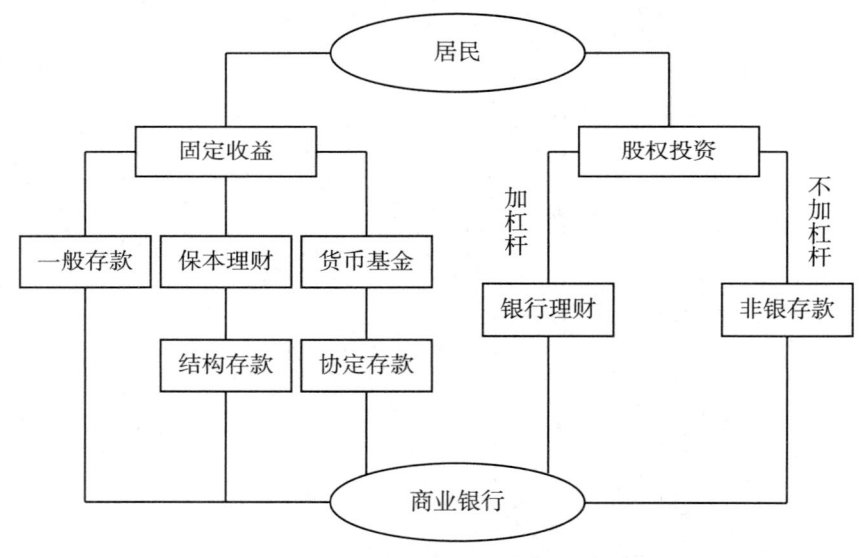

图 5-7 商业银行资金来源

资料来源：作者设计绘制。

二、利率市场化背景下商业银行资金运用变化

贷款是商业银行资产负债表中最重要的资产类别，近年来商业银行贷款占总资产比重基本保持在50%左右。由图5-8可知，各项贷款仍然是商业银行资产负债表中最主要的部分，2015年起贷款规模突变是由于贷款统计口径的变化，

《关于调整金融机构存贷款统计口径的通知》（以下简称《通知》）将存款类金融机构拆放给非存款类金融机构的款项纳入"各项贷款"统计口径。债券投资和在中央银行存款也占据了较大比例，2015 年来债券投资规模增速明显，债券投资规模超过了在中央银行存款。另外，商业银行股权和其他投资在 2015 年也快速增长。以下逐一分析贷款、债券投资和商业银行股权投资。

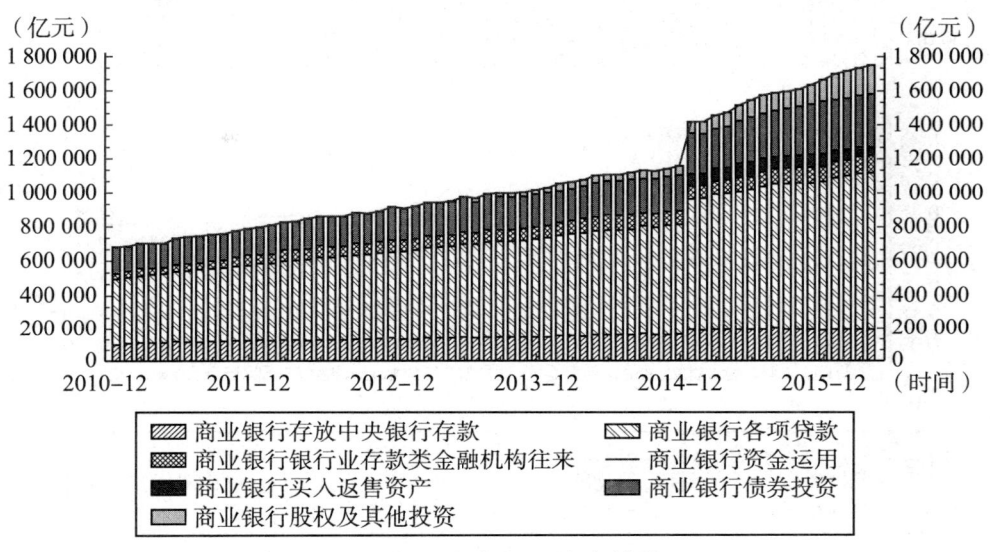

图 5-8　商业银行资产结构

注：央行自 2015 年起开始单独披露买入返售资产项目。
资料来源：Wind 数据库。

商业银行贷款由短期贷款、中长期贷款、票据融资、各项垫款和境外垫款构成。其中最主要的是短期贷款和中长期贷款，2016 年 1 月短期贷款和中长期贷款合计占商业银行贷款比例为 94%。除这两项外，票据融资是其余组成部分中占比最高的部分，在 2016 年 1 月占比达到了 5%。以下从短期贷款、中长期贷款和票据融资三方面介绍商业银行资产配置情况。

由图 5-9 可见，2015 年起由于统计口径变化商业银行贷款总额增加，但整体中长期贷款占比下降，说明新纳入统计口径的银行对非银行金融机构拆放中短期贷款占绝大部分。此外，票据融资在贷款中所占比例不高但是有明显上升趋势。

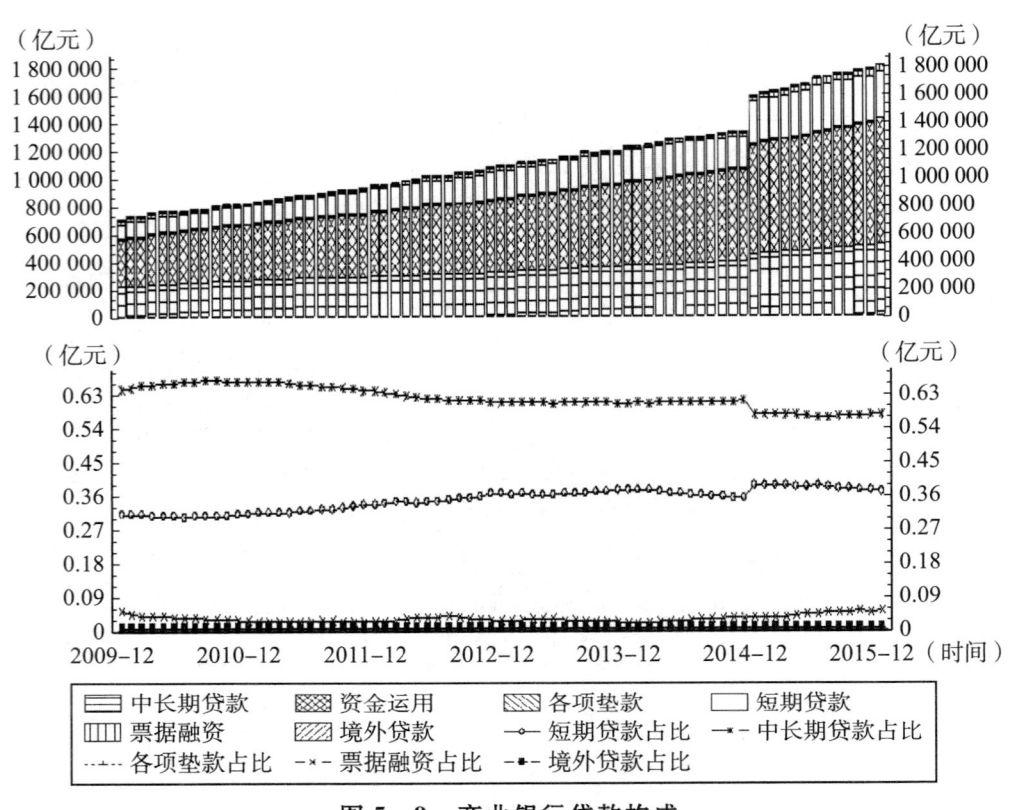

图 5-9 商业银行贷款构成

资料来源：Wind 数据库。

公司贷款是各大银行占比最高的贷款科目，16 家上市商业银行公司贷款平均占比为 69%。招商银行、平安银行、民生银行等注重小微型企业和个人客户的股份制银行占比最低，分别为 58%、61% 和 63%。而居民贷款中，最重要的为住房贷款，占贷款总量平均比重为 17%。信用卡透支为居民贷款中第二重要的科目。

根据国际经验，商业银行在利率市场化后负债成本上升，会通过加大中长期贷款来缓解经营压力，而从我国商业银行的情况来看，并没有出现中长期贷款占比升高的情况。由图 5-10 可知，商业银行中长期贷款占比自 2010 年开始逐渐降至 60% 左右，之后基本稳定，只在 2015 年初出现突变，而后又保持在 58% 左右。2015 年中长期贷款突然下降是因为贷款统计口径的变化。由变动方向我们可以看出，新统计口径纳入的银行拆放给非银行机构的款项中，短期占比为主。

图 5－10　商业银行中长期贷款占比

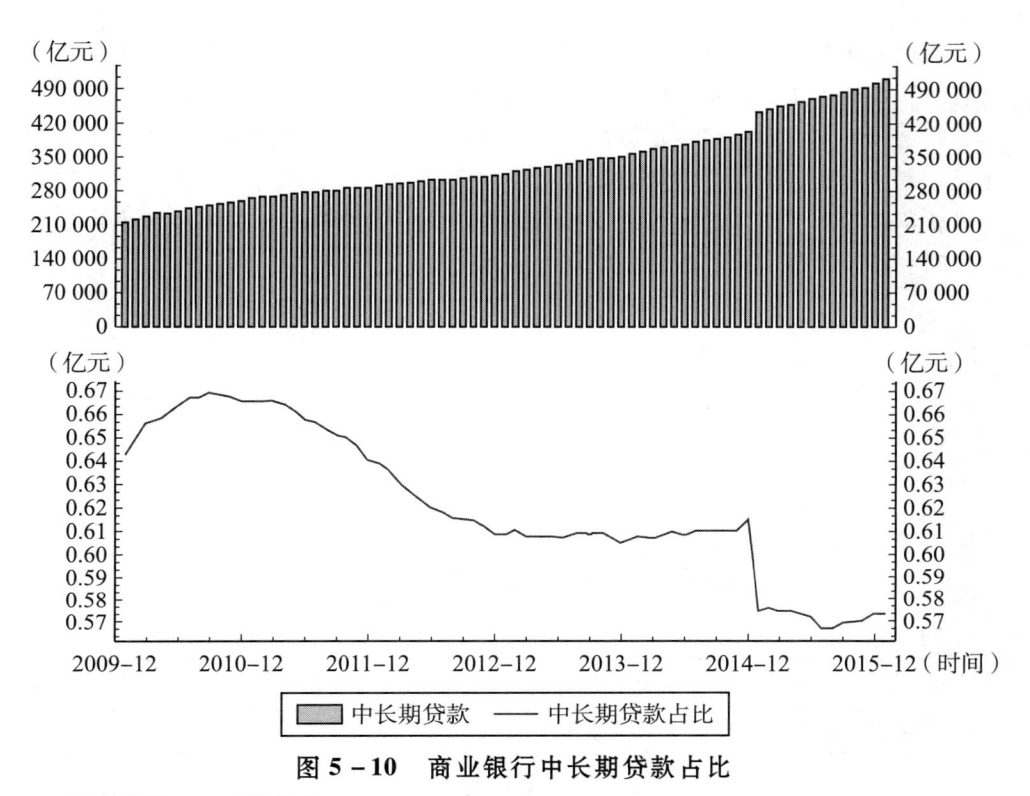

资料来源：Wind 数据库。

由图 5－11 可见，大型银行的中长期贷款占比远远高于中小型银行。2015 年初大型银行中长期贷款占比没有明显突变，而中小银行中小型贷款明显下降，说明中小银行拆放给非金融机构的贷款规模占比更高，中小银行在资产端和负债端对同业业务的依赖性都更强，容易受到风险传染。相比于大型银行，中小银行在资产配置方面处于明显劣势。巴曙松（2013）认为中小银行在基础设施等政府主导的大项目中缺乏综合优势，而国有四大银行与政府签订一揽子融资协议或者与超大型国企签订数百亿元授信协议，同时很多集团客户将账户统一集中到总部，然后采取"总对总"方式同一家或是两三家大银行进行战略性合作，挤占中小银行与地方政府和超大国企的合作份额。中小银行负债成本高于大型银行，应侧重利用自身的信息优势，努力拓宽对中小企业贷款的份额，而不是专注于高风险的同业业务。

利率市场化后，央行还要对市场利率进行调控，在我国金融市场存在分割的情况下，贷款利率的反应都不如资金利率敏感，比较缓慢。从金融市场方面看，调整基准利率的方式能够有效改变新增贷款和存量贷款的利率，但过程相对缓慢。贷款占社会融资规模 50% 以上，能够影响社会融资成本，而由图 5－12 可见,贷款利率与市场利率的敏感性下降,且 LPR 波动性太低。所以利率市场化之后的利率应该由央行货币政策和市场共同决定。利率双轨制指的是:银行体系内的管制利率与货币和债券市场的市场利率并存。但目前我国管制利率和市场利率是相互影响的,因为两个渠道之间会发生套利行为。而且前文所述,随着利率市场化不断深入,贷款定价过程既要考虑市场化的基准利率,又需要考虑市场化的理财和同业负债利率,因此贷款利率和市场利率不会完全一致。

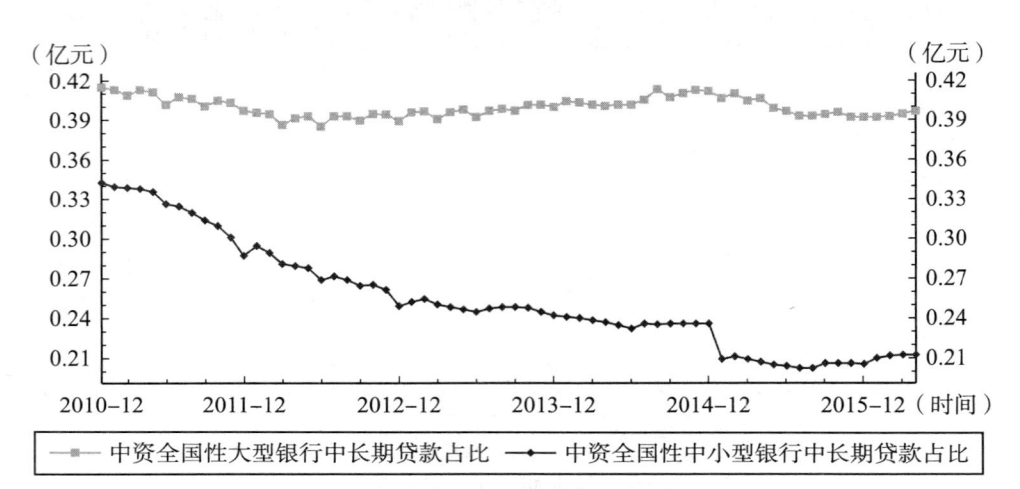

图 5-11 中长期贷款占比

资料来源:Wind 数据库。

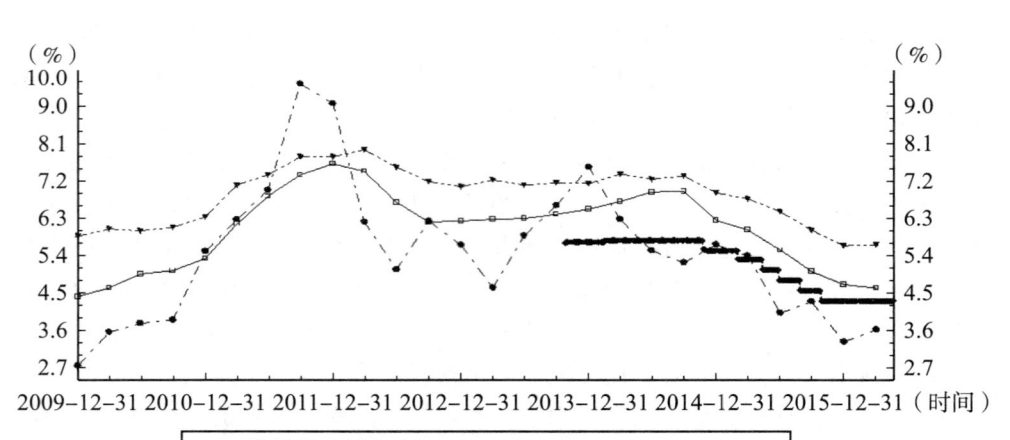

图 5-12 贷款利率走势

资料来源:Wind 数据库。

票据贴现融资占用商业银行的信贷额度，当作短期贷款计入资产负债表。自2013年7月20日起，央行完全放开了票据利率的管制。央行货币政策执行报告显示，2015年金融机构累计贴现102.1万亿元、同比增长68.2%；年末票据贴现余额4.6万亿元，同比增长56.9%。2014年起票据融资在商业银行资产中所占比例持续升高（见图5-13）。其中中小银行的票据融资对资产占比更高，2016年达到3%的水平。2015年初统计口径改变时，大型银行和中小银行票据融资占比变化趋势相反，中小银行票据融资占比明显升高，而大型银行票据融资小幅下降，说明小型银行票据融资中对手方为金融机构的占比更高。由此推测中小型银行票据融资中通道业务所占比重更大，应关注其中风险。

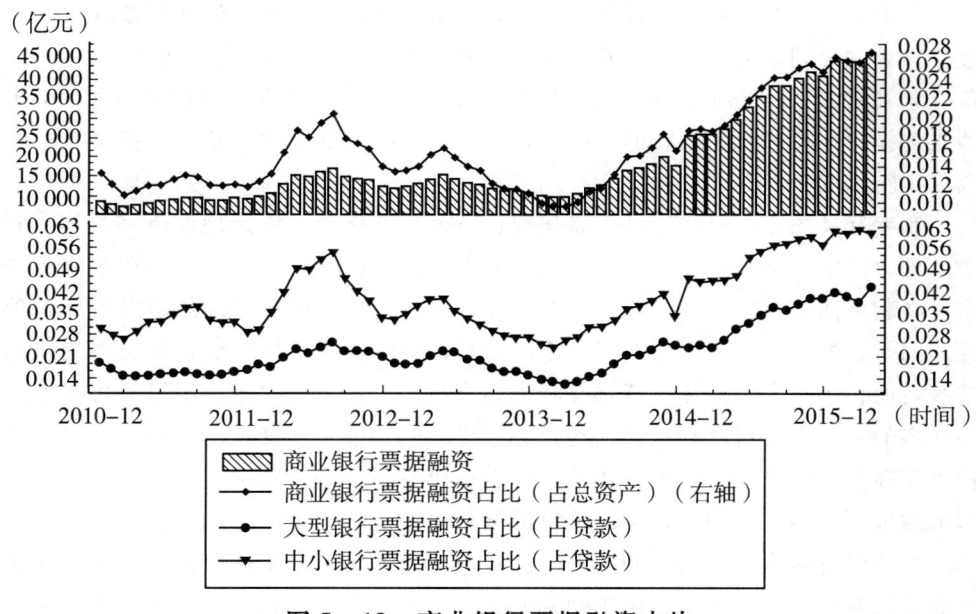

图 5-13　商业银行票据融资占比

资料来源：Wind 数据库。

票据融资是兼具信贷属性和资金属性，票据利率与资金市场利率相关性日益增强，是贷款中对利率较敏感的部分。票据融资的加权平均利率低于贷款利率，且波动性非常大。对于商业银行来说，票据业务与货币市场短期资金业务、债券业务和贷款业务形成相对稳定的利率梯队。一般情况下，贷款业务利率最高，其次是票据业务，再次是国债和金融债等债券业务，最后是短期货币市场资金业务。票据融资本身对商业银行而言是一种低风险而相对高收益的业务，而其主要风险集中在操作人员和票务中介的道德风险。票据业务对中小企业融资具有重要作用，监管机构应该优化票据市场，加大对从业人员的监管力度，而非控制票据融资的规模。

第三节 利率市场化改革对商业银行风险的影响

一、利率市场化风险传导

利率市场化不断推进的过程,直观表现为存贷款利率管制的放开过程,在此过程中首先受到影响的是银行业,银行业的利润空间不断缩减,竞争压力增大。黄金老(2001)研究了利率市场化影响商业银行风险的渠道。分别是项目申请中的逆选择行为;风险朝银行的集中;资金来源上的激烈竞争;偿债负担加重;财政负担转嫁增多。

利率升高加剧项目逆选择,恶化银行整体资产质量。传统理论研究认为,利率市场化带来的利率升高,会加剧企业道德风险,使得正常经营的企业因为无法支付高利率而放弃贷款。企业也会改变项目的性质,开展更多高风险高收益的项目。同时,如果经济体中存在对利率不是很敏感的融资主体,资金会更多地流入这些行业,形成资产泡沫。特别是利率超高时,一般生产性投资项目不可能产生足够多的利润来支付高利息,信贷资金便设法流入投机性极强的房地产业、证券投资等高风险行业。进而银行业的整体资产质量会下降。利率市场化之后,许多国家或地区都遇到过泡沫性资产价格的飙升问题。

在我国可能会出现放开利率管制后资金流向非市场化主体。国际经验大多研究的是利率市场化完成后,由于利率升高,使得资金流向投机性强的行业,从而催生危机。而我国放开利率管制时,利率升高的压力并不大。2015年伴随存款利率的放开,央行多次降息降准。我国市场整体流动性充裕,但是为什么仍然出现融资成本高企的现象呢?诸多研究表明是因为我国存在很多对利率不敏感的资金需求者。可以说对利率不敏感的资金需求者是影响并导致我国利率传导出现问题的根本原因。因此完全放开利率管制后,资金仍会流向非市场化主体,无法解决高货币存量、高融资成本的问题。盛松成(2014)认为实物资本供给有限而投资需求相对无限、货币供给有限而货币需求相对无限,这两对供需矛盾从根本上导致了我国目前高利率与高货币余额并存的局面。投资需求的相对无限主要来自地方政府融资平台和国有企业,因此融资平台与国企投资软约束是高利率的根源。姚洋(2015)研究发现,当市场中存在对利率不敏感的资金需求者时,放开利率管制，会导致资金流向这些利率不敏感的资金需求者，使得对利率敏感的资金需求者被淘汰出市场。邓海清（2015）也认为软约束部门严重干扰市场化的资金配置，并且软约束部门形成的"资金黑洞"拉升了整个金融市场的无风险利率。

利率市场化通过银行资金来源上的激烈竞争，影响银行流动性风险的同时影响银行负债端成本。取消存款利率管制，使得银行间通过改变存款利率争夺资金来源成为可能。商业银行的资金来源主要有，存款、金融债、央行借款和同业借款。存款是商业银行成本最低的资金来源。金融抑制阶段银行得到了压低存款利率带来的丰厚利润。随着利率市场化不断推进，这部分收益将不复存在，银行不得不使用各种方法争夺存款或者寻求其他负债。

偿债负担加重和财政负担转嫁。结合我国金融业历史上长期的金融抑制政策，我国利率市场化如果实现真正的价格市场化，将可能导致地方政府债务无法持续滚动，国有企业低成本的借贷优势不复存在，很多"僵尸企业"的生存出现问题，进而进一步造成银行业坏账飙升，引发银行业危机。

二、商业银行的利率风险

（一）利率风险相关研究

利率风险的表现形式是多种多样的，根据巴塞尔委员会的分类，有重定价风险，收益率曲线风险，基准风险和期权风险（见表5-5）。重定价风险是利率风险最基本最常见的表现形式，就是资产和负债对利率重新定价的时间不一致而导致的风险。比如，当用短期存款不断滚动来为一份长期固定利率贷款融资时，短期利率上升会导致后来的融资成本增加，贷款价值显著减少。基准风险产生的条件是不同利率市场间相似期限的利率指数变动具有不完全相关性。比如，若某项贷款以美国的国债利率为基础，而存款则是在LIBOR基础上加点，那么，当美国联邦债券利率与伦敦同业拆借市场的利率变化不一致时，就会产生基准风险。期权风险是通过影响这些嵌入期权价值的市场利率的波动性变化以及关键金融市场的流动性发生变化，会引起期权的执行，相应地改变有关业务的价值，产生利率风险。

表5-5　　　　　　　　　　利率风险分类

项目	定义
重定价风险	重定价风险是指由于银行资产与负债到期日不同（对固定利率而言）或是重定价的时间不同（对浮动利率而言）而产生的风险

续表

项目	定义
收益率曲线风险	收益率曲线风险是指收益率曲线的形状和斜率由于未预期的移动而导致组合价值变化
基准风险	基准风险是指由于计算资产收益与负债成本时，采用不同类别的基准利率，在期限相同的条件下，当二者采用的不同类别的基准利率发生幅度不同的变动时，就产生基准风险
期权风险	期权风险是指资产、负债以及表外业务中涉及到的期权价值发生变化引起银行相关业务价值变化，银行业务中嵌入期权的执行与否对该业务以及整个银行的影响，包括存款业务的提前支取（不仅仅是活期储蓄，定期储蓄的提前支取也是一样）、贷款的提前偿还（比如房地产按揭贷款的提前偿还）等

资料来源：作者根据有关资料整理。

　　这四种风险是商业银行面临的利率风险主要的表现形式。在商业银行经营管理过程中，一项业务可能涉及其中一种风险，也可能涉及几种风险，对此必须仔细分析，积极加强管理。利率风险管理方法主要有五种：重定价模型、到期日模型、久期模型、模拟分析法和在险价值 VaR 模型。郭奔宇（2005）以招商银行的实际数据，通过重定价缺口、持续期缺口、情景模拟、风险值等方法，测量了商业银行的利率风险，识别了利率风险的形式与来源，研究认为净利息收入波动是商业银行利率风险的主要形式，央行基准利率是利率风险主要因子。李志辉（2006）对我国商业银行利率风险的度量研究以同业拆借市场为例，以全国银行间同业拆借市场利率为模拟市场利率变量，以商业银行同业拆借市场日头寸为分析对象，通过定量的方法考察我国商业银行利率风险具体数值的大小。

　　利率管制下市场利率水平也会变动，但是不会很频繁，幅度也不大。虽然货币监管部门在综合评估宏观经济、资金供求等因素后，会对基准利率进行调整，但一般存在很大时滞性，且从稳定角度考虑，也不会很剧烈和频繁，对商业银行的冲击有限，商业银行也有充足的时间应对。利率市场化后，利率水平由市场力量来决定，各种政治、经济因素以及资金市场上的变动，都将在利率水平上有所反映。利率波动较以往将变得频繁和剧烈，利率风险将逐渐成为商业银行面临的主要风险。20 世纪 80 年代之前许多银行经营失败的主要原因，都是利率预测方面出现了错误。利率风险管理成为银行资产负债管理的主要内容，美国许多资产负债管理的书籍甚至把利率风险管理作为主要甚至唯一的研究对象。

（二）利率风险主要来源

我国商业银行不断通过工具创新和管理优化来对资产负债表进行调整以应对利率市场化的冲击，根本目的就是扩大利润来源，同时规避利率风险。这种资产负债表的重构在第二节已经探讨过，包括负债结构、资产结构，任何调整都会因所属业务属性的不同对银行产生影响，并伴随利率风险的暴露。一方面，银行资产负债业务更多采取市场化定价，这将使其暴露在利率风险之下；另一方面，银行不断进行业务创新，这种创新在为利率风险管理提供新工具的同时，实际上也产生了新的利率风险。结合第二节内容，可知我国商业银行在负债端对居民和企业的优势地位没有改变，资产端的主体地位也没有改变，因此银行仍可主导存款和贷款市场定价。利率剧烈波动引发利率风险主要源自市场利率对同业业务的影响。

同业资产和负债的增加，加快了商业银行受利率水平波动影响的速度，加大了影响程度。同业业务创新助长了商业银行道德风险。结合第二节的分析可见，一方面，商业银行资产端和负债端的同业资产与同业负债占比均呈上升趋势，同业资产和负债的增加会加大商业银行利率风险暴露的程度。以往的存贷市场与其他金融市场相隔离，利率传导较慢，而随着同业资产和负债占比升高，利率传导不断加强，商业银行资产负债利率与市场利率的联动性会不断加强。市场利率的变化会迅速传导至商业银行。另一方面商业银行信贷资产的扩张受到了资本充足率和信贷规模管控等监管的制约，这使得大力发展低成本和低风险资本占用的同业业务成为众多银行的重要转型方向之一。由于目前对同业业务监管政策相对较少，不乏有银行采取高杠杆、高频度期限错配等方式盲目扩张同业业务，给金融体系埋下了风险隐患。

（三）市场利率超预期变化

我国同业拆借市场从无到有，目前已经有较多机构参与，拆借活动活跃。银行在拆借市场中占主要地位，同业拆借利率与Shibor相关性日益增强。同业拆借最早出现在美国，同业拆借市场主要进行金融机构短期资金的融通，用于调剂头寸和临时性资金余缺。我国同业拆借业务开始于1984年，市场经历了由多渠道融资到融资中心单一融资，最后建立全国统一同业拆借市场。随着全国统一同业拆借市场的发展，同业拆借市场的成员不断增大，至2013年已经达到1 122家，市场规模也快速增长，2013年成交规模为35.52万亿元。随着同业市场的不断发展，市场机构不断优化。大型商业银行成为市场核心，为市场提供相对稳定的资金来源，银行业机构的交易量占市场总量90%。其中18家Shibor报价商的交易占比在60%以上。且同业拆借利率与Shibor利率相关性不断加强，尤其是3个月以下的短端，相关系数已经达到99%以上（顾成军，2014）。

同业拆借市场的发展有利于货币市场基准利率的形成。目前同业拆借市场参与机构除银行外，还包括为开展融资融券活动而产生资金需求的证券公司，包括为扩大保险资金运用渠道的保险公司，另外还包括财务公司，金融租赁公司和信托公司。市场参与主体的数量和类型增多，增加了市场资金的供求渠道和制衡力量，不仅使规模不断扩大，也使市场价格的稳定均衡趋势增强。各参与主体在满足了自身流动性需求的同时，也提高了市场效率，有利于基准利率的形成和传导。Shibor的18家报价商均为同业拆借市场的参与者，同业拆借市场上交易的数据可以检验其报价的真实性。作为Shibor的指定发布人，同业拆借中心掌握同业拆借和债券回购的全部交易数据，可以及时准确分析Shibor的真实性和基准性。同业拆借利率对存款准备金调整、公开市场操作等货币政策的反应灵敏度也显著提高，并能迅速传导至债券收益率、互换利率、票据利率等其他市场利率，货币政策传导渠道作用进一步显现。

同业拆借市场不断发展的同时，也需警惕其可能引发的银行业风险。同业拆借市场冲击会引发银行业流动性危机。2013年6月，我国同业拆借市场利率飙升，6月20日，银行间隔夜回购利率最高达到史无前例的30%，7天回购利率最高达到28%。6月25日，央行出手救市，央行向一些符合宏观审核要求的金融机构提供了流动性支持。随后，拆借利率有所回落，但并未迅速回落，上半年资金市场仍然偏紧。12月"钱荒"再现时，央行的应对则非常积极。12月19日，在所有品种的Shibor全线上升后，当晚，央行通过微博发布称，已运用短期流动性调节工具（SLO）调节市场流动性。次日，央行再次发表声明，针对2013年末货币市场出现的新变化，央行已连续三天通过短期流动性调节工具（SLO）累计向市场注入超过3 000亿元流动性资金。12月24日，央行再次调控加码，在公开市场中开展290亿元7天期逆回购操作。

银行在同业拆借市场拆入短期资金，投入收益较高的非标资产，期限错配严重，对市场利率变化异常敏感，进一步放大市场利率变动的影响。为了尽可能地提高利差空间，大多数银行在开展同业业务时，资金来源和资产投向存在严重的期限和流动性错配。就期限错配而言，资金来源主要为高流动性的同业资金，期限多为1~3个月。且来自同业机构的资金成本高于银行存款，为了保证收益银行需要配置更高收益的资产。因此同业资金而所投资产大部分的期限较长，超过了一年。就流动性错配而言，许多新型同业资金投向了非标资产，无法在二级市场上转让流通，资产的流动性普遍较差。在上述情况下，一旦市场资金面紧张，发生流动性风险并导致"多米诺"效应的可能性无疑会增加（步艳红，2014）。

2013年的"钱荒"事件以及2015年初同业拆借市场利率升高的事件，侧面反映了目前商业银行对市场利率的反应程度。市场流动性的变化，监管规则的改变等因素都可以极大影响市场利率。轻则造成同业拆借市场升高，重则造成商业银行之间产生恐慌情绪，于是就出现了金融市场整体流动性充足的情况下，个别银行流动性出现问题。

2014年11月17日，以长时间处于平稳状态的Shibor各期限价格水平开始上涨。原因是部分商业银行被告知，央行随后将对现行的统计口径进行调整，将银行与非银行金融机构之间的业务计入存贷款业务。而一些未获得通知的商业银行开始恐慌。2014年11月20日，民生银行带头提高各期限资金拆借价格，随后浦发、平安银行等股份制银行跟进上调价格。临近收市前由于部分交易无法完成。交易系统延迟30分钟，推迟至17：00结束交易。

而后，2015年1月《关于存款口径调整后存款准备金政策和利率管理政策有关事项的通知》确定新纳入各项存款口径的非存款类金融机构存款适用的存款准备金率暂定为零，并且官方解读此次调整统计口径目的在于便于确定社会融资规模，而非对同业业务收取存款准备金，市场利率波动随之平息。2016年4月，针对商业银行的MPA考核体系出台，又带来了市场利率的小幅升高。再一次说明，商业银行作为金融市场主要机构，其对市场利率的反应会直接影响市场利率水平，进而影响其自身利率风险。

因此，建议监管机构透明监管规则改变的方向和时间，将决策规划透明化，以免在市场上引起不必要的恐慌情绪。

（四）道德风险引发连锁反应

同业业务形式多样，且在金融机构之间，具有多种形式规避监管。由于其处于灰色地带的特性，也滋生了银行从业人员的道德风险，主要形式是被基层工作人员挪用，投往股市或者其他高风险收益资产，每次股市动荡过后，往往是大量银行道德风险案件爆发时期。以银行间票据融资业务为例，最近爆发的农行39亿票据案，作为票据融资标的物的票据竟然被换成了报纸。而票据案发生后，各大行均收紧票据业务，造成票据回购市场利率升高。同业业务滋生的道德风险，一旦风险暴露，容易引发行业性的连锁反应，造成市场波动。特别是同业业务中很多具有固定收益性质的低风险业务，被基层工作人员挪用，投往股市或者其他高风险收益资产，获得非法收入。

由第二节分析可知，中小银行同业资产和负债的占比更高。而我国中小银行大多受控于地方政府或大型企业，拥有银行牌照，却无审慎经营的意识。追逐高风险的资产，一旦出现严重问题，大多由政府和监管机构安排其他银行接手。目前披露案件为大型银行,但实际上中小银行的道德风险更高,违规操作盛行。

三、商业银行的信用风险

目前我国企业债务占比非常高,银行信用风险并非集中于房地产和地方债,而是集中在企业债务问题的集中爆发。过去几年,国内外的机构和专家开始关注中国的企业债。2015年,渣打银行在一份关于"中国的债务悬崖"的报告中称,截至2014年一季度末中国整体债务增至142万亿元,占GDP的245%,债务利息达到GDP的13%,远高于21世纪时的平均水平7%到8%,并且债务负担还在持续升高。

李扬(2015)的研究也更多地涉及中国非金融企业的杠杆率问题。2008年之前,中国非金融企业的杠杆率一直稳定在100%以内,危机之后加杠杆的趋势明显。负债占GDP的比重从2007年的195%上升至2014年的317%,增加了122个百分点;杠杆率从2008年的98%提升到2014年的149.1%。在李扬看来,"日本的杠杆率问题主要是政府,美国的杠杆率问题主要是居民,中国杠杆率问题集中在中国企业上"。根据英国《金融时报》估算,中国的公司债务已上升到约相当于GDP的160%,远远超过了90%的风险阈值水平。从企业的融资成本而言,中国企业的融资成本在主要经济体里属于全球最高的,2013年,我国一年期贷款利率是6.15%,企业实际拿到的贷款利率高达10%以上。

企业债务风险将从两个渠道传导至商业银行。首先,是间接融资的渠道,商业银行是贷款主要提供者,企业债务风险直接导致大面积坏账的出现。由图5-14可见,我国商业银行不良贷款率不断升高。国有商业银行、股份制商业银行和城市商业银行不良贷款率相近,农村商业银行不良贷款率最高。值得关注的是关注类贷款占比升高幅度更大,且整体比例远高于不良贷款率。商业银行常将不良贷款掩盖,隐藏于关注类贷款中,关注类贷款的大幅上升,预示着下一步商业银行不良贷款的大幅上升。另外,企业债务问题还会通过债券市场传导至商业银行。由第二节分析可知,商业银行持有债券的比例不断增加,债券市场对商业银行的影响越来越大。

为了缓解商业银行不良贷款的压力,在2016年两会期间的总理记者会上,李克强总理在回答记者提问时指出,要通过市场化债转股的方式来逐步降低企业的杠杆率。债转股也可以避免企业债务风险引发的不良贷款率升高,进一步体现在商业银行资产负债表上。

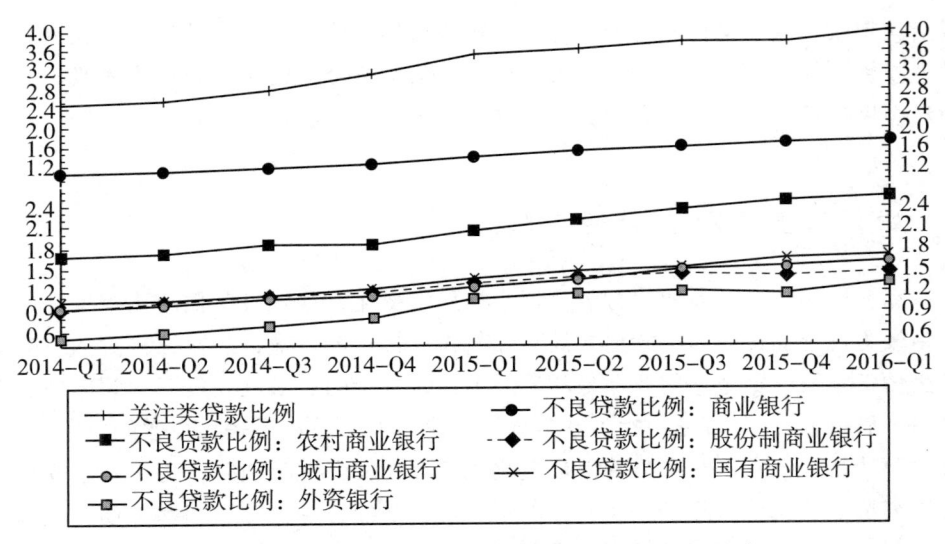

图 5-14　商业银行不良贷款率与关注类贷款率

资料来源：Wind 数据库。

政府对商业银行的控制导致银行的信用风险集中爆发，银行坏账呈现行业和地区集中的特点。从地区看，内蒙古、浙江、福建、山东、山西不良贷款率最高，分别为 2.16%、2.04%、1.72%、1.70%。行业风险集中在制造业和批发零售业。制造业和批发零售业的不良贷款余额分别为 3 035.6 亿元和 2 695.0 亿元，不良贷款率分别为 2.42 和 3.05。余明桂（2008）研究表明，地方政府确实能够通过干预银行的信贷决策来支持国有企业获得更多的贷款，特别是长期贷款。而地方政府通过银行给国有企业提供优惠的贷款支持是低效率的。政府干预银行业务的现象在许多国家，特别是在转型经济国家，是广泛存在的。在经济转型过程中，大量的银行信贷被配置到生产效率低下的国有企业，而具有活力的新兴企业则非常缺乏信用支持。巴曙松（2005）研究表明我国地方政府对经济活动和资源配置的干预广泛存在，其中一个常见的现象就是地方政府通过干预国有银行的信贷决策，为辖区内的国有企业提供优惠贷款。这种干预活动的最重要问题在于，地方政府的介入破坏了银行与企业之间基于各自经济效率最大化基础上的自由信贷契约，并进一步导致银行信贷资源配置的无效率和银行坏账的产生。

除了企业信用风险带来的不良贷款升高，商业银行业务中的道德风险也加剧了贷款风险状况。国有商业银行实际上的所有人缺位，银行高层管理人员的行政化考核方式，以及基层工作人员激励与监管的缺失，都加大了银行业务中的道德风险。从银监会处罚的案件可以看出，受贿、对贷款业务疏于管理等事件普遍存在。商业银行部分贷款违规主要有几种类型：一是贷款前或贷款后调查失职，造成贷款损失，有的案件还与银行行长受贿等情形共同出现；二是贷款资金挪用做其他投资，如股市、房地产等。银行业大量信贷资金通过违规操作流入股市和房地产，助推了股市的波动和部分一线城市房价大幅上涨。

四、商业银行流动性风险

利率市场化后，商业银行的负债结构发生变化，存款占负债的比重下降，存款中较为稳定的传统型存款比如储蓄存款比重也逐渐下降，商业银行更加依赖主动负债工具吸收资金，同业存款的比重上升，直接的后果就是负债的利率敏感性更高。而由表5-6可见，货币基金规模迅速增大，随着互联网金融的不断发展，可以预计在银行存款利率与货币基金收益率存在较大差距期间，货币基金规模仍将持续快速增长。国际经验表明，由于货币基金的自身特性和利率市场化进程的不断深入，极易发生货币基金规模变动剧烈的情况。而货币基金的资产配置中银行所占存款比例较高。在货币基金规模的剧烈变化容易带来银行存款的剧烈变化，从而影响银行流动性。但由第二节的分析可知，货币基金投资离不开银行体系，由此我国商业银行整体流动性受货币基金影响不大，但货币基金市场受利率水平影响，需关注其带来个别银行流动性变化和负债成本的变化。

表5-6　　　　　　　　货币基金净值、数量变化

日期	基金净值（亿元）	基金数量（只）	占公募基金净值比重（％）	较上月净值规模变化（％）
2013年1月31日	4 759.44	63	17.09	-16.75
2013年2月28日	5 361.37	65	18.55	12.65
2013年3月29日	5 127.29	70	18.34	-4.37
2013年4月30日	5 615.67	71	19.85	9.53
2013年5月31日	5 640.54	73	18.78	0.44
2013年6月28日	3 038.69	73	12.07	-46.13
2013年7月31日	4 096.31	74	15.43	34.81
2013年8月30日	5 098.96	75	18.38	24.48
2013年9月30日	4 890.08	78	16.90	-4.10
2013年10月31日	5 754.48	84	20.45	17.68
2013年11月29日	6 331.74	85	21.71	10.03
2013年12月31日	7 475.9	94	24.90	18.07

续表

日期	基金净值（亿元）	基金数量（只）	占公募基金净值比重（%）	较上月净值规模变化（%）
2014年1月31日	9 532.42	99	30.52	27.51
2014年2月28日	14 233.79	105	40.06	49.32
2014年3月31日	14 577.92	110	42.00	2.42
2014年4月30日	17 515.56	112	46.90	20.15
2014年5月31日	19 202.56	120	48.93	9.63
2014年6月30日	15 926.04	131	44.09	-17.06
2014年7月31日	17 529.45	134	45.93	10.07
2014年8月31日	17 641.68	141	45.95	0.64

资料来源：中国证券投资基金业协会。

近年来，我国货币市场基金快速发展，T+0赎回等配套功能逐步实现，其对银行储蓄存款的替代作用进一步显现。但货币市场基金资产负债期限不匹配隐含流动性风险，在极端情况下如果出现大量赎回，可能对金融市场和其他金融机构形成冲击。

2014年我国境内发行基金数量不断增加，截至2014年8月货币基金规模净值已经达到17 641.68亿元，占公募基金资产比重为45.95%。货币市场基金主要投资于政府及机构短期债券、银行存款、回购协议等高质量短期金融产品，被视为安全性好、流动性高的现金管理工具。货币基金的安全性仅次于国债和银行存款，常被作为银行存款的替代品，其回报一般高于银行存款。2013年以来，货币市场基金的7日平均年化收益率约3.6%，是活期存款利率的10倍。较高的收益水平、配套功能创新的持续推进使得货币市场基金规模在2014年继续保持较快增长。[①]

此外，虽然市场整体流动性充足，但需关注个别风险事件爆发导致流动性冻结，从而引发市场恐慌的可能。随着货币市场基金的发展，其对银行储蓄存款的替代作用进一步显现。但是，货币市场基金资产负债期限不匹配隐含流动性风险，在极端市场情况下如果出现大量赎回，可能对金融市场和其他金融机构形成冲击。我国货币市场基金历史上曾有过惨痛教训。我国货币市场基金第一波大发展在2003~2006年，2006年5月末，货币市场基金规模已达2 390亿元，占公募基金资产的比重为40%，但1个月内其规模大幅下降了48%至1 242亿元，2006年12月末规模进一步下降至795亿元，规模缩水达67%。由于当时货币市场基金整体规模较小，配置的资产大部分是国债、央票和政策性金融债，虽然出现了少数基金公司承担投

---

① 资料来源：Wind数据库，经作者计算。

资损失以保障客户利益的情况，但整体上尚能应对流动性冲击。①

但近年来随着货币基金规模逐步增大，由表5-6可知，截至2014年8月，货币基金规模已经达到2013年1月的3倍多。且在存款利率没有完全放开之前，预计其规模会继续扩大。利率是货币基金系统性风险的重要影响因素，利率变化时候，往往伴随着货币基金规模的大幅变化。货币市场基金大多配置部分债券资产，并采用摊余成本法进行估值，受市场波动影响，该部分资产会出现账面价格与市场价值发生偏离的情况。当货币政策出现加息、上调存款准备金率等调整时，如果债券价格出现大幅度下跌，将导致货币基金负偏离接近上限，货币市场基金被动兑现亏损，降低基金收益，引发投资者加速赎回，而基金份额的萎缩又加剧了负偏离的压力，从而使基金运作陷入恶性循环，最终引发货币基金的流动性风险。

而目前货币基金所配置的资产中，银行存款的比例及绝对数量均较高，货币基金大的规模变动主要靠银行存款的提前支取来应对，基金的流动性风险可能传导为银行存款的兑付风险，如发生系统性的规模变动，银行存款兑付不及时，由于信息不对称的问题，容易引起整个银行业的恐慌，导致银行业产生流动性问题。图5-15中显示的是银行间7日买断式回购利率与货币基金规模变化率，可以看出，在2013年6月，银行间7日买断式回购利率高企的同时，货币基金规模大幅下跌。同样的情形又出现在2014年2月。可以预见，在利率市场化初期，随着利率的剧烈变化，货币基金规模也会大幅变化，进而可能会导致一部分基金公司的产品出现违约。

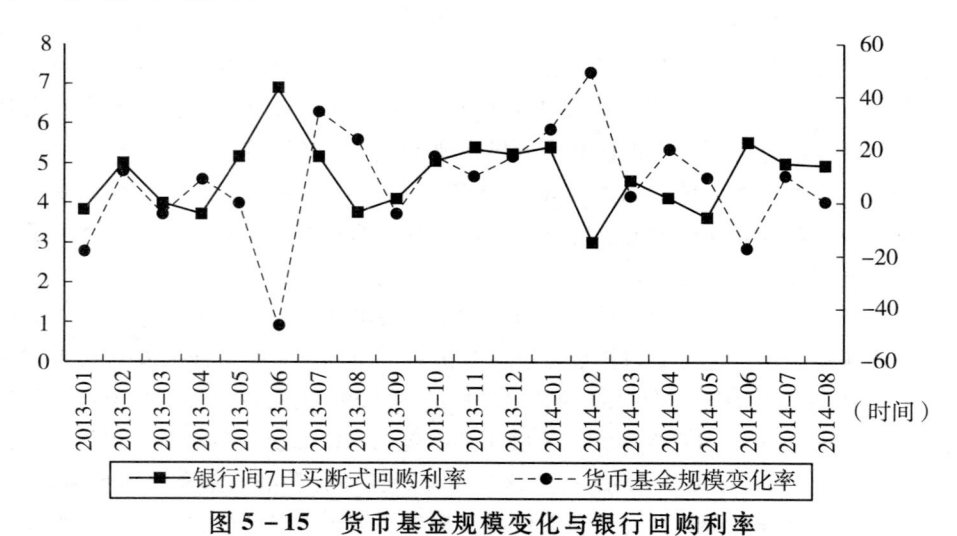

图5-15 货币基金规模变化与银行回购利率

资料来源：中国证券投资基金业协会，Wind数据库。

---

① 资料来源：Wind数据库，经作者计算。

第四节 利率市场化背景下商业银行风险探源

一、利率市场化背景下的商业银行道德风险

（一）监管层面道德风险

监管层面道德风险表现为：（1）监管机构错误的监管措施没有问责机制；（2）监管机制受制于金融机构，往往被动修改监管规则，进一步增加监管机构和金融机构的道德风险。金融机构经营方式多样性与较高的不透明性对监管机构的业务水平和独立性提出了较高要求。央行无法兼顾推行货币政策与执行金融稳定政策的职责。在金融产品不断丰富、金融混业经营的大趋势下，当前的监管模式容易造成监管困难或监管"真空"。一旦发生监管不严或监管失当的情况，负责维护金融稳定的机构之间可能会互相推诿（监管机构没有问责机制）。同时，监管者也有宽容监管的道德风险。一方面，监管者可能存在的心理——为逃避监管失当的指责而隐瞒银行不良状况，寄希望于这种情况能有所改善。另一方面，政府可以干预银行信贷的同时也为银行提供保护。由于监管机构领导人和金融机构高管之间存在"旋转门"效应，管理层间的复杂关系使监管机构常被动修改监管规则或放任金融机构的高风险行为（扩大监管底线，增大商业银行道德风险）。此外，贪污腐败也是一种道德风险。监管部门可能会因受贿而降低对商业银行行政审批的要求或保护违规机构，造成金融监管腐败。

本节综合研究文献，认为同业拆借市场可能引发银行业危机的原因有三点，第一，我国同业拆借市场的期限错配严重，我国同业拆借市场中隔夜拆借的比例越来越高；第二，我国金融市场以银行业为主，而银行业同质性较强，易出现对资金需求同质，造成资本市场波动剧烈；第三，银行国有产权缺位和监管不当引发的道德风险，使得整体流动性需求具有软约束性质而难以预测。

艾伦和盖尔（Allen and Gale，2000）建立了一个以银行同业市场为传染渠道的危机传染模型，研究认为一家银行受到的流动性需求冲击之所以能够传染给系统内其他银行，原因在于银行除了持有流动性资产和非流动性资产之外，还持有同业拆借的存款，并按照资产流动性强弱来满足储户的提款要求。他们证明了，如果整个银行体系在下一期的提款要求总量既定，通过一定的资产组合，同业市

场可以为银行体系提供额外的流动性。但是，这种系统也具有内在的脆弱性，即如果下一期实际提款要求超过预期，且在某个区域出现银行支付危机，危机会迅速在整个体系内蔓延，导致大规模银行支付危机。这是同业拆借市场引发流动性危机的理论基础。

在经典的供求分析框架中，中央银行是流动性的唯一来源，流动性供给是外生的。当外生冲击导致流动性供给出现缺口使得货币市场利率上升后，若外生冲击消除，流动性供求会恢复至冲击前的状态，货币市场利率会迅速回落。但在我国货币市场在2013年6月出现了资金紧缺情况，在银行体系流动性总体充裕的情况下，季节性等临时性因素的冲击导致货币市场利率出现大幅上升，充裕的流动性并未使货币市场利率在冲高后逐步回落，而是继续上升，即使在中央银行提供流动性之后，货币市场利率仍未快速回落，出现了明显的利率回滞现象。孙国峰（2014）基于冲击不确定性、银行多样性和不完全的中央银行融资可得性假设，从微观出发构建了涵盖货币市场利率、流动性供求和中央银行流动性管理的分析框架，该研究认为解决利率回滞问题，需要中央银行在货币市场利率上升突破合理水平时，应投放大量流动性至阈值水平，改善融资可得性，使利率快速回落。也有一些从微观金融机构的角度，认为是金融机构间的信息不对称，使得在某家银行出现流动性短缺时，其他银行无法掌握具体信息而产生恐慌心理，为保证自身安全而拒绝提供流动性。使得流动性短缺银行无法实现融资。

我国金融体系是以银行业为主导的金融体系。在同业拆借市场中，虽然有非银行金融机构参与，但银行金融机构的交易规模仍占主导地位。我国同业拆借市场各交易主体的资金头寸状况一般大致相仿，经营业务大致类似，从而使得各交易主体的资金配置方向大致相同，所以，同一时期内没有特定政策限制约束的条件下，各商业银行作为同业拆借市场的交易主体将出现用于拆借的资金要么都多或者要么都少的现象，当市场流动性严重不足时大多寄希望于央行向市场提供流动性（顾成军，2014）。通过同业拆借市场可能暴露银行业潜在的流动性风险。而银行业在政府控制下所具有的同质性特点，又可能使他们联合一致倒逼央行改变监管或者注入流动性。单个银行并不需要为自己资产结构不合理负责，因为金融机构间的信息不对称会使得单个银行的风险转换为整个金融市场的流动性冻结，而这样的局面央行一定不会坐视不管。由2013年钱荒事件前后两次央行不同的反应就可以看出，金融机构对监管的影响力量。由此就产生了金融市场整理流动性的软约束问题。

金融市场流动性软约束一直存在，导致我国金融监管具有限额管理的特色。我国商业银行的治理问题，一直是银行业改革关注的重要问题。在大型银行股份制改革上市以后，商业银行的治理结构日益完善。但仍未改变银行业受政府控制的大局。政府控制银行业，可以通过银行业的融资能力执行国家的经济发展政策，是我国经济政治诸多因素下的政府——银行关系模式。而这种模式无疑造成了银行自身管理风险的能力较弱。更进一步，是银行自身管理风险的动力不足。正如前面所述，单个银行的流动性问题最终会转化为整个市场的恐慌，因而单个银行并不会以审慎的态度管理流动性。正如银行业股份制改革前的不良贷款问题，央行不得不作为最后贷款人为银行的表现买单。各个方面的软约束问题，使我国监管在很多方面采用限额管理的方式。

在同业拆借市场，人民银行核定每个参与者的拆借限额。这种做法的初衷是，防止单一机构在市场上拆借大量资金①。因此人民银行核定参与者的限额。人民银行核定的拆借限额与金融机构对单家对手方同业拆借授信额度之间有一定的正相关性。通常来说，人民银行核定授信额度较高的银行，在同业拆借市场也会得到更高的对手授信额度。这就造成了一些银行在市场融通资金时受到限额限制，无法交易。而授信额度较高的银行将视其授信额度为一种资源。就很可能出现银行过度使用授信额度，将授信额度作为一种无风险的流动性来源。在利润的激励下，可能会出现超额准备金多余时拆入资金或者超额准备金不足时拆出资金获取比超额准备金多余时拆出资金或者超额准备金不足时拆入资金更多的利润。银行业本身有过分追逐利润的动机和潜在的期限错配风险，在整体资产状况良好和金融市场繁荣时期，这些问题并不显露。授信额度没有用完时，银行不会预期在市场上拆借不到资金的情况。因此一旦市场流动性冻结，会使某一家急需资金的银行猝不及防。

既然限额会导致银行过度依赖限额而产生流动性风险，为什么不取消限额，而只是直接公开市场上各机构拆借的金额和对手方信息呢？是不是因为金融市场软约束的存在，取消限额释放的信号是：央行将对银行拆借的所有资金负责。乍一看这样的解读匪夷所思，但倘若央行不对单一银行拆借的所有资金负责，那就是放任这家银行倒闭吗？显然不会，所以取消限额对于金融市场的信号就是：央行将对银行拆借的所有资金负责。所以，央行只能采取限额管理的办法，这是在金融市场流动性软约束存在的情况下，监管的无奈之举。

(二) 市场层面道德风险

利率市场化使得商业银行与其他金融机构更多参与风险较高的同业业务。不

---

① 举例来说，金融机构甲对金融机构乙授信时，并不清楚金融市场上其他机构给予乙的授信总和。如果没有限额的控制，理论上乙可以在市场上与所有的授信对手方进行交易。交易额度没有任何限制，存在巨大的信用风险。

论是银行还是非银行金融机构,都大力发展同业业务,力图绕过监管,不顾自身经营的风险。市场层面的道德风险表现为:(1)金融机构对短期资金的依赖性越来越强;(2)银行业和非银行业的刚性兑付一直存在。

同业业务除了用来满足银行流动性管理和方便同业清算外,相比于存贷款业务具有一定的监管优势。同业负债不需要缴纳存款准备金,同业资产不需要纳入存贷比考核,且对资本金的消耗更少。因此商业银行将大量的类贷款业务丢入同业业务中,用于监管套利。例如最早银行通过银信合作规避贷款投向的监管,在银信合作被叫停后,银行透过第三方机构购买信托收益权,计入同业资产的买入返售项目下,规避了相关监管规定(不是同业计入同业)。同业还可以实现腾挪贷款额度。两家银行互相购买对方的票据,并承诺在一定时间后购回。在资产负债表上都表现为贴现票据减少,而买入返售项目增加①,把贷款资产转移到同业项目下,达到监管套利的目的。

银行同业业务是商业银行之间及与其他金融机构之间的资金融通业务。我国银行同业资产包括存放同业、拆出资金和买入返售金融资产,同业负债包括同业存放、拆入资金和卖出回购金融资产。买入返售金融资产本身具有减少资本消耗、规避监管、提高收入等多重优势,资金融出方的业务拓展动力强劲。近年来银行买入返售资产的上升主要包括买入返售信托受益权和买入返售票据业务。银行都想做大自己资产负债规模,通过同业业务往来,一定程度上绕开了贷款规模、存贷比等指标的限制,但大量使用同业的短期资金来投资长期项目,期限错配容易产生流动性风险。

2009年末至2013年6月,我国银行业同业资产规模平均同比增长32.74%,分别为总资产增速的2.0倍和贷款增速的2.1倍。同业负债规模平均同比增长24.1%,分别为总负债增速和各项存款增速的1.5倍和1.8倍。随着规模快速扩张,同业业务在银行业资产负债表中的占比逐年上升。我国银行同业业务发展总体呈现以下三个特征:一是同业业务规模快速增长,占比显著提升;二是同业业务结构以买入返售和同业存放为主,呈现差异化特征;三是从业务结构看,同业资产以买入返售为主,负债业务以同业存放为主。

利率市场化的推进促进了同业业务增长。利率市场化带给商业银行的最大变化是存贷利差被压缩。只有大力拓展传统利息收入以外的收入来源,拓展利润空间,才能得以生存。这是中外政策监管当局和商业银行业界的一致共识。而在存贷利差以外的收入渠道方面,各国的情况又不尽相同。以美国商业银行的情况为

---

① 2014年5月人民银行、银监会、证监会、保监会、外汇局联合发布的《关于规范金融机构同业业务的通知》已限制这种操作。

例，美国商业银行非利息收入主要来源包括存款账户服务费、信托、资产证券化、交易业务、投行财务顾问担保、贷款转让等。而我国商业银行无法直接开展信托业务，只能通过同业业务方式与信托合作。对比美国商业银行非利息收入来源项目，除第一大项目存款账户服务费外①，其他几乎全部包含在同业业务中。利率市场化增加了商业银行争夺利润的压力，迫使商业银行快速发展同业业务。商业银行通过同业业务变相突破分业管制。

我国实行逐步放开管制并发展直接融资渠道的方式推进利率市场化，以实现平稳过渡。近年来不仅理财规模发展较快，债券、信托等直接融资渠道发展也很迅速。债券通过货币基金，信托通过理财产品等渠道被计入商业银行的同业业务。利率市场化下，市场对多种融资和投资方式的需求，使得多种金融产品迅速发展。而金融市场并未形成对不同风险金融产品不同定价的能力。使得金融产品的消费者迷信有国家兜底的商业银行。不论信托产品、理财产品，只要通过商业银行销售，都会被投资者认为会刚性兑付。

同业业务可以作为银行削减贷款规模，规避监管政策和寻求套利的主要工具，同时也支撑了银行资产规模的快速扩张，成为银行业新的利润增长点。但同时也带来一些问题。第一，以非标资产为标的同业业务提升了实体经济企业的融资成本。同业业务使得资金投放链拉长，同业业务借道其他商业银行或非银行金融机构向企业发放贷款，要经过若干个金融机构的资产负债表，必然会提升融资成本。第二，以非标资产为标的的同业业务对于投资者而言是一种"高收益、无风险"的金融产品，这种金融产品的存在会挤压债券这种"低风险、低收益"的产品规模，影响债券市场健康发展。第三，同业业务对应的"高收益、无风险"金融产品扭曲了金融市场对风险的定价方式，使得市场化机制无法发挥，金融机构无法有效支持实体经济发展。

总的来说，同业业务体现了我国商业银行积极应对利率市场化进程，扩展利润空间和变相开展混业经营的措施。从监管角度不应限制其发展，应采取合理方式进行监管。2014 年 5 月人民银行、银监会、证监会、保监会、外汇局联合发布了《关于规范金融机构同业业务的通知》（以下简称《通知》）。《通知》规定了同业负债的比例、规定了买入返售资产必须为具有合理价值和较高流动性的金融资产，并鼓励发展资产证券化业务。

随着银行一般存款同业化趋势在强化，一些中小银行同业拆借等资金甚至超过总负债的 50%。面对银行可能的支付困难，传统存款市场是"挤兑"，同业融资市场是"断供"，因为同业融资市场的头寸一般较大且金融机构间关联性较强，

---

① 受我国人均 GDP 水平和金融消费观念制约，短期内难以实现存款账户服务费快速增长。

因而同业融资市场可能滋生更大的流动性风险。如何在新的形势下，建立更加有效的流动性管理框架，是摆在整个银行体系面前的一个重要课题。

同业业务的主要盈利方式之一是期限错配，以短套长获取利润。同业资产中的存放同业、拆出资金和买入返售的期限普遍偏长。以兴业银行为例，其买入返售票据余期一般在3个月左右，买入返售信托受益权期限一般在9个月。而同业负债的期限相对同业资产短得多，以民生银行为例，2012年末，同业负债剩余期限在一个月内的短期资金占比已接近50%，同业拆入一般期限较短，主要有1天期、7天期、3月期、6月期及1年期，而又多集中在1天期和7天期。

期限错配是所有金融机构的特征，商业银行的最重要功能之一就在于将短期负债转变为长期资产。如果商业银行能够不断通过同业市场获取拆借资金，那么这种期限错配就不是问题。在银行间，整体流动性宽松时，通过期限错配可以获得较高的收益，各家银行也不会出现巨大风险。然而，在货币政策收紧时，则易引发流动性风险。严重的期限错配导致银行体系高度依赖同业资金和中央银行流动性支持，内部流动性管理流于形式。

同业业务的发展增强金融机构之间的系统关联性，容易引发系统性风险。随着我国金融市场不断开放，资本市场不断壮大，我国同业合作从形式到内容都得到发展，形成了以银银合作为主导，银信、银证、银基、银保、银租、银期和银财等多种合作方式并存的局面。同业业务的发展使得商业银行之间、商业银行与其他金融机构之间的合作更加紧密，打破分业经营局面，风险可以在不同机构间、市场间快速传染，导致金融风险关联度大幅提高，风险传染性增强，金融系统脆弱性上升，发生系统性风险的可能性增大。一旦某家商业银行发生流动性风险，通过同业业务链条传染到整个银行间市场，甚至可能扩展到整个金融市场和金融体系。因此，同业业务快速发展在一定程度上加剧了宏观金融体系的不稳定性。

（三）银行层面道德风险

利率市场化背景下商业银行层面的道德风险表现为：(1) 银行从业人员谋取个人利益，受贿或向特定关联方利益输送；(2) 银行业务中的违规操作一直存在。商业银行虽然没有升高存款利率，但通过种种方式进行将存贷业务挂钩，或者变相补贴存款收益。表5-7列出了存款补贴以及风险。结合第三节违规贷款操作的方式，可以看出，存款和贷款违规操作的共同点是将低风险或者无风险的存贷业务与高风险高收益的业务相连接。

表 5-7　　　　　　　　　　存款补贴方式及风险

	存款形式
非阳光贴息	在银行正常利息之外，中介当场再给储户 10% 的利息，高的甚至达 20% 以上，但要办理不提前支取、不开通通兑、不开通短信提醒、不查询、不开通网银等业务
存款转理财	银行柜台工作人员以各种方式变相销售保险、基金等理财产品，将理财产品当作存款销售给顾客
非法集资	一些已经离职的银行职员或者社会人员与银行人士合伙，在银行以高息存款为诱饵招揽客户
存款捆绑贷款	银行帮助企业销售产品，企业在银行存款，银行又将企业存款贷款给小微贷款客户，并向客户推销企业产品

资料来源：作者根据公开资料整理。

二、"银政不分"加剧商业银行风险

商业银行与监管机构之间的博弈背后，反映的是我国商业银行、政府和国有企业之间相互作用的关系。政府控制商业银行来服务于国家经济政策，同时增加了商业银行经营风险；商业银行牺牲部分经济利益、承担部分政策职能来换取破产保护；国有企业获得商业银行长期的低价资金支持。利率市场化后，丧失破产保护的同时，商业银行经营业务压力增大，商业银行承担国家职能与自身逐利的矛盾会激化。

政府控制商业银行来服务于国家经济政策，同时增加了商业银行经营风险。我国五大商业银行在银行业中占有较大比重，五大商业银行的国有背景使得其承担国家政策的部分执行职能。而其他大型商业银行和城市商业银行也大多具有国有产权背景或政治关联。商业银行的行长卸任后会在监管机构和政府部门之间轮换。商业银行通过信贷决策体现政府的政策导向。

商业银行因承担部分政策职能而造成银行同质性强、系统风险升高。从各个银行上市公司的财务报表可以看出，各家银行贷款政策均对国家大力支持的行业和领域有所倾斜，各商业银行均对国家重点支持的行业发放了大量贷款。例如制造业在五大国有商业银行中均占据最大比重。而如今面临制造行业产能过剩的局面，这种结构同质性就为商业银行带来了巨大的系统性风险。国家政策对于国有企业的倾斜造成商业银行形成大量国有企业贷款。而国有企业出现了效率低下、产能过剩的问题。国有企业拥有大量低效率贷款，金融制度的扭曲在某种程度上加重了行业产能过剩的程度和结构调整的难度。一方面，追随国家政策的导向、顺势而为，体现了商业银行对宏观经济走势的把握。另一方面，承担国家政策执行的职能，与市场化选择本身可能有所冲突。目前存在规模较大的民营企业难以进入正规借贷市场，往往不得不求助于民间借贷、高利贷市场的情况。而利率市场化以后，银行会将贷款投放到资质较好的民营企业而不是遵循国家政策继续为国有企业"输血"（黄金老，2001）。

（一）政府控制加剧银行风险

贝格等人（Berger et al.，2005）明确认为国有产权与银行表现的关系问题就是一个公司治理问题，国有银行得不到产权人的有效监督。维宁和宝德曼（Vining and Boardman，1992）认为所有公民都是国有企业的所有者，但他们无法出售这种"股权"，所以对公共部门的监督只能是次优的。巴内吉（Banerjee，1998）等证明国有企业与腐败和缺乏管理动机有密切联系。以上研究主要从公司治理角度强调国有产权无法实现有效治理。而研究进一步表明，政府通过商业银行投放低效贷款来实现政府自身的政策目标，商业银行承担了由此带来的高风险。余明桂（2008）研究认为由于政府干预破坏了企业与银行之间的自由信贷契约，地方政府通过银行给国有企业提供优惠的贷款支持是低效率的。

商业银行承担了政策性负担的同时，也依赖政府的救助。这种隐含关系的存在使得商业银行更倾向于冒险而疏于风险控制。刘澜飚（2006）研究了商业银行不良贷款处理迟缓的原因，其认为存在某种政治机制，使得银行最终会依赖于政府的救助。因为一方面老的债务人存活得越多，债务人违约的溢出效应就会越大，甚至这种多米诺骨牌效应会危及到整个金融系统，危及到生产部门的自生能力；另一方面背负不良债务的企业数目越多，这些企业破产对社会造成的负面影响就会越大。基于上述两方面原因，政府出于政治经济各方面的权衡，就对这些企业实行救助，而银行也会从救助中获取利益。且商业银行倾向于向国企投放贷款。叶康涛（2009）分析表明，在银根紧缩阶段，信贷资源配置倾向于照顾国有企业、稳定就业等目标，而非经济效率目标。此外，商业银行还通过对国有企业贷款展期等方式掩盖国有企业无法还贷的事实。在政府通过控制商业银行满足自身实现政策目标的意愿；商业银行通过承担政府带来的政策性负担换取垄断利润和政治救助。

政府控制增强银行同质性。首先，由商业银行发展的历程可知，利率市场化前高额的利润和超低的风险、银行有政府托底的内在机制使得商业银行没有动力追求异质化发展。其次，在经济上行期，特别是我国经济高速发展时期，即使采用追求规模的粗放式发展方式，其中的风险也会被经济发展的红利和资产的泡沫所掩盖。最后，在我国银行系主导的金融体系中，商业银行实现异质化发展的途径也非常有限。例如，贷款业务的异质化需要信用评级的完善，而同业业务的健康发展离不开健全的债券市场。

存贷业务方面，从商业银行行业贷款集中度变化可以看出，五大国有商业银行贷款行业集中度的数据非常相似。国有银行贷款的第一大行业均为制造业。由各商业银行年报可见，贷款分布行业极为相似。制造业在商业银行贷款中占比最高。其次，不同行业的不良贷款率也呈现同质性特点。制造业不良贷款率最高，农业银行、工商银行、招商银行制造业的不良贷款率分别为 1.82%、1.78% 和 2.86%，均高于同属企业贷款的其他行业不良贷款率。最后，由于信用环境较差、风险管理能力较弱，相比于国外，国内银行偏好抵押贷款，各大商业银行均将抵押作为审核贷款的重要条件，抵押贷款在贷款总额中占有较大比例。另外从商业银行前 10 大借款人也可以看出商业银行业务的同质性，前十大借款人所属行业性质极为相似。

商业银行的同业和理财业务也具有很高同质性。同业业务中，商业银行往往充当通道的功能，缺乏对产品的风险评估和管理。同业业务对手方为信托、基金、证券等，正如前面所述，我国近期内同业业务迅速发展的原因是商业银行急于绕开存贷比监管释放信贷空间。非标主要对接的是房地产、基建以及产能过剩行业。理财产品的期限、收益等方面均趋同。但随着针对同业和理财的监管规定出台，未来商业银行必将探索新的差异化方式。

同质性加速个体风险扩散。由于我国商业银行具有较强的同质性，在利率波动逐步加大，且调整经济结构的过程中，必然出现大量不良贷款。诚然，制造业不良贷款率增加的主要原因是受国内投资出口增速趋缓、产能过剩压力增大、市场需求下滑等因素影响，金属制品、电器机械、纺织等行业运行压力也都加大了，但不可忽视的是我国商业银行主要收入来源仍然为利息收入，作为利息收入来源的贷款业务具有如此高的同质性，隐藏着极大的风险。随着完全的利率市场化，会出现利率波动剧烈，进而对实体经济造成冲击，实体经济的波动又将反作用于金融系统。在这样的情况下，商业银行业务的同质性很容易导致行业性危机的出现。国际金融危机的教训是，最早出现问题并放大危机冲击的并非规模最大的银行，而是交易最活跃与其他机构联系紧密的银行等金融机构。为此，学者们呼吁关注"联系太紧而不能倒"的系统重要性银行和关联性问题。

范小云（2012）研究认为通过银行间负债与其他银行关联性越高的银行越容易引发系统性危机。在同样的损失率和破产期数条件下，与国内其他银行负债关联性较高的系统重要性银行破产，将导致更多的银行破产和更大的系统性损失。且与银行资产规模相比，不但更容易诱发系统性危机，而且其破产导致的银行破产数和系统性损失更大。且模拟实证结果表明，不仅我国五大国有商业银行具有系统重要性，部分股份制商业银行、政策性银行以及城市商业银行如果倒闭也能诱发其他银行破产、造成较大的系统性损失。因此在增强对我国系统重要性银行监管时，规模固然需要关注，关联性尤其是银行间的负债关联程度更需紧密关注。

（二）商业银行股权结构分析

国家股、国有法人股和国有企业持股是我国商业银行股权结构的突出特点。由表5-8可见，截至2013年末，工商银行、农业银行、中国银行、建设银行和交通银行前5大股东持股比例中，国家股占比达到70.4%、82.5%、67.7%、57.3%和31%。这说明虽然经过了股份制改革，国家对于五大商业银行的控制还是非常有力的，因此处理好国家控股和商业银行管理之间的关系对于商业公司治理至关重要。此外，含国家股、国有法人股、境外法人股等在内的前五大股东合计持股比例分别为72%、84%、68%、67%和52%，均大于50%。而其他股份制商业银行也可明显看出与政府的关系，华夏银行第一大股东为首钢，浦发银行第一大股东为中国移动，光大银行为汇金100%持股。仅从产权结构就可以看出政府对商业银行的影响力。

从第一大股东和实际控制人（见表5-9）的情况可以看出，国有性质股东（国有股包括国家股和国有法人股）在我国股份制商业银行中占有重要地位。宁波银行和北京银行第一大股东为外资股，浦发银行、华夏银行、民生银行、招商银行、南京银行第一大股东为非国有法人股，但大部分为国有企业。中国银行、建设银行、浦发银行、光大银行、中信银行具有实际控制人，分别为中国投资、上海国资委、汇金和财政部。

五大国有银行的总资产占到金融机构总资产的40%左右，虽然近几年直接融资方式迅速发展，但是银行贷款仍然是主要融资方式和国家实现信贷目标的途径。除交通银行以外，工商银行、农业银行、中国银行和建设银行还有国家开发银行都在财政部和汇金公司的控制下。而交通银行虽有较大的外资股份，但是第一大股东仍然是财政部。汇金公司成立之初是由中国人民银行监管的，现在为中投公司所有。中投公司的出资方和控制人是财政部，因此汇金公司也是财政部的一致行动人。五大国有银行之外，股份制银行大多数由地方国资委和央企持股。综上所述，国家股、国有法人股和国有企业持股是我国商业银行股权结构的突出特点。

表 5-8　股份制商业银行股权结构变化

行别	时间	项目	合计	1	2	3	4	5
工商银行	2013 年	前 5 大股东		汇金	财政部	平安人寿	工银瑞信	中国证券
		持股比例	72	35.33	35.09	1.27	0.3	0.23
	2005 年	前 5 大股东		财政部	汇金			
		持股比例	100	50	50			
农业银行	2013 年	前 5 大股东		汇金	财政部	社保基金	平安人寿	中国人寿
		持股比例	84	40.28	39.21	3.02	1.48	0.43
	2009 年	前 5 大股东		财政部	汇金			
		持股比例	100	50	50			
中国银行	2013 年	前 5 大股东		汇金	三菱东京银行	华信信托	博时证券基金	神华
		持股比例	68	67.72	0.19	0.09	0.04	0.04
	2005 年	前 5 大股东		汇金	RBS	亚洲金融公司	UBS	亚洲开发银行
		持股比例	100	83.15	10	5	1.61	0.24
建设银行	2013 年	前 5 大股东		汇金	淡马锡	国家电网	宝钢	平安人寿
		持股比例	67	57.26	7.15	1.14	0.93	0.86
	2004 年	前 5 大股东		汇金	建银投资	国家电网	宝钢集团	长江电力
		持股比例	100	85.23	10.65	1.55	1.54	1.03
交通银行	2013 年	前 5 大股东		财政部	汇丰银行	社保基金	首都机场	上海海烟
		持股比例	52	26.53	18.7	4.42	1.68	1.09
	2005 年	前 5 大股东		财政部	汇丰银行	社保基金	汇金	首都机场
		持股比例	63	21.78	19.9	12.13	6.55	2.15

续表

行别	时间	项目	合计	1	2	3	4	5
招商银行	2013年	前5大股东		招商局轮船	远洋运输	安邦财产保险	生命人寿保险	深圳市晏清
		持股比例	32	12.54	6.24	5.73	4.09	2.96
	2005年	前5大股东		招商局轮船	中国远洋	广州海运	友联船厂	上海汽车
		持股比例	38	17.78	8.53	5.64	3.16	2.50
平安银行	2013年	前5大股东		平安保险	平安人寿	平安人寿	葛卫东	深圳中电
		持股比例	62	50.2	6.38	2.37	1.77	1.56
	2005年	前5大股东		新桥	深圳中电	海通证券	宏业科技	农业银行
		持股比例	25	17.89	3.20	1.74	1.29	0.80
浦发银行	2013年	前5大股东	46	中国移动	上海国际	上海国际信托	上海国鑫发展	平安人寿
		持股比例		20	16.927	5.232	2.022	1.459
	2005年	前5大股东		上海国际信托	上海上实	上海国有资产	上海国际	花旗银行
		持股比例	26.08	7.01	4.87	4.85	4.73	4.62
华夏银行	2013年	前5大股东		首钢	国网英大	德意志银行卢森堡	德意志银行	红塔烟草
		持股比例	60	20.28	18.24	9.28	8.21	4.37
	2005年	前5大股东		首钢	山东电力	玉溪红塔烟草	联大集团	北京三吉利能源
		持股比例	49	14.29	11.43	10.00	8.57	4.29

续表

行别	时间	项目	合计	1	2	3	4	5
民生银行	2013年	前5大股东		新希望	人寿保险	上海健特生命科技	船东互保协会	东方集团
		持股比例	36	4.7	4.06	3.38	3.19	3.13
	2005年	前5大股东		新希望投资有限公司	中国泛海控股有限公司	中国中小企业投资	东方集团	中国船东互保协会
		持股比例	18	5.99	5.64	5.00	4.71	4.64

注：2005年平安银行为深发展银行数据，深发展银行后经平安保险收购为平安银行。

资料来源：CCER数据库。

表 5-9　　　　　　　　　商业银行的股权制衡情况

项目	工商银行	农业银行	中国银行	建设银行	交通银行	招商银行	平安银行	浦发银行
股权制衡度	1.73	1.31	0.44	0.67	1.69	1.59	0.24	1.28
第一大股东股权性质	国有股	国有股	国有股	国有股	国有股	非国有法人股	非国有法人股	非国有法人股
实际控制人	—	—	中国投资	中国投资	—	—	—	上海国资委
股权制衡度	宁波银行	华夏银行	民生银行	南京银行	兴业银行	北京银行	光大银行	中信银行
股权制衡度	2.58	1.98	0.76	2.28	1.21	1.63	0.58	0.4
第一大股东股权性质	外资股	非国有法人股	非国有法人股	非国有法人股	国有股	外资股	国有股	国有股
实际控制人	—	—	—	—	—	—	中央汇金	财政部

资料来源：Wind 数据库。

(三) 商业银行人事治理制度

虽然在组织架构与法律程序上，商业银行满足了董事会基本需求和法律要求，但实际上，企业是没有发展自主权的，董事会并不能代表出资人的角色行使权利。中共中央组织部有中国投资有限责任公司（包括中央汇金投资有限责任公司）、国家开发银行、农业发展银行、进出口银行、工商银行、农业银行、中国银行、建设银行、交通银行人事任免权[①]，国有银行董事会虽可以依据《公司法》有权向中组部建议罢免行长，但考虑到中央国有资本和地方国有资本对金融机构的控制，目前还没有出现董事会罢免中组部任命的行长。

我国银行业存在银行与银监会，央行，交叉聘任的现象。国外金融机构监管部门也会出现从金融机构高管中选举管理人员的情况，如雷曼兄弟倒闭时美国财政部部长就曾为高盛高管。而我国银行业还存在股份制商业银行与地方政府官员交互聘任以及金融监管部门高管与政府高层官员交互聘任的现象。商业银行董事（理事）、高层管理人员的任职资格需银监会通过[②]。这意味着中国政府实际控制着金融机构高层管理人员的任命。考虑到银行高管未来职业发展路径，他们可能去监管机构供职，也可能去地方政府供职。无疑增强了监管机构对银行的控制。也使得银行高管不得不考虑地方经济发展。因此，银行业与政府和地方企业的关

---

① 参见《中管金融企业领导人员管理暂行规定》。
② 参见《银行金融机构董事（理事）和高级管理人员任职资格管理办法》。

系就更加密不可分。

国外商业银行普遍采取股权激励、员工持股的方式。而我国则对商业银行高管采取限制薪酬的方式。这无疑是与商业银行行长和高层管理人员的行政任命制度相对应的解决方法。在任命环节没有实现市场化聘任，那么在薪酬激励方面也无法采取股权激励等市场化手段。一方面是传统银行业固定薪酬体系，伴随着银行业利润缩减，风险上行；另一方面是利率市场化下新兴金融巨大的发展机会，两方面的因素导致我国银行业高管离职现象多发。

我国商业银行的人事治理方式是高层由政府控制，这样的管理方式无疑增强了国家在金融市场动荡时对银行业的控制。银行内部采用自上而下的管理方式，自上而下分配业绩和风险控制任务。使用统一的信用和信息采集系统。这是大企业标准化管理的特征。但在利率市场化到来的同时，银行业竞争日益激烈，且面对互联网、非金融企业和其他金融机构的跨界竞争压力，采用这种人事管理方式无疑会导致传统银行对市场反应迟缓。因此商业银行也在探索更加有效的管理方式，例如最近尝试将理财分拆，采用区别于银行主体的事业部管理方式。

针对国有产权的讨论很多，国有产权是否需要改革，国有产权对企业效率的影响如何，并无统一定论。比如著名的汽车公司德国大众，德国就曾进行立法保证对它的控制权，在今天，德国大众在全球依然是非常有竞争力的公司。在我国，国有产权被诟病的主要原因不是国有产权主导企业的效率问题，而是国有产权所享有的非市场地位（聂日明，2013）。这些特权除了行业的垄断以外，还包括低成本的资金和土地支持。正如前面金融抑制理论所述，发展中国家普遍采取金融抑制方式，即把金融抑制作为变相征税的方式。银行垄断居民存款并采用低于市场价的存款利率，政府通过控制银行为公共债务和国有企业发展筹资。这种现象常见于发展中国家，但如阿根廷一类新兴经济体也有出现。

（四）商业银行流动性软约束

2014年之前，我国还没有建立显性的存款保险制度，而是采用隐性的完全保险制度，事实上的银行破产并不存在。监管机构可能并不允许真正破产的情况出现，由于不需承担破产带来的一系列后果，商业银行必然倾向于承担更多风险。冒险与破产，成为商业银行与监管机构之间的一场博弈。商业银行承担了国家政策执行的职能，因此国家一直为商业银行提供隐性保险。吴军和邹恒甫（2005）指出尽管我国并没有建立明确的存款保险制度，但实际上一直实行着隐性的"超级"存款保险制度。在我国，不仅四大国有银行以国家信用做后盾，即使在城市信用社的破产清理中，政府也通常对其储蓄存款全额兑付，由此看来，非国有银行事实上也搭上了国家隐性保险的"便车"(张正平和何广文，2005)。谢平和易诚(2004)的研究发现，从近几年我国金融机构市场退出的实践来看，国家事实上承担了对银行存款的保险责任，我国实行的是国家对个人"全额偿付的隐性存款保险制度"。

事实上的银行破产并不存在。我国政府更倾向于采取"完全隐性保险"的方式救助问题银行。同时倾向于在更大的监管宽容下对问题银行进行隐性的间接救助。在国家信用支持和隐性保险的保护下，即使银行已经资不抵债，政府通常也不会即刻对之进行法定的破产清算。当问题银行已经资不抵债，且出现严重的挤兑风波时，政府将倾向于指定一家健康银行来托管或合并它们[①]。在政府的这个间接救助过程中，并未给予健康银行直接或额外的利益补偿，而是让健康银行承担了本应由政府承受的隐性救助成本。在仔细审视我国银行的股权性质和国家控股本质之后，就不难理解问题所在，它仅在形式上降低了政府的直接救助成本，但并未改变其最终"买受人"的角色。健康银行承担隐性救助成本的同时也相当于收获了一份隐性存款保险，如果健康银行出现问题，政府会再次伸出援助之手。

商业银行必然倾向于承担更多风险。这种政府对银行的隐性存款保险制度，无疑会加剧商业银行在承担风险的行为。第一，目前，我国商业银行经营模式粗放，规模扩张冲动强烈，忽视安全性和流动性，资产负债期限错配严重，极易引发流动性紧张[②]。第二，国际经验表明，利率市场化初期，商业银行会更加倾向于高风险、高收益的领域。而我国商业银行不必承担违约成本的事实和商业银行开发高收益领域能力的欠缺，使得我国商业银行在利率市场化初期的阶段性风险更加难以预测。

然而前面提出的政府对商业银行隐性的完全存款保险制度并非一无是处。在我国目前资本市场不成熟，存在信息不对称、经济发展进入结构调整期的情况下，隐性完全存款保险制度对于稳定整个经济、振奋投资者的信心起到了非常有力的作用。完全存款保险制度的存在，使得银行挤兑、市场恐慌的情况不会出现。这对于监管者是非常有价值的政策效用。一旦商业银行破产的情况出现，市场必定恐慌，监管者又会通过一定方式救助问题银行。这在2013年6

---

① 例如海南发展银行，由于兼并和托管了30多家有问题的信用社难以消化，导致其经营出现了问题，并引致严重的挤兑风波。后来，中国人民银行指定工商银行海南省分行托管海南发展银行的债权与债务，由后者对海南发展银行的境内居民储蓄和境外债务保证支付，对其他债务则组织清算后偿付。

② 2009年和2010年两年银行出现了大量贷款投放，但2011~2013年底，16家上市银行总资产平均增长66%，其中3家银行资产规模翻倍；部分金融机构过度逐利，忽视了安全性和流动性，资产负债期限错配严重，流动性紧张，导致整个市场产生恐慌情绪。

月的"钱荒"事件中得到体现①。因此破产与不破产,成为商业银行与监管机构的一场博弈。

第五节 利率市场化背景下商业银行风险治理

一、强化金融监管,增强商业银行经营信息的透明公开

由第二节分析可知,我国居民和企业缺乏金融选择权,利率管制完全放开后,我国商业银行在买方和卖方仍占主导地位。一行三会的监管架构也造成监管机构互相推诿责任,无法实现信息共享,外部人员更难取得金融业内部经营信息。信息透明公开,是真正实现利率市场化的保证。应建立集中的金融市场收集和分析机构,定期向政府和社会发布分析报告。建议由独立的金融稳定委员会承担数据收集工作,定期发布。在建立金融稳定委员会的数据中心之前,先规范和完善现有的一行两会信息披露。统一要求两会下设地区机构的信息披露,保证各个地区的信息披露都能做到详细精确。邓海清(2015)也建议加强中央银行的信息收集和处理。但本文认为信息收集和处理应设立第三方机构独立于央行,而央行专注于货币政策的制定。

二、完善商业银行风险管理,权责对等

一些研究认为:在市场机制逐渐发挥决定性作用的态势下,我国应采取"法无禁止则自由"的负面清单监管模式。而本书分析认为,我国商业银行监管中股东和债权人、基层从业人员都有较强的道德风险,根源在于风险与责任的不对等。银行的损失由纳税人承担时,股东和纳税人约束银行家行为的动力大大减弱。银行家也愿意承担更高的风险,银行出现需要救助的概率大大增加。在这种局面下,贸然开启负面清单模式,只能出现更多不顾后果经营的银行。正如监管

---

① 钱荒事件的导火索是个别银行出现违约,被迫从市场上以高成本融入资金用于偿债。在信息极度不对称的情况下,各家银行本能的反应都是立即捂紧自己的钱袋子,首先确保自己不出事。因此出现了整体流动性充足的情况下,银行间隔夜拆借利率高企的情况。中央银行本想正好借此机会利用市场法则对一些业务激进、流动性风险管理不善的机构进行惩戒,但发现市场整体的恐慌情绪出现后,又及时向个别银行进行流动性支持(付兵涛,2014)。

部门在互联网金融兴起时，对互联网金融完全采取放任态度，导致很多非法的P2P平台出现，资金链断裂以后选择"跑路"，投资者资金血本无归。结合前面分析，本章认为，在已有商业银行监管中应强化银行牌照的价值，在银行业引入其他投资者时应坚持风险自担的原则。

商业银行追逐利润，风险意识和风险管理能力都较弱。监管规则改变，商业银行的业务模式也随之改变。通过拆借大量短期资金，投入长期高风险业务中，加剧商业银行期限结构的不合理性，极易引发利率风险。除了结合巴塞尔协议明确商业银行的风险监管指标，最为根本的是，需要建立对银行牌照的审查机制。定期重新颁发银行牌照，对风险状况比较差的银行，考虑收回牌照。以牌照重新审核颁发为核心，加强商业银行自身对风险的控制动机和能力，从根本上杜绝道德风险。商业银行有别于一般公司的特点，在于其牌照价值和经营出现问题后的外部性影响。加强牌照管理有助于避免银行风险演变到需要政府救助的程度，可以最大程度地防患于未然。建议金融稳定委员会承担商业银行的牌照审核工作。金融稳定委员会独立于财政部和央行，分别审核财政部和央行控制的大型银行。不同产权主体竞争和牌照独立审核可强化银行自身风险治理。

三、探索商业银行与国企共生新模式

黄金老（2001）研究认为：金融自由化之后，银行仍不能摆脱政府的强制融资问题。西非十国在自由化之后，对公共部门的贷款仍超过了总信贷的40%，有的甚至在50%以上。所以，结合我国情况，现实可行的措施是积极探索大型企业和商业银行战略共赢的合作方式。大型商业银行无法避免向政府支持行业和大型国有企业提供信贷支持。为了改变金融抑制下整体道德风险的状况，大型商业银行可与大企业形成新的合作模式。加强与行业领先企业的信息共享，深入各项业务合作，为行业提供个性化服务的同时，收集更多行业相关数据，有助于商业银行控制信用风险并实现差异化服务。例如徐锟（2014）研究发现宝钢依托电商平台获取大量有效数据，依托与银行的合作获得融资渠道，在此基础之上再搭建金融业务平台，联结客户与资金，形成一种全新的与银行业优势互补的发展方式。参考宝钢的发展战略，宝钢依托行业龙头优势，发展电商的同时发展金融产品，利用电商积累的信息优势发展金融业务，互联网金融产品转化成同业业务又对银行有积极作用。同时也提高了宝钢本身预测风险和管理风险的能力。

目前我国经济进入新常态，商业银行信用风险压力加大，针对银行关注类贷款，出现了对企业债转股的方式。对于自身经营状况良好，但资金压力较大的企业，债转股对企业和商业银行都是有益的。企业可以获得长期发展的支持，商业银行的坏账压力也得以缓解。然而银行是否能真正甄别经营良好的企业，实现共赢，还是继续粉饰双方经营状况，掩盖风险，取决于商业银行的风险治理基础是否形成，商业银行的经营是否真正受到监管奖惩。

本章小结

结合理论和数据分析，本章研究发现，随着我国利率市场化改革的推进，商业银行的风险水平也会明显上升。尽管目前我国商业银行仍是金融体系的主导，利率市场化对其资金的来源和投入等冲击有限；但由于商业银行自身风险管理经验的不足，以及源于银政关联和政府隐性担保产生的严重道德风险，未来随着金融改革的推进，商业银行将酝酿较高的金融风险，这值得我们关注和重视。未来我们既需要适时地打破隐性担保，逐渐削弱银政关联的不利影响；也需要在宏观层面强化监管，在微观层面强化银行的风控能力；最根本的是探索让金融系统更好地服务于实体经济的模式，从而化解虚拟经济中的泡沫风险。

银行往往存在大而不倒的问题，而银行间普遍存在的联系使得一家银行出现危机，往往会迅速蔓延并冲击整个金融体系。因此，银行风险是微观层面最为重要的风险源。相对来讲，其他机构或企业受到的冲击，往往是一个行业出现危机并冲击整个金融系统。下一章节，将分析利率市场化给有关行业带来的影响。

第六章

利率市场化背景下的中观金融风险

我国的经济发展正处于改革的重要阶段，同时面临着经济全面放缓、产能严重过剩、境内消费动力不足以及行业创新欠缺等问题。经济增速换挡期、产业结构转型阵痛期和体制改革攻坚期三方面的相互作用，导致了宏观调控的难度进一步加大。

我国于 2015 年 10 月 24 日开始取消商业银行和农村合作金融机构的存款利率浮动上限之后，很多学者认为狭义的利率市场化改革已经完成。但是，实际上我国以银行间接融资为主的金融体制没有被撼动，融资渠道多元化的格局也没有真正形成。由于供求关系扭曲，现行金融格局下所形成的利率并非真正的市场利率；同时，在供给侧仍然受到较多管制的情况下，大型商业银行仍然能够凭借自身所拥有的市场优势地位获得一定的垄断利润，这使得银行缺乏足够的激励去甄别项目真实信息；我国金融市场"旱地缺水"与"洼地积水"现象并存，融资效率亟须进一步提高。面对这些问题，我们将在本章针对有关行业分析利率市场化引发的金融风险，并提供规避风险的建议，以期能对各个行业的风险管控提供良策。

第一节 银行业与其他行业的关联风险

实施利率市场化是我国政府调控宏观经济运行的一种手段，利率市场化之后的银行贷款利率将能更贴切地反映资金的稀缺程度，推动企业通过改革手段提升生产效率，进而提升整个社会的资源配置。但是，利率市场化也会对金融行业造成冲击，而商业银行首当其冲。由于银行是我国各行业间接融资的主要提供者，银行业风险将通过流动性渠道冲击其他行业。

我国政府长期实施的金融约束政策，严重地制约了中国金融市场发展，而且也阻碍了新兴商业银行的发展，扭曲了中国信用关系，导致了金融市场发展滞后。不仅将大量的小微企业与居民被排斥在信贷市场之外，也削弱了长期处于垄断地位的国有金融机构以及新兴商业银行的竞争力（王国松，2001）。

近几年来，中国金融市场金融脱媒现象日益显露，推动了整个中国金融市场多层次的发展。商业银行的大多理财产品也都是通过证券、基金公司进行投资，资金的流向主要是企业债、房地产部门、政府融资平台、债券等。非银金融机构与互联网企业的联合分别从信息、渠道、产品三个主要方面对银行的信用中介、支付中介以及金融服务三大职能形成持续冲击。可以预见，利率市场化全面放开之后，随着资金流动的自由化提高，银行业不仅面临着行业内部竞争，与非银金融机构和互联网金融企业的竞争也不可避免。

一、银行业与非银行金融业间的资金流动及其风险

发达经济体一般主要以一个短期货币市场利率作为政策利率，将其通过债券市场的收益率曲线，从收益率曲线的短端传导至长端，也就是利率（短期货币市场利率）的变动在市场力量的作用下导致中长端利率的变动，中长端债券市场利率的变动再影响银行的存贷款利率，从而影响实体经济（马骏和王红林，2014）。然而在我国，由于之前施行利率管制，各个市场之间的关联度不够，导致了货币市场利率信号失真，利率市场化全面推行之后，利率可以作为资金的价格信号，其水平的高低可以反映出资金稀缺程度，通过利率水平的变动也可以调节各部门之间资金配置，但随之也会产生风险。

在我国，货币市场中银行和非银行金融机构之间的拆借交易道路并不通畅，致使形成的货币市场利率信号失真。2013年6月的"钱荒"就是金融机构同业业务杠杆过高所导致资金需求高企造成的。利率市场化会让直接融资渠道得到市场更多的重视，股票市场和债券市场的发展将获得长久的动力。

我国银行之间和银行与非银行金融机构之间的资金流动的利率市场化进程，主要有以下几步：1996年中国人民银行建立起全国统一的同业拆借市场，实现由拆借双方根据市场资金供求自主确定拆借利率。1997年6月，银行间债券市场正式启动，同时放开了债券市场债券回购和现券交易利率。1999年10月，对保

险公司大额定期存款实行协议利率，对保险公司 3 000 万元以上、5 年以上大额定期存款，实行保险公司与商业银行双方协商利率的方法。2000 年 9 月，外币存贷款利率管理体制开始改革，人民银行下放了外币贷款和 300 万（含）美元以上外币存款利率的自主定价权，300 万美元以下存款利率由中国银行业协会制定。2002 年 3 月，将境内、外资金融机构对中国居民的小额外币存款，纳入中国人民银行现行小额外币存款利率管理范围，实现中资、外资金融机构在外币利率政策上的公平待遇。2002 年 9 月，农村信用社利率浮动试点范围进一步扩大，这些信用社被允许的存款利率最大浮动限度是 30%，贷款利率的最大浮动限度是 100%。

2014 年 1 月 20 日，中国人民银行在北京、江苏、山东、广东、河北、山西、浙江、吉林、河南、深圳开展常备借贷便利操作试点，由当地中国人民银行分支机构向符合条件的城农村信用社提供短期流动性支持，完善了中国人民银行对中小金融机构提供流动性支持的渠道。

中国金融业未来将是结算、定价、资管三分天下的时代。银行业结算及衍生的存贷业务地位难以取代，但直接融资市场会显著提升定价及资管的地位，影响银行现有业务份额。目前来看，银行业有别于其他非银行金融机构的发展的主要途径是提高服务技术水平，增加中间业务收入占比，增加盈利能力，应对风险。

二、银行业与非金融行业间的资金流动及其风险

我国目前是利率双轨制：银行的低贷款利率和影子银行的高贷款利率。小微企业很难得到银行贷款，转而去影子银行融资。2014 年银行一年期贷款利率在 5%～8% 左右，而温州指数却高达 18% 左右，差距在一倍以上，影子银行的兴起，是银行体系低效的直接表现。银行因为自身的国家隐形担保，忽视风险，盲目倾向于对大客户放款。不仅如此，前文提到商业银行的大多理财产品都是通过证券、基金公司进行投资，房地产部门是资金主要流向。但目前从我国现状来看，房地产、部分国有企业以及地方政府融资平台的杠杆已经过高，银行信贷资产的质量不容乐观，不良贷款问题严重，风险已经集聚。

我国金融市场"干地旱"与"凹地涝"现象并存，中国人民银行为了降低银行融资成本促使商业银行降低贷款利率，从而降低社会融资成本，支持实体经济增长，中国人民银行向多家股份制银行注入流动性，2014 年 9 月，中国人民银行通过中期借贷便利向国有商业银行、股份制商业银行、较大规模的城市商业银行和农村商业银行等分别投放基础货币 5 000 亿元和 2 695 亿元，期限均为 3 个月，利率为 3.5%。2015 年 1 月，为继续发挥中期借贷便利（MLF）的结构性引导功能，强化

正向激励作用，为了应对春节前的季节性流动性波动，保障货币市场平稳运行，人民银行续做了到期的 2 695 亿元中期借贷便利，并新增 500 亿元。操作对象为股份制商业银行、城市商业银行和农村商业银行，期限为 3 个月，利率为 3.5%。基础货币投放对实体经济的影响传导一般有 2~3 个月的滞后性，但是后期我们观察资金并没有投放到实体经济，而是由于对未来经济下行的预期，造成银行惜贷，实体企业未能获得大幅增量的融资，但是，央行此举释放了货币宽松的信号。

我国 2015 年开始逐步放松货币政策，后期主要做定向引导，尤其是出台了很多相关的政策来应对产业问题，而不是简单地拨款和加大放贷，比如 2015 年 1 月 14 日，住房与城乡建设部（以下简称住建部）发布《关于加快培育和发展住房租赁市场的指导意见》，提出要大力发展住房租赁经营机构、支持房企将其持有的房源向社会出租、积极推进房地产投资信托基金（REITs）试点、从租赁市场筹集公共租赁房源等重大措施。可以说是利于房地产商去库存的一大措施，也在促进房地产行业稳步回暖。银监会也在 2015 年 3 月发布《2015 年小微企业金融服务工作的指导意见》（以下简称《意见》），从增速、户数、申贷获得率三个角度综合全面地考查小微企业贷款增长情况。该《意见》要求商业银行在有效运用现有各项监管激励措施和扶持政策的基础上，力争改善针对小微企业的金融服务业态，积极推进大众创业、万众创新。中国人民银行决定，自 2015 年 6 月 28 日起有针对性地对金融机构实施定向降准，以支持实体经济发展，促进结构调整：（1）对"三农"贷款占比达到定向降准标准的城市商业银行、非县域农村商业银行降低存款准备金率 0.5 个百分点。（2）对"三农"或小微企业贷款达到定向降准标准的国有大型商业银行、股份制商业银行、外资银行降低存款准备金率 0.5 个百分点。（3）降低财务公司存款准备金率 3 个百分点，进一步鼓励其发挥好提高企业资金运用效率的作用。

通过一系列的新政策落地，不仅可以看出，我国政府对实体经济的促进态度，对小微企业的扶持决心，以及对经济结构向更优化调整的信心，而且，通过定向引导银行放款等系列措施，为银行业面临利率市场化的整体行业风险做了准备。

第二节 利率市场化背景下的非银行传统金融业风险

非银行金融机构涉足银行传统业务也成为大势所趋。我国非银行金融机构在利率市场化不断深入推进的背景下，既要处理好与银行的关系，又要通过开拓创新、结构调整等措施来促进自身的发展，以保持其竞争实力。本节将针对证券公司、信托公司、保险公司、农村信用社这些正规金融机构以及以小额贷款公司[①]为典型代表的非正规金融机构进行现状分析，进而讨论其在利率市场化背景下的金融风险以及为其如何应对利率市场化改革提供建议。

一、证券公司

证券公司在中国已经有二十余年的历史，曾经为我国资本市场健康发展做出了积极的贡献，在我国推进利率市场化的过程中，作为中国资本市场的重要中介，证券公司的经营情况对我国整个金融系统有着举足轻重的影响力。利率市场化对证券业来说是机遇与风险并存，虽然从短期看，利率市场化的推进会导致一些弱质企业破产倒闭或者被兼并收购，但是从长期来看，会有助于优质企业成长和规范的市场机制形成。在这一过程中，如何尽量规避风险，防止引起较大规模的倒闭潮出现是我们需要关注的问题。

（一）我国证券公司的风险概况

改革开放后短短几十年内，我国证券公司发展速度惊人，直接推动了我国证券市场的快速发展，而证券公司波动曲折的发展历史几乎就是其抵御金融风险的历史。2002~2006年我国股票市场持续下跌，导致证券公司经营风险不断暴露，风险集中爆发，全行业生存与发展遭遇严峻的考验。一批证券公司因违规违法经营导致被托管、撤销证券业务许可或者破产关闭。通过整理相关资料我们发现截至2007年，被托管、撤销证券业务许可或者破产关闭的失败证券公司共计40家。2007~2015年证券公司运营情况好转，仅在2013年，有一家证券公司破产。从中国证券业协会公布的125家证券公司2015年经营情况来看：行业全年实现营业收入5 751.55亿元，同比增长120.97%，行业全年实现净利润2 447.63亿元，同比增长153.51%。[②] 2015年对于券商而言可谓是"冰火两重天"，上半年实现了业绩的翻倍增长，下半年利润却逐月下滑。不仅如此，因为两融业务违规和违规配资等问题，2015年以来已经有19家券商受到了处罚，处罚措施包括巨额罚款和暂停相关业务。证监会对45家证券公司的融资类业务现场检查结束并

---

① 根据中央人民银行发布的《金融机构编码规范》，小额贷款公司的编码为金融机构二级分类码Z-其他。从这个意义上来说，小额贷款公司属于中国人民银行认可的其他金额机构。然而小额贷款公司没有取得《金融许可证》，在法律上其称不上金融机构，所以小额贷款公司尽管经营贷款业务，但却不受银监会的监管。而人民银行也不具有法定的监管职能。所以将其归为非正规金融。

② 资料来源：中国证券监督管理委员会（http://www.csrc.gov.cn/pub/newsite/hdjl/zxft/hhywq/）。

且对相关公司进行了处理。

23家上市券商2016年1月月报显示,共实现营业收入46.20亿元,环比下降87.26%,净利润合计亏损4.01亿元,[①] 市场行情转向低迷,随着2015年我国已经开始实施利率市场化,已经有很多业内人士预测,随之而来的市场波动必定会给证券公司带来不小影响,也许证券公司会遭遇2002~2006年的倒闭潮,因此,目前证券公司不仅要思考如何为市场和客户提供丰富投资产品和多元化的服务来提升业务竞争力,更重要的是我国的证券公司在利率市场化背景下如何预防金融风险。

(二) 证券公司发生风险的原因

1. 证券公司自身经营方面的问题

(1) 证券公司盲目融资。

挪用客户资产、发行各种高息债券、违规国债回购、非法集资以及违规融资归结起来都是资金问题,这些违规现象的根源都是证券公司一味追求融资的结果,这些违规的证券公司中有一半曾经因为盲目融资而进行违规操作。很多证券公司发行大量无法支付的高息债券,比如有些证券公司将一年期国债按国债收益凭证卖给投资者,并支付高于正常利率1.5%以上的利息,而且承诺募集的资金将用于国债回购。但这些资金在部分投向国债回购的同时,主要投向了股票市场甚至房地产等高风险行业。这些股票或投资一旦失败,资金链条的断裂将导致大量证券公司的倒闭。

在2015年上半年,多家券商在A股火热时宣布定向增发被市场解读为重大利好,股价也应声上涨,而股价上涨又为参与增发的机构创造了更大的浮盈,机构投资者都非常积极地想参与上市券商的再融资。但是随着6月下旬开始的A股大幅下跌,出现了券商的定增发行价远高于二级市场股价的情况,后续,8月市场再次下跌之后,券商们都面临股价与增发价倒挂的难堪局面,2015年上半年的再融资热潮转而变成了下半年的降价潮。

由于证券公司不能完全发挥融通资金的职能,一批已上市的证券公司积累了大量资本,却无处拓展业务,造成上市证券公司陷入资本冗余的尴尬境地。可见,证券公司尚未形成稳固的竞争力,却拿到了过多的资本,这对其自身业务发展并没有好处。如何有效地利用资金是证券公司需要认真考虑的问题。

(2) 证券公司盈利模式单一,同质化竞争严重。

操纵股价、超越经营范围理财和超越经营范围自营这些问题我们都可以归因

---

① 资料来源:中国证券监督管理委员会(http://www.csrc.gov.cn/pub/newsite/hdjl/zxft/hhywq/)。

于证券公司盈利模式单一。证券公司仅仅依靠经纪和承销两个通道，就取得持续数年的盈利，导致行业失去了创新的激励。而且，证券公司长期对中小投资者的忽视，导致其对客户的投资需求、风险偏好、资产规模等信息获取得十分有限。我们从图6-1可以看到股票经纪、承销和自营业务是证券公司主要的盈利来源，尤其是经纪业务占证券公司业务份额比例比较大。如果股市处于"牛市"时，证券公司只需提供入市通道便可获得可观的收入。但随着金融危机的到来，A股市场的下跌会带领整个证券市场快速转入低迷，其盈利水平也会大幅下滑，撇开制度和监管因素，证券公司对资本市场的理解不足和对客户的忽视也是业务发展受困的主要原因。

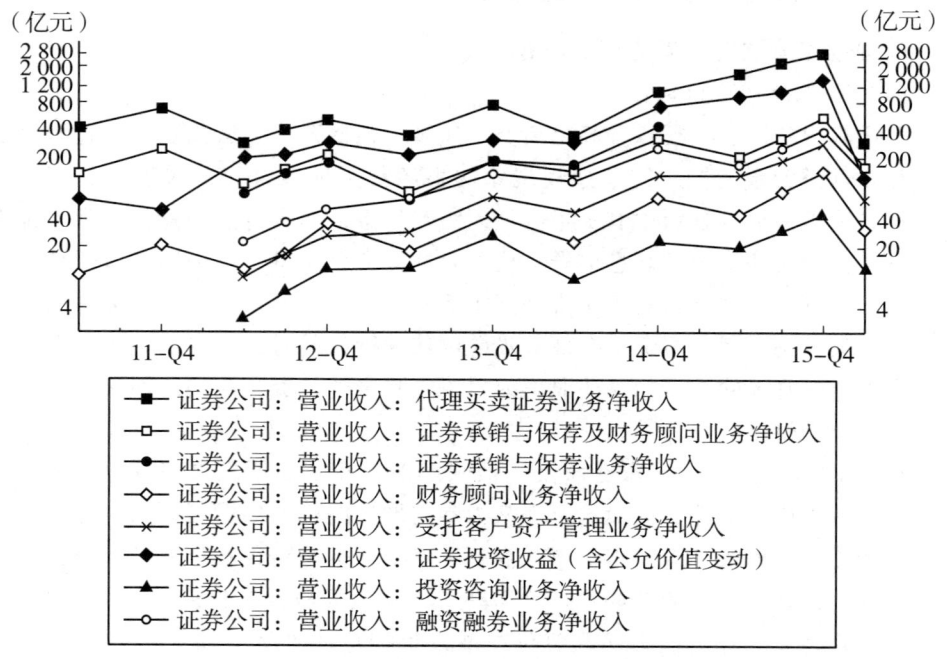

图6-1 近五年证券公司各业务营业收入情况

资料来源：Wind数据库。

我国证券公司业务同质化发展的现象比较严重，不利于促进市场充分竞争。近两年来，融资融券、约定购回、股票质押融资三大类贷款业务相继推出并快速发展。温思雅和余建军（2015）将这类业务称为类贷款业务，这类业务发挥了证券公司作为知识中介和资本中介的作用，具有效率高、成本低、风险可控的优势，但是业务同质化、监管限制较多、转融通渠道不足等问题制约了类贷款业务的发展。相比银行和信托，券商的股票质押融资有以下优势：一是对质押证券有较好的风险判断和控制机制，融资成本略高于银行，但低于信托；二是办理流程简单快速，可提前赎回也可以展期，资金用途也较为灵活；三是具有业务协同优势，基于投资银行良好的企业客户基础，为其提供增值服务（高伟生与许培源，2014）。但是这类业务对证券公司来讲，存在一定风险，应该做好风险管理。

（3）证券公司法人治理结构不健全，经营风险控制不足。

很多证券公司会因少数高管人员的违法违规经营而走向倒闭。究其原因是公司治理结构不健全。在经营期间，甚至出现业务人员擅自挪用客户保证金、为客户融资买入证券、非法融资，以及以个人名义进行证券自营的严重违法行为，最终导致公司经营混乱。业务中的严重问题最后会导致公司的资不抵债。而投资失利和委托理财损失数额巨大都是我国证券公司经营风险控制不足导致的，随着我国利率市场化进程的推进，业务创新是我国证券公司新的利润增长点，更是风险发生点。我们应吸取国际金融危机的教训，建立和完善以净资本为核心的证券公司风险管控机制，因为管控风险是金融业的立身之本。建立有包括外部监督机制和证券公司内部管控机制的有效的风险防控机制。

（4）公司高管及员工薪酬不合理。

长期以来，证券行业的现金奖励方式在一定程度上对激励高管和员工的工作效率起到了作用，但也导致了管理层过分地追求个人短期效益，忽视公司长期发展目标，久而久之就会因为代理问题，发生道德风险。

关注以上风险发生原因可以让证券公司在反思自身的市场定位、经营模式和组织架构等问题时更加有的放矢。企业也应该注重建立长效激励机制，这将有利于证券公司长远稳健地拓展业务。因为我国监管相对欧美自由化监管更加严格，证券公司的监管部门和证券公司的相关法律法规也有待完善，下面来分析证券公司监管和对证券公司的法律规制方面的问题。

2. 证券公司监管和法律规制问题

证券市场法律法规和监管不健全等问题，导致了股东虚假出资等现象。我们可以从两个方面来看这些问题。

（1）监管方面。

发生两次严重的行业危机后，证监会推行了覆盖证券公司具体业务层面的一整套内外部监管制度。

2004年行业违规经营性危机的爆发，监管部门展开了以行政手段为主的3年综合治理工作，增强全行业的内部控制，制定并颁布《证券公司监督管理条例》，实施合规管理制度，将风险控制定义为证券公司的发展主题。

2008年4月，国务院颁布《证券公司监督管理条例》（以下简称《条例》）并实施，在《条例》的具体条款之中，明确要求合规负责人不仅对内履行合规审查、监督和检查职责，还同时要履行对证券监督管理部门的报告和沟通职责。同时,《条例》明确规定了对客户交易结束资金和证券资产实施存托管保护的原则,为证监会此前为防控证券公司挪用而推行的客户交易结算保证金第三方存管制度提供了法规依据。

2008年7月,证监会颁布实施《证券公司合规管理试行规定》(以下简称《规定》),《规定》阐述了合规管理、合规和合规风险三个概念的含义。详细规定了合规管理的地位、内容、组织、环节、程序、责任和目标,明确了合规组织是证券监督管理机构的延伸代表。

2008年综合治理之后,中国证监会陆续推出了以净资本为核心的风险监控指标,并辅以有效性评估和信息隔离墙制度为特点的合规管理制度(刘迎春,2013)。在综合治理阶段推出的分类监管的举措继续施行。外部监管方面,证监会推出了各项业务的具体审核管理制度、准入资格管理制度和一整套系统的检查制度。内部治理方面,证监会对证券公司内部各项业务的具体细节和管理流程的节点控制亦越来越细化。证监会为了查堵制度漏洞,实施了彻底地证券公司账户清理,并且对客户资产管理和客户交易结算资金第三方存管的制度进行了细化。然而,在一定程度上说,这种过度细化的监管制度又从很多角度制约了证券公司的市场化发展。

中国证券公司的发展经历着"一放就乱,一管就死"的循环,为了能够有效监控风险,且不阻碍公司正常发展创新,监管部门应主要关注行业系统性的风险,而不是对每一项业务的具体开展,出台过于详细的规则,而把商业上的考量留给证券公司完成,监管部门应该建立合适的市场退出机制,允许业绩差的证券公司破产关闭,使得行业通过市场手段"优胜劣汰"。

(2)法律制度层面。

我国严格划定了证券公司的业务范围——经纪业务、承销业务、自营业务、资管业务等几大类别。而且,应中国金融分业经营的监管要求,我国之前一直将银行、保险、证券、信托等金融服务职能严格分割开来。证券公司在业务经营过程中很容易触碰红线。中国分割管理的债券市场,也使得证券公司各业务部门只能在某一部委管理下的"细分市场"各自为战,没有建立统一的业务平台。而随着银行间市场规模的不断扩大,使绝大部分证券公司丧失了在债券市场大规模发展业务的机会。

蒋序标(2009)提出证券市场的制度缺陷、政府的隐性担保、监管失灵是证券公司经营者行为投机化的内生性根源,政府角色和职能的"错位"及行政干预弱化内部治理机制。吴晓求(2012)认为,如果要在未来的激烈竞争中处于优势地位,证券公司一方面要洞悉中国经济的未来发展和中国金融结构的市场化变革,另一方面还必须明确定位、锻造自身、全面提升竞争力。

解决我国证券公司经营者监控失灵的主要途径在于明晰政府干预的"边界"，明确证券市场的市场功能定位，解除对证券公司的政府隐性担保，强化法制化监管，而且要停止行政干预证券公司的内部治理。

（三）利率市场化背景下证券公司的风险及应对

连平（2013）认为利率市场化将促进证券公司提高产品定价能力和风险管控能力，促使其丰富产品种类，有助于证券产品价格形成机制的规范化、市场化，从而促进证券业的长远发展，但利率市场化也会收窄利差收入，提高筹资成本，并使证券业面临行业内外的竞争压力。那么接下来我们会对证券公司在利率市场化背景下的金融风险以及应对措施进行分析。

利率市场化会使券商利息收入减少，筹资成本升高（唐倩和李蓉，2000）。黄金老（2001）指出中国有可能像其他很多国家和地区如日本、马来西亚、智利、瑞典等一样，在利率市场化之后，遇到泡沫性资产价格的飙升问题。而这将会给证券公司的投资类业务造成影响，并且需要较高的投资技术才能免受经济波动带来的损失。冯玉明和刘娟娟（2006）认为证券公司核心业务的基本职能就是吸收客户的风险，充当风险的调解者或是向客户提供有关风险的咨询意见并获得相应的收入，因此它在经营过程中必须持有和库存各种风险，并通过金融创新等方式转移风险，这样才能保证所承担的各种风险不会危及自身的支付能力。所以说在突破资本金不足、摆脱业务结构单一、加强风险管控、提升金融服务国际化能力等方面进行制度创新，是我国证券公司提高竞争力的根本。根据之前对违规违法的证券公司情况分析，我们认为在利率市场化背景下，主要有两种风险值得我们注意：

1. 业务模式缺陷诱发的风险及其应对策略

从前文图6-1近五年证券公司各业务营业收入情况的数据可以看出，我国目前证券公司的营业收入来源相对单一，主要集中于证券经纪等业务，代理买卖证券业务净收入占营业收入比重超过40%。而且各个公司业务同质化现象严重，基本是"看天吃饭"，"年景"好的时候业绩都很好，"年景"不好的时候业绩基本都不好。

利率市场化之后，很多大银行开始成立证券公司，可以预见证券行业不仅将面临着业内竞争，也会面临更加激烈的行业外部竞争。面对利率市场化可能出现的风险，证券公司应该发展多元化格局，走综合化、创新化的经营道路，现在业内通过兼并和收购，证券公司正在走向集团化的道路上，这样有利于均衡业务发展，分散风险，稳定盈利水平。

2. 风险管控不成熟引发的风险及其应对策略

行业的低风险不代表行业风险管理水平高。我国证券行业的风险水平偏低，因为我国的监管措施比较细化，但是这样导致了整个行业的发展落后于市场发展水平。

根据大部分已经完成利率市场化改革的国家的先期经验，利率市场化初期，利率会有所上升，而利率上升会使证券公司的利差收缩，其财务费用成本也会增加，相应的筹资成本也会加大，如何应对利率上升的风险是证券公司面临的一项挑战；而且，因为利率市场化带来的利率波动，会导致投资收益的不确定性增加，增加了证券公司的定价成本，如何对产品准确定价也是证券公司在利率市场化完成之前需要积极准备的一个风险管控方面的核心问题。

证券市场是风险经营的市场，风险是避免不了的，但是却是可以控制管理的：

首先，建立有效的净资本管理体系。我国监管部门借鉴发达国家经验，引入了净资本管理指标和风险管理指标体系，一定程度上，推动了我国证券公司的系统科学管理升级。但是，如果无法放弃业务规则、业务资格甚至是业务项目的过度细化的审批制度，净资本管理的调节作用根本无法发挥，沦为摆设。

其次，建立成熟的管控机制。风险管理的目的不是管死，而是用风险管理引领创新，保障和促进业务的可持续发展。风险管理的目标和评价标准是促进业务和市场的良性健康发展，而不是抑制市场创新。

最后，券商面临的考验不仅是风险控制能力，而应该是风险管理能力乃至风险资本和风险业务的经营能力。监管层应该从直接介入细节业务监管，回到以维护市场秩序宏观管理位置，努力建设高效、全面的监控体系是防范和解决预期市场风险根本途径。

二、信托公司

信托公司和证券公司都是我国非银金融机构，在经营业务和管理模式上有一定的重合，本部分主要介绍信托公司特有的问题。

（一）我国信托公司概况

在中国，1921年信托业在上海兴起，信托公司是在当时上海一地存银过丰而投资渠道有限的情况下形成的。由于初期设立信托公司的动机不纯，信托业刚刚兴起就偏离本业，或者与交易所联手从事股票投机，因风险管理问题而导致失败，或者以经营银行业务为主业得以继续生存（何旭艳，2005）。新中国成立后，信托公司的改革和业务创新一直在稳步进行。中国的信托业自1979年恢复以来，在改革开放的前期为经济发展筹集社会资金和提供多样化金融服务发挥了重要作用。2001年10月1日《中华人民共和国信托法》开始实行,标志着我国正式确立了信托制度。2004年完成的信托公司年报披露,是新中国信托业发展历史上的第一次。年报公布的30多家信托公司中,仅有一家公司亏损,其余全部实现了盈利,显示了信托公司整体上良好的盈利能力(王辉和袁江天,2005)。

作为金融风险的多发之地,我国信托业进一步调整和演化的步伐从未停止。2007年3月1日起我国正式实施的《信托公司管理办法》和《信托公司集合资金信托计划管理办法》要求信托公司清理固有投资,并申请换发新的金融牌照。对于这两项新规定的具体实施过程,银监会做出了3年过渡期的安排。这次信托公司换发新金融牌照,其变化不仅在于去掉了信托投资公司名称中的"投资"两字,更重要的是引导信托公司将投资者定位转向高端理财客户,并积极拓展新业务。截至2018年4月,我国获得银监会批准,通过重新登记获发新的金融牌照的信托公司为68家(见表6-1)。

表6-1　　　　　　　　　我国68家信托公司概况

地方政府背景 29家	中原信托、北方信托、北京国投、渤海信托、大业信托、东莞信托、甘肃信托、国联信托、国元信托、杭州工商信托、湖南信托、华宸信托、吉林信托、江苏信托、陆家嘴信托、山东信托、山西信托、陕国投信托、上海信托、苏州信托、天津信托、西部信托、西藏信托、粤财信托、长安信托、浙金信托、中江信托、重庆信托、紫金信托
央企国企背景 19家	中融信托——经纬纺织机械股份有限公司(中国恒天集团,央企) 厦门信托——厦门建发集团有限公司(福建100强首位,国企) 国投信托——国投资本控股公司(国家开发投资公司全资控股,央企) 方正东亚信托——北大方正集团有限公司(国企) 百瑞信托——中国电力投资集团公司(央企) 华宝信托——宝钢集团(央企) 华能信托——中国华能集团(央企) 华润信托——华润股份有限公司(央企) 华鑫信托——中国华电集团公司(央企) 华信信托——华信汇通集团有限公司(央企) 昆仑信托——中油资产管理有限公司(央企) 外贸信托——中国中化股份有限公司(央企) 五矿信托——中国五矿集团(央企) 英大信托——国家电网(央企)

续表

央企国企背景 19家	中诚信托——中粮集团（央企） 中海信托——中国海洋石油总公司（央企） 中航信托——中国航空工业集团公司（央企） 中粮信托——中粮集团（央企） 中铁信托——中国中铁股份有限公司（央企）
金融机构背景 10家	华融信托——中国华融资产管理 金谷信托——中国信达资产管理 长城信托——中国长城资产管理 建信信托——中国建设银行 交银信托——交通银行 兴业信托——兴业银行 平安信托——平安保险 中泰信托——华闻控股 中投信托——中国建银投资有限公司控股 中信信托——中国中信集团
民营企业背景 10家	爱建信托——爱建集团 新华信托——新产业投资 新时代信托——新时代远景 华澳信托——北京融达，北京三吉利 四川信托——四川宏达集团 云国投——涌金实业 万向信托——万向控股 国民信托——香港新世界集团，汇丰 民生信托——泛海集团 安信信托——上海国之杰投资

资料来源：作者根据公开资料整理。

很多学者都从多角度多方面分析了信托公司的问题。邱力生（2001）借助英国、美国和日本信托业的发展经验探讨了我国信托业的重新定位。拉尔夫和康纳（Ralph and Connel, 2002）针对信任与效率之间的关系问题进行了研究，指出提高金融信托业经营绩效的关键在于解决委托人与受托人之间的道德风险问题，并提出通过改进信托参与人间的关系以提高经营效率的观点。曹芳（2004）从外部借鉴和内部发展两个方面讨论了中国信托业的制度变迁及业务发展问题。韩立岩和谢朵（2005）提出信托业违约风险的计算方法，并对如何控制信托业经营风险提出了建议。李国柱（2006）研究了30家公布年报的信托公司的风险管理状况发现，信托公司风险管理整体水平较低；不仅表现在风险管理制度、技术方面的不足，还有风险管理理念的落后。曾忠生（2006）首次提出了我国信托机构风险控制的协同管理理念。廖强（2009）从制度理论角度出发分析了当前我国信托业制度中存在的不足，并提出了改进经营管理的方式。

最近两年随着利率市场化进程加快，也有很多学者对利率市场化背景下的信托公司风险进行了研究。宋珊（2014）认为利率市场化将给信托业带来严峻的挑战，首先是优质客户对银行的偏好导致信托整体质量下降；其次，由于家族信托与私人银行业务存在交集，信托和银行的竞争会抬高资金成本，压低信托利润；最后，利率市场化导致利率风险变大，人们对信托产品期限要求更加灵活，增加了信托产品设计难度；针对出现的问题，学者们提出了证券公司应该进行业务创新，转变发展方式，加大研究力度，管理模式升级四种建议。周方（2015）分析了利率市场化的潜在风险，阐述了信托在推动利率市场化过程中的作用，说明了信托在填补传统利率管制下资金需求缺口的作用，同时也强调了利率市场化在促使信托回归本源中的作用是发挥信托天然制度优势和资管经验；最后给出了业务创新和转变发展方式的应对策略。

以上文献的研究主要是针对利率市场化对信托的影响，对于信托转型升级策略研究不够深入，尚未提供具体措施的建议，也没有充分意识到互联网的快速发展对信托转型升级的推动作用。

（二）利率市场化背景下的信托公司风险及应对策略

信托公司和证券公司都是我国非银金融机构，在经营业务和管理模式上有一定的重合，所以前文提到的公司治理问题，高管和员工薪酬，监管弹性问题都是共同问题，这里不再赘述。而信托公司还有如下一些比较独立的风险问题。

1. 刚性兑付问题及应对策略

刚性兑付需要被打破。央行发布的《中国金融稳定报告2014》曾提出，应在风险可控的前提下，有序打破刚性兑付，顺应基础资产风险的释放，让一些违约事件在市场的自发作用下自然发生，增强投资者对于理财产品的风险意识，树立"卖者尽责，买者自负"的理念，打破刚性兑付。信托作为一项高收益投资，其对应的必然是高风险，对于整个信托行业的长期发展而言，打破刚性兑付，行业才会更为健康地发展。

大部分信托公司不愿意打破刚性兑付，因为这关系到公司的声誉进而会影响其后续的产品销售。但是如果到了某个临界点，出现兑付风险，待兑付额度超过信托公司自身的承接能力，不排除信托业的刚性兑付会被打破。

虽然刚性兑付被打破仅仅是时间问题,目前来看,信托业抗风险能力仍较强,同时信托项目的风险处置方式也更加市场化。当前,信托公司通过并购、重组、法律追索、处置等不同方式,对信托项目风险进行市场化化解,有效地缓解了兑付资金难题。另一方面,充足的拨备和净资产也为信托业抵御系统性风险提供了有力支持,很大程度上降低了行业发生系统性风险的概率。

2. 市场波动风险及应对策略

信托公司运营的基本原理是受人之托,代人理财,作为受托人的信托公司必须严格按照信托文件的规定管理运用和处分信托财产,信托财产的收益或者损失,均由信托财产承担。按照中国人民银行2002年6月5日公布的《信托投资公司管理办法》第31条规定:信托投资公司经营信托业务,不得承诺信托财产不受损失或者保证最低收益。事实上,我国信托市场中一直存在承诺预期收益率,否则免收手续费的产品,充分说明我国信托公司对达到预期收益率的十足信心。

但是,利率市场化进程深化以后,市场波动会剧烈,这种类型的理财产品如果运营不善也许会给信托公司造成损失。如果产品大面积达不到预期收益,不仅按收益比例提取的代理费用收不到,甚至连基本的手续费都拿不到,在数额巨大的情况下,对信托公司冲击不小。所以在以后的经营活动中,应该避免这种过于自信的承诺,以免引起商业纠纷。

3. 业务经营模式问题及应对策略

李廷芳等(2007)以博弈论作为主要理论基础,结合委托代理理论,对我国信托公司的经营行为异化进行了研究和分析,提出导致我国信托公司经营行为异化的因素虽然众多,但信托公司委托代理关系的不合理是导致信托公司经济行为异化的主要内在因素。委托代理关系的不合理是信托公司的业务经营模式问题。我国信托公司现有的发展模式片面追求信托资产规模,盲目追求热点业务,没有形成核心业务(马卫寰,2011)。这种业务经营模式缺陷和缺乏核心竞争力的弱点,会在利率市场化全面开放之后更多地暴露于风险,使得信托行业危机发生的可能性加剧。

中国信托业协会发布的分析报告称,经营业绩增速放缓一方面在于信托公司传统业务模式正遭遇其他金融子行业越来越激烈的竞争,尤其是金融同业机构发行的资管产品抢占了信托公司的业务份额;另一方面源于新增业务规模增速下降,信托业务规模短期内缺乏新的增长点。①

自2013年信托兑付风险频频出现以来,有关修改信托公司监管评级与分类

---

① 中国信托业协会报告(http://www.xtxh.net/xtxh/reports/index.htm)。

监管制度的声音从未停歇。根据人民网报道，2014 版《信托公司监管评级与分类监管指引》（以下简称《指引》）于 2014 年 8 月 17 日，已发至各大信托公司手中。这是 2010 年以来，银监会对于信托公司分级监管办法的首次调整。新《指引》将信托公司通过考核打分的方式，细分为六级，并且规定了未来不同的业务范围。从评级元素上看，新《指引》的马太效应思路明显。日渐趋严的打分机制和明晰的分类监管条款直接影响着未来各家信托公司的发展乃至生存问题，这是行业优胜劣汰、资源优化的必然趋势。

4. 通道业务问题及应对策略

从中国信托业发展的问题上看，银信合作无疑成为了近年来中国信托业最具代表性的一种帮助信托发展的业务形式。"通道类"业务指的是信托公司不直接参与信托资产管理的业务，这类业务仅仅是将外部资产通过信托合同的形式在信托公司履行一个文件性流程，业务回报率极低。虽然对于信托公司来说回报率很低，但聚沙成塔，可以帮助信托公司扩大资产规模。徐为山等（2007）指出商业银行经营信托业务是国际主流模式，在银行控股模式下银行与信托公司的协同效应显著增强。姜再勇（2011）认为，商业银行通过发行银信合作理财产品，其实是一种融资贷款方式，不同于传统意义上将存款贷出的操作，而是将投资者投资于理财产品的资金贷出，这种方式将这种存贷关系从表内转移到表外，既躲避了监管层的严格监督，又保证了银行的贷款额度不会大幅下降影响盈利能力。通过银信合作理财产品的业务，不仅帮助银行成功将资金贷出去，也帮助信托业快速发展起来，信托业的资产规模从 2003 年的 1 000 亿元，在短短的 9 年时间里飞跃到了 2012 年上半年超过 6 万亿元的规模，通道业务功不可没。但是，资产管理规模的大幅上升，并非依靠信托业自身应有的业务发展，而更多的是依靠银信合作理财产品这类专门设计为了帮助银行逃避放贷监管而应运而生的产品。信托协会数据显示，截止到 2015 年三季度末，信托产品中银信合作类产品余额约为 3.80 万亿元，占信托资产 15.62 万亿元的 24.33%。银信合作曾经一度成为信托公司主要的业务板块。然而，随着信托规模的增长，信托全行业的利润却出现下滑态势，信托业数据显示，截至 2015 年三季度，信托全行业实现利润总额 548.71 亿元，第三季度的利润总额为 156.85 亿元，较 2014 年同期水平增长了 8.37%，增幅较 2015 年第二季度的水平大幅回落了 24 个百分点。[①] 而且，通道业务陆续曝出信托公司和银行在涉及到刚性兑付时，双方"扯皮"事件频发，信托公司转型迫在眉睫。

监管部门明确指出应推进信托公司向资产管理业务、财富管理业务转型。

---

① 中国信托业协会报告（http://www.xtxh.net/xtxh/reports/index.htm）。

2015年《信托公司条例（征求意见稿）》也明确指出了信托公司业务转型的必要性。该条例对信托公司融资类信托业务设计的监管标准中，加大了对融资类业务的约束，笃力推进信托公司向资产管理业务、财富管理业务转型。该条例规定，信托公司净资产与全部融资类单一资金信托余额的比例不得低于5%；在针对集合类信托的杠杆率方面，净资产与全部融资类集合信托余额的比例不得低于12.5%。对融资信托对单一客户的集中度也做了限制，集合资金信托计划方式对单一融资者的融资余额不得超过信托公司净资产的15%。

上述新规对信托公司现有业务造成了一定程度的影响，但是随着高净值人群的增加，财富管理的市场需求不断扩大，信托业从事财富管理业务大有可为，这恰好也是回归信托本源的业务模式。

三、保险公司

前文对证券公司和信托公司进行了详细分析，因为保险公司的业务主要包括保险和理财两部分。其中，理财类业务和证券公司以及信托公司都比较类似，不再重复分析。只对保险类业务的金融风险进行分析。

我国保险公司近年来发展较好，利率市场化改革主要从以下两个方面增加了保险公司的风险：

首先，是市场波动的风险，利率市场化导致的市场波动会让保险费率的计算更加困难。利率市场化之后，市场利率的变动将更加频繁，幅度也将增大，这使得保险公司在费率设定上也同样出现困难。利率市场化对寿险公司的影响远大于财险公司（张金林，2004）。2002年前几年的连续7次降息，使我国几家规模较大的寿险公司承担着巨额的潜在利差损，这种利率的变化对我国的寿险业产生了致命的影响（曹贵仁，2002）。

其次，是流动性风险。为了获得客户资源，保险公司必须保证保费负担合理，而且还要保证客户遇险要求偿付时，能够有足够的资金兑付，而利率市场化会引起市场波动和利率变动，导致保险资金收益不稳定，增大保险公司的经营风险。

应对策略方面，和其他公司大体相同，首先保证好公司内部治理有效，是处理外部风险的必要条件。随着市场开放，应该注意技术的更新，注重保险销售和保险产品设计方面的人才培养，配置合理的技术人员薪酬，减弱由于代理问题产生的道德风险。

四、农村信用社

农村信用社普遍运营地点在我国农村以及经济不发达地区，是我国重要的基层金融机构，其服务对象大多为"三农"，承担着为农民、农业和农村中小投资者提供金融服务的重要任务，其机构众多、普及广泛，是我国金融体系中不可缺少的重要组成部分。而且，"三农"中，农业是国民经济的基础产业，农民占我国人口的绝大多数，农村经济在整个国民经济发展中处于首要位置，这就决定了主要为农业、农民和农村经济提供金融服务的农村信用社必然是我国金融体系的基础。近几年，我国通过清理整顿农村金融秩序重新调整了农村金融的格局，农村信用社在为"三农"提供金融支持和服务中，愈发发挥出不可替代的作用，是"农村金融的主力军"和"最好的联系农民的金融纽带"。薛亮和唐友伟（2006）认为作为非银行金融机构农村信用社在利率市场化中面临着种种挑战，如果能正确地进行贷款定价，可以提高欠发达地区中小金融机构的竞争力，增强其赢利能力。

信用社与小额贷款公司的一个最显著的不同点就是，信用社可以吸收存款。我国历史上第一家破产银行——海南发展银行，就是因为其兼并的信用社在海南房地产泡沫时期，通过高息揽存的方式开展业务，导致了最后高进低出、食储不化的结果，只有靠新的高息存款支付到期的存款，然后再吸入高息存款，由此进入了严重违背商业规律的恶性循环，最终导致了该银行破产。

信用社不规范经营是很多信用社面临的大问题，随意提高存款利息，高息揽存，是"拆东墙补西墙"的做法，不能实质解决问题，最后总会导致入不敷出，走上被兼并的道路。

（一）利率市场化背景下农村信用社的风险

农业是我国的重要产业，但也是弱质产业，而农民是我国的弱势群体。金融支农是保证国民经济协调健康发展的一个非常重要而且必要的举措。从这一角度来看，防范农村信用社的金融风险的重要性是不言而喻的。

1. 存款利率自由化后存在高息揽储的竞争风险

农村信用社和银行的风险比较类似，因为他们都有接受储蓄的功能，前文也已经谈到，金融行业竞争激烈，存款利率上限开放之后，难免会有部分可接收存款的金融机构出现"高息揽存"现象，然而一旦管理不当，很容易引起入不敷出，实际上，前文所提到的海南发展银行破产事件的最初原因就是因为该行收购了很多"高息揽存"的信用社，导致了后期的破产。

2. 不良贷款率数据可能失真，存在"转据"和"以贷收息"等扭曲行为

有很多新闻报道，一些农民莫名其妙地发现自己无辜成为了信用社的贷款人，很多信用社存在"转据"或者"以贷收息"现象。"转据"是指当贷款人不能按期还款时，信用社通过业务操作，将原贷款作为新贷款发放，变相延长贷款还款期限的行为。

2010年8月27日，西安晚报刊登了一条名为《卖菜农民莫名背上10万元担保贷款——原是信贷员盗用了他的身份证复印件受害人状告信用社要求赔偿5万元》[①]的新闻，文中报道"2010年5月，家住高陵县张卜乡曹家村村民马旭，来到当地农村信用社办理小额贷款，准备买辆农用三轮车卖菜用。贷款过程中，信用社工作人员查询后告诉他，自2005年起，他在泾渭信用社替人担保，先后贷了三笔款共10万元，连本带息已经达16万元一直没还，他已被列入合作社的黑名单，所以不能再贷款了。"该农户就是"以贷收息"的受害者，"以贷收息"是指一些金融机构的信贷人员用贷款的方法，向无力归还贷款利息的借款者垫付资金，从中收取贷款利息的一种扭曲的信贷行为。

"转据"和"以贷收息"不仅掩盖了违约风险，而且让农村信用社业务统计数字失效，不仅严重危害资金的安全，加大了对不良资产的盘活难度，还导致国家宏观经济政策的正确执行受到阻力，而且也为信用社的健康发展埋下了隐患。

3. 出资人缺位，存在严重的道德风险和代理成本

在信用社试点改革中，部分地方政府曾经出具了股金分红补贴的扶持承诺函，但扶持资金往往难以到位；显然，目前各地政府承诺对亏损信用社的新股东提供分红补贴是不可信的，这只是地方政府鼓励更多新股东入股信用社，以达到中央银行票据发行和兑付要求采取的虚假承诺，最终分红还必须由信用社利用储户的存款来分红（谢平等，2006）。从出资人或股东的监督方面来看，在形式上，农村信用社有理事会、监事会和会员大会代表出资人的利益，但这些机构不对信用社的管理层构成约束，而且农村信用社会员的入股资金过于分散，且数量较少，无论是董事会、监事会还是会员对信用社主任的监督成本远高于其收益，这会导致入股人放弃监督权；在二级法人的体制下，对基层农村信用社主任的实际监督主要来自上级信用社，但是上级信用社的监管目标与出资人不同，最终结果导致出资人和经营者对信用社权责不一致，因为经营者无须承担责任，所以奢华消费，增加信用社内部职工工资就成为农信社的普遍现象（谢平等，2006）。

4. 过度依赖政策扶持

根据谢平等（2006）的调查研究，我们发现自2000年以来，随着整个宏观

---

① 资料来源：《西安晚报》2010年8月27日。

经济形势的好转和中央落实支农政策的到位，农村信用社的经营状况一直在不断改善。谢平等（2006）文中提到"2003年底，样本联社平均税前盈利670万元，税后盈利也达到了450万元，2004年，信用社的盈利几乎翻了一番，然而，如果将2003年的税后利润加上税收减免和中央银行票据获得利息，就与2004年信用社的税后利润相差无几。"说明农信社盈利能力并没有提高，其盈利主要来自政府优惠政策。

5. 业务标的质量低

由于农业生产和农村经济周期长、受自然条件影响明显，农村中小企业经营受市场波动影响明显，而信贷资产本身质量不高，不良贷款占比较大，一旦违约，执行难度较大。

（二）利率市场化背景下农村信用社风险的应对策略

从以上分析我们可以看出，农村信用社问题严重，历史包袱沉重，道德风险多发，如何在利率市场化条件下保护这一服务三农的基层金融服务机构是我们需要关注的问题。农村信用社改革的基本方向是商业化运作。然而，在大部分地区农村信用社是当地唯一的正规金融机构，"支持三农"的重任自然也就落到了农村信用社。所以我们认为对待解决农信社的问题还是应该由国家扶持占主导，但同时对农村信用社自身也应提高一些要求：

1. 保证国家扶持资金有效运用

我们认为应该减少直接补贴，而改为以财政税收减免方式支持农信社的改革和发展。2003年来，国家在税收、利率、财政等方面出台了一系列优惠政策。这些政策主要包括：中央银行用专项票据或专项借款给予农村信用社资金支持；从2004年1月1日起，3年内免征农村信用社所得税，营业税税率由5%降到3%等。2009~2013年5年内免除对农户贷款的利息收入的营业税。不仅仅要为农信社"输血"，而且要帮助其"造血"，很多地方政府将涉农补贴发放、农村社保的缴纳和代扣等业务交由当地农村信用社来代理的方式来支持农村信用社的发展值得推广。

2. 提高从业人员素质，完善内部薪酬绩效机制，缓解代理问题

农村信用社的社员门槛较低，相应也会普遍存在职业素质欠佳、知识结构单一、金融法律知识欠缺等问题。其员工业务技能和职业道德修养较其他国有商业银行和股份制银行相比较弱。应该将国家扶持资金部分用于提高薪酬吸引高端技术人才，因为保障我国基层金融机构稳定，有利于社会稳定。

3. 充分利用自身优势

农村信用社有着服务"三农"的职能，而且其营业场所基本遍布我国农村地区。其营业场所布局通常至少要覆盖到乡镇，每个网点配备5名以上工作人员。这些丰富的网点资源和大量深入农村基层的金融从业人员，如果其能够在为周边居民和农民提供便利的金融服务的同时，利用自身优势，收集第一手的农户信用信息，将获得其他金融机构在农村市场无法比拟的优势。

五、小额贷款公司

（一）利率市场化背景下小额贷款公司的问题与风险

我国于1992年确立了建立社会主义市场经济体制的改革目标之后，市场开始在资源配置中起基础性的价格调节作用，利率作为资金的价格，在资金市场的资源配置过程中起基础性调节作用，目前我国利率市场化进程大步向前，利率管制已经逐步放开，小额贷款公司应该注意防范以下风险：

1. 利率波动引发信用风险

从国际经验来看，利率市场化全面放开后，利率上升的现象非常普遍，萨奇（1996）指出在实际利率资料较完整的18个国家中，只有波兰在实行利率市场化之后实际利率剧烈下降，其他17个国家中实际利率均有不同程度的上升。利率市场化会使利率波动加大，并在初期出现上升的趋势，增加了借款人的成本，使其违约的可能性增加。小额贷款公司自主定价，一般会高于银行同期贷款利率，在利率市场化后随着利率水平的上升，高风险的借款人将更愿意承担小额贷款公司这种高利率借款，从而挤出正常利率水平的合格贷款需求者，贷款合约违约的概率会大幅增加。

而且完全利率市场化之后，原本厌恶风险的企业也倾向于改变投资策略，为了获得更高的收益水平，倾向于向更高风险项目投资。因为随着利率的升高，从事低风险项目所产生的收益不足以支付巨额的利息，只有投资高风险项目，才能获得足够的收益弥补利息支出的增加。所以，利率市场化会使利率水平升高进而引起信贷风险突增。我国现在稳步放开利率市场化，一直在给银行存贷款利率设定浮动范围，是降低风险的良策。

2. 来自银行业的竞争风险

竞争风险不仅仅限于同业之间，长期来看，小额贷款公司又要面临和银行抢客户的问题。之前利率被管制，银行每做一笔贷款都因为审批流程多，而付出较高的成本，所以一般的小额贷款项目银行不愿意为收取微利而消耗成本。但是利率市场化以后，银行可以根据自身成本调整利率，并且具有能吸收存款的先天资金充足优势，后期也许会通过压低贷款利率参与跨业竞争，甚至会挤占小额贷款公司现有的业务份额。

小额贷款公司为了生存会主动降低贷款利率，甚至会低于现阶段水平，关于此现象，黄金老（2001）也提出过"现在由于正规金融体系利率和资金流向受到限制，致使民间利率被抬高，利率市场化后，民间利率也会降下来"的观点。

在小额贷款公司行业内部，同行之间因为规模不同，股东资金充足率不同也会有竞争差异，所以利率市场化也会使小额贷款公司间的竞争加剧，部分小额贷款公司将出现经营困难，甚至面临倒闭的可能。

3. 人力资源匮乏

巴塞尔协议将操作风险定义为"由于内部程序的不力或过失，人员或系统问题和外部事件所造成损失的风险"。小额贷款公司受发展基础、人才管理、外部金融生态环境等多方因素影响，操作性风险较大且负面效应显著。利率市场化增大了市场利率波动，小额贷款公司如何设定贷款利率也变得更加复杂，对管理人才和技术工具提出了更高要求。而大部分小额贷款公司缺乏高素质专业人才，风险管理能力不足；加之规模较小、内部控制制度不够健全，大部分小额贷款公司为了降低运营成本从而疏于设置内部监管协调部门，也在很大程度上提高了操作性风险。

4. 融资困难

利率市场化之前，大部分股东愿意投资小额贷款公司主要有两个原因，一是因为利润高，二是因为可以转制为村镇银行。但随着利率市场化推进，现存的高利润情况可能不复存在，投资人热情减少，将阻碍小额贷款公司发展；另外，因为利率市场化带来的风险，贷款项目违约风险会提高，客观上很难达到国家规定的转制要求。而且，随着民营银行准入制度的放开，原来的这一优势也被弱化。

5. 法律不健全

2015年8月，最高人民法院向社会通报了《关于审理民间借贷案件适用法律若干问题的规定》，对民间借贷行为及主体范围做出了清晰的界定："本规定所称的民间借贷，是指自然人、法人、其他组织之间及其相互之间进行资金融通的行为。"与国家金融机构进行了区分。该规定废止了以往"四倍银行利率"的说法，确定了"两线三区"的原则：年利率24%以下，规定有效，受法律保护；超过24%不到36%的部分有效，但法律不予强制保护；而超过36%的部分法律不予保护。实施利率市场化以后，随着利率波动，也许会出现很多稍微超出原法律规定的贷款项目，比如25%或者26%，但因为没有法律保护，在一定程度上限制了小额贷款的业务发展。

小额贷款公司的服务对象主要是农户和小微企业，都是信用风险相对较高的信贷主体，他们经营规模较小、担保和抵押品价值低、大多没有信用记录，信息严重不对称，而且小额贷款公司在承担高风险的同时，国家并没有相应的法律来保证其合法收益，而且小额贷款的诉讼案件基本都是在最基层的法院审理，法律从业人员专业素质很差，渎职、索贿现象严重。总之，一旦贷款出现违约，走法律追偿程序非常困难。

（二）利率市场化背景下小额贷款公司风险的应对策略

小额贷款公司的业务经营面临着高风险的问题，加上我国小额贷款公司的发展还处于初期阶段，基础薄弱，利率市场化放开之后，小额贷款公司将面临更为严峻的考验。所以，为了更好的发展，小额贷款公司要采取措施来应对风险，而同时也需要工商、税务等相关部门的支持。

1. 企业自身运营方面

（1）完善公司治理结构。杨虎锋和何广文（2011）采用数据包络分析（DEA）方法分析了2010年中国42家小额贷款公司的生产效率，发现"中国小额贷款公司的整体效率水平较高，而且地区差异不明显，纯技术效率较低是引起其部分小贷公司低效率的主要原因，说明小额贷款公司还需要不断提高经营管理水平；小额贷款公司大部分尚处于规模报酬递增阶段，扩大规模有利于提高小额贷款公司的效率；小额贷款公司的生产效率随成立时间的增长呈U型变化。"由此可以看出内部管理和增资扩大规模是小额贷款公司提高效率，抵御风险的主要手段。任何企业谋求生存和发展，都需要合理的公司治理结构作为基础，而完善的内部控制是保障小额贷款公司低风险经营的关键，在利率市场化条件下，小额贷款公司应该完善治理结构、加强内部控制、防范风险，从而保证小额贷款公司的持续稳健经营。

（2）健全内部控制机制。加强内部控制是防范风险、实现稳健经营的基础。利率市场化后市场环境更加复杂，小额贷款公司需要建立起有效的内部风险控制机制，降低金融风险。现在大部分小额贷款公司经营人员缺乏专业知识，职业素质也非常低，应该通过培训加强员工专业水平和职业道德素质，而且应该建立完善的信贷分级审批责任制，同时，还要建立合理绩效机制，赏罚分明，充分调动员工的积极性。

（3）实行差别化战略。利率市场化后，混业经营现象会日益普遍，小额贷款公司与村镇银行、农信社，城市商业银行以及国有控股和其他股份制银行等强大对手的贷款业务竞争将更加激烈，只有开展错位经营，才能获得生存的空间。小额贷款公司建立初期的宗旨是为了服务"三农"，在推出后不久便出现了明显的"脱农化"趋势，绝大多数小额贷款公司选址都设在县城或经济欠发达的地区。因此，在服务市场上小额贷款公司应主要关注乡镇企业和农民的资金需求，发挥微小金融机构的优势,将经营触角不断向农村地区渗透,在服务"三农"的同时,为自身谋求发展。

2. 政府政策支持方面

(1) 放宽融资渠道。穆罕默德·尤努斯[①]曾批评中国小额贷款公司"只贷不存"的模式等于是"锯了小额信贷的一条腿"。据2009年的调查,我国80%以上的小额贷款公司都认为融资约束是发展的主要障碍(邢早忠,2009),资金问题一直是阻碍小额贷款公司发展的瓶颈。2013年12月辽宁省政府金融办发布《辽宁省小额贷款公司分类监管措施》,意在引导小额贷款公司依法守规经营,在省内小额贷款行业中建立"奖优惩劣"的行业秩序和发展氛围,这一举措增加了小额贷款公司融资渠道,为小额贷款公司的资金短缺问题提供了相当大程度的缓解,值得其他地区学习借鉴[②]。

(2) 完善保障制度,加强金融监管。周小川(2011)认为按照宏观审慎管理的要求,对金融企业设立约束条件,有区别地放开利率管制比较稳妥。日本在利率市场化的过程中,政府充分考虑到中小金融机构难以与大金融机构抗衡的现实,以及中小金融机构对日本经济发展的重要作用,在利率市场化推进中,利率放松的实施都避免对中小金融机构的正常经营产生大的冲击,使其平稳过渡(孟建华,2004)。日本政府的举措避免了在很多发达国家出现的在利率市场化后大批中小金融机构倒闭的现象,值得我国学习。积极建立各种为"三农"金融服务的贷款信用担保机构,加强商业性担保机构农村信贷担保业务的开展,满足农村地区乡镇企业、农户、农业产业化龙头企业的融资担保需求。探索合适的担保机制,扩大当地农村抵押品范围,建立公开透明的农村土地使用权、林权、牧场及其他不动产的抵押登记、交易制度。并且继续挖掘符合农村经济特点的抵押物,促进贷款担保方式的创新,解决农村金融发展中抵押物不足的问题。

(3) 合理的政策导向和财税扶持。与一般的金融机构相比,小额贷款公司税负较重,税负总额约占营业收入的25%左右,造成这种情形的原因主要是法定税率高和扣除项目少。首先,根据有关制度规定,小额贷款公司被视为一般服务

---

① 穆罕默德·尤努斯(Muhammad Yunus,1940年6月28日~):孟加拉国经济学家,孟加拉乡村银行(Grameen Bank,也译作格莱珉银行)的创始人,有"穷人的银行家"之称。

② 《辽宁省小额贷款公司分类监管措施》规定,对按照《辽宁省小额贷款公司评级暂行办法》取得不同评级结果的小额贷款公司给予差别化的监管措施:对 A 类小额贷款公司给予放宽融资比例、拓宽融资渠道和增加业务品种等项奖励,对 AAA 级小额贷款公司的融资比例为注册资本金的2倍;AA 级小额贷款公司的融资比例为注册资本金的1.5倍。拓宽融资渠道包括:银行融资、债券融资、同业拆借、小额贷款公司法人股东定向借款,以及其他经省政府金融办批准的融资渠道。还包括增加业务品种:咨询、代理、担保(担保余额不得超过小额贷款公司注册资本金2倍)、同业拆借、银行委托贷款、票据贴现、股权投资(对单个企业的股权投资不得超过小额贷款公司资本净额的10%,股权投资总额不得高于小额贷款公司资本净额的40%),以及经省政府金融办批准的其他业务品种。

企业缴纳税款,需缴纳的税项主要包括5.56%的营业税及附加税、25%的企业所得税,远高于农村信用合作社3.3%营业税及附加税、12.5%的企业所得税,而且小额贷款公司自然人股东分红还要缴纳20%的个人所得税[①]。其次,小额贷款公司最大的投入便是以货币形式出资的注册资本,不能吸收社会公众存款,因此就无法像商业银行那样将存款利息支出作为成本进行扣除,这样导致小额贷款公司除了房租、人员工资、水电费、办公费等支出外没有相对较大额的可扣除成本项目,从而造成了高税负的情形。为引导小额贷款公司规范健康发展,加大对"三农"发展的支持力度,财政部于2012年7月下发《关于开展小额贷款公司涉农贷款增量奖励试点的通知》,明确从2012年起,在天津、辽宁、山东、贵州4省(市)开展小额贷款公司涉农贷款增量奖励试点。对"三农"贷款占比较高的小额贷款公司可以进行相应的税收减免或给予财政补贴。此项政策将小额贷款公司支持"三农"贡献大小及合规经营、规范发展情况与税费政策挂钩,可以引导小额贷款公司的信贷资金流向,值得推广。

3. 相关法律的设定

法律地位问题是影响小额贷款公司发展的一个重要问题。截至2015年底,国家层面对小额贷款公司的立法只有银监会和人民银行联合发布的《关于小额贷款公司的指导意见》这一部委规章,在实际操作中仅仅是为了规范小额贷款公司,却没有很好地保护小额贷款公司的权益。而且相关部门也没有设立全国性的小额信贷业务的标准,致使小额信贷业务缺乏统一的法律监管。我国应针对小额贷款公司快速发展的实际情况,重视对小额贷款公司的立法问题,明确小额贷款公司的法律地位,使其与其他正规金融机构享受同等权利。

第三节 利率市场化背景下影子银行的金融风险

影子银行是金融机构创新的结果,纵观世界经济,影子银行与利率市场化之间存在着复杂的因果关系:影子银行倒逼利率市场化改革,利率市场化初期促进影子银行发展,而利率市场化完成之后又会导致影子银行规模下降。目前,我国融资成本仍然居高不下、资本市场波动剧烈、金融违规和经济贪腐事件时有发生,可谓金融形势严峻(田利辉,2015)。而影子银行问题,关系到社会融资成本,关系到金融业和实体行业如何和谐有序发展,是值得关注的问题。本节会对

---

① 《中华人民共和国税法》。

影子银行在利率市场化背景下的金融风险进行分析。

一、影子银行概述

金融稳定协会、欧洲中央银行、美联储、国际货币基金组织等机构都先后从风险角度和金融中介功能角度对影子银行进行了定义,参见表6-2。

表6-2　　　　　　　　　　　影子银行定义

提出者	定义角度	定义
金融稳定委员会	风险角度	广义:传统银行系统以外的信用中介系统。 狭义:引起期限转换、流动性转换、高杠杆和监管套利之类的系统性金融风险的机构和业务
欧洲中央银行	风险角度	在传统银行体系之外的所有金融中介,从事流动性转换和期限转换相关的业务
美联储	功能角度	影子银行系统是一个信用中介体系,这个体系通过资产证券化和抵押中介将资金从储蓄者引导到投资者手中,但是这些业务没有受到政府直接的流动性和信用增强支持
国际货币基金组织	功能角度	类似银行的活动:主要是为了减少风险,尤其是交易对手风险。主要形式为证券化和抵押中介

资料来源:根据阎庆民、李建华:《中国影子银行监管研究》,中国人民大学出版社2014年版整理。

李建军和薛莹(2011)总结了国际学术界对影子银行的界定大概遵循三个标准:第一,按照监管范围分类,将所有游离于监管体系之外的与商业银行相对应的金融机构与信用中介业务认定为影子银行(Geithner,2008);第二,按机构主体业务分类,将进行出售和回购"repo"(sale and repurchase agreements)资产支持证券 ABS(Asset-backed securities),抵押贷款证券 CDOs(collateralized-debt obligations)和资产支持商业票据 ABCP(asset-backed commercial paper)的非银行金融机构认定为影子银行(Gortonand Metrick,2010);第三,按功能标准,即具有信用转换、期限转换与流动性转换的信用中介(金融稳定委员会 FSB,2011)。作者认为第三种标准更加全面,并将银行的表外理财业务,信托公司与银行、证券公司合作的理财业务,保险公司投连险业务,以及交易商市场的债券回购、货币市场基金、资产证券化等发挥一定的流动性、期限和信用转化的功能，都纳入影子银行的研究范畴。

我们认为第一种标准的不足是：盖纳没有将在监管体系内的从事影子银行活动的机构和业务包含在内，2008年学界最初将次贷危机原因关注点转向影子银行，所以对影子银行认识比较模糊，现在来看，这一标准不够完善，比如说，我国对信托公司等非银行金融机构监管严格，但是百密一疏，而且监管总是会比产品创新晚一步，总会有很多金融创新业务未被监管，但是很多业务具备影子银行属性，不能排除；第二种标准，戈顿（Gorton）和麦瑞克（Metrick）为了研究的方便所以用机构主体业务来判断机构是否属于影子银行，现在来看，不能说其准确；第三种标准，金融稳定委员会的标准，认为判断非银行信用中介是否属于影子银行的关键着眼于能否引发系统性风险和监管套利，与我国实际金融情况比较相符，但是我们认为根据其狭义定义"引起期限转换、流动性转换、高杠杆和监管套利之类的系统性金融风险的机构和业务。"其划分标准应该更加侧重于风险角度而不是功能标准方才适合我国国情。

巴曙松（2013）认为中国的影子银行可以按金融稳定委员会标准分类之后再细分为如下四个口径："最窄口径，影子银行仅包括银行理财业务和信托公司两类；较窄口径，包括银行理财业务和信托公司、财务公司、汽车金融公司、金融租赁公司、消费金融公司等非银行金融机构；较宽口径，包括较窄口径、银行同业业务、委托贷款等表外业务、融资担保公司、小额贷款公司和典当行等非银行金融机构；最宽口径，包括较宽口径和民间借贷。"其在文章中采取了最窄口径对影子银行进行分析，因为数据获得的便利性最窄口径被大部分学者在进行实证分析时采用。我们在本书中将对最宽口径所包含范围进行研究，尽量对所有的影子银行行业的机构和业务进行全面分析。

阎庆民和李建华（2014）详细分析了各个机构与业务的影子银行属性。按照他们的定义和标准，区分影子银行有三个步骤，"第一步看其是否属于信用中介机构或者从事信用中介业务，第二步是其是否具有期限转换、流动性转换、高杠杆和不完善的信用风险转移的四个典型特征，第三步是其是否能引发系统性风险和监管套利。"我们认为该书的这种判断影子银行标准比较合理，他们将机构类的典当公司、担保公司、融资租赁公司、私募股权公司、小额贷款公司、金融资产交易所等机构和资产证券化、融资融券业务、回购业务、货币市场基金等业务划入影子银行范畴。但是该书将银行的理财业务排除在外，原因是作者认为银行的理财产品，因为受到严格的监管，便不属于影子银行范畴。但是，我们应当注意现在银行理财产品开始分为表内和表外两种。所以说，虽然银行的理财产品都受到严格监管，但是银行表外理财产品仍有系统性风险发生的可能，所以银行理财业务应该划为影子银行范畴。

我们认为影子银行可以定义为从事信用活动或发挥信用中介作用的金融机构

所从事的一些金融活动，这些金融活动因转移不完善的信用风险、加入高杠杆和资产期限错配而具有较高的流动性风险。之所以将影子银行定义为活动，是因为影子银行的很多业务，并不是单个业务或者单个机构能够涵盖的，往往是一个业务链，混合了多种业务并且由多种机构联合参与。

金融稳定委员会（FSB）发布的《2014年全球影子银行监测报告》指出，中国影子银行规模位列世界第三，仅次于美国和英国。FSB 在 2013 年的报告中曾指出，中国影子银行的规模为 2.1 万亿美元或约占 2012 年底中国 GDP 的 25%。美国的影子银行体系主要包括货币市场基金等投资基金、投资银行等围绕证券化进行风险分散和加大杠杆等展开的信用中介体系；欧洲的影子银行体系则主要包括对冲基金等投资基金和证券化交易活动；这些在欧美发达国家影子银行体系中占据主导地位的机构在当前中国的金融体系中尚不广泛存在（巴曙松，2013）。我国影子银行大部分限定于传统的融资领域，是对商业银行缺失业务的部分替代，同时在很大程度上承担了提供直接融资、服务实体经济融资需求的功能，是利率管制以及金融市场不发达的产物。可以说，我们国家目前没有纯粹的影子银行机构，但是，很多机构的业务中都涉足了影子银行，成为业务链中的一环。穆迪公司估计，截至 2014 年底，影子银行业的资产价值达到 45 万亿元人民币（7.25 万亿美元），相当于我国 GDP 的 71%。

2015 年，影子银行业的融资活动也逐渐扩散到一些新领域，例如"场外配资"，"场外配资"是金融创新，配资公司以 13%～20% 的高利息向股市散户借出炒股资金。根据中国证监会官方信息，场外配资活动主要通过恒生公司 HOMS 系统、上海铭创和同花顺系统接入证券公司进行，监管部门估计三个系统接入客户资产规模合计近 5 000 亿元，当时中国股市场外融资估计可达 2 万亿元以上（易宪容，2015）。这些资金曾经在 2015 年的前几个月助推了中国股市飙升，可见，影子银行的市场份额巨大，涉及领域广泛，应该对其保持审慎原则来进行监管，研究我国影子银行在利率市场化背景下的风险有利于顺利推进当前利率市场化进程，并且维持我国经济稳步发展，所以说如何管控影子银行的金融风险成为我们比较关心的问题。

二、影子银行的金融风险及应对建议

根据 FSB 官网记录的数据，2002 年全球可统计的 20 个国家和地区以及欧元区影子银行体系的规模估计为 26 万亿美元，这一数据在 2011 年达到 67 万亿美元。值得注意的是，影子银行的规模曾经在 2007 年出现峰值，并且从全球总体来看，美国和欧元区的影子银行规模最大。那么，美国作为 2007 年全球金融危机的发源地和重灾区是否与其巨大的影子银行规模有关系呢？目前学界公认房地产泡沫破灭是美国次贷危机导火线。房地产泡沫破灭必然会引起次贷危机，但是房地产泡沫的破灭并不是金融危机的最终根源，仅仅次贷危机，还不足以造成美国如此严重的金融危机。美国金融危机还有更深更广的根源，其中很大原因就是互联网泡沫和影子银行过度膨胀问题。

2007年，次贷危机爆发。这场由房地产泡沫引发的危机率先冲击的是众多本就收入不高的购房者。这些购房者无力继续偿还贷款，致使银行等金融机构因大批的信用违约遭受巨额损失甚至破产。2008年全年，美国银行业共实现盈利161亿美元，为1990年以来最低，而从资本充足率指标来看，2008年的核心资本充足率为自2002年以来的最低。此次美国次贷危机，降低了美国商业银行整体风险防御能力，后来发展成全面金融危机，并且向实体经济渗透，向全球蔓延，给世界经济带来严重影响。

影子银行在此次危机中发挥着事实上的银行功能。它们是次级贷款者与市场闲置资金的桥梁，是次级贷款者融资的主要中介。影子银行的主要业务是通过发行以次级按揭抵押贷款为基础的各种CDO（collateralized debt obligation，抵押贷款证券）产品，通过金融市场来募集资金，形成影子银行的负债。通俗来讲，房贷证券化[①]属于抵押贷款证券，房贷证券化是将银行房贷的再抵押，这样银行可以回笼大量资金，解决目前银行存在的短存长贷问题。这种模式将个人住房贷款按期限组合成债券的形式在市场上出售给投资者，这样不仅可以将之前银行独占的房贷利润分配给投资者，而且也可以帮助银行分散因大量发放长期贷款而可能导致的风险。这一过程就是狭义的资产证券化，也就是信贷资产证券化，基本流程是：发起人将证券化资产出售给一家特殊目的机构SPV（special purpose vehicle），或者由SPV主动购买可证券化的资产，然后SPV将这些资产汇集成资产池（assets pool），再以该资产池的现金流为支撑在金融市场上发行有价证券融资，最后用资产池的现金流来清偿所发行的有价证券（何小锋和黄嵩，2002）。

影子银行在此次危机之前运用通过在金融市场发行各种复杂的金融衍生产品，顺利地实现了资产业务的扩张。有些金融机构将购买的CDO再次加工，转换成更复杂的CDO，再次在市场上发行，再一次实现了融资。所有影子银行业务相互串联形成了交叉派生关系的影子银行系统，一旦某一个环节出现问题，一连串的机构会受损失，比如当购房者违约不能按期还贷，次级抵押贷款机构会由于

---

① 最早的证券化产品以商业银行房地产按揭贷款为支持，故称为按揭支持证券（MBS）；随着可供证券化操作的基础产品越来越多，出现了资产支持证券（ABS）的称谓；再后来，由于混合型证券（具有股权和债权性质）越来越多，干脆用CDOs（collateralized debt obligations）的概念代指证券化产品，并细分为CLOs、CMOs、CBOs等产品。最近几年，还采用金融工程方法，利用信用衍生产品构造出合成CDOs。

贷款违约的连锁反应而遭受严重损失。

20 世纪末，美国 IT 产业空前繁荣，但其中也蕴含了巨大泡沫。美国政府在最初并没有正视泡沫的问题，反而试图以房地产业的畸形繁荣发展来掩盖。美联储事后连续降息，贷款机构也不断简化购房手续，甚至出现不需首付款即可发放贷款的情况，更为甚者，贷款机构帮助用户在信用等级评定上造假以鼓励次级抵押贷款，一系列问题导致了房地产泡沫越来越大。房地产泡沫与尚未解决的 IT 业泡沫合二为一，金融风险成倍累积。随后，美国试图通过向全球发行美元、国债、股票以及大量金融衍生品这样的虚拟渠道，促使全世界的实体资源流进美国来填补其国内泡沫，但事与愿违，资金只是继续流向美国金融市场。如果信用快速扩张不是让巨大流动性流向实体经济而是流向金融市场，就会导致金融市场泡沫四起（易宪容和王国刚，2010）。所以，我们认为，影子银行的规模扩大，信贷混乱是房地产泡沫破灭的主要原因，之前各行业风险累积加上次贷危机引起的金融行业的风险传染，是进一步引发 2007 年金融危机的重要原因。

在金融危机爆发后，欧美各国开始重视影子银行系统的监管问题。2009 年 3 月 18 日，英国金融监管机构英国金融服务局（FSA）发布报告，宣布英国金融服务局将不只局限于对单一机构的监管，而是扩展到对系统性风险的监管，要加强对对冲基金等影子银行的监管，而且，监管当局应被赋予更多调查和监督的权力，FSA 将可能首次需要直接监管抵押贷款和信贷衍生品等金融产品，而不仅仅是监管企业。报告中也考虑按照地产价值的一定比例直接限制客户可借入的抵押贷款数额（巴曙松，2013）。

通过对比我们认为，由于历史经济背景和金融市场环境差异，我国影子银行带有更多的体制转轨特征，一定程度上是市场的自发改革；而发达国家的影子银行是在成熟经济金融环境中进行的监管套利。所以，我国对影子银行的态度应该是在货币政策上采取更为审慎的政策取向，同时加快利率市场化和推动经济转型，将监管套利等会引发影子银行风险的问题解决好。接下来将具体分析影子银行的风险及其应对建议。

（一）利率市场化背景下的影子银行业务及其风险

阎庆民和李建华（2014）认为中国的影子业务有资产证券化、融资融券业务、回购业务和货币市场基金。我们这里将银行理财业务也划入影子银行范畴，虽然，目前银行理财业务受到严格监管，但是因为其创新能力强，新的金融产品层出不穷，未来监管可能会出现不及时，不到位，使银行理财业务具有影子银行特征。

1. 资产证券化

2013年3月15日,《证券公司资产证券化业务管理规定》将资产证券化设定为我国证券公司常规业务,资产证券化是将流动性较低且具有稳定现金流的资金通过SPV使其独立出来,并以其信用为支持,发行证券的过程,其中SPV实现了基础资产与发起人的风险隔离,商业银行利用资产证券化途径所进行的资产的市场化交易,转移其持有资产所面临的信用风险。我国资产证券化的特点就是"资产的真实出售";其作用是拓宽了商业银行的融资渠道,也间接有利于完善债券市场的收益率曲线。资产证券化是影子银行的重要一环,是影子银行整个交易链条的初始阶段,影子银行最早就是出现于资产证券化的期限转换套利需求。但是也不能说所有资产证券化业务都是影子银行,因为,当资产证券化的投资者买入保险等长期产品,整个交易链条不涉及期限转换,那么就不能将该交易视为影子银行业务。

资产证券化业务模式复杂,参与机构众多,包括了信托公司、证券公司、评级公司等等,在资产证券化过程中,信托公司(作为SPT)、证券公司(作为SPV)、保险公司和基金公司(作为机构投资者)都将显著受益;资产证券化整合了各家资源,发挥了各自作用,为融资资本的流动提供了路径,为我国各个企业行业提供了一种崭新的融资方式,也间接催生了相关的金融服务,极大地丰富了金融产品线。相对地,也催生出很多新的金融风险,但是在治理其风险的同时也会促进我国金融监管机制的完善。

具体来说,资产证券化为我国中小企业融资提供了便利,资产证券化运作方式是直接将资金池的现金流用来本息偿付,与中小企业的资信等级无关,这样就很好地回避了大多数中小企业信用等级低的而无法被银行授信问题,较好地解决了中小企业融资难困境。而且,资产证券化为地方政府的债务困境提供了解决之道。近几年的产业结构调整和房地产调控,给地方政府带来了空前的压力,也使央地关系在实际上变得很紧张。所以,如果要将中央政策全方位地贯彻执行下去,就必须找到办法来缓解地方政府面临的困境。资产证券化就是一个很好的途径,可以通过激活社会资本参与城市基础设施建设从而盘活我国巨大的货币资金存量。

目前我国证券市场正逐步走向规范和成熟,已经初步具备了资产证券化的市场条件,大量的民间资本和闲散资金为资产证券化提供了资金保证;政府投资建设项目大多属于公用基础性的,每个消费者都是既定价格的接受者,需求弹性和价格弹性都较小,所以产生的现金流接近于刚性,加上投资规模大,运营期限长,未来能够产生持续稳定的现金流收入(张前荣,2015)。以高速公路为例,高速公路一般跨省修建,项目资金规模巨大。建成后能在经营期间有稳定的现金收入，运营比较稳定，而且一旦出现债务不能清偿，可以通过出售盘活大量存量资产。

资产证券化交易存在一定风险：(1) 利率市场化之后，市场利率波动加大，而资产证券化的预期收益是根据当前市场的利率水平，采用固定收益率的形式设定的，所以就会很容易出现真实收益减少，现金流不匹配问题，如果证券化资产的现金流入不敷出，不能及时支付证券本金和利息，就会出现违约，产生信用风险；(2) 资产证券化的特征是风险隔离，但是如果信息不透明就会增加道德风险。比如说，银行将高风险资产分割打包，将风险转移给投资人，但投资者不知道最初资产的好坏，无法正确预估风险，一旦出现风险，就会被迫承担超过自身承担能力的风险；(3) 从业者在资产证券化交易运作的过程中违规操作也会给交易带来风险。

2. 融资融券业务

"融资融券"（securities margin trading）可以称为"证券信用交易"或保证金交易，意指投资者向具有融资融券业务资格的证券公司提供担保物，借入资金买入证券（融资交易）或借入证券并卖出（融券交易）的行为。

融资融券业务正式启动于 2010 年 3 月 31 日。融资融券交易分为融资交易和融券交易，融资交易是指客户向证券公司借资金买证券，所借资金必须用于购买证券。融券交易指客户向证券公司借来股票，借来的股票后期必须立刻卖掉。在融资融券业务推出之初，证监会曾有"资金 50 万元、18 个月开户时长"的规定；不过，2013 年开始，证监会相关窗口指导意见缩短为"6 个月"，资金门槛也一并降低；2013 年 4 月，多家证券公司将两融最新门槛调整为客户资产达 20 万元、开户满 6 个月；随后这一门槛被不断降低，甚至降低到零门槛。2013 年 5 月 2 日融资融券余额为 1 789.27 亿元，到 2015 年 1 月中下旬，增幅超过 5 倍；证监会于 2015 年 1 月宣布，证券公司不得向证券资产低于 50 万元的客户融资融券，并且证监会将加大现场检查和处罚力度①。

融资融券业务有以下风险需要注意：(1) 融资融券交易具有杠杆交易特点，会扩大投资者在交易中的损失。(2) 融资融券交易需要支付利息费用。如果证券价格下跌，则融资者不仅要承担投资损失，还要支付融资利息；而如果证券的价格上涨，融券者既要承担证券价格上涨而产生的投资损失，还要支付融券费用。有时宏观政策也会对投资者产生影响，比如，监管部门和证券公司在融资融券交易出现异常或市场出现系统性风险时，可能暂停融资融券交易；投资者在从事融资融券交易期间，如果中国人民银行规定的同期金融机构贷款基准利率调

---

① 根据 Wind 资讯相关资料整理。

高，证券公司将相应调高融资利率或融券费率，投资者将面临融资融券成本增加的风险。

3. 回购业务

回购业务指通过回购协议进行短期资金融通交易的市场（顾惠明和张桂芳，2005）。回购业务分为三种：质押式回购是指持券方有资金需求时将手中的债券质押给资金融出方的一种行为；买断式回购是指回购人与其证券的购买商约定在一定期限后按约定的价格回购此次所卖相等数量，同种证券，以获取即时可用资金的一种交易行为。交易双方对未来日期，以及价格都会签订协议；开放式回购业务与质押式回购业务的性质是相同的，只是质押式是在网上办理，而开放式是针对不能在网上交易但又托管在国债登记公司的一些企业债券开办的一项业务，回购双方通过纸质合同在线下交易。

回购业务在我国监管较严，实行集中交易，集中托管，见券付款，见款付券，目前交易对手的信用作用完全弱化，不利于我国市场的长期发展，究其原因，可能是多方监管的问题，目前证监会、银保监会、人民银行、财政部都对证券业务行使一定监督权，这就会导致对回购市场的监督过于僵硬，应该明确责任范围，建立统一监管标准。

4. 货币市场基金

货币市场基金（money market fund，简称 MMF）是指投资于货币市场上短期（一年以内，平均期限 120 天）有价证券的一种投资基金（王国良，2002）。货币市场基金主要投资于短期货币工具如国库券、政府短期债券、商业票据、银行承兑汇票、银行定期存单、企业债券等短期有价证券。货币基金的安全性仅次于国债和银行存款，而其回报一般高于银行存款，目前来看，我国货币市场基金的收益率水平一直高于活期存款利率，但是在利率市场化背景下货币市场基金有一定的风险[①]：

（1）利率市场化条件下货币市场基金的外部市场环境变化复杂，会给投资者带来赎回风险；而且投资人的巨额赎回会给货币市场基金的流动性带来压力，形成金融风险；

（2）利率市场化之后，政府会减少行政手段转而更多运用货币政策调节市场。随着货币市场基金的规模不断扩大，政府制定政策时会将其纳入 M2，进而影响货币政策的制定，而货币市场基金数量的增多也增加了央行公开市场业务操作的对手方，增加了政府调节经济的难度（阎庆民和李建华，2014）。

[①] 货币基金只有一种分红方式——红利转投资，货币市场基金每份单位始终保持在 1 元，超过 1 元后的收益会按时自动转化为基金份额，拥有多少基金份额即拥有多少资产。而其他开放式基金是份额固定不变，单位净值累加的，投资者只能依靠基金每年的分红来实现收益。

5. 银行理财

银行理财与前面四种影子银行业务有很多交叉点，可以说银行理财业务是主要由上面四种影子银行业务构成的，我们这里单独将银行理财业务拿出来讨论，不仅是因为其业务份额逐年上升，更主要的是它与寻常百姓生活息息相关。虽然互联网理财已经飞速兴起，极速扩张，但是很多人还是对银行的柜台理财情有独钟，也许是观念问题，也许是政策问题（刚性兑付）。总之，自2004年银行开展理财业务以来，其业务逐年攀升，尤其是利率市场化之后，银行的存款利息一降再降，人们都开始关注、购买银行的理财产品，使其成为了存款的替代品。截至2014年底，各银行业金融机构共发行理财产品19.13万份，总募集金额92.53万亿元，较上年增加24.44万亿元，增长35.89%，期末理财产品余额达15万亿元，较年初增加4.82万亿元，同比增长47.16%；据初步统计，理财资金运用70%投入了实体经济（刘振东，2015）。银行理财业务不仅满足了公众投资需求，还更加直接、有效地支持了实体经济。而且，因为银行理财业务涉及范围广，和实体经济、百姓生活联系密切，所以要严防其风险扩散，造成经济危机。在利率市场化改革过程中，市场波动较大，在此新环境下，我们更应该注意对其风险的防范。

（二）利率市场化背景下的影子银行风险应对

第一，针对资产证券化业务的金融风险，我们有以下建议：（1）要正确认识资产证券化与传统金融业的关系，在制定监管政策时，充分考虑金融创新和金融稳定的关系，及时完善金融监管政策，做到"管而不死"；（2）资产证券化对于提高金融体系的流动性、风险管理能力都发挥了巨大的作用，但是其运作流程长，涉及机构多，而且银行有动机将坏账资产打包出售，所以，金融监管必须对资产证券化的透明度提出明确要求，以保障资产信息的准确，以及资产状况的信息及时更新，并且建立统一的评级监管机构，针对专业问题，建立专业团队，从专业角度制定相关政策；（3）应该尽快完善政策传导体制，让宏观调控最大限度地发挥作用，防控系统风险。

第二，对于融资融券业务的风险，我们有如下建议：（1）融资融券业务的初衷就是盘活资金继续开拓创新业务，对于这种增加流动性的业务，监管部门应该关注其各项动态的风控指标，将其业务规模控制在风险承受能力范围内，避免其出于盈利目的盲目扩张业务规模，而且在利率市场化背景下，经济波动增大，如果参与者未能正确预估风险，容易负荷过度；（2）融资融券交易的保证金比例是监管部门调节的有力手段，但是完全利率市场化之后，市场波动相对频繁，我们应该顺应市场，强化市场风险的动态管理，制定灵活的保证金比率政策，发挥融资融券业务特色优势。

第三，对于货币市场基金，我们认为管理其风险的方法是使货币市场基金回归其现金管理工具的本质，作为现金管理工具，货币基金应该优先注重其流动性和安全性，基金收益率并非首要追求的目标，但是在竞争激烈的市场环境下，投资者对资金回报的要求导致部分基金片面追求高收益的情况。这就需要监管机构出面引导货币市场基金，使其从片面追求高收益的高风险投资行为中反思，调整自身的投资行为。

第四，对于银行理财业务的风险，应当加强监管。

（1）应该打击通道业务。近年来，我国政府一直在积极查缺补漏，严防死守，对理财业务的影子银行特征进行防范。2005年底，商业银行和信托公司开始理财业务合作。2010年之前，信贷政策的先松后紧使得银信合作成为"银行资产表外化"的重要工具。2010年8月，银监会发文要求，商业银行应将表外资产在2011年底前转入表内，并按照规定计入风险资产并计提拨备。很多人认为，这就是银行理财不被视为影子银行的关键，但其实该文明文规定的转表范围仅限于三类，即银行理财资金通过信托发放的信托贷款，受让信贷资产和票据资产。由于银监会未规定银行理财资金投资不能直接投资信托收益权，也未规定理财投资信托收益权必须入表，因此通过投资信托收益权，银行理财业务可以不受监管。银行和信托合作的银信模式被监管层叫停后，银行理财业务受到一定影响，证券公司开始瞄准这一空挡，2011年底，银证合作开始突飞猛进，2014年上半年达到6万亿元的新高，约有90家证券公司开展定向资产管理业务，发行产品数量超过5 000只。

2014年4月，人民银行、银监会、证监会、保监会、外汇局联合发布了《关于规范金融机构同业业务的通知》，该通知中要求，三方或以上交易对手之间的类似交易不得纳入买入返售或卖出回购业务管理和核算，同时买入返售（卖出回购）业务项下的金融资产应当为银行承兑汇票、债券、央票等在银行间市场、证券交易所市场交易的具有合理公允价值和较高流动性的金融资产。这项要求说明买入返售的资产中不再含有非标准化债权资产，非标准化债权资产再次受到打压。该通知中还对同业拆借、同业存款、同业借款、同业代付等同业投融资业务提出了要求，设置了同业业务期限和风险集中度要求，旨在禁止银行规避监管。此外，银监会还发布了文件《关于规范商业银行同业业务治理的通知》，该通知中要求银行对同业业务实行专营部门制，分支行不得再经营。受多个政策影响，理财资金绕道通道业务的模式受到了极大打击，预计通道业务将逐渐萎缩。消灭通道业务符合未来监管政策的方向。

（2）加强并表管理。商业银行应该按风险管理实质性原则，根据企业会计准则确定并表范围的基础上,进一步厘清会计并表、资本并表和风险并表三种并表范围。资本并表是指根据资本等审慎监管要求确定并表范围,风险并表是指根据风险特性和风险状况确定并表范围。理财通道业务无论是按照资本并表原则还是风险并表原则都应该被纳入并表管理。商业银行应该将银行集团范围内具有授信性质和融资功能的各类业务纳入统一授信管理体系,在集团层面制定授信限额和行业投向的总体意见。

(3)合规的银行理财产品的资金池应做到单独管理和充分的信息披露,使每笔资金都有对应的资产,每笔收益基本可以覆盖风险(巴曙松,2013)。但实际操作中,很多银行在理财协议中的"信息披露"一节中列明"本理财产品在存续期间不提供账单,理财计划的投资发生重大不利事项时,银行会及时在网站上公布"。银行方表示由于已经与客户就理财产品的信息披露方式在协议中达成一致的约定,因此已经满足对客户信息披露的要求,客户如有需要了解重大事项的信息,可以自行到银行网站上查看有关信息。但是,我国《关于进一步规范商业银行个人理财业务投资管理有关问题的通知》第六条明文规定:"商业银行应尽责履行信息披露义务,向客户充分披露理财资金的投资方向、具体投资品种以及投资比例等有关投资管理信息,并及时向客户披露对投资者权益或者投资收益等产生重大影响的突发事件。"所以说虽然银行理财业务发展较快,前景良好,但目前也有很多类似问题需要完善。

第五,避免风险传播,引发系统性风险。

李建军和薛莹(2014)以信用风险双边暴露关系为出发点,采用投入产出法测算风险感应度系数与影响度系数,测算中国影子银行部门在 2007~2012 年的系统性风险度,结果显示:中国影子银行系统性风险主要源头是信托公司,系统性风险的主要承担者是商业银行。为了减少信托公司与银行间可能存在的风险传染,2011 年初,监管部门下发《关于进一步规范银信理财合作业务的通知》,该通知中明确要求商业银行严格执行将银信合作业务表外资产转入表内的规定。其他金融公司通过商业银行借款金额占商业银行总体贷款比例很小,发生大规模风险传染的可能性不大,因此控制银行体系与信托公司间的风险传染是主要任务。

三、影子银行与其他行业

(一)影子银行与传统银行业

我国影子银行体系的发展是利率市场化进程中资金供求双方博弈的结果。但是随着影子银行而出现的一系列金融创新工具,突破了传统的资金价格管制,迫使传统的正规银行体系放松利率管制，提升利率市场化水平，客观上推动了我国传统银行业的发展。

初期，我国影子银行是随着传统商业银行追求金融产品的创新而发展的。之前由于存贷款利率和规模的管制，以及巴塞尔协议的监管，使得银行表内资产和负债的成本提高，而传统商业银行为了盈利，不得不开始金融创新，这就促使了初期的影子银行形成。过去商业银行的利润过于集中在存贷款利差收入，随着影子银行产品的大规模开发，对传统商业银行的存贷利差的盈利模式又造成了冲击。有学者提出，银行应该抵制影子业务，但实际上，因为影子银行业务能够将银行资产剥离，减少核心资本的占用，从而降低银行运营成本，所以，银行并不抵制影子银行。而且，当一家银行这么做的时候，其他银行就会相继效仿，如果建议联合抵制，又会出现"囚徒困境"的问题，所以每个银行都会为自己考虑，进而选择进行影子银行业务。而众多金融机构的进入，会导致原有监管体系的失灵，系统性风险累积。

影子银行对商业银行经营活动影响是双向的，影子银行提高了商业银行中间收入所占比例，并有效地补充了商业银行的存贷款业务，缓解融资矛盾，并促进经济增长、增加就业、维护社会稳定，进而有利于提高整个商业银行体系的协同运作和发展。但是也提高了传统银行风险。

影子银行对商业银行经营活动消极的影响首先体现在对商业银行传统业务的总量和结构产生冲击；其次，限制了商业银行传统业务的议价能力，影响其经济效益。但是对于整体经济而言，是否是消极影响还未可知，目前来看，虽然影子银行对传统银行业的绩效有一定影响，但是，传统商业银行的业务垄断曾经造成了我国资本市场功能不完善，效率低下，已经严重危害了实体经济的发展。自2012年以来，我国政府通过放开经营牌照，拓宽销售渠道等方式打破传统的通道业务，同时，扩大银行理财资金，证券公司和保险资金的投资范围，让更多机构参与到金融市场中来，为社会提供更多的融资方式和投资方式。

总的说来，影子银行优化了我国金融系统结构。然而，影子银行作为金融创新，肯定会对现有监管机制有一定冲击，所以建立商业银行与影子银行之间的防火墙就显得非常必要。我国虽然已经建立了存款保险制度，但没有完善的金融机构破产法律制度，一旦影子银行爆发风险并涉及传统银行时，系统性风险的发生不可避免，所以应该建立有效的防火墙，防止风险传染，保证银行体系稳定运行。具体可以从以下几个方面着手：

（1）我国影子银行和传统商业银行之间有着非常密切的业务关系，很多影子银行业务受到了商业银行的流动性支持和隐性担保，导致了影子银行的风险极易传染到传统银行业，所以，首先应该严格防范商业银行表内资产通过通道业务流向影子银行机构,严格规范管理银信、银证合作;其次加强影子银行本身业务的规范性和风险管理,在源头上防范风险,防止过高杠杆率产品出现。

银行会利用证券化等渠道融资,因为相比存款和同业融资来说,这种融资方式成本低,灵活性大,但是这种融资渠道可能会导致与次贷危机类似的过度信用创造和高杠杆,在证券化交易过程中,金融监管当局应该限制银行对这种融资渠道的敞口,规定银行持有与其风险相匹配的资本,并披露定性与定量信息从而降低风险。

(2)应该构建有效的风险防范机制和有效的危机处理机制。基于影子银行的风险传导性,有关部门应该联手监管,细化责任,建立及时的预警机制,实时监测系统,强化流动性监管手段。

(3)应该提高金融从业者专业素质和道德水准,广泛普及金融知识,让投资者真正客观地了解购买产品所蕴含的风险,并正确认识自身风险承担能力,逐渐破除"刚性兑付"的默认条款,贯彻市场经济的"风险自担"原则。

(二)影子银行与实体经济行业

很多分析人士认为,影子银行的快速增长意味着信贷泡沫快速膨胀,总会有破灭的一天。但我们的眼光不能只关注影子银行的高风险,而更应该关注在我国影子银行为什么与信贷风险紧密挂钩,为什么影子银行扩张迅速,只有深入探讨其原因才能解决根本问题,我们认为造成上述问题的原因是实体经济的融资难问题。

影子银行的出现符合现实需求,目前我国"信贷配给"问题突出,尤其是在结构转型期,实体行业融资难的问题更为严峻。影子银行出现的初期解决了部分实体企业融资难问题,最突出的贡献是在一定程度上缓解了中小企业融资难的问题;比如小额贷款公司,还有刚刚兴起的资产证券化融资模式都为中小企业提供了融资的便捷渠道,尤其是资产证券化,因其"真实出售"和"破产隔离"两个特征,能够将风险隔离和对冲,有效地降低了中小企业的融资风险,也拓宽了其融资渠道。

影子银行在短期内对我国实体经济的发展有积极推动的作用,但总体来看这种推动作用并不稳定、波动较大。而且后期因为资本的逐利性,影子银行业务的高回报率导致了大量资金离开了实体经济,反而使实体经济空心化,同时也增加了中小企业等实体经济的经营风险,对拉升实体经济发展有负面影响。总的说来,影子银行对实体经济的发展有利有弊,需要认真应对利率市场化改革完善阶段的相关风险。

第四节 利率市场化背景下互联网金融行业的风险

目前，我国的互联网行业以互联网应用与其他行业跨界融合为特征，近两年来，互联网行业飞速发展，渗透至各行各业，从很多方面给我国传统行业造成不小冲击。最突出的是以第三方支付理财、电子银行、P2P 网贷、互联网基金、网络保险和网上证券等为代表的互联网金融的出现，在一定程度上影响了银行和证券、保险公司等传统金融机构的地位。互联网行业创新不断，而各行业对其态度也褒贬不一。互联网金融蓬勃发展的背后反映了中国金融体制深层次的制度弊端，主要包括：金融要素价格没有市场化；信用体系不健全；信贷机制中传统银行独大，银行等信贷机构在收费和服务质量方面存在诸多问题；无法有效满足小微企业主、个体工商户的融资需求，互联网金融对传统金融的冲击，不在于其对银行、证券公司等金融机构的已有功能的替代作用，因为我国并不缺乏金融机构，而是缺乏有效的资金融资渠道，民众手中的钱如何才能支持实体产业是我们比较关注的问题。

一、互联网行业对其他行业的影响

美国很多实体书店受电子书和网上书店影响破产，音乐分享网站重塑了唱片业的商业模式，亚马逊和淘宝等网站冲击了传统零售业（谢平和邹传伟，2012）。互联网与其他行业深度融合是大势所趋，将对各行业产品、业务、组织和服务等方面产生更加深刻的影响，为大众创业、万众创新提供了便利途径。但也对我国其他传统行业从以下几个方面造成了一定的影响。

销售渠道方面的影响。从传统零售业来看，互联网销售渠道较之传统渠道更加便利，例如京东、淘宝等电商平台，采用 B2C 的模式，缩短了产品的流通链，将作为中间商的传统实体店排除在外，使流通成本和渠道费用大大减少。但同时，也使实体销售店遭受很大打击，造成实体销售店惨淡经营甚至大规模倒闭，这也对商业地产造成冲击。总体来说互联网行业促进了传统服务业转型，更多的实体店开始转型走"体验式消费"路线，从卖东西变成卖服务，电影院等体验式消费店面营业额大幅上涨，很多餐饮行业也开始提供上门烹饪服务。

客户体验方面的影响。滴滴等网络约车服务，通过"互联网+"充分利用了社会闲置的私家车资源，有效缓解了市民打车难问题，缓解交通拥堵，改变了城市出行的结构，强有力地冲击了传统的出租车管理体制。在互联网金融模式下，客户能够突破地域限制，在互联网上寻找需要的金融资源，缓解金融排斥，提升社会福利水平（宫晓林，2013）。

成本方面的影响。互联网融合产业使得交易成本降低，互联网依托移动支付、云计算、搜索引擎、社交网络和大数据等工具，促进产品资源配置脱媒，比如阿里巴巴等商业平台，可以将产品供需信息直接在网上发布并匹配，市场信息较对称，交易双方时间缩短，交易成本大幅降低。互联网金融提高了传统金融机构的效率，降低了客户的"鞋底成本"，节约了金融机构和借贷双方的交易成本（贾甫和冯科，2014）。

信用方面的影响。因为是在网上交易的行为，当出现假货等交易纠纷时，因交易涉及多个地理位置，使法院在法律管辖权方面容易出现推诿，应该立法明确。

法律方面的影响。我国网络安全防护工作发展比较晚，网络与信息安全也是最近几年才逐渐被大家所了解和重视，互联网企业应当切实提升技术安全水平，注意保管客户资料和交易信息，防止泄露。国家也应立法以杜绝其非法买卖、泄露客户个人信息的现象。而且，因为网络操作的快捷性和隐蔽性，所以容易给洗钱等金融犯罪留有滋生土壤。从业机构应当按照有关法律法规，建立健全有关协助查询、冻结的规章制度，协助公安机关和司法机关依法、及时查询、冻结涉案财产，配合公安机关和司法机关做好取证和执行工作。在相关企业配合下从各方面打击涉及非法集资等互联网犯罪，防范金融风险，维护金融秩序。

二、互联网金融对传统金融业的影响

互联网金融不是传统金融技术的简单升级，而是一种新的参与形式，是"基于互联网思想"的金融，它是既不同于商业银行的间接融资，也不同于资本市场直接融资的第三种金融融资模式（谢平和邹传伟，2012）。互联网金融是借助于互联网技术、移动通信技术实现资金融通、支付和信息中介等业务的一种新兴产业和全新的商业模式（李麟等，2013）；金融资源的可获得性强、交易信息相对对称和资源配置去中介化是互联网金融的主要特征（宫晓林，2013）。

从目前互联网金融行业的发展方向来看，该行业利用自身的数据分析能力、对客户需求和偏好的了解，倾向于转型为直接融资平台，如英国的 Zopa、美国的 Prosper、德国的 Auxmoney、日本的 Aqush、韩国的 Popfunding、西班牙的 Comunitae、冰岛的 Uppspretta、巴西的 Fairplace 等就属此模式（李博和董亮，2013）。目前，公认的互联网金融组织形式主要有第三方支付公司、P2P 信贷、众筹融资、电商及其旗下信贷公司①等。

对互联网金融的定义、分类以及未来走向发展的分析,可谓是仁者见仁,智者见智。郑联盛(2014)总结了目前互联网金融存在的三个重大争论点:"一是互联网金融是否具有'颠覆性';二是互联网金融是否会引发系统性风险;三是是否需要监管、如何监管以及监管主体等问题。"我们认为这几个问题是值得讨论和分析的。我们认为互联网金融对传统金融主要有以下影响:

1. 改变传统银行业务模式

很多互联网金融企业现在已经开始涉足银行领域,比如阿里巴巴入股的浙商银行等,他们凭借过去本身互联网平台的信息优势,掌握了很多数据信息,第三方支付或将削弱商业银行、传统支付平台的地位。互联网提供了一种替代传统金融机构低效率服务的"柜台"进而降低交易成本的过程,所以它能够向小微企业、次级借款者提供金融服务,从而扩大金融机构的市场范围。

互联网金融对传统银行的业务影响主要从传统融资方式和传统金融方面进行帕累托改进。对中小企业的融资难问题在一定程度上提供了缓解之道,并且在互联网金融领域出现了低收入者的借款需求大幅度上升和违约率大幅度下降同时发生的现象。

实际生活中,一些低收入者的信用风险不仅低于金融机构的设定标准,甚至低于高收入者的风险水平,但因为甄别成本,金融机构只能借助一些显性指标(如收入)把借款者进行分类,导致低风险者无法从传统金融机构获得融资。互联网金融公司占有海量的交易信息,包括客户历史交易记录、客户投资行为、客户海关进出等明细信息,其在数据挖掘方面比银行有天然优势。根据大数定律,有规律的随机事件在大量重复出现的条件下,往往呈现出几乎必然的统计特性,所以互联网金融公司能够依赖大数据和互联网技术把这些潜在的有效需求挖掘出来,并对信用风险和收益结构进行再配置,从而提高信贷市场的资金匹配程度,克服信息不对称情况下传统金融机构的甄别成本制约"短板"(贾甫和冯科,2014)。传统银行业已经因为互联网金融模式冲击发生了革命性的运营结构和业务范围改变。

2. 增加中小金融机构竞争力

新的模式给大家提供了新的起跑线,过去银行之间的竞争基本就是资金竞争,中小银行没有优势,现在互联网金融提供了新的业务模式,中小银行如果在一些新的业务上积极创新,可以增强与大银行的竞争能力。

互联网金融对于市场化程度不同的国家产生的冲击存在差异。日本的互联网

---

① 京东的"白条"、淘宝网的"花呗""借呗"等等。

革命发生于 90 年代后期，伴随着日本的金融制度改革，互联网券商的崛起对日本零售经纪业务带来一定的冲击，券商进行了佣金大战，主要互联网商的佣金水平迅速降到了传统券商的 1/10，因为日本当时的证券市场以机构投资者为主，所以行业整体佣金没有下降到极低水平，但是确实有明显的下降。当时日本互联网券商佣金率的竞争非常激烈，在金融大爆炸和互联网革命之前，在监管部门的精心指导下，弱小券商得到保护，金融机构的倒闭最大限度地得到抑制，证券行业服务同质化明显，中小券商对于经纪业务的依赖程度非常高。在佣金率自由化之后，一半中小券商面临倒闭风险唯有裁员、削减成本、砍掉一些业务线，从而转化为折扣经纪商（中信建投证券，2014）。日本利率市场化之后，整个金融行业都有了结构变化，一是金融行业佣金下降，网络券商集中度高；二是电商开始打造互联网金融帝国；三是转型传统金融机构比如券商以及新成立的网络券商更加注重专业性和差异化竞争。互联网金融模式为中小银行提供了与大银行竞争的新的起跑线，如果能够有效利用这一新模式，在一些创新业务上赶超大型银行，可以形成新的竞争力。

3. 加速金融机构体系结构改革

互联网金融加速了金融脱媒，将传统商业银行的资金中介功能弱化。互联网金融服务机构可以为资金供需双方充当资金信息中介的角色。在融资方面，资金供需双方利用互联网平台寻找交易对象，具体融资交易过程由双方各自完成，会让交易成本更加低廉；在支付渠道方面，第三方支付平台已能为客户提供收付款、自动分账以及转账汇款等结算和支付服务，与传统银行支付业务分庭抗礼。

三、利率市场化背景下的互联网金融行业风险及应对

互联网应该基于互联网技术发展客户风险识别机制，但我国互联网金融只是将传统金融模式搬到了互联网上，增加了金融服务的便利性，但因为监管不到位，潜藏着巨大的信用风险。互联网金融对中国金融系统影响最大的金融创新主要为第三方支付、P2P 网贷，以及众筹三种项目，因为我国目前对第三方支付管控相对严格，所以主要分析 P2P 网贷和众筹的风险。

（一）互联网金融行业的风险

1. P2P 网贷

从 e 租宝到"中晋系"，不少大规模的 P2P 网贷平台的倒闭让民众丧失了投资信心转而发生了投机心理，很多投资者明知平台收益率过高存在高风险，也愿意参加"击鼓传花"游戏，恶化整个社会金融投资环境。P2P 资金供求双方不再

需要银行或交易所等中介机构撮合，可以通过网络平台自行完成信息甄别、匹配、定价和交易，去中介化作用明显（宫晓林，2013）。但我国实际情况是，P2P平台大部分并不是点对点直接融资方式，而是自身介入资金交易，部分P2P甚至承担担保机构或银行（"借低贷高"）的角色，所以它们从本质上讲还是和传统金融机构一样，面临各种问题，但其与传统金融机构长期积累的行业优势相比，存在很多不足，所以我国的P2P存在很大的经营性风险。而且在2015年底和2016年初也出现了多家P2P平台跑路事件，甚至很多P2P公司成为了线下非法集资的线上版本。

近年来P2P网贷平台发展迅速，在提供新的融资投资渠道的同时也带来了巨大的风险，是互联网金融行业主要的风险爆发点。究其原因，就是其门槛低，几乎没有准入限制，监管缺失。表6-3显示P2P平台数量仍在不断增加，但是增加频率有所下降。每个月新增的数量也在不断下降。

表6-3 P2P行业成交情况

时间	成交量（亿元）	累计待还金额（亿元）	资金净流入（亿元）
2015年3月	492.6	1 518.03	271.96
2015年4月	551.46	1 757.56	239.53
2015年5月	609.62	1 932.14	174.58
2015年6月	659.56	2 087.26	155.12
2015年7月	825.09	2 769.81	378.01
2015年8月	974.63	2 769.81	378.01
2015年9月	1 151.92	3 176.36	406.55
2015年10月	1 196.49	3 515.49	339.13
2015年11月	1 331.24	4 005.43	489.94
2015年12月	1 337.48	4 394.61	389.18
2016年1月	1 303.94	4 718.05	323.45
2016年2月	1 130.09	5 039.77	321.72
2016年3月	1 364.03	5 039.77	321.72

资料来源：根据网贷之家网站相关数据整理。

我国的P2P平台的主要借贷者是企业，从图6-2我们看到，虽然P2P行业的综合利率一直在下降，但仍然处于较高水平。一般企业自身业务收益很难负担这么高的利息，所以就出现了两种情况，一种是大部分P2P平台实际上是庞氏骗局；另一种情况是投资高收益行业或者领域，而因为高收益和高风险并存，而且投资回报不稳定,企业最后难免走入困境,出现信用风险,导致 P2P 平台破产。

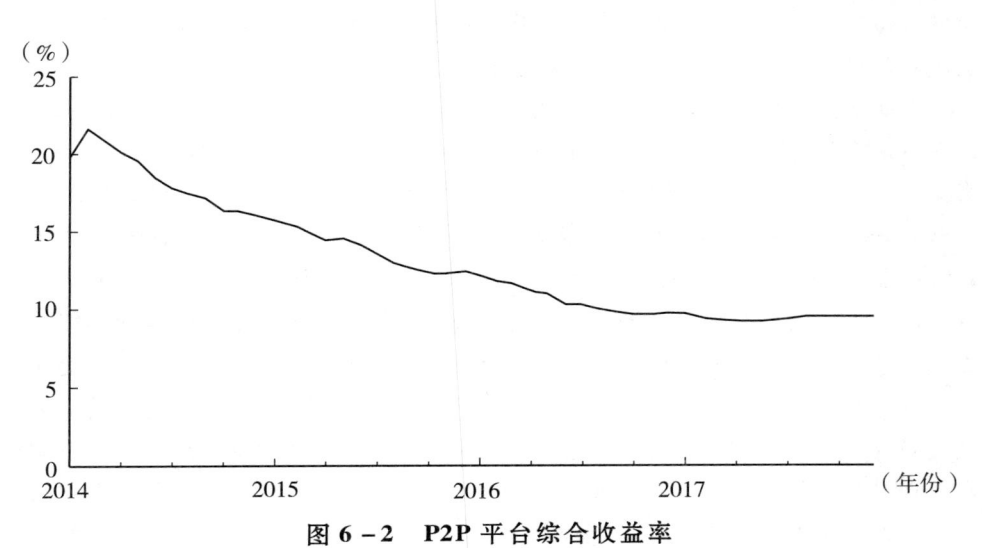

图 6-2 P2P 平台综合收益率

资料来源:根据网贷之家网站相关数据整理。

2. 众筹

众筹是一种创新的金融模式,只要有创新的想法,在平台上发布自己的项目,就可以吸引到对该项目有兴趣的投资人。在这种模式下,每个人都可以成为创业者,每个人也都可以成为天使投资。根据网贷之家联合盈灿咨询发布的《2015 年全国众筹行业年报》,截至 2015 年 12 月 31 日,全国共有正常运营众筹平台 283 家(不含测试上线平台),同比 2014 年全国正常运营众筹平台数量增长 99.30%,是 2013 年正常运营平台数量的近 10 倍。2015 年全年,全国众筹行业共成功筹资 114.24 亿元,历史首次全年破百亿元,同比 2014 年全国众筹行业成功筹资金额增长 429.38%。具体见表 6-4。

表 6-4   2015 年不同类型众筹平台发展状况

平台类型	平台数量	项目数	成功筹资金额(亿元)	实际项目完成率(%)	众筹投资人数(百万)
奖励众筹	66	33 932	56.03	56.80	32.64
非公开股权融资	130	7 532	51.9	19.14	0.10
公益众筹	8	7 778	6.31	42.95	39.57

资料来源:根据盈灿咨询相关资料整理。

发展良好的众筹可以激励人们创业，有想法的人通过众筹获得资金，而有资金的人也可以获得新的投资渠道；公益众筹更是集中力量献爱心的新尝试。众筹的本意是集中力量办大事，促进创新和实体经济的发展。

众筹的主要风险就是没有相关法律细则来规范，由于没有得到有效的监管，出现了诸多扭曲现象，如众筹炒股和众筹炒房①等，导致了众筹非法集资风险。我国《公司法》规定，非上市公司的股东人数不能超过 200 人。根据我国《证券法》第十条规定，向不特定对象发行证券的、向特定对象发行证券累计超过 200 人的，都是公开发行证券，而公开发行证券则必须通过证监会或国务院授权的部门核准，需要在交易所按照相关规则进行交易。而股权融资就是在网络上不受国家监管、没有牌照、股东人数可能超过 200 人的股权融资，事实上已经违反了法律，有很大可能是非法集资。同时，奖励众筹和公益众筹虽然有项目，但是资金具体走向和应用没有披露，也有非法集资的风险，慈善众筹包含大量虚假信息，产品众筹售后很难保证。2016 年初新出台了一部法律禁止私人募集慈善基金，但慈善众筹仍然常见。

互联网金融的兴起，尤其是 P2P，众筹在国内的出现让实体经济的资金融通，民众投资渠道得到了有效地解决，然而，现在我国互联网金融监管不到位，造成了很多混乱的局面，P2P 平台、众筹越来越多出现旁氏融资，让投资者一听到 P2P 联想到的就是诈骗，给整个行业带来恶劣的影响。加强监管，真正让互联网金融成为有效、安全的资金流动渠道是我们真正需要解决的问题。利率市场化导致了互联网金融的膨胀，进而导致了监管缺失，引发风险。

互联网金融行业具有如下一些风险，在监管中应当注意：

（1）信息科技风险。信息科技风险在互联网金融交易中非常突出。比如，载体（计算机或者手机）病毒、黑客攻击、金融诈骗、客户资料泄露、身份被非法盗用或篡改等。阎庆民（2013）提出对于信息科技风险可以按风险来源分为自然原因导致的风险、信息系统风险、管理缺陷导致的风险和由人员有意或无意的违

---

① 众筹炒股的运作模式为第三方平台作为搭桥平台，征集操盘人入驻，并由操盘手发起众筹项目，再吸引投资人跟投或以合买的方式注资。第三方平台对操盘人的保证金、产品预警线和平仓线进行限制，并完全公开或半公开操盘人的账户，保证投资者能实时查询账户情况。然而，那些众筹炒股平台上宣传的"操盘牛人"，以及声称为投资者做监督人的第三方平台并不值得信赖。平台的风控体系并不完善，信息不够公开透明，资金监管也不明确，平台存在"跑路"的风险。同时，众筹炒股平台上的操盘牛人基本都类似于"蒙面人"，网站展示的操盘人信息多为操盘业绩、投资方法、从业经历、学历背景等，而有些操盘人的后两项情况甚至是空白的。这也为众筹炒股带来了风险。至于众筹炒房，其运作模式为购房者发起购房众筹项目，首付款不足部分由众筹投资人认购，购房者持有部分房产份额，并代持其他众筹投资人的房产份额。按照众筹平台的约定，一般房屋购得一年后，发起人将以市场价回购其他众筹份额。通过这一途径，有些众筹平台最终将众筹款演变成购房者的首付贷，成为纯房产投资渠道，增加了房地产业中不受控制的杠杆（资料来源：网贷之家）。

规操作引起的风险四类；按风险影响的对象分为数据风险、运行平台风险和物理环境风险三类；按对组织的影响分为安全风险、可用性风险、绩效风险和合规风险四类；按照主要监管手段包括：非现场监管、现场检查、风险评估与监管评级、前瞻性风险控制措施，也可以使用数理模型来计量信息技术风险。针对不同风险，应该采取针对措施，做好技术升级配套工作。

（2）"长尾"风险。互联网金融拓展了交易可能性边界（谢平和邹传伟，2012）。互联网金融具有不同于传统金融的风险特征。互联网金融服务人群的金融知识相对欠缺，风险识别和承担能力较差，属于金融领域的弱势群体，容易遭受误导、欺诈。而且他们的投资金额小且分散，"搭便车"和"羊群效应"现象明显，个体非理性和集体非理性更容易出现，一旦互联网金融出现风险，虽然个人投资金额数很小，但是因为涉及人数众多，对社会的负外部性更大。鉴于互联网金融的"长尾"风险，严格的金融监管不可或缺。

（3）互联网金融可能对货币政策框架造成一定的潜在影响。互联网金融从供需两端在较大程度上影响到货币政策，前文在影子银行的部分提到，货币市场基金是互联网金融的一种主要投资形式。央行在制定和执行货币政策时，应该考虑互联网金融对货币的需求和供给都有显著影响。虽然目前由于监管相对严格，虚拟货币对中国金融体系和货币政策没有造成过实质性冲击，但其仍是货币政策框架实质的潜在冲击因素。

（二）利率市场化背景下互联网金融行业的风险

（1）利率市场化背景下，个人投资渠道增多，互联网金融作为新的金融创新方式，其长尾效应导致风险传染速度快，规模大。互联网金融机构涉及大量用户，达到了一定的资金规模，出问题时很难通过市场出清方式解决，而且市场纪律不一定能控制有害的风险承担行为。在我国，针对投资风险的各种隐性或显性担保大量存在（如隐性的存款保险、银行对柜台销售的理财产品的隐性承诺），我国投资人对"刚性兑付"习以为常，风险定价机制在一定程度上是失效的。但如果某一互联网金融机构涉及支付清算等基础业务，其破产或者出现经营危机都可能会损害金融系统的基础设施，构成系统性风险。比如，以余额宝为代表的"第三方支付＋货币市场基金"类似产品中，投资者购买的是货币市场基金份额。投资者可以随时赎回自己的资金，但货币市场基金的"头寸"① 一般有较长期限，或者需要付出一定折扣才能在二级市场上卖掉。这里就存在期限错配和流动性转换问题，如果出现大规模赎回，货币市场基金就会遭遇挤兑。目前互联网金

---

① 指个人或实体拥有或持有特定商品、证券、货币等数量。

融机构业务涉及人数之多和业务规模之大，已经对我国社会经济具有一定的系统重要性。

（2）互联网金融业务创新可能存在重大缺陷。互联网业务迭代迅速，在P2P平台行业成立初期，由于当时没有禁止"资金池"导致客户资金与平台资金没有有效隔离，出现了若干平台负责人卷款"跑路"事件；还有部分P2P平台营销激进，将高风险产品销售给不具有风险识别能力和风险承担能力的人群；甚至有部分P2P平台本身就是庞氏融资。后期还出现了"现金贷""校园贷"等灰色业务，也是过度创新的结果。

（3）互联网金融消费中可能存在欺诈和非理性行为，金融机构可能开发和推销风险过高的产品，消费者可能贪图高利息收入而购买自己根本不了解的金融产品。个体理性不意味着集体理性（禹钟华和祁洞之，2013）。部分消费者因为金融知识有限和习惯了"刚性兑付"，不一定清楚P2P网络贷款与存款、银行理财产品有什么不同。

（三）利率市场化背景下互联网金融行业风险的应对

1. 从业者自身方面

互联网金融企业要发展，首先应该做好自律，在业务经营和业务创新中不能单纯靠"钻法律空子"来进行监管套利，互联网金融企业应积极创新，与传统金融业务模式形成互补。其次，由于互联网金融自身存在操作风险、技术风险、法律风险以及监管失效等风险，互联网金融企业更应加强系统性的安全建设，保障交易者的资金安全和信息安全。尤其是互联网金融的外部关联性和空间传染性很强，互联网金融的风险可能成为一个触发机制或者是"蝴蝶效应"的起点，最终导致重大风险，所以互联网行业在防范互联网金融自身的特定风险之外，更要防范互联网金融对传统金融体系的风险外溢效应。

2. 监管方面

我国目前正在积极架构互联网金融的监管体系。《互联网金融风险专项整治工作实施方案》提出要"完善规章制度、加强风险监测、完善行业自律""立足实践，抓紧明确跨界、交叉型互联网金融产品的'穿透式'监管规则"，这为解决互联网跨界监管的难题提供了政策依据。以P2P网贷行业为例，随着《网络借贷信息中介机构业务活动管理暂行办法》《网络借贷信息中介机构备案登记管理指引》《网络借贷资金存管业务指引》《网络借贷信息中介机构业务活动信息披露指引》相继出台，网贷行业形成了"一个办法、三个指引"的监管体系，为行业发展提供了保障。在这些规则之下，P2P网贷平台数量下降，但是总交易量和总客户数上升，网贷行业在监管合规的要求下正逐步走向健康发展。作为新的金融风险点，互联网金融可能引发技术失败、监管失效、消费者保护等风险。结合国外对互联网金融的监管实践，在规范引导和适度监管的基础上，互联网金融才可能走向健康发展。

3. 个人投资者

我国民众参与金融活动比较活跃和普遍，我国目前也在倡导"普惠金融"，所以金融教育非常重要，有助于提升消费者的风险意识和自我保护能力。参与金融投资的民众应该加强自身金融知识，正确认识风险与收益的正相关性，理性识别金融产品风险，避免自愿参与"击鼓传花"式庞氏骗局，不扰乱金融秩序。

第五节 利率市场化背景下房地产行业的风险

在利率市场化初期，各个行业都面临融资成本高企的问题。房地产行业也不例外，但是因为房地产投资的安全度高和收益率高，使其成为我国的主要资金流入领域。房地产投资的冲击对经济增长具有长期影响，而且对相关行业的拉动作用也比较大（梁云芳等，2006）。所以如果房地产行业长时间不景气也会引发一系列连带后果。首先会导致与房屋建筑密切相关的钢铁制造业的不景气，相继导致钢铁制造行业企业的贷款违约率增加，进而会给发放贷款的金融机构带来问题，最后导致银行在总体上减少信贷发放，而房地产行业本身的资金来源在很大程度上依赖银行贷款，所以在信贷市场收紧的情况下，很多通过短期资金来融通长期资金需求的房地产行业将会被迫寻求新的融资渠道。其途径一般是向影子银行寻求高息贷款，但是这会加剧房地产行业融资成本高企，进而影响房价和销售量，而且会影响上游企业，可以说是一个恶性循环。长期以往必将会导致整个经济环境不景气，诱发金融危机。

一、房地产行业在我国的重要性

我国房地产行业具有产业链长、带动经济作用明显等特点，它的变动通常会对众多相关产业产生较大的冲击，影响宏观经济的稳定、协调发展。房地产在我国，不仅是耐用消费品，而且是投资品；随着市场化进程的推进，其金融属性也不断凸显（田利辉，2014）。崔光灿（2009）运用面板数据模型对我国1995～2006年31个省市的数据进行分析后发现，房地产价格明显受利率和通货膨胀率的影响，房地产价格明显影响到宏观经济稳定，房地产价格上升会增加社会总投资和总消费。因此要稳定宏观经济，促进经济增长，必须稳定房地产价格。唐志军等（2010）通过协整和 VAR 模型分析发现我国房地产投资波动对 GDP 增长率有长期显著的正向影响。国际货币基金组织 2015 年的数据显示，我国房地产占国内生产总值的 15%、固定资产投资的 15%、城市就业的 15% 和银行贷款总额的 20%。

从居民角度来看，我国城镇住房私有化率高达 80% 以上，房地产已经成为家庭财富的重要组成部分。一方面，根据财富效应，房地产价格上涨会给房产拥有者带来净财富的增加，因为如果房价上涨后可以通过再融资方式或出售房地产的形式来兑现资本收益，这种收益会促进家庭消费提升；如果房地产价格上涨，买房者没有进行再融资或出售房产，这种没有兑现的财富仍可能促进消费，原因是它提高了财富的贴现价值（黄平，2006）。因此消费者在预期他们比以前"更富有"时就会增加当期消费（黄静和屠梅曾，2009）。另一方面对于租房者或者未买房者也带来"负的财富效应"，例如，对于租房者来说，房地产价格的上涨对他们的个人消费就有负的效应，计划购买住房的家庭的消费会因为房地产价格上涨而减少。

从产业链角度来看，房地产业对建筑业、制造业等行业诱发作用很大。李启明（2002）从房地产投资的诱发作用角度对房地产行业的带动效应进行了计算，发现每 100 亿元房地产投资可以诱发制造业产出 123.61 亿元、建筑业产出 90.76 亿元、采矿业 16.64 亿元、商业 11.16 亿元、房地产业自身 10.98 亿元、电力煤气自来水供应业 6.59 亿元；等等。王国军和刘水杏（2004）认为与我国房地产业密切关联的产业类型不论在全国总体上还是在不同地区，均广泛包含了第一、第二和第三各类产业。

二、房地产行业现状

自 1998 年房地产改革以来，我国房地产业得到了迅猛的发展，房地产开发投资规模逐年增大，其投资增长率不仅高于全社会固定资产投资增长率，也远高于同期 GDP 增长率，对拉动中国经济起了重要的作用。从图 6-3 中可以看出，中国房地产投资自 1998 年之后就出现稳步的增长态势，即使是在 2008 年金融危机之后仍旧出现了 20%~40% 的高速增长，但是近两年来增速变缓。

图 6-3 中国房地产投资增速

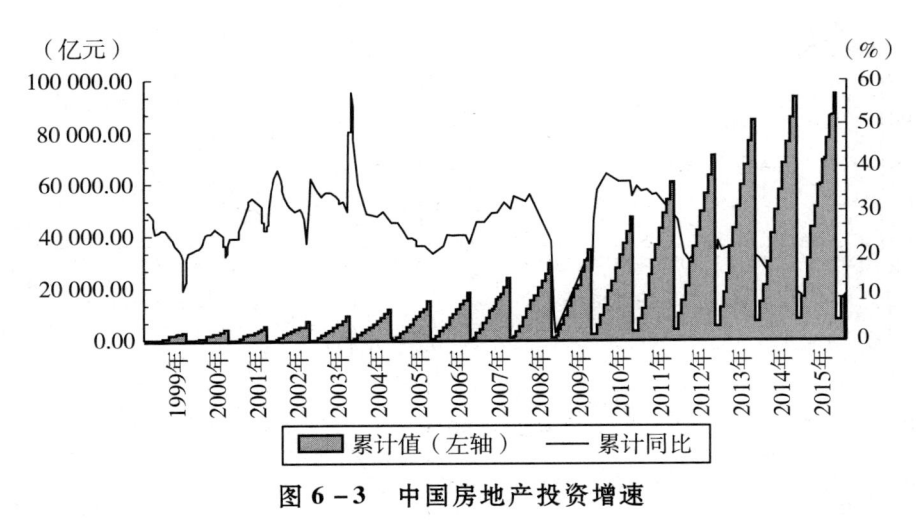

资料来源：Wind 数据库。

就我国房地产市场是否存在泡沫的话题激发了诸多学者的兴趣和讨论。考虑到我国区域经济发展的严重不平衡，对于房地产泡沫存在与否不能一概而论，而应该在概念清晰后从区域经济发展角度对我国房地产泡沫进行检验与分析（田利辉，2014）。一些实证研究认为，如田利辉等（2014）认为，我国房地产市场存在局部性泡沫，泡沫主要存在于二、三线城市，而不是一线城市；由于经济发展购买力变化和人口流动，我国一线城市房价在供求关系改变之中不断上涨，泡沫现象并不显著；由于一线城市的价格示范效应和地方政府的政绩需要，我国二线、三线城市房价也出现了大幅上涨；由于二、三线城市在样本研究期间，其房地产供求关系并未发生明显改变，而且成交量也没有跟随显著放大，这种价格上涨是非理性上涨，房价上涨越高说明泡沫越严重。我国房地产行业区域分化明显，从图 6-4 也可以看出，我国一线城市和二、三线城市价格变动差异明显。而图 6-5 则显示了同一城市不同区域的房地产价格差异也很大。

一线城市一直是我国房产市场的"风向标"，从图 6-5 可以看出，2014 年 7 月，上海新房和二手房，均呈现环比全国下跌的趋势。其他一线城市情况也不乐观，根据国家统计局数据显示，北京新建商品住宅销售价格环比跌 1.3%，这也是北京新房价格自 2012 年 6 月以来的环比首次下跌。根据广州市国土房管局公布的官方数据，2014 年 7 月，广州新建商品住宅销售价格环比下跌 1.3%，且广州一、二手交易量均达到当年最低值。深圳环比下跌幅度最小为 0.6%。二手房方面，北上广深均有小幅下跌。虽然一线城市放开限购的难度大，但是，上海农行宣布 2014 年 8 月起下调房贷利率，首套房贷 200 万以上可以享受基准利率 9.5 折优惠，为全国房贷的松动拉开了序幕（见图 6-6）。

图 6-4 我国房地产平均价格走势

资料来源：Wind 数据库。

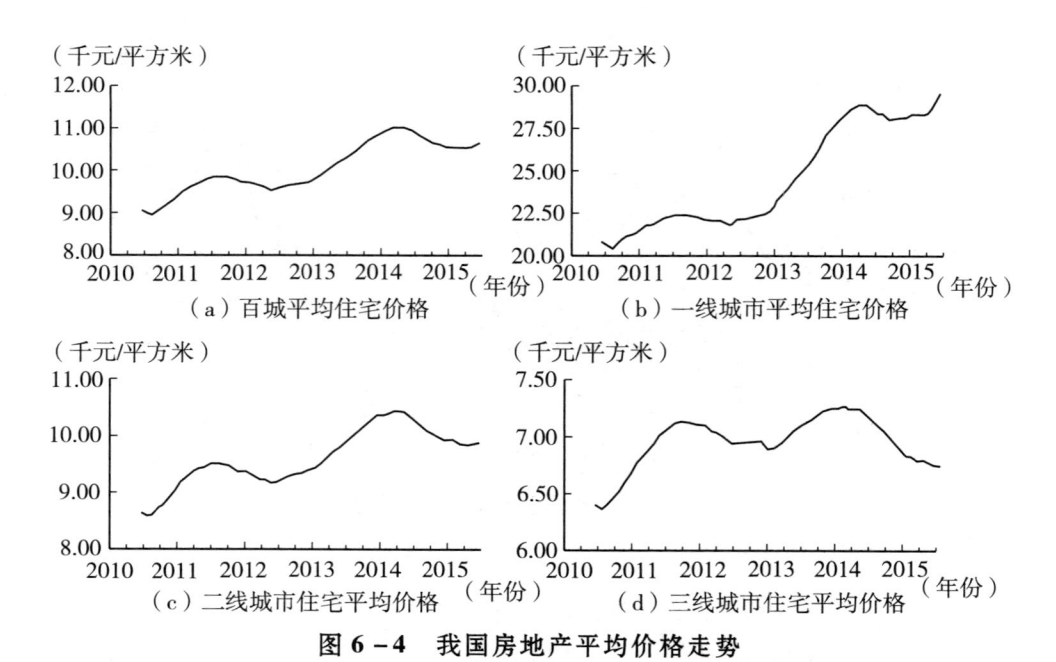

图 6-5 上海各城区商品房成交均价

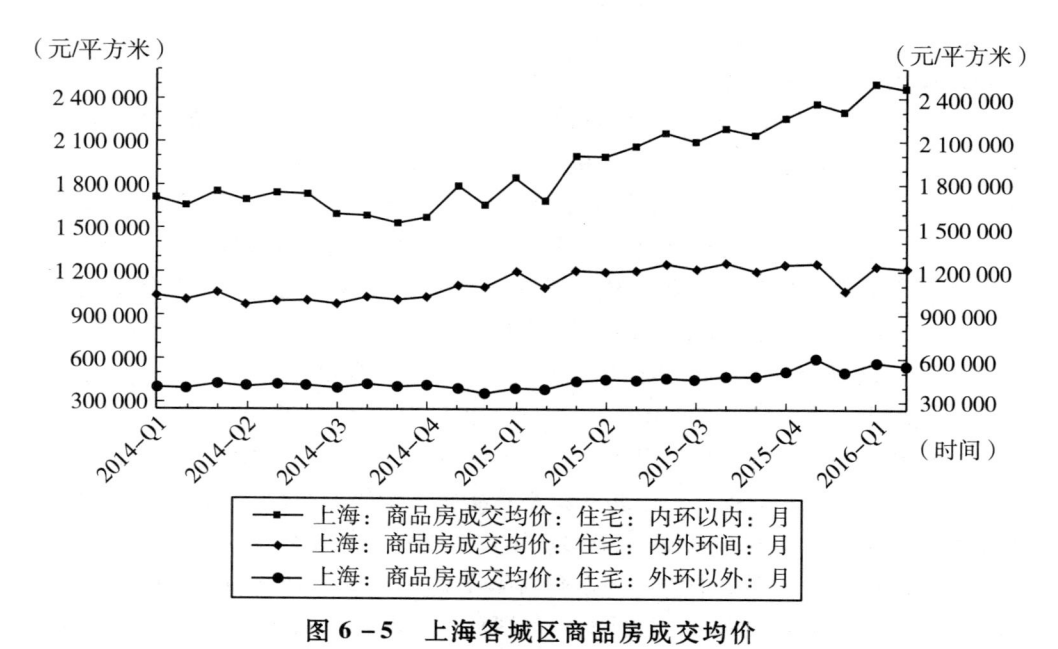

资料来源：Wind 数据库。

2014 年 8 月以后，五大国有银行的深圳分行中，除农行的首套房贷利率仍然在基准利率上浮 5% 外，中国银行，中国工商银行，中国建设银行，交通银行的首套房贷利率均从原来的基准利率的 1.05 倍回归到基准利率，二套房贷利率则在基准利率上浮 10%。广州工商银行首套房利率也从此前基准利率上浮 8% 下调至上浮 5%，二套房利率由原来上浮 15% 下调至 10%。根据证券日报报道，北京楼市也现 6 年以后首次"七折利率"卖房现象，这次的"七折利率购房"绕过了限贷政策，具体操作模式是：珠江·四季悦城与购房者签订协议，约定将购房者作为受益人，将首付款中的部分资金作为信托认购额，以购房客户 10 年贷款期限为周期，购买珠江投资旗下的基建信托；在期限内，开发商将信托收益，每月返还给购房者，作为月供利息补贴，返还后的贷款利息等同于银行同期房贷利率的七折。本次变相的汇率打折也是时隔 6 年来首次出现。①

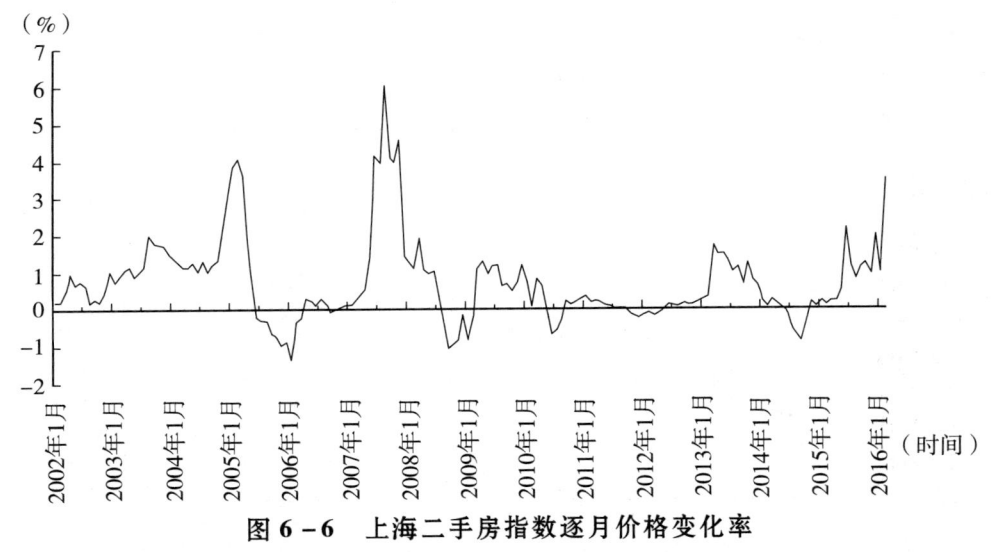

图 6-6　上海二手房指数逐月价格变化率

资料来源：Wind 数据库，作者计算绘制。

2014 年，二、三、四线城市去库存压力明显。由于二、三、四线城市的非理性房地产投资较低，很多学者已经对非一线房地产市场存在房产泡沫达成共识。许多三、四线城市，甚至一线城市边远地区，比如天津武清等，陷入了"鬼城"② 的尴尬境地，根据相关新闻报道整理显示，仅 2014 年，国内就出现了 12 座新"鬼城"，在这些城区内，多数住宅都是空置率极高，鲜有人居住。12 座鬼城分别是内蒙古鄂尔多斯康巴甚、内蒙古呼和浩特清水河、内蒙古巴彦淖尔、内蒙古二连浩特；河南郑州郑东新区、河南鹤壁、河南信阳；江苏常州、江苏镇江

---

① 《证券日报》2014 年 8 月 15 日版。
② 由于墓地价格同样高企，甚至有一线城市居民在二、三线城市购置房产用于存放骨灰，高地价给文明社会带来的负面冲击需要执政者深刻警醒。

丹阳；辽宁营口；湖北十堰；云南呈贡。网上舆论提出"高铁"催生鬼城的说法，可以看出，用行政手段控制市场导致的规划不合理对我国房地产市场造成的伤害。① 2014年5月末开始，浙江、江苏、福建等多地出现了业主因为个人按揭贷款逾期未还而被银行起诉的案例，有报道称江苏省无锡市这类案例的数量较5年前翻番。断供的原因基本分为三类，一是对自己还款能力预估有误，二是因为经济变故无力偿还，三是由于房价下跌主动断供。

2015年开始，随着房地产行业不景气的时间增长，政府开始出台一系列政策调节房价。经过一系列政策落地，房地产市场已经逐渐回暖（见图6-7和表6-5），在目前量价齐升的情况下，一线楼市呈现出刚需盘销售单价的上升和新盘高端化、豪宅化的趋势。因为住宅类土地供应稀缺，房企在一线城市不惜高价拿地，土地价格飙升，带动新建住宅价格继续抬头，并通过价格传导效应向外围扩散。2015年后半年以来，一线城市频出区域地王。北京、上海、福州、苏州、成都等城市，均出现住宅用地楼面地价溢价超过50%的土地出让。

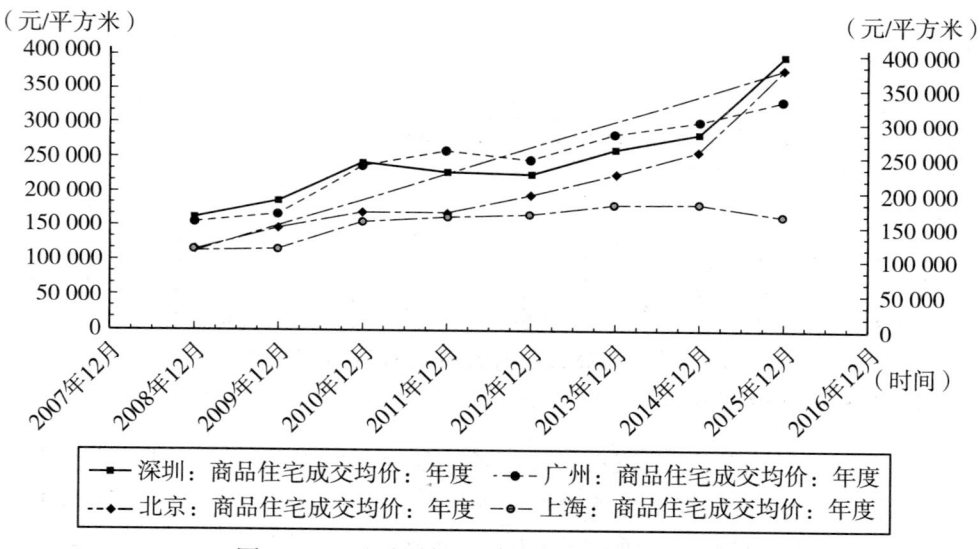

图6-7 北上广深四城商品住宅成交均价

资料来源：Wind数据库。

在中国房地产总体弱复苏的局面下，一线城市房地产市场发展已显现出信贷、人口和投资的"虹吸效应"。贷款资源高度集中于重点城市；购房人口持续导入重点城市；开发性资金向一、二线城市集聚。不同的政策导向显示出未来房

① 中国新闻网，https：//www.chinanews.com/house/2014/03-03/5904291.shtml。

地产市场调控的差异化将成常态，政府开始主要关注如何降低非限购城市的去库存压力。我们建议针对不同区域采取不同的治理：一线城市严格控制，防止价格过度上涨，同时给予三、四线城市一定的住房消费政策扶持。

表6-5　　　　　　　2015年以来调节房价的相关政策

日期	政策
（a）商业贷款和公积金政策	
2015年3月30日	商业贷款二套房首付降为4成； 公积金首套首付降为2成； 公积金二套首付降为3成
2015年9月1日	公积金二套首付降为2成
2015年9月30日	非限购城市商业贷款首套首付降为25%； 全面推行公积金异地贷款业务，有条件城市推行住房公积金个人住房贷款资产证券化
2016年2月1日	非限购城市商业贷款首付可下浮到20%
2016年2月17日	住房公积金账户存款利率调整为按一年期定期存款基准利率执行
（b）税收政策	
2015年3月30日	不足2年，全额征收营业税； 2年以上（含2年）的非普通住房，差额征收营业税； 2年以上（含2年）的普通住房，免征营业税
2016年2月19日	首套：90平方米以下征收1%契税，90平方米以上征收1.5%契税； 二套：90平方米以下征收1%契税，90平方米以上征收2%契税（北、上、广、深除外）； 购买房产不足2年，全额征收营业税； 购买房产2年以上，免征营业税（北、上、广、深除外）

资料来源：作者根据公开资料整理。

对房地产上涨历程的回顾还会使我们发现一个有趣的现象，就是每次经济增长不足都有可能为房地产带来一次涨幅。1997年下半年，亚洲金融危机爆发，中国为了应对危机多次降息、降准，此后中国出现了长期的通货紧缩，经济增长缓慢，在2001年到2002年引发了一轮房价上涨潮。2008年下半年，全球爆发金融危机，我国已经出现下跌趋势的房价，在2009年下半年再次飙升。2012年下半年中国经济增长乏力，同时美国进入加息周期，更加大了我国的经济压力。由于前些年房地产投资过度，所以整个房地产行业库存严重，2014年3月开始，地方政府开始"房地产救市",成效并不显著。2015年3月出台了一系列政策开始救市,2016年春节后,房地产市场回暖。

三、利率市场化背景下的房地产行业风险与应对

房地产价格在不同地区上的差异根本上是对这些区域资源分布差异的衡量,即教育、医疗、交通等各种基础设施建设上的差异,这是北京等一线城市房价偏高的原因,也是同一个城市内不同城区房价差异的原因。从这个角度来说,除去北京作为首都的天然吸引资源优势,房地产价格实际上可以作为各地方官员政绩最合适的衡量标准。其反映了官员们对当地基础设施发展,以及给当地居民提供幸福生活等方面的努力程度和直接效果。但是,当房地产的金融属性过分突出时,其在反映地方官员政绩方面的效果便要大打折扣了,高房价不仅不能说明当地官员治理有方,吸引了居民迁徙,还会形成高度的泡沫风险。而房价泡沫带来的产业空心化,技术创新动力不足,是日本此后经济衰退的重要原因,也是日本央行即使面临巨大风险也要主动刺破房产泡沫的原因。

(一)导致房地产市场泡沫风险的主要原因

我们认为,伴随着金融改革过程中出现的高通胀预期、高融资成本以及地方政府财权与事权的不匹配是导致当前房地产市场出现泡沫的主要原因。

1. 高通货膨胀预期

2008年美国次贷危机爆发后,发达国家经济陷入衰退,其直接影响是降低了这些国家对中国的进口需求,由于中国的经济增长很大程度上靠出口拉动,这导致了中国经济增速下滑的预期。为改善经济环境,中国出台了宽松的财政政策并配以较为宽松的货币环境,希望通过内需增长化解出口不足带来的经济减速。刺激内需的政策并没有起到足够的效果,反而让公众产生了强烈的通胀预期。由于利率尚未市场化,金融市场的发展程度也相对不足,公众可选择的投资品相对较少。我们计算了2002年以来,在考虑了通货膨胀因素的情况下将资产投入银行定期存款、股票或房地产市场带来的不同。其中通货膨胀因素的衡量采用了世界银行的GDP平减指数,该指数衡量的通胀可能会较国内提供的CPI指数更高,从心理学的角度讲,关注保值的投资者会更关注悲观信息,因而使用更悲观的数据来分析公众的心理是合理的,此外,国内的统计数字往往有被质疑的倾向,如何重塑国内有关部门在各个领域的公信力是一个更大也更值得思考的话题。我们的计算结果显示,如果某人在每年年初按当时的定期存款利率将全部财富购买银行1年期定期存款,而后每年年初将本息做如上存储,则在考虑了通胀的情况

下，从 2002 年到 2015 年，其资产会缩水 1/4；而如果在 2002 年初将全部财富用于在上海购买一套二手房并一直持有，按照均价来算，到 2015 年其资产会增加到将近三倍的水平；如果是购买大盘指数，以上证综指为例，并一直持有，则其资产会增加不到两倍。很明显，在银行存款是下策，任何理性的保值者都会去追捧房产，尤其在通胀预期较高的时期。这也凸显了在金融市场不够发达的情况下，公众投资渠道不足，缺少抵御通胀风险能力的事实。从图 6-8 可以进一步观察到我们前面所说的现象，M1 与 M2 的主要差别在于是否计入定期存款，明显地，M1 增长较高，M2 增长相对不够高的时期正是每次房价增长率高涨的时期，新增的货币没用作定期存款，而是用来投资房地产。

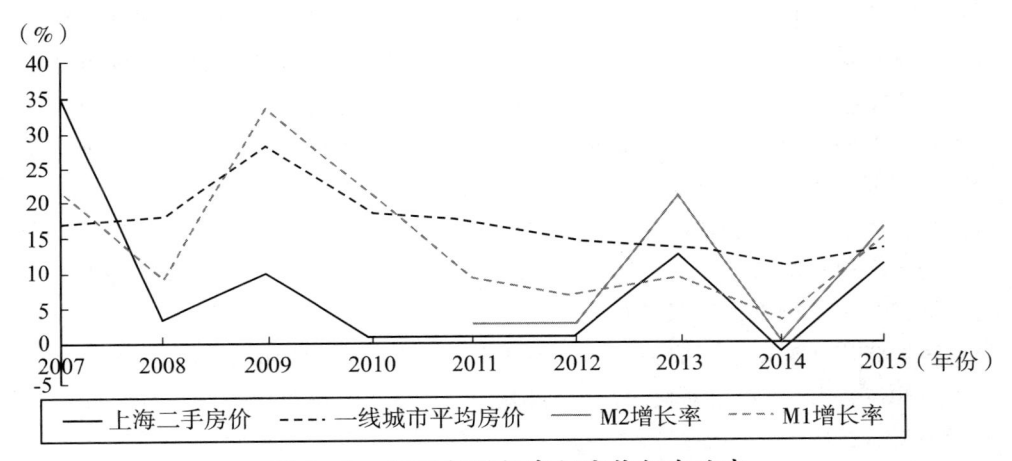

图 6-8 货币年增长率与房价年变动率

资料来源：Wind 数据库，作者计算绘制。

2. 高融资成本的影响

2008 年后宽松的财政政策及相应货币政策的影响很快便带来了通货膨胀的上升，为应对通胀压力，2010 年 10 月开始，我国央行在经济还未能复苏的情况下开始进入加息周期。费雪、方程表明，名义利率可以近似看作通胀率与实际利率之和，通胀率上升自然也就会推高市场的名义利率。融资成本上升使得企业不得不寻求资本回报更高的领域，投资实体经济显然是不合适的，进入别人已经在做的行业，恶性竞争回报不高；进入新的领域，回报多少是未知数，而且前几年多是亏损的，需要大量资金支持；原来的行业则面临产能过剩问题，只会带来亏损。几相对比，一些企业只能沦入借新还旧的境地，寄希望于暂时活下去，等情况好了再说，而另一些企业则开始用手中宽松的资本追求各种可能的高回报，房地产自然是最佳之选，一方面有公众的保值需求让房价上升使自己获利，另一方面房地产又是重要的抵押品，手里的房产增多，就可以更容易地从银行获得贷款，让自己手中的资本更为宽松。许多企业只有在危机中活下去的顽强和小聪明，却缺少带头走出危机的勇气和智慧，其中，高融资成本和过度"维稳"对市场活力的打压负有重要责任。

（二）利率市场化背景下的房地产风险

1. 利率波动风险

利率市场化会使利率波动增多（黄金老，2001）。袁志刚和樊潇彦（2003）根据我国的实际情况研究指出利率的降低可能促进房地产需求的增加，进而可能导致房地产价格发生变化。张涛等（2006）对中国2002年以来房地产价格与银行房地产贷款、按揭贷款利率的关系进行了实证研究，结果表明中国房地产价格水平与银行房地产贷款有较强的正相关关系，提高住房按揭贷款利率能够有效抑制房地产价格的上涨。房地产行业的发展高度依赖金融支持，在我国资本市场还未成熟完善的情况下，房地产业对资金的需求单一依赖银行贷款，导致房地产市场很大程度上受银行信贷变化的影响。利率波动会引起的信用风险，导致银行信贷紧缩，而银行的信贷紧缩会导致房地产业资金链断裂，房产商为了筹集流动资金，会有大规模降价行为，进而导致房地产价格崩盘，这又反过来导致房地产信贷大量违约，银行出现坏账呆账，从而使经济危机蔓延整个经济社会。我国央行面对房地产价格波动会采取逆向调节利率水平来调节控制价格波动（陈涤非和戴国海，2012）。政府也会对房地产价格调控也加入"限购""限贷"等行政手段多管齐下，试图维护房地产市场稳定。但总的来说，利率的波动会给我国政府对房地产价格调控造成一定难度，而房地产行业的过度波动对我国民生有重大影响，不利于社会稳定。

2. 资金流动性风险

利率市场化会增强资金流动性，而资金逐利性会造成资金集中，风险随之而来。利率对房地产价格有直接影响：一方面，当利率降低时，储蓄变得没有吸引力，社会公众会将持有的储蓄资产转移，其流出方向主要是股票市场和房地产市场；从另一方面看，利率降低后，又会鼓励购房者通过按揭方式投资房地产，客观上增大了其原有资金的杠杆能力，导致房地产价格提高。而房价的升高会使投资资金更愿意流入房地产行业。在我国，房地产具有明显的金融属性（田利辉，2014），当房地产市场繁荣时会出现大量民众为了实现资产增值而通过借高利贷等方式筹集房款"炒房"，对其他投资领域造成挤出效应，造成行业资产泡沫化、空壳化。

3. 资产泡沫破灭风险

王任（2014）认为利率差市场化会引起银行业竞争加剧从而使得利差减少，

利差的收窄则会通过成本传导机制对企业的产出和进入市场行为产生影响。在利率市场化初期，各个行业都面临融资成本高企的问题，房地产行业也不例外。虽然房地产投资的安全度和收益率高，使其成为我国投资类资金主要流入领域，推高房地产泡沫化程度，进而造成实体行业资本空心化，不利于整个经济社会长期发展。同时因为房地产投资热度强，很多投资者及企业通过影子银行方式融资去投资房地产，一旦资金链断裂，容易引发多米诺骨牌形式违约，引起社会动荡。在这方面，日本殷鉴不远。

（三）利率市场化背景下房地产风险的应对

房地产市场面临的风险有连带性质。房地产业是国民经济中的重要产业。如何维护房地产市场稳定，是我们需要关注的问题。田利辉（2014）认为稳定房地产价格的方式不是限购令或房地产税，而是通过引导市场预期和改善文化心理。通过市场有效的配置，分配房地产交易中各方权利义务。所以说一套分散风险、明确责任和平衡收益的机制的构造，是实现房地产业和金融业双赢的基本条件。

1. 对于房地产企业

在融资方面，我国单一化的房地产金融机制，也不利于房地产业的长期健康发展：一方面，造成房地产开发热情过高和地区发展不平衡，房价上涨过快，无法充分落实国家住房政策和最低住房保障要求，部分抑制了住房需求的有效形成；另一方面，造成房地产企业高负债经营，对央行信贷政策的调控过度敏感，风险与收益失衡下无法形成房地产企业的有效竞争。政府应该培育适应市场需求的房地产供给机制，改变单一的房地产融资体制，建立多层次的房地产金融市场（包括开发建设融资市场和消费融资市场），并通过金融配套制度的建设，形成有效的风险分担机制，已经成为关系房地产业和金融业未来健康发展的关键性问题。现在多地已经出现很有特色的"打折"楼盘，消费者购房时候付全款，但是开发商会根据一定比例逐年返现，虽然这种现象让部分人觉得是房地产商资金供应不足的权宜之策，但是这能让双方双赢，值得借鉴，在创新方面，金融机构可以充分发挥金融媒介作用，利用信托为房地产业融通资金，通过资产证券化转移信贷资产风险，通过产权式酒店创新联结供求双方，来丰富着房地产金融的服务方式，提高着房地产金融的运作效率。

目前，我国的房地产行业还主要集中于住宅类资产，未来也需要向更广阔的空间发展，逐步扩大在商业地产等方面的经营运作。在缓解房地产市场风险方面，国外金融市场上 REITs 产品的发展经验很值得我们学习。目前我国还没有真正意义上的 REITs 投资产品，多数为资产专项计划，被称为类 REITs，主要投资方向也为房地产抵押贷款。而且国内的 REITs 会划分收益获取的优先级和劣后级客户，这实际上也蕴含着一定的债务风险。国外成熟的 REITs 市场主要交易产品是权益类 REITs。从以往的市场发展来看，REITs 的夏普比率较高，具有高收益低风险的特点，而且与传统金融资产价格相关性较低，是股票、债券等资产之外的重要资产配置选择之一。房地产企业与金融机构共同发行 REITs 不仅有利于资产证券化，快速收回流动性，降低负债，而且能够避免双重纳税，对房地产市场的繁荣具有正面价值。国际 REITs 市场的发展主要依赖于法律的发展，其是伴随着相关法律的健全而快速成长的。我国未来应当逐步发展 REITs 市场，而最初始的是先要建立相关法律制度，包括对有关产品的免税政策。更深入地，尤其需要注意对相关产权变更方面的适当调整，其是目前我国权益类 REITs 难以发展的一个重要原因。

2. 对于公众来说

应当从公务员开始，带头逐步推动在工作地租房居住的潮流。从历史来看，中国人也并不是一定要在工作地购房居住的，大多是在工作地租住宅院，在家乡置办田产，退休后返乡居住。试想，无论是历史还是现在，以公务员的工资收入，如能轻易地在首都购房居住，则要么源于对祖产的廉价转移，要么是有很高的贪腐收入。其对社会风气的引领是不好的。因此应当从公务员开始，推动在工作地租房的社会思潮。这也将促进我国人口的转移，不使高房价成为阻碍人才流动的原因，也不使高房价成为社会负面情绪的主要来源。从公务员开始推行的另一个好处在于，可以促进各级政府对租用房建设的真正重视，不仅重视租房者与购房者有同样的教育权利，更会重视改善租用房的环境。除了对租用房建设的重视，逐步推出能够抵御通货膨胀风险的金融产品也是必要的，其可以让一部分投资者不必为了抵御通胀风险而不得不采取购置固定资产的方式。而对于投机者来说，比如在不考虑个人还款能力的情况下，通过各种渠道甚至借高利贷来押宝房地产，对于这种完全是赌博的投机形式，需要在房地产市场适当地制造一定风险，给予其教训。这也将有助于打破刚性兑付，让利率市场化的机制更加完善。

3. 逐步解决地方政府的高财政缺口，缓解地方政府对土地收入的依赖

地方政府的财权与事权不匹配是其没有动机压制房价的重要原因，未来房地产税的逐步出台，将重点落在缓解地方政府财政缺口方面。房地产税的设计，根本目的在于增加地方政府收入，而非对房价的限制。地方政府将可以通过推高当地房地产价格进而提升来自房地产税的收入，从而用这些财政收入来发展当地的经济。但需谨慎的是，这种推高不是靠金融因素，而是应当靠当地经济的发展，靠当地医疗和教育水平的提高，靠当地交通的便利，靠当地自然环境的美丽。我们并不反对房地产价格高企，但不希望这种价格高企是源于资金流动吹起的泡沫。

第六节 利率市场化背景下实体行业的风险

经过改革开放后 40 多年的发展，我国现在已经发展成为一个制造业大国。制造业在支撑经济社会发展，满足人民生活需求和提升人民生活水平的同时，一些行业、产业也出现了产能过剩等问题，其中较为严重的是钢铁、水泥、焦炭这些传统的工业产业。近年来，政府对环保更加重视，更是对钢铁制造业、煤炭业等行业造成压力，而且随着整体经济下行压力加大，钢材煤炭市场需求回落，钢铁行业和煤炭行业快速发展过程中积累的矛盾和问题逐渐暴露，其中产能过剩问题和资金有效运用问题尤为突出，供给侧结构性改革势在必行。我国现在又处于利率市场化完全放开初期，如果协调不好，在改革过程中金融风险发生的概率会增大。本节将针对钢铁和煤炭这两个产能过剩较为严重的基础行业探讨其在利率市场化背景下的金融风险和应对。

一、利率市场化背景下钢铁行业的风险与应对

（一）钢铁行业现状

2008 年金融危机使得钢铁产业遭遇了重创，直到 2009 年受房地产行业繁荣的带动，钢铁产业才开始扭亏为盈，其净资产收益率达到 3% 左右。但是，在之后几年形势一直下行，并且在 2015 年 7 月开始出现严重亏损，每月亏损额都在 100 亿元以上，主营业务全年累计亏损超过 1 000 亿元；附加投资收益等项目合计全年利润总额为亏损 645.34 亿元。回顾 2015 年，我国钢材价格持续走低，国内钢材综合价格指数（CSPI）从年初的 81.91 点跌至 56.37 点，行业整体亏损严重，亏损面为 50.50%（李新创，2016）。

2015 年末以来，针对传统行业产能过剩的问题，国家出台了一系列政策。如《关于钢铁行业化解过剩产能实现脱困发展的意见》《关于金融支持工业稳增长调结构增效益的若干意见》，一系列文件中分别提出了有关金融支持工业转型，增加基础设施建设和房地产市场刺激等政策。这些政策利好，以及原料价格支撑、钢铁行业季节性上涨等周期因素，促使 2016 年初钢材价格出现了一轮反弹。

2016 年春节过后，一线城市房价开始持续上涨。民众对于未来一线城市房价增长存在预期，推高了房地产价格，也间接刺激了钢材市场价格的进一步走高。

随着钢价回升,部分已经停产的企业开始复产或正在积极准备复产,有的钢厂从 2016 年 3 月起提高了计划产量。此举如果被大规模效仿将加大供给侧改革压力,抵消钢价上涨的动力,甚至回到恶性竞争、降价销售的老路上(见图 6-9)。

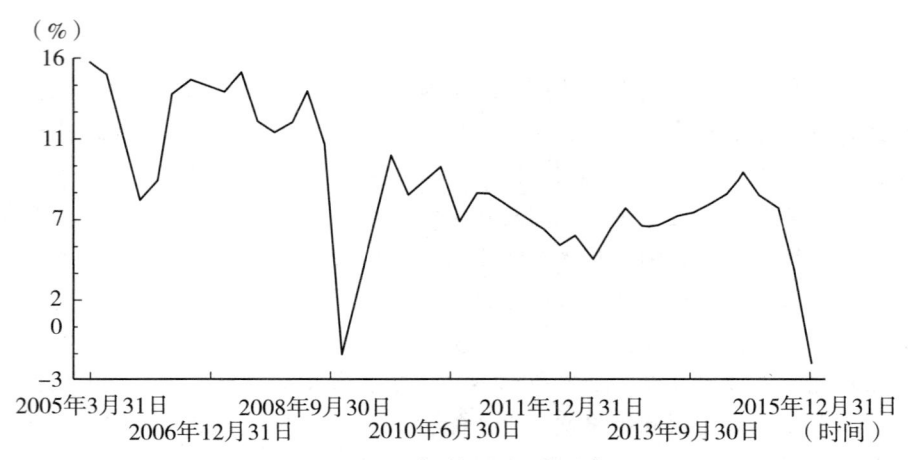

图 6-9 钢铁行业毛利率

资料来源：Wind 数据库。

近两年,我国 GDP 告别高速增长时代,钢铁作为与宏观经济的基础性产业密切联系的产业,需求持续平缓下降,从图 6-10 可以看出,虽然价格指数持续下降,但是全国 31 个地区的钢铁产量总量一直在稳步上升。

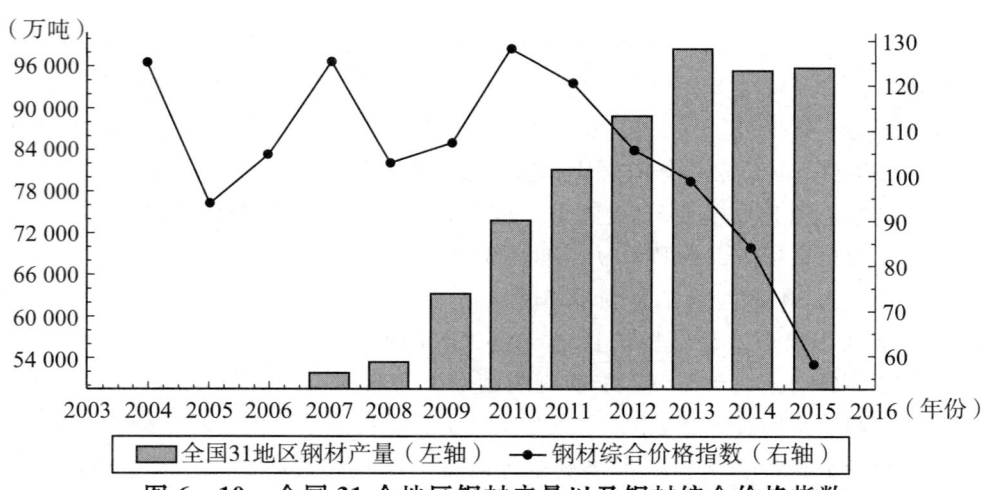

图 6-10 全国 31 个地区钢材产量以及钢材综合价格指数

资料来源：Wind 数据库。

2014 年,我国从政策上开始严格限制对钢铁等产能过剩行业的投资,除新疆地区以外，全年均无高炉新建计划，钢铁新增产能被控制。而且，由于京津冀地区的严重雾霾，作为全国最大钢铁生产基地的河北省，经常被强制采取停产限产措施，这对于环保排污设施合格的大型钢厂影响有限，但对中小型钢厂却影响显著，导致钢材整体产量增速下滑。虽然2014年其产量开始有回落，但价格并没有明显的提升，总体处在低水平盈利，而且，从图6-11可以看出虽然年收入很多，但是利润总额却一直下降，亏损问题严重，我国钢铁行业迫切需要去产能。

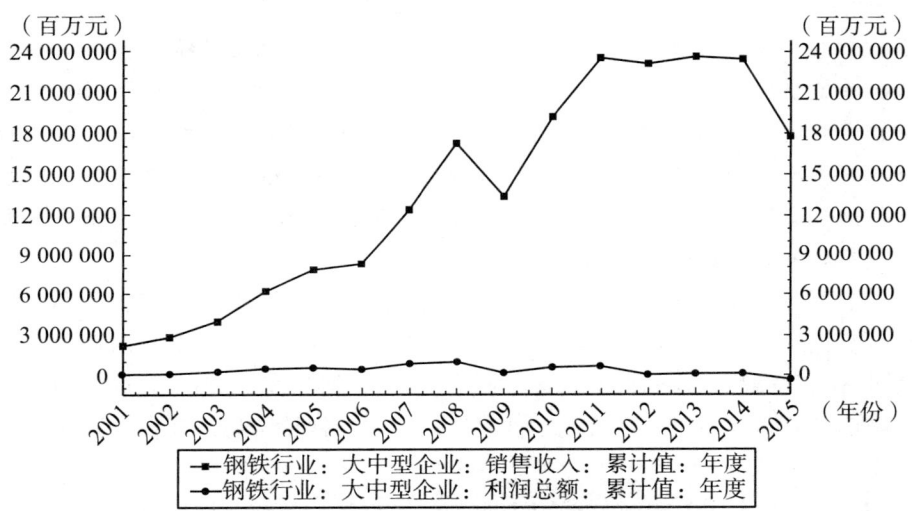

图6-11 钢铁行业大中型企业销售收入与利润总额

资料来源：Wind数据库。

（二）钢铁贸易危机

2008年开始，我国房地产市场的繁荣对钢材预期造成了价格提升的影响，在"联贷联保"的融资模式下，钢铁贸易行业被以银行为主的资本推动着，出现了一时繁荣。2014年开始，国家的房地产调控措施逐渐发挥作用，房地产行业逐渐冷却，也带来了中国钢铁业牛市终结。全国大中钢厂纷纷提高直销比例、发展非钢产业的方式，微利经营，由于钢铁贸易行业处于中间环节，其利润空间更是被严重挤压（王洁，2012）。持续数年的钢铁产能过剩达到极限，继续运营造成的亏损已经使很多企业难以为继，行业负债频频打破纪录而"僵尸企业"却未能出清，各企业之间加剧了价格战的恶性竞争，钢价连创新低，行业风险在加速集聚，钢铁贸易行业不良贷款集中爆发。银行方面开始因为贷款违约起诉钢铁贸易商，并对曾经大力放款的钢铁贸易企业加大抽回资金力度，钢铁贸易公司方面负责人出逃甚至自杀等负面事件屡屡曝出（范希文，2014）。

2016 年我国提出供给侧改革等去产能方案，钢铁贸易市场情况有所缓和，但自 2012 年钢铁贸易危机发生以来，全国的钢铁贸易商数量已经从 20 万家缩减至 10 万家左右，上海近 70%、全国其他地区近 30% 的钢铁贸易商已退出行业（张配豪，2015）。

1. 钢铁贸易危机原因

通过回顾钢铁贸易行业危机，我们认为其出现危机原因主要有以下四点：

（1）钢铁行业整体下行，钢贸行业盈利来源单一。大部分传统钢铁贸易商的盈利来自传统的"低买高卖"单一模式，不能适应市场形势的变化。随着房地产等下游行业萎缩，钢铁行业的微利、无利情况已经成为市场常态。据估算，整个传统钢铁贸易界，六成以上钢铁贸易企业吨钢净利低于 10 元（李荣，2015）。根据中钢协方面的测算，按照新环保法的要求，目前 70% 的钢铁企业没有达到新的标准要求，而增加新的环保设施将大幅提升这些民营钢铁企业的成本。在钢材市场依然不景气情况之下，可能会有更多钢厂退出市场，而大型钢铁企业也在通过降成本和发展非钢产业寻求生存空间。

（2）贸易商挪资他用，实业遭遇空心化。很大一部分钢铁贸易商习惯了使用钢材重复抵押、联保互保贷款这两大融资模式，并且将这些资金投向房地产或者期货投资这一类高风险的产业，但是利率市场化引起市场波动，会造成高风险行业未必能够获得高回报。随着流动性收紧的到来，钢铁贸易产业资金匮乏，出现产业空心化困境。

（3）"逆向淘汰"导致"僵尸企业"无法出清。目前，钢铁贸易市场比较无序，企业恶性竞争大行其道，优质企业反遭淘汰，即"逆向淘汰"。此"逆向淘汰"现象存在的一个根本问题在于行业监管不严，企业私自放贷等现象严重，如果处理不善会导致企业资金链断裂而破产倒闭，一些企业因受担保风险传导导致经营陷入困境。资金链、担保链"两链"问题异常突出，因陷入"两链"风险被诉诸法院的破产企业，存在因债权人选择导致的逆向淘汰，即为实现债权利益，债权人往往选择担保人中产能最好的企业，甚至会形成多位债权人集中起诉。这种情况下，优先淘汰的将是为其他劣质企业做担保优质企业，最后剩下的反而是"僵尸企业"。

（4）"联贷联保"风险传染，放大风险。当钢铁贸易行业萎靡，钢铁贸易贷款出现风险时，银行开始收紧贷款的发放。与此同时，钢铁贸易商通过朋友间拆借、民间借贷等途径也出现困难，不少钢铁贸易商通过信用卡套现，以此偿还银行贷款和民间拆借的贷款和利息（劳佳迪，2014）。大量银行信用卡逾期不还，钢铁贸易贷款危机渐渐向银行信用卡危机转移。

2. 钢铁贸易危机教训

通过总结我们发现，身为资金密集行业却对自身财务风险控制不严是钢铁贸易行业危机的一个主要原因。因此我们更应该关注中小企业贷款难的问题和如何建立有效的金融机制信贷机制。

钢铁贸易商的信用卡危机，尴尬地折射出中小企业贷款难的一面，因为钢铁贸易危机，各家银行对钢铁贸易企业的贷款"只收不贷"大部分小微民营性质的钢贸企业业主面临一个两难选择：一方面，如果中小企业不偿还银行的前期贷款会影响企业征信甚至要承担贷款违约的法律责任，但是因为前期贷款已经投入固定资产或设备中去发展再生产，如果偿还会对企业日常经营所需的资金流造成影响，进而影响企业正常经营；另一方面，如果偿还银行前期贷款再贷款难度很大，所以只能转向民间借高利息贷款来偿还，这样更加重了钢贸企业负担，最后可能会造成资不抵债，业主跑路，银行贷款反而还不上，恶性循环，后果严重；还有很多钢铁贸易商通过信用卡套现的方式获得资金，也是前文所讲信用卡违约问题发生的原因，如果钢铁贸易商有更多的低廉的贷款途径选择，他们未必会通过信用卡套现方式融资。

因为金融体系缺乏相应的支持，所以才造成了中小企业贷款难的困境。中小企业抵押品不足，抗风险能力较弱是金融机构不愿放贷的根本原因，所以我们应该建立有效的金融机制信贷机制，在一定程度上缓解中小企业贷款难题。

（三）利率市场化背景下钢铁行业的风险和应对

1. 钢铁行业目前存在的问题

（1）去产能引发矛盾。我国钢铁产业自 2011 年第三季度起就进入了产能严重过剩的困境，至今已经持续了长达 5 年。《国务院关于化解产能严重过剩矛盾的指导意见》下发以来，有关部门、地方通过淘汰落后、环境治理、结构调整和规范经营等手段，压减了一批钢铁产能。钢铁产能市场化退出机制不完善，"僵尸企业"逆向淘汰等问题没有根本改观。由于缺乏科学规范引导，很多钢铁企业转型集中于少数几种相对深加工产品，产能集中释放造成新的过剩和价格波动，一段时间市场出现高技术含量的钢板板材等钢铁产品价格低于螺纹钢等低端产品的现象，更加值得注意。

（2）企业经营困难，债务风险累计，资金链断裂风险加大。据中国钢铁工业协会统计，钢铁企业资产负债率近年来一直处于 60% 以上（见图 6-12），财务杠杆过高。资产前十的钢铁公司，财务杠杆率也是大部分高于 60%（见图 6-13），企业资金链压力日益增大，风险不断积累，经营难以为继。

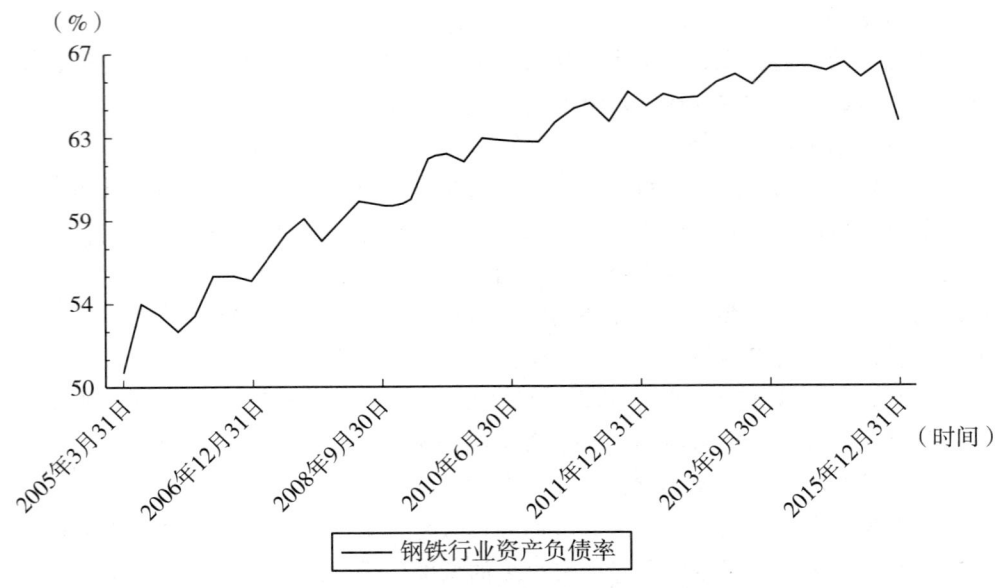

图 6-12 钢铁行业资产负债率

资料来源：Wind 数据库。

2015 年底，钢铁企业应收账款净额已经达到 3 405 亿元（见图 6-14）。与 2014 年相比，在产量规模几乎没有增长的情况下，应收账款却增速较大，说明钢铁行业债务风险正在快速积累。

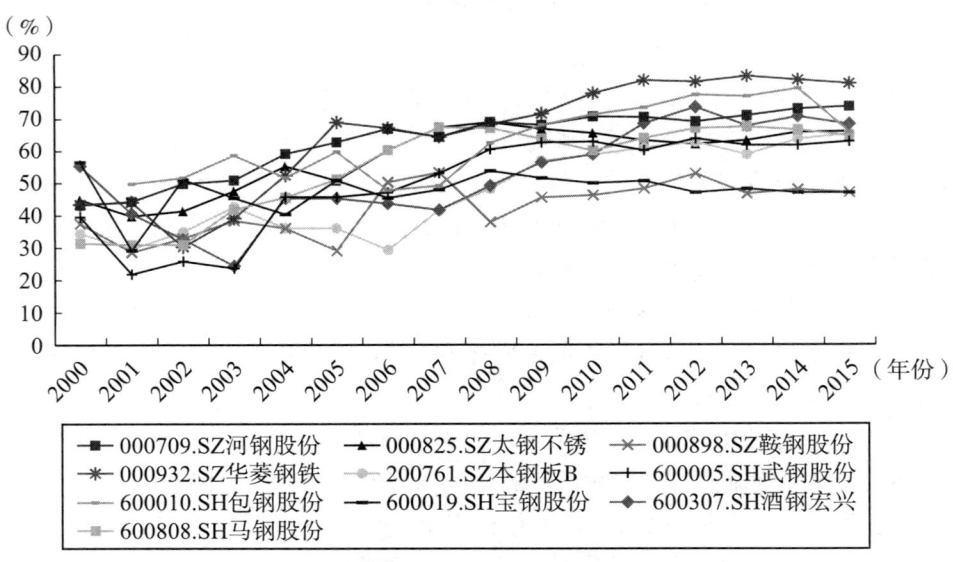

图 6-13 资产前十上市钢铁公司资产负债率

资料来源：Wind 数据库。

图 6-14　钢铁有关行业应收账款净额

资料来源：Wind 数据库。

不仅如此，从表 6-6 可以看出，代表企业偿债能力的三个指标也不容乐观。

代表企业短期偿债能力的流动比率基本低于 1，而速动比率进一步扣除存货，可以更严格、更稳健地衡量短期偿债能力。钢铁上市公司的流动比率和速动比率除了几家特殊钢铁行业以外，均处于较低水平，流动比率低反映了钢铁行业短期偿债能力非常弱，财务风险大，债权人保障不足，安全系数低，会降低银行发放贷款意愿。

而且，目前钢铁行业资产负债率高，财务风险相对较高，当市场波动等因素带来现金流不足时，将出现企业资金链断裂，不能及时偿债，导致破产的情况。因为无论是银行还是投资者，都对资产负债率有一定的要求，所以从融资方面来说，资产负债率高，会进一步导致融资成本加剧。从表 6-6 可以看出，大部分上市钢铁企业已获利息倍数出现大量负值，已获利息倍数是指企业生产经营所获得的息税前利润与利息费用的比率，是衡量企业偿付借款利息的能力的指标，一般债权人会分析利息保障倍数指标，并以此来衡量债权的安全程度。钢铁行业企业的长期偿债能力已经可以引发风险，已有一些钢铁企业因资金链断裂被迫关停，这都会给钢铁行业进一步融资带来阻力。

表 6-6　2016 年第一季度上市钢铁行业公司长短期偿债能力

名称	流动比率			速动比率			已获利息倍数（EBIT/利息费用）		
	本期	上年同期	增长率（%）	本期	上年同期	增长率（%）	本期	上年同期	增长率（%）
大冶特钢	1.68	1.69	-0.25	1.10	0.80	38.25		34.32	

续表

名称	流动比率 本期	流动比率 上年同期	流动比率 增长率（%）	速动比率 本期	速动比率 上年同期	速动比率 增长率（%）	已获利息倍数（EBIT/利息费用）本期	已获利息倍数 上年同期	已获利息倍数 增长率（%）
河钢股份	0.49	0.51	-3.53	0.25	0.26	-0.43	1.22	1.27	-3.89
*SJ 韶钢	0.28	0.40	-31.19	0.14	0.22	-34.26	-3.40	-2.11	-61.15
本钢板材	0.77	0.80	-3.36	0.34	0.34	0.50	1.35	1.61	-16.38
太钢不锈	0.52	0.66	-21.71	0.27	0.35	-24.44	1.06	1.54	-31.13
鞍钢股份	0.74	0.76	-3.21	0.44	0.43	3.25	1.07	1.86	-42.85
华菱钢铁	0.46	0.46	-1.45	0.30	0.28	7.00	0.77	1.06	-27.33
首钢股份	0.25	0.29	-14.06	0.09	0.14	-40.54	-0.46	0.40	-214.88
沙钢股份	0.99	0.99	0.32	0.57	0.52	9.33	-8.88	2.71	-427.16
三钢闽光	0.72	0.70	1.73	0.37	0.37	-0.19	-1.96	0.59	-432.32
永兴特钢	7.09			6.37			55.61		
本钢板 B	0.77	0.80	-3.36	0.34	0.34	0.50	1.35	1.61	-16.38
武钢股份	0.69	0.46	51.55	0.48	0.25	93.72	2.06	1.84	12.00
包钢股份	0.89	0.56	59.65	0.67	0.24	176.93	-0.46	1.18	-138.55
宝钢股份	0.90	0.87	2.82	0.60	0.57	5.52	10.52	12.85	-18.16
山东钢铁	0.31	0.31	-0.23	0.18	0.15	23.52	1.03	-0.53	293.23
西宁特钢	0.37	0.31	17.68	0.24	0.20	15.87	-0.03	0.66	-104.88
杭钢股份	1.46	1.26	15.60	1.06	0.92	14.73	-4.64	1.33	-448.24
凌钢股份	0.57	0.58	-2.33	0.41	0.40	1.41	-0.09	-1.16	92.62
南钢股份	0.55	0.58	-3.96	0.42	0.41	1.86	1.15	1.21	-4.66
鄂尔多斯	0.60	0.86	-30.30	0.43	0.64	-33.73	1.76	1.84	-4.50
酒钢宏兴	0.58	0.73	-19.98	0.34	0.47	-28.42	-2.32	0.43	-643.12
金瑞科技	0.96	1.18	-18.92	0.62	0.80	-23.27	-0.50	0.26	-292.58
抚顺特钢	0.72	0.72	-0.08	0.50	0.46	9.17	1.73	1.16	49.56
安泰集团	1.17	1.14	2.89	1.06	0.84	26.68	-0.94	-1.09	13.32
方大特钢	0.65	0.70	-7.13	0.52	0.53	-1.87	3.48	5.46	-36.25
安阳钢铁	0.68	0.63	8.75	0.39	0.35	11.64	0.21	1.08	-80.20
*ST 八钢	0.29	0.35	-17.41	0.14	0.13	8.16	-2.40	-1.68	-42.83
*ST 沪科	0.71	0.72	-1.99	0.54	0.52	3.91	-2.11	-2.01	-4.92
新钢股份	0.90	0.89	1.20	0.73	0.69	6.54	0.18	0.99	-82.76
马钢股份	0.79	0.73	8.31	0.53	0.47	12.23	-1.06	-0.17	-507.04

续表

名称	流动比率			速动比率			已获利息倍数（EBIT/利息费用）		
	本期	上年同期	增长率（%）	本期	上年同期	增长率（%）	本期	上年同期	增长率（%）
柳钢股份	0.84	0.85	-0.89	0.47	0.45	4.00	-1.50	1.81	-182.83
重庆钢铁	0.43	0.50	-13.57	0.15	0.15	-0.65	-2.55	-0.50	-414.34
鄂资B股	0.60	0.86	-30.30	0.43	0.64	-33.73	1.76	1.84	-4.50

资料来源：Wind 数据库。

（3）最严《环保法》出台导致企业环保成本加大。2015 年，新修订的《中华人民共和国环境保护法》颁布实施，此次立法，被称为史上最严环保法。首先是惩罚措施，新环保法增加了政府追责、按日无上限记罚甚至责任人刑事拘留等举措。其次是覆盖范围，新环保法几乎覆盖了从铁矿石采选、烧结、炼焦、炼铁到轧钢的全工序。尤其是钢铁环保治理针对的污染物种类被更加细化全面地记入法条之中，污染物排放标准也更加严格。

我国钢铁企业环保设施普遍需要改善，相当一部分钢铁企业不能满足环保治理的新要求，新增的环保设施投入费用将提高企业生产经营成本。在京津冀、长三角等执行更加严格大气污染物特别排放限值的地区，钢铁企业面临的环保监管也会更加严格。据中国钢铁协会估算，钢铁企业总计需要 500 亿元以上的资金来进行符合新环保法标准的设施改造。根据 2015 年初的数据粗略测算，每产一吨钢，企业的环保成本大概是 150~200 元，而当期一吨钢的价格是 3 000 块钱左右，利润已经很低（马丽和庞无忌，2014）。可以预计，会有相当一部分中小钢铁企业将被迫关停。而原有银行贷款很多是以老旧生产设备作为抵押，在新环保法出台之后，这些设备面临淘汰，不能提供原有的抵押值，给银行信贷资产造成盘活难题。

严防"逆向淘汰"。对于环保不达标的钢铁企业来说，其生产相同数量的钢材所消耗的成本要比符合环保标准的钢铁企业少得多，如果出现不环保钢铁企业通过低价抢占市场份额的情况，将对环保达标的钢铁企业造成极大损失，会阻碍钢铁行业的可持续发展，所以要严防死守，做到有法必依，执法必严，违法必究。

（4）国际竞争日趋激烈。国际金融危机后，发达国家纷纷实施"再工业化"战略，重塑老牌强国的钢铁制造业竞争新优势。印度等发展中国家也紧抓全球产业再分工的机遇，利用劳动力廉价和资源相对丰富等优势，积极参与承接发达国家的产业及资本转移，未来竞争力不可小觑。随着新的国际竞争环境的形成，特别是不断出现的国际贸易摩擦，我国钢铁产业面临发达国家和其他发展中国家"双重挤压"的严峻挑战。

2. 钢铁行业的问题可能引发的金融风险

在以上钢铁行业所面临的问题中，特别需要关注的金融风险点是在淘汰落后产能时的债务处理问题和供给侧改革所需的资金支持问题。

（1）融资风险。利率市场化会造成企业融资成本高企。利率市场化促进资金向收益率高的行业流动，导致传统企业的融资成本增加，资本的边际效益降低，最终结果就是传统行业利润率较其他行业低，会降低投资者投资意愿。而且，因为这两个行业资金杠杆率（资产负债率）水平过高，偿债能力（资金流动率）下降，降低了银行放贷的意愿，企业日常运营出现资金问题。国家目前在尝试推行债转股来帮助这些行业企业减轻债务压力，去产能，结构调整以及产业升级，但是在这一过程中也会产生债务违约风险。

（2）资产泡沫化与产业空心化引起的债务违约风险。钢铁制造业和煤炭业等实体行业的大型企业因为有生产线等大型设备可以用于抵押担保，曾经获得了过多的低息的银行贷款，因为本身行业不景气会促使其将资金投入房地产等高回报行业。但是过多资金流入已经饱和的房地产市场容易形成巨大的资产泡沫，一旦泡沫破灭，不仅会对钢铁制造业和煤炭业等实体行业这些向房地产行业供应原料的行业造成冲击性影响，而且对于因为原行业不景气而转型投资房地产的实体行业来说更是雪上加霜。而且，随着金融创新的发展，目前很多钢铁和煤炭行业企业通过资产证券化等方式拓宽融资渠道，但如果不能合理有效运用资金，只会增加企业风险；而小型或者民营的煤炭行业企业也可能因为融资难问题惨淡经营，甚至大批量倒闭。

（3）利率波动产生的风险。当利率市场放开之后，市场波动会加大。利率市场化会对国内经济造成影响已经被很多国家情况验证，一国的经济波动势必对国内各个行业造成影响。不仅仅是利率波动造成的风险，在利率市场化背景下，行业原本的经营行为所产生的风险也会因为被市场波动放大而显现出来。随着利率市场化的推进，制造业和能源业都面临着利率波动加剧的影响，这些行业属于资金密集型行业，资金运营成本巨大，一般都有着大规模的银行借贷，所以随着利率波动增加，这些行业与银行业之间的影响会被放大，这些行业出现问题时，银行也会因其借贷违约产生不良贷款。而且钢铁行业、煤炭行业与银行业之间互相影响，这两个行业出现问题时，银行也会跟着受损，银行的利率波动也会传导到这两个行业。

3. 利率市场化背景下钢铁行业风险的应对

钢铁行业面临三期叠加的压力，而由于企业破产面临人员安置、资产设备处理等问题，政府及银行出于维护社会稳定考虑，还有政府、银行的高管为了自身政绩考虑，不愿进行清产核资，弥补损失。银行在面临金融资产损失时，更多的是无法执行。企业作为债务人，在所欠金融巨债时，倾向选择绑架政府和银行"兜底"。企业负债的"低成本"甚至"无成本"在极大程度上鼓励着企业过度投资的行为，阻碍我国经济长期健康发展。在利率市场化背景下，如何防止发生金融风险，我们首先需要做到的是防止在去产能过程中产生债务危机，其次，对于已经存在的债务问题，应该积极应对，本部分我们从政府政策，金融机构，和企业自身三个角度来谈对金融风险的应对措施。

（1）政府政策层面。

健全法律制度。我国各行业企业一直缺乏成熟有效的退出机制。虽然我国《破产法》自 2007 年 6 月 1 日起就已经开始施行，但是实施效果并不好，不能很好地适应我国改革开放和市场经济发展的需要，应该制定更加细化和操作性更强的法律法规。

增加政策扶持。我国人民银行、银监会、证监会、保监会四大部委最近联合发布《关于支持钢铁煤炭行业化解产能实现脱困发展的意见》，该意见提出，研究实施"贷款封闭管理"，支持钢铁企业加强对国防军工、航天、航空、高铁、核电、海洋工程等重点领域高端产品的研发和推广应用。大力发展能效贷款；积极扩大合同能源管理未来收益权质押贷款、排污权抵押贷款、碳排放权抵押贷款等业务，支持钢铁、煤炭企业在化解过剩产能的总体框架下进行节能环保改造和资源整合。大力支持钢铁、煤炭扩大出口，推动钢铁、煤炭企业加快"走出去"。从各个方面提出了指导意见，我们期待相应的细则发布，能更加有效地帮助钢铁煤炭行业化解此次去产能危机。

维护社会稳定。如果钢铁行业企业出现大规模停产甚至倒闭，涉及大批员工安置等一系列问题，企业和政府应该合力做好企业职工安置，转岗培训费用。以河北省某钢铁厂为例，市里让工厂停产，但是工厂有 27 亿的银行负债、5 000 多名员工（朱剑红，2013）。这些问题只有政府能有这个能力解决。

退出操控位置。政府在贯彻国家淘汰落后产能政策的基础上引导金融机构支持企业转型升级；积极支持符合条件优势企业进入资本市场和创业板融资，增强其经营实力；拓宽民营企业融资渠道，促进产业投资基金和资产证券化的发展。对于本地企业的产业选择，应该注重市场力量，结合自身地缘优势，差异化发展地区产业，不盲目跟风，不过度干涉，避免无序发展，避免低水平重复建设，确保行业稳健发展。

（2）金融机构层面。

银行业金融机构要综合运用金融手段，妥善处置企业债务和银行不良资产的问题。对不良贷款核销和批量转让增加监管,防止企业发生逃债行为;对淘汰落后产能项目信贷和融资情况深入排查,做好风险预警工作;对于企业债务重组和不良资产处置等重大问题,要加强与当地政府和相关企业的沟通和协作,防止个别企业或者行业的风险演化为区域性金融风险,严防系统性风险发生。

(3) 企业自身层面。

提高竞争力,避免恶性价格竞争。企业如果想长期良性发展,不能仅仅靠短期的价格优势来占领市场,不仅扰乱市场秩序,对企业自身长远发展并没有好处。

加强自身金融知识,建立企业财务风险防控机制。根据前文分析,我们认为钢铁行业普遍存在缺乏财务风险管理的问题,而且,随着金融创新的发展,目前很多钢铁行业通过资产证券化等方式拓宽融资渠道,如果不能合理有效运用资金,只会增加企业风险,所以说钢铁行业增强自身财务风险管理是当务之急。

增强银企合作、不骗贷、不把贷款挪作他用。钢铁制造业和煤炭业等实体行业的大型企业因为有生产线等大型设备可以用于抵押担保,曾经获得了过多的低息的银行贷款,因为本身行业不景气会促使其将资金投入房地产等高回报行业,不仅仅是对新投资行业不了解容易发生亏损风险,而且过多资金流入已经饱和的房地产市场容易形成巨大的资产泡沫,一旦泡沫破灭,不仅会对钢铁制造业和煤炭业等实体行业这些向房地产行业供应原料的行业造成冲击性影响,而且对因为原行业不景气而转型投资房地产的实体行业更是雪上加霜。所以说,钢铁行业企业应该增强银企合作,与银行主动建立关系,让银行参与到企业的生产管理、财务管理与劳动管理中,使其获取一手信息,从金融方面监督企业生产经营行为,防范信贷风险。建立银企合作共赢机制,风险处置应对机制。不追求短期利益,不骗贷,不把贷款挪作他用。

在行业内部,深化行业合作,促进行业健康发展。建议借鉴国际上"OPEC"组织调节石油产量经验,充分发挥行业协会的作用,根据经济整体情况和消费需求变化制定行业年度生产计划,维持价格的稳定,防范产能过剩风险。

二、利率市场化背景下煤炭行业的风险与应对

钢铁行业和煤炭行业都存在产能过剩、污染严重、低价竞争等同类问题,均将是实体经济行业中未来受利率市场化等金融改革冲击最大的行业。本节主要对煤炭行业特有的问题进行分析,与钢铁行业类似的问题不再重复讨论。

随着新能源的开发,煤炭在能源结构中的比例不断下降,从当前的煤炭利用来看,煤炭占我国一次能源消费比重有所下降,煤炭仍然是我国的能源主体,仍

然占比60%以上。所以目前来看，在一段不短的时期内，煤炭行业的兴衰对我国经济有重要影响，我们在这节讨论煤炭行业风险及有关应对措施，以期能为该行业健康发展提供帮助。

（一）煤炭行业的现状和问题

工信部、财政部联合编制的《工业领域煤炭清洁高效利用行动计划（2015~2020）》提出到2017年，实现节约煤炭消耗8 000万吨以上，减少烟尘排放量50万吨、二氧化硫排放量60万吨、氮氧化物排放量40万吨。截至2015年底，已经有亏损企业占煤炭行业65%~70%，该行动计划的提出和实行，将进一步扩大亏损比例。因为全国都在逐步推进煤改气，政策对过剩煤炭供应的"挤出"效应不断加强，煤炭供需形势逐渐变差，下行压力明显。从图6-15可以看到，煤炭行业近年的净利润增长率不断下滑，甚至长达数年为负。

煤炭行业前期发展过快，造成了产能过剩。前几年，受国际国内原材料能源需求旺盛、价格不断上升影响，外资和民营资本纷纷进入煤炭行业，国有企业为了继续保持在该行业的主导地位进一步加大在该行业的投资力度，加快产能规模扩张，现在因为利润率下降，大部分生产能力闲置。

整个行业陷入低价竞争泥潭。目前，煤炭行业在面临去产能、结构调整两大难题，煤炭企业在资金成本、行业安全及社会稳定方面的诸多压力下，为了保证必要的利润，大部分煤炭企业不仅没有限产、减产，反而不断加大产量以实现"薄利多销"，从而陷入"越是产能过剩、越要拼命生产"的怪圈，加剧了低价恶性竞争。

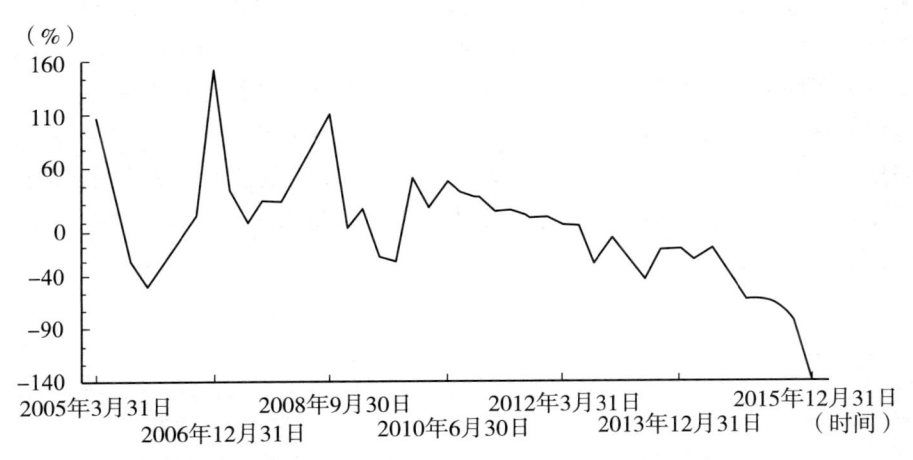

图6-15 煤炭行业净利润增长率

资料来源：Wind数据库。

金融监管不到位。金融监管部门缺乏对行业贷款的强制限制手段，让过多的信贷资源进入了煤炭行业，刺激企业盲目扩张。煤炭行业国有企业众多，银行倾向于将贷款发放给国有企业，因为即使最后出了问题，政府都会出面解决，所以金融监管部门应该加强对行业贷款的强制限制手段，不让过多的信贷资源进入了过热的行业；而且不仅仅依赖政府"救济"，应该增加对于经济周期等宏观调控理论的认识，将宏观政策调控意图与微观监管目标有机结合，在应对市场，调控风险方向完善治理手段；发展与煤炭企业的共赢发展生存模式，建立一套成熟的机制应对行业发展的"顺境"和"逆境"。

供应链金融、互联网金融给风险快速传播提供便利。供应链金融目前是煤炭电商最主要盈利来源，煤炭电商[①]为煤炭行业上下游解决融资需求。其特点是周期比较短，大部分时候需要1~2个月账期，煤炭企业可以随时借随时还，审批的速度要很快，在这个基础上，企业要承担比传统融资渠道稍微高一些的利息。但是相应也推高了违约风险，加之传播渠道通畅，涉及面广，容易引发行业金融风险。

（二）煤炭行业的风险与应对

煤炭行业与钢铁行业相似，都存在着较为严重的产能过剩问题。随着去产能，以及环保有关政策渐趋严格，这些企业都存在着较为严重的债务风险，这也是利率市场化改革背景下这些行业最主要的风险。

煤炭企业前期受政策鼓励发展，银行信贷和民间借贷资金愿意投资，资金流入过多，使煤炭行业承担了与自身发展能力不符的较为沉重的"资金包袱"和较为脆弱的现金流，一旦现金流断裂，容易引发行业金融风险，进而对整个经济社会产生不良影响。因为本行业和钢铁行业的相似性较多，所以不再重复分析，但是我们需要强调的是金融监管部门应该加强对行业贷款的强制限制手段，不让过多的信贷资源进入过热的行业；增加基于逆周期宏观调控理论的认识，将宏观政策调控意图与微观监管目标有机结合，在应对市场，调控风险方向完善治理手段；发展与煤炭企业的共赢发展生存模式，建立一套成熟的机制应对行业发展的"顺境"和"逆境"。

---

① 煤炭电商的资金来源主要是自有的资本金、银行贷款、还有包括民间资本和信托产品在内的一些渠道。从为煤炭生产和贸易企业解决融资这方面，电商平台主要以保理业务、货押融资、订单融资还有发票贴现等方式为主。

三、利率市场化背景下的产业风险及应对

利率市场化会给产业结构调整带来一些机遇和风险，衡量一个国家的经济结构是否合理，主要看它是否建立在合理的产业结构之上，产业结构合理就能充分发挥经济优势，有利于国民经济各部门的协调发展。产业结构状况是衡量国家和地区经济发展水平的重要尺度。如何在利率市场化进程中合理地推进产业结构调整是我国日后发展的一个重要课题。

马骏和王红林（2014）在分析了中国现阶段的经济背景和制度环境后，提出中国在利率市场化过程中面临的环境与发达经济体不同，独特之处主要体现在以下四点：一是金融体系面临的政策性和体制性约束较多；二是部分企业的预算软约束以及实际操作中的刚性兑付，导致其对利率敏感性不足；三是债券市场还面临许多较为严格的人为的管制，如债券发行的准入管制、基金公司的准入限制（导致债券基金成本较高），也面临流动性不足等问题，还有就是金融市场参与主体的限制（导致一定程度的市场分割）；四是市场中金融产品较少，银行资产证券化、货币市场基金和金融衍生品市场的发展也都处于不成熟或起步阶段。"

近两年来，我国利率市场化进程一直在加快，目前来看，对于以上提出的各种问题，我国政府已经在积极应对：

（1）取消存贷比，多次降准降息。对于金融体系面临的政策性和体制性约束较多的情况有了很大的改观，曾经设定商业银行的资金存贷比是我国政府管理商业银行风险的有效方式，但随着我国经济金融环境的变化，存贷比的设定已经成为约束我国商业银行信用扩张的主要问题。2015年8月29日，十二届全国人大常委会第十六次会议表决通过了全国人大常委会关于修改商业银行法的决定，新的商业银行取消75%存贷比监管指标，并将存贷比由法定监管指标调整为流动性风险监测指标。取消存贷比作为法定监管指标，很大程度上减弱了金融系统的政策性约束，有助于优化我国的货币政策调控框架和完善我国的货币政策传导机制。而且，自2014年11月到2016年3月，我国已多次降息、降准。"双降"政策意在降低企业融资成本，增强银行信贷能力，通过定向支持薄弱环节，在一定程度上缓解了银行惜贷、企业惧贷的状况，进而为实体经济发展提供了较为宽松的货币环境。而且客观上，资金的宽松以及融资成本的下降也有助于股市和债市的活跃。

（2）对于国有企业与地方政府融资平台的预算软约束以及刚性兑付问题已经引起重视。2015年9月13日，国务院印发《关于深化国有企业改革的指导意见》，国企改革顶层设计方案正式出台，打破刚性兑付，还原真正市场功能的相

关政策也在酝酿之中，说明政府已经意识到融资成本居高不下，不仅仅是货币环境宽松与否的问题，而是结构性问题，并非总量货币政策可以完全解决的，国企改革能尽量防止软预算约束平台挤占信用资源，满足其他企业刚性的融资需求。地方政府融资平台所发售地方债已经进入偿债高峰期，如何在清理存量债务、化解地方债风险和满足地方政府的合理融资需求之间取得平衡，对政府和市场都面临很大的挑战。新《中华人民共和国预算法》（以下简称《预算法》）于2014年8月通过，这意味着财税体制改革和预算管理制度改革正在提速。银行是我国的社会融资的提供主体，地方政府性债务高度依赖银行资金，并与"影子银行"相互交织，期限结构错配风险突出，给银行系统造成的金融风险隐患较大。国务院于2014年10月2日发布《关于加强地方政府性债务管理的意见》，按照该意见，要硬化预算约束，防范道德风险，中央对地方债务实行不救助原则。但是我们目前的财政体制下，地方政府不能破产清算，一旦地方政府出现难以清偿债务的情况，中央财政不可避免地成为兜底人，地方财政风险必然会转移为中央财政风险和金融风险。

（3）放松金融市场准入门槛。目前，学界普遍认同的观点是金融有效供给不足是当前金融发展最突出的问题。我国近年来一直不断加大金融领域的改革力度，极大地提高了我国金融领域的市场化程度。各金融行业牌照办理难度以及主体参与的准入门槛已经开始逐渐降低。值得注意的是，中国金融监管层增加发放金融牌照是为了让金融市场更好地为实业服务，因为实业是中国经济发展的命脉。但是，如果监管不足，一些获得金融牌照的企业利用金融牌照获得的低成本资金和高杠杆配资掠夺和干扰实业而不是为实业服务，这些破坏中国金融市场秩序的行为将对中国经济发展产生毁灭性的破坏作用。

（4）虽然目前来看，我国市场中金融产品相对较少，银行资产证券化、货币市场基金和金融衍生品市场的发展也都处于不成熟或起步阶段，但是利率市场化推动了金融产品的多样化发展，近两年银行、债券、保险等金融机构为了应对利率市场化之后逐渐个性化和多样化的民众理财投资需求，积极开发推出了各种定制化理财产品。

综上可知，如果想要保障经济在利率市场化背景下的稳步增长，除了政府方面给予货币政策与财政政策等其他宏观调控政策的有效支持外，还需要金融机构将高效率的金融服务提供给实体经济部门，促进实体经济部门和金融机构的良性互动，而在这一过程中，需要注意防范利率市场化带来的新的金融风险，而且应该严防各行业间的风险传染，以免发生金融危机。具体而言，相关金融风险包括：

1. 政府干预风险

在我国产业结构调整过程中，以行政命令来压倒市场规律是普遍问题，主要的金融风险是地方政府可以通过财政政策来干预经济，财政是地方政府推动当地经济发展的最重要的资源（傅勇和张晏，2007）。财政支持对有效促进战略性新兴产业的发展显然是必要的，但与此同时，财政干预也可能引起潜在的金融风险。

林毅夫等（2004）提出，社会主义经济中的国有企业一旦发生亏损，政府常常要追加投资、增加贷款、减少税收、并提供财政补贴，这种现象被称为"预算软约束"。预算软约束经常会引发一系列道德风险进而形成金融风险。这种金融风险主要表现为政府为其财政支持的企业提供了一种隐性或显性的政府信用，使银行愿意为这些企业的高风险投资项目提供贷款并放松风险审查和监督的标准。

有鉴于其他国家经验，利率市场化之后，市场短期波动不可避免，杀价竞争的情况出现的概率也颇大，之前类似无计划性不科学开发新产业园区，或者促使银行支持一些企业的明显风险过大的项目等以行政命令替代市场规律的行为，会因为市场的波动加剧，而增大道德风险发生。

2. 产业选择盲目性的风险

我国经济的增长属于政府主导的速度增长型经济，在经济快速增长中，政府主导的投资行为起到了非常重要的作用。在目前的政绩考核体系之下，各地方政府都有加快经济发展的冲动，以积极谋求本地区经济的快速增长、财政收入最大化（冯涛等，2007）。这会导致盲目选择高新技术产业作为主导产业的风险或者盲目发展资源密集型产业的风险。

随着利率市场化进程的推进，市场实际利率的提高，资金会流入房地产，证券投资等高风险高回报行业，这会使在未来造成产能过剩，资金流动性变差，危及银行信贷资产安全。

3. 地方政府债务风险可能引起潜在的金融风险

促进战略性产业发展的一个有效措施是大力建设工业园区，促使企业集中、集聚并发展产业集群。但是高新科技园区建设需求大量的基础设施投资，当财政不充裕而以借贷融资进行投资，则将形成地方政府债务。由于我国《预算法》禁止地方政府直接举债，地方政府一般通过成立各种名目的公司作为地方融资平台向银行贷款。这些地方融资平台公司隐含政府信誉，可能比较容易地得到金融机构的贷款。

地方融资平台公司普遍依靠土地折价注资，或以土地抵质押举债融资，且主要从事基础设施建设，本息回收期较长，其盈利能力取决于能否吸引符合政策支持导向的企业进驻高新科技园区内以及企业进驻后是否能顺利成长。

利率市场化之后，因利率变动引起的融资利率上升，将增加实体经济转型成本，而产业转型所需要的设备成本，人力资源成本，市场推广成本的获得需要一个过程，地方融资平台公司如果通过大量向银行贷款进行园区基础设施建设，不能吸引企业进驻高新科技园区内，大量基础设施建设就会成为沉没成本，或者科技园区内企业的转型发展不理想，会使这些地方融资平台公司的银行信贷存在较高风险。

就产业风险的应对而言：首先，应该优化信贷结构，影子银行冲击传统银行，房地产行业和互联网经济行业抢占实体经济投资份额。有些亟须发展的企业拿不到资金，而很多过剩产业却滥用资金，以上一系列问题都是因为我国银行信贷结构有问题，银行作为我国社会间接融资的主要提供者应该优化自身信贷结构。其次，整合过剩产能，各行业转型升级可以和"PPP"模式结合；借"一带一路"东风消化过剩产能。最后，要注重金融机构自身因素形成的金融风险的防范，除了金融体系本身的内在脆弱性、负外部性效应、高负债性等特征导致金融机构存在较高的金融风险外，在利率市场化条件下，金融机构自身存在着诸多的因素也会带来信贷风险。

本 章 小 结

本章探讨了利率市场化改革过程中，非银行的传统金融业（证券、信托、保险、农村信用社以及小额贷款公司）、新金融行业（影子银行和互联网金融业）、类金融行业（房地产业）以及实体行业将产生的风险及一些应对。这些个体机构的风险往往不及商业银行给整个系统带来的冲击更大，因此其在利率市场化背景下表现出的风险主要体现在中观层面，即行业风险。

利率市场化背景下，传统金融行业面临的风险主要体现在竞争的加剧。对于小型金融机构，这一风险将更加突出。更深层次的，这一风险源于我国长期的利率管制对金融机构产生的保护作用，从而使金融机构的竞争能力相对不足。其中，农村信用社和小额贷款公司是主要代表。传统金融行业的另一个风险是同质化，缺乏特色。这使得各种金融机构在盈利来源上存在较高的相关性，一荣俱荣，一损俱损。随着利率市场化改革，以及我国对国外金融机构的准入条件放宽，传统金融机构会经历一定时期的调整和阵痛。

新金融行业的出现本身源于我国的金融管制，目的在于绕过监管。因而其主要风险也体现在监管不足，法律法规缺失等方面。随着利率市场化改革完成完善，传统金融机构活力增强，新金融行业会受到不利冲击，规模可能缩小。由此将使一些积累在系统中的风险随之暴露出来。

类金融行业以房地产行业为主要代表。由于我国长期存在房价只升不降的特点，公众对房价坚挺有极强的预期，使其收益远超于风险。进而吸引了大量资金投入。房地产行业在利率市场化背景下，最大的风险就是与之相关的债务风险。此外，由于房地产行业发展会带动相关钢铁水泥等许多行业的发展，来自房地产市场的风险会对实体经济有较大的冲击风险。

实体行业目前的主要风险在于其长期存在的高杠杆和产能过剩。高杠杆使其不得不承担过高的利息负担，产能过剩则严重削弱这些行业的利润水平，降低利息保障倍数，进而形成违约风险。

综合相关行业的风险，其产生的共同根源均在于政府隐性担保而长期形成的刚性兑付。刚性兑付扭曲市场对利率的定价，使收益与风险高度不匹配。投资者在追求超额收益的过程中给系统积聚了大量的风险，并形成了我国利率市场化改革的主要隐患。因此，在未来应对中观风险的层面，做好打破刚性兑付的充分准备，在可控范围内定向爆破，给予投机者一定的教训是必要的。这也有助于降低市场投机氛围，让更多人关注实体经济发展，使金融不再是一夜暴富的渠道，而是管理风险，发展实体经济，促进产业升级的工具。

在分析了行业层面风险的基础上，打破行业之间的壁垒，我们进一步从整体的角度分析利率市场化背景下出现的宏观金融风险。

第七章

利率市场化背景下的宏观金融风险

在一国经济发展的初期，往往会对利率汇率等进行管制，通过政府帮助银行和企业等承担利率汇率风险从而促进这些机构的早期发展壮大。伴随着经济成长，这种管制手段又因为压抑了金融市场的活力从而不利于经济的长远发展，所以各国均在经济增速下滑后开始采取金融自由化等改革措施。从国际经验看，金融自由化改革的出发点是好的，但各国在改革过程中常常会遭遇一定程度的金融危机。危机的爆发不仅会拖累经济发展，而且会给国计民生造成巨大损失。出于对危机的厌恶，我国的金融自由化改革一直慎之又慎。作为其核心内容的利率市场化改革从推出到目前形式上的基本实现已经历了二十多年，虽然没有爆发系统性的金融危机，但在个别市场，已出现过不少局部性的危机事件，比如股票市场2015年遭遇的暴跌；而一些市场虽没有发生危机，却也有明显的风险积聚，成为金融危机的隐患，比如银行坏账上升，债市违约频发以及房地产市场库存压力增强等。尽管利率市场化改革已经在形式上基本实现，但一些市场的刚性兑付尚未打破，部分市场参与者依然没有按照市场情况制定利率水平，距离利率市场化改革的完成和完善还需要一定的后续工作，而利率市场化改革带来的风险和挑战也才刚刚开始。本章将重点探讨利率市场化这一改革措施将给我国金融市场整体上带来的风险，即宏观金融风险。

第一节 利率市场化背景下的债务风险

债务是金融市场最主要的加杠杆形式,是金融市场得以放大资产价格波动、放大风险的关键因素。自2008年美国金融危机以来,全球均出现了明显的货币政策宽松,无论政府还是企业,杠杆水平均显著提升。我国也同样出现了杠杆水平过高而产生的系列债务违约风险隐患。债务风险是我国利率市场化改革最首要应当关注的风险点。债务的形式既包括贷款、债券,也包括各种担保、授信、最低收益承诺等产生的连带资金责任。其涉及我国金融经济系统的方方面面,既包括政府,也包括企业、银行和个人。本部分重点探讨企业和政府的债务风险,以及债券市场将受到的冲击。

一、我国的债务风险现状

近年来,我国的债务水平较高,资本使用效率低下。去杠杆成为金融改革的重要议题,也是各级政府工作中的重点。据麦肯锡的统计调查显示(见图7-1),我国债务与GDP的比率逐年升高,截至2015年第二季度,我国总债务占GDP的比率已达290%,超过了美国,其中企业债务较发达国家高出近两倍,占GDP的132%。

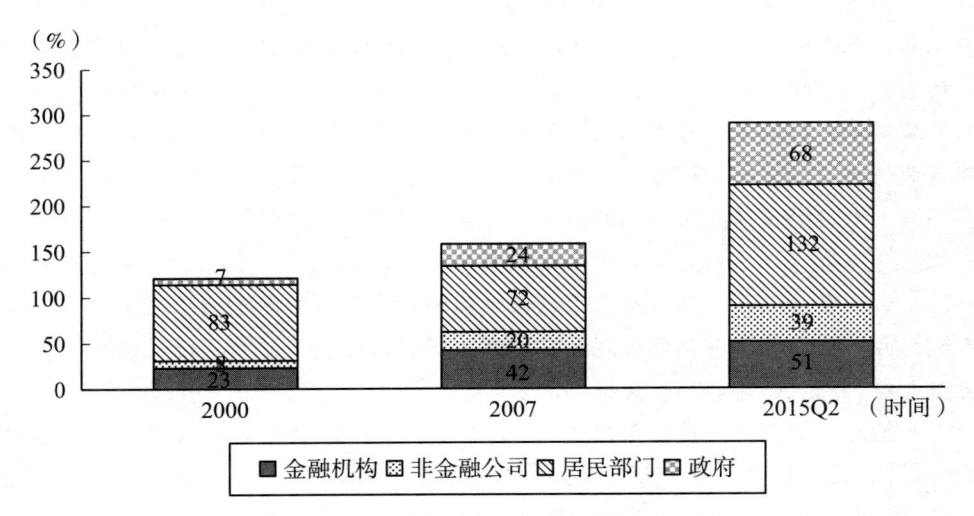

(a) 中国债务与GDP比率

```
              加拿大 │ 69 │   92    │  62  │ 25 │
              德国   │ 81 │  54  │  54  │  70  │
              澳大利亚│34│   116    │  70  │  58  │
              美国   │  90  │  76  │  68  │ 36 │
              中国   │ 51 │39│    132    │  68  │
                    0      100      200     300(%)

              □政府  ⊠居民部门  ▪非金融公司  ▨金融机构
```

(b) 各国债务与GDP比率

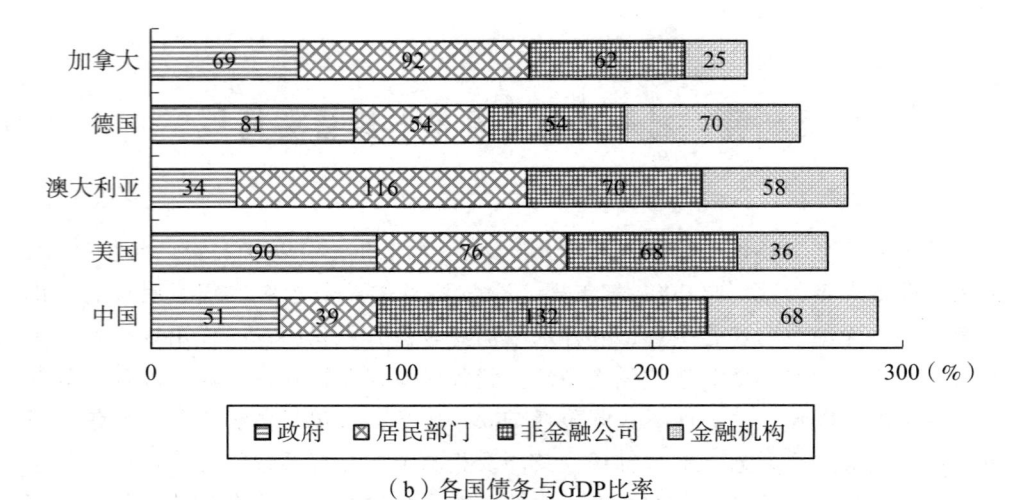

图 7-1 债务与 GDP 的比率

资料来源：MGI Country Debt databases；Mckinsey Global Institute analysis.

(一) 企业债务风险

由图 7-1 可见，我国的企业债务积累较高，有较为严重的违约风险。这些企业大多集中在钢铁等过剩产能行业，许多已是缺乏生存能力、濒临破产的"僵尸"企业，唯有靠源源不断的信贷供给维持。在此背景下，我国企业债券市场开始出现违约事件，刚性兑付被打破。

2014 年 3 月 4 日，深交所上市公司"*ST超日"晚间公告称，"11 超日债"本期利息将无法于原定付息日 2014 年 3 月 7 日按期全额支付，仅能够按期支付共计人民币 400 万元。至此，"11 超日债"正式宣告违约，并成为国内首例违约的公募债券，打破了债券市场长期存在着的刚性兑付。实际上，超日所在的太阳能行业是风险非常高的行业，因为光伏产品的价格波动非常大，而且成本决定于多晶硅、电力等公司无法控制的成本。这类公司的债券风险较高，但投资者对这种风险并不理睬，发行方对此也并不做充分提示，这很大程度上与长期存在着的刚性兑付问题分不开。在政府隐性担保极强的背景下，我国金融市场中类似的债券或许并不少，尤其在当前宏观经济增速放缓、许多企业盈利下降的情况下，部分企业偿付利息的能力将明显被削弱。

与债券市场类似，信托市场也于 2014 年开始先后出现了中诚信托"诚至金开 1 号"、吉林信托"松花江 77 号"、中航信托"天启 340 号"等一系列兑付危机事件，虽然信托行业的危机最终均通过各种方法保障了投资者的资金，但也已经出现了打破刚性兑付的苗头。从出现兑付危机的金融产品来看，与产能过剩行业往往密不可分,这也说明刚性兑付的打破最根本的原因在于经济增速的下滑,以及有关行业的不景气。

  一些企业为了维持生存,甚至出现借新还旧,进行"庞氏信贷"的行为,并最终形成了"僵尸"企业。相对来说,有色金属、钢铁、煤炭等传统产能过剩行业中"僵尸"企业较多。这些企业缺少创新动力,竞争力严重不足,只能依靠银行贷款输血维持生存,严重影响我国经济发展与改革进程。我国"僵尸"企业的规模并没有官方统计数据。何帆和朱鹤(2016)利用两种不同方法估计了2007~2014年我国"僵尸"企业占比,发现2008年后"僵尸"企业占比不断攀升,截至2014年,"僵尸"企业占我国企业总量大约为8%到10%左右(见图7-2)。

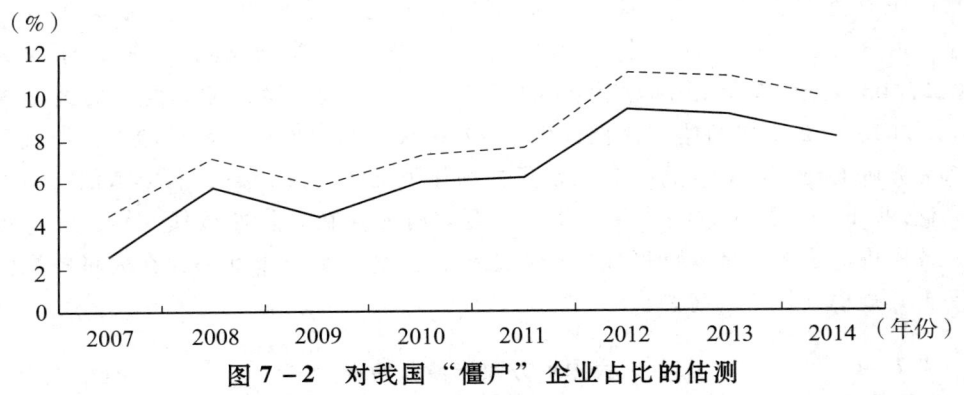

图7-2 对我国"僵尸"企业占比的估测

资料来源:何帆、朱鹤:《僵尸企业的识别与应对》,载于《中国金融》2016年第5期,第21页。

  产能过剩行业多是劳动密集型行业,从业人员较多,一旦关闭这些"僵尸"企业会造成失业率大幅上升和人员安置问题。因而地方政府为保证就业和税收,没有积极推动清理这些"僵尸"企业。这些落后企业继续运行,恶化了行业竞争环境,其高度依赖银行信贷供给却无法创造利润,使银行无法盈利甚至造成亏损,并且,一旦资金链断裂极易致使债务违约和银行不良贷款率升高。

  除了产能过剩的行业,受当前国际矿产品价格低迷的影响,与采矿、金属等行业有关的债券和信托产品也非常值得警惕。此外就是与房地产市场密切相关的一些债券和信托产品,如房地产市场的风险不能得到很好处置,将进一步引发大规模的违约事件。虽然刚性兑付已经打破,然而在刚性兑付犹存期间的大量不良债务仍将成为当前经济增速下行情况下最严重的风险隐患。消化掉这些不良的债券和金融产品,是平稳推进金融自由化改革的前提。总的来说,我国债券市场由于长期存在着隐性担保,有较高的风险积累,未来仍有可能出现更多的债券违约事件,尤其在产能过剩行业。

(二) 政府债务风险

表 7-1 列示了国家审计署公布的我国地方政府债务余额情况。到 2013 年 6 月，我国地方政府负有偿还责任的债务已达 20 多万亿元，总债务达到 30.27 万亿元，占 GDP 的比例为 51.49%，已非常接近国际警戒线 60% 的水平。地方政府债务限额议案预计 2015 年末的债务率将达到 86%。如果将每个省份看成如欧洲地区的小国，我国目前地方政府可能存在着的债务危机与 2010 年欧洲主权债务危机已有几分相似之处，甚至一些地区的债务比率可能已经达到或者超过了欧债危机期间一些国家的负债水平。据审计署的报告显示，地方债的偿还压力在 2014 年年底是非常大的，2014 年政府负有偿还责任的债务金额为 23 826 亿元，占比 22.92%，政府负有担保义务以及政府救助义务的资金分别为 4 373.05 亿元、7 481.69 亿元；2015 年及以后，地方偿还债务的压力逐渐减小，2015~2017 年的偿债比例分别为 17.06%、11.58% 以及 7.79%，但就目前地方政府还债能力而言，延期偿还如果作为选择方案又会引发未来偿还能力恶化。[①] 此外，除了这些债务，我国地方政府还存在着隐性负债问题。除了地方政府中的县市级债务问题比较严重之外，村级、乡镇级别都存在大量的融资平台，规模同样不容忽视。

表 7-1　　　　　　我国地方政府债务情况　　　　　　单位：亿元

项目	负有偿还责任的债务	负有担保责任的债务	可能承担一定救助责任的债务	总额占当年 GDP 的比例
2012 年 12 月	190 658.59（36%）	27 707.00（5%）	59 326.32（11%）	51.99%
2013 年 6 月	206 988.65（35%）	29 256.49（5%）	66 504.56（11%）	51.49%

资料来源：Wind 数据库。

从图 7-3 可以发现，城投债的利差并未对此做出明显反应，这并非因为市场不存在信用风险，而是由于有地方政府担保的城投债仍然存在着刚性兑付的神话。未来如何引导市场打破地方政府债务的刚性兑付，使市场利率有效地反映债务风险情况依然是一个重要的问题。杨娉（2015）分析了城投债发行利率对地方政府融资的约束情况，研究表明，平台的融资规模对无风险实际利率已经有一定的敏感性，但风险溢价的上升尚不能有效地抑制融资规模，即预算约束还有待进一步硬化。

---

① 资料来源于 Wind 数据库。

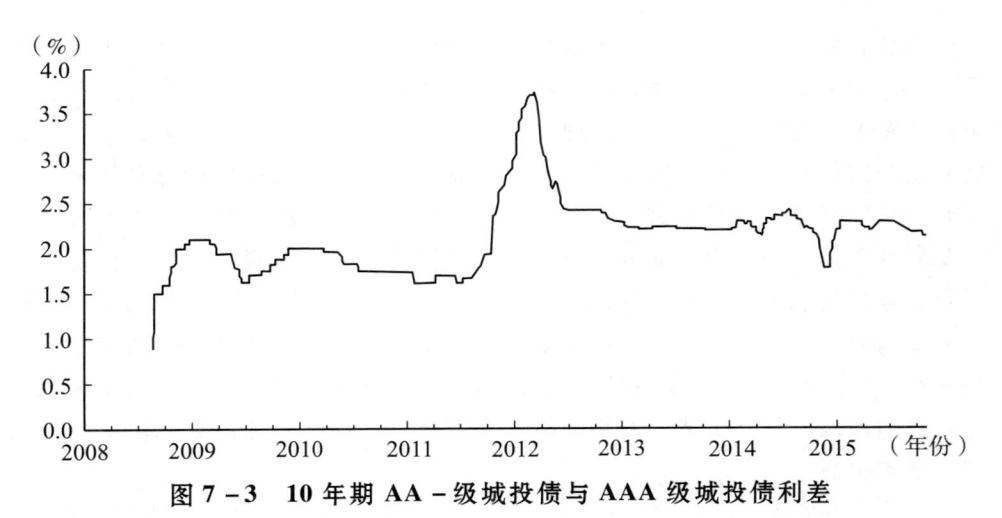

图 7-3 10 年期 AA-级城投债与 AAA 级城投债利差

资料来源：Wind 数据库，作者计算绘制。

地方政府需要负债发展意味着其收入不足以支付支出，而这些资金多被投放到一些回报周期长而且回报率较低的业务中，蕴含了极大的违约风险。目前地方债的资金有接近 51% 的部分来自银行系统，一旦地方债违约将给银行造成重大冲击，对我国金融系统形成非常严重的破坏。大量学者认为，我国当前过高的地方债务将很可能是金融危机发生的主要因素。此外，作为地方财政主要来源的"土地财政"，较高的地方债务也会加剧地方政府对土地价格的依赖，导致房地产市场中的泡沫被不断放大。反过来，一旦房地产市场崩盘，地方政府也将受到巨大冲击，进而又可能会给银行系统造成严重破坏。

为应对我国的地方债务问题，政府提出了债务置换以及与社会资本合作等方式。地方债置换可以为地方债问题的解决争取时间，让地方债期限结构更加合理，降低债务偿还风险。通过发行地方债券来置换地方债务，不仅可以降低债务利息负担，还可通过债券期限的合理安排优化让债务期限结构，从而有效化解地方债风险。推广政府与社会资本合作（PPP）模式，可以通过债权转股权的方法帮助地方政府去杠杆化。不过，股权持有方可能对项目的运作提出不同要求，特别是其所要求的回报可能对公民享受公共服务有一定的影响。免费享受公共服务或可能转变为适当收费，或者公共服务的收费标准可能上调。通过 PPP 模式降低地方债风险，也可能意味着未来财政补贴项目金额的上升，从而增加未来的财政负担。总的来看，通过地方债置换以及 PPP 等方式，我国当前的地方债务压力得到了一定程度的缓解，但并不意味着问题已经解决，更多的是将当前的问题延展到未来处理，在以后的金融改革进程中依然是重要隐患。

2014 年后，对于地方政府债务的担忧使中央政府对地方政府发债进行了更加严格的管控。在此影响下，政府引导产业投资基金出现了大规模的增长（见图7-4）。政府引导产业投资基金是由政府财政出面，用少量财政资金吸引大量社会资本，共同构建母基金，通过市场化的运作管理，通过母基金对当地的创业企业或创新项目等进行投资，促进产业升级，辅助战略性产业布局等。我国政府引导产业投资基金的大规模发展除了受到中央政府的鼓励以外，另一个重要原因正是中央政府对地方政府负债的严格管控。一些观点认为，构建政府引导产业投资基金已成为一些地方政府绕过中央监管而进行变相负债的渠道。最主要的方式在于，地方政府在构建产业基金时为了吸引大量社会资本进入，往往对社会资本在基金运作过程中获得的收益提供最低保证，或者使用土地作为收益的担保。从而形成了变相的地方政府债务。这种隐性债务也需要引起我们的足够重视。

目前，中央政府已尝试就一些地方政府进行债务的自发自偿，即由地方政府自行承担债务风险，不再是过去的由中央政府统一代为发债。这种方式在一定程度上控制了地方政府在发债过程中的道德风险，有利于削减地方政府债务，未来会在各项制度更为成熟的情况下进一步推广。但随着利率市场化改革带来的利率变动，这些所谓的市政债券也会存在一定的价格波动风险，这是投资者需要关注的。

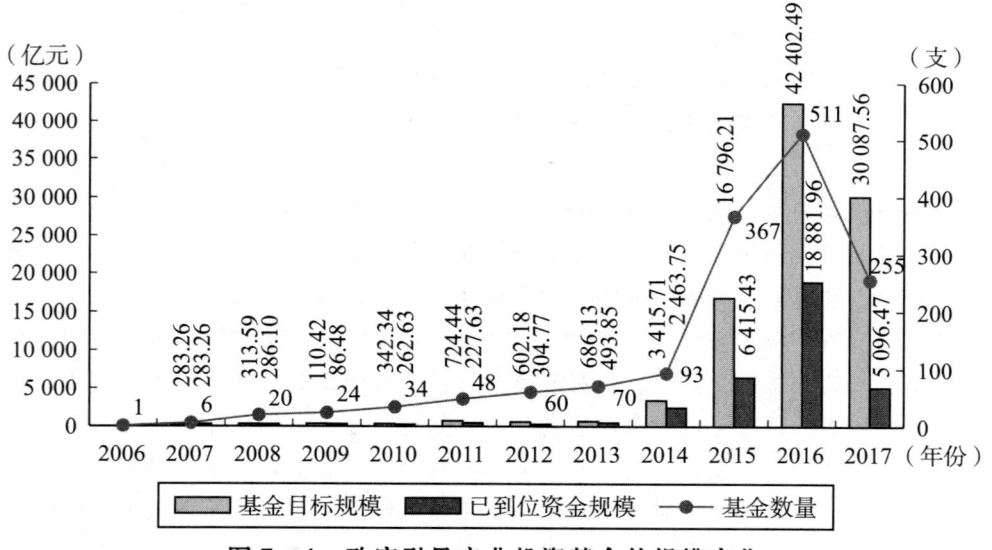

图7-4 政府引导产业投资基金的规模变化

资料来源：清科数据库，http://research.pedaily.cn/201802/427464.shtml。

二、利率市场化背景下的债务风险成因

在利率市场化改革的过程中，我国债券市场违约风险上升的主要原因有以下三点。

第一，经济增速下滑是利率市场化改革和债务违约二者同时出现的原因。利率市场化改革是金融改革的重要内容，是应对当前经济增速下滑的重要举措之一。而随着全球经济萎靡，海外需求下降，我国诸多行业出现了产能过剩的问题，利润随之下滑，降低了这些企业偿还债务的能力。受融资成本上升的影响，这些企业从其他渠道融资还债的能力也有所下降，进一步加深了债务违约的可能性。

第二，政府隐性担保形成的刚性兑付预期降低了投资者对债券市场风险的敏感程度，推高了发行债券的总体风险。在"超日债"违约事件之前的相当长时期内，我国债券市场都存在着刚性兑付预期，尤其是国企、央企等与政府密切相关的企业。刚性兑付形成了严重的道德风险问题，投资者购买债券只关注收益如何，并不会刻意关注债券是否有违约的可能性，而发行方也对债券的风险情况较少关注，对投资者几乎不做折本的警示。如此市场中高收益的债券得以大量发行，而高收益背后蕴含着的高风险却没有得到重视。在刚性兑付打破之后，这些违约风险自然随之暴露。

第三，利率扭曲导致的资本配置低效。利率是资本的价格，市场化的价格是资源有效配置的关键。在利率管制的情况下，资本的收益相同，自然会流入风险相对较低的传统产业。需要资本的新兴产业缺少资本，相对来说对资本需求少的传统产业却资本过剩，形成传统产业不思进取，而利润又不断下滑，最终沦为"庞氏企业"的困局。

三、利率市场化背景下的债务风险隐患

总的来看，随着经济结构转型，金融市场改革，我国债券市场的宏观风险相对较高。未来随着利率市场化改革的完成和完善，债券市场还有如下一些风险隐患。

（一）去产能有关行业仍有较高的债券违约风险

过去由于政府隐性担保而产生的刚性兑付预期使得债券市场积聚了一定的违

约风险，随着刚性兑付的打破，这些风险正在不断释放。2008年美国次贷危机之后，中国国内产能过剩行业在政策刺激的影响下，未能及时进行转型升级，受利润下滑的影响，部分企业逐渐沦为"庞氏企业"，信贷市场上的借新还旧生存模式，挪到债券市场也同样适用。未来随着去产能的不断推进，这些企业偿还债务的能力将逐渐开始被投资者所质疑，其中的庞氏企业一旦资金链断裂，违约便不可避免。政府采取债转股等方式来化解债务风险是必要的，也是适当的。但是这也会进一步形成不良债务早晚有政府托底的预期，等于刚性兑付预期的重建，而用于债转股的资金发行，也会导致货币过于宽松，进而形成其他资产市场的泡沫或通胀预期，通胀预期推高名义利率进而推高融资成本，这又会不利于企业的转型升级。金融政策往往牵一发而动全身，不可再仅处于"头痛医头，脚痛医脚"的水平，需要有更为宏观审慎的框架。

（二）债转股的实施可能滋生新的金融风险

债转股是将银行所持的企业债权转为对企业的股权投资，一方面可以降低银行的不良资产率，另一方面可降低企业杠杆率，减轻企业的经营压力。同时，在经济下行期间，债转股还可降低银行"惜贷"情绪，有助于企业融资。

2016年3月16日十二届全国人大四次会议答记者问中，李克强总理指出，不管市场发生怎样的波动，我们还是要坚定不移地发展多层次资本市场，而且也可以通过市场化的债转股方式，来逐步降低企业的杠杆率。在4月11日的经济形势座谈会上，又再次表示"持续推进供给侧结构性改革，重点是继续简政、减税降费、激励创新；用市场化债转股等方式，逐步降低企业杠杆率"。这表明债转股是我国改善企业债务问题的重要方式之一。

第二次世界大战前日本为支持军国主义，要求银行与企业建立密切关系，并为企业提供信贷支持。第二次世界大战后，大部分企业处于破产和半破产境地，银行中由这些企业债务形成的大量不良债权迅速增多。在银企双方都迫切需要处理这些不良资产的情况下，通过债转股模式处理不良债权，继续为企业提供信贷融资，从而形成了日本的主要往来银行制（李杨，1996）。主银行体制的核心是主银行与企业的关系，包括互相持股、派遣管理人员等。主银行为企业提供信贷融资，并且成为企业最大股东之一，对企业运营进行监管。在企业陷入经营困境时，在监督或组织金融援助、重组等方面主银行起主导作用，超比例地承担援助成本和贷款损失。由于主银行制度存在，日本政府对银行采取包括允许银行租、政府担保等特殊保护政策，同时为维护银行利益，抑制资本市场发展，因而长期以来并无银行倒闭的先例，政府对银行的隐性担保与银行对企业的显性担保叠加，引发了严重的道德风险。大量危机的爆发并迅速产生连锁反应，最终加剧了危机处理成本。在政府高度保护下，银行、企业形成垄断，严重削弱了竞争力。不仅如此，主银行制度导致企业过度信贷，刺激了金融风险膨胀，在银行内部形成巨大呆坏账比例，是 20 世纪 80 年代泡沫经济形成的重要原因之一（戴金平，1999）。

早在 20 世纪 90 年代的"国企三年改革脱困"时期，我国已实施过债转股。亚洲金融危机让我们看到了金融体系稳定的重要性。1999 年，政府启动债转股，将四大商业银行及国家开发银行的约 1.4 万亿元不良资产剥离至四家金融资产管理公司。这一举措虽在一定程度上降低了我国国有四大银行的不良贷款率，但还未能十分有效地缓解银行体系资产质量恶化的问题。2001 年末，四大国有商业银行的不良贷款仍高达 25.37%。而西方国家对于这个比例估计得更高，一般认为在 30% 以上（聂庆平，2002）。并且从资本充足率来看，除中国银行外，四大国有商业银行也没有达到《巴塞尔协议》的要求。从企业的角度看，债转股初期效果"立竿见影"，但存在效益不理想、扭亏成果不稳定等问题。2000 年 80% 债转股企业扭亏为盈，但 2002 年这一比例降为 70% 以下；部分企业积重难返，效益持续下滑，与债转股实施效果预期相悖（丁少敏，2003）。

国内外的经验表明，债转股的实施虽然短期能够改善企业的债务问题，但也存在着一些新的问题，需要在推行债转股的同时做好应对。比如，债转股会引发严重的道德风险，令原本有能力还债的企业"搭便车"，不采取相应改革措施，降低改革积极性。而银行在把债权转为股权后，不良资产比率降低，新增贷款额度增加，向企业继续发放贷款。若企业经营能力持续恶化，不良资产的"雪球"只会越滚越大。同时，银行一旦直接承接"债转股"，由于信息不对称，可能会将优质债券留下，相对劣质债券打包或分发给资产管理公司，造成风险转嫁。在推行债转股的过程中，还需要建立清晰的选择标准和良好的筛选机制，尽量不使其成为助长产能过剩，让"僵尸"企业变为"庞氏信贷"的工具。

（三）地方政府的隐性债务风险

出于对地方政府债务风险的担忧，中央对地方政府发债进行了较为严格的监督。但由于地方政府财权与事权不匹配的问题尚存，地方政府一方面要负担大量的教育医疗等基础设施方面的财政支出，另一方面由于政绩要求需要通过财政支出刺激当地经济发展，因而仍然存在着较强的发债动机。如果发行一笔长达 10 年以上的政府债券，往往到需要偿付本金时在任官员早已换届，于是可以通过发债折现未来的政绩，而让后续官员负担偿债成本。虽然中央政府对此有严格的管制，但仍可以通过许多方式实现变相的发债。尤其是一些县乡一级的政府。

政府通过少量财政支出撬动社会资本，组建产业投资基金便是一种可以变相负债的方式。从政府引导产业投资基金 2014 年规模的突然大幅增加，我们也可以窥见端倪。2014 年，国务院推出了《关于加强地方政府债务性管理的意见》，对地方政府融资平台进行了更为严格的管控，使得地方政府难以通过传统的财政支出模式来促进当地经济快速发展。虽然构建产业投资基金实现了政府以少量财政支出带动经济大规模增长的目的，削减了政府的债务水平，但也有可能产生一些地方政府隐性债务。比如在组建基金时向参与者承诺保本，以吸引社会资本进入；或者用土地出让收入作为担保，提出回购承诺。这些行为虽然表面上没有被视为政府债务，但其实质仍然是地方政府需要承担的债务之一。

尽管 2017 年末我国地方政府债务余额为 16.47 万亿元，国债余额 13.47 万亿元，合计占 GDP 的比重只有 36.2%，但若计入隐性债务，这一数字应当更高。比如国际清算银行对我国政府债务的计算较财政部公布的数据多出不到 10 万亿元，这一部分差额便可视作对隐性债务的一种估量。由于隐性债务的隐蔽性，其所带来的风险往往是出乎意料的，而熟知金融学理论的人都应知道，出乎意料的变动对金融市场带来的冲击是最大的。因此这些隐性债务将成为利率市场化改革背景下我国政府债务中的最大隐患。进入 2018 年后，许多地方开始严格排查政府隐性债务，对政府投资的项目进行严格的审查和清理，预期这将有利于改善地方政府隐性债务状况。未来还将进一步规范地方政府不得为任何资产、机构和产品提供任何形式的担保承诺，以化解可能出现的新的隐性债务。

（四）无风险利率偏低和高风险债券缺失的问题仍然存在

邓海清和林虎（2013）指出，在金融压抑的背景下，长期以来我国债券市场表现出两个明显的特征：一是无风险收益率偏低；二是高风险债券缺失。

国债由于政府信用担保，极少违约，其收益率常作为无风险利率。银行垄断地位及存贷款利率管制使银行获得了丰富的廉价资金来源。在存贷比以及央行窗口指导等的限制下，银行吸收的存款不能全部用来贷款，多余资金便需要投资到金融市场中。银行由于利率管制，再加上金融抑制导致的金融市场投资渠道不足，可以非常容易地获得廉价资金，也就没有动力通过承担风险来或获取收益，而我国独特的行政体系又使得银行家在承担风险时面临的将不仅是财产损失，因此银行的投资更青睐无风险债券。而我国的国债发行规模有限，使得国债市场存在超额需求，从而压低了无风险收益率。

市场和政府的界限模糊，使得市场不能有效地进行金融资源配置。同时也使市场的风险被政府所承担，投资获利归因于投资者的智慧与对行情的洞察，投资失败却归因于政府的无能，更甚者，投资者以多而不倒之姿在市场下跌时逼迫政府救市，将市场释放风险的成本转嫁给政府。此外，我国的行政体系又会使市场风险的释放不仅意味着市场回归理性,还会导致部分官员政治生命的终结。诸多原因导致了我国金融市场存在着对风险的过度防范。这种过度监管反映在债券市场上,即限制了高风险债券的发行和交易。中小企业不仅在贷款上弱于国有企业,在债券发行上进一步受到歧视,结果必然限制宏观经济整体的活力。

还需说明的是,关于高风险债券缺失这一问题,我国并不是没有任何高风险债券,而是没有政府担保的高风险债券缺失,有政府担保的债券因风险扭曲实际上并不少见。源于政府的隐性担保,许多债务存在着刚性兑付问题,投资者只考虑债券的收益率,却并不关心其背后的风险程度,从而给债券市场积聚了较高的违约风险,并使政府更难以退出对债券市场的担保。随着利率市场化改革以来,国企债、央企债等先后打破刚性兑付,市场利率逐渐回归理性,许多违约风险随之暴露出来。利率市场化仅仅是缓解金融压力的手段之一,其效果还需一定时间才能显现,未来的一段时期内,上述两个问题还将存在于我国的债券市场之中。

(五) 债券市场投资模式变化带来的投资风险

从其他国家的经验来看,我国长短期利率走势未来有分化的可能性,这会导致长期债券定价模式的改变,投资者需对其有所适应。从美国的经验来看,在利率市场化的过程中,货币市场利率往往波动较大,伴随着利率市场化的完成,这一波动逐渐减少,经过一段时间运行后,货币市场基准利率正式成形,其运行将变得非常平稳。如图7-5,1982~1986年间,美国推行利率市场化改革的过程中,联邦基金利率波动非常大,与联储目标利率可以有很大程度的偏离。期间曾出现过基金利率高达16%的情况,与我国在利率市场化进程中出现的Shibor飙升非常相似。利率市场化完成后,联邦基金利率的极端波动已相对很少,但仍保持了明显的围绕联储目标利率上下波动的态势。到2000年后,联邦基金利率的波动明显下降,保持与联储目标利率十分近似的水平,波动变得极少。仅在金融市场发生危机时,才会有明显的与联储目标利率偏离的现象,比如图中2001年后最明显的偏离出现于2008年9月15日,也就是雷曼兄弟倒闭,金融危机进一步深化的时点。相应地,我们采用GARCH模型计算了隔夜Shibor的每日方差情况,结果如图7-6所示。可以发现,在我国推进利率市场化的进程中,Shibor同样表现出很高的波动性,但在2014年后,Shibor的波动明显下降,渐趋稳定。从美国的经验出发,可以预期未来Shibor如果成为货币市场基准利率,其将主要围绕着央行目标利率波动,并逐渐稳定在目标水平,出现类似美国的这种极少波动的情形。

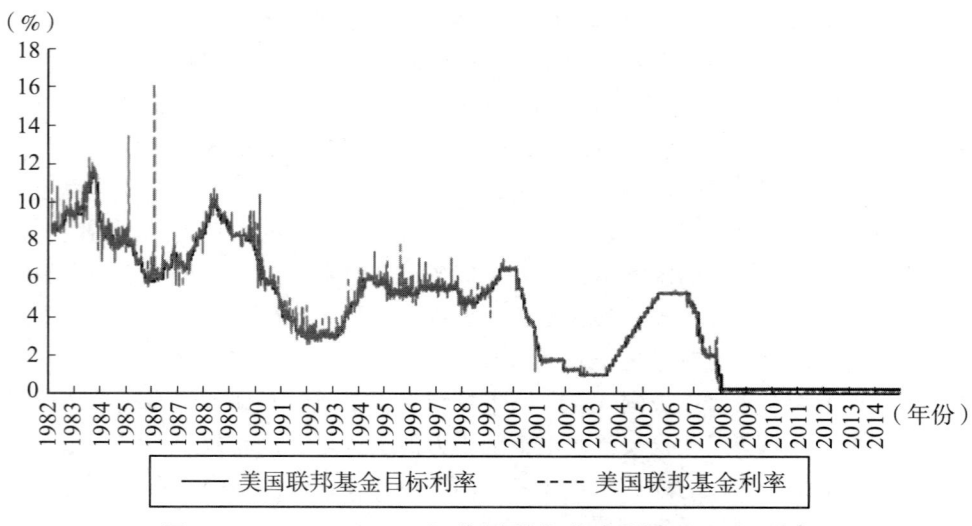

图 7-5 1982~2014 年美国联邦基金利率和目标利率

资料来源：Wind 数据库。

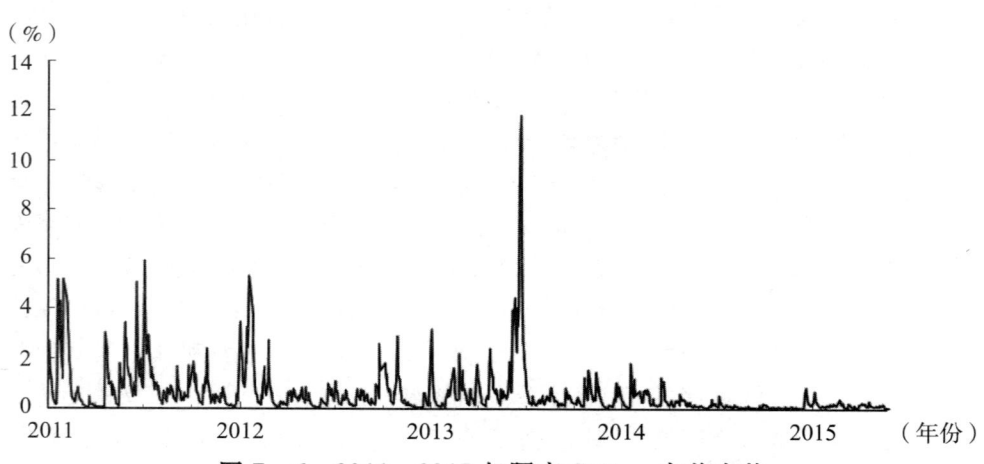

图 7-6 2011~2015 年隔夜 Shibor 方差走势

资料来源：Wind 数据库，作者计算绘制。

当 Shibor 稳定下来后，便出现了新的国债定价风险。过去的市场中，长期国债利率有明显的与短期货币市场利率趋同的特点，甚至常低于货币市场短期利率。同样以美国为例，图 7-7 显示了美国联邦基金利率和 10 年期国债收益率的走势，在利率市场化进程中，其 10 年期国债收益率与联邦基金利率均有明显的趋同现象，还常常出现短期利率高于长期利率的倒挂现象。1989 年储贷协会危机后，美国已基本完成了利率市场化及之后的风险应对，可以看到长短期利率于此时开始出现明显的分化，仅在美联储的两次加息进程中出现了二者并行的现象，一次是 1994 年开始的美联储加息进程，另一次是 2004 年开始的加息进程。尤其是当货币市场基准利率基本成型，联邦基金利率维持在目标利率附近，很少波动后，长期国债利率依然有明显的波动状况，二者在走势上的相近被明显打破。对比来看中国，图 7-8 体现了 7 天期限银行间质押式回购利率和 10 年期国债到期收益率的走势。可以非常明显的观察到，2011 年之后，货币市场利率与长期国债利率有趋同的表现，而且短期利率高于长期利率的利率倒挂现象非常普遍，这在一定程度上也反映了我国无风险利率偏低的事实。导致二者趋同的一个重要原因在于市场上的套息交易①。当 10 年期国债利率高于 7 天期回购利率时，大量套息交易者出现，借入 7 天资金购买长期国债，从而使货币市场利率升高，长期债券利率下降，导致两者趋同。

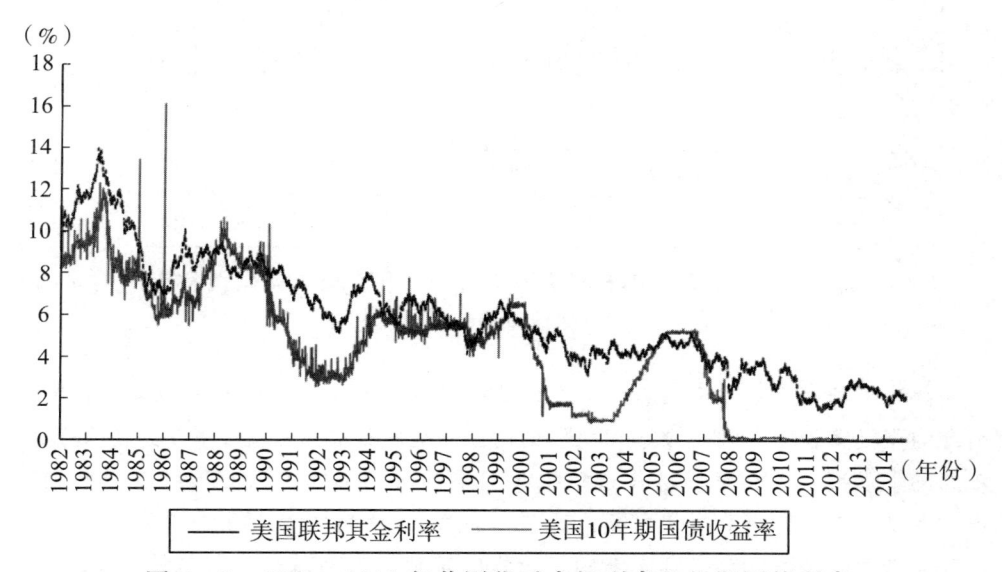

图 7-7　1982～2014 年美国货币市场利率与长期国债利率

资料来源：Wind 数据库。

长短期利率趋同的现象使投资者只需要预测未来 7 天期货币市场利率走势便可以初步判断长期国债收益率的走势，也就是说，分析未来国债价格的变化，只需要分析市场流动性变动情况即可。可以预期，未来利率市场化完全实现后，二者之间的走势将出现分化。尤其是货币市场基准利率成形后，基准利率将在央行目标利率附近很少变动，而国债收益率依旧有上下波动的可能性，过去的债券定

---

① 套息交易是指借入 7 天期回购资金，并不断滚动，同时购买长期债券，从而获取长期债券收益率与货币市场利率间的息差收入。

价分析模式将不再适用，而套息交易也将出现风险，并相应减少，未来债券定价将可能更依赖于基本面信息或市场风险情况，而投资者也需对此做出调整，改变过去的交易模式，适应新的债券定价风险。

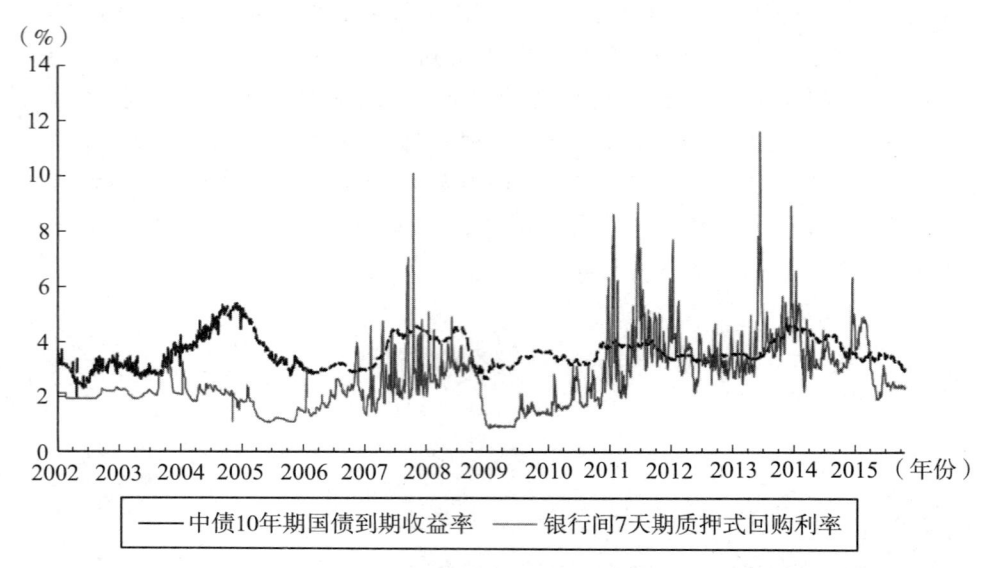

图 7-8　2002~2015 年中国货币市场利率与长期国债利率

资料来源：Wind 数据库。

此外，利率市场化也会让债券组合的积极管理需要面临更多的风险。在债券组合的积极管理中，利率预测和期限结构预测是两种非常重要的模式，也是风险较高的管理模式。利率市场化过程中，利率的波动加大，会使预测变得更加困难，尤其是很可能毫无规律可循，这会增加这一阶段的投资风险。利率市场化完成和完善后，我国的利率期限结构是怎样的走势，如何基于期限结构和 BS 公式推导我国债券的定价模型等也需要一定时间做规律性总结。债券市场的互换交易模式，比如基于类似债券出现的利差发散或收敛而进行套利活动，也可能会面临许多来自市场超预期波动而产生的风险。

第二节　利率市场化背景下的股票市场风险

股票市场的宏观风险主要表现在杠杆炒股和监管妄为两个方面。利率管制导致的对高风险资产的过度追捧以及监管不力，事前缺少警惕，事后急功近利是主要原因。股票市场经过 2015 年和 2016 年连续数次大幅下跌，风险已得到很大程度的释放，未来的宏观风险相对不高。但股票市场仍存在估值相对偏高，多空机制不均衡以及投机氛围浓厚等问题。

一、股票市场的风险状况

近年来，我国股票市场发展迅猛，期间也经历了数次大幅振动。从 2005 年到现在短短十多年的时间，中国的投资者便经历了两场大规模的股市动荡，有人血本无归，有人锒铛入狱。作为除银行储蓄存款外公众最主要持有的金融资产之一，其市场风险情况显得格外值得关注。下面我们便从探讨最近一次股市动荡开始，分析股票市场的风险情况。

2012 年末，经历了数年熊市后，我国股票市场重新恢复了上涨态势。由创业板率先发力，到 2015 年该板块指数的市盈率一度上升到 100 倍以上（见图 7-9）。2015 年 6 月 12 日，上证指数冲高到 5178 点后，形势反转，股市一泻千里，不到半个月，上证综指就下跌到 4 000 点以下。从 6 月 15 日到 7 月 2 日的半个月时间，沪深两市市值蒸发了 16.43 万亿元，平均每天蒸发 1.17 万亿元。前后不到两个月，股票指数就缩水了 40%，大量投资者因之破产。政府不得不出台各种政策救市，双降，暂停 IPO，要求汇金公司出手，为证金公司提供流动性支持，甚至公安部入驻证监会等等，直到 8 月 26 日，股指跌到 2 850 点后才停止。

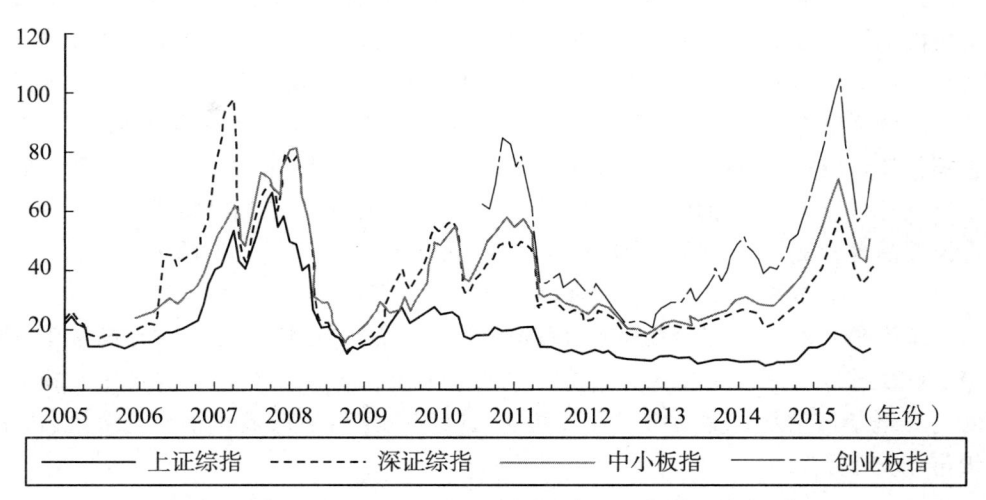

图 7-9　2005~2015 年我国主要股票指数的市盈率

资料来源：Wind 数据库。

从事后来看，银行通过伞形信托等方式为股票市场的投资者提供了过度的杠杆是此次暴跌的重要原因。伞形信托是指在同一个信托产品下分设许多子信托系统，从而形成一种伞形结构的信托模式。对于信托收益的要求权分为优先级和劣后级，只有优先级投资者的收益得到满足后，劣后级才能获得剩余回报，类似于次贷危机中的证券化产品。银行一般通过发行各种理财产品获得资金来认购信托，而后配资公司在各子信托账户中将资金按一定的杠杆要求分配给投资者。投资者利用该账户获得的投资收益被首先用来支付给具有优先级的银行，超出的收益则全部归投资者所有。假设某投资者注册了一个10万元的子账户，配资公司向其提供利率为9%的30万元贷款，股票市场的平均收益若为10%，则投资一个时期后，投资者在股票市场赚得4万元，去掉偿还利息的27 000元，其收益率仍可达到13%，高于不加杠杆时的投资回报。如果股票市场始终按此收益率上涨，配资公司和银行便可稳定地获得股票上涨的收益。再假设1家配资公司有100万元初始资金，其可以通过结构化信托的方式以1∶3的杠杆向银行融资300万元，其使用这400万元资金开设一个股票交易账户作为母账户。而后利用系统①的分仓功能，开设10个子账户。在子账户中以1∶3的杠杆将资金分配给投资者，则子账户全部售出时，配资公司的初始资本100万元已经回笼。相当于通过配资公司，银行为许多投资者提供了大量的杠杆用于炒股，而配资公司只需在其中赚取稳定的收益，并不断地发展客户量即可。也就是说，配资公司除了提供系统外几乎不需要其他成本，可以净赚，而银行则可以获得远高于贷款利率的利息收入。

使用伞形信托获得场外配资进行交易，除了能够获取更高的收益外，其相比于场内配资还有如下一些优势。首先，伞形信托的设立过程十分便捷。由于伞形信托下设的各子信托无需单独开户，投资者实际加入伞形信托一般仅需要一到两天；而融资融券业务因单一账户模式，开立账户往往需要耗时七天左右。其次，伞形信托投资标的范围大大超过融资融券业务。除主板、中小板和创业板个股，伞形信托可以参与两融账户无法触碰的ST板块，亦可以参与封闭式基金、债券等投资品种的交易。最后，伞形信托高杠杆率远超融资融券。不同于融资融券普遍以1∶1为杠杆率，市场中较为常见的伞形信托杠杆比率是1∶2或1∶3。与此同时，伞形信托的优先级资金是银行理财资金，劣后级则一般由普通投资者充当，配资成本在8.1%到8.2%之间，低于融资融券8.6%的平均水平。换言之，通过伞形信托，劣后级投资者往往能以放大3倍的低成本银行资金进行二级市场交易。

---

① 这种场外配资活动主要通过恒生公司的HOMS系统、上海铭创和同花顺系统接入证券公司进行。其中，HOMS系统的使用更为普遍。这些系统可以将证券账户下的资金进行分仓管理，独立进行交易和结算，极大地方便伞形信托业务的开展。

如前所述，这种交易模式看起来似乎是三赢的格局，但是股票市场的持续上涨是要以经济繁荣作为基础的，否则便是零和博弈或者短暂的非理性狂热，2015年的股票市场便属于后者。采用如此高的杠杆水平投资股市，在获取股市上涨暴利的同时，也将面临股市下跌时的爆仓风险，对于劣后级的投资者，配资公司会对其账户进行监控，一旦保证金不足而不能被及时补充时，投资者的账户便会被强行平仓。当股市的初始下跌导致了部分投资者账户被平仓，此时会出现大量卖出交易，从而将进一步打击股价，形成巨大的空头压力，导致股票价格的成倍下跌。虽然不能确知场外杠杆的规模，但沪深两市的融资融券业务余额可在一定程度上反映了股市动荡之前市场中的杠杆程度。如图7-10所示，2015年6月之前，沪深两融业务余额一度高达2万亿元以上。股市动荡之后，两融业务余额也相应大幅度下降，直到9月底，两融业务余额才重新开始上升。

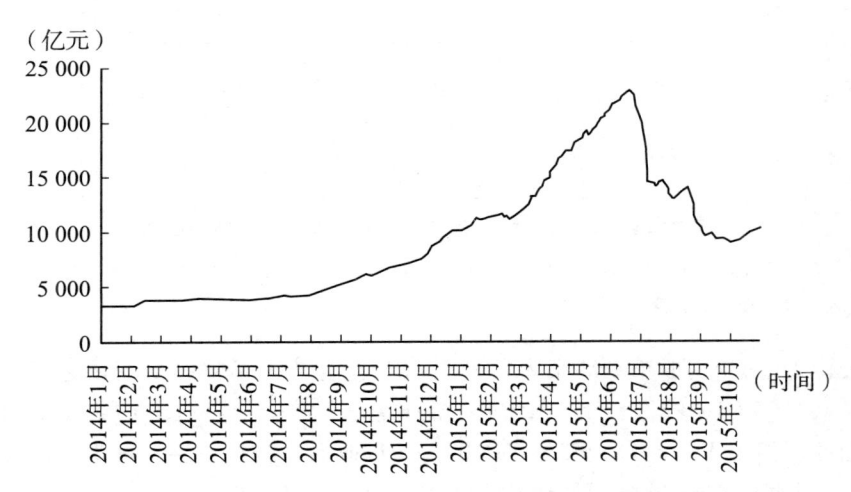

图7-10 2014年1月~2015年10月沪深股市两融业务余额

资料来源：Wind 数据库。

翻开历史的画卷，我们不禁发现，此次股市动荡与美国1929年的股市动荡颇有几分神似。美国1929年的股市动荡直接引发了大萧条，并波及全世界，给全球经济发展造成巨大影响，甚至一定程度上对第二次世界大战的爆发负有责任。1929年时，美国国内贫富差距相对较为严重，经济经历了一段时期的高速增长后增速开始下滑，一些产业面临着因欧洲经济复苏和生产能力恢复而带来的产能过剩，且美国此时也是世界上最大的债权国。这些均与当前的中国有几分相似之处，难免让人类比。而彼时导致股票市场暴跌的一个重要因素是银行为投资者提供的过度杠杆，该杠杆的比例一度可以高达1∶9，历史在不断重演。图7-11显示了两个时期美国道琼斯工业平均指数和中国上证综指的走势，有趣的是，两个股指在此期间及之后的走势也非常相似，区别仅在于上证指数的上升阶段更为陡峭，或者说，我们的牛市更加疯狂。

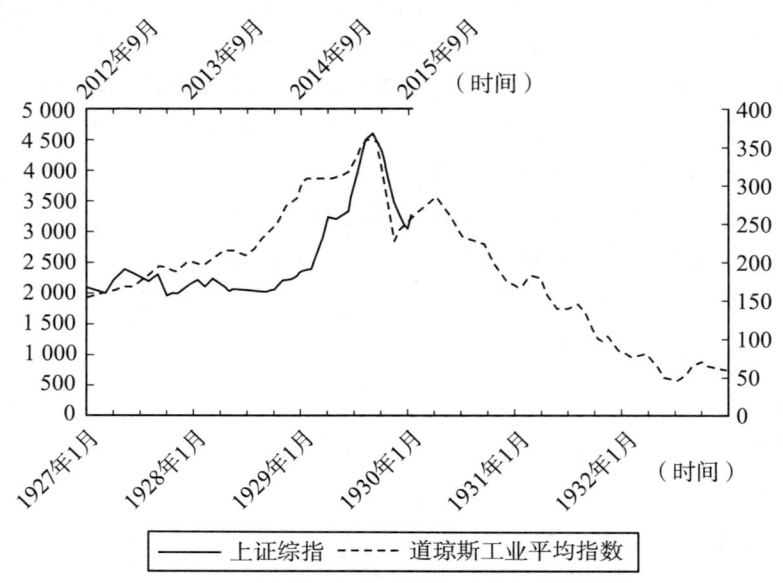

图7-11 上证综指与道琼斯工业平均指数走势

注：左上坐标轴为上证综指刻度，右下坐标轴为美国道琼斯工业平均指数刻度。
资料来源：Wind数据库，作者设计绘制。

美国1929年的股市动荡很大程度上源于监管的不足，股市动荡之后美国才推出了《1933年证券法》和《1934年证券法》，前者对发行上市公司提出了法律层面的严格要求，后者则催生了美国证券行业的监管机构——证券交易委员会（SEC）。中国虽早已出台了《证券法》并成立了证券监管委员会，但依然未能避免此次股市动荡，场外配资等行为成功逃脱了监管者的视线。股市动荡之后，监管部门对场外配资等行为进行了有效清理，然而伴随的是证券公司通过收益互换等创新型衍生品再次实现了股票交易的加杠杆操作。收益互换是客户与券商根据协议约定，在未来某一期限内针对特定股票的收益表现与固定利率进行现金流交换。也就是，客户向券商支付固定利息，而券商向客户支付指定的股票收益，以此进行互换。通过这一衍生产品，投资者仅需少量的保证金便可以购买大量的股票，标的证券包括除ST之外的全部A股、交易型基金等，客户的杠杆水平可以达到3~5倍。11月26日，证监会叫停了这一交易方式。第二天，股票市场将之前的股市动荡再次上演了一遍，上证综指单日跌幅超5%，深证、中小板及创业板指数跌幅均超过6%，创8月24日以来单日最大跌幅，仅ST板块跌幅较小,恰好为收益互换所不能交易的部分。金融学中的一个重要理念是"天下没有免费的午餐",获取更高的收益就要承担更高的风险。然而我国金融领域拥有充分经验的大量一线从业者却彰显了只识收益不识风险的有恃无恐,一方面这种有恃无恐的根源正在于政府对银行的托底;另一方面监管者对场外杠杆的出现缺乏警惕性。

在连续数次股市暴跌的冲击下,监管部门似乎如坐针毡,为减少股票市场再出现如此大单日跌幅的可能性,证监会研究出台了熔断制度,并于2016年初开始实行,结果事与愿违,1月4日和1月7日连续两次促发熔断,让这一制度仅实施了4天就被暂停,连续暴跌对刚刚走出股市动荡的中国股票市场来说无疑是雪上加霜。尽管事后大量研究分析并总结了中国不适合采取熔断制度的原因,但我们认为,监管机构忘记了自己的本来职能,妄图让市场指数按自己的"心情"走,结果必然要被市场狠狠地教训。监管部门的核心职能是监管上市企业,保证其披露信息的真实性,维护市场的信用,只要上市机构都是真正合乎标准的,现有制度就足以保障市场的正常运行,对价格和供需进行各种人为扭曲只会带来寻租空间,并让市场的风险更大。

二、利率市场化背景下股票市场风险的成因

导致2015年股市动荡的原因是多样的,比如由经济增速下滑导致的股票市场基本面不稳以及大量投机者对各种概念的过度炒作等。虽然这一股市风险爆发于利率市场化改革的期间,但实际上其根本原因是来自于利率长期没有市场化方面的。

(1) 利率管制扭曲了无风险利率水平,进而扭曲了市场风险与收益间的关系。我们将借助经典的资本资产定价模型来说明利率管制对股票或者说是金融资产市场的影响,虽然资本资产定价模型有很苛刻的前提条件,但仍有助于我们说明和解释一些现实问题。假设市场存在无风险借贷利率,该利率(R_{f1})在政府的管制下处于比市场化时的真实利率(R_{f2})要低的水平。图7-12反映了在两种不同的无风险借贷利率下的证券市场线,可以看到,当无风险利率在人为管制下处于较低水平时,系统性风险较高的资产($\beta>1$)会提供给投资者高于市场化利率的收益率,而系统性风险较低的资产($\beta<1$)会提供给投资者低于市场化利率的收益率。这样,当市场上存在利率管制时,投资者会更青睐高风险资产,而对低风险资产的偏好程度下降,也就导致了当前我国股票市场上投机氛围浓厚,系统性风险偏高,反映股票市场整体情况的股指波动较大。当利率实现市场化,证券市场线回到市场水平,不同系统性风险的资产收益率也要向新的市场

线调整，从而引发各种资产价格的波动，投资者对信息的过度反应则会加剧这种波动的幅度。

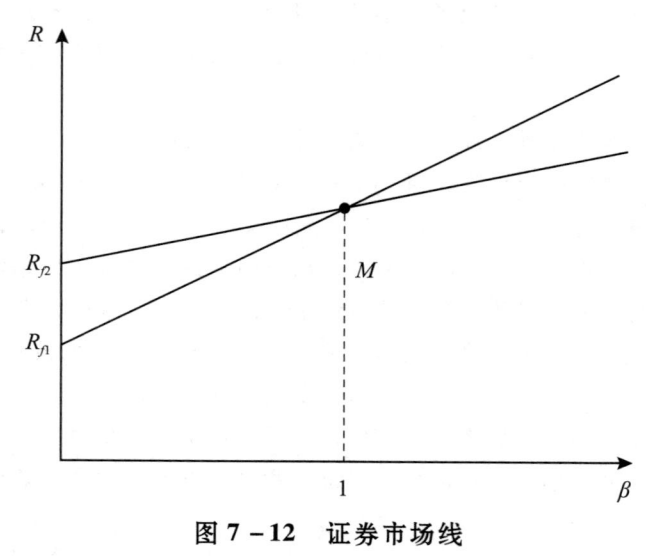

图 7-12　证券市场线

资料来源：作者绘制。

（2）改革过程中监管的不力也是市场风险出现的原因。导致 2015 年股市动荡的另一个重要原因是监管的不力。当股票市场从复苏进入快速上涨的疯牛市时，监管部门仅是提醒，并未及时制止许多投资者通过场外配资加杠杆炒股的行为，对杠杆可能给股票市场健康运行带来的破坏缺乏警觉。

（3）导致我国股票市场风险更为根本的原因在于法规不健全。我国的改革是一项前无古人的伟大事业，改革开放以来一直推行"摸着石头过河"的模式，一方面给予了经济中参与主体的充分自由，但另一方面也逐渐积累了一个严重的问题，就是经济活动中的参与者尤其是主要参与者的"没规矩"。这是当前经济、社会以及金融体系中各种问题的核心原因之一。当前亟须对我国各项法律法规进行结合中国特色的完善，使之更加适应中国国情，解决经济运行中的问题，尤其还要凸显法律的强制力。进一步地，中国不仅要有法制，还需要有礼制。法制需要强制执行，礼制则是行业的道德规范，虽不具强制性，却能够在更广泛的层面上有助于稳定市场。

三、利率市场化背景下股票市场风险的隐患

经过 2015 年股市动荡以及 2016 年以来股票市场的进一步探底，目前股市风

险已得到很大程度的释放,监管者也从中吸取了大量的经验教训,未来的下挫空间有限,风险基本可控。但在未来利率市场化改革的不断完成完善过程中,股票市场还存在如下一些风险隐患。

(一) 股票市场估值仍然偏高

虽然目前上证综指的市盈率仅有14倍左右(见图7-9),但金融股尤其是银行股普遍的低市盈率无疑拉低了这一综指的表现。我们搜集了非金融行业的全部A股上市公司2015年10月底的市盈率(TTM方法),去掉净利润为负的公司,剩余2 152只股票。这些A股企业的平均市盈率达到150.52倍,中位值也高达64.29倍,远高于欧美成熟股市的15倍左右市盈率。若中位值股票的动态市盈率达到15倍,按照静态市盈率和动态市盈率的换算公式[①],假设企业有10年的快速成长期,则年均利润增长率需高达15%,随着我国经济下行压力的不断加大,这些企业实现10年的年均15%增长率无疑压力重重,这也意味着股票市场仍然有较高的估值下调空间,风险依旧存在。考虑到有些企业估值过高,我们进一步去掉了市盈率在500倍以上的企业,剩余企业2 077家,此时的平均市盈率为88.55倍,中位值为61.97倍。将创业板和中小板的股票去掉后,剩余沪深主板市场股票1 047只时的平均市盈率依然高达76.33倍,中位值为49倍。考虑此时已相对较低的市盈率中位值,若其动态市盈率达到20倍,企业依然有10年的稳定增长,则也需要净利润的年均增长率达到9%。根据2016年国家统计局发布的工业企业财务数据,1~10月,规模以上工业企业利润总额同比下降2%,降幅比1~9月扩大0.3个百分点[②]。其中,10月份利润下降4.6%,降幅比9月份扩大4.5个百分点。两相对比,显然我国股票市场的估值依然相对较高,风险尚存。

(二) 多空机制不够均衡

诚然,每次股票市场的大幅下跌,空头均会面临着严重的指责和怀疑。1929年美国大萧条如此,20世纪90年代日本股市泡沫破灭之时依旧如此。然而让众人失望的是,针对大萧条期间人们普遍指责的卖空交易,美国参议院对华尔街交易情况的调查显示,没有任何证据可以证明卖空交易促成了1929年股票市场的暴跌。1931年5月的调查则显示,卖空的股票仅增加至市场流通股票总数的0.6%,但与此同时,融资买入的股票数则为卖空股票数的10倍(刘逖,2012)。

[①] 换算公式为:动态市盈率 = 静态市盈率$/(1+g)^N$, g 为平均每年利润增长率,N 为持续增长年数。
[②] 资料来源:国家统计局(http://www.stats.gov.cn/)。

日本股票市场泡沫破灭时期，其国内对期货期权市场的指责不断增加，受此影响，1990年8月起，大阪交易所不断提高衍生品市场的各种限制措施，比如迅速提高保证金水平，将日经225股指期货的委托保证金率从最初的9%调升到30%，交易保证金率从最初的6%调升到25%，与此同时将期货交易的手续费翻倍，交易费用从原来万分之四左右的水平上升至万分之八。在这些严格的控制措施下，日本股指期货市场交易几乎停滞，然而这并没有改变日本股票市场下跌的局势，反而促成了新加坡日经期货市场的迅速发展。2005年，日本大藏省下属政策研究中心在《日本经济波动中的结构转型和日经225股指期货交易》一文中对当时的日经225股指期货限制措施进行了反思，认为1989~1992年其实是日本经济周期结构转变的时期，股票市场下跌主因来自经济基本面。实际上，更多的研究表明，卖空力量不足，过度融资做多才往往是股市暴涨暴跌的罪魁祸首。

一定的做空交易为市场提供了更多的信息，不仅增加了流动性，提供了对冲风险的工具，而且有助于提高市场的有效性，是市场健康运行的重要组成部分。图7-13为2014年以来沪深两市融券余额与融资余额的比值走势，从中可以发现，二者比值在2015年股市动荡前后表现为持续下降态势，这在一定程度上说明受市场卖空机制的影响较小。目前我国沪深两市融券余额与融资余额的比值仅为1:357，股市单边运行的可能性依然很大，卖空机制向市场反应信息的能力仍旧不足。

图 7-13　2014 年 1 月~2015 年 10 月融券余额与融资余额的比值

资料来源：Wind 数据库，作者计算绘制。

(三) 市场投机氛围浓厚

实际上，许多国际知名的投资家最开始都是投机者，投机带来的大量收益是吸引这些有天赋的投资者参与交易的重要原因，也正因为这些有天赋的投资者出现，我们现在才能够阅读到各种宝贵的关于股票市场交易运行等方面的经验总结，许多甚至成为了教科书中的经典理论。而且，投机是促进金融市场活跃，为金融交易提供流动性不可或缺的要素。可以说，任何金融市场都离不开投机，投机活动就如同是金融市场的血液。

但是，投机活动过多有会让市场出现过多的波动，使之过于不稳定，不仅不利于吸引更多的交易者，也不利于企业通过该市场进行融资，充斥投机者的金融市场最后一定是死路一条。为防止市场被投机者过度误导，组建机构投资者，让更专业的机构在市场上进行交易是一种不错的方式，将能有效的起到稳定的市场的作用。然而，我国在这方面却得到了事与愿违的结果。2015年博鳌亚洲论坛上证监会前副主席高西庆曾表示我国股票市场中众多的机构投资者行为与散户的投资行为相类似。我国的机构投资者并没有发挥应有的稳定金融市场的价值，2015年股市动荡期间，散户们反倒成了市场的中流砥柱，被机构投资者疯狂屠戮。一些学术研究，比如陈国进等（2010），许年行等（2013）也发现，在我国，机构投资者更多的是扮演"崩盘加速器"，而不是"市场稳定器"。机构投资像散户，无疑说明了我国股票市场依旧浓厚的投机氛围。

除了机构投资者功能的异化，我国股票市场长期重筹资，轻回报的特点也仍然没有很好地改善。许多企业上市的目的仅仅是为了圈钱，在面临上市后的锁定期时，一些企业甚至通过违规使用超募资金分红的方式来实现及早套现。我国现金分红机制是半强制分红，政策在市场机制、法律监管以及公司治理都不够完善的背景下，虽改善了资本市场总体的分红情况，但其事实上难以约束"铁公鸡"公司进行派现，也没有降低"铁公鸡"公司的占比，偏低的分红"门槛"还对高派现公司产生了明显的负向激励，其局限性仍不容忽视（魏志华等，2014）。一方面，需要再融资的企业本来就处于缺少资金的境地，强迫其分红无疑会让其在资金困境上更为难堪；另一方面，资金充足的企业本来就不需要再融资，因而与再融资挂钩的分红强制政策很难约束现金流充裕的公司对投资者分红派现，也起不到约束管理层、降低代理成本的作用。在不能通过现金分红获得股票投资长期回报的情况下，投资者只能通过资本利得获得股票投资收入。这是导致投资者几乎不会长期持有股票的重要原因，在当前一些股票上百倍市盈率的情况下，终投资者一生或许也不可能从股票的股利中收回本金[①]。

第三节 利率市场化背景下的货币市场风险

我国货币市场的宏观风险主要表现为短期利率的极端上升，也就是短期流动性紧缩。实际上，货币市场风险更多的是对其他金融风险的一种反应，并作为金融市场放大风险的主要阵地。我国利率市场化改革进程中，货币市场出现利率极端上升最主要的原因就是商业银行可能出现的同业拆借业务违约风险。除此之外，可能导致货币市场风险的因素还有两个：一是其他资产市场在泡沫破灭后引发保证金催缴，导致短期资金需求骤升；二是短期债券的违约风险。在其他市场不出现严重风险的情况下，随着基准利率的不断形成，各种配套机制的完善，我国货币市场未来的风险状况相对不高。但该市场尚存在评级作用不足、短融长投错配、个人不良信贷较高等问题。

一、货币市场风险现状

中国的利率市场化改革采取了双轨制的办法，货币市场的利率早已实现了市场化。2007年，在借鉴伦敦、东京、中国香港和新加坡等国家或地区基准利率形成经验的基础上，经过1年的酝酿和长达3个月的试运行，上海银行间同业拆借利率（Shibor）正式上线。经过近8年时间的培育，Shibor的市场代表性正不断提高，基于Shibor的市场交易正不断扩大。

2007年1月22日，基于3个月期Shibor的首笔利率互换协议达成，开启了基于Shibor的利率互换产品市场。10月，上海华谊公司发行了首只基于Shibor的浮息企业债券，基于Shibor的浮息债券市场也开始发展起来。此后，基于Shibor的金融创新产品不断增多，交易量不断扩大，使得其作为货币市场基准利率的能力不断变强。

但2013年6月，隔夜Shibor利率一度飙涨，最高达到13%以上，其飙升程度已达到一些国家发生金融危机时的水平，给我国的金融市场带来巨大冲击，当日上证综指下跌达3%，两个交易日后，央行确认不会出手干预，股市随之再度下跌，日跌幅达5%。一些观点认为此次Shibor的飙升主要原因在于央行没有出

---

① 在不考虑公司增长的情况下，市盈率就是投资者靠股息和股价增长的收入收回本金需要的年数。

手相助，并希望以此警醒那些利用同业借贷来增加杠杆的金融机构，在不能调整存贷款基准利率的情况下，逼高 Shibor 与加息无异，而且可以削减央行一直希望降低而又力不从心的信贷规模。同时，也有一些观点认为，央行为将 Shibor 培养成基准利率所做出的大量努力也因这几周的暴涨而功亏一篑。

尽管金融危机没有因此爆发，但作为货币市场的基准利率，这种不负责任的飙升是非常危险的。货币市场主要交易的是各种短期融资工具，资金对风险非常敏感，当风险上升时，该市场很少要求提供更高的收益率进行补偿，而是资金疯狂撤离，交易瞬间枯竭。2008 年金融危机期间，美国货币市场基金因雷曼兄弟倒闭事件而大幅减值，导致其面临着严峻的挤兑风险，即使美联储承诺为部分基金提供流动性支持，各种商业票据的需求依然大幅减少，导致依靠短期商业票据融资的企业无法获得资金，这形成了金融风险冲击实体经济的重要渠道。我国当时的货币市场交易尚且相对小一些，企业对商业票据等短期融资工具的依赖性不强是当时 Shibor 冲击没有导致大规模经济危机的重要原因。如果以后再发生类似事件，Shibor 是货币市场的重要基准利率，其飙升将不仅导致银行间市场出现违约风险，也会使实体经济受到猛烈冲击。

此次事件后，上海银行间同业拆借市场成立了市场利率自律定价机制。该机制旨在符合国家有关利率管理规定的前提下，对金融机构自主确定的货币市场、信贷市场等金融市场利率进行自律管理，维护市场正当竞争秩序，促进市场规范健康发展。市场利率自律定价机制的主要职责之一是制定贷款基础利率（Loan Prime Rate，LPR）的报价规则，并组织集中报价和发布，同时进行监督评估。同年 10 月，该机制推出贷款基础利率报价，9 家银行参与了报价过程。2014 年 7 月，自律机制推出了《市场利率定价自律机制工作指引》和《金融机构合格审慎评估实施办法》，进一步规范了市场贷款基础利率以及 Shibor 的报价。此次冲击使拆借市场的风险得到了一定的释放，并为未来应对可能的利率极端波动提供了经验，同时也促成了规范报价的制度，为稳定货币市场利率起到一定的保障作用。

二、利率市场化背景下货币市场风险的成因

货币市场利率是对短期资金流动性的反映，利率高企往往意味着短期流动性趋于枯竭，预示着金融危机即将爆发或正在爆发，其一般是金融危机出现最直接的表现。我国利率市场化过程中，货币市场出现的利率极端波动风险在各经济体利率市场化改革过程均有所经历，其一般均是由于市场中某一个方面出现问题而引起的担忧带来的流动性紧张。

货币市场的利率水平是对短期资金充裕程度的最直接反映，因此，该市场的风险往往并非是自发的，而是源于对其他市场风险的反映。2013年隔夜Shibor飙升事件实际上反映了市场对银行同业拆借业务可能出现的违约风险的担忧。在当年年底光大银行H股上市的招股说明书中，明确提到"于2013年6月5日较晚时间，由于突如其来的市场变化，我们的两间分行未能从某些交易对手方收到该等同业存款承诺下的资金。分行反馈至本行总行时出现非故意的延迟。随后，人民银行的大额支付清算系统已经关闭，导致当日营业终了前，尽管本行有足够的资金和流动性，但未能及时支付另一间银行人民币65亿元到期的同业借款。"此后，同业拆借市场的利率上升实际上反映了对银行间同业拆借违约风险的担忧。而如前文所述，货币市场对风险是高度敏感的，一旦出现违约的可能性，资金会大规模撤离，从而加剧流动性紧缩的程度，而央行又于此时明确表示不会出手相救，Shibor会极端上升便不难理解。货币市场是放大金融风险的主要阵地，也是金融风险冲击实体经济的渠道，幸而我国货币市场发达程度尚低，实体企业的短期资金需求对货币市场依赖性远低于欧美发达国家，否则货币市场的不救市行为引发的将不仅仅是金融危机，还可能是冲击全世界的经济危机。从各经济体金融危机的经验来看，其他市场出现问题，尚可以抱着教训问题机构或投资者的态度，一旦问题蔓延到货币市场，还作壁上观将是非常危险的，更何况我国目前既没有形成美国式的目标利率政策也没有形成欧洲式的利率走廊政策。

对比美国的经验可以进一步说明利率市场化过程中出现货币市场利率极端波动主要是反映了市场对银行系统的担忧。美国于1971~1986年进行了利率市场化改革，从图7-5中可以看到，这期间美国的隔夜拆借利率也出现过较为极端的上升现象，与中国相似。我们还计算了美国最优惠贷款利率的方差走势，如图7-14所示，其在利率市场化过程中表现出明显的极端波动现象。美国的利率市场化改革直接引发了储贷协会危机，市场正是因为对改革期间银行应对能力的担忧才出现了利率的极端波动。

除去银行拆借业务违约风险的影响，还有两个因素可能导致货币市场出现较大波动：一是由保证金催缴引发的短期资产需求骤升；二是短期债券的违约风险。1987年"黑色星期一"，美国曾出现了严重的股票市场暴跌事件，事后分析认为，程序化交易是导致当时股市暴跌的主要原因，在面对股票市场暴跌时，美联储的救市行为显得可圈可点。美联储没有立即出动大规模资金，希望各种机构把大盘稳定到自己心目中的点位上，而是向各种清算中心提供了充分的流动性，使得保证金得以正常支付。当时股市暴跌给期货市场带来创纪录的保证金催缴额，其数量达到了平时的10倍。清算中心成员为支付催缴的保证金，会利用在清算中心银行的信贷额度，这将增加这些银行在股票市场上的风险。美联储及时提供的流动性保证了这些保证金得以顺利支付，抑制了股市风险向银行机构的蔓延。与此同时，向各主要银行派出考察组，并监控各银行的运作，以确保银行系统的正常运行并评估其对证券公司的信贷风险。联储还与各监管机构合作，提升了对政府债券市场和市场经纪商健康程度的监控。这一系列措施使得股市的大规模崩盘并没有给实体经济造成严重冲击，并遏制了金融危机的出现。短期债券与同业拆借信贷是相似的，随着刚性兑付的打破，未来也会出现一定的违约风险，并可能给货币市场形成一定的冲击。

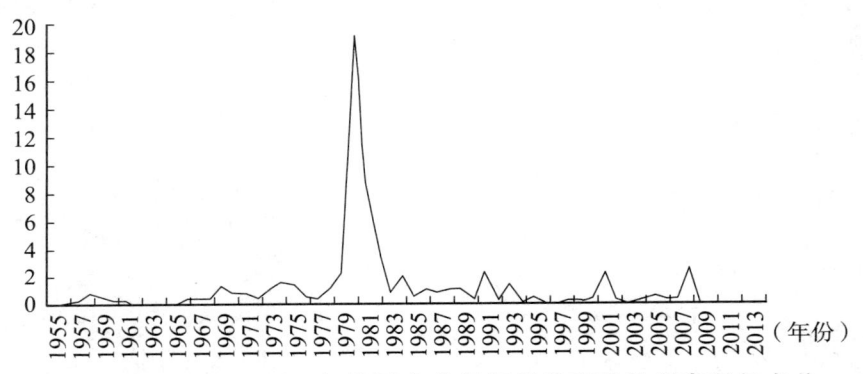

图7-14 1955~2013年美国商业银行最优惠贷款利率逐年方差

资料来源：Wind数据库，作者计算绘制。

三、利率市场化背景下货币市场风险的隐患

经过数十年发展，我国已建立起涵盖同业拆借市场、债券回购市场和商业票据市场等的较为完备的货币市场体系，市场成交总量不断上升，为金融企业筹集短期资金、进行流动性管理，非金融企业短期直接融资发挥了重要作用。自2013年隔夜Shibor飙升事件后，我国出台了市场自律机制，为实行利率走廊制度进行了准备，结合美国利率市场化改革的经验，未来我国货币市场利率波动情况基本可控，不会出现类似2013年的极端事件。但我国货币市场仍存在如下一些不足之处。

（一）评级作用不足

中小金融机构或企业往往对短期融资有较高的依赖，国外成熟的货币市场主要为这些中小企业或金融机构提供长期稳定的短期融资服务。大型企业的短期债务则往往具有暂时性。但我国目前的货币市场还是主要为大型金融机构或企业提供融资服务，对中小机构的支持不足，主要原因在于对中小机构风险的担忧。

以同业拆借市场为例，尽管同业拆借业务发展迅速，但诸多城市商业银行、城乡信用社、农村商业银行以及农村合作银行等中小金融机构的参与程度并不高，市场主要参与者是股份制商业银行。图7-15是《2015年中国金融稳定报告》中对不同类型银行同业业务违约时风险在各银行之间的可能传导情况进行总结。图中结果明显表明，同业业务出现违约时，股份制商业银行给系统带来的风险传染能力最强，大型商业银行由于是主要的借出方而非借入方，故而在同业业务方面的违约风险传染效应次之。城商行和农商行的传染效应最弱，尤其是农商行，几乎没有什么传染效应，这反映了中小商业银行在同业拆借业务中参与不足的事实。

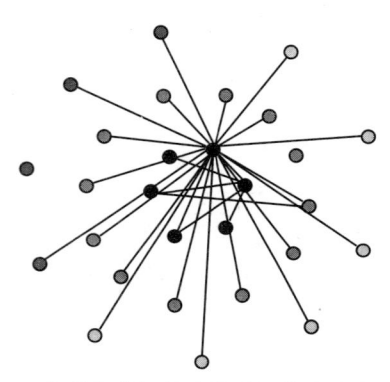

大型商业银行违约后的传染效应　　股份制商业银行违约后的传染效应

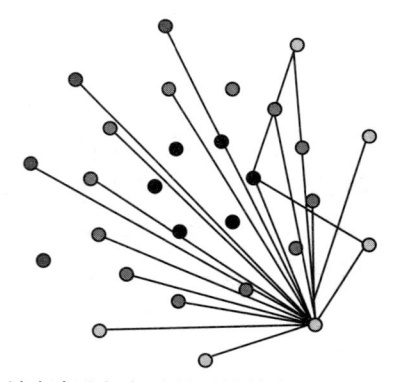

城市商业银行违约后的传染效应　　农村商业银行违约后的传染效应

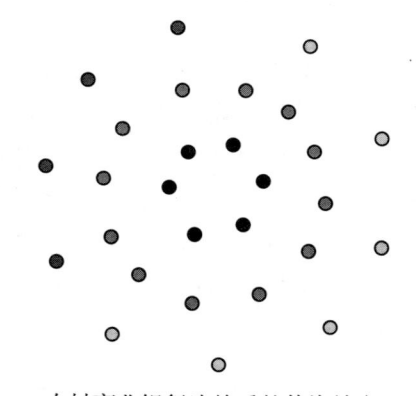

图7-15　银行网络传染情况

资料来源：根据《2015年中国金融稳定报告》相关内容整理。

降低中小金融机构或企业的信息不对称是改善这一问题的主要方法，提供有效的评级将可以产生认证效应，进而有助于降低中小企业或金融机构的信息不对称。目前，我国中小金融机构或企业未能从货币市场获得足够的短期融资服务，主要原因在于评级作用的不足，而评级作用不足的主要原因在于政府有差别的隐性担保。较大的银行由于系统性风险高，具有政府的隐性担保，非常容易获得同业拆借支持。此外，中小金融机构或企业的融资风险却难以识别，而且这些机构或企业倒闭后影响较小。也就是说，政府在改革的进程中对不同机构具有不同的隐性担保程度。向有担保的企业提供融资风险较低，而且已能够基本满足自身的短期放贷需求，此时大金融机构不会向中小金融机构或企业提供货币市场融资服务。

（二）短期融资长投积累了期限错配风险

短期融资获得的资金一般应用于经常交易，如购买存货、支付薪水、支付税收或应付其他短期债务，而不是资本交易，如长期投资。但在我国仍有一定的企业打着解决自身流动性不足的旗号发行短期融资券，目的却并非是解决自身的流动性不足，所筹集的资金也往往另作他用。饶育蕾等（2008）分析了我国货币市场可能存在的短融长投现象，其研究发现，企业短期融资券的发行额与长期资产现金支出呈显著的正相关关系，一定程度上暗示了我国一些企业存在着短融长投现象。吕晓敏（2015）的研究发现，不同经济周期下，产权性质对企业短融长投的影响不同，经济上行期，我国民营企业比国有企业短融长投的程度更为严重。

此外，我国的短期融资券还存在着被用为过桥贷款从而帮助企业或银行掩盖不良贷款的行为。一些信贷员为保证自己信贷的安全性，当企业不能如期付息时，私下为企业拉拢过桥贷款，让企业如期还款后再贷款以支付之前的过桥贷款利息，从而实现贷款延期的目的，并掩盖大量的不良贷款，给市场增添了更多的未知风险。"有部分员工利用与客户的良好关系，在客户资金紧张时，利用自己在银行工作的高信用度，发动'小圈子'里的朋友筹集资金代客户垫付就急。客户困难时他出手帮助，而每到季节性的考核时，客户也投桃报李，帮助拆入资金，为了便于考核，这些资金往往直接进入其个人账户。有的银行员工利用法律对个人账户查询手续复杂的限制，配合企业逃避资金流向的监控。也有的银行信贷员利用自身掌握的借贷需求信息，为民间借贷双方'牵线搭桥'，每天坐在电脑面前进行'信息配对'，从中赚取'提成'。更有甚者不惜以身涉险，赤膊上阵直接放贷。"[①] 将短期融资用于长期贷款本已风险极高，其在被用来掩盖可能的不良贷款则对经济金融市场的冲击更需重视。加强银行对自身系统内员工的有

[①] "过桥贷"乱象：《银行员工个人账户一年资金进出上亿》，载于《第一财经日报》2013年9月3日。网址：http://www.yicai.com/news/2983316.html。

效管理，削减可能的道德风险对于未来维护货币市场稳定也是重要的工作内容。

近期，我国出台了《关于规范金融机构资产管理业务的指导意见》，即资管新规，要求封闭式资管产品期限不得低于 90 天，这在一定程度上可以缓解短期融资被用于长期投资带来的期限错配风险。未来已经积累的有关风险还需要一段时间来缓和化解。

（三）个人短期债务也可能形成一定的风险

目前我国的信用卡市场发展还存在一些问题。根据《2015 年中国金融稳定报告》显示，到 2014 年末，我国个人不良贷款余额（包括非经营贷款和经营性贷款）达 3 866.2 亿元，比年初增加 662.6 亿元，不良率为 1.7%，比年初提高 0.1 个百分点。其中，个人住房按揭贷款、个人信用卡贷款和个人汽车贷款的不良贷款余额都有所增加，分别为 300.3 亿元、393.1 亿元和 45.6 亿元，比年初分别增加 68.4 亿元、130.7 亿元和 6 亿元；个人住房按揭贷款、个人信用卡贷款和个人汽车贷款的不良率分别为 0.3%、1.5% 和 1.1%。曹凤岐等（2012）指出，我国信用卡市场相较于工业化国家还存在如下一些问题：一是规模小，持卡人用卡意识不强；二是种类有限，功能较为单一；三是信用障碍较多，消费信贷发展缓慢；四是使用的安全性偏低；五是用卡环境差，功能错位严重。

源于信用卡的短期透支风险总体是可控的。但也需注意一些个人赌性极大，比如通过在多家银行办理有较高额度的信用卡，然后同时通过信用卡借款，用获得的短期贷款投机炒股甚至炒房，个人采用这种加杠杆的方式进行资产投机会给银行等金融机构造成一定的损失。当出现资产价格泡沫时，公众投机热情高涨，如果银行缺少对个人透支资金使用用途的监管，将可能形成较高的损失风险。

第四节 利率市场化背景下的商品市场风险

我国商品市场的宏观风险表现在大宗商品方面的定价受制于人和小宗商品方面的定价易被炒作。前者的主要原因在于我国金融市场的发展程度尚弱于发达国家，而且缺少国际化的商品交易市场，利率尚未市场化的阶段所产生的金融压抑对此负有一定的责任；后者的主要原因在于过度宽松的货币环境和监管不足。经过前期商品市场价格的剧烈波动，其风险已经得到释放，未来的宏观风险相对有限。商品市场目前存在的风险隐患或问题有不切实际的复苏所蕴含的风险，获取大宗商品的定价权尚需时日，对小宗商品市场的监管还需加强等。

一、商品市场的风险现状

商品市场价格冲击也会引发严重的经济或金融危机。比如美国20世纪70年代所遭遇的两次石油危机便源于石油商品价格的飞涨,一方面通货膨胀严重,另一方面经济增速又明显下滑,失业率高涨。飞涨的物价使政府不敢采取更为宽松的货币和财政政策以刺激经济增长,但失业率的高涨又需要政府采取一些手段来提振经济。随着2000年以来国内外商品市场的快速发展,大宗商品开始表现出金融化的特点,因此我们也将其作为金融资产市场的一部分加以讨论。中国的商品市场风险主要有两个方面:一是大宗商品市场;二是小宗农产品市场。

(一) 大宗商品市场

美国于2000年推出《商品期货现代化法案》,此后开始逐渐放松对金融市场的管制,受此影响,美国的商品期货市场发展迅猛。2004年之后,大量指数投资者进入商品期货市场进行交易,引发了大宗商品市场的金融化现象,商品定价不再仅受供给需求等因素影响,金融要素在其中开始扮演着越来越重要的角色。

由于金融市场的前瞻性,商品期货的价格被认为是投资者对商品未来价格的一种预期,因而对现货商品定价起着重要的指导作用。但商品期货的虚拟性,又使该市场的定价有时可能完全偏离商品本身的基本面信息,一些大型投资机构可以利用投资者的羊群行为等特点引领商品期货价格的走势,进而达到炒作一些商品并从中获利的目的。田利辉和谭德凯(2015)对国际原油商品定价的研究便提供了一个投机者通过金融市场引领现货定价的机制分析。2008年国际原油价格的飞涨和其后的暴跌,以及一些矿产品乃至食品价格的过度高涨均与这些金融市场的投机因素密不可分。对中国这类商品进口国来说,国际资源能源类商品价格的高涨无疑造成了国内极大的通货膨胀压力,而美国金融危机之后,全球经济不活跃又极大地削弱了中国出口商品的能力,出口是中国在过去一段时间重要的经济增长动力,出口疲弱又导致中国经济增速减缓,企业没有销量又会解雇工人,造成失业率上升。一方面通货膨胀压力严重,另一方面经济增长乏力,失业压力同样严重,一度有很多人认为中国在2008年后进入了滞胀时期。美国在石油危机期间,放弃布雷顿森林体系,基本实现资本账户自由兑换,而后又开启了利率市场化等一系列金融自由化改革,而中国也于此后加紧了在金融自由化方面的改革步伐。未来金融改革的幅度以及效果尚需观察,不过幸运的是,商品价格在危机后迅速暴跌回落,矿产品价格而今也处于较低的水平,外部输入通胀的压力暂时相对不高。

但中美贸易摩擦的出现也会给商品期货市场带来一定的风险。在我国出口和进口的商品中，资源、农产品等商品有较高的份额。欧美限制我国钢铁出口，将会给国内钢铁有关期货形成一定的价格不确定性。而我国在反制美国的贸易关税时，制裁的主要是各种农产品，也会给豆粕等农产品期货带来价格风险。此外，国内的去产能、环保政策等也会给相关能源、资源等商品形成一定的价格波动风险。

（二）小宗商品市场

2006年以来，游资们囤积居奇，在中国农产品市场上兴风作浪，给我国的农业生产以及经济转型均造成了极其严重的破坏。受波及的农产品包括，普洱茶、猪肉、大蒜、辣椒、绿豆、金银花以及生姜等等。这些被炒作的农产品大致有这样几种特征：第一需要是易于储存，能够囤积，海鲜、水果这类明显不在此范围内；第二需要是生活必需品，有一定的刚性需求，但易被忽视，比如金银花这类中药，大概1/3的中药方剂中会用到这一味药材，而在治疗感冒消炎的药物中使用更多，大家平时对其并不重视，一旦稀少时却又离不开；第三是盘子小，前面对大宗商品的讨论已说明，目前大宗商品的主要定价权掌握在欧美发达国家手中，国内游资根本无法撬动这些商品的价格，而大蒜、辣椒等商品种植规模相对较小，也一直比较便宜，几亿资金往往就可以引领这些商品的市场价格走势，对于一些中药材品种，甚至几千万资金就可以产生垄断效应；中国农产品市场的一系列泡沫事件一定程度上很像荷兰曾经的郁金香泡沫，当时主要炒作的便是有各种病态球茎的郁金香品种，这类球茎品种稀少，故事诱人，很容易便成为了荷兰投机者们炒作的对象。1984年长春的君子兰泡沫殷鉴不远。如果这种投机行为能很快暴富，谁还会去研究芯片。这种投机行为带来的财富损失不足为道，其给整个社会带来的负面影响却是长期的，是整个社会走向浮躁、浅尝辄止、买办盛行的主要原因。整个社会的功利化，唯成果化，会让真正做研究、做学术的人才越来越无路可走。荷兰在郁金香泡沫后逐渐成为了世界金融中心，然而随着世界金融中心的出现，其作为"海上马车夫"的荣光却不断退散。

20世纪70年代，日本凭借出口拉动的经济增长模式获得快速经济发展。1971年，美国出现了1893年以来的首次贸易逆差，伴随着美国贸易赤字的不断扩大，日美贸易摩擦也不断加剧。日本开始考虑由出口引导经济向内需拉动经济的转型，并开始扩大财政支出。然而1973年第四次中东战争引发的石油危机给日本带来了严重的通货膨胀，其不得不放弃原来扩大内需的经济政策，转而采用总需求抑制政策。1977年，日本开始第二次尝试扩大内需的经济政策，不巧的是，随后1979年发生了第二次石油危机，为防止恶性通货膨胀，其不得不再次放弃扩大内需的努力。经济转型的失败维持了日本对外贸出口的依赖，并使日美贸易摩擦继续升温，并促成了后来"广场协议"的签署。我国的经济高速增长很大程度上源于出口贸易的拉动，2008年美国金融危机之后，出口贸易对我国经济的拉动能力减弱，政府也希望向内需拉动型经济发展模式转型。然而一方面，国际投机者们将大宗商品价格炒上高点；另一方面，国内个别无良商人的贪婪和短视，将小宗农产品的价格也炒上了高点。两相叠加，在当时产生了较为严重的通货膨胀压力，极大地限制了政府进一步拉动内需的能力。面对通货膨胀高企，政府不得不逆市提高利率，给诸多实体企业本就不利的发展态势雪上加霜。

二、利率市场化背景下商品市场风险的成因

利率市场化进程中，金融市场不够发达，监管常常不足等是形成当前商品市场宏观风险的主要原因。

（1）金融市场不够发达，对国际市场的参与不足是目前尚缺乏大宗商品定价权的主因。随着中国经济的高速发展，我们对国际大宗商品的需求也在不断增多，目前来看，中国需求的变动已经成为大宗商品基本面的重要信息，对大宗商品价格走势有一定的影响。但是，随着商品市场金融化趋势的出现，金融因素对商品价格的影响越来越大，而我们对这一因素的掌握还相对不足，这也是作为最大需求方的我们却尚未能在大宗商品定价中表现出足够影响力的原因。目前国际大宗商品现货的定价主要参考的是几大商品期货市场的定价，而中国目前尚没有国际化或者说有国际影响力的大宗商品交易市场，同时，我们的专业金融机构在国际商品期货市场的参与度也相对较少。非专业机构有所参与，却经验不足，往往铩羽而归，比如2004年中航油事件之后，2008年国航和东航再次折戟于原油期货市场以及2010年的国储铜事件等等。我们的金融市场还需要不断发展壮大，金融改革是必行之举，而利率市场化改革首当其冲。

2018年3月26日，我国的原油期货正式上市，这或许会是一个将被载入史册的日子。其不仅有利于推动我国在国际商品定价上的影响力，也将有助于推动人民币国际化。未来，我国还在准备推行铁矿石期货的国际交易。可见，我国在国际商品定价上的影响力将不断提升。但也需注意由此产生的更广泛的风险。一方面，参与国际化的交易，我们还需要更多经验积累；另一方面，国际化的市场也意味着各国商品将会更容易地冲击我国商品市场，因此也会带来更多的金融风险。

（2）改革进程中监管的不足是小宗商品定价易被炒作的原因。商品市场出现

金融化的趋势是近几年的事情，而小宗商品的定价主要划归在物价局，在多年工作经验的指引下，难免会被这种新型的游资炒作模式弄得措手不及。更何况，按照市场的观点，人为干预物价本身就是错误的。2010年，当部分商品价格出现高涨时，国务院表示在必要时会出手干预物价，其在当时便曾引起过市场派人士的一定质疑。

此外，就是如股票市场一样的，许多金融活动参与者的缺少规矩，甚至一些参与者为了背后集团利益乃至外国财团利益，不顾大局，故意操纵价格，影响市场稳定。对于后者，不仅需要予以监管，还要对证据确凿的行为予以从严从重的惩治。

三、利率市场化背景下的商品市场风险隐患

经过2008年前后国内外商品市场价格的大幅波动之后，商品市场的风险得以释放，目前国内外商品价格均处于较低的水平，未来的风险相对不高，但该市场在利率市场化不断完成完善的过程中还存在如下一些风险隐患。

（一）不切实际的复苏蕴含了一定的风险

在商品价格持续低迷了一段时间之后，进入2016年，商品市场出现了一定的复苏迹象，一些商品价格开始回升。比如，原油价格从前期不到30美元一桶一度回升到一桶40美元以上。从基本面来看，如果商品价格的回升是有基础的，那么一定意味着世界各国的经济均已经开始复苏，尤其是作为最大商品需求国，我国的去产能压力必然大幅下降，毕竟过剩的产能是因为国际需求的衰退，但从现实状况看并非如此。否则欧盟、日本等国也不会相继采取负利率的刺激政策。故而我们将商品市场价格的短暂回升称作不切实际的复苏。具体到原油市场，我们认为还有一定的因素将对原油价格形成压力，首先是美联储的加息预期。美国加息带动美元进一步走强，从历史经验来看，美元强势程度与国际大宗商品价格有明显的负相关关系。而且许多大宗商品如原油是直接以美元计价的，美元升值自然意味着这些商品价格的下降。虽然目前美国已推迟了进一步加息的时间，但下一次加息预期的出现还将打压大宗商品的价格走势。其次是新能源商品的快速发展。美国通过页岩气的开发使用基本实现了本国的能源自给，页岩油等新能源商品的出现与快速发展也极大地影响了原油需求，未来随着页岩油开采技术的普及和进步，油价会进一步受到打压。最后是ISIS恐怖组织的走私原油行为，也将压低市场上的原油价格。此外，2005年国际原油价格还只有40美元一桶时，高盛曾精准地预期原油价格将会上涨到105美元一桶。2015

年，高盛再次预期 2016 年的国际原油价格会下跌到 20 美元一桶，在当前金融因素对商品定价影响越来越突出的背景下，高盛的预期能力或将更加准确，因而原油价格或将有较大跌幅。

随着我国去产能的推行，螺纹钢期货出现的泡沫风险就是典型的例子，需要投资者更为谨慎的应对商品价格波动。2017 年以来，全球经济均出现了弱复苏的态势，包括中国，但目前来看复苏还并不稳定，尤其是一直预期的重要性技术突破还没有出现。而来自全球贸易保护主义，逆全球化，民族主义和宗教极端主义等问题正不断出现，这些均可能对未来的全球经济形势产生影响。经济发展的预期是商品价格走势最根本的基本面，这决定了未来商品价格仍可能多数处于低迷状态，但也不排除战争等其他因素会带来超预期的影响，由于经济的不确定性更多，商品市场未来的不确定性同样不少。

（二）获取国际大宗商品定价权尚需时日

就如何获取大宗商品的定价权，我们认为，可以大致分成三步。

（1）成为大宗商品的主要需求方，从而具备在基本面信息上能够影响大宗商品定价的能力。我国目前在这方面已具有一定程度的能力。一方面，我国的经济发展需要大量的原材料进口，对原油等商品的需求已接近世界顶端；另一方面，我国幅员辽阔，地大物博，也同样是许多原材料商品的重要生产国。对供需的影响力使我们可以在基本面上对商品价格产生一定的影响。近期的许多研究也显示，来自中国的需求对许多国际商品期货的定价具有决定性作用。

（2）凭借在需求领域的优势地位，逐渐推动部分大宗商品以人民币计价交易，这需要人民币国际化、可自由兑换、汇率相对稳定等一系列条件作为保障。目前我国已推出原油期货，并准备铁矿石交易的国际化，已经为此进行了初步的推进。

（3）具备一定程度的金融市场影响能力，也就是对影响商品定价的金融因素有所掌握。美国通过商品市场金融化，凭借本国发达的期货市场对国际商品定价具有极强的影响，田利辉和谭德凯（2014）曾分析了美国金融市场对国内商品定价的影响，发现其对我国商品现货价格的影响要高于我国自己的金融市场。这提示我们，发展壮大本国的期货市场，尤其是走出去，培育优秀的投资机构参与国际商品期货市场，同时将本国期货市场发展成亚洲乃至世界重要的金融交易中心是非常必要的，将有利于增加中国在国际商品定价中的影响力。需要说明的是，这并不意味着我们要用金融市场去操纵商品价格走势，与市场为敌从来都不是明智的选择，而是通过对金融市场的参与，在利用金融市场规避价格波动风险的同时向市场反映更多的真实信息，由于我国是最主要的需求方，这些信息才能更真实地反映基本情况，从而有利于稳定商品市场，使之不至于在国际投机者的操控下过度偏离应有的水平，而给全球经济带来灾难。

（三）对小宗商品市场的监管还需加强

信息不对称是小宗商品市场容易出现风险的一个主要原因，而目前有关信息的搜集披露等仍然比较匮乏。目前随着大数据的发展，对商品市场调节应当能起到很好的辅助作用，但我们目前最缺少的就是对数据，尤其是基层数据的搜集整理。未来随着数据信息的不断发展，把数据资源更好地运用起来，将会对小宗商品市场的风险起到更好的管控和引导的作用。

此外，我国仅有商品期货市场，却缺乏有监管的商品现货市场，市场上一些场外商品交易所要么有违法违规之嫌，要么处于"三不管"的境地，不仅不利于商品市场健康发展，也容易使之成为部分投机者圈钱的工具。目前我国的所谓商品现货交易所大多类似美国20世纪一度出现的对赌行为，虽然其中也培育出了如利弗莫尔一样的投资大家，但其终究是不合规范的，所谓久赌无胜家，最后都是对普通投机者资金的收割。允许自发成立场外的商品交易所是市场活力的体现，为息事宁人而对各种市场活动都风声鹤唳大可不必，不能为了所谓的"维稳"而把市场搞得毫无生气，但是也不能任由市场向完全投机的方向发展，给予场外市场足够的监管是必要的。一方面，监管是为了防范高杠杆引发的风险迅速扩大；另一方面，一定的监管对任何市场来说都是其生存壮大的助力，也有助于将有关市场引导到正确的方向上来。

第五节 利率市场化背景下的汇率风险

经历过长期的贬值压力，随着我国经济企稳，原油期货等推动人民币国际化的措施不断推进，未来一段时期内人民币汇率风险可控。长期来看，最主要的汇率风险源于资本外流和经济增长预期。

一、外汇市场风险现状

货币价值中的泡沫破灭是金融危机爆发的重要起因之一。1994年墨西哥金融危机以及此后1997年的东南亚金融危机均与汇率市场中泡沫的破灭密不可分。以东南亚金融危机为例，当时各国在本国经济增长乏力、美元不断走强的背景下，依然保持本币与美元的挂钩，导致货币相对高估严重，不仅进一步打击了本国的出口贸易，也是其被国际投机者们狙击，并遭遇严重危机的重要原因。

中国在早期实行了固定汇率制度和以"一篮子"货币计算的单一浮动汇率制度。而后通过双轨制改革，我国开始逐步推进人民币汇率的形成机制。2005年后，人民币汇率制度进一步改革，开始采用以市场供求为基础的，参考"一篮子"货币进行调节，单一的、有管理的浮动汇率制。2010年6月，中国人民银行对外宣布将重启人民币汇率改革，承诺增强人民币交易的灵活性。事实上结束了两年来人民币与美元挂钩的制度，重新采取参考"一篮子"货币进行调节、有管理的浮动汇率制度。同年7月，中国人民银行与香港金融管理局同意扩大人民币在香港的结算范围，离岸人民币交易开始启动。2014年3月，银行间即期外汇市场人民币兑美元交易价浮动幅度由1%扩大至2%。这是2012年后中国又一次宣布扩大汇率浮动幅度。2015年8月11日，中国人民银行大幅下调人民币兑美元中间价1 136个基点，创有史以来最大降幅，随后发布了《中国人民银行关于完善人民币兑美元汇率中间价报价的说明》和《中国人民银行新闻发言人就完善人民币汇率中间价报价问题答记者问》（以下简称《答记者问》）的公告，第二日又发布《中国人民银行新闻发言人就人民币汇率有关问题进一步答记者问的声明》（以下简称《声明》）。此次央行明确提出，自2015年8月11日起，做市商在每日银行间外汇市场开盘前，参考上一日银行间外汇市场收盘汇率，综合考虑外汇供求情况以及国际主要货币汇率变化向中国外汇交易中心提供中间价报价。虽然，《声明》和《答记者问》都未明确说明将人民币中间价改为以上日收盘价作为定价基础，而是只对做市商报价参考做了明确规定。但是，相比2006年1月4日之后所采取的在当日开市前由中国外汇交易中心向做市商询价，去掉最高和最低价后得到的加权平均作为当日的中间价或基准价，此次对做市商中间价报价参考的明确规定，实际上在通过加强做市商报价的市场化和透明化，使中间价形成更加参考外汇市场总体供求关系，从机制上防止中间价与市场汇率持续大幅偏离，提高了中间价报价的合理性。

图7-16列示了2005年7月21日我国开始尝试推动浮动汇率制度以来美元兑人民币汇率中间价走势以及即期汇率情况。自推行有管理的浮动汇率制度以来，人民币一直处于升值的状态。2008年美国金融危机爆发，为减轻危机给我国经济带来的不确定性，我国采取了实质上盯住美元的汇率。由于危机后资本会回流美国，美元升值带动人民币相对于除美元外的其他货币升值。2010年后，受欧美国家的施压，我国为减少对这些国家的贸易逆差，一方面着力推行靠内需拉动经济的增长模式，另一方面提升汇率，人民币再度步入对美元的升值区间。2012年后，来自市场上的观点认为人民币应当继续升值的压力增大，表现为受

中国人民银行影响的汇率中间价明显大于市场交易形成的即期汇率,即交易活动参与者认为人民币应该有更高的估值。受人民币长达近10年的连续升值以及欧美国家经济普遍衰退的影响,我国经济增长的主要动力之一出口受到严重抑制,经济增长自2012年开始减缓。2014年中期开始,外汇市场参与者意识到中国经济增速正在下滑,对人民币形成了较高的贬值预期。即期成交汇率处于中间价浮动区间的上限附近。

图7-16　2005~2017年美元兑人民币中间价与即期汇率走势

资料来源:Wind 数据库。

图7-17反映了美元兑人民币在岸汇率与离岸汇率的价差。在岸汇率主要是在国家内部交易人民币的汇率,往往会受到国内的影响;离岸汇率相当于欧洲美元市场,是在国家外部交易人民币的汇率,相对更加市场化。可以看出,二者之间的价差也自2014年开始出现长期为负的现象。即离岸成交的人民币比在岸成交的人民币更加便宜,更加说明人民币的贬值。

但2014年底至2015年初的短暂时间内,这一现象得到了缓解。实际上,在这一阶段,影响汇率走势的基本面因素并没有变,因此其极可能是源于政府对汇率价格的干预。从图7-18也可以看到,我国外汇储备余额自2014年6月开始不断下降,说明政府很可能在外汇市场上为维持汇率稳定进行了干预,这种干预消耗了我国大量的外汇储备。从2014年6月到2015年9月,我国外汇储备共减少了4791亿美元,降幅达12%。在此背景下,调整人民币汇率中间价报价机制,使之更符合市场预期,与市场供需关系相匹配是非常有必要的,也将减轻我国政府为稳定汇率所要付出的外汇储备量。

图 7-17 美元兑人民币在岸汇率与离岸汇率价差

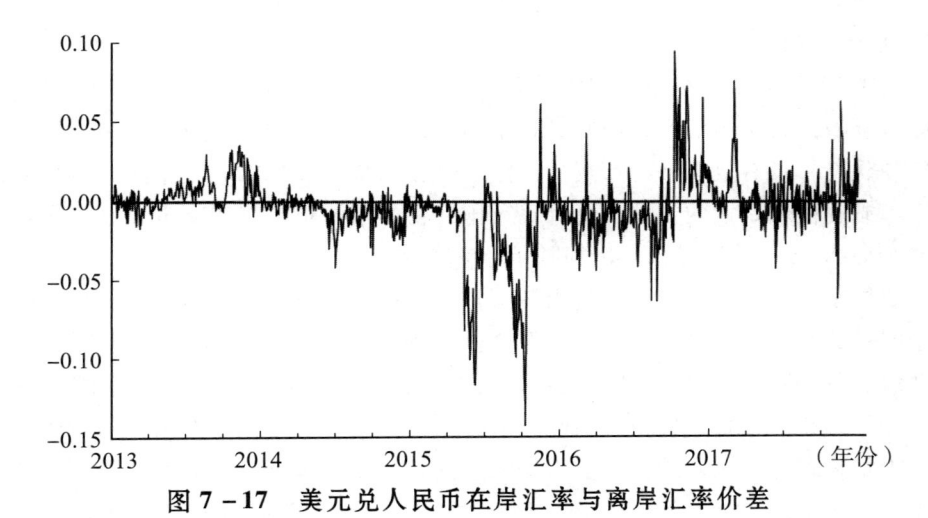

资料来源：Wind 数据库，作者计算绘制。

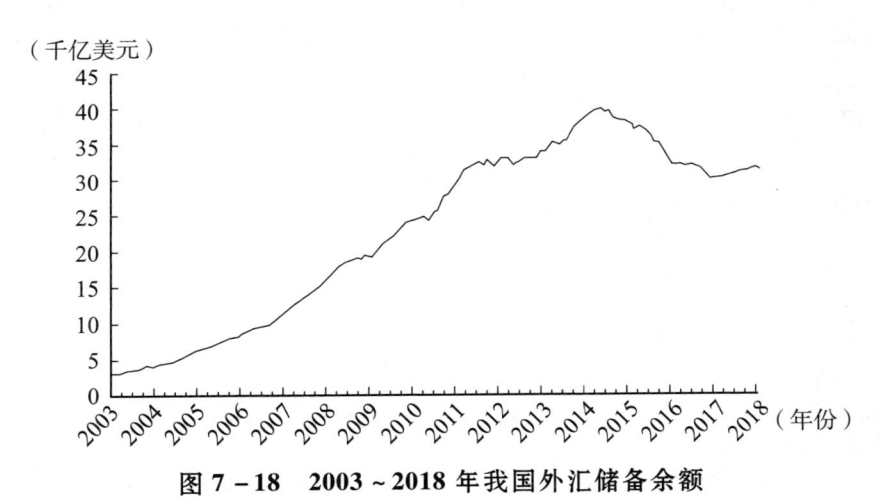

图 7-18 2003~2018 年我国外汇储备余额

资料来源：中经网统计数据库。

在"811 汇改"中，我国主动调低了人民币中间价，并使中间价的报价更加市场化，从后续市场运行来看，这一做法得到了市场认可，此后的中间价汇率与即期汇率走势比较接近，之前即期汇率长期处于中间价浮动区间上限或下限的问题不再出现。但在调整中间价的过程中，央行主动降低汇率给市场带来了人民币贬值的预期，市场循着这种预期，进一步给人民币带来了较大的贬值压力。图 7-17 中，自"811 汇改"之后，在岸汇率与离岸汇率的价差出现的较大幅度为负现象得到了缓解，但此后，直到 2016 年底，这一价差长期处于负值水平，体现了市场化汇率更倾向于贬值的特点。而我国的外汇储备受此影响，也一直处于下降的过程。

与 1997 年前后的东南亚国家及 1994 年的墨西哥不同，中国尚保有充足的外汇储备以稳定人民币汇率，而在进行中间价改革之中，我国的资本账户始终仍处于管制状态，没有放大外汇市场的风险。但在未来，实现部分资本账户开放和浮动汇率制度依然是大的方向，是人民币国际化的重要环节。2015 年 6 月，我国的外债余额达 16 801 亿美元，短期外债余额占外汇储备的比例达 32%，相对并不高，总体来说，这一领域的风险尚属可控。其中，2015 年 3 月开始，我国外债有一个明显的跳跃（见图 7 – 19），这是因为我国政府为获得 IMF 的特别提款权（SDR）而按照国际货币基金组织数据公布特殊标准（SDDS）调整了我国外债数据口径，公布了包含人民币外债在内的全口径外债。由于本年 IMF 执行董事会将开会决定是否将人民币纳入目前由美元、欧元、日元和英镑组成的"特别提款权篮子"，我国政府为此进行了一系列努力，包括：放开银行间债券市场，采纳 IMF 数据公布特殊标准，启动"沪港通"，试点上海自贸区资本账户开放，并为"深港通"进行洽谈准备，鼓励企业到境外融资，批准境外企业发行"熊猫债"，在伦敦发行央行票据，并推进利率市场化改革，改革汇率形成机制，运行人民币跨境支付系统，签订双边本币互换协议等等。另外，为配合 IMF 确定 SDR 利率，还开始了三个月期国债常规发行。加入 IMF 的 SDR 将成为人民币的一大利好因素，有利于稳定存在贬值预期的人民币汇率市场。

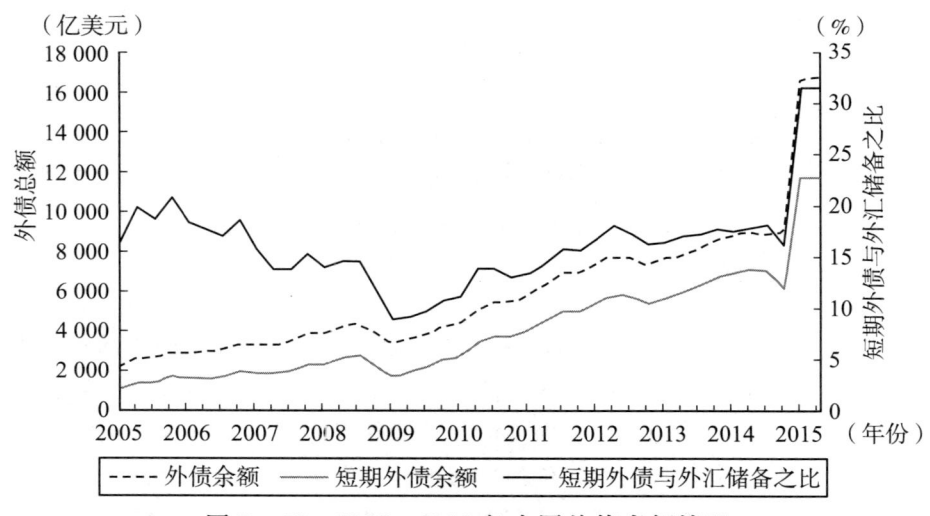

图 7 – 19　2005 ~ 2015 年中国外债余额情况

资料来源：Wind 数据库。

2015 年 12 月 11 日，我国外汇交易中心开始发布 CFETS 人民币汇率指数，该指数参考"一篮子"货币加权计算而得,权重根据转口贸易因素计算。这一指数将作为人民币中间价的重要参考,其将为人民币盯住货币篮子、摆脱对美元的依赖发挥重要作用,也将有利于在未来更好地应对美元升值带来的汇率和贸易冲击。图7-20显示这一指数自推出以来的走势,可见人民币在2015年后直到2016年中期处于贬值的态势,2016年后企稳并从新步入缓慢升值的空间。

图7-20　2015~2017年CFETS人民币汇率指数

资料来源:Wind数据库。

2017年以来,中国经济逐渐企稳,这是人民币汇率渐趋稳定的重要基本面。图7-21反映了中国宏观经济运行情况的制造业采购经理人指数以及消费者信心指数。由图可见,2017年以后,我国的制造业采购经理人指数重新回到了50以上,意味着制造业的衰退得到缓解,并有重回扩张的可能性。消费者信心指数也自2016年底开始大幅上升,意味着消费者对未来经济持看好预期。这些指标佐证了我国经济逐渐企稳的特征,也降低了境外交易者对人民币贬值的预期。从图7-18可见,我国的外汇储备余额也停止继续下降,并逐步企稳上升。

综上所述,我国汇率市场的风险主要源于对经济增长的预期。目前随着我国经济企稳,其贬值预期明显下降;但由于这种企稳尚且没有释放出开始增长或进入繁荣的信号,因而汇率也不会出现较大的升值预期。总体来看,我国的外汇市场风险可控。随着利率市场化改革的进一步完成完善,基于利率平价理论,其也会给汇率带来一定的风险,而产生汇率风险的最主要因素,还是汇率本身的改革。

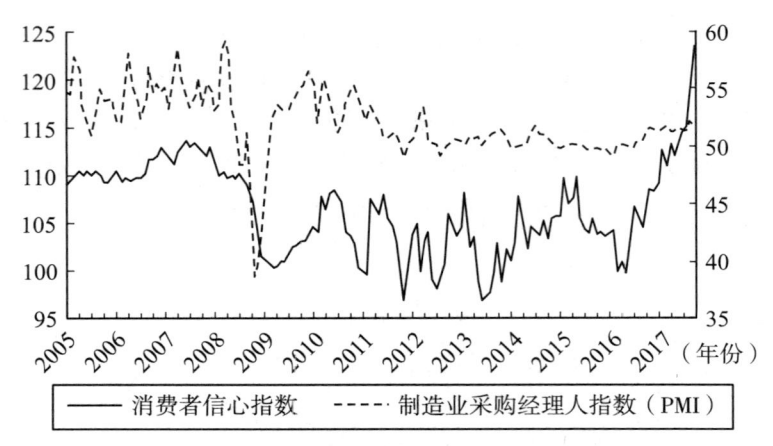

图 7-21　2005~2017 年中国宏观经济有关指数

资料来源：中经网统计数据库。

二、利率市场化背景下汇率市场风险的成因

汇率市场化与利率市场化是相类似的金融改革，前者意味着货币在国外的价格由市场决定，后者意味着货币在国内的价格由市场决定。而伴随着汇率市场化而出现的金融风险很大程度上同样是源于汇率管制时期积聚的旧风险和监管能力的下降。具体而言，前期利率市场化改革过程中，我国汇率市场出现波动风险的主要原因如下。

1. 人民币变相盯住美元而形成的对其他货币普遍高估

从图 7-16 可以清楚地看到，自 2008 年美国金融危机后，我国采取了实质上盯住美元的汇率政策。纵观历史上的各次金融危机，不难发现，每次金融危机爆发后，都会出现明显的美元升值倾向，一个主要的原因是，在世界经济金融系统充满风险的情况下，毕竟美元才是最安全的资产。我国的汇率盯住美元也就意味着相对于其他国家货币在升值。在结束了对美元的实质盯住后，人民币再度进入升值空间，也就是说，自 2005 年我国开始采取浮动汇率制度以来，人民币经历了长达 10 年的升值过程。在中国经济增速下滑的背景下，这一升值步伐仍然没有停止，自然会形成一定的高估空间，需要释放。

2. 国内加息吸引资本流入，在美国开始加息周期后产生回流

在美国次贷危机后，由于国外需求不振，我国采取了宽松的财政政策以及与之相配合的货币政策，结果引发了国内较高的通货膨胀预期，为应对通胀，央行于 2010 年 10 月开始步入加息周期。在欧美等发达国家均采取较低利率水平的情况下，央行的加息提高了国内外的利差水平，在国际货币环境较为宽松的情况下，大量资本通过各种渠道流入我国。图7-22为我国的国际收支情况，资本流入主要体现在非储备性金融账户上。可以看到2010年10月以后，非储备性金融账户的差额没有如往常的走势一样下降，而是出现了大幅上升，并达到新高。此后，除2011年底和2012年下半年共三个季度有相对较少的净流出外，我国的非储备性金融账户一直处于净流入的状态，甚至有五个季度资本净流入高达1 000亿美元以上。资本流入直接推动了人民币升值，从图7-16可以看到，自2010年10月之后，人民币对美元明显步入升值阶段，一度达到1美元兑换近6.1元人民币的水平。人民币的进一步升值对中国来说是非常不利的。首先，中国的经济增长非常依赖出口，在国际经济衰退，世界需求下降的情况下，进一步打击了中国的出口能力，让中国经济雪上加霜；其次，次贷危机过后，人民币当贬而未贬，本已有所高估，此后的再度大幅升值，使得蕴含在人民币当中的泡沫被进一步吹大，形成更高的汇率风险。2014年底，随着我国央行开始步入降息周期，以及美联储加息预期不断强烈，前期流入的资本开始回流，反映在图7-22中便是自2014年第二季度之后持续的资本流出。资本外流，对人民币的需求下降，相应自然会产生对人民币的贬值预期。直到2017年随着中国经济企稳，我国再一次出现经常项目和非储备性金融项目双顺差的情况。

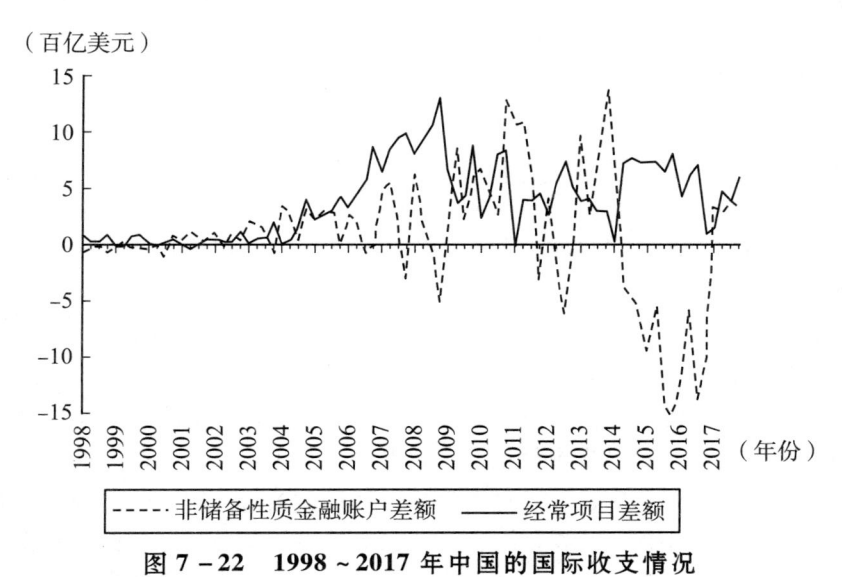

图7-22 1998~2017年中国的国际收支情况

资料来源：中经网统计数据库。

3. 对国内金融风险的担忧引发的资本外流

另一个导致资本外流倾向的主要原因是对我国金融风险的担忧。在利率市场化改革的进程中，我国金融市场出现了诸多风险，比如2015年的股票市场暴跌，债券市场的系列违约事件以及商业银行不良贷款攀升让投资者对中国金融市场的稳定情况产生了担忧,虽然这些风险已经有所释放,但目前房地产市场仍在高位运行,对金融市场的冲击预期也最大。考虑到未来可能出现的金融风险,一些资金出于避险的目的会向美国等发达国家回流。美国加息带来的货币政策收紧,会使一些投资者产生预防流动性不足的需求,也会导致国内资本外流。典型的是李嘉诚自 2011 年开始便已经着手布局,抛售国内地产,将财富转移到欧洲等西方国家。此后,许多国内地产大佬以及部分国企、民企的高管纷纷推行海外并购,大有借海外并购转移资产之势。好在我国资本账户对短期资本的流动尚存在控制,削弱了这种海外转移资产给我国经济带来的负面冲击,否则 1994 年墨西哥富豪大规模向海外转移财富而带来的全国危机很可能在我国上演。

三、利率市场化背景下汇率市场风险的隐患

(一) 经济复苏的不确定性仍然存在

从前文的论述可以明显看到,人民币汇率走势与国内外对我国经济发展走势的预期密切相关。在 2012 年后,随着经济增速放缓,人民币贬值预期逐步开始出现;2015 年汇改,我国主动调低汇率水平,加剧了市场对人民币贬值的预期;直到 2017 年我国经济企稳,人民币贬值走势才基本结束,外汇储备余额恢复增长,在岸汇率与离岸汇率的价差重新回到 0 值附近,重新出现资本净流入。

然而,目前经济的企稳还需一定的考验,尤其是一直期待的技术突破和创新还没有明显出现,而我国目前正在推行的产业升级困难重重。一方面,许多企业或政府官员,习惯了过去"化缘"式的技术换市场生产模式,不愿甚至不能进行技术创新,许多所谓的技术创新企业不过以此为幌子骗取国家补贴,这些已形成的利益集团不仅不能推动我国的产业升级,甚至形成了产业升级的重要阻碍。另一方面,源于美国等发达国家对我国经济崛起的担忧,不仅用贸易摩擦打击我国的出口,而且有对芯片等重要科技资源的限售,而我国长期买办式的电子科技行业发展对美国等发达国家形成了过度依赖,这将严重打击我国的经济转型和产业升级。当然,在新中国成立初期,欧美国家对我国的贸易禁运比此严重得多,彼时我们尚有各种办法解决这一问题,现在我们能够采取的手段会更多。但是,我们也仍需注意到由此产生的深远影响,我国在许多科技领域的发展还极不成熟,对高科技产品的禁售仍会给我国经济带来很大的不确定性。而对此最集中的反映就是我国汇率的波动。

未来,在与世界各国的纵横捭阖之间,我国能否脱颖而出,实现产业升级,

跨过各种陷阱，最终引领人类走出一条新的共同发展之路，构建人类命运共同体，将直接决定了人民币的国际化情况，以及我国的汇率风险。

（二）汇率市场有关改革的进一步推进会带来新的金融风险

利率市场化改革逐步完成完善之后，下一步我国需要重点推行的就是人民币国际价格的市场化。随着汇率中间价报价机制的逐步完善，人民币汇率指数的成形，人民币加入 SDR 篮子，以人民币计价的原油期货上市交易，汇率市场化正在有条不紊地推进。从前文的论述，可以发现，汇率没有市场化是导致中国经济在美国次贷危机后遭受进一步打击的一个重要因素。实现金融市场的发展壮大，在国际上体现中国的软实力，这些均离不开人民币的国际化。

随着汇率浮动区间放开，未来汇率会有更多的波动，这将形成一定的汇率风险。为管理汇率风险，金融市场必将推出人民币外汇期货和期权等衍生品，金融创新在缓解了部分个人面对的金融风险的同时，也会给整个金融系统带来更多的风险。此外，就是对人民币汇率可能冲击最大的资本账户完全开放，从世界各国金融危机的经验来看，除美国因为其货币是各国最好的避险资产外，各国均遭遇过短期资本流动引发的货币危机。完全放开资本账户，又希望稳定货币，不出现严重的货币危机，除非人民币可以达到与美元抗衡的能力。美国在完全放开资本账户前已经靠布雷顿森林体系实现了美元作为全球最优质货币的特征确立，而中国在这一方面才刚刚起步，并且还有很多路要走，这也必然会引发更多的国际冲突，形成更多的金融经济风险。

本 章 小 结

本章梳理了各个金融市场的宏观金融风险现状，在利率市场化改革的背景下，这些金融市场出现各种风险的原因，以及未来随着利率市场化改革的完成，各个金融市场存在的宏观金融风险隐患。

总体来看，我国的债务市场、股票市场、货币市场、商品市场和汇率市场在利率市场化改革的过程中，均经历了一些风险事件，出现了局部性的危机，比如企业债和城投债的系列违约事件、2015 年的股市动荡、2013 年同业拆借市场利率的飙升、2008 年和 2010 年前后商品市场的价格泡沫、2014 年以来的人民币贬值。纵观这些风险，实际上其并非源于利率的市场化，而恰恰是源于利率的非市场化。一方面，资金配置低效使得大量资金流入产能过剩和政府投资领域，形成了较高的债务违约风险；另一方面，无风险收益过低和刚性兑付长期存在助长了市场投机情绪，在股票商品等许多资产市场制造了一定泡沫。此外，法治法规的不健全，监管适应能力不足等也是这些市场出现各种风险事件的原因。

　　随着诸多风险事件的发生，一方面使有关监管部分获得了丰富的应对经验，并进行了有益的调整应对；另一方面也让市场累积的风险得到了释放，降低了总体风险情况。未来随着利率市场化改革的进一步完成和完善，上述金融市场的风险总体可控，但也仍然存在着一些风险隐患。比如，去杠杆的压力依然较大，仍然会产生一定的企业和政府债务违约风险；打破刚性兑付任重道远，也是未来短期内最为核心的风险点；全球经济弱势复苏仍不稳定，作为最主要的基本面，也会给商品市场和汇率市场带来金融风险。

　　基于对利率市场化改革背景下微观层面、中观层面和宏观层面风险的分析，下文我们进一步讨论这些风险最为严重的形式，即系统性金融危机出现的可能性。对系统性金融危机单独探讨是因为其与上述风险存在明显不同，上述风险许多可以在市场中或机构内发现端倪，而产生系统性危机的系统性风险，一个最主要的特征是往往隐藏在市场或机构之间，不易被发觉，即使各个机构或市场按照监管要求没有风险隐患，也不能完全说明系统整体不存在风险隐患。下一章，将着重分析利率市场化改革的背景下，我国爆发系统性金融危机的可能性。

第八章

利率市场化背景下的系统性金融危机

系统性金融风险是指系统性金融危机爆发的可能性。系统性金融危机是金融风险最为严重的一种形式，其是指全部或大部分金融指标——短期利率、资产（证券、房地产、土地）价格、商业破产数和金融机构倒闭数的急剧、短暂和超周期的恶化。更通俗地说，系统性金融风险就是金融系统（或实体经济受金融因素影响）遭遇大幅损失的可能性。不同于微观、中观和宏观层面的金融风险，系统性风险往往有极强的隐蔽性和对经济的破坏性。本章节重点研究利率市场化改革与我国系统性金融危机的关系，分析预防金融危机所需要重点关注的一些因素。

第一节 系统性金融风险简述

一、系统性金融风险的特征

系统性金融风险与微观、中观和宏观层面的风险有很大不同。如阿查亚和理查森（2014）所指出的："在市场经济中，一定程度的破产是承担风险的健康信号。一个金融系统太过稳定以至没有破产发生，则表示其风险承担不足并且企业家精神薄弱。有一些风险的、但潜在高收益的项目的缺失最终会降低长期经济增长的速度。不管怎样,偶尔的公司、家庭或银行的破产——这些破产是一个灵活且生机勃勃的市场经济必备的健康因子——和系统性的银行或公司危机之间存在着本质差别,后者是因大量金融机构或公司在风险承担方面不受约束,从而激励其去盲目冒险而导致的自身破产。"除此之外,系统性金融风险还有如下一些特征。

(一)负外部性

系统性金融风险的根本特征是负外部性,这使得个体风险的有效监管和管理对控制系统性风险作用有限,监控风险不得不在微观和宏观层面双管齐下。

负外部性是指宏观金融风险来自金融机构强加于全社会的高于其实际价值的成本,具体表现为风险的溢出和传染性。这类似于工厂在进行一般生产活动时给周围环境带来的污染。2008年美国金融危机更是提醒我们,虽然每个金融机构的风险在平时都被适当的处理了,但系统依然非常脆弱,许多风险被以负外部性的形式施加于系统之中,逃离了监管者的视野,比如影子银行风险。也就是说,对微观机构风险的监管是远远不能满足稳定金融市场的要求的,必须有对金融系统整体的研究和监管应对。这如同在进行环境保护时,仅要求和监督各工厂内部的环境是不够的,工厂周围的公共环境同样需要保护和监督,而如何使负外部性内部化,是实现这一目的的核心。

基于传统经济学理论易知,监管和征收"庇古税"均可以达到使负外部性内部化的效果。但现实中对金融市场宏观风险的治理更注重机构监管,征收"庇古税"的方法则较少应用。一般解释认为,监管对于投资者风险承担的影响具有灵活性,而税收仅能以某一固定比率影响风险,因而采用监管的方式可以更有针对性地消除风险较高的隐患,而对风险测度上的偏差也会导致征税能力受到影响。麦山达罗和帕撒热丽(Masciandaro and Passarelli, 2013)提出了另外的解释,其认为监管更关注高风险污染的资产组合,而税收会同时影响低风险污染的资产组合,因此低风险污染资产组合的所有者更青睐监管而非课税,结果在以小型、低风险污染资产组合所有者为主要特征的民主社会,会更多地选择监管而非课税;与此同时,更多使用监管的社会,会导致高风险污染企业承担了低风险污染企业带来的外部性,从而使这些企业牺牲掉的收益超过其本身的风险污染,导致了当前社会对监管的批评出现了监管低效和过于严格共存的奇怪现象。

(二)必然存在性

系统性金融风险的存在具有必然性,无法消除。

对于市场上的各种金融产品,阿罗(1965)指出,"许多社会安排(包括显而易见的保险、期货、股票市场）存在的基本目的就是将风险从低风险容忍度人手中转移到高风险容忍度人手中。在这种制度下（完整市场），生产活动与风险承担能分离开来。"也就是说，金融活动的核心是将风险进行转移或者分摊，从而保证投资者敢于从事一些有风险的生产活动，达到促进实体经济发展的目的。但从系统整体来看，风险无论如何分散或转移，总体的盘子是没有变化的。例如，购买商品期货套期保值的交易者虽然对冲了个人的商品风险，但这只不过是将其所面对的商品风险转嫁到了更希望承担风险并从中获取可能收益的投资者手中，风险之和未变。金融创新可以让投资者更方便的规避风险，但为满足市场的流动性，必须有大量投机者参与交易，其结果是金融市场的交易量往往远大于对冲风险的需求量，比如2008年美国原油期货市场的日交易量便一度超过原油实际日产量的3倍以上；作为商品期货雏形的日本大米库券在历史上的总交易量也曾超过当时日本全国大米总数的3倍以上。结果是，金融创新方便了投资者对冲风险的需要，削弱了部分个体的风险，但同时也增大了系统整体的金融风险水平。

（三）潜伏性

系统性金融风险有较强的潜伏性，或者说是突发性，不可掉以轻心。

对采用数理统计方法对风险进行计量和管理的一些批评意见，如黄剑等（2013）也指出，"统计方法在理论面与数据面上有忽视其前提条件的倾向。例如，在许多统计方法中，常常将历史市场数据以及由此所得的各种参数作为输入数据来计量风险，但是，在持续良好的经济周期阶段，这些数据和参数通常有一定程度的偏离，其风险计量结果往往有可能低估风险量。因此，当风险发生急速变化时，将很难准确地把握风险，运用该风险计量结果可能会给经营活动带来非常大的冲击。"

系统性金融风险的潜伏性意味着，危机发生之前，我们所能做的仅仅是猜测，所谓的识别也不过是猜测的一种，各种猜测随机的表现为要么是危言耸听，要么一语成谶，计量结果由于本身具有低估性而无法提高预测的准确性。所以，面对金融市场的系统性风险，我们不得不时刻怀着如履薄冰的谨慎态度。

二、系统性金融风险的成因

阿查亚和理查森等（2014）指出，典型的金融危机具有两个特征，分别为：信贷繁荣（导致了金融机构的杠杆化）和资产泡沫（增加了大幅价格冲击的可能性）。当冲击导致资产泡沫破裂而引发去杠杆化的过程时，不可持续的资产泡沫和信贷繁荣就会破裂并引发以下三个后果：（1）高杠杆支持的资产价值下降导致增补保证金的要求提高，迫使借款人出售泡沫资产，而这反过来又会使资产价值进一步下降；（2）资产价值的下降减少了支持最初杠杆化信贷繁荣的抵押品的价值；（3）随后，增补保证金的要求和被迫以超低价出售资产的行为，进一步拉低了资产价格，使其甚至低于现在已经较低的基础价值，从而产生了瀑布般下降的恶性循环，即下跌的资产价格、增补保证金的要求、超低价出售、去杠杆化和进一步的资产贬值。

金融危机的这两个典型特征提示我们，系统性金融风险的最直接成因是金融体系自身存在着的脆弱性。黄金老（2001）将金融体系的脆弱性划分成两类：一是传统信贷市场上的脆弱性；二是金融市场上的脆弱性。可以看到，其与金融危机的两个特征恰好一一对应。由此可知，形成系统性金融风险的内因是金融系统自身的脆弱性。在此基础上，监管不力以及外部事件冲击则是形成宏观金融风险的外因。因此，我们将系统性金融风险的成因总结为以下四个方面。

（一）信贷市场的脆弱性

明斯基（Minsky，1992）结合商业周期理论提出了金融体系脆弱性假说。其将信贷市场上的借款企业分为三类：第一类是抵补性借款企业（hedge-financed firm），这类企业的预期收益在总量上大于债务，而且在每一时期的预期收益也大于债务到期本息；第二类是投机性借款企业（speculative-financed firm），这类企业的预期收益在总量上同样大于债务，但在借款后的前一段时期，各期预期收益会小于到期债务本金，但高于到期债务利息；第三类是庞氏企业（ponzi firm），这类企业的预期收益在总量上也大于债务，但在借款后的各期，其预期收益不仅小于到期债务本金，而且小于到期债务利息，直到最后一期，这类企业的收入才能抵补之前的债务本息，这类企业要维持运营，需要长时间的借新债还旧债，承担了更高的不确定风险。经济运行的初期，市场上多数是抵补性企业，随着经济进入繁荣期，企业预期未来收益上升，借款增加，市场上的投机性企业和庞氏企业增多，当市场下滑时，流入生产部门的信贷资金减少，庞氏企业借新还旧变得困难，违约和破产出现，借款给这些企业的银行出现危机，市场上的信贷资金减少，借钱更加困难，违约和破产事件进一步增多，如是循环，这种反馈机制将金融危机的程度进一步放大。

这种现象多次发生，但银行家为何不能从以往危机中吸取教训呢？明斯基认为，有两种可能的原因：一是代际遗忘观点（generation ignorance argument），今天的贷款人忘记了过去的痛苦经历，贪欲再次战胜恐惧；二是竞争压力观点（rivalry pressure argument），贷款人迫于竞争不得不顺应市场趋势。克雷格尔（Kregel，1997）则引入安全边界（margins of safety）来进一步阐述金融体系脆弱性假说。其认为银行家根据借款人过去的信用情况决定是否贷款，经济扩张时，有良好记录的借款者越来越多，银行的安全边界相应降低，从而使劣质借款者也能够从银行获得贷款，导致金融体系表现出脆弱性。

此外，信息不对称也会导致信贷市场的脆弱性。首先，信息不对称会影响储户对金融机构的信心。由于储户对金融机构的风险情况是不了解的，当市场出现冲击时，根据博弈论中经典的"囚徒困境"理论，每个储户最优的选择就是加入挤兑行列，从而造成银行业的整体危机。其次，政府与信贷机构间的信息不对称又会引发道德风险问题。由于政府对银行的隐性担保，银行很可能更倾向于投资高风险的项目，当项目成功时从中获取高额收益；当项目失败时则由政府出面买单。

（二）金融市场的脆弱性

金融市场上的脆弱性主要表现为金融资产价格的过度波动以至于偏离基础经济因素所能解释的水平。比如股票市场上的"乐队车效应"（bandwagen effect），当经济繁荣推动股价上升时，幼稚的投资者开始涌向价格的乐队车，促使市场行情飙升，直至脱离基本经济因素之后市场预期反转，价格崩溃。对于金融资产价格的过度波动，已有文献对其进行了理论分析与实证检验。席勒（Shiller，1981）的经典文献基于一个简单的有效市场模型，分析并得出了在有效市场理论的假设下，股票价格的波动即标准差应满足三个不等式，而实际数据的检验结果却表明，不等式中相对小项的实际值远高于相对大项的实际取值，小项的实际值甚至会达到大项实际值的13倍左右，也就是说，股票价格对信息产生了过度的波动（too volatile）。萨姆斯（Summers，1986）以及坎贝尔和席勒（Campbell & Shiller，1988）检验了美国股票市场的数据，均发现股票的市场价格存在着与理性预期价格偏离的可能。肖（Xiao，2006）检验了中国股票市场的数据，发现中国股票市场的波动没有反应潜在的基本面信息，表现较差的公司反而会拥有更高的价值比率。

不仅股票市场，其他资产市场也可能表现出价格的过度波动。比如席勒（Shiller，1979）对债券市场的研究，也得出了与股票市场类似的结论，长期债券收益率相比于在有效市场情况下根据利率期限结构得出的值表现出了过度的波动。多恩布施（Dornbusch，1976）的经典文献则提出了汇率超调问题，在理性预期的前提下，由于商品市场和资产市场在面对冲击时的反应速度不同，从而导致汇率会对外部冲击产生过度波动。平狄克和罗腾堡（Pindyck & Rotemberg，1990）则发现不同商品期货价格间存在着不能由宏观经济信息所解释的相关性，这表明商品期货价格对一些宏观经济信息也会产生过度波动。

此外，由于投资者在构造投资组合时会同时持有多种资产来分散投资风险，资金在不同资产间的流动还会导致这些资产间的关联性上升（Tang and Xiong, 2012），从而使得某一市场的风险更容易向其他市场蔓延，也会加剧金融市场上的脆弱性。

（三）金融监管不力

监管的不力源于两个方面：一是过度信任市场，刻意放松监管；二是监管的难度正不断加大。

金融体系自身的脆弱性表明，完全信任市场，放任市场自由运行，出现危机是在所难免的。2008年美国商品市场的巨幅震荡是一个典型的例子，先是美国于2000年推出《商品期货现代化法案》，为发展商品期货市场而刻意放松对商品期货市场的监管，鼓励大量投机者进入，从而促成了2004年开始的商品市场金融化现象，通过金融市场推动，国际大宗商品价格一度大幅攀升，并于2008年泡沫破灭，给投资者以及实体经济带来巨大冲击，进一步加剧了次贷危机引发的实体经济衰退。让·梯若尔（2003）就公司治理的内涵指出，"公司金融是指一整套的制度和政策，其功能是确保公司的资金提供者能够收回他们的投资，而首要的是要让借款人首先有可能获得资金。所以公司金融研究的是怎样有效地管理能确保给投资者带来回报的公司收入。"从这个角度来看，金融监管的目的是相同的，即设计一套有效的制度，确保金融活动的参与者能够尽可能多地获得投资回报。这也表明，有效的金融监管是市场能够呈现活力的重要保障之一，是鼓励更多投资者参与、活跃市场、提供必要流动性的核心力量。

当然，监管也会给市场带来一定的成本，过于严格的监管无疑会抑制市场的活力。美国20世纪一度对利率实行了较为严格的管制，其结果是促成了欧洲美元市场以及LIBOR的迅猛发展，而使本国错失了相关市场的发展良机。而日本对本国日经指数期货市场的过度严格监管则促成了新加坡日经指数期货市场的迅猛发展。如何在监管的成本和收益之间进行权衡是有效监管的第一个难点。随着金融全球化，各国金融市场间的联系日益紧密，即使一国的金融市场运行非常良好，美国或周边国家地区的金融危机也足以影响本国的经济，因此必须加强对金融市场的监管。全球金融监管体系的建立尚需时日，而一国采取相对严格的监管手段还会面临着本国企业或机构通过其他国家地区进行监管套利的可能性，这是有效金融监管的第二个难点。更为重要的是，我们自身对金融以及风险等领域的研究理解尚且浅薄，各种金融理论在实践中往往本身就存在着矛盾。比如资本账户开放是主流经济学家一直提倡的金融政策，而当面临1997年亚太金融危机的冲击时，马来西亚首相毅然拒绝了国际货币基金组织（IMF）的援助，采取了与主流经济学家观点相背离的恢复资本账户管制政策，其结果是马来西亚在走出衰退困境的同时不仅没有背上 IMF 的巨额债务而且付出了更小的代价。

（四）外部事件冲击

宏观金融风险并非积聚到一定程度而自然形成金融危机，但总会有一些突发事件成为导火索，进而引爆整个金融系统。特殊外部事件冲击实际上便是"压垮骆驼的最后一根稻草"，2008 年美国金融危机，房地产价格达到最高点后的回落便可视为一次外部事件冲击，由之引发了次级贷款违约，进而酿成金融危机。一定的外部事件冲击并非一定不利于金融系统，首先，当局者通过有关事件的应对会吸取大量的宝贵经验，形成一定的"抗体"；其次，事件引发的多次小规模危机会释放金融系统积聚的风险能量，如同多次小地震可以释放地壳中的能量一样，可以极大地削减大规模金融危机爆发的可能性。"溃痈虽痛，胜于养毒"，小规模的危机在一定程度上可以帮助金融系统恢复健康运行，而管理者如一味地希望天下太平，反而会导致危机能量越积越多，最终酿成大祸，溃痈甚至可以是管理者的主动行为。日本在 20 世纪 90 年代经历了高涨的房地产价格，大量资金投入房地产市场使得实体经济出现了较大的后劲不足风险，人们都热衷于投资房产，而非技术创新，最后日本央行主动出手，刺破房地产市场泡沫，以挽救日本社会在技术创新领域的热情。我国 2013 年的隔夜 Shibor 飙升事件以及 2015 年的股票市场暴跌实际上便可以视为外部事件冲击引发的局部金融危机，在没有酿成金融系统整体危机的前提下，其对恢复金融系统健康运行是有价值的。

三、系统性金融风险的演进

系统性金融风险的演进可以大致划分成四个阶段，分别是潜伏期、爆发期、扩散期和余悸期。

潜伏期是系统性金融风险积聚的过程，金融体系自身的脆弱性、监管不力、正向的事件冲击，如一项新技术的出现或宽松的货币与财政政策等均是风险积聚的重要原因。

爆发期即外部事件冲击出现的时刻，这一时点也被称为"明斯基时刻"，对于金融市场和广大投资者来说，这堪称是"天堂"和"地狱"的分界线（张晓朴，2010），具体来讲，既可能是市场利率的突然极端波动、也可能是资产价格泡沫的破灭或者某一金融机构的突然倒闭，甚至可能仅仅只是一些毫无根据的小道消息突然广泛传播等。

扩散期是上述风险通过各种渠道在金融系统中迅速蔓延放大的过程，蔓延渠道包括金融加速器效应、银行间市场业务、保险业务以及群体性恐慌等。在这一阶段，政府能否合理应对是决定整场金融危机规模大小、损失程度等的关键因素。

余悸期是金融危机基本结束后，金融活动的参与者们尚且心存余悸的阶段，也是处理金融危机留下的后遗症与遗产的阶段。总结经验、恢复金融市场活力、重建市场信心是这一阶段的重要工作。一旦大多数的金融活动参与者们不再心存余悸了，也就意味着一个新潜伏期的开始。

第二节　20世纪以来主要系统性金融危机的启示

20世纪以来，世界主要国家发生了多次金融危机。我们总结了1932年美国经济大萧条、70年代的石油危机、1987年10月的美国股市动荡、1994年墨西哥金融危机、1995年日本金融危机、1997年韩国金融危机、1997年东南亚金融危机、2008年美国次贷危机以及2010年的欧洲主权债务危机等世界主要国家或地区金融危机的经历。这些危机虽然在引发要素、主要原因等方面有一定区别，但仍然存在着许多的共性。对这些危机共性的分析，将有助于我们更好地理解金融危机，并对分析我国在利率市场化改革背景下的系统性金融风险有所借鉴。通过分析，我们认为，20世纪以来的历次金融危机有以下五个主要的共性。

一、金融资产泡沫破灭往往是危机发生的前奏

这里所说的金融资产相对更为广义，不仅包括房地产、股票和商品等，也包括外汇资产、信贷资产以及其他各种债务等，由此可以将历次金融危机的发端归结于金融资产泡沫的破灭。货币危机的发生实际是将该货币作为资产持有时高估了货币的价值，而后货币价值中的泡沫破灭，导致汇率大幅贬值，进而影响一国的经济系统。债务利率相当于债务的价格，与价格成反比，当债务积累过多时，新的债务没有使用更合理的利率，结果价格中出现泡沫，泡沫破灭导致债务违约，从而引发危机。

美国1929年的"大萧条"、1987年"黑色星期一"均源于股票市场泡沫的破灭。日本1995年开始的金融危机以及2008年美国次贷危机均源于房地产市场泡沫的破灭。商品进口国的危机源于商品泡沫的形成，如1973年的石油危机；

商品出口国的危机则源于商品泡沫的破灭，如拉美国家在商品价格低迷时陷入的萧条。1998 年东南亚金融危机以及 1994 年墨西哥金融危机源于汇率资产中的泡沫，这些国家在当时均采用盯住美元的汇率制度，在经济相对下行时期，汇率未能有效贬值，泡沫产生，投机者迅速把握了这一时机，通过投机行为刺破泡沫，导致危机爆发。1997 年韩国金融危机以及 2010 年欧洲主权债务危机则源于债券或信贷中的泡沫，当国内企业或政府债务已经较高的情况下，放贷者并没有要求企业或政府提供更高的利率，导致债券价格出现泡沫，当投资者意识到债务中的泡沫时，往往为时已晚，债券市场的资金对风险更为敏感，这将导致债券市场流动性迅速枯竭，危机由此爆发。

图 8-1~图 8-4 分别显示了一些国家或地区在发生金融危机前后数年间的房地产、股票、汇率以及债券资产的价格情况。为方便观察比较，我们对房地产价格指数、股票指数以及汇率均作了标准化处理，以剔除量纲的影响，方法为当期值减去总体均值再除以标准差，可以看出，标准化后取值为负意味着其价格水平在样本期内处于相对较低的位置。从图中可以看出，0 期（危机发生）前各国主要资产价格以正值为主，0 期（危机发生）后则以负值为主，表现出资产价格在危机后持续贬值的特点。一些国家，资产价格的下降还要早于危机发生数年，比如美国于 2008 年次贷危机深化，房价则是从 2006 年便开始下降；1995 年日本大量银行倒闭因此陷入金融危机，其平均房价则是在 1991 年达到峰值开始下降；韩国和泰国于 1997 年陷入金融危机，其股票指数则是从 1994 年开始下降；

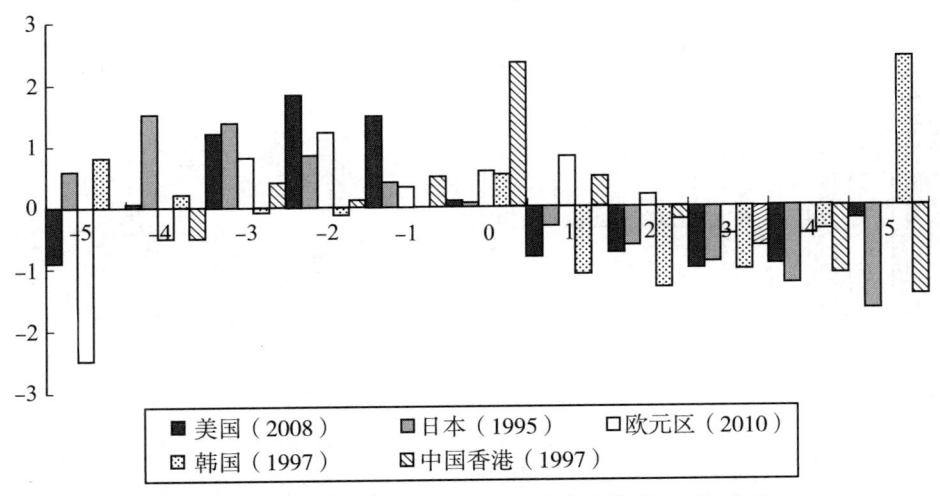

图 8-1 危机前后 5 年各经济体房价指数（标准化）

注：横轴刻度 0 代表发生危机的当年，图例中括号内数字为我们选定的危机发生年份，下同。

资料来源：Wind 数据库，作者计算绘制。

韩国和墨西哥一直采取盯住美元的汇率制度，因此其货币价格在危机发生当期才有明显下跌，但其峰值也均出现在危机前，并在危机前已表现出一定程度的下降。图8-4反映了欧债危机期间发生危机的几个欧洲国家10年期国债与德国10年期国债的利差情况，可以看到，在希腊负债水平较高和经济发展预期较差的基础上，原来的债务利率水平明显过于低估，也就是说相应债券的价格中出现了泡沫，泡沫破灭进而引发了欧洲债务危机。上述现象表明，资产价格的下跌往往与金融危机密不可分，甚至经常成为金融危机爆发的导火索。

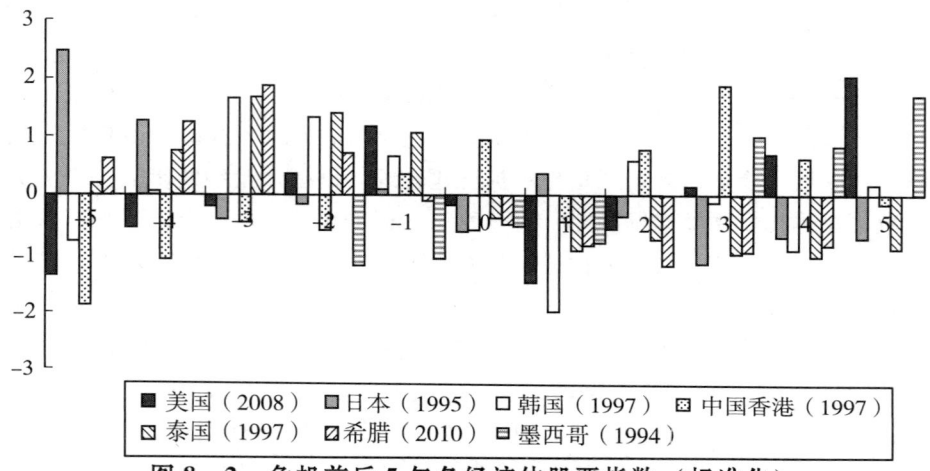

图8-2　危机前后5年各经济体股票指数（标准化）

资料来源：Wind数据库，作者计算绘制。

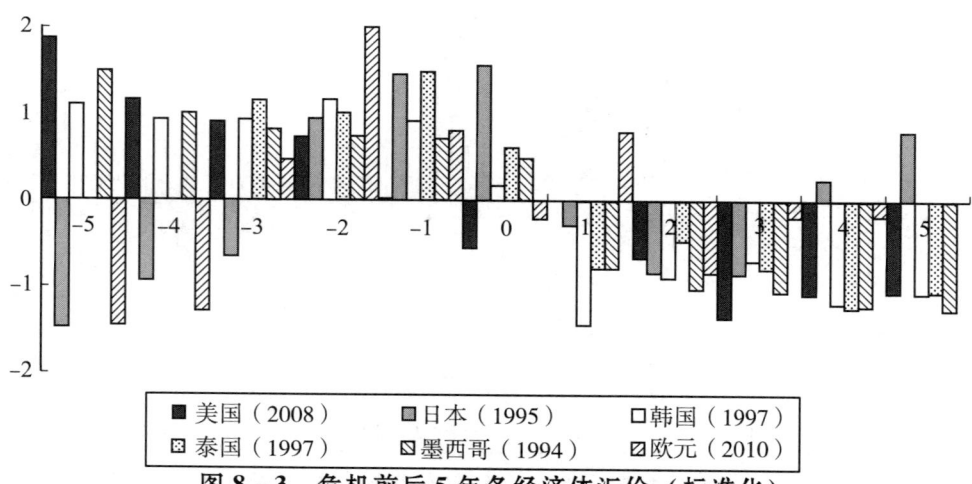

图8-3　危机前后5年各经济体汇价（标准化）

注：美国、日本、泰国取实际汇率指数，韩国、墨西哥、欧元区取1单位本币兑美元汇率；取值升高均意味着本币相对外币升值。

资料来源：Wind数据库，作者计算绘制。

此外，从图8-1还可以发现，日本从1990年房地产市场泡沫破灭到1995年金融危机发生间隔的时间最长。从房地产市场泡沫破灭开始，日本国内便已经产生了大量的不良债务（见表8-1），但日本政府和银行对此采取了拖延掩盖等手段，希望待经济形势好转时，这些不良债权能够自然解决，但经济形势始终未能好转并有逐渐恶化的趋势，最终在拖延了5年后，兵库银行倒闭打破了日本银行不会倒闭的神话，此后银行、保险等一系列金融机构相继倒闭破产，给日本经济造成更大的冲击，并使其名为"东京大爆炸"的金融改革失败，这警示我们文过饰非、狐疑拖延只能坐以待毙，永远不是解决金融危机问题的最好办法。日本自1990年开始房地产市场泡沫破灭，拖延5年后进一步陷入大量金融机构和实体企业倒闭的金融危机之中，桥本内阁1996年上台后开始推行的仿造英国"大爆炸"式的金融改革，最后难免以失败告终，一些学者认为，日本的金融改革不仅没有让日本经济走出困境，反而加剧了金融危机给日本带来的影响。因此，当风险来临时，我们既要有直面风险的勇气，也要有解决问题的智慧和魄力。

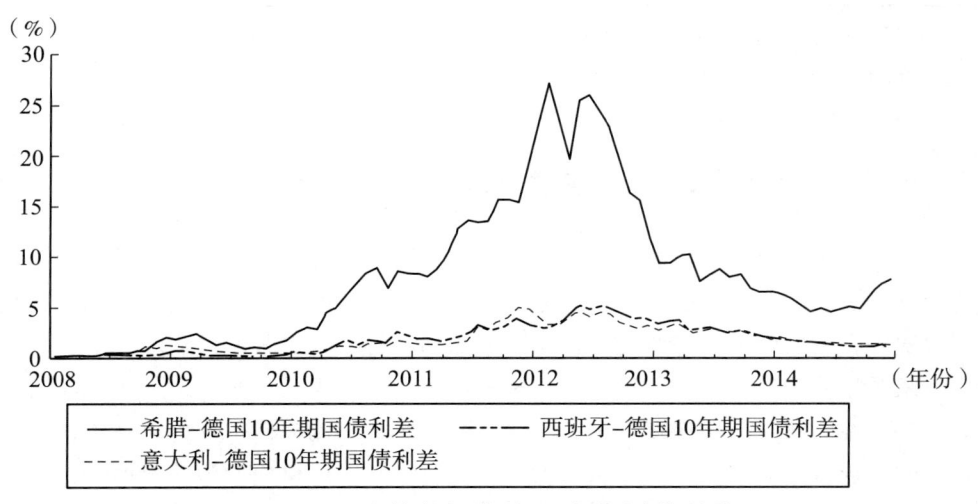

图8-4 欧债危机前后10年期国债利差

资料来源：Wind数据库，作者计算绘制。

表8-1　　　　　　　　日本银行业问题贷款水平　　　　　　单位：十亿日元

时间	主要银行			所有银行		
	不良贷款	累积核销	贷款损失准备	不良贷款	累积核销	贷款损失准备
1993年3月	11 730	424	3 699	12 685	—	4 876
1993年9月	12 662	—	3 875	13 732	—	5 128
1994年3月	12 472	2 514	4 547	13 659	—	5 967

续表

时间	主要银行			所有银行		
	不良贷款	累积核销	贷款损失准备	不良贷款	累积核销	贷款损失准备
1994 年 9 月	12 198	—	4 798	13 439		6 327
1995 年 3 月	11 637	5 322	5 537	12 961	—	7 305
1995 年 9 月	11 969	—	6 173	13 421		8 047
1996 年 3 月	20 357	10 812	10 345	26 831	11 602	13 469
1996 年 9 月	18 846	—	9 508	24 383		12 035
1997 年 3 月	18 447	14 488	9 388	23 987	15 918	12 299
1997 年 9 月	17 890	—	10 330	23 896		13 685
1998 年 3 月	21 978	17 988	13 601	29 758	19 911	17 815
1998 年 9 月	22 008	18 653	12 457	30 078	19 630	16 932
1999 年 3 月	20 250	22 256	9 258	29 627	24 620	14 797

资料来源：Hoshi and Kashyap. The Japanese Banking Crisis：When Did It Come from and How Will It End? NBER Working Paper, 2000：176.

二、流动性中断往往是危机扩大的原因

实际上历次金融危机莫不循着这样一条轨迹——资产泡沫破灭，债务或信贷违约（去杠杆化），金融机构倒闭或面临挤兑，大量损失产生，政府救助。而更深层次的，其实际上就是流动性扩张到紧缩到不得不再扩张的过程。

最开始的流动性扩张，推高了各种资产的价格，当其价格已经高于真实价值时，流动性依然充沛并使资产中的泡沫不断膨胀。当流动性不足以再让泡沫继续扩大时，或者政府主动采取政策收紧流动性时，资产价格中的泡沫顿时破灭。从行为金融学的角度说，相对于等额的收益，投资者更厌恶损失，所以当资产价格下降时，其恐慌程度远高于追涨时的热情，结果资产价格往往会对实际情况产生过度反应。支持这些资产价格的信贷因为没有足够的流动性满足利息或保证金，相继违约，于是危机被进一步放大。当一国实现金融自由化后，尤其是放开了资本账户，大量资本会在短期迅速逃离，其结果就是这类国家流动性紧缩的程度最为厉害，其过度反应的程度也将最高。这种反应的过度性将使发行新的本国货币仍不足以弥补流动性的短缺，只能向外部国家借款，补充过度逃离的资本。当政府给市场补足流动性时，危机得以缓解。1987 年美国"黑色星期一"，其股市危机没有演变成大规模的金融危机，很重要的一个原因便是在股市暴跌后政府迅速

给市场中的关键位置（清算银行）补足了流动性，遏制了危机的蔓延放大。

货币市场的隔夜拆借利率一定程度上可以反映金融市场短期流动性情况。图8-5列出了美国次贷危机和欧洲债务危机前后市场的隔夜拆借利率情况。可以看到，2008年9月15日，雷曼兄弟倒闭的当日开始，联邦基金利率有明显的大幅上升，反映了市场短期流动性严重不足的境况，这也是将该事件作为美国次贷危机深化标志的原因之一。雷曼兄弟公司发行了大量的商业票据，许多货币市场基金因持有该公司票据遭到重创，因为将面临挤兑风险，货币市场基金不再开展业务，从而导致商业票据市场需求迅速枯竭，许多依赖短期融资的企业资金链随时可能断裂，实体经济进一步受到冲击，危机影响扩大。2010年的欧洲主权债务危机也出现了明显的隔夜拆借利率上升现象，历史上欧元的隔夜拆借利率与美国联邦基金利率走势较为接近，但在这一时期出现了明显分化，说明欧元市场因欧债危机影响出现了短期的流动性紧张。

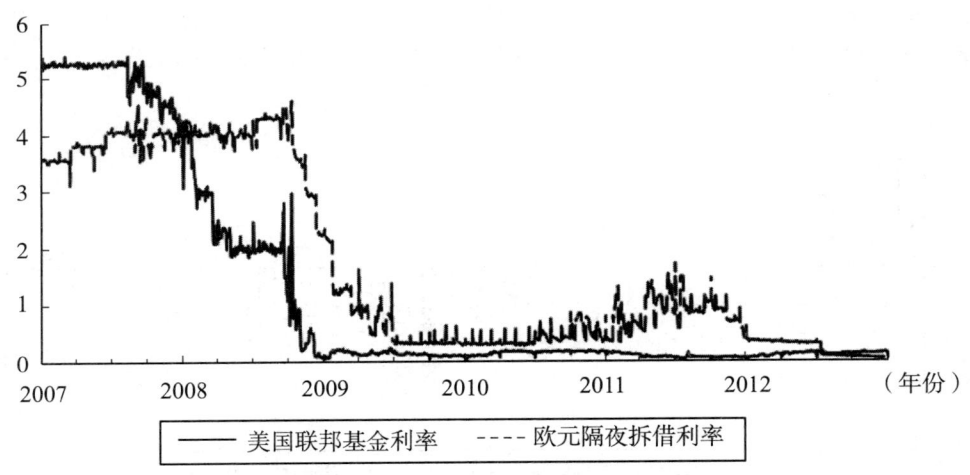

图8-5　美国和欧盟在危机前后的隔夜拆借利率水平

资料来源：Wind数据库。

对于风险比较小的市场，资金往往对风险也更为敏感，比如货币市场，一旦出现票据违约等情况，流动性会迅速下降甚至枯竭。当企业借款有政府担保或者借款本身为政府债务时，其风险也往往被认为是非常小的，因而当这类债务违约或者货币大幅贬值时，会导致相关市场流动性迅速中断，其危机发生的速度也就相对快于股票市场等风险相对较高的市场。也就是说，股票市场风险爆发，相对有更充裕的时间救助，而一旦进入债务违约的阶段或者本身由债务违约或货币贬值引发危机，则危机扩大蔓延的速度会相对更快。

三、危机前各国均出现经济增长趋缓或衰退的现象

对危机发生前各国经济增速的考察可以发现，在危机前各国经济增速往往会出现下降的情况，甚至有些国家会出现经济衰退。

图8-6为美国、日本、韩国、泰国、墨西哥和希腊在危机前后的GDP增长率情况，为方便比较，同样也进行了标准化处理。可以看到，与前文各国资产价格的表现类似，在危机前以正值为主，危机后以负值为主，表现出危机对经济增长的不利影响。但就增长率的峰值来讲，均出现在危机发生前，也就是说，早在危机之前，各国均已表现出经济增速下滑的态势。导致这一现象的核心原因之一，我们在讨论系统性金融风险的成因时已提到，便是信贷市场自身的脆弱性，当经济繁荣时，市场中的庞氏企业和投机性企业不断增多，经济一旦开始衰退，这些企业便陷入难以偿还贷款利息的境地，导致银行不良资产增多，不良资产积累到一定程度时，大量银行陷入可能倒闭的危险境地，金融危机随之爆发。

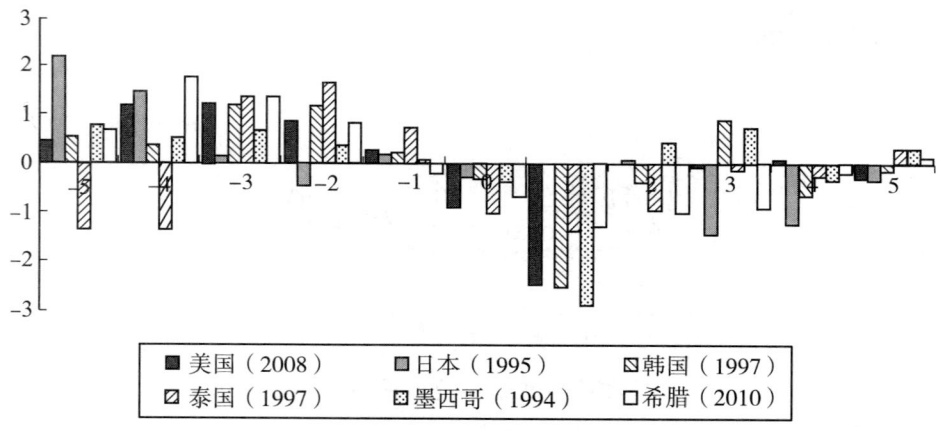

■ 美国（2008）　　■ 日本（1995）　　▨ 韩国（1997）
▨ 泰国（1997）　　▨ 墨西哥（1994）　▫ 希腊（2010）

图 8-6　危机前后 5 年各经济体 GDP 增长率（标准化）

资料来源：Wind 数据库，作者计算绘制。

以 1997 年亚洲金融危机的经历为例，东南亚各国在危机爆发前已明显表现出经济增长动力不足的现象。余永定（2007）将其竞争力的下降归结为四个因素：第一，从 1995 年 6 月到 1997 年 4 月，日元相对美元贬值超过 50%，结果，不同程度"盯住"美元的东亚其他国家货币相对日元大幅升值，1996 年，所有东亚国家出口增长率都急剧下降了；第二，国内价格相对国外价格迅速上涨导致真实汇率升值；第三，工资增长迅速，比如，1990~1995 年，泰国服装制造业每小时劳动成本年均增长率为 12%，马来西亚甚至更高，达到 23.2%；第四，资

本流入抬高了非贸易品的价格，比如土地，其价格的上升对出口造成了不利影响。出口竞争力的下降严重削弱了投资者对东南亚国家经济的信心。

具体来讲，我们认为经济增速下滑之后出现金融危机的原因主要有如下几点。首先，经济增速下降过程中伴随着资产价格的下降，从而引发资本撤离，本币需求减少将导致该国货币的价值降低，如果汇率未能对此进行反应，则容易形成汇率中的泡沫，一旦遇到冲击，需要有较高的外汇储备进行抵御，外汇储备不足的情况下便极易陷入货币危机，从而引发金融危机。其次，未来经济增速减弱，会减少政府的收入，也相应降低政府偿还债务的能力，其从市场借入资金的利率就会相应上升，从而可能引发债务风险。再次，作为经济活动主体的企业，利润随经济增速下降而减少，也会增大贷款违约的风险，并导致银行出现较多的坏账，引发挤兑或银行等机构的倒闭。最后，经济增速较低时，投资实体经济回报较少，资金会更倾向于流入资本市场，进而放大资产价格中的泡沫，如政府于此时采取更为宽松的货币政策，意图逆市场而动，富余的资金会更多地流入资本市场，带来更多的泡沫，如果政府对资本市场过度干预，资金流入发展乏力的实体经济又会增大银行不良贷款的风险，实际上，面对危机初现，教条的使用经济政策，往往会堆积更多的经济风险，给系统带来更大冲击。

除经济增速下滑外，各国在经济危机前还普遍表现出经常项目差额为负或者处于最低水平的情况。图8-7反映了危机前后各主要国家经常项目差额情况，可以发现，其与之前资产价格以及GDP增长率的图像恰好相反，危机前主要为负值，处于样本期内较低的位置，危机后主要为正值，在样本期内处于相对较高的水平。韩国、泰国以及墨西哥在危机前一直采取的是固定汇率制度，经常项目

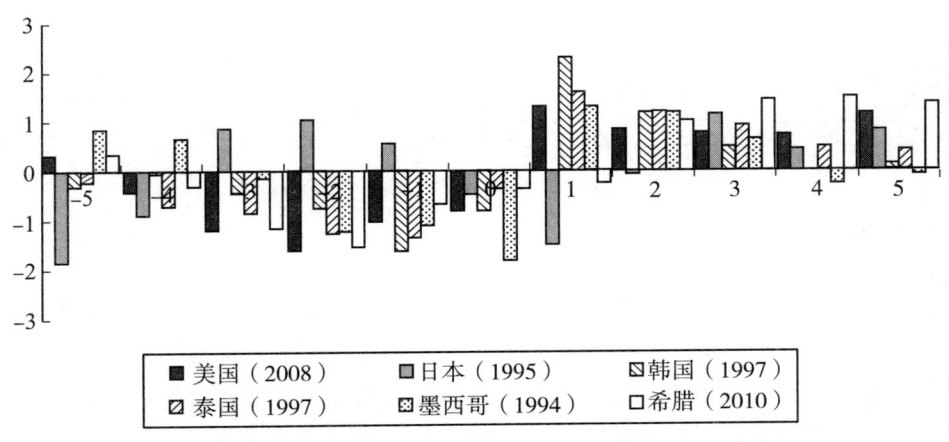

图8-7 危机前后5年各国经常项目差额（标准化）

资料来源：Wind数据库，作者计算绘制。

差额下降是其货币高估带来的影响;美国的经常项目差额处于低点源于其金融服务业的快速发展和产业空心化,商品需求大量依赖进口。

四、美元强势程度往往与金融危机密切相关

从实际美元指数的走势(见图8-8)可以发现,每次美元货币价值的上升均与当时一些国家或地区发生的金融危机相对应。20世纪80年代美元指数的走强对应于拉丁美洲债务危机,1996年之后的美元"走强"对应于墨西哥金融危机以及亚洲金融危机,2008年之后的美元走强则对应于次贷危机。

邓海清和林虎(2013)指出,"历史上美元周期的强弱转换往往是内部债务周期的转折点,引发全球性的再平衡过程。从布雷顿森林体系破裂后,美元共经历了两轮升值周期,背后都对应着美国生产力的大幅提升。1979年开始的升值周期受益于'里根经济学'带来的供给端生产率改善,1995年的升值周期则对应着信息科技革命带来的技术进步。两次升值周期下的资金回流都造成了新兴市场国家的金融危机。"

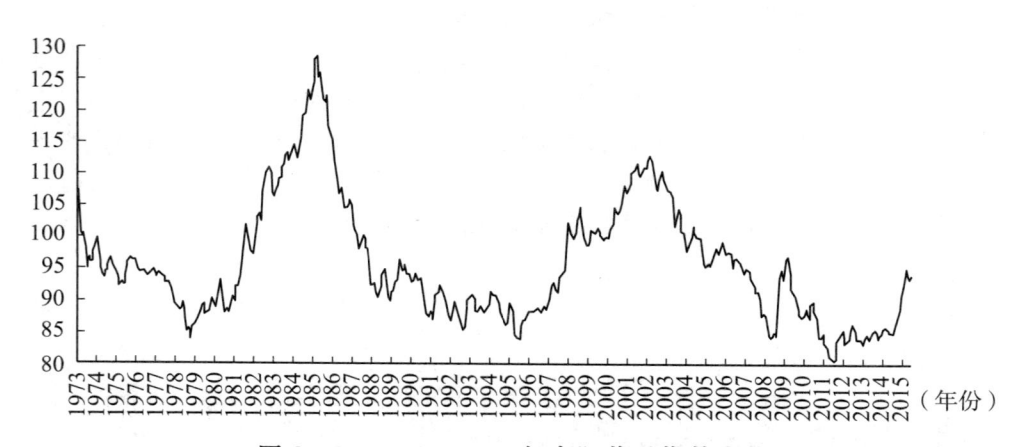

图8-8 1973~2015年实际美元指数走势

资料来源:Wind数据库。

一些研究甚至将美元的强势程度作为新兴市场经济体爆发金融危机的原因之一。比如,李稻葵和梅松(2009)指出,新兴市场国家金融危机的发生是由外部因素(发达国家经济条件)通过新兴市场国家的内部因素所诱发的。金融危机不仅仅是新兴市场国家国内因素的后果,也不只是发达国家宏观经济变化所导致。当发达市场经济的金融市场出现紧缩局面的时候,已经流入新兴市场国家的资金面临是否回流的选择,在这一大形势下,那些国内经济基本面相对脆弱同时外资

流动性强的国家就不可避免地成为受害者。其以美国为例的研究表明，美国国内的流动性松紧是引起发展中国家资本流入逆转的一个重要外部因素。当美国国内流动性紧缩时，大量国际资本回流美国市场，由此引发新兴市场国家资本流入的逆转。如果一国的宏观经济基本面本身存在一定的问题，那么资本流入发生逆转的概率将会显著提高。这些新兴市场国家出现金融经济危机的可能性以及危机的破坏性也就越大。

仔细观察美元走强的时期和危机发生的时点，我们还会注意到每次美元走强均出现于危机发生之后，这一现象还说明了另外一点，就是各次金融危机的衰退均是起源于美国而后向世界各国扩散的，并给世界各国带来了沉痛打击，如果有"阴谋论"的话，甚至可以认为这些危机是美国或华尔街凭借其优势的经济地位而特意为之。为何危机过后美元会随之"走强"？有两个方面原因促成：一是如前文所述，美国采取紧缩的货币政策，收紧流动性，在外供给的美元自然减少，而一些金融机构在货币政策趋紧的影响下会收回资本以预防流动性不足，这样投资在新兴国家的资本便会减少，对新兴国家货币的需求也会下降；二是一些新兴经济体主要靠出口拉动经济，出口商品的最主要需求是美国，基于总需求的理论，美国经济出现衰退最直接的表现之一就是总需求下降，国内需求下降，相应地，进口便会减少，出口便会增多，进口减少则对外币的需求下降，出口增多则对美元的需求上升，于是，从贸易的角度来看，如果美国是最早衰退的一方，其直接结果就是在危机开始后，美元最先升值，而图 8-8 中所反映的危机后美元升值的现象恰好与这一理论推断吻合。1994 年美国加息前后引发的墨西哥金融危机和亚洲金融危机恰好对应于上面两条原因，也可以在一定程度上说明同一原因影响下，为何其危机发生的时间有先后之别。墨西哥等拉美国家的经济发展长期采用的是进口替代模式，因而上述第二条原因对该国影响较小，其爆发金融危机主要是由于资本回流，经济发展模式决定了墨西哥没有充足的外汇储备应对资本回流影响，因而很快陷入危机，故于 1994 年美国加息后便陷入金融危机；亚洲新兴国家的经济发展采用了出口导向模式，因而积累了一定的外汇储备，可以抵御初期的资本回流，泰国在危机发生的早期敢于选用向投机者宣战的方式可以作为佐证，因而亚洲国家更主要面临的是上述第二条原因，资本流动的速度是非常快的，而贸易流动的速度相对要慢很多，在抵御了初期的资本回流后，出口大幅下滑成为危机的主要原因，相应的就是美元的继续升值，然而这些国家多采用"盯住"美元的固定汇率制度，本币随美元升值进一步打击了出口，从而使本币和美元之间应有的差距进一步被拉大，泡沫由是而生，敏锐的投机者注意到了这一点，在后续的新一轮攻击中自然稳操胜券。

五、利率市场化改革往往与金融危机相伴

分析各国发生金融危机前后的历史事件，我们还会发现，以利率市场化改革为代表的金融自由化改革往往与这些金融危机相伴而生。墨西哥20世纪90年代初实现资本账户开放和利率市场化，1993年放开对银行业管制，1994年便陷入严重的金融危机；韩国90年代初放松对短期资本账户的管制，而后完全实现利率市场化，1997年陷入危机；泰国1992年实现利率市场化，1996年放开对资本账户的管制，1997年便引爆了东南亚金融危机；日本在危机后的1996年提出将进行"金融大爆炸"改革，而后黯然收场，一些研究认为这一改革加重了日本在危机中遭受到的损失和冲击。

利率市场化改革与金融危机同时出现并非偶然，因为各国推行利率市场化改革多是被迫之举，其多数是在经济增速下滑后，为发展经济而不得不进行金融改革，希望通过促进金融市场发展，从而带动经济。但事与愿违，在进行利率市场化改革后，这些国家反而陷入了金融危机的泥潭。许多研究发现，利率市场化改革后，一国发生金融危机的概率较之从前明显上升。这不仅引发了一些学者对金融自由化改革的批评，也导致了政府管理者对金融自由化改革的畏惧。

实际上，在金融改革前，许多新兴市场国家早已存在着各种经济或金融问题，并也曾爆发危机给经济造成冲击，但影响较小。比如韩国在20世纪60年代末和70年代末均发生过因财阀企业违约而出现的经济危机，但其对经济金融系统的冲击受到了有效的控制，并没有引发大规模的系统性金融危机。而90年代金融自由化之后，同样的问题便发生了根本的改变，其中非常重要的原因是金融自由化在发展了金融市场的同时也创造了危机的放大机制，与此同时，政府能够管控的手段也相对减少。也就是说，在金融自由化后，许多问题都发生了变化，如果政府不能及时调整应对，提高警惕，发生金融危机已经比以往容易得多。对于管制情况下从未处理过大规模金融危机的政府来说，第一次应对危机往往手忙脚乱，稍有不慎，经济危机将很可能迅速演变为政治危机，后果则不堪设想。

那么，是否是利率市场化改革导致了金融危机的爆发，二者间关系究竟如何，下文将详细说明。

第三节 利率市场化改革与系统性金融危机的关系

分析世界各国20世纪以来金融危机的经验可以发现，金融危机往往与各国的金融自由化改革相伴。从实证角度来看，许多研究也表明利率市场化后各个国家金融危机发生的频率较以前明显提高。比如波尔多等人（Bordo et al.，2001）选取了21国的样本数据，考察其银行危机、货币危机和双危机在1880~1997年间的发生频率（见图8-9），结果表明1973年美国布雷顿森林体系倒台后，银行危机以及双重危机发生的频率明显提高了。巴瑞·易臣格瑞（2003）进一步总结，当前时代金融自由化与政治民主化这两个趋势的结合，产生的影响使双重危机（银行危机与货币危机）频繁发生，而以往只有两次世界大战期间的动荡年代才会出现这种情况。来自世界银行的两位经济学家，昆特和德楚盖彻（Kunt and Detragiache，1998）采用全球53个国家从1980年到1995年间的数据对金融自由化和金融危机之间的关系进行了更为深入细致的探讨，同时测算了这些国家在利率市场化前后发生金融危机的概率，其研究也发现利率市场化后各国发生银行危机的概率明显上升，说明利率市场化与一国或地区金融危机的发生的确存在着一定程度的关联。下面，我们将深入探讨究竟是利率市场化改革导致了金融危机爆发，还是另有原因，以及导致金融危机爆发的系统性金融风险究竟来自哪里。

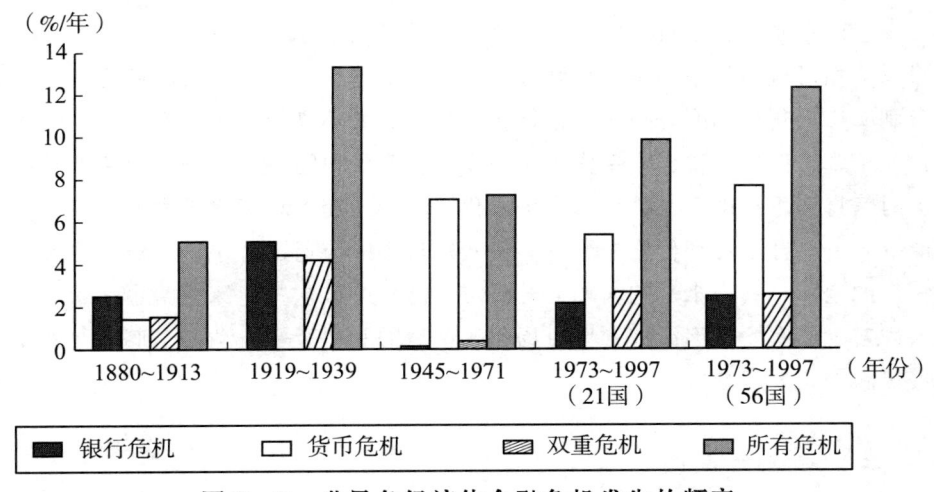

图8-9 世界各经济体金融危机发生的频率

资料来源：Bordo M.，B. Eichengreen, D. Klingebiel. Is the Crisis Problem Growing More Severe? *Economic Policy*，2001：56.

一、传统理论下利率市场化带来的系统性金融风险

对利率市场化改革进程中风险的研究文献将利率市场化导致的金融风险划分为阶段性风险和恒久性风险（邵伏军，2004）。阶段性风险是指从利率管制到利率市场化初期，经济主体不能适应利率水平骤然升高和不规则波动所产生的金融风险。恒久性风险即为通常所说的利率风险。这种划分方式以时间为维度，区分了利率市场化进程中及完全实现后风险的不同。

（一）阶段性风险

由于大多数实行利率管制的国家往往将利率水平控制在均衡利率之下，因此，一旦利率管制解除，利率水平上升便成为一种自然现象。根据国际经验也可看到，只有波兰在实行利率市场化后实际利率剧烈下降，而其余17个国家在实现利率市场化后实际利率均有不同程度的上升（萨奇，1996）。

对于银行来说，由于其与贷款企业间的信息不对称，银行往往采用利率作为筛选企业贷款项目的工具。利率上升将使风险较小的企业放弃贷款，留下的贷款企业相对风险较高，从而给商业银行带来逆向选择风险。此外，利率大幅上升会加重企业的偿债负担，而利率水平上升又会抑制投资，投资下降不利于经济发展，经济形势下滑又会使企业经营业绩下降，盈利减少，进一步加重企业经营负担，从而导致给这些企业贷款的相关银行面临着巨大的贷款收回风险。对于我国，由于政策倾斜，银行更倾向于贷款给国有企业以及地方政府债务融资平台，面对风险相对较高的中小企业，则倾向于贷款给与房地产行业有关的企业，这将导致利率市场化后利率升高时，银行会面临较高的不良贷款压力。

对于金融市场来说，利率作为贴现率与资产价格间关系密切。而资产价格往往会对信息产生过度反应，在利率市场化实现的初期，利率水平大幅上升时，极可能导致一些金融资产价格的暴跌。倘若在过去的市场运行中，该资产已经积累了一定的泡沫，利率水平的大幅上升将很可能会刺破这些泡沫并给金融市场带来巨大冲击。已有资产泡沫被利率市场化改革后的利率极端波动冲击刺破是改革阶段性风险的主要来源。

（二）恒久性风险

从利率市场化实现后的长期来看，利率的自由波动无疑会给商业银行的经营带来风险。在利率管制的情况下，息差收入是银行非常重要且稳定的收入来源，

利率市场化后，这部分收入将变得不再稳定，而由于银行经营模式导致的资产负债期限错配更使得准确预测未来利率走势成为银行经营成败的要素之一。

银行增加非息收入所占的比重，以期分散经营风险，由于非息收入相比于息差收入来源更不稳定，因而增加非息收入是否能够降低银行经营风险取决于非息收入带来的风险增加和收入来源分散带来的风险下降。此外，由于银行在进行业务拓展时更倾向于在原有客户的基础上展开，又会使非息收入和息差收入的来源趋于一致，增加了两者的相关性，从而削弱了非息收入分散整体收入风险的能力。而银行拓展非息收入需要的成本增加也会使非息收入给银行整体盈利能力带来的正面影响大打折扣。

由于资产价格与利率间的紧密联系，利率风险的出现使得资产价格波动的影响因素增多，从而给资产市场带来新的风险。诸多资产，如股票、房地产等也与企业的经营业绩密切相关，而利率风险会给企业融资成本带来不确定性，从而影响这些企业的经营风险，进而引发资产市场风险。

二、利率市场化背景下系统性金融风险的来源

利率市场化改革后金融市场系统性风险升高是必然结果。一个典型的例子是，过去不能够获得贷款的项目现在可以以更高的利率水平获得贷款融资，那么贷款支持项目的总体风险自然就提高了，金融市场整体的系统性风险也自然升高。传统文献从时间维度的考量能够帮助我们确认利率市场化改革进程中系统性金融风险必然有所上升，但这种分析视角并不能告知我们这些风险究竟是源于利率市场化改革还是其他方面。因而我们将从风险来源的角度对利率市场化改革进程中的系统性金融风险重新进行分析和表述。具体而言，利率市场化改革进程中出现的系统性金融风险来源于两个方面：一是利率自由波动带来的新风险；二是利率管制时期因价格扭曲而积聚的旧风险。

1. 利率自由波动的新风险

既有机构不适应新的定价方式，在人才管理等方面准备不足而产生的风险；也有因利率风险而产生的各种定价风险，比如商业银行存贷款的隐含期权风险，利率期限结构变动而产生的期限错配风险等。这一风险实际上包含了前文所述的阶段性风险和恒久性风险，因此不再做过多阐述。

2. 价格扭曲积聚的旧风险

传统文献往往过度关注利率市场化带来的新风险，却忽视了改革后导致金融危机爆发的一个重要风险来源，也就是因利率管制而积聚的大量市场风险。利率管制阶段，商业银行没有动力对贷款项目进行定价，所有项目使用的都是同样的

政府管制利率,那么哪些项目可以获得贷款一方面看项目的风险情况,另一方面则主要看项目的负责人与银行负责人关系如何。从项目的风险角度来看,伴随着利率管制,许多国家存在着严重的政府隐性担保问题,显然贷款给有政府担保的项目是风险最小的,比如国企以及一些地方政府融资平台,这些项目往往回报率不高或者实际风险较大,一旦政府撤出担保,便会给银行造成大量的不良贷款。

除此之外,金融市场也会因利率扭曲而出现泡沫风险。一个典型的例子就是日本,其利率市场化改革采取了先贷款利率后存款利率的顺序,这也是许多国家的做法,然而这一改革的不同步却成为该国房地产市场泡沫严重的一个重要原因。日本在20世纪80年代已取消对银行贷款的大部分限制,许多大企业发现在其他市场融资的成本远优于银行贷款,其逐渐开始与银行借贷脱离。表8-2反映了这一时期不同规模公司其银行借贷与资产的比值变动情况,可以明显地发现,大公司的银行借贷相对明显减少,而小公司的银行借贷则明显上升。大企业可以很方便的通过货币市场、股票市场等直接融资渠道获得资金支持,因而远离了传统的银行信贷。但此时存款供给方尚没有足够的投资机会,仍受到诸多限制,多数家庭依然只能将金钱存到银行,使得银行拥有大量的存款却没有如过去一样充分的贷款机会。这导致银行一方面缺乏开发非息收入业务的动力,另一方面会到处寻找机会将存款放贷出去。银行为了将资金贷出,不得不更多地向中小企业提供贷款。由于中小企业本身存在着经营风险,银行对企业风险的识别能力尚且不强,而且政府的隐性担保又使银行在甄别客户风险方面没有足够的动力,因此这些银行更倾向于将资金放贷给与房地产业务及股市业务有关的中小企业。这一现象导致了大量的银行资金流入房地产市场和股票市场,并放大了资产价格泡沫。保志和卡莎亚(Hoshi and Kashyap, 2000)将导致这一现象的原因称为利率市场化改革的非对称效应,该研究认为,这种贷方和存方不同步的改革方式是导致后来日本银行业 ROA 持续下降,陷入金融危机的重要原因。

表8-2　日本泡沫经济时期不同规模公司的银行借贷与资本的比值

年份	所有行业		制造业		批发零售业	
	大公司	小公司	大公司	小公司	大公司	小公司
1983	0.3513	0.3600	0.3041	0.3178	0.3847	0.3059
1984	0.3420	0.3634	0.2806	0.3230	0.3762	0.3113
1985	0.3219	0.3754	0.2577	0.3257	0.3755	0.3184
1986	0.3281	0.3884	0.2560	0.3417	0.3910	0.3341
1987	0.3304	0.4039	0.2487	0.3613	0.3992	0.3373
1988	0.3202	0.4161	0.2197	0.3436	0.3865	0.3604

续表

年份	所有行业		制造业		批发零售业	
	大公司	小公司	大公司	小公司	大公司	小公司
1989	0.3022	0.4311	0.1819	0.3438	0.3605	0.3543
1990	0.2901	0.4130	0.1614	0.3438	0.3106	0.3475
1991	0.2907	0.4225	0.1584	0.3350	0.3176	0.3367
1992	0.2867	0.4147	0.1645	0.3537	0.3092	0.3443

注：大公司定义为账面价值大于10亿日元的企业。

资料来源：Hoshi and Kashyap. The Japanese Banking Crisis: Where Did It Come from and How Will It End? NBER Working Paper, 2000: 146.

对比来说，新风险和旧风险均是利率市场化进程中出现的，但从各国爆发金融危机的经验可以发现，旧风险相对更需要关注。虽然在利率市场化的开始阶段，会有一些机构不适应，但许多国家的利率市场化采取了渐进式的改革方式，给这些机构提供了充足的适应时间，但实际上危机并没有因此避免。而在利率市场化完成后的长时间内，若因为利率风险会常常导致金融危机爆发，那么各国又怎会采取这样一项危险的改革方案。实际上，导致金融危机爆发的主因正是因价格扭曲而在市场中积聚的旧风险。从我们对旧风险的阐述中也可以发现，对于中国来说，其在旧风险方面的积聚程度相对更为严重，也更值得关注。

旧风险是一直存在于系统中的，即使非常严格的管控措施也难免有部分风险释放，那么，为何非要到利率市场化改革后才会出现金融危机呢，我们认为，利率市场化改革进程中还有两点是导致旧风险演变成金融危机的重要助力，下面将进一步阐述这两点原因。

三、积聚的旧风险演变为金融危机的原因

我们认为，系统中长期积聚的金融风险在利率市场化改革进程中演变成金融危机有这样两点原因：一是金融市场放大风险的能力在改革后变强；二是监管自由化倾向导致的监管不力。

（一）金融市场放大风险的能力增强

金融市场具有放大风险的能力，伴随着金融改革，这种能力得以不断增强，旧问题在新环境下的影响程度已经截然不同。泰国金融危机的爆发，资本账户完全开放负有重要的责任，但根本原因还是泰国经济的竞争力已经不足，投资者对

泰铢有较高的贬值预期，过去资本账户管制时期，如果投机者进行攻击，其外汇储备尚可以抵御，而资本账户开放后，由于投机者攻击带来的游资们的"羊群行为"，迅速放大了进行抵御的成本，结果泰国政府在危机初期显然低估了投机者攻击的能力，这才错误地采取了与投机者对决的方式，同样的问题，老方法已经难以奏效。另一个例子是韩国，韩国在利率市场化以前，如20世纪60年代末和70年代末均出现过财阀企业违约、银行不能收回信贷的情况，但政府兜底成功稳定了韩国的金融市场，当利率市场化以及资本账户开放等均已实现后，同样的问题再发生时，韩国政府却已经无法对大量的企业外债违约进行兜底，金融危机由此爆发，同样的事件，程度和影响却不再相同。

  导致金融市场放大风险能力增强的原因是多方面的。比如，利率管制或者汇率管制本质上是将本应由银行或企业承担的利率或汇率波动风险转嫁给政府承担，银行或企业只需专注于自身的发展即可，这是经济发展初期政府对国内金融机构及企业的一种保护措施，当经济发展到一定程度，国内金融机构及企业拥有了一定的实力，政府再将这些风险移交给银行或企业等自身进行承担，这就是所谓的利率市场化或汇率市场化，结果只是风险的承担者发生了变化，因此本不应有新的系统性风险出现。但是，政府和个体机构或企业的目标是不同的，政府更倾向于稳定，而个体则倾向于自身利润的最大化，甚至更多的是短期利润的最大化。因而当政府承担全部风险时，倾向于压抑市场活力，甚至以牺牲部分经济发展为代价；而个体承担自有风险时，则倾向于过度冒险，同时将部分风险转嫁给其他个体或政府承担，也就是所谓的负外部性。当大量个体的风险加总与过去政府总体承担的风险相等时，此时却有大量的负外部性被忽视了，这些负外部性是不同个体间风险传染蔓延的主要渠道，也就构成了我们所说的风险放大机制的核心。此外，如金融加速器效应，股市的财富效应等也均需要市场化的利率加以配合，这些也是金融市场放大风险的重要机制。

（二）监管自由化导致的监管不力

  改革进程中监管的不足是导致系统中积聚的风险演变成金融危机的另一个重要原因。墨西哥的金融改革便是一个例子，其在商业银行私有化改革的过程中急于求成，结果导致了银行的购买者缺乏经营和管理经验，而且付出了过高的购买成本，私有化进程中，政府除没有具体规定银行购买者的资格审查标准之外，对有效的内部控制制度，信贷部门良好的管理机制，独立客观的内部审计制度以及完善的管理信息系统等也均没有严格而具体的规定。在银行尚未建立起新管制制度的情况下，其便急于签订《北美自由贸易协定》，给国内银行系统引入了严峻的外部竞争，最终引发了严重的金融危机。

金融自由化改革进程中监管不足的原因有二。首先，因利率市场化改革，政府调控手段减少，不能够再通过直接调节利率的方式干预市场，这是被动的监管能力下降。其次，伴随着利率市场化改革，许多国家也同时出现了监管自由化的倾向，这是主动的监管不足，或者说是监管缺位。金融自由化往往由市场崇拜者主导，一切交给市场，一切由市场决定，政府的任何干预都是不对的，这些也是市场崇拜者所信奉的。因而在金融自由化改革进程中，排斥政府的干预管制在所难免，监管者怎么做都得不到舆论肯定，也就难免出现索性什么都不做的懒政倾向，监管自由化的问题随之产生。我们在对系统性金融风险的简述中已经指出，导致金融危机爆发的一个重要原因就是监管的不力，更何况此时在金融市场的放大作用下，新旧风险同时释放，而且影响将较从前更为强烈，这几个因素同时叠加最终导致了利率市场化等金融改革实现后，许多国家出现了严重的金融危机。

综上所述，利率市场化改革后系统性金融风险上升是必然的，但这并不能归罪于改革的推行。正如席勒教授在《新金融秩序》一书中所说："在蒸汽机刚刚发明出来时，有不少人死于锅炉爆炸事故，在民航飞机刚刚推出的年代，也有不少人死于坠机。但是技术的不断进步总是能大量减少意外发生。所以说，解决问题之道在于使我们的金融技术不断革新、不断大众化，而不是倒行逆施。"应对系统性金融风险，一方面要重点关注旧风险的逐渐释放，另一方面要注重监管的不断跟进，而不是随之松懈。

第四节 中国系统性金融风险的测算与评估

自2008年美国金融危机爆发后，越来越多的学者开始关注对系统性风险的测度，并提出了大量的模型方法。将系统性风险划分为机构系统性风险和市场系统性风险，本章将结合现有实证研究方法对我国的系统性金融风险状况进行测度和评估。

一、金融机构系统性风险

金融机构系统性风险主要是指当市场整体出现损失时，微观个体将面临的冲击及其给系统整体损失带来的贡献。目前较为流行的测度金融机构系统性风险的方法见表8-3。早期测度系统性风险主要关注金融机构之间的关联业务，采用网络分析法或矩阵法等方法来估计风险在金融机构之间的传染，但由于金融机构之间的实际双边敞口数据不易获得,因而使用这类方法测度金融机构系统性风险有较大难度。2008 年金融危机之后,金融机构系统性风险的测度吸引了大量学者的目光,发展和产生了一大批相关研究方法和模型。

相对来讲,其中较为流行的方法,根据其测度风险的方式可以大致划分成在险价值、期望损失和联合违约概率三类。阿德里安和布伦纳迈尔(Adrian and Brunnermeier, 2011)提出的 CoVaR 模型以及陈劳(Chan – Lau, 2010)提出的 CoRisk 两个指标主要基于在险价值;阿查理亚等人(Acharya et al., 2017, 2012)所提出的 SES 和 SRISK 两个指标是基于对 MES 的测算,进而结合资产负债表数据衍生而成的。塞戈维亚诺和古德哈特(Segoviano and Goodhart, 2009)以及乔布斯和格雷(Jobst and Gray, 2013)等文献采用的 JPoDs 和 SCCA 等指标则需要基于对风险发生联合概率分布的估计,前者着重于风险发生的联合概率,后者着重于联合风险发生时的期望损失。

总体来看,这些方法大多需要使用金融市场的数据,尤其是股票市场数据。其好处有二:一是股票市场的数据较易获取,大大降低了有关数据搜集上的难度;二是股票市场反映了投资者对未来的预期,有较强的前瞻性,因而基于股票市场数据测度的系统性风险应具有较好的预测作用。但是,由于更依赖股票市场数据,这些测度方法也可能存在一些缺陷:一是仅能测度上市金融机构的系统性风险,容易忽视非上市金融机构给整个金融系统带来的影响,尤其是在发展中国家,股票市场不够发达,诸多大型金融机构也未上市的情况下;二是对市场效率有一定要求,如果市场非有效,对金融机构股价有较为严重的估值偏差,则会给系统性风险的测算结果带来较大影响(见表 8 – 3)。

表 8 – 3　　　　　　　　系统性金融风险的测度方法

项目	CoVaR	CoRisk	SES	SRISK	JPoD	CCA	SCCA
测度方式	在险价值 Value-at-Risk	在险价值 Value-at-Risk	期望损失 Expected Shortfall	期望损失 Expected Shortfall	条件概率 Conditional Probabilities	期望损失 Expected Shortfall	期望损失 Expected Shortfall
估计方法	面板分位数回归	二元分位数回归	面板回归	GARCH DCC 非参方法	copula 函数	BS 公式 copula 函数	BS 公式 copula 函数 极值理论
数据样本	股票收益 市场指标	CDS 利差	股票收益 资产负债表	股票收益 资产负债表	CDS 利差	股票收益 资产负债表	股票收益 资产负债表

续表

项目	CoVaR	CoRisk	SES	SRISK	JPoD	CCA	SCCA
代表成果	Adrian and Brunnermeier (2011); 卜林和李政 (2015)	Chan-Lau (2010)	Acharya et al. (2017); 范小云等 (2011)	Brownlees and Engle (2011); Acharya et al. (2012); 梁琪等 (2013)	Segoviano and Goodhart (2009)	Gray et al. (2008); 宫晓琳 (2012)	Jobst and Gray (2013); 李志辉等 (2016)

资料来源：作者根据文献整理。

综合现有方法在实现上的难度以及对数据的要求，本章采用 SRISK 这一指标来测度我国上市商业银行的系统性风险。SRISK 被定义为危机发生时，一家金融机构期望出现的资产短缺程度。

$$SRISK_{it} = E_{t-1}(CapitalShortfall_i \mid Crisis) \tag{8.1}$$

为计算这一指标，首先需要计算当市场指数出现大幅下跌时，股票持有者会面临的期望损失，即 MES（Marginal Expected Shortfall），此为短期边际期望损失。布朗利斯和恩格尔（Brownlees and Engle, 2011）提出了基于 GARCH/DCC/非参的计算方法。

衡量机构风险最常用的两个指标是 VaR 和 ES（Expected Shortfall）。VaR 衡量了在某段时间内，某个置信水平下，比如 $1-\alpha$，银行将面临的最大损失，即 $P(R < -VaR_\alpha) = \alpha$。比如，$\alpha = 5\%$，意味着银行有 95% 的可能性遭受的最大损失为 VaR。许多市场参与者可能并不关心最大的损失可能是多少，而是关心可能出现的期望损失，ES 衡量了当损失超过 VaR 时的期望水平，即 $ES_\alpha = -E[R \mid R \leq -VaR_\alpha]$。注意到损失 R 可以表示为 $R = \sum_i \omega_i r_i$，其中 ω_i 是组合中资产 i 的权重，因而 ES 可以表示为 $ES_\alpha = -\sum_i \omega_i E[r_i \mid R \leq -VaR_\alpha]$。由此可以得到 MES 的定义公式为：

$$MES_\alpha^i \equiv \frac{\partial ES_\alpha}{\partial \omega_i} = -E[r_i \mid R \leq -VaR_\alpha] \tag{8.2}$$

假设机构的股票收益率 r_i 及市场收益率 r_m 分别满足如下方程：

$$r_{mt} = \sigma_{mt} \varepsilon_{mt} \tag{8.3}$$

$$r_{it} = \sigma_{it} \rho_{it} \varepsilon_{mt} + \sigma_{it}\sqrt{1-\rho_{it}^2}\xi_{it} \tag{8.4}$$

则 MES 可以进一步表示为：

$$MES_{i,t-1}(C) = -[\sigma_{it} E_{t-1}(\varepsilon_{it} \mid \varepsilon_{mt} < C/\sigma_{mt})]$$

$$= -\sigma_{it} E_{t-1}(\rho_{it}\varepsilon_{mt} + \sqrt{1-\rho_{it}^2}\xi_{it} \mid \varepsilon_{mt} < C/\sigma_{mt})$$

$$= -\sigma_{it}\rho_{it} E_{t-1}\left(\varepsilon_{mt} \mid \varepsilon_{mt} < \frac{C}{\sigma_{mt}}\right) - \sigma_{it}\sqrt{1-\rho_{it}^2} E_{t-1}(\xi_{it} \mid \varepsilon_{mt} < C/\sigma_{mt})$$

上式中，ρ_{it}是个股收益率与市场指数收益率的相关系数，C代表市场指数的下跌幅度，一般取-2%。基于 GARCH 模型和 DCC – GARCH 模型，我们可以很容易地获得σ_{it}和ρ_{it}在每个时期的取值。与文献中的方法一致，本文在计算 MES 时同样采用 TGARCH 模型和 DCC 模型，前者在估计 GARCH 模型时考虑了杠杆效应，即考虑股票收益率在下跌和上涨时的波动差异。

计算尾部损失$E_{t-1}(\varepsilon_{mt}\mid\varepsilon_{mt}<C/\sigma_{mt})$和$E_{t-1}(\xi_{it}\mid\varepsilon_{mt}<C/\sigma_{mt})$时需要使用基于核函数的非参数方法。即：

$$E_{t-1}(\varepsilon_{mt}\mid\varepsilon_{mt}<\kappa)=\frac{\sum_{j=1}^{N}\varepsilon_{mt}K_h(\varepsilon_{mt}-\kappa)}{\sum_{j=1}^{N}K_h(\varepsilon_{mt}-\kappa)} \tag{8.5}$$

$$E_{t-1}(\xi_{it}\mid\varepsilon_{mt}<\kappa)=\frac{\sum_{j=1}^{N}\xi_{it}K_h(\varepsilon_{mt}-\kappa)}{\sum_{j=1}^{N}K_h(\varepsilon_{mt}-\kappa)} \tag{8.6}$$

其中，$K_h(\ )$是核函数，较为常用的是伊番科尼可夫（Epanechnikov）函数形式，即$3/4(1-z^2)I(\mid z\mid<1)$。$I(\mid z\mid<1)$是指示函数，当$z$在正负 1 之内时取值为 1，否则取值为 0，$z=(\varepsilon_{mt}-\kappa)/h$。$h$也称为核函数的带宽。通常核函数的具体形式对结果影响较小，而带宽的选取会对结果产生较大影响。带宽越大会导致核函数估计得出的概率密度函数更加平滑，但也会导致估计偏差增大，因此需要在密度函数的平滑和估计偏差之间进行权衡，以选择最优带宽。科勒等（Kohler et al. , 2014）的最新研究，基于均方误差 MSE（Mean Squared Error）和积分均方误差 IMSE（Integrated Mean Squared Error）对比了各种最优带宽的效果。在以 MSE 为标准时，Rice 的 T 指标是最好的带宽设置方式；在以 IMSE 为标准时，拇指法则能够产生更好的带宽。相对来讲，IMSE 在大样本中比 MSE 指标更好，因而本文采用拇指法则来计算最优带宽，该法则给出的最优带宽公式为：

$$h=\left(\frac{4}{3N}\right)^{\frac{1}{5}}\times\min\left(\sigma,\frac{iqr}{1.349}\right) \tag{8.7}$$

其中，iqr是序列 3/4 分位数与 1/4 分位数之间的差值。综上所述，通过 TGARCH/DCC/非参数方法，我们可以计算得到每家上市银行在每日的 MES 值。

当市场连续出现大幅下跌，尤其是在未来的六个月里下跌幅度超过 40% 时，这被视为严重危机，此时的期望损失即 LRMES（Long Run Marginal Expected Shortfall），为长期边际期望损失。对 LRMES 的估算，阿查理亚等（Acharya et al. , 2012）提出其近似等于$1-\exp(-18\times MES)$。根据长期边际期望损失可以计算上市金融机构的系统性风险水平为：

$$SRISK_{it} = E\bigl[\,(k(Debt + Equity) - Equity)\,|\,Crisis\,\bigr] = kDebt_{it} - (1-k)(1-LRMES_{it})Equity_{it}$$

其中，k 是对金融机构的资本充足率要求，一般往往取 8%，即《巴塞尔协议》对最低资本充足率的要求。$Debt$ 是企业上个季度末财报中总负债的账面价值，假设其在未来的季度中保持不变，始终等于账面价值；$Equity$ 是企业在各时期的总市值，由收盘价与总股本相乘计算而得。由于系统性风险代表出现损失的多少，因而不考虑 $SRISK$ 取值为负的情况（取正代表产生损失，取负代表产生收益）。故最终获得的 $SRISK$ 为：

$$SRISK_{it} = \max\bigl[0, kDebt_{it} - (1-k)(1-LRMES_{it})Equity_{it}\bigr] \qquad (8.8)$$

进一步，还可以计算各金融机构对系统总体风险的贡献，即其系统性风险占总风险的百分比：

$$SRISK\%_{it} = \frac{SRISK_{it}}{\sum_{j=1}^{N} SRISK_{jt}} \qquad (8.9)$$

根据该指标可以对上市金融机构的系统重要性进行排名。

通过国泰安数据库，我们搜集了国内上市商业银行自 2005 年到 2016 年底的股票收益日数据和每个季度的债务账面价值。股票收益为考虑了分红再投资后的收益率；上市银行的总市值通过每日的收盘价与银行总股本相乘计算而得。市场指数选取沪深 300 指数。根据这些数据，采用上述方法，表 8-4 汇报了 2016 年 12 月 30 日我国上市商业银行的系统性风险贡献排名，资本充足率要求 k 取值为 8%。

表 8-4　　2016 年 12 月 30 日上市银行系统性风险贡献排名

排名	银行名称	SRISK（%）	MES（%）	LRMES（%）	市值资本充足率	市值杠杆率	最高杠杆率
1	农业银行	18.39	0.55	9.46	5.37	18.63	11.41
2	中国银行	15.01	0.60	10.19	5.82	17.19	11.33
3	建设银行	12.94	0.69	11.66	6.70	14.92	11.16
4	工商银行	12.59	0.43	7.51	6.76	14.82	11.64
5	交通银行	8.10	0.79	13.32	5.42	18.44	10.97
6	中信银行	5.88	1.27	20.41	5.70	17.56	10.15
7	兴业银行	5.62	0.48	8.19	5.32	18.78	11.56
8	光大银行	4.48	0.80	13.33	4.84	20.66	10.97
9	民生银行	4.45	0.40	6.98	5.88	17.00	11.70
10	浦发银行	3.69	0.41	7.16	6.31	15.84	11.68

续表

排名	银行名称	SRISK（%）	MES（%）	LRMES（%）	市值资本充足率	市值杠杆率	最高杠杆率
11	华夏银行	2.51	0.90	15.02	5.17	19.33	10.77
12	平安银行	2.45	0.56	9.64	5.68	17.60	11.39
13	招商银行	1.71	0.71	12.03	7.91	12.64	11.12
14	北京银行	0.92	0.59	9.99	7.25	13.80	11.35
15	南京银行	0.81	0.91	15.03	6.40	15.63	10.77
16	宁波银行	0.45	1.14	18.57	7.61	13.13	10.36

资料来源：作者计算整理。

从表8-4中的数据可见，五大国有银行的系统性风险贡献最高，其他银行次之，在中小板上市的宁波银行系统性风险贡献最少。其与梁琪等（2013）用历史资本充足率作为要求时，对我国2012年底上市金融机构测算的系统性风险排名比较接近。差异在于五大国有银行中，2012年底时，中国银行和工商银行排名靠前，而在2016年底时，我们的计算发现农业银行的系统性风险已经排名第一。

令SRISK取值为0，我们可以进一步计算得到使商业银行没有系统性风险时所应当设定的银行最高杠杆率（总市值和债务之和与总市值的比率）。表8-4最后一列是根据这种方法推算的银行最高杠杆率，易见根据市值计算的银行实际杠杆率均远高于其最高杠杆率，说明银行过度加杠杆产生了不少的系统性风险。表中也列示了根据银行市值计算的资本充足率（总市值与市值债务之和的比率），可见所有银行的实际资本充足率也均小于8%的要求，预示了一定的系统性风险。

对银行每年的SRISK（%）值取平均，表8-5列出了2010年前上市的16家商业银行每年的平均系统性风险贡献。可见农业银行2011年以来几乎每年的平均系统性风险贡献均最高，仅在2012年时，中国银行的平均系统性风险最高。从趋势上来看，农业银行长期处于系统性风险贡献最高的水平，需要对其采取更严格的监管。中国银行虽然系统性风险贡献也很高，但总体上有一定下降的趋势。建设银行和工商银行的系统性风险逐年快速上升，也需要引起监管部门的重视。

表8-5　　　　上市银行每年的平均系统性风险贡献

排名	银行名称	2011年	2012年	2013年	2014年	2015年	2016年
1	农业银行	27.68	18.86	18.44	17.03	20.57	17.71
2	中国银行	19.11	20.06	16.04	16.50	12.66	15.13

续表

排名	银行名称	2011 年	2012 年	2013 年	2014 年	2015 年	2016 年
3	建设银行	0.07	5.39	9.07	12.20	11.28	13.64
4	工商银行	0.09	5.27	10.30	14.83	15.10	13.04
5	交通银行	14.51	10.34	8.02	7.21	7.29	7.74
6	中信银行	2.15	5.06	5.09	4.76	4.57	6.22
7	兴业银行	6.47	6.99	5.54	4.64	6.29	5.45
8	光大银行	3.03	4.60	4.55	3.17	3.43	4.24
9	浦发银行	7.56	7.49	6.40	4.88	5.23	3.60
10	民生银行	6.93	3.73	3.36	2.92	2.69	3.34
11	平安银行	3.02	3.23	3.29	2.25	2.42	2.63
12	华夏银行	7.28	3.75	3.20	2.45	2.54	2.50
13	招商银行	0.78	2.95	4.14	4.46	3.29	2.17
14	北京银行	1.30	1.96	1.58	1.60	1.53	1.18
15	南京银行	0.03	0.23	0.45	0.56	0.68	0.85
16	宁波银行	0.00	0.09	0.56	0.55	0.43	0.57

资料来源：作者计算整理。

我们计算了2005～2016年的系统性风险，表8-5中仅列出了2011年之后的数据是因为，一方面，在2005～2010年间，陆续有银行上市发行，样本总体的系统性风险值会不同；另一方面，2005～2010年间有大量银行的系统性风险测度值SRISK为0，尤其在2007年和2008年初之间。这是因为，我们在计算银行的权益价值时使用了总市值，因而会受市场估价的严重影响，尤其对于刚刚上市发行的新股。以在中小板上市的宁波银行为例，根据其2008年的年报，权益的账面价值为88亿元，银行的总股本为25亿份，则一股的账面价格应当为88/25=3.52元。然而由于宁波银行上市后受到市场强烈追捧，2007年间该股的价格一度高达接近30元，2008年也长期在10元以上，极低的账面市值比使得宁波银行根据市值计算的资本充足率非常高，根据账面价值计算的宁波银行权益资产比率只有8.52%，而根据2007年间的市值计算的权益资产比率却在40%以上，接近一半。类似地，由于2007年我国股票市场出现的牛市行情，许多银行股价格高企，使得这些银行根据市值计算的权益资产比率均远远高于8%，产生了资本极其充裕的情况，因而在这一阶段表现为许多银行没有任何系统性风险。这也说明了SRISK这类基于股票数据的方法可能存在的一个问题，就是股票市场的有效情况会影响最终的系统性风险水平。但考虑到即使银行股被严重高估，如果银行在危急时能够以市价变现资产，那么高估的市值也同样能够抵御债务偿还风险，因此这类影响或许并没有想象的严重。此外，我国的股票指数根据市值编制，大银行由于市值高往往对股指有较强影响，因而在股市危机期间，政府救市的表现之一是对大银行股价的支持，这也会使危机期间一些大银行的系统性风险测算结果出现不升反降的情形。

将所有上市银行的 SRISK 值加总，我们可以得到中国自 2005 年以来的总体系统性风险情况，如图 8-10 所示。可见 2007~2008 年间的极低系统性风险根源在于此期间牛市对银行股票价格的高估，使其根据市值计算的资本充足率极高。类似地，在 2015 年前后，市场同样出现了系统性风险大幅下降的现象，这与这一时期的牛市给银行股价带来的高估有关。总体来看，我国金融机构的系统性风险程度自 2010 年开始不断上升，需要引起监管者的重视，这与本书的主旨利率市场化改革密切相关，会成为改革完成和完善阶段一项非常严重的危机隐患。

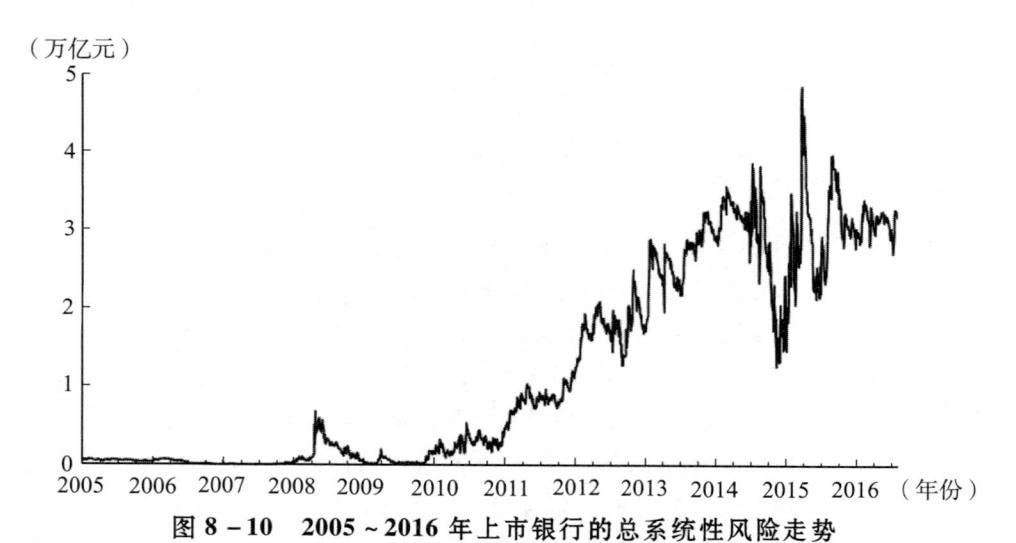

图 8-10　2005~2016 年上市银行的总系统性风险走势

资料来源：作者计算绘制。

安格尔教授的研究团队，基于前文的 SRISK 方法，设置了风险实验室的网站，网站会不断更新汇报各个国家（地区）的总体系统性风险情况以及每个国家内部的上市金融机构系统性风险排名。网址为：https://vlab.stern.nyu.edu/。图 8-11 为 2018 年 4 月底该网站基于 SRISK 方法测算的各经济体系统性风险情况。中国的系统性风险水平相对最高，但实际应用中，往往需要用该指标与 GDP 相除，以计算一单位 GDP 面临的系统性风险，使用该指标时，中国的排名会下降许多（见图 8-12）。从该网站上，我们也获得了中国总体系统性风险的走势情况，如

图 8-13，可见其与图 8-10 的走势是相同的，显然，因为我们使用的方法是大体一致的，这也从侧面印证我们的测算方式是正确的。图 8-13 给出了更长期的估算，可见我国的金融机构总体系统性风险是在不断上升的，但上升速率已开始减缓，这与我国近几年去杠杆的努力初见成效有关。我们没能计算直到 2018 年的国内 SRISK 值是被数据获取能力所限，我们所能使用的数据库大多在 2017 年

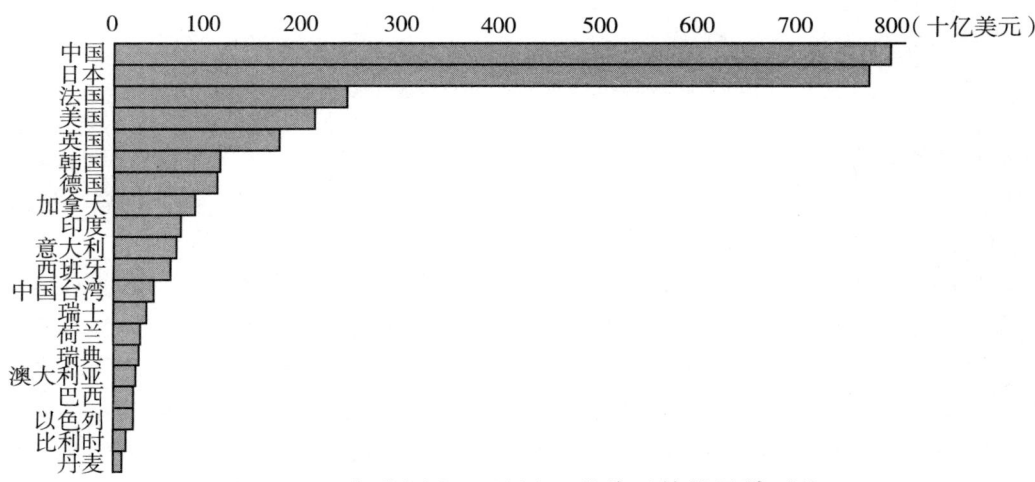

图 8-11　部分国家（地区）总体系统性风险对比

资料来源：风险实验室 V-lab，https://vlab.stern.nyu.edu/welcome/risk/。

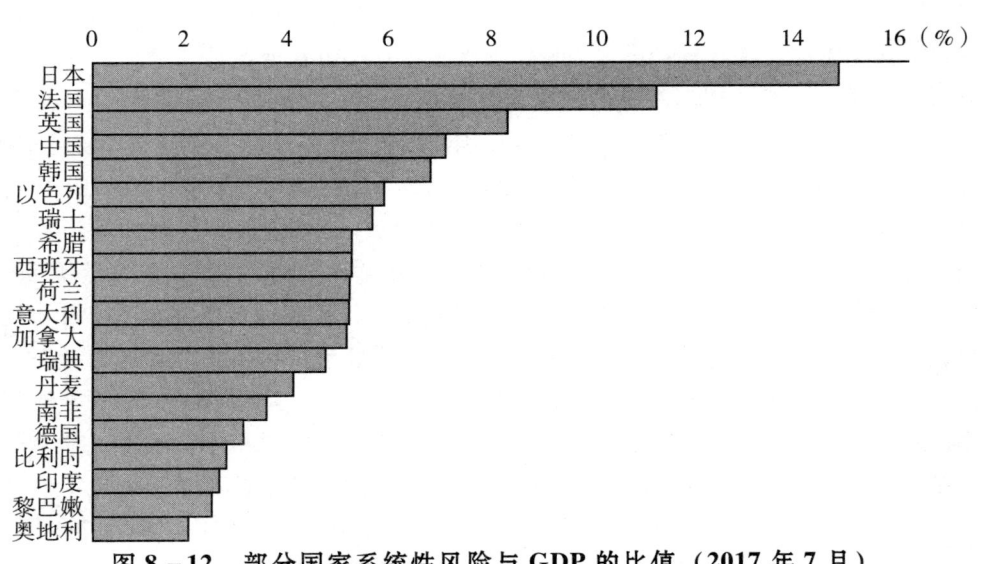

图 8-12　部分国家系统性风险与 GDP 的比值（2017 年 7 月）

资料来源：How Much SRISK Is Too Much? SSRN Working Paper, 2018: 23.

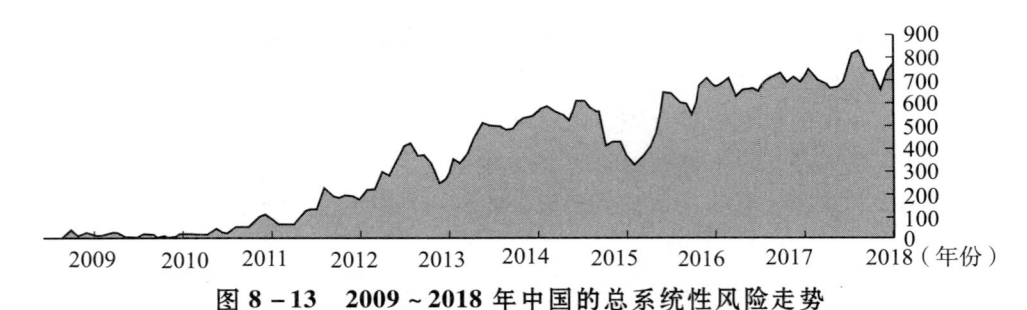

图 8-13　2009~2018 年中国的总系统性风险走势

资料来源：风险实验室 V-lab，https://vlab.stern.nyu.edu/welcome/risk/。

有很多缺失值，更遑论对 2018 年数据的搜集整理。未来想要更好地防控国内金融机构的系统性风险，发展大数据，为金融领域研究机构提供强大的数据后盾应当成为一项极其重要的国家级工作。

除了 SRISK 方法，CoVaR 方法也是常用的系统性风险测算指标，但其相对于 SRISK 方法的缺陷在于不具有可加性，即两个机构在各自危机时的损失加总未必等于甚至可能小于两个机构同时出现危机时的损失。因而 CoVaR 方法只能用于对金融机构系统性风险贡献进行排名。我们也采用阿德里安和布伦纳迈尔（Adrian and Brunnermeier，2011）的方法对我国金融机构的系统性风险情况进行了测算。需要注意的是，文献中往往是用股票收益率的当期项对一些市场指标的前期项进行分位数回归，从而获得对 CoVaR 的估计，但在我国这种方法存在着一个明显的问题是股票收益对同样指标的前期项做分位数回归时并不显著。如果解释变量并不能显著解释被解释变量，那么根据这些解释变量计算的风险水平明显是有问题的，至少是不准确的。这也是我们认为 CoVaR 方法并不适合估计我国上市金融机构系统性风险水平的主要原因。此处我们采用了一种折中的办法来简单估算我国上市金融机构的系统性风险，即改用解释变量的同期项进行回归，这些同期项的回归系数均是显著的，因此在样本内是可以预测系统性风险水平的。与阿德里安和布伦纳迈尔（2011）类似，我们也选用如下一些解释变量：（1）上证指数方差，衡量了股票市场的波动情况，由于我国股指期权上市时间较短，隐含波动率的数据较少，因此采用历史波动率替代；（2）3 个月期限质押式回购利率与 3 个月国债利率的利差，衡量了短期流动性风险；（3）3 个月国债利率的每日变动；（4）10 年期国债利率与 3 个月国债利率的利差，衡量了利率期限结构；（5）10 年期 BBB+ 企业债利率与 10 年期国债利率的利差，衡量了信用溢价；（6）上证综指的对数收益率等。具体方法不再介绍。使用 2011~2015 年的周频数据，表 8-6 为我国系统性风险排名前 20 的金融机构。

表 8-6　基于 CoVaR 方法测算的我国上市金融机构系统性风险情况

机构名称	系统风险（-）	排名	机构名称	系统风险（-）	排名
农业银行	0.0165	1	招商银行	0.0062	11
工商银行	0.0142	2	南京银行	0.0061	12
建设银行	0.0122	3	中国人寿	0.0061	13
中国银行	0.0116	4	中国太保	0.0058	14
北京银行	0.0104	5	宁波银行	0.0055	15
浦发银行	0.0091	6	中国平安	0.0054	16
兴业银行	0.0087	7	华夏银行	0.0040	17
光大银行	0.0070	8	中信银行	0.0035	18
民生银行	0.0067	9	锦龙股份	0.0032	19
交通银行	0.0062	10	平安银行	0.0020	20

注：计算结果主要为负值，代表损失，表中数据取负后列入，便于观察风险贡献大小。
资料来源：作者计算整理。

与表 8-5 中 2015 年的数据对比，可见 CoVaR 方法和 SRISK 方法在排比我国上市商业银行的系统性风险方面结果是类似的，均表现为农业银行的系统性风险最高；四大国有银行排名最靠前，其他银行排名比较靠后。交通银行虽然在 SRISK 的方法下排名第五，但其风险水平自 2013 年后就远小于 10，而四大国有银行的取值均在 10 以上，远高于交通银行，因此两种方法中交通银行排名上的差异尚可接受。表 8-5 中还列出了保险机构和证券机构的排名，可见银行的系统性风险最高，保险机构次之，证券机构最后。这与梁琪等（2013）基于 SRISK 方法的排比结果是相同的。我们在计算 SRISK 值时没有考虑保险和证券机构也是出于同样的考虑，即这些机构根据市值计算的资本充足率往往非常高，因而在规定 8% 的资本充足率要求下 SRISK 取值常常为 0。

基于本书估计的系统性风险水平 SRISK，我们也回归分析了利率市场化改革对上市商业银行系统性风险水平的影响。采用前文提出的利率市场化指数，我们通过面板数据的固定效应模型回归分析了其与上市银行 SRISK 值的关系，豪斯曼检验和 F 检验均支持选用固定效应模型，结果见表 8-7。数据样本是从 2005 年到 2016 年上市银行的年度数据，被解释变量是各上市银行的年平均 SRISK，剔除极端值的影响，对该值进行了 5% 的缩尾处理，单位是万亿元。

表 8-7　利率市场化改革对上市商业银行系统性风险的影响

	（1）	（2）	（3）	（4）
贷款利率市场化	0.1905*** (0.0185)			
存款利率市场化		0.3503*** (0.0790)		
实际利率市场化			0.1730*** (0.0162)	
制度利率市场化				0.4226*** (0.0375)
常数项	0.0198** (0.0079)	0.0360*** (0.0117)	0.0043 (0.0088)	-0.2236*** (0.0273)
obs	165	165	165	165

注：***、**、*分别表示在1%、5%、10%的水平上显著，括号内为标准差。
资料来源：作者计算整理。

表 8-7 的结果显示，无论是贷款利率市场化还是存款利率市场化程度的提高，均会导致上市商业银行的系统性风险程度上升。综合第五章的结果，可以明确，利率市场化改革不仅提升了商业银行自身面临的微观风险，也会提升每家银行给金融系统整体带来的风险。因此，伴随着利率市场化改革推进，微观银行不仅需要提升自身的风险管理能力以更好地应对风险增加，宏观层面的监管者也需要进行适当调整，以应对由改革带来的系统性风险甚至系统性危机隐患。

进一步，考虑控制银行自身因素的影响，与前文相同，增加公司规模 $size$（总资产的对数），资本充足率 cap（账面权益与总资产的比率），盈利能力 $prof$（息税前利润与总资产的比率），经营效率 $effic$（总营业收入与总营业成本的比率），年GDP实际增长率 gdp，通货膨胀率 def（GDP平减指数的变化率），3个月期限拆借利率的变动 $dr3m$ 等变量作为控制变量。对银行资本负债表中数据均做了5%的缩尾处理。结果见表 8-8，同样地，回归结果表明，无论是实际的利率市场化程度提升，还是相关制度的改革推进，上市商业银行的系统性风险均会随之上升。

表 8-8　利率市场化改革对上市商业银行系统性风险的影响

项目	(1)	(2)	(3)	(4)
贷款利率市场化	0.0645** (0.0303)			
存款利率市场化		0.1640** (0.0809)		
实际利率市场化			0.0907*** (0.0304)	
制度利率市场化				0.4763*** (0.0860)
$size$	−0.0665*** (0.0190)	−0.0697*** (0.0193)	−0.0727*** (0.0189)	−0.1360*** (0.0219)
cap	0.0264*** (0.0071)	0.0266*** (0.0071)	0.0221*** (0.0073)	0.0137* (0.0070)
$prof$	−0.0190 (0.0470)	−0.0154 (0.0471)	−0.0162 (0.0463)	0.0159 (0.0437)
$effic$	0.0129 (0.0452)	0.0145 (0.0459)	0.0477 (0.0476)	0.0703* (0.0422)
gdp	−0.0140*** (0.0051)	−0.0115** (0.0054)	−0.0118** (0.0051)	−0.0162*** (0.0047)
def	−0.0250*** (0.0058)	−0.0350*** (0.0055)	−0.0249*** (0.0054)	−0.0223*** (0.0049)
$dr3m$	0.0404*** (0.0103)	0.0564*** (0.0096)	0.0397*** (0.0097)	0.0420*** (0.0086)
obs	165	165	165	165

注：***、**、*分别表示在1%、5%、10%的水平上显著，括号内为标准差，省略了常数项结果。

资料来源：作者计算整理。

第五章在分析微观风险时，还考虑了风险水平的自相关情况，进行了系统 GMM 回归，但对系统性风险水平的回归分析显示，无论使用被解释变量的一阶滞后还是二阶滞后，在考虑稳健标准差的情况下，其自相关检验的统计量 AR1 和 AR2 的 p 值均在 0.9 以上，说明系统性风险的自相关情况较小。为使结果更可靠，防止有内生性的问题，我们也进行了用解释变量一阶滞后项做工具变量的两阶段最小二乘回归,结果见表8-9。考虑内生性后,贷款利率和存款利率的实际市场化程度对系统性风险的影响不再显著,但总体利率市场化程度与系统性风险间的正向关系依然在5%的水平上显著,说明不论是实际的利率市场化程度,还是制度上的利率市场化程度,均会影响上市银行的系统性风险水平。

表8-9 利率市场化对系统性风险的影响
（以滞后项作为工具变量的回归）

项目	(1)	(2)	(3)	(4)
贷款利率市场化	-0.1004 (0.1128)			
存款利率市场化		-0.6941 (0.5171)		
实际利率市场化			0.2174** (0.0930)	
制度利率市场化				0.3500*** (0.0979)
$size$	-0.0537** (0.0233)	-0.0272 (0.0360)	-0.0759*** (0.0229)	-0.1117*** (0.0245)
cap	0.0382*** (0.0108)	0.0497*** (0.0165)	0.0109 (0.0113)	0.0188** (0.0073)
$prof$	-0.0191 (0.0528)	-0.0366 (0.0660)	-0.0073 (0.0500)	0.0089 (0.0451)
$effic$	-0.0804 (0.0821)	-0.1825 (0.1338)	0.1577* (0.0890)	0.0489 (0.0451)
gdp	-0.0161*** (0.0062)	-0.0293** (0.0133)	-0.0056 (0.0067)	-0.0152*** (0.0049)
def	-0.0399*** (0.0120)	-0.0130 (0.0148)	-0.0157* (0.0083)	-0.0242*** (0.0051)
$dr3m$	0.0657*** (0.0208)	0.0243 (0.0227)	0.0228 (0.0151)	0.0434*** (0.0089)
obs	160	160	160	160

注：***、**、*分别表示在1%、5%、10%的水平上显著,括号内为标准差,省略了常数项结果。

资料来源：作者计算整理。

对金融机构系统性风险的测算和评估给出以下三条主要结论：一是我国金融机构的系统性风险水平在不断上升，但上升速率在减缓，未来还需要进一步推动"去杠杆"，来缓解上市金融机构的系统性风险程度；二是农业银行为代表的国有银行系统性风险较高，需要引起监管者的注意；三是利率市场化改革的推进会提升我国上市银行的系统性风险程度，在利率市场化改革的完成和完善过程中，需要谨防由系统性风险上升带来的危机隐患。

二、金融市场系统性风险

实际上，如果我们能构造一个衡量金融市场整体资产价值变动情况的指数，则根据该指数的收益变动，完全可以采用上文的 SRISK 等方法来计算这些金融子市场给金融体系整体带来的风险贡献。随着近些年对我国金融市场状况指数、金融压力指数等指数构造的研究不断丰富，这种方法将越来越具有可行性。本章则主要介绍另外一种可以用来测算金融市场系统性风险的方法，即计算溢出指数的方法。

溢出指数的方法最早由迪堡和耶尔马兹（Diebold and Yilmaz, 2009, 2012）提出，通过估计 VAR 模型，进行预测误差的方差分解，进而得出自身方差贡献比率和协方差（溢出）贡献比率。假设一些序列服从如下的 VAR 过程：

$$x_t = \sum_{i=1}^{p} \Phi_i x_{t-i} + \varepsilon_t \tag{8.10}$$

任何一个向量自回归过程均可以等价的表示为移动平均过程，即 $x_t = \sum_{i=0}^{\infty} A_i \varepsilon_{t-i}$，其中，$A_i = \Phi_1 A_{i-1} + \Phi_2 A_{i-2} + \cdots + \Phi_p A_{i-p}$，$A_0$ 是指数矩阵，当 $i<0$ 时，$A_i = 0$。将其表示为移动平均过程将有助于我们了解系统的动态特征。

迪堡和耶尔马兹（2009）的早期方法通过乔利斯基分解（cholesky decomposition）将方差协方差矩阵分解成一个上三角矩阵和下三角矩阵 P，即 $\sum = PP'$。令 $u_t = P^{-1} \varepsilon_t$，$Q(L) = A(L) P$，则可以将移动平均过程改写为 $x_t = Q(L) u_t$。这种做法的好处是残差会满足 $E(u_t u_t') = I$，即残差之间不存在同期相关，因而这种方法也称为正交化方法。基于该移动平均过程进行向前 h 期的预测，可知预测误差为：

$$x_{t+h} - \hat{x}_{t+h} = \sum_{i=0}^{h-1} Q_i u_{t+h-i} \tag{8.11}$$

由于正交化后的残差 u_t 之间互不相关，因而可以很容易地得到上述误差的方差值，即向前 h 步预测的情况下，矩阵 x_t 中 j 元素（假设其中共有 n 个元素）

的均方误差 MSE 为：

$$MSE_j(h) = E[(x_{j,t+h} - \hat{x}_{j,t+h})^2] = \sum_{i=0}^{h-1}\sum_{k=1}^{n} q_{i,jk}^2 \qquad (8.12)$$

其中，$q_{i,jk}^2$ 表示矩阵 Q_i 的第 j 行第 k 列个元素的平方。基于这种计算，可以分析每个元素在预测均方误差中的解释程度，即通常所说的方差分解方法，其中，l 元素对 j 元素预测均方误差的贡献比例为：

$$\frac{\sum_{i=0}^{h-1} q_{i,jl}^2}{\sum_{i=0}^{h-1}\sum_{k=1}^{n} q_{i,jk}^2} \qquad (8.13)$$

迪堡和耶尔马兹（2009）在此基础上，将每个元素的预测均方误差进行了分解，将 $k=j$ 时的部分称为自身对预测误差的贡献，而将 $k \neq j$ 的部分称为溢出，将所有元素的预测均方误差加总作为总的方差。进而其定义溢出指数（spillover index）为

$$S = \frac{\sum_{j=1,k=1,j \neq k}^{n}\sum_{i=0}^{h-1} q_{i,jk}^2}{\sum_{i=0}^{h-1}\sum_{j=1,k=1}^{n} q_{i,jk}^2} \qquad (8.14)$$

然而，由于乔利斯基分解的结果会受变量排序影响，进而使溢出指数的结果也会受变量排序影响。迪堡和耶尔马兹（2012）对上述方法进行了改进，注意到预测误差对残差求导数就是矩阵 Q，因此可以通过广义脉冲响应（衡量了一个标准差的残差冲击给未来 x 取值带来的变化）的方法得到不受变量排序影响的矩阵 Q。

结合库普、佩萨兰和波特（Koop, Pesaran and Potter, 1996）以及佩萨兰和申（Pesaran and Shin, 1998）的方法（简称 KPPS 方法），其给出向前 H 步预测时残差［类似于式（8.11）］的方差协方差矩阵的元素可表示为：

$$\theta_{ij}^g(H) = \frac{\sigma_{ii}^{-1} \sum_{h=0}^{H-1} (e_i' A_h \sum e_j)^2}{\sum_{h=0}^{H-1}(e_i' A_h \sum A_h' e_i)} \qquad (8.15)$$

其中，$\sum$ 是原始移动平均过程中残差 ε_t 的方差协方差矩阵，σ_{ii} 是第 i 个元素的标准差，e_i 是一个指示向量，其第 i 个元素为 1，其他元素为 0。由于此时方差协方差矩阵的元素在每一列上的和不为 1，所以还需要先进行标准化，即

$$\tilde{\theta}_{ij}^g(H) = \frac{\theta_{ij}^g(H)}{\sum_{j=1}^{N} \theta_{ij}^g(H)} \qquad (8.16)$$

基于这一广义方差分解，可以重新定义溢出指数为

$$S^g(H) = \frac{\sum_{i=1,j=1,i\neq j}^{N} \tilde{\theta}_{ij}^g(H)}{\sum_{i=1,j=1}^{N} \tilde{\theta}_{ij}^g(H)} \times 100 = \frac{\sum_{i=1,j=1,i\neq j}^{N} \tilde{\theta}_{ij}^g(H)}{N} \times 100 \quad (8.17)$$

进一步，还可以定义由元素 i 给其他所有元素带来的溢出为

$$S_{\cdot i}^g(H) = \frac{\sum_{j=1,i\neq j}^{N} \tilde{\theta}_{ji}^g(H)}{\sum_{j=1}^{N} \tilde{\theta}_{ji}^g(H)} \times 100 \quad (8.18)$$

元素 i 获得的来自其他所有元素的溢出为

$$S_{i\cdot}^g(H) = \frac{\sum_{j=1,i\neq j}^{N} \tilde{\theta}_{ij}^g(H)}{\sum_{j=1}^{N} \tilde{\theta}_{ij}^g(H)} \times 100 \quad (8.19)$$

根据上述方法，选用 2006 年 1 月～2017 年 6 月，我国股票市场、债券市场、基金市场、商品市场、货币市场和外汇市场六个市场的主要指数周频数据，具体为沪深 300 指数、中证全债指数、上证基金指数、南华商品指数、银行间隔夜回购定盘利率和人民币兑美元的中间价。用这六个指数的周收益率构建 VAR 模型，进而我们分析这六个子金融系统之间的溢出情况，并用总溢出指数来衡量我国金融市场的系统性风险。

表 8 - 10 为六个子金融市场间的溢出情况。从对外溢出的角度，货币市场的溢出指数最高，且远高于其他市场，说明货币市场的收益变化将给系统带来较大冲击。从上一节对金融危机共性的总结可以知道，货币市场流动性枯竭往往是金融危机扩大的主要原因。这一估计结果恰好可以与之匹配，充分说明我们需要更多地关注来自货币市场的危机信号。这也是美国选用 TED 利差，即 3 个月 Libor 与国库券的利差来衡量金融压力的好处所在。

表 8 - 10   金融市场子系统之间的收益溢出关系

项目	股票	债券	基金	商品	货币	外汇	收到溢出
股票	9.69	1.04	1.16	14.03	69.95	4.14	90.31
债券	26.32	5.05	15.57	27.20	22.97	2.89	94.95
基金	9.68	1.05	18.81	5.74	61.48	3.25	81.19
商品	2.62	0.51	1.47	3.72	90.30	1.38	96.28
货币	3.84	0.05	0.32	2.43	93.01	0.36	6.99

续表

项目	股票	债券	基金	商品	货币	外汇	收到溢出
外汇	25.26	0.95	21.28	3.03	42.36	7.11	92.89
对外溢出	67.72	3.60	39.79	52.43	287.05	12.01	总溢出 77.10
溢出（包括自溢出）	77.42	8.65	58.60	56.15	380.06	19.13	

资料来源：作者计算整理。

进一步，我们通过滚动窗口的办法来计算动态的总溢出指数，以说明金融市场系统性风险的变化趋势。窗口选取为104周，即大约2年的时间。

图8-14为这六个子金融市场间总体溢出指数自2008年以来的变化情况。图中1的位置，在国际金融危机全面爆发后，我国于2008年11月推出了进一步扩大内需、促进经济平稳较快增长的10项措施。预计到2010年底约需投资4万亿元，从而市场风险指数有了大幅下跌。位置2，由于2009年第一季度的GDP增长率只有6.2%，打击了资本市场信心；同时，政府提供大量货币供给，这使得整个金融系统的体系性风险也在不断累积。从3所在位置开始，在2011年初各地开始出台房地产条款政策，抑制房价上涨；同时，2011年中，央行7次上调存款准备金率，所以该时间段系统性风险逐步下降。而在2012年6月8日和7月6日，在我国利率、汇率市场化改革提速的背景下，中国人民银行两次下调金融机构存贷款基准利率，同时调整金融机构存贷款利率浮动区间，对应4所在位置，宽松的货币环境导致了体系性风险的升高；同时，2012年7月19日，中国保监会发布《保险资金投资债券暂行办法》，保险资金对资本市场的参与进一步增加了市场间的联动和溢出关系。5所在位置的时点，我国银行间市场资金持续紧张，6月中旬左右，银行间隔夜回购利率最高曾达到史无前例的30%，7天回购利率最高曾达到28%，资本市场纷纷下挫，体现为图中体系性风险指数的迅速飙升。随后，在央行释放流动性，盘活货币存量，采取政策适时适度进行预调微调，且经历了沪指一个月内20.40%的跌幅后，市场系统性风险逐渐下降。2014年起，由于供需失衡、地缘政治影响所致，截至年底，国际原油价格累计下跌近50%，从而影响了我国资本市场，导致系统性风险逐渐增高，尤其在2014年11月22日，央行宣布降息，将金融机构一年期贷款基准利率下调0.4%~5.6%，之后一个月上证指数上涨20%，指数的暴涨也累积了更多的风险，以至于出现了图中6所在位置的波峰。而进入2015年初，国家开始整顿两融，从而降低了风险；在经历了1月29日股市7%的暴跌后，系统性风险相对变低。而图中8所在位置的系统性风险高峰，则恰好对应了2015年股市暴跌的前夕，更加证明了

本书中的系统性风险指数具有一定的前瞻性。

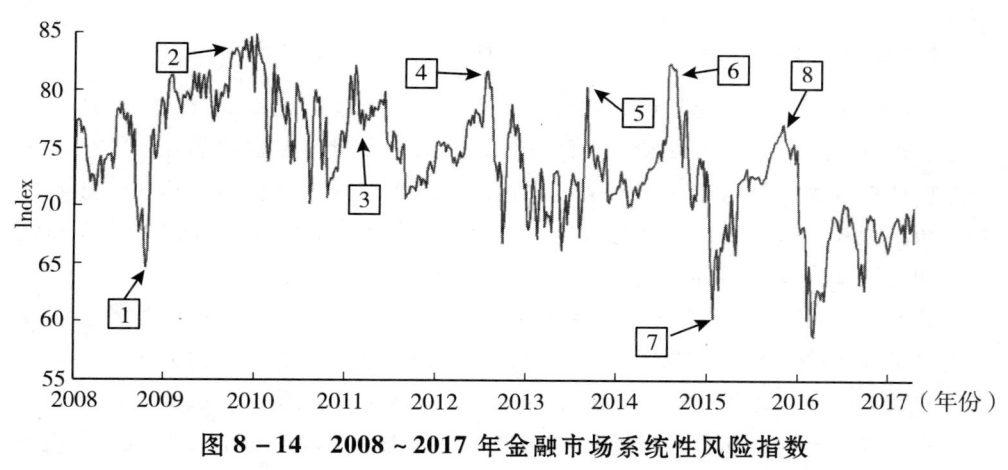

图 8-14　2008~2017 年金融市场系统性风险指数

资料来源：作者计算绘制。

总体来看，对金融市场系统性风险的变动分析显示，随着我国金融市场监管趋严，不同市场间的总体溢出程度有一定的下降趋势，系统性风险有所减少。未来我们需要更多地关注货币市场可能给金融系统带来的冲击，在"去杠杆"的过程中，应当把去短期杠杆作为重点。

第五节　利率市场化背景下中国爆发系统性金融危机的可能性

利率市场化不仅会导致微观风险上升，也会使系统性风险上升，因而在推行利率市场化改革的过程中及其后，最为关心的是系统性金融危机爆发的可能性。对国际经验的分析也表明，许多国家在推行利率市场化改革后遭遇了严重的金融危机。本节将结合中国目前的金融风险状况，分析在利率市场化改革的背景下，我国可能出现的系统性金融危机隐患，为防范危机提供借鉴。

一、美国金融危机以来中国经济增速下滑的过程复盘

从对目前中国金融风险的分析可见，无论是微观、中观还是宏观风险，其出现的最根本原因在于近几年我国经济增速的减缓。我们首先复盘这一经济增速减

缓的发生过程，以期使我们更好地了解当下中国经济的问题所在。

（一）国际经济衰退与高估汇率对出口的连续打压

中国经济过去的高速发展，凭借着人口红利，劳动力成本低廉，中国通过发展劳动密集型产业极大地带动了经济发展，并成为了全球制造业的核心，出口也成为拉动中国经济增长的关键要素。发达国家的大规模需求提供给这些企业丰厚的利润，使我们沉浸在经济高速发展、企业迅速壮大等一系列喜悦之中，而高端产业的发展却尚未能尽如人意。

2008年美国次贷危机爆发，由此引发了全球经济的衰退。欧美等发达国家的需求迅速下降，结果是我国的出口贸易也受到影响。由于我国商品供给很大一部分要靠国外需求来消化，这一冲击导致许多企业开始出现无效供给。

我们在对金融危机经验的总结中指出，正是因为美国是经济衰退的主要输出方，美元汇率往往在贸易因素的影响下在危机后最先出现升值，这也是美元升值的主要原因。危机后美国政府更可能采取的是宽松的货币政策，利率下降，而且各种资产的价格也需要下调，故而导致资本流出，极大地抵消了为避险而产生的资本流入的影响。贸易方面，受此影响最大的莫过于中国，如果美国的进口下降，出口上升，对人民币的需求就会下降，造成美元升值的同时人民币的贬值，这是市场自发稳定机制的作用。但在当时，我国采取了实际上"盯住"美元的汇率制度，直到2010年10月之前（见图7-16），中美汇率都维持在一个非常稳定的水平，导致人民币相对升值，市场自发的稳定机制没能发挥作用。而人民币的升值再次打压了出口，让对严重依赖出口的中国经济进一步深陷泥沼。

从前文对美元指数走势的描绘（见图8-8）中可以看到，2008年美元迅速升值后，很快又开始下降，如果人民币一直"盯住"美元，那么人民币此时随美元一同贬值将极大地缓解实体经济受到的压力。然而事实却没有向这一方向发展，2010年后，人民币过度低估的论调开始甚嚣尘上，随着央行进入加息周期，热钱不断流入，低估论调引发的升值预期开始自我实现。当时国内已开始出现较高的通胀压力，而热钱流入进一步加剧了这一压力，人民币汇率自央行加息之后也不得不开始步入升值阶段。在前期人民币的高估还未能化解的情况下的进一步升值，成为对出口的第三次打压。至此，那些还在希望挺过困难时期的企业开始绝望，出口难以再振，利润难以维持，经济增速对某些数字的坚守也终于不得不松口。

（二）需求管理式宏观经济政策的不利影响

在需求管理的模式下，过去中国的经济增长主要依靠需求方的出口、消费和投资"三驾马车"。在出口始终不振的情况下，中国希望扩大投资，增加内需来化解国内的过剩产能，从而维持经济的高速发展。2008 年，中国推出了大规模的财政刺激政策，为保证财政支出，货币环境的宽松也是必要的。

从消费者的角度来看，伴随着 2008 年美国金融危机，中国的股票市场也出现了大幅度的起落，大宗商品市场也从原来的高点迅速下降。由于对未来宽松货币环境产生的通胀预期，消费者有极强的保值需求，消费具有惯性，不能用于消费的财富自然要寻求增值途径，而股票市场和大宗商品市场则因市场低迷被消费者排除在外，银行由于尚未利率市场化，提供给消费者的存款利率远不足以抵御通胀，此时，购买房产成为明智选择。担忧房价过快上涨会带来金融风险，政府开始出台各种手段抑制房价上涨，降低了部分消费者追捧房产的热情。与此同时，各种小宗商品步入投机者视野，成为游资炒作的对象。小宗商品与生活中的许多消费品息息相关，结果导致了消费品价格的总体上涨，形成较高的通胀压力。游资为个人利益不顾大局的扰乱经济环境，打断了中国向内需拉动式经济模式转型的过程，其与当年日本因石油危机最终不得不放弃内需拉动经济的发展模型如出一辙，日本最终陷入长期经济发展停滞的状态，以古鉴今，这凸显了改革开放形成的利益集团将会给中国经济带来的危害，也意味着真正的改革不可能以帕累托改进的方式完成。此后 2015 年的股市危机是对这一事实的再次体现。

面对日益高涨的通胀压力，虽然经济还未能复苏，但央行此时已不得不提高利率水平，这便是 2010 年 10 月开始，央行逐步加息的背景。高通胀推高了名义利率，高利率水平带来货币总量收紧，两者共同作用，使企业融资开始变得困难。

从企业的角度，当国外需求下降，行业产能过剩现象开始出现，此时其面临着两种选择：一是转型升级，步入高端产业；二是在原行业内维持生存，挺过这一段困难时期后再继续运营。前者有失败的可能性，而后者只要活下去便可成功。通过一个简单博弈可知，大多数企业会选择后者。选择前者的企业无疑是具备企业家精神的，也是行业内的勇士。但是转型升级，需要大量的资金支持，也非一朝一夕之功，当市场上融资开始变得困难，融资成本上升时，转型升级使用资金的机会成本也大幅攀升，甚至超过转型成功可能带来的收益，此时只有非理性的勇士还会选择转型升级，多数企业则会被高融资成本阻挡于半路。在高融资成本的影响下，即使原行业毫无前景可言，企业也不会主动转型。

原行业已经产能过剩，竞争又始终没有丝毫减弱，企业收入便不断下滑。与此同时，工资和利率的上升，提高了劳动力和资本等生产要素的价格，从而增加了企业的生产成本，两者共同作用，极大地压缩了企业的利润空间。由于利润不足，渐渐地，许多企业出现偿债困难。一些企业就此破产，灵活的企业则开始尝试各种能够借新还旧的方法，比如采用过桥贷款的手段，借新债开始成为这些企业实质上的"鸦片",产能过剩行业内投机性企业开始沦为"庞氏企业",良性企业则开始沦为投机性企业。如是,此时无论银行管理者在一开始对企业风险的审查做得多好,也难以避免各种贷款开始沦为呆账坏账。

企业"吸毒"上瘾后,再降低利率、融资成本,会发现许多企业已深陷"庞氏信贷"难以自拔,不仅没有了转型升级的斗志,也没有了当年转型升级的底气。

综上所述,国际经济衰退作为初始原因,高估汇率对出口的连续打压,以及此后需求管理式宏观经济政策带来的高通胀预期和高融资成本,在这些因素的共同影响下,才影响了中国当前经济增速。

二、中国的系统性金融危机隐患

不发生系统性金融危机是我国政府的底线。在当下金融尚未完全自由化的背景下,以及随着去杠杆、加强监管等一系列努力的成果初步显现,尤其是前期一些局部性风险事件已释放了不少系统中的风险积累,因此可以预期,短期内我国内部不会发生系统性金融危机,但还不能完全排除长期出现危机的可能性以及国外危机冲击带来的影响。

(一)系统性金融危机将给我国带来的冲击

20世纪80年代末,日本房地产市场和股票市场泡沫高涨,吸引了大量资本,导致国内产业创新动力不足,政策制定者们注意到其给日本长远竞争力带来的隐忧,主动推出紧缩的货币政策刺破了房地产泡沫。从这个角度来说,主动引爆国内的金融危机,教训投机者,也可以产生一定的正面意义。任何事物都有其两面性,金融危机也不例外。综观世界金融中心从荷兰到英国再到美国的几次转变,我们发现,荷兰成为世界金融中心后发生了"郁金香泡沫"事件,英国成为世界金融中心后发生了南海泡沫事件,美国成为世界金融中心后发生了大萧条,似乎金融危机成为了世界金融中心的成人礼。然而,虽然未来上海代替东京成为世界东方金融中心的结果可期,但我国目前整体上既不具备成为世界金融中心的能力,也难以承受金融危机带来的冲击。

首先,爆发系统性金融危机,最直接冲击的是金融系统。各种资产价格下跌,银行不良信贷不断增多,当公众开始对银行失去信心,到银行进行挤兑,银行出现资金短缺严重的可能引发银行倒闭。由于我国长期以来对银行等金融机构给予很强的隐性担保,银行业几乎没有出现倒闭事件。这一现象使得公众对银行具有极强的信心,而一旦银行倒闭将给社会带来恐慌情绪以及经济冲击。

日本在1995年之前与我国情况相似,即使偶有小银行倒闭事件发生也未对金融系统造成太大冲击。1990年房地产市场泡沫破灭，商业银行对由此产生的风险最初采取掩盖和拖延的应对方式，到1995年银行的这种掩盖模式难以为继。兵库银行的倒闭打破了日本银行不倒的神话。之后有不少金融机构相继倒闭。1996年3月、11月，太平洋银行、阪和银行宣布破产；1997年4月，日产生命保险公司破产，成为日本战后首家破产的保险公司；1997年11月，三洋证券、十大商业银行之一的北海道拓殖银行、第四大证券公司的山一证券公司也不堪重负。2000年5月，日本第一火灾海上保险公司宣布无力经营，拉开保险公司破产的序幕。第百生命、大正生命、千代田生命、协荣生命等四家寿险公司相继破产。日本政府在处理兵库银行倒闭时，要求国外投资者冲销部分次级债券，许多国外投资者意识到一旦日本的银行出现问题，自身将蒙受大量损失，而不愿意借款给日本的银行。这一问题催生了"日本溢价"现象——日本的银行在国际银行间市场借款时需支付比欧美类似银行更高的利率（见图8-15）。这无疑进一步加剧了日本银行系统的资金紧张情况，给日本的金融系统带来了更大的冲击。

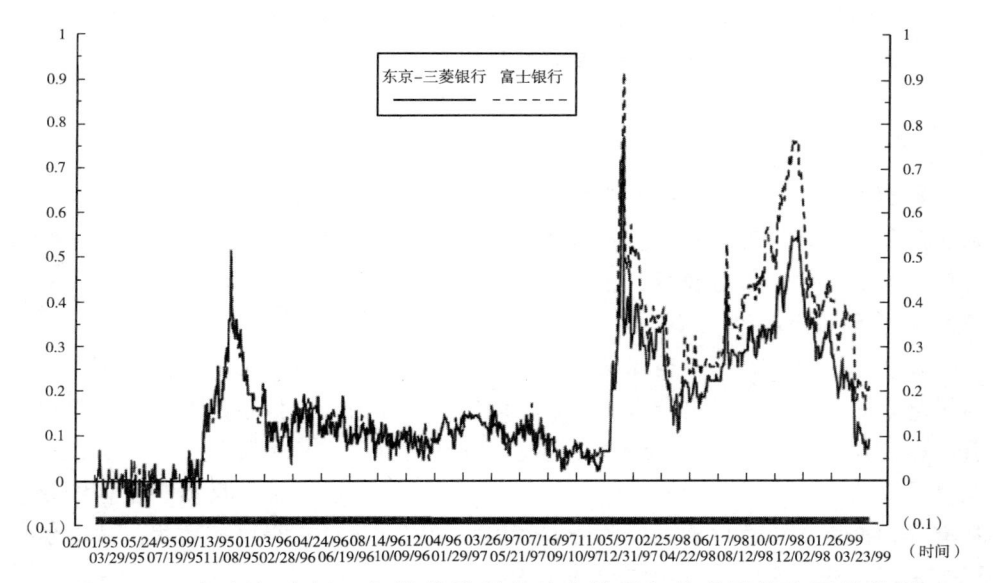

图8-15 银行间市场1年期借款利率日本银行与美英平均水平的差异

资料来源：Determinats of the Japan Premium：Actions Speak Louder than Words. Journal of International Economics，2001（53）：288.

其次，金融与实体经济密不可分，接下来受到冲击的就是实体经济。以往的危机常常表现为经济危机先出现，再波及金融系统。而2008年美国金融危机的一个典型特点是金融系统先出现危机，之后衍生成经济危机。从各国爆发经济金融危机的经验来看，危机之后的年份均是前后十年间一国经济增速最低的部分，而有些国家危机对经济运行的冲击持续时间还要更长，比如日本。由于存款保险制度等，即使政府不救助金融系统，在危机后也要进行大量支出。而危机中企业利润下滑会直接导致作为财政收入重要来源的税收迅速下降。政府可以选择发行国债或印刷货币以弥补财政收入的不足。而此时，各国下调危机国家的未来经济预期导致发债成本迅速升高。若发行国债会面对高昂的成本，因而多数通过印刷货币缓解危机，但这又容易引发恶性通货膨胀。目前中国已开始采取一定的财政赤字式经济政策，一旦出现金融危机，政府不得不扩大支出（包括安置大量失业人员），若想依靠外债融资，往往会背上 IMF 的沉重债务，同时，大量的金融机构或企业也可能被国外投资者趁机掌握。

最后，金融危机最终还可能演变为政治危机。大量金融机构和企业破产意味着社会上出现大量失业人员，加之高通胀的出现进一步冲击居民手中财富，经济危机就可能演化为政治危机。

综上所述，我国当前还不具备承受一场系统性金融危机的能力，一旦危机爆发，就会如苏联当年解体一般，受益的只是极个别群体，高层领导者和包括广大中产阶级在内的底层群众最终沦为最大的受害者。

（二）国内的长期系统性金融危机隐患

短期来看，我国发生系统性金融危机的可能性基本可控；但从长期来看，我国还存在着一些出现系统性金融危机的隐患。尤其在利率市场化改革的背景下，我们认为这一改革措施最需要监管者重视的是改革后出现的贫富差距不断放大。

1. 债务风险隐患

金融系统出现危机的根源是债务。如果所有的投资活动都使用自有资金，那么风险带来的损失仅是出资人的资金，即使是企业破产，权益持有者也只是承担有限责任。债务给金融系统带来的风险体现在两方面：一是其具有无限责任；二是其具有放大波动的作用。有学者的经典理论指出，随着债务增多，企业的权益持有者预期回报也会增加。权益持有者用少量资金可以获得更多回报，这是负债也被称为杠杆的原因（Modigliani and Miller）。

债务带来高回报的同时虽然也给个体带来了更多的风险，但债务给社会整体带来的风险却要比个体风险大得多。债务的主要提供者是银行，由于银行可以派生存款，即用于支持债务的贷款如果未使用现金支付，其相当于银行又多了一笔存款，从而使银行可以创造更多的远多于真实货币总量的债务，这也是债务带来系统性危机的原因。即发生风险使债务面临损失时，如果损失过多，很可能会超出社会的总货币量，因而没有东西可以用来偿还债务。政府只能通过发行货币的方式透支未来，让下一代人买单。

我国目前的主要债务风险体现在企业债务和政府债务两方面，前章已对这些债务风险的当前状况进行了论述。虽然短期去杠杆去产能效果正逐步凸显，但长期来看，形成这些债务风险最根本的原因仍存，并仍将成为未来债务风险出现的隐患，为解决这一原因而采取的手段也会形成严重的风险。导致我国债务风险出现的原因是长期金融管制环境下逐步形成的刚性兑付，其背后更根本的原因是政府的隐性担保，这些原因的直接表现是债务市场较高的道德风险。

未来打破刚性兑付，给政府解套势在必行。但由于我国从未遭遇过类似的大规模损失事件，其会给社会带来的冲击值得重视。一个主要原因在于，过去我国虽然有局部打破刚性兑付的事件，但当时我国金融市场和机构发展尚且属于初级水平，社会公众对金融活动的参与极少，而当前几乎家家户户都有银行理财的经历，对金融活动的参与已经涉及全国各地方方面面，打破刚性兑付将带来的冲击将是巨大的。另一个值得重视的问题是，国内有法不责众的传统，过度维稳使得当群体性事件发生时，政府会选择退步，公众遭遇损失时有可能会通过群体性事件要挟政府，使政府最终不得不出面买单，打破刚性兑付最终只能沦为空谈。这些问题使得我们不仅要渐进式地打破刚性兑付，还要同时进行更充分的准备论证，配套改革，以应对由此带来的社会冲击和可能的政策反复风险。

在实现打破刚性兑付以后，我们还需要注意的是金融机构"大而不倒"和"多而不倒"两个问题。这两个问题同样是对政府形成要挟，绑架政策的主要途径，也会导致隐性担保，并产生道德风险。

2. 资产泡沫隐患

当前中国最大的资本泡沫隐患是房地产。房地产市场在不同地区价格上的差异实际上反映了不同地区在医疗、教育和交通等宜居环境建设上的差异。因此当前房地产价格高企最根本反映的是我国各种基础资源分配的不平等，尤其是许多地区在居民宜居环境建设上的极度落后。

目前我国房地产市场最直接的隐患来自人口和货币两个因素。人口因素决定了房地产市场的长期走势。图8-16列出了我国人口结构的变化。20~35岁之间一般为首次置业购房需求，35~55岁之间主要是改善性购房需求。15岁以下以及65以上或者尚没有明显的住房需求或者住房需求早已得到满足，甚至65岁以上的老人有和孩子同住的可能性而产生售房需求。图中表明，我国15~64岁之间的人口在总人口中的占比在2010年达到高峰或者说是拐点，这与房地产景气指数从2010年开始的下降是吻合的。此外，我国平均家庭规模有两次比较明显的下降，一次是2003年后，另一次是2010年后，这也与房地产市场景气程度的变化吻合。作为主要的基本面因素，人口结构决定了我国房地产市场未来的相对短期内整体景气程度有限。

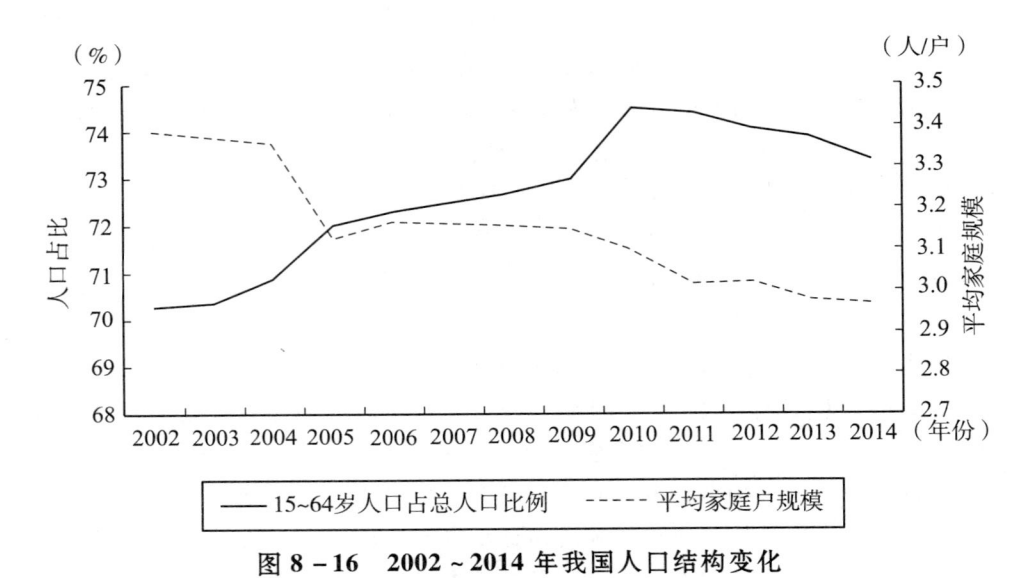

图 8-16 2002~2014 年我国人口结构变化

资料来源：Wind 数据库。

但如果区分不同等级的城市，人口的影响也还有差异。一线城市往往基础设施发达，集中了国内最优秀的教育、医疗和交通资源，而且能够提供更多高收入工作机会，因此人口拐点相对靠后。日本 1990 年房地产市场泡沫破灭时的顺序也是从三线地区开始，逐渐蔓延到二线城市，最后才是一些城市如大阪、东京等。因而，从人口结构这一决定性因素来看，我国的房地产市场风险隐患集中在小城市。

货币因素是影响房地产价格走势的最主要短期因素。由于我国过去通常采用宽松的货币政策应对经济增速不足，因而可以明显地发现，每次出现经济增长上的隐忧后，我国的房地产市场都会出现暴涨行情，根源就在于货币的大量发行。随着 2017 年以来包括中国在内的全球经济均出现了弱势复苏的态势，以及美国货币政策逐渐回归正常化，长期货币宽松的环境势必结束，在此过程中，必然会给房地产市场形成一定的压力，而小城市的房产市场首当其冲。

虽然短期内，通过政府施压，对于房价的上涨已进行了严格的管控。但形成这种资产泡沫背后的根本原因还没有得到解决，并在长期中仍然会成为我国资产市场的隐患。导致资产泡沫的第一个根本原因是市场上过于浓厚的投机氛围。金融市场放大财富的能力是惊人的，在美国曾经造就了利弗莫尔、马丁茨威格以及费希尔等一批富豪，这些富豪的投资经验是许多投资者效仿的典范。然而这种短期赚快钱的方式会让很多人沉迷其中，进而放弃实业。金融市场说到底是由投资者构成的，投资者的特点决定了市场的特点。第二个原因是金融市场不够发达，投资机会稀缺。近几年物价的不断上涨，让公众产生了较高的通胀预期，有极强的抵御通胀欲望，而银行存款利率尚未市场化的情况下，公众能够抵御通货膨胀的手段极度稀缺，这使得许多稳健投资者不得不变成风险偏好者。虽然当前存款利率已经市场化，但在自律机制下，银行存款利率实际上并不高，并不具备抵御通胀风险的能力，未来亟须发展能够帮助公众抵御通胀风险的资产，不能永远靠铸币税发展经济。

3. 贫富差距加大是金融自由化改革的最长期，也是最危险的隐患

刘鹤在《两次全球大危机的比较研究》中指出，收入分配差距过大是危机的前兆。从图 8-17 可以看到，无论是 1929 年大萧条还是 2008 年美国金融危机，其贫富差距均在危机前达到高峰。

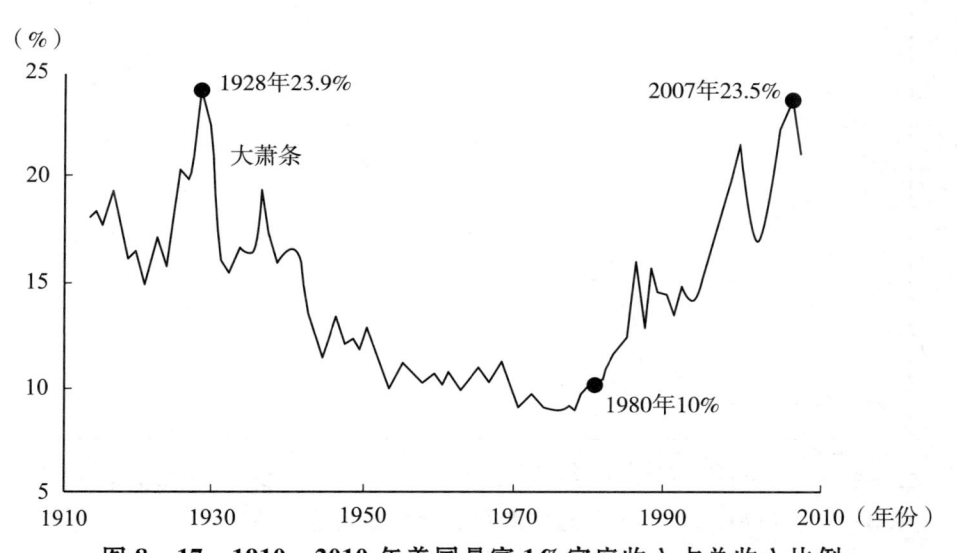

图 8-17　1910~2010 年美国最富 1% 家庭收入占总收入比例

资料来源：刘鹤：《两次全球大危机的比较研究》，中国经济出版社 2013 年版。

从图 8-17 我们还可以发现，2008 年美国金融危机之前，贫富差距开始不断加大正是从该国 1970 年以来的一系列金融自由化开始的。自 20 世纪 70 年代的尼克松冲击开始，美元与黄金脱钩，布雷顿森林体系解体，美国开启了金融自由化进程。1980 年开始，美国决定逐步取消 Q 条例，即所谓的利率市场化改革。从图 8-17 可见，1980 年时最富有 1% 的家庭收入占总收入的比重尚仅有 10%。此后随着利率市场化改革完成，美国的贫富差距迅速加大，并形成了当前危机的最直接隐患。

图 8-18 为家庭和非营利机构总信贷占美国 GDP 百分比的变化。从图中也可以大体发现，美国家庭的债务也是自利率市场化改革之后开始出现大幅攀升。

金融市场在放大财富的过程中具有马太效应，即富者能够通过金融市场变得更加富有，贫穷者要么很少能有进入金融市场的资格，要么在金融市场上更多的成为富人收割的对象。比如我国的房地产市场，只有先成为富人才能有能力买下房产，然后享受其带来的甚至超过沪深股市总市值的回报，而穷人在一开始就无力购买房产，或者没有购买房产的眼光，自然在房地产市场高涨的神话中在财富上被富人大幅甩开。这一效应的结果是一旦金融自由化后，随着金融市场的快速发展，富人的财富将迅速增值，其与穷人之间的财富差距将被急剧放大。

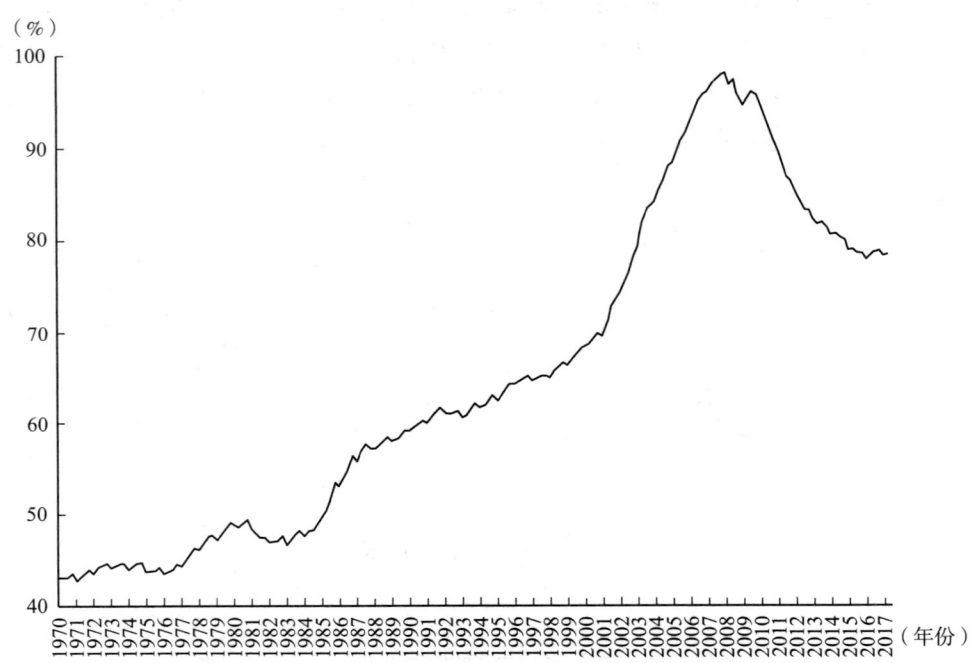

图 8-18 1970~2017 年美国家庭和非营利机构总信贷占 GDP 的百分比
资料来源：美联储圣路易斯分行，https://fred.stlouisfed.org/series/QUSHAM770A。

美国收入分配差距的变动经验提示我们，随着利率市场化改革的完成和完善，我们最需要注意的经济金融系统风险便是极可能出现的贫富差距进一步恶化的问题，而其将成为我国爆发系统性金融危机的最主要隐患。目前随着全球金融市场快速发展，世界各国均出现了明显的贫富差距拉大现象，我国也不例外。党的十九大报告明确提出，我国社会主要矛盾已经转化为人民日益增长的美好生活需要和不平衡不充分的发展之间的矛盾。未来解决贫富差距问题将是维持经济持续健康稳定发展的重要保障。

图 8-19 为 IMF 财政监督报告中测算的中国、法国和美国收入占前 10% 的个人财富占总社会财富的百分比，即图中最下面的部分。可见，1990 年时中国

大部分收入还没有集中到少数个人手中，收入在中间40%的人口还占有了相对比较多的社会财富。2000年时虽有一定的贫富差距变大趋势，但还并不非常明显。此后短短的十五年，财富迅速向少数人手中集中，2015年时，中国收入在前10%的人口，其财富占社会总财富的比重已经接近了美国的水平，差别仅在于收入最底层的50%人口尚且从中等收入人口的手中保有了一部分财富。未来随着利率市场化改革带来金融管制减少，其放大社会财富的功能进一步凸显，尤其是多收入较高阶层的收入放大的作用会最为强大，预期在金融市场的影响下，我国社会收入分配的差距会有如美国利率市场化改革后一样进一步恶化的可能性。而这不仅将成为金融危机的导火索，也可能成为社会危机的导火索，历朝历代多从土地兼并带来的贫富差距恶化步入周期律。这是我们完成利率市场化改革后需要长期关注和重视的问题。

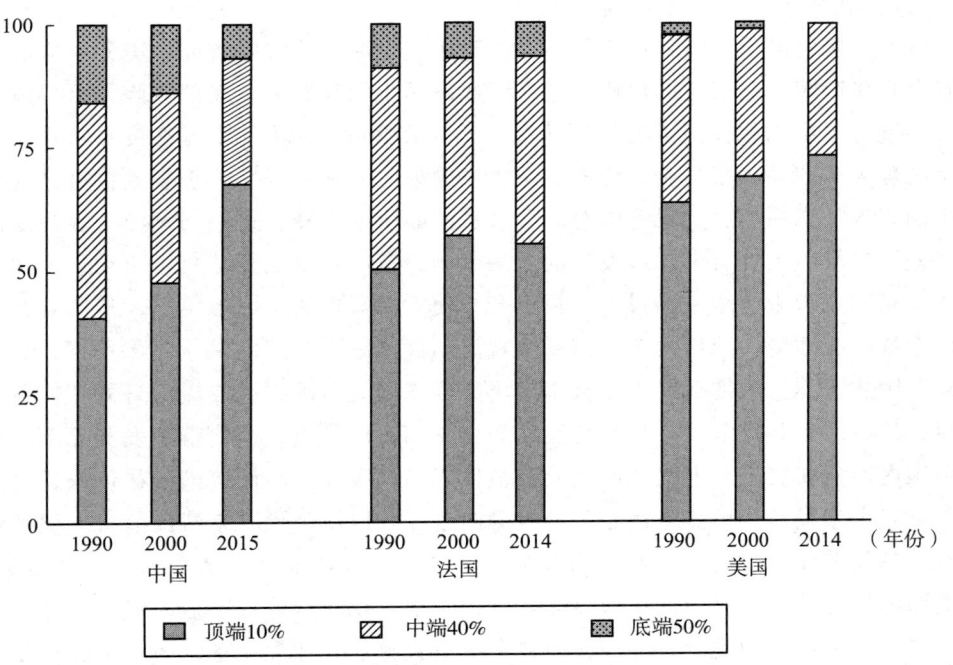

图 8-19 1990~2015 年部分国家的财富分布情况

资料来源：IMF 财政监督报告（Fiscal Monitor）2017 年 10 月，第 42 页。

（三）国外的风险冲击

目前最主要的国外金融风险隐患来自美国。由于美国拥有全球最为发达的金融市场，其爆发金融风险将给全球带来巨大的冲击。此外，由于金融全球化，各国金融市场的关联日益紧密，任何一个国家爆发金融风险均会给其他国家形成冲击，美国巨大的金融市场体量决定了其冲击是巨大的。美国给我国带来的金融风险隐患主要表现在三个方面。

1. 美联储货币政策正常化带来全球流动性紧缩

随着全球经济弱势复苏的出现，美国逐步退出了量化宽松的货币政策，并开始进入新一轮的加息周期，缩表也逐渐进入计划。作为全球最主要的流动性提供者，美国货币政策正常化给全球带来的影响无疑是巨大的。

从对美国以往货币政策变化带来的影响可以明显看到，每次美国步入加息周期，美国或全球都会出现金融危机。1988 年的加息周期中美国经历了储贷协会危机，1994 年的加息周期引发了墨西哥金融危机和东南亚金融危机，1999 年的加息周期引发了互联网泡沫破灭，2004 年的加息周期则出现了次贷危机。

美元供应的多寡会影响全球金融系统稳定，有三个可能的原因。一是全球许多资产和贸易品是以美元计价的，最典型的就是原油等大宗商品，美元供应的多寡会直接影响这些资产的价格，进而形成商品市场和贸易市场的风险，这些风险又会进一步影响相关国家的经济状况。比如在 2000 年以后伴随着美元弱势出现了全球大宗商品价格高企，许多资源供应国如巴西和俄罗斯经济表现极好，此后美国进入加息周期，美元升值对应着大宗商品价格下降，这些国家经济表现随之变差。二是美国拥有全球最发达的金融市场，资产可以在全球自由流动，美国进入加息周期带来金融市场投资回报上升会使大量短期资本回流美国，从而会在全球形成虹吸效应，让许多金融市场出现流动性紧缩。典型的例子是墨西哥，1994 年美国步入加息周期后，大量资本撤出墨西哥回流美国，造成墨西哥外汇储备不足，最终爆发货币危机。三是美元作为全球储备性货币，这使得超发美元不会导致国内通货膨胀上升，大量的美元会被世界各国吸收，因而美国往往可以通过这种方式大量发行货币，从而在危急时刻向全球收取铸币税，来帮助解决本国的危机。超发美元不仅会推高本国的金融资产价格，也会推高全球金融资产的价格。美国的机构可以用手中的大量美元在危机时期实现在全球的产业布局，一方面帮助消化国内过剩的美元，另一方面在全球趁火打劫，壮大业务，为未来经济复苏提前准备。在全球各地的大肆投资推高了资产价格，一旦随着加息周期出现美元回流，很可能会刺破世界各地的资产泡沫。由此，我们预期本次美联储步入加息周期依然会给全球经济金融系统形成巨大的风险隐患。

除了加息，缩表也是美联储的一项重要举措。美联储的资产负债表上以中长期资产为主，未来抛售这些中长期资产会降低中长期债券的价格，进而提升长期利率，使美国的利率期限结构更加陡峭。显然缩表是更加直接的货币政策紧缩方式，给全球美元流动性带来的紧张程度也会更为严重。

2. 美国资产泡沫破灭可能再次引发严重的金融危机

2008年美国金融危机给全球带来了严重的经济衰退和金融市场风险，虽然美国最早爆发了危机，但其却成为了危机中最安全的市场。伴随着危机爆发，美国的房地产市场、股票市场等在短暂调整后再度上涨，并屡创新高，而今均处于历史上的高点。随着美国货币政策正常化带来的美元紧缩会给金融资产市场带来极高的价格风险，当前来看，未来的短期内美国股票市场再次出现危机的可能性极高，或者说，2008年的金融危机在美国仅仅是进入了中场，不排除未来再次出现更严重危机的可能性。美国的资产泡沫将成为悬在全球之上的"达摩克利斯之剑"。

自1929年"大萧条"之后，美国股票市场进入了当前人类历史上最长的牛市，从20世纪30年代末直到2000年互联网泡沫破灭，将近70年。图8-20为美国标普500指数自1900年以来直到现在的走势情况。相对于标普500指数的整体情况，1929年"大萧条"在图中不过是极其微小的一个波幅。30年代后美股不断上涨，直到2000年互联网泡沫破灭。2003年，美股经过调整后再度上涨，达到2000年时的高峰后恰逢次贷危机，再度暴跌。但很快，美国股市便走出低谷，一路攀升并不断再创新高，而今已远高于2007年时的水平。单纯观察股指，还不足以说明股票市场存在泡沫风险。由于标普500指数主要都是蓝筹股，具有很好的成长性，只要公司资产在不断增多，相应的其市值就会不断增多，标普指数是市值加权指数，因而其随时间推移不断增长是必然的。

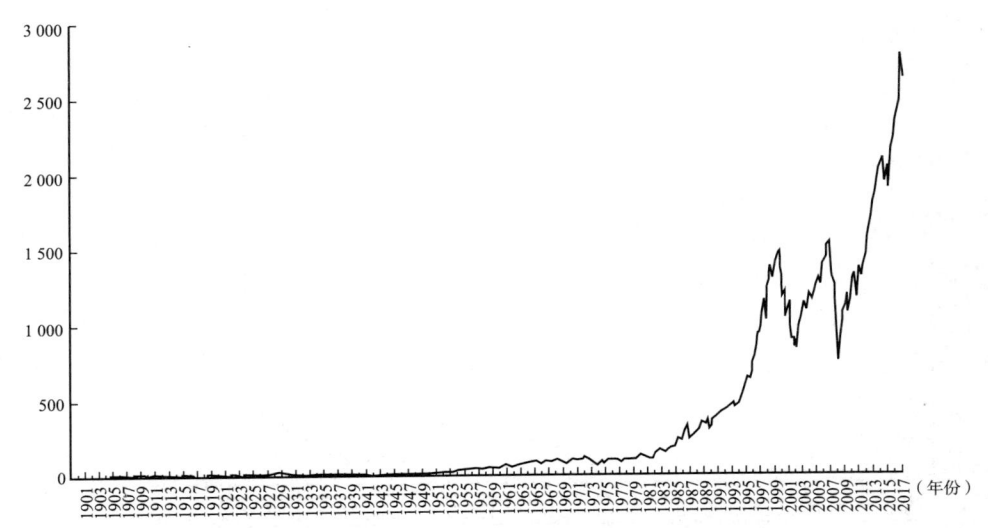

图8-20　1901~2017年美国标普500指数走势

资料来源：作者根据http://www.multpl.com/s-p-500-historical-prices/table/by-month的数据绘制。

判断股票市场估值情况的另一个重要指标是基于相对估值法的市盈率。图 8-21 为 1900 年以来美国标普 500 指数的市盈率变动情况。易见,美国标普 500 指数的总体市盈率通常在 20 倍以下,20 世纪 70 年代以前仅少数一些年份出现了市盈率超过 20 倍的情况。80 年代开始,随着利率市场化改革实现,从图中明显看到,标普 500 指数的市盈率开启了上涨模式,一路上升,这说明以利率市场化为代表的金融改革是会促进股票市场繁荣的。互联网泡沫破灭后标普指数的市盈率再度降到 20 倍以下,但此后再度大幅上升。经历次贷危机后,标普指数同样再次回到 20 倍以下。但自 2014 年 12 月之后,美国标普 500 指数的市盈率再度回到 20 倍以上,并不断上涨。如果以历史长期市盈率作为基准的话,标普指数当前的市盈率无疑是有高估的(1900 年 1 月~2018 年 4 月,标普 500 指数的平均市盈率为 15.9 倍),2018 年 4 月的市盈率较其长期均值高出了 50.4%。当然,市盈率并不一定要近似等于长期均值,仅在国家没有任何增长机会时二者才应该比较接近。将 2018 年 4 月的市盈率(23.97 倍)视为动态市盈率的话,而将长期平均值视为静态市盈率,如果美国能够长达 10 年维持某一速率增长,则可计算而得,这一增长率为 4.17%,也就是说,如果美国经济能够以每年 4% 的速度连续增长 10 年,那么当前的市盈率并不算为高估。显然,以美国当前的国力,我们对此持悲观看法。

注意到图 8-21 中 2009 年有市盈率极度高涨的特点,而且 1929 年"大萧条"时的美国股市泡沫并不能从该图中得以明显地显示出来,这很可能是受通货

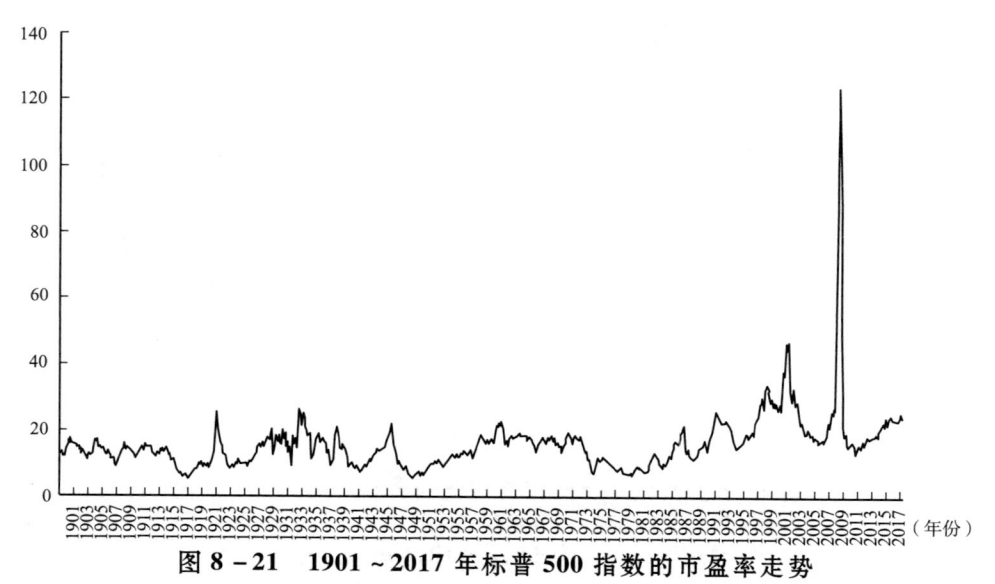

图 8-21　1901~2017 年标普 500 指数的市盈率走势

资料来源:作者根据 http://www.multpl.com/s-p-500-historical-prices/table/by-month 的数据绘制。

膨胀影响而带来的误差。希勒（Shiller）教授提出了循环校正的市盈率指标（cyclically adjusted PE Ratio），即用过去 10 年的通货膨胀率不断校正股票的市盈率水平。图 8-22 汇报了标普 500 指数的循环校正市盈率走势情况。用通货膨胀率校正后的市盈率走势清晰地显示了每次美国股票市场危机时的股市高估情况。图中股票指数市盈率的第一次高峰恰好出现在 1929 年，即大萧条时期。

图 8-22 中的第二次高峰对当下最具警示意义。1929 年"大萧条"后，到 1935 年，美国一些经济指标开始企稳，货币政策制定者认为应该及早恢复货币政策正常化，减少政府等因素给经济带来的干预，并为未来留出一定的货币政策执行空间。因此，1936 年开始，美国开始计划进入加息周期。1937 年开始，美国开始执行紧缩的财政政策和货币政策，不仅提升利率，而且大幅减少财政支出，紧接着便引发了资本主义社会 1937~1938 年的经济危机，图中的体现是校正后的市盈率在 1937 年 2 月达到高峰后大幅下降，此后再度达到这一水平则是 20 多年之后的事情了。1929~1936 年前后是 7 年，2008~2015 年前后恰好也是 7 年，同样的危机 7 年后，美联储开启加息，这一次和 1936 年并没有本质上的区别，我们也不认为美国政府有什么新的方式可以应对这一次的问题，甚至在财政压力下美国政府将更加捉襟见肘。图中显示美股校正后市盈率已然达到 1929 年大萧条时的高点附近，是整幅图中的第三高峰，可以预期美国的股市风险将不可避免。

图 8-22 经通货膨胀率校正后的美国标普 500 指数市盈率走势

资料来源：作者根据 http://www.multpl.com/s-p-500-historical-prices/table/by-month 的数据绘制。

图 8-22 中的第三次市盈率高峰在 1966 年，同样对当下具有一定警示意义，甚至其影响直至今日。1966 年 1 月，美联储上调当时的基准利率，即贴现率，形成货币政策紧缩的态势，随后股票市场经通胀校正后的市盈率便开始下降。这一时期的背景是，美国在第二次世界大战后国力大增，在世界各地深陷战争泥沼。在朝鲜战争失败后，于 1965 年正式派军入侵越南；与此同时，在中东支持以色列的第三次中东战争。大量的军费开支，导致美国财政支出暴涨。1965 年美国的财政赤字仅有 14 亿美元，1967 年达到 86 亿美元，1968 年则高达 252 亿美元，而此前上一次美国年财政赤字超过 200 亿美元还是在第二次世界大战期间。财政形势的恶化必然引发通货膨胀的恶化，对应的是 1966 年底美国通货膨胀率 7 年来第一次超过 3%，此后正式拉开了美国经济滞胀的序幕。这一年带来的深远影响有三：一是高财政赤字带来的高通胀预期引发了对美元的不信任，再加上苏联趁机停止供应黄金，使得黄金受到追捧，出现了用美元兑换黄金的热潮，直接成为布雷顿森林体系解体的导火索；二是以色列在欧美支持下取得的战争胜利埋下了日后赎罪日战争的隐患，正是赎罪日战争中东国家对美国的石油禁运导致了石油危机，并进一步推高了美国本已高涨的通货膨胀水平；三是在高通胀和特里芬两难的影响下，美国才开启了金融自由化改革，尤其是利率市场化改革，并为此后全球金融市场的发展壮大拉开了序幕。此次危机还催生了弗里德曼教授为代表的货币主义理论兴起，与 1929 年大萧条后凯恩斯教授的宏观经济学理论交相辉映。

图 8-22 中的第四次高峰是 1999 年 12 月，即互联网泡沫破灭前夕。泡沫破灭后，标普指数市盈率大幅下降，下一次高峰出现在 2007 年 10 月。但从整幅图的走势来看，2007 年 10 月前股市的上涨更像是对互联网泡沫破灭后股市的回调。此后，市盈率于 2009 年 3 月降到最低点后重新开始上涨。自 2017 年 9 月开始，美国标普指数经通胀校正后的市盈率便一直在 30 倍以上，最高点为 33.31 倍，已超过 1929 年大萧条时的最高水平（32.54 倍）。从历史经验来看，美国股市风险极高。

除估值较高外，目前美国金融市场的金融压力状况也有抬升的趋势。图 8-23 为美国股票市场的 VIX 指数走势情况，VIX 是根据美国股票期权价格推算而得的隐含波动率，能够前瞻性地反映市场对美国股票市场未来波动情况的看法。图中可见，2017 年底，美国 VIX 指数出现了历史新低。通常股票估值较高的时期其风险也应该相对较高，然而 VIX 指数的新低却与此背离，这与 2007 年美国 VIX 指数出现的低点非常相似。2018 年初，该指数有大幅上升的迹象，目前仍处于相比前几年较高的水平。未来有继续上升的可能性。

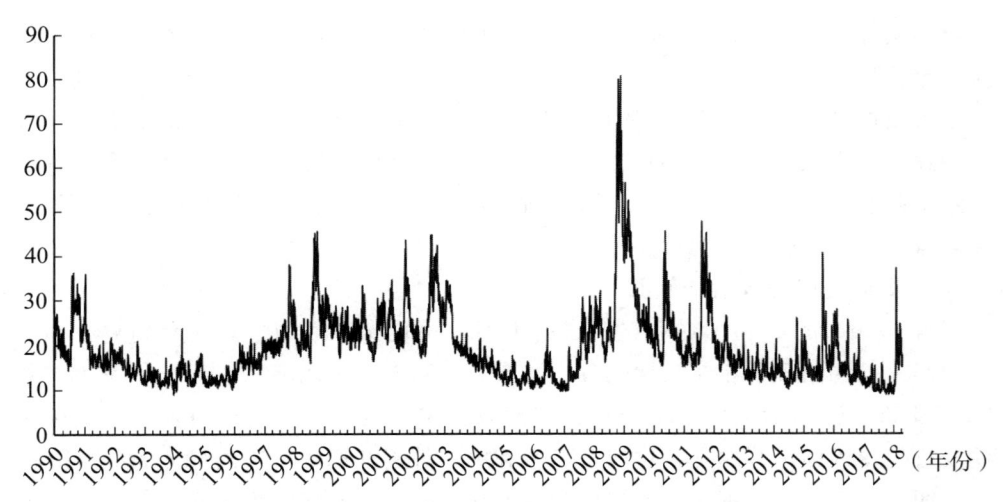

图 8-23　1990~2018 年美国 VIX 指数走势情况

资料来源：美联储圣路易斯分行，https：//www.stlouisfed.org/。

图 8-24 为美国 TED 利差的走势情况，即 3 个月期限 Libor 与国库券利率的差值，反映了投资者对同业拆借市场风险的担忧程度，利差越高说明拆借市场的信用风险和流动性风险越高。图中可见，自 2015 年下半年美国货币政策正常化开始，TED 利差便出现上升的趋势，2016 年 9 月达到高位后下降。这一轮 TED 利差上升还有一个重要的影响因素是美国证监会（SEC）将在 10 月推出货币市场基金管理新规，要求非政府货币市场基金采用浮动净值管理，当流动性低于监管要求时，允许基金收取最多 2% 的流动性费用，同时基金可以暂停赎回，暂停

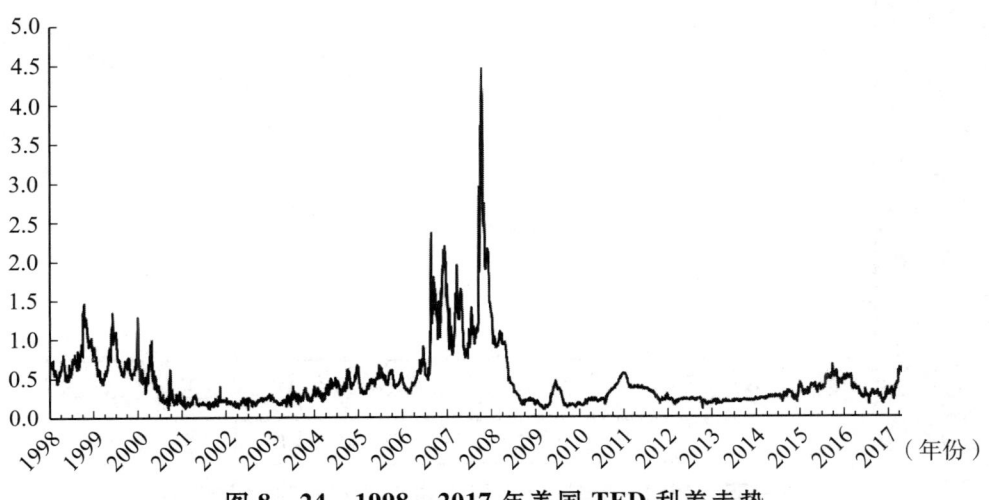

图 8-24　1998~2017 年美国 TED 利差走势

资料来源：美联储圣路易斯分行，https：//www.stlouisfed.org/。

期限不超过 10 个交易日。这一新规的实施使得大量非政府货币市场基金转向政府基金，货币市场的结构调整进一步加剧了由加息带来的美元稀缺，从而推高了货币市场拆借利率。随着 10 月新规落地，以及 2017 年以来全球经济数据出现了一些较好的表现，TED 不断回落。但进入 2018 年后，这一利差再度上升，且已达到了此前近 10 年来的较高水平，反映出美国金融市场有较为严重的金融压力，预示着未来有风险爆发的可能性。

3. 财政是美国政府的软肋

自 1966 年后，美国财政支出居高不下，财政赤字成为常态。直到克林顿政府期间，美国出现了相对长期的政府盈余。但随着互联网泡沫破灭，以及为应对"9·11 事件"后的美国安全局势，其财政赤字再度上升。为应对赤字，美国需要发行大量国债进行融资，这使得日本和中国等逐渐成为了美国最大的债权国。

图 8-25 为美国平均财政支出和平均财政收入的走势，为了剔除其中过度的波动，我们对每个月的财政收入和支出取其前 12 个月的平均值。图中可见，20 世纪 90 年代末，美国财政收入上涨速度快于财政支出，因而出现了当时的长期财政盈余。但 2002 年开始，美国财政支出再度超出收入。此后财政收入快速上涨并一度有超过支出的可能性，但恰逢 2007 年美国次贷危机爆发，经济衰退，政府财政收入大幅减少，而为了应对金融风险，政府不得不参与救市，财政支出大幅增加，导致这一时期财政收支明显分化，形成了巨量的财政赤字。2013 年后财政支出回到正轨，依然延续着此前的上涨趋势。但财政收入在经历了一段时

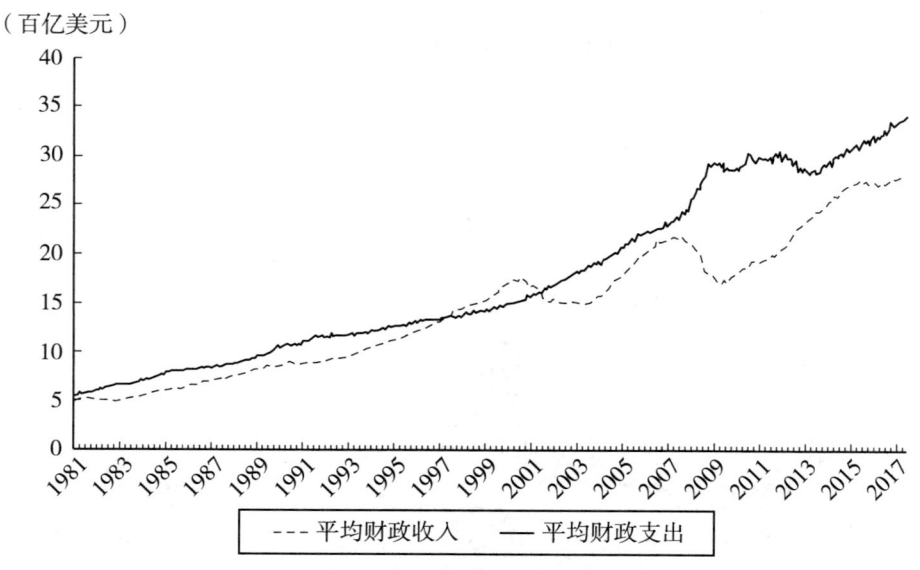

图 8-25 1981~2017 年美国平均财政支出和收入走势

资料来源：美国财政局公开数据，作者计算绘制。

期快速上涨后，于 2015 年美国货币政策正常化后明显放缓，甚至增长乏力。总体来看，美国自 1981 年利率市场化改革以来，其财政支出表现为相对稳定的上涨态势，然而其财政收入的增长却一波三折，甚而表现出强弩之末的态势。2018 年 3 月，美国当月的财政赤字便高达 2 000 多亿美元，是数年来美国 3 月财政赤字水平的新高。图中由于取平均值后降低了尾部阶段的财政赤字严重程度，实际上 3 月美国的财政支出已超过 4 000 多亿美元，而其财政收入只有 2 000 多亿美元。预示着美国严峻的财政收支失衡态势，也意味着美国还会不断地调高国会设置的国债规模上限。

从目前的形势看，美国的财政赤字未来仍有恶化的可能性。图 8-26 为美国 2018 年 3 月的累积财政收支报表。图中可见，美国 2018 年第 1 季度的总支出高达 2 万多亿美元，其中国防、社保和债务利息占据了较多的部分。基于以下四点，我们认为美国的财政状况未来还会恶化：（1）货币政策正常化过程中，美国加息会导致其政府需负担的债务利息不断上升，恶化债务成本，加重政府支出负担；（2）随着美国"二战"后婴儿潮人口的逐渐老龄化，其社保和医疗项目的政府支出还将不断增加，按照美国财政局的预测，这一增加会持续到 2038 年；（3）特朗普政府的减税政策会减少政府的财政收入，不过这一点的影响会相对较小，2017 年美国财政局的年度报告显示，其公司税收入占总财政收入的比重只有 9%；（4）随着欧洲和中国崛起，美国以有限的军费开支想要同时压制二者将会越来越捉襟见肘，在寻找权衡点的过程中也会大幅增加其军费开支。由此，美国的财政收支不均衡还将持续甚至恶化。这也意味着，一方面，如果美国不能增加国债或减少财政支出，则必然需要牺牲一些小国来补充财政收入；另一方面，美国有为了降低财政支出而战略收缩的可能性，这会使一些地区出现不稳定因素。这两方面预示着在未来的全球格局中，相对短期内会有大量的冲突出现，形成风险。

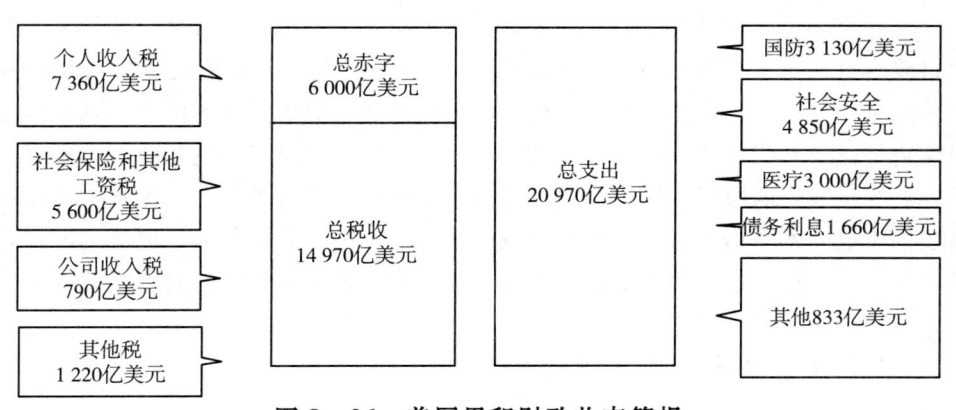

图 8-26 美国累积财政收支简报

资料来源：美国财政月度报告（Monthly Treasury Statement）。

三、系统性金融危机的部分应对建议

资本主义社会的产能过剩是不可避免的。如果产品的价格可以表示为成本与利润的总和，利润是资本家需要榨取的剩余价值，而资本家不消费，那么社会生产的总产品就需要用总成本或是总工资来进行消费，显然只要代表剩余价值的利润存在，产品的总价格是一定高于社会的总工资的，一定会有商品无法被消费掉。由于我国长期依赖出口带动经济，因而使我国的经济状况不得不被动地与欧美发达国家相联系。这也说明，预防经济危机要求未来我国必须要转变经济增长模式，消化贫富差距过大。金融依附于实体经济，实体经济稳定金融系统才会稳定。为应对利率市场化背景下，中国未来可能出现的系统性金融危机，我们提出以下一些建议。

（一）发展大数据，推动科学化的国家治理

发展大数据将使我们的国家治理更加有的放矢，甚至可以实现由中央直达基层的政府管理模式。更重要的是，大数据的发展，将有可能实现一定程度上的按需生产，从而在根本上解决产能过剩的问题。进而更科学地熨平经济周期。此外，通过大数据搜集也能有效地降低金融活动中的信息不对称，从而减少道德风险。金融机构可以更好地分析信贷违约风险，监管者也能更好地监督机构冒险行为。

（二）推动基层党组织在风险治理中的作用，从根本上削弱道德风险

利率市场化改革过程中，我国金融系统风险最主要的成因就是道德风险。其源自政府长期对金融机构或金融活动提供的隐性担保，以及由此产生的刚性兑付。虽然未来打破刚性兑付势在必行，但由于大而不倒或多而不倒等问题，道德风险仍将是影响我国金融系统风险的重要因素。我国的经济环境与西方国家最大的差异在于我们的党组织深入基层，因而有极强的组织动员能力。发挥党组织在基层的影响，将有助于减少一些金融机构党员从业者可能出现的不顾大局的道德风险行为。当然，这需要建立在基层党组织能够有效发挥作用的前提之下。

（三）完善法制建设，强化执法力度

伴随着我国金融市场高速发展而出现的各种乱象或风险，根本源于市场早期发展缺少一套充分有效的制度。由于我国金融市场起步晚，为了促使金融市场快

速发展，早期我国的金融法制环境是非常自由化的。正是这种自由化的背景下，出现了各种铤而走险一夜暴富的例子，并成为市场至今投机氛围严重的主要原因。未来需要一方面完善我国金融系统的法律制度建设，另一方面加强执法力度。我们认为，法无禁止皆可为在当下的中国并不具有可行性，我国金融系统表现出的风险和问题不是因为规矩太多，而是因为没有规矩，或者说是在一些人心中没有规矩。

（四）缓解金融系统中的投机氛围

未来需要化解金融市场浓厚的投资氛围，应从四个方面入手：（1）引导媒体，宣扬实业，在社会上形成鼓励和看重实业的氛围。实际上，过去很多人投身计算机行业，互联网行业，生产电脑，生产硬件，多是受媒体影响，那时的金融市场同样发达，但并不影响实业的发展，而且实业工作者、科研人员更受社会重视，而非股评员。（2）局部引爆风险，对个别大投机者实施精确打击。只有让投机者感到疼痛才能消减市场上的投机热情，当前市场的投机氛围根本上来自之前市场无序发展而产生的一个个一夜暴富的案例。（3）大力发展实体经济的同时改善分红政策，改变市场重筹资轻回报的特点。只有市场上存在价值股、成长股的情况下，才有可能鼓励市场参与者重视长期投资。（4）严格监督资产背后的杠杆。在没有杠杆的情况下，投资者从资产市场上获得的预期回报有限，虽然其与实体经济回报有差异，但也还不至于相差悬殊。杠杆不仅是导致资产泡沫蕴含巨大风险的原因，也是促进泡沫形成的原因。

（五）坚定不移地推动产业升级，技术创新

本次美国金融危机带来的长期影响，最终还是要靠科技进步来解决。中国在过去的较长时间里靠低端产品出口来促进经济，这使我国的经济增长过于仰人鼻息，随他国经济向好而向好，随他国经济衰退而衰退。而且，随着中国人口老龄化问题日渐突出，人口红利不再，如果不能有效地实现技术创新，中国的崛起将难以继续。中美贸易摩擦的根本目的也在于影响中国的科技崛起。过去人民币贬值可以提振出口，以后随着中国出口产品向高端转移，人民币升值会因为降低了原材料和能源的进口成本而给中国带来更多好处。这将成为汇率市场化最坚实的基础，即汇率波动风险可以通过不同企业的获利损失在国家内部对冲，不至于因为汇率可能出现的单边走势给国家经济造成巨大风险。

（六）消除贫富差距，应对利率市场化改革的最大风险隐患

一定的贫富差距是国家经济得以快速发展的关键，因而完全消除贫富差距是

不对的。我们认为,消除贫富差距,至少要做好三个方面。一是引导社会目标的多元化,贫富不应当成为社会的主要目标,社会的目标可以包括知识、文化、经历、家庭等,如果所有人都追求改变贫富的目标,那么经济的发展最终将只是资本得到了发展。这一点,应当从政府不以 GDP 作为主要目标开始。二是要严厉打击靠非法手段实现的贫富差距。三是要消除贫穷。在图 8-19 中,是要减少下面的部分,而增加最上面的部分。实际上,中国出现的一些违反经济学经典理论的现象,比如人民币汇率走势不符合巴萨效应,其根本原因还是在于改革开放的许多红利被一小部分人攫取所致。

(七) 做好国际风险应对准备

随着美国货币政策正常化,其金融资产泡沫破灭的风险也不断提高,一旦美国出现如 1937 年的大危机二次探底,将给全球经济带来巨大冲击。对此我们需要做好充分应对。一是适度开放资本准入,为危机后吸引全球恐慌资本做好铺垫;二是着手加快推进人民币国际化;三是意识到中美摩擦的必然性,在斗而不破的前提下一方面适当维护美国权威,另一方面稳步扩展我国利益;四是坚定推行去杠杆和去产能的政策,先消除自身的风险隐患,才能减少外部风险带来的冲击力度;五是以美为鉴,详细摸清我国地方政府债务情况,测算加息可能带来的债务压力,评估其财政困境以及会给政府带来的影响。

(八) 慎重推进资本账户开放

我们认为,中国目前尚不具备完全开放资本账户的能力。尤其是在国际风险较高的情况下,完全开放资本账户会给中国金融系统带来过大冲击。货币贬值预期形成的自我循环将能够产生大量的资本外流,多少外汇储备也抵御不住。更重要的是,尚有大量国内非法所得迫切希望通过各种渠道转移到国外,进而得到所谓私有制能够提供给他们的财产保护。任何改革都会有利有弊,我们推行包括资本账户开放在内的改革,目的不是为了改革,而是更好地发展中国经济,满足人民的长远利益,我们需要权衡的是改革是否是迫切需要的,其利大于弊还是弊大于利,只有是否需要,并没有所谓的正确方向。

本 章 小 结

在分析了利率市场化改革背景下的金融系统有关微观、中观和宏观风险基础上，本章进一步分析了利率市场化背景下我国出现系统性金融危机的可能性。系统性风险与其他风险不同，其具有负外部性、存在的必然性以及极强的潜伏性。形成系统性风险的原因包括信贷市场的脆弱性、金融市场的脆弱性、金融监管不力以及外部事件冲击等。

20世纪以来，全球发生了一系列系统性金融危机事件。这些危机体现出一些共有的特点。一是金融资产泡沫破灭往往是危机发生的前奏；二是流动性中断往往是危机扩大的原因；三是危机前各国均出现经济增长趋缓或衰退的现象；四是美元强势程度往往与金融危机密切相关；五是利率市场化改革往往与金融危机相伴发生。

在此基础上，本章进一步分析了是否是利率市场化改革带来了金融危机。对利率市场化改革与系统性风险的关系分析显示，利率市场化过程中虽然系统性风险会上升，但是这些风险更多的是来自金融系统长期管制而积累的旧风险，这些旧风险如同堰塞湖一般，在利率市场化改革的过程中因为金融系统放大功能和监管机构的不力，进而演变成了严重的金融危机。

进一步，我们结合系统性数据对我国系统性风险状况进行了评估与测算。采用SRISK和CoVaR等方法，我们测算了金融机构的系统性风险状况，目前我国金融机构的系统性风险水平相对较高，并有进一步上升的趋势，需要监管者注意，进一步的回归分析显示，随着利率市场化改革推进，我国金融机构系统性风险会有明显上升，与之前的分析吻合。采用溢出指数的方法，我们还测算了金融市场的系统性风险状况，目前我国金融市场的系统性风险相对不高，有所回落。

综合上述分析，我们认为，在利率市场化改革完成和完善后的短期内，中国不会发生系统性金融危机。但是我国发生系统性金融危机的隐患仍然存在，并将成为我国金融系统的长期威胁。国内隐患主要表现在债务风险和资产泡沫两个方面，更长期的隐患在于随着利率市场化改革完成后贫富差距会有进一步放大的可能性，而贫富差距过于悬殊往往是危机发生前的表现。国外风险则主要出现在美国，随着美国货币政策正常化，全球会出现流动性紧缩，美国资产泡沫的破灭风险也将加大，由于债务利息成本上升也会带来美国财政状况进一步恶化，这些因素决定了美国未来有极强的危机二次爆发可能性，并将冲击全球经济，需要我们做好各种预案提前应对。

在利率市场化改革的背景下，为更好地应对各种金融风险，还需要我们进行配套改革并调整金融监管，下文将对这一问题进行探讨。

第九章

利率市场化背景下的相关配套改革

为应对利率市场化改革过程中出现的各种金融风险,需要我们进行一些配套的改革措施,与此同时,许多相关的改革也需要在此过程中协调推进。本章首先探讨利率市场化改革过程中为应对风险而需要构建的风险预警机制,然后分析除利率市场化外还需要协调推进的一些改革措施,最后探讨货币政策调整以及央行在应对金融风险方面的作用。

第一节 金融风险的预警机制

为应对金融危机,最好的方法是构建一套完善有效的预警机制,在危机爆发前使监管者能够及时掌握市场情况,做出有效反映,进而将危机消弭于无形。但目前尚没有任何有效的机制能够实现这一预警。大量学术研究表明,现有文献中所构建的预警系统均不能有效预测2008年的美国金融危机(Christofides et al.,2016)。

一、金融风险预警机制的发展及缺陷

（一）金融风险预警机制的理论发展

构建金融风险预警机制的想法，最早出现于 1997 年亚洲金融危机之后。第一个预警系统（Early Warning Systems，EWS）由凯明斯基等人（Kaminsky，Lizonodo and Reinhart，1998）提出，因此也将这一方法称为 KLR 方法。其思路是选取一些宏观经济指标，这些指标能够覆盖国际头寸，金融部门，实体经济，制度结构和财政政策等诸多方面。对于每一个指标设置一个临界值，如果指标的实际值超过了临界值，则取值为 1，否则取值为 0。将这些指标加总或计算其占总指标数的百分比，即可获得 KLR 方法给出的金融风险预警情况。指标值越高说明市场上爆发危机的可能性越高。

不同于 KLR 方法，布西耶和弗雷茨彻（Berg and Patillo，1999）提出使用 Probit 模型进行回归预测的思路，其研究指出，面板 Probit 模型在样本内的预测效果要明显好于 KLR 方法。除了 Probit 模型，也有学者使用 Logit 模型进行回归预测，进一步，有学者指出，只区分危机前后进行 Logit 模型回归会产生后危机偏差（post-crisis bias），即并不是一些经济变量在危机中发生了剧变，而是因为危机的冲击使得许多经济基本面发生了变化，因而在危机发生时和发生后的长时间内出现了明显差异，因此仅划分危机前和危机阶段进行回归会受到后危机偏差的干扰（Bussiere and Fratzscher，2006）。其认为，应当使用多项 Logit 模型进行回归预测分析，即划分危机前、危机中和危机后三个阶段进行 Logit 模型回归。许多学者沿着这一思路分析发达国家和发展中国家在危机爆发过程中出现的一些共同特征。

上述方法均分析的是货币危机的先导指标，并使用 KLR 方法中提出的利率与汇率间的公式来计算危机程度，然后人为设定某个临界值，当 KLR 指数超过临界值时认为是危机发生阶段，否则是正常阶段。朗和施密特（Lang and Schmidt，2016）则分析了银行危机的先导指标，其采用拉文和巴伦西亚（Laeven and Valencia，2008，2010，2012）提出的数据库来划定银行危机，通过 Logit 模型回归，其认为银行活期存款和广义流动性情况是危机的重要预警指标。卡贾诺（Caggiano et al.，2016）在分析银行危机时则提出了危机持续期偏差（crisis duration bias），其认为危机持续的时间越长，用多项 Logit 模型进行预测的效果较二元 Logit 模型就会越好。

除了 Logit 模型，马尔科夫区制转换模型（markov switching model）也是常用的回归方法。其与传统 Logit 模型等相比，最大的好处在于不需要人为设定某个临界值来区分危机发生的阶段和正常时段。汉密尔顿（Hamilton，1988，1995）最早使用这一模型来分析商业周期。这一模型的分析思路是类似的，同样用一些宏观经济指标对 KLR 指数进行回归，只是不必人为地划分何时是危机阶段，何时不是危机阶段，而是假定市场在各个阶段间的跃迁是以某个概率水平发生的，通过极大似然估计可以确定这一概率水平。

一些学者进一步采用贝叶斯的方法（bayesian model averaging），希望通过不断校正模型使用来获得对风险的更好预测（比如，Christofides et al.，2016）。遗憾的是，虽然这些方法看起来很有吸引力，但实际上效果却远不如预期，大多数模型均只能获得更好的样本内预测，一旦进行样本外预测，则均不能有效地对危机提出预警，即使是贝叶斯方法也很难实现较好的样本外预测（Vasicek et al.，2017）。

（二）金融风险预警机制的评价方式

金融风险预警往往会产生两难问题。即对于预警临界值的选取，如果过低，会使预警机制发出过多的信号，而实际上可能并没有什么严重的风险，这会让监管者疲于应对，反而可能忽视真正出现的风险，即第一类错误（type 1 error，拒绝真）下降同时第二类错误（type 2 error，接受假）上升；如果过高，又会使危机发生时，预警机制很可能完全没有发出任何信号，即第二类错误下降的同时第一类错误上升。因而，如何设定预警的临界值往往需要在这两类错误中权衡，不可能使二者同时下降（见表 9-1）。

表 9-1　　　　　　　　危机预测与实际情况的示意表

项目		实际情况	
		危机 C	平稳 N
预测	危机 C	CC	CN
	平稳 N	NC	NN
	加总 T	TC	TN

资料来源：作者绘制。

这衍生了对预警机制有效性的一系列评价指标。结合表 9-1 中的示意，表中 CC 表示预测为危机，实际上发生了危机的样本数，其他类似。

（1）噪音信号比率（noise-to-signal ratio，NSR）。

即模型给出的无用预测（实际没有危机时的预测）与有用预测（实际有危机时的预测）的比例关系。显然噪音信号比越低说明预警机制越好。

伯格和帕蒂略（Berg and Patillo，1999）给出的噪音信号比计算方式为

$$NSR = \frac{CN}{CC} \quad (9.1)$$

凯明斯基（Kaminsky，1998）给出的噪音信号比计算方式为

$$NSR = \frac{CN}{CN+NN} \bigg/ \frac{CC}{CC+NC} \quad (9.2)$$

（2）命中率（hit rate，HR）。

这一指标较为简单，主要考虑危机预测命中的频率。

$$HR = CC/TC \quad (9.3)$$

（3）错误预警比率（false alarm rate，FAR）。

衡量没有危机，却给出预警信号的比例。

$$FAR = CN/TN \quad (9.4)$$

（4）总准确率（total accuracy，TA）。

即全部预测中准备样本的频率。

$$TA = (CC+NN)/(TC+TN) \quad (9.5)$$

（5）约登指数（Youden Index）。

也称为正确指数，是灵敏度（sensitivity）与特异度（specificity）之和减1。统计学中，灵敏度即式（9.3）的命中率，特异度是准确预测出没有危机的频率，即1与式（9.4）中错误预警比率的差值。因而，预警机制的正确指数可以表示为

$$YoudenIndex = HR - FAR \quad (9.6)$$

（6）Matthews 相关系数（Matthews Correlation Coefficient，MCC）。

Matthews 相关系数是机器学习（machine learning）领域用于衡量二值预测质量的一个重要指标，由布赖恩·W. 马修斯（Brian W. Matthews）于1975年提出。我们注意到对危机的预测同样是一个二值预测，因此也可以使用该相关系数评价预警机制的有效性。其计算方法为：

$$MCC = \frac{CC \times NN - CN \times NC}{\sqrt{(CC+CN)\cdot(CC+NC)\cdot(NN+CN)\cdot(NN+NC)}} \quad (9.7)$$

该相关系数取值在正负1之间。如果取值为1，说明模型提供了完美预测；取值为0，说明模型的预测并不比随机猜测更好；取值为-1，说明模型非常糟糕，预测与实际情况完全相反。

（7）二次概率评分（Quadratic Probability Score，QPS）。

衡量预测概率与真实情况的偏差。

$$QPS = \frac{1}{T}\sum_{t=1}^{T} 2(P_t - y_t)^2 \quad (9.8)$$

这一指标的计算需要基于对危机发生概率的预测。P_t 是根据估计得出的危机可能发生的概率。y_t 衡量了危机事件的实际情况，是一个二值序列，取值为 1 时表示危机发生，为 0 时表示平稳。显然，QPS 的取值应在 0～2 之间，如果取值为 0，说明模型能够完美预测危机发生的可能性。

（8）对数概率评分。（Log Probability Score，LPS）

与 QPS 指标类似，可以评价危机预测概率的有效性。该指标较 QPS 会产生一个更大的分值。

$$LPS = -\frac{1}{T}\sum_{t=1}^{T}\left[(1-y_t)\ln(1-P_t) + y_t\ln(P_t)\right] \quad (9.9)$$

显然，LPS 的取值应在 0 到 ∞ 之间，如取值为 0，说明模型提供了完美的对金融危机的预测。

（三）金融风险预警机制的缺陷

进行危机预警是构建风险预警机制的核心目的，因此，能否有效地预测危机发生是评价预警机制的关键所在。显然，目前所有预警机制均不能有效地进行样本外预测是这一机制最大的缺陷。但是，也正是这一最大的缺陷为我们留下了巨大的可供开发研究的空间，未来在这一领域还需要有更多的学术研究和探讨。仅从目前来看，我们还不应对预警机制抱有过多的信任，对待预警结果需要更加慎重。

除了预测效果存疑这一最大的缺陷外，我们认为，目前金融风险预警机制的构建方面还存在着如下几个方面的缺陷。

1. 数据滞后问题

目前国内外构建金融风险预警机制均采用宏观经济数据，这些数据的频率基本为月频，季度频率甚至年度频率。进行事后研究时，选用这些数据进行分析，并获得一些结果是可以的，虽然数据频率低，但影响或许有限。而在实际应用的过程中，使用这些低频数据就会产生严重的数据滞后问题。许多宏观经济数据的汇总公布并非在每个月的月底或者下个月的月初，通常一些宏观数据的最终确定并对外公布会在数月、半年甚至一年之后。实际研究过程中，我们也经常能看到许多数据库中更新宏观经济数据是非常缓慢的，比如即使 2018 年已经过去近半年，但 2017 年的许多宏观经济数据此时在一些数据库中可能还是缺失的。即使工作效率很高，也要汇总方方面面的数据，审核筛查也会耗费大量时间。因此，在实际应用中，根据这些宏观经济变量很可能根本无法及时发出有价值的预警信号。这是理论研究和现实应用中的差距。

2. 预警机制需要通过危机进行检验，且要求一国有危机发生的经验

通过前文对现有理论文献发展的总结可见，目前构建预警机制的思路均是分析各个国家金融危机爆发与一些宏观经济变量间的关系，通过发现不同国家在面临危机时出现的共同特点来确定哪些因素能够对危机产生预测作用。因此，这要求被研究的国家应当发生过金融危机，才能确定哪些因素在危机前后发生了明显变化。而对于预警机制是否有效，也只有其成功预测了危机才能得以证明。那么，对于从未发生过金融危机的中国来说，这一构建预警机制的思路显然是难以实现并进行检验的。

3. 经济全球化会干扰预警机制构建，新危机无法得到预测

目前构建预警机制的思路是分析不同国家在危机过程中宏观经济变量出现的共同变化。随着经济金融的全球化，各个国家的宏观经济变量以及金融市场状况均会出现高度的相关性，比如一国房地产市场价格上涨，可能许多国家的房地产价格也会上涨。那么，当次贷危机爆发时，回归分析的结果就会倾向于认为房价过高可以预测金融风险，是有效的预警机制，而这实际上很可能只是对某一个国家来说是有效的。而且不同危机爆发的过程中，主要的危机导火索很可能是不同的，当大家都把目光放在房价是否高企的问题上时，很可能下一次危机却发生在全球股市共同下跌的情况下。这又要求我们有较长的时间区间，来分析危机中出现的各种情况，但实际上，各国可供研究的这方面数据也仅有几十年而已。随着科技的发展，金融创新的不断出现，未来新的危机导火索将越来越难通过以往的数据得到预测。

4. 容易忽视定性指标的影响

预警机制是通过数字化的方式来管理金融风险，因而偏向于对定量指标的研究。但实际上，许多定性指标也对金融危机的爆发具有重要影响。比如监管强度的变化，前文对系统性危机爆发原因的阐述中，我们已指出，监管的不足是导致金融危机爆发的重要原因之一。但监管究竟有多强，监管趋严的程度较过去是增加了一倍还是两倍等，是很难通过数字来准确衡量的。其他诸如金融创新，制度改革等问题也均会对金融风险产生重要影响，但却不会很快地反映在宏观经济变量之中。这些因素会导致预警机制有较高的遗漏变量偏差。

综上所述，我们认为，通过一系列宏观经济变量来构造我国的金融风险预警机制，其效果值得商榷。

但是，这并不影响基于这些指标构造的预警机制作为监管风险过程中的重要参考指标的作用，比如中国银监会银行风险早期预警综合系统课题组（2009）便介绍了我国目前使用的单体银行早期风险预警机制，其作为我们放控金融风险过程中的一个重要指标是值得参考的。进一步而言，我们认为，应当打造由一系列指标构成的规模庞大的预警系统来应对金融危机可能对我国经济产生的冲击。当危机没有发生时却给出预警信号，即所谓的第一类错误并不可怕，可怕的是有危机发生时却没有进行预警。因此，我们应当建造一个庞大的敏感的预警系统。

这一金融风险预警系统应当既包括现有的基于各种方法得出的风险预警机制，即基于低频数据的风险预警指标；也包括前文提出的两种能够在较高频率上计算的衡量我国金融机构和金融市场系统性风险的两个指标；还应当包括下文我们提出的中国金融市场压力状况指标。

二、中国金融压力指数的构建

金融风险较高时往往市场上流动性水平较低，会导致利率上升。因此，利率市场化之后，可以自由波动的利率本身就是对金融风险的最佳预测指标之一。

除了利率这一指标，我们认为中国金融风险预警系统的一个核心指标应当是金融市场压力状况。压力指数的好处在于：（1）其是基于金融市场构建得出的，因此频率较高，能够及时地给出市场风险信号；（2）金融市场具有前瞻性，反映了市场参与者对未来的预期，因此一定程度上能够反映市场对未来金融风险状况的判断；（3）金融市场能够及时反映事件信息，定性事件如果对金融系统具有影响，其也会反映在金融市场的变动之中，因此能够降低对定性信息的忽略程度。从这几方面可以看出，金融市场压力指数能够规避现有金融风险预警机制的几个重要缺陷，因此其应当是我们防范金融危机的一个重要参考指标。但是，压力指数也存在着缺陷，即由于其对金融市场有较高的依赖，因此也会受到市场有效程度的影响，要求金融市场足够发达。

（一）构建金融市场压力指数的原则

作为金融风险的重要预警指标，我们认为，其在构建的过程中需要遵循以下一些原则。

1. 存在高频率数据

指标只有频率较高才能及时发出预警信号。选用金融市场的最大好处在于大多数数据均能够及时获得。我们认为相关组成序列应至少是周频数据，最好均为日频数据。

2. 指标的合成方式应尽可能简单

对有关序列应进行较为简单的加减乘除运算，或进行简单的时间序列回归，不应使用过于复杂的模型。复杂的模型反而更有可能产生偏差，形成误导。甚至复杂的模型有时还会出现极大似然估计不能收敛的情形。因此，我们认为前文用于计算金融机构和金融市场系统性风险的两个指标并不适用于构造金融市场压力状况。

3. 指标应能够尽可能地覆盖金融系统的各组成部分

金融系统涉及方方面面,指标应该尽可能地覆盖债券市场、股票市场、汇率市场以及货币市场等各子金融系统的风险。这样才能更全面地反映金融系统整体的压力状况。

4. 用于构造压力指数的指标应当与金融风险有明显关系

指标覆盖金融系统的方方面面并不意味着要把所有金融市场中的数据都拿来构建压力指数,不同的序列应该能够大体代表市场的某一方面,互相之间替代程度应该尽可能小,与此同时,这些序列还应该是与风险有明确关系的。比如股票的市盈率,我们认为其并不适合用于构建压力指数,市盈率高并不意味着股票市场就存在着风险,因为市盈率还包括了对未来增长机会的预期,高市盈率很可能反映的是投资者对未来市场走向的看好,意味着未来风险会较低,而非一定是较高,因此其与金融风险难以形成比较明确的关系。

(二) 中国金融市场的压力指数

基于上述原则,结合沃姆伦等人(Vermeulen et al., 2015)的思路,我们选定如下一些指标(见表9-2)用于构建中国金融市场的压力指数。

表9-2　　　　　构建金融市场压力指数所包含的指标

项目	名称	计算方式
FSI1	股市波动率	沪深300指数收益率,以一年为固定窗口(240个交易日),滚动估计GARCH(1,1)模型,获得每期标准差预测
FSI2	汇市波动率	美元兑人民币中间价的差分值,以一年为固定窗口(240个交易日),滚动估计GARCH(1,1)模型,获得每期标准差预测
FSI3	银行部门系统风险	以三个月为固定窗口(60个交易日),滚动计算银行股票指数收益率与沪深300指数收益率的协方差,再除以沪深300指数收益率的方差
FSI4	长期利率与美国利差	10年期国债到期收益率与10年期美国国债到期收益率的利差
FSI5	收益率曲线翻转	3个月国债到期收益率与10年期国债到期收益率的利差
FSI6	TED利差	3个月期限Shibor与3个月国债到期收益率的利差

续表

项目	名称	计算方式
FSI7	期限结构波动	计算10年期国债到期收益率与3个月国债到期收益率的利差，再做差分，以一年为固定窗口（240个交易日），滚动估计差分值的 GARCH（1,1）模型，获得每期标准差预测
FSI8	市场卖空压力	沪深两市融券余额占两市融资融券余额总数的百分比
FSI9	地方债务压力	AA-级城投债与AAA级城投债间的利差
FSI10	债券市场风险	中债新综合指数的久期（基于现金流法）
FSI11	人民币贬值压力	美元对人民币即期汇率较中间价高出的百分比
FSI12	美国金融压力	美国TED利差，3个月Libor与3个月美国国库券利差
FSI13	美元升值影响	名义美元指数

资料来源：作者设计整理。

这十三个指标取值越高均意味着中国金融市场压力越大。其中，对于指标1和指标2，即股市波动率和汇市波动率，我们认为更合适的指标应当是基于期权价格的隐含波动率。目前我国虽然已有基于上证50指数的期权和人民币兑美元的汇率期权，但数据还相对较少，我们的计算需要根据过去一年的窗口期不断进行滚动，因此本节暂时使用基于 GARCH 模型估计得到的对未来一期标准差的预测值，未来在构造有关指数时，我们建议采用相关的隐含波动率数据。这也意味着，想要获得更好的对金融风险的预警机制，需要有较为发达的金融市场作为支持。

获得上述十三个指标的数据后，我们采用标准化后再加总的方式来计算总市场压力指数。注意到不同时期，这些指标的正常水平也会发生变化，因此在标准化的过程中我们同样使用窗口滚动的办法。即计算各指标在每个样本点前一年的均值和标准差，然后用样本点处的取值减去此前一年的均值，再除以此前一年的标准差。标准化后的数据意味着，取值为正即代表该项指标所反映的金融子系统存在压力。因此，作为金融市场总压力指数，我们只需要关注其取值是否为正即可。

图9-1为我们基于上述方法构建的中国金融市场压力状况指数的走势情况。研究所用的原始数据来自 Wind 数据库，由于融券业务在2010年后才出现，因此压力指数是从2011年4月开始的。图中可见，压力指数的几次为正且取值较高均对应了当时的一些金融市场风险大幅上升现象。比如，2011年开始后压力指数不断上升，对应了当时国内外金融市场的一系列风险事件，从6月货币市场第一次出现钱荒，7月央行再次加息，收紧流动性，当月城投债市场出现严重违约

事件，如前文所述，AA-级城投债与 AAA 级城投债的利差大幅上升，城投债市场发行几乎停滞，到 9 月，欧洲危机恶化，国外风险大增，这一系列连续的风险事件使得 2011 年中期开始我国的金融压力不断上升。此外，其他几次压力指数上涨也均与当时的金融风险状况有所对应，我们已在图中进行标注。

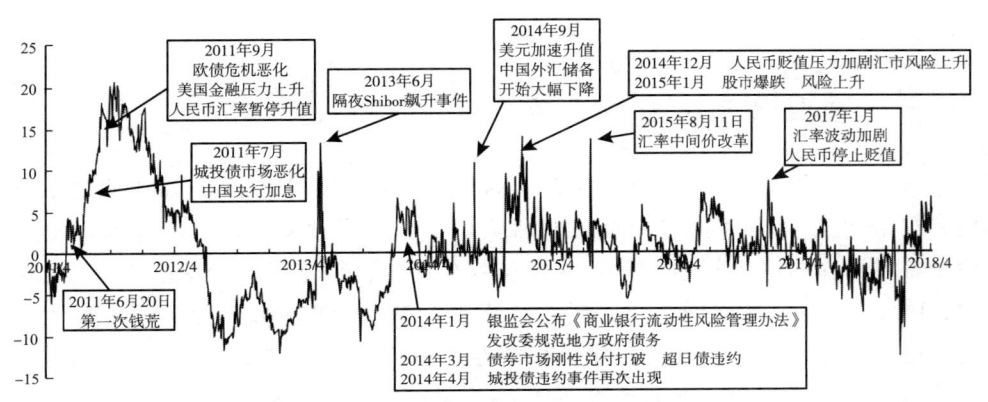

图 9-1 中国金融市场压力指数

资料来源：作者计算绘制。

压力指数的标准差为 5.79，我们可以用二倍的标准差（11.58）作为其是否异于零的置信区间，进而剔除掉许多压力指数的波动，这样压力指数对金融市场的风险反应会更加明确。图中显示，近期我国的金融市场压力状况不高，2018年之前总体上有一定的下降趋势，但进入 2018 年后压力指数下降趋势似乎反转，出现了上升的现象，未来还需要对金融市场风险予以密切关注。此外，对应于利率市场化改革的两个关键节点，即贷款利率完全放开和存款利率完全放开，我们也会发现，利率市场化改革并没有明显提升金融系统的压力状况，我国金融市场的风险还是主要来自利率市场化改革以外的方面，这或许也与目前自律机制下，银行没有出现存款利率竞争等原因有关。

一些学者在构建压力指数时会使用因子分析或者主成分分析等方法，我们在构建上述压力指数时没有使用这一方法。直接加总的最大好处在于，当注意到市场压力上升时，可以非常方便的返回到指数构成当中，进而发现是什么因素导致了市场压力加剧，这样可以让风险应对更加有的放矢。而主成分分析或是因子分析所形成的主成分或因子，不利于更好地发现其经济学意义，使得压力指数的预警仅仅是预警，在应对上可以给出的帮助会略显不足。

构建以压力指数为核心的风险预警系统要求金融市场的高度发达，因此，这也要求我们在推行利率市场化改革的过程中还需要配套推行其他金融改革，下一节我们将着重探讨这些金融改革的实施。

第二节　相关改革的推进

一、金融衍生品市场发展

基于商品的期权和期货等衍生品交易早已有之，但基于金融产品的衍生品出现是在 20 世纪 70 年代，其产生的最根本原因正是当时美国的金融自由化改革。由于布雷顿森林体系解体，美元不再与黄金挂钩，企业将自行承担汇率波动风险，因而市场将亟须一种可以帮助企业规避汇率风险的金融产品。在此背景下，芝加哥期货交易所主席利奥·梅拉梅德在弗里德曼等经济学教授的支持下，于 1972 年设计发行了第一只基于金融产品的期货——外汇期货。此后，又先后推出了国债期货、欧洲美元期货以及股指期货等等。

其中，国债期货的推出运行则正是源于美国的利率市场化改革。20 世纪 70 年代石油危机以及从 60 年代末开始的美国经济衰退使得美国货币政策顾此失彼，降低利率会让通胀率更加严重，提升利率又会让经济进一步衰退，因而这一阶段美国的利率波动频繁，为应对这种利率风险，美国于 1975 年 10 月开始尝试发行美国联邦抵押贷款协会（GNMA）的抵押贷款凭证期货合约，这是全球利率期货的最早雏形。第二年 1 月，美国推出了 90 天国库券（短期）期货合约，这是最早的国债期货。此后于 1977 年 8 月推出 30 年期国债（长期）期货合约；1978 年 9 月推出 1 年期国库券期货合约；1982 年 5 月推出 10 年期限国债（中期）期货合约；1988 年、1990 年和 2009 年分别推出了 5 年、2 年和 3 年期限美国国债期货合约，进一步补全了中期国债的期货品种。2010 年，美国进一步推出了超长期国债期货合约（Ultra U. S. Treasury Bond Futures）。其与过去的长期国债期货合约（U. S. Treasury Bond Futures）的差异在于，交割标的债券在合约到期月份首日的剩余到期期限不同，长期国债期货合约的交割标的剩余到期期限是 15~25 年，而超长期国债期货合约的交割标的剩余到期期限在 25 年以上。2016 年 1 月，美国又发行了 10 年超长期国债期货合约（Ultra 10 - Year U. S. Treasury Note Futures），其与 10 年期国债期货合约（10 - Year T - Note Futures）的差异同样在于交割标的的剩余期限上，前者是 9.5~10 年，后者是 6.5~10 年。之所以推出期限更窄的中期国债期货合约，是源于投资者的需求反馈，使其能够更精准地反映 10 年期美国国债的风险暴露，进而更好地服务于市场风险管理。

从美国的经验可以看到，自利率市场化改革以来，为应对利率风险，其逐步完善和构造了能够覆盖短期、中期和长期等各个期限的利率衍生品市场，基本可以覆盖整个利率期限结构。投资者可以方便地根据自己在不同期限利率上的风险暴露或期限结构上的风险暴露来选择合适的利率衍生品进行有关交易以对冲风险。

金融与风险相伴而生。金融是人类为应对风险而进行的伟大发明，债券、股票、保险以及各种衍生品等，无不是方便人们分散和转移风险的工具。国债是无风险利率的最主要表现，是市场上各种利率的参考基准，因而国债期货是最主要的用于对冲利率风险的金融工具。随着国内的利率市场化改革不断完善，利率波动风险将不再由政府承担，而是交由企业和银行等机构自行承担，因而机构对市场上能够对冲利率风险的金融工具将有迫切需求，发展我国的国债期货市场将是完善利率市场化改革的重要一环。此外，发展国债期货市场，也能够通过市场机制实现价格发现功能，一方面能更好地引导利率，另一方面可以给出市场参与者对未来利率走势的前瞻性预期，有助于风险预警。

我国的国债期货出现于1992年12月，由上海证券交易所设计发行，其出现源于我国利率市场化过程中的国债利率市场化。由于我国金融市场早期法律制度欠缺，监管不足，内幕信息交易盛行，1995年后，我国关闭了国债期货市场。直到2013年9月，时隔18年之后，随着我国利率市场化改革提速，管理利率风险的需求增多，国债期货才重新回归市场。最早由中国金融期货交易所推出了5年期国债期货合约，其交割标的是发行期限不超过7年，合约到期月份首日剩余期限是4~5.25年的记账式附息国债。2015年3月，我国又推出了10年期国债期货合约，其交割标的是发行期限不高于10年，合约到期月份首日剩余期限不低于6.5年的记账式附息国债。我国的2年期国债期货合约也已经开始仿真交易，为正式上市发行进行准备。

目前我国的国债期货仅能覆盖4年以上的期限，还非常不完善，利率市场化改革带来的利率波动加剧要求金融市场能够提供更充分地覆盖整个利率期限结构的衍生品市场。首先是逐步推出2年，3年等中短期的国债期货，进而覆盖我国2~10年的中期利率。其次是发展短期利率衍生品，我国的国债均是1年以上的产品，国债期货主要用于管理和对冲中长期利率风险，但实际上短期利率的波动往往要大于中长期利率，对短期利率风险的对冲也是非常重要的，鉴于Shibor在我国货币市场利率中的基准地位，未来应在短期逐步完善基于Shibor的利率互换和远期合约交易，以补充对冲短期利率风险的金融工具。财政部已于2015年开始对外发布3个月和6个月等短期国债的收益率，未来如短期国债市场得以蓬勃发展，发展短期国债期货也能够更好地帮助对冲短期利率风险。再次是逐步发展对冲长期利率风险的金融工具，2016 年，财政部首次对外公布 30 年期国债的收益率以及发行计划，并逐步建立 30 年期国债的连续发行机制，未来可期，发展长期国债期货市场也是完善利率衍生品对期限结构覆盖的重要环节。最后，结合市场反馈，分析是否需要建立如美国的超长期国债期货，即更为精准地反映中期和长期利率风险的期货合约。建立并逐步完善国债期货市场将是利率市场化改革最为重要的辅助改革。

二、汇率市场化与资本账户开放

利率是资金的国内价格，汇率是资金的国外价格。与利率市场化相对应的是汇率市场化改革，推动利率市场化改革将促进国内金融市场发展壮大，带动经济繁荣；推动汇率市场化改革将促进人民币国际化，是"强起来"的重要助力。随着我国利率市场化改革不断完善，汇率市场化也将成为一项重要的改革进程。鉴于汇率与利率间的平价关系，市场化的汇率也将成为利率形成的重要参考之一。

（一）中国汇率制度变革历程

我们将中国的汇率制度划分成六个阶段，第一阶段从 1949～1952 年，是国民经济恢复时期，这一时期主要采取实际上的浮动汇率制度；第二阶段从 1953～1980 年，是计划经济时期，这一时期的汇率相对固定；第三阶段从 1981～1984 年，是官方汇率与贸易内部结算价并行阶段，随着改革开放，计划经济向市场经济转型，这一阶段可以视为当前汇率市场化改革的发端；第四阶段从 1985～1993 年，是官方汇率与外汇调剂市场汇率并行阶段，这一阶段可以视为双轨制的开始，外汇调剂市场的汇率是市场化的，官方汇率是受管制的，这一时期也促成了外汇场外市场（黑市）的发展；第五阶段从 1994～2004 年，是单一的有管理的浮动汇率制度阶段，这一阶段经历了亚洲金融危机，为减轻危机给我国经济带来的冲击，我国事实上采取了盯住美元的汇率制度；第六阶段从 2005 年至今，是汇率渐进市场化阶段，这一阶段是汇率中间价形成机制不断完善的阶段，实际汇率相对于中间价的浮动区间不断放大。目前实际汇率相对于中间价的波动仍有区间限制，央行外汇市场的干预仍存，未来完全汇率市场化还需要进一步推动相关改革。表 9-3 详细总结了我国整个汇率市场化的变革进程。

表9-3 中国汇率制度变革历程

阶段划分	时间	改革事件
国民经济恢复时期	1949~1952年	浮动汇率制度
计划经济时期	1953~1972年	汇率基本稳定，人民币兑美元汇率维持在2.46∶1
	1973~1980年	参考"一篮子"货币的加权平均进行汇率调整
官方汇率与贸易内部结算价并行阶段	1979年8月	外贸体制改革，实行外汇留成制度
	1980年10月	由中国银行及其分行开展外汇调剂业务
	1981年1月1日	设立贸易内部结算价，与官方牌价并存
官方汇率与外汇调剂市场汇率并行阶段	1985年1月1日	取消贸易内部结算价，官方汇率与内部贸易结算价并轨
	1985年12月	深圳成立首家外汇调剂中心
	1988年初	外贸企业推行承包责任制，外汇调剂市场逐步建立
	1991年4月9日	政府的汇率调整方式由大幅度一次性调整转变为缓慢调整
	1993年3月1日	对外汇调剂市场的汇率实行最高限价
	1993年6月1日	取消对外汇调剂市场汇率的限价
	1993年7月	央行首次干预外汇市场
单一的有管理的浮动汇率制度阶段	1994年1月1日	官方汇率与外汇调剂市场汇率并轨，实行单一的有管理的浮动汇率制度
	1994年4月4日	规范的银行间外汇市场正式建立，主要交易美元和港币（4月5日增设港币交易）
	1995年3月1日	银行间外汇市场开设日元交易
	1996年12月1日	实现人民币经常项目账户可兑换
	1998年	亚洲金融危机冲击，采取事实上盯住美元的汇率制度
	2002年4月1日	银行间外汇市场开设欧元交易
	2003年10月1日	允许银行间外汇市场交易主体在当日进行买卖双向交易
	2004年2月	在香港试行人民币离岸业务
汇率渐进市场化阶段	2005年7月21日	央行宣布实行以市场供求为基础、参考"一篮子"货币进行调节、有管理的浮动汇率制度 央行公布收盘价作为第二个交易日的汇率中间价，即期汇率相对于中间价的波动幅度不超过0.3%

续表

阶段划分	时间	改革事件
汇率渐进市场化阶段	2005年8月15日	推出远期外汇交易
	2006年1月4日	银行间外汇交易增加询价方式，引入做市商制度，汇率中间价改由15家中外资银行报价产生
	2006年4月24日	推出人民币与外币的互换业务
	2006年8月1日	银行间外汇市场增设英镑交易
	2007年5月21日	即期汇率相对于中间价的波动区间从0.3%扩大到0.5%
	2012年4月16日	即期汇率相对于中间价的波动区间从0.5%扩大到1%
	2014年3月17日	即期汇率相对于中间价的波动区间从1%扩大到2%
	2015年8月11日	中间价改革，强调人民币对美元汇率中间价报价要参考上日收盘汇率，以反映市场供求变化
	2015年12月11日	推出人民币汇率指数CFETS，改变人民币过于参照美元的态势
	2016年2月	进一步明确汇率中间价形成机制，由"收盘汇率+一篮子货币汇率变化"两部分组成
	2017年1月1日	完成对CFETS货币篮子的首次调整，削减美元权重，并将篮子中货币数量由13种增加到24种
	2017年2月20日	汇率中间价定价机制缩减"一篮子货币汇率变化"的计算时段，从24小时改为15小时，避免重复计算的问题
	2017年5月26日	汇率中间价计算中引入"逆周期因子"

资料来源：作者根据公开资料整理。

1. 国民经济恢复时期（1949~1952年）

新中国成立早期的汇率制度源于抗日战争和解放战争期间，边币与法币的斗争经验。新中国成立初期，由于帝国主义对中国的封锁和禁运，汇率的设置主要是为了照顾出口、进口以及华侨汇款，因此中国没有如当时的布雷顿森林体系一样采用固定汇率，而是选用了浮动汇率制度，此时的人民币对美元汇率主要是按出口商品比价、进口商品比价和华侨的日用品生活费比价三者的加权平均进行调整。

2. 计划经济时期（1953～1980年）

1953～1972年之间，汇率不再作为调节对外经济交往的工具，外贸盈亏全部由国家财政负担。这一阶段，全球大多数国家均采用固定汇率，人民币与美元的汇率也比较稳定，维持在1美元兑换2.46元人民币的水平。1973～1980年间，随着布雷顿森林体系解体，美元不再与黄金挂钩，实现浮动汇率。我国也不得不参照西方国家货币汇率浮动状况，采用"一篮子货币"加权平均计算方法进行汇率调整。20世纪70年代末期，美国经济衰退带来美元贬值，相应地，人民币出现较大幅度升值并对我国出口造成了损害。

3. 官方汇率与贸易内部结算价并行阶段（1981～1984年）

为应对人民币高估给我国出口企业带来的不利影响，1981年1月1日开始，我国政府在官方汇率之外另设了贸易内部结算汇率，该汇率主要用于进出口贸易的外汇结算，当时人民币兑美元的官方汇率是1.5∶1，而人民币兑美元的贸易内部结算价则为2.8∶1。这一政策虽然起到了促进出口贸易，限制进口贸易的作用，但没有达到改革外贸体制的目的（洛钦，1984），而且抑制了非贸易部门的积极性，助长了寻租行为，导致国际外汇管理混乱。

4. 官方汇率与外汇调剂市场汇率并行阶段（1985～1993年）

20世纪70年代末，随着人民币汇率出现高估，出口企业如将外汇全部兑换成人民币会承担较大损失，为缓解出口企业的损失，我国于1979年8月改革了外贸体制，允许企业留存部分外汇。随着这一政策的实施，市场上出现了部分企业外汇较多，而部分企业却外汇不足的现象。于是，1980年10月，国家批准中国银行及其分行开展外汇调剂业务。随着贸易内部结算价确立，政府规定调剂业务中的汇率波动以贸易内部结算价为基准，波动幅度不能超过10%。

随着贸易内部结算价与官方汇率并行的弊端不断显现，1985年1月1日，我国政府取消了贸易内部结算价，将官方汇率定在1美元兑换2.8元人民币的水平，实现了官方汇率与贸易内部结算价并轨的过程。虽然没有了官方汇率和贸易内部结算价的双重汇率，但官方汇率与外汇调剂市场上的汇率仍然不同（可以理解为官方利率和同业拆借市场上的利率）且有时差异很大，双重汇率的情况仍然存在。

1988年，随着各省市相继成立外汇调剂中心，我国的外汇调剂市场逐渐成形。调剂市场上形成的汇率是完全市场化的，相对于官方汇率有较高的贬值幅度，且波动较大。进入1993年，外汇调剂市场上出现了较大幅度的汇率波动，引起央行的重视。年初时1美元兑换人民币的汇率为7.4元左右，到2月便上升到8.4元，涨幅达13.5%，为减轻贬值幅度，政府于3月1日对外汇调剂市场上的汇率设定了最高限价。这一措施导致了外汇调剂市场有价无市，而场外市场

（也称黑市）却交易大增。6月1日，政府取消了对外汇调剂市场的限价，人民币迅速大幅贬值，最高时达到1美元兑换10.8元人民币，一些地方甚至超过了11元。为防止人民币过度贬值，给宏观经济造成不利影响，央行于7月首次干预外汇市场，仅用不到10天的时间将外汇调整到1美元兑换8.4元人民币左右（蒋志刚，1993）。外汇调剂市场上出现的乱象，使得统一汇价被提上日程。

5. 单一的有管理的浮动汇率制度（1994~2004年）

1994年1月1日，官方汇率与外汇调剂市场汇率并轨，我国开始实行单一的有管理的浮动汇率制度。与此同时，我国取消了外汇留存制度，改为实行银行结售汇制度。到2008年以前，我国一直采取的是强制性结售汇制度，即所有的外汇收入必须卖给银行，而所有的外汇支出必须向银行购买。2008年后，随着《外汇管理条例》修订，强制性结售汇制度已基本退出我国的历史舞台。随着外汇留存取消，相应的外汇调剂业务也自然消失，外汇调剂市场及其汇价也被取消。

为使外汇定价有所参考，1994年4月4日，我国开始建立规范的银行间外汇市场。外汇市场成立初期基本只交易美元和港币两种货币，此后陆续加入了日元、欧元和英镑等其他货币品种。银行间外汇市场的成立，为日后作为人民币汇率重要基准的中间价的出现奠定了基础。随着汇率市场并轨，长达16年的人民币贬值过程结束，人民币出现了一定的升值趋势。

1998年，为应对亚洲金融危机带来的冲击，中国政府对外宣布人民币不贬值。央行加强了对外汇市场的干预，这一阶段，1美元兑换人民币基本稳定在8.28元的水平。国际货币基金组织将人民币汇率制度定义为"事实上盯住美元"的汇率制度。就人民币实行浮动汇率的大方向来说，这一阶段的汇率制度是有所退步的，但其在亚洲金融危机的背景下，对于稳定我国经济，提升人民币在全球的信誉这一长远利益来说是起到了重要作用的。

6. 汇率渐进市场化阶段（2005年至今）

2003年，人民币贬值压力减轻，并出现了一定的升值压力，汇率相对稳定。在此背景下，我国于2005年开启了新一轮的汇率市场化改革。

2005年7月21日，央行对外宣布我国将实行以市场供求为基础、参考一篮子货币进行调节、有管理的浮动汇率制度。为使浮动汇率有所参照，央行用每天闭市后公布的汇率市场收盘价作为第二天汇率交易的中间价，并要求即期成交的汇率较中间价的波动幅度不得超过0.3%。此后，2007年、2012年和2014年，这一波动区间不断放大，目前的波动区间为2014年设定，即2%。未来随着我国汇率市场化的推进，这一波动区间将进一步放大。

汇率市场化一方面要放开对即期成交汇率的波动限制，另一方面要形成较为市场化的，能够反映市场供需且比较稳定的基准汇率。这是从2005年以来我国汇率中间价不断改革完善的目的所在。2006年，为使汇率中间价能够更好地反映市场供需情况，我国在银行间外汇市场引入做市商制度，通过对15家做市银行的报价进行加权平均的方法，来确定每天的汇率中间价。与1994年汇率改革的经历相似，改革不到三年，全球再次出现了较为严重的金融危机冲击，我国的汇率市场化改革也不得不暂时停滞。人民币兑换美元的中间价在这一阶段保持了高度稳定，直到2010年后。进入2015年，随着国内经济增速下降，人民币再次出现贬值压力，即期汇率在2014年开始便长期处于中间价允许波动的上限附近。虽然我国的汇率中间价是根据银行报价加权平均计算而得，但计算过程以及各银行报价权重等等都掌握在央行手中，央行对中间价的设定仍然有较强的干预能力。为使中间价能更好地反映市场状况，减轻外汇储备消耗压力，2015年8月11日，我国推行了汇率中间价形成机制的改革，要求银行参考上日收盘汇率进行报价，对中间价的形成给出了一个较为透明的参照。2016年2月，我国进一步明确了汇率中间价的报价公式，即参照上日收盘价和一篮子货币汇率变化两个部分来进行报价，后者是指为保持人民币对一篮子货币汇率24小时基本稳定所要求的人民币对美元双边汇率的调整幅度。即各报价行先计算使人民币与"一篮子"货币汇率在过去24小时中保持稳定所需要的人民币兑美元调整幅度，然后将其与前日的收盘价相加作为报价报给中国外汇交易中心，中心除去报价中的最高价和最低价部分，然后将剩余报价取平均值作为当天的人民币兑美元中间价对外发布。2017年2月20日，为避免报价中的重复计算问题，维持人民币与一篮子货币汇率稳定的时间从24小时调整到15小时，从下午汇率市场闭市的时间16：30到第二天早晨7：30，即只考虑维持夜盘汇率稳定的报价调整。2017年5月26日，为平抑可能出现的汇率单边过度波动，吸纳以工商银行为牵头行的外汇市场自律机制的建议，央行宣布在中间价的计算公式中引入逆周期因子。即

美元兑人民币中间价 = 上日收盘价 + 一篮子货币汇率夜盘变化 + 逆周期因子

其中，逆周期因子通过前日市场供求因素经逆周期系数调整计算而得，前日市场供求因素的计算方式为用前日的收盘价减掉其中的中间价和一篮子货币汇率变化，逆周期系数由各报价行根据经济基本面变化、外汇市场顺周期程度等自行设定。通过加入根据一篮子货币汇率的调整项以及逆周期因子，中间价汇率可以相对更加稳定，减少羊群行为可能给市场带来的冲击，为未来汇率市场化改革中基准汇率的稳定性提供了保证。

除了改善中间价形成机制，我国也在逐步推动减少过去仅关注人民币和美元双边汇率的态势，努力使人民币更好地反映一篮子货币汇率情况，削弱美国汇率波动给人民币带来的冲击。2015年12月11日，我国推出了人民币汇率指数CFETS，该指数按国际贸易加权编制，参考了包括欧元、澳元、墨西哥比索等13

种与人民币直接开展交易的货币的表现。2017年初，我国完成了首次对人民币汇率指数货币篮子的调整，将美元的权重从26.40%调低到22.40%，同时将南非兰特、韩元、阿联酋迪拉姆、沙特里亚尔、匈牙利福林、波兰兹罗提、丹麦克朗、瑞典克朗、挪威克朗、土耳其里拉和墨西哥比索等货币纳入篮子，将篮子中的货币数量从13种增加到24种。在当下美元币值波动较大的情况下，推出参照"一篮子"货币的衡量人民币币值的汇率指数无疑将有助于进一步稳定汇率，为下一步推动汇率市场化改革奠定更充分的稳定基础。

（二）汇率市场化与资本账户开放的展望

1. 汇率市场化

汇率市场化是实现人民币国际化的前提之一，未来随着中间价的稳定性和市场化水平不断提高，即期汇率围绕中间价的波动区间还将进一步放大，进而实现汇率的完全市场化。

我们认为，进一步推行汇率市场化改革还需要两个前提条件和一项配套改革。

（1）现有制度的稳定运行和经验积累。目前我国的中间价形成机制已经不断完善，参考"一篮子"货币的人民币汇率指数也已推出，为汇率市场化改革进行了充分的准备。但这些措施推出的运行时间还相对较短，需要一定的时间来总结可能存在的缺陷和不足，积累应对有关问题的经验。

（2）产业升级的协同推进。过去一段时期我国的经济增长主要依靠低端产业出口，因而人民币过度升值会给我国经济造成极大的不利冲击。放开汇率波动将不利于我国的经济稳定发展。随着产业升级，进口端的成本将会对我国经济产生更大影响，此时人民币升值会有利于提升国民生活水平。因此，伴随着产业升级，汇率单边波动对我国经济可能产生的影响将可以在国家内部被互相抵消掉，从而减轻汇率波动给整体经济带来的风险。未来应对汇率完全市场化可能出现的风险，需要我国在产业升级方面有一定的进展作为基础，也需要贫富差距得到一定缩减，平均国民收入有所提高。

（3）汇率衍生品市场更加完善。美国放开汇率市场化的过程中形成了金融衍生品市场，推动汇率有关衍生品的发展，将使企业和机构等能够更好地管理自身所面临的汇率风险。尤其是伴随着人民币国际化，其他经济体对人民币的需求将增加，国际机构也迫切需要能够更好地管理汇率风险的金融产品。如果我们不抓住机遇完善壮大人民币汇率的衍生品市场，就会被其他经济体抢先。

美元衰落是人民币国际化的重要机遇，随着利率市场化改革逐步完善，汇率市场化将成为下一步资金价格市场化的重要举措。自20世纪以来，人类社会面临的金融危机可以大致分成两种，一种是银行危机，另一种是货币危机，前者与利率市场化有关，而后者则与汇率市场化密不可分。因此汇率市场化将与利率市场化一样，给金融系统带来不小的冲击，形成大量的风险。总体来说，我们对汇率市场化后我国政府在应对汇率风险上的能力持乐观态度。抗日战争和解放战争时期，中国共产党发行的边币可以视为当下的人民币，而法币则可以视为当下的美元。在边币与法币的斗争中，我们已积累了大量的宝贵经验以应对汇率市场的风险。

2. 资本账户开放

中国早在1996年12月便已经实现了人民币经常项目的可兑换。2003年，党的十六届三中全会通过《中共中央关于完善社会主义市场经济体制若干问题的决定》，进一步明确了"在有效防范风险的前提下，有选择、分步骤放宽对跨境资本交易活动的限制，逐步实现资本项目可兑换"。2010年10月，党的十七届五中全会决定，将"逐步实现资本项目可兑换"写入"十二五"发展规划。我国的资本账户管理长期采取"宽进严出"政策，目前的管制实际上也主要体现在对资本自由流出的限制或繁重审查方面。①

就资本账户完全放开这一大的方向，我们是赞同的。首先，资本账户完全放开是资金价格完全市场化的前提。无论是利率市场化还是汇率市场化，资本自由流动都是供需变化的重要环节，资本不能自由流动也就意味着货币的供需因素是有一定程度扭曲的，因此最终均衡状态下的利率或者汇率实质上也并非完全是市场化的。资产定价的一个重要方向是无套利定价，当资本流动受限时，无套利显然是不能实现的，价格中出现的扭曲也难以得到校正。其次，资本账户完全放开也是人民币国际化的重要保障。如果人民币不能随时自由兑换，那么其他经济体持有人民币或开展基于人民币的业务就会面临一定的流动性风险，这会降低国际市场持有人民币的意愿。最后，资本账户完全开放也有助于金融全球化，提升中国在全世界的影响力。资金跨区域的自由流动将有利于跨国并购，海外投资，使国内的企业和投资者可以更好地在全球配置资产，分散投资风险，或是获得更多更好的投资机会。

但就何时实现资本账户的完全开放，我们持谨慎态度，至少在当前的一段时期内，不应急于推动资本账户开放。

（1）完全放开资产账户不会出现资本的均衡流动，而是单向流出。

货币之所以成为一项伟大的发明，在于其极大地降低了我们的交易成本。所有的商品可以用一个统一的单位标示，互相交换，而不必分别设置交换比率。但不同地区间出现了不同的货币，将交易成本又重新带回到我们的生活之中。可以

---

① 资料来源：我国为什么需要推进资本账户开放，人民网．（http://finance.people.com.cn）．

将货币同样视为商品，当只有一种货币时，所有商品的标价都是统一的，当货币多种多样时，无疑又出现了不同商品间要设置不同交换比率的情况。汇率就是货币这种商品的交换比率，这也是购买力平价理论的出发点。

对交易成本的厌恶促成了我们今天社会的繁荣发展，这也意味着在完全自由的环境下，多种货币的局面是必然要被抛弃的。必然会有一种商品或者货币成为所有商品交易的基准，在当下的市场环境下，这种商品就是美元。那么，自然的情况就是，一家企业如果把全部资本兑换成美元，以美元在全世界开展业务将可以极大地降低交易成本。除了有特殊需要，没有人会愿意承受把美元兑换成人民币，然后又兑换回美元的麻烦，更何况这之间还要承担汇率风险。由此推论，在美元依然主导世界，是主要储备货币，是大多数贸易的基准的情况下，完全放开资本账户必然导致大量资本流入美国，根本不会出现流入与流出相均衡的状态，除非一国出现了资本泡沫，有极高的短期利润相诱惑。这是所有国家在开放资本账户后都要经历金融危机的根本原因。商品标价统一是交易成本最低的方式，是必然的方向。

实际上，资本账户完全开放是由美国所倡导的，而其背景如前文所述，是1966年以后，深陷战争泥沼使得美国出现了大量的财政赤字。在不提高税收的情况下，倡导各国开放资本账户，将可以使资金大量流入，提升美元的价值。这样其便可以一方面通过大量发行美元收取铸币税，另一方面又能使美元不必大幅贬值，实现对财政赤字的弥补。

（2）国内外所有制结构有根本不同，特殊情况下会加剧资本外逃风险。

在社会主义初级阶段，我国实行的是多种所有制并存的模式，而国外多是私有制社会。大多数人是自私的，希望财富可以在自己的家族中永远流传。那么，以实现共产主义社会为目标的情况下，这些所谓的私有财产必然会受到威胁。因而其将有极强的将财产转移到国外以获得所谓私有制保护的动机。这一所有制上的差别，以及我国社会发展的最终目标决定了一旦完全放开资本账户，向海外转移资产的风潮将难以避免。其最终结果依然是资本的单向流出，而非均衡。

更主要的是，许多资本的急于流出是因为其来源的非法。改革开放的早期阶段，为使经济更具有活力，我国的经济环境是非常自由的，因而也出现了许多乱象，形成"一管就死，一放就乱"的情况。因为我们没有特殊经验可循，"摸着石头过河"，在法制不健全的情况下，出现了许多非法收入。

（3）国外金融风险高企的背景下，急于放开资本账户无异于鼓励群众去国外接盘。

前文已述，目前美国股票市场相对于历史表现有较强的高估，随着美联储货币政策正常化以及缩表操作，美元流动性趋紧，未来有再次爆发金融危机的可能性。这一风险决定了其亟须世界各地的资本流入，一方面缓解财政压力，另一方面为高企的资产价格接盘。

随着金融全球化的出现，危机在全球的蔓延能力不断增强。完全放开资本账户无疑会加强风险对本国的冲击。在当下国外金融风险高企的背景下，急于放开资本账户会使我们缺少了一项可以抵御风险冲击的工具。

综合上述三条原因，我们认为当下可以稳步地推进利率市场化以及汇率市场化，但不宜急于推动资本账户开放。任何改革都是有利有弊的，结果必然要增加一部分人的利益，牺牲一部分人的利益，帕累托式的改革只是一厢情愿。政策制定者是否推动改革应当出于对国家乃至世界集体利益的考量，进而权衡利弊。改革并没有所谓的必然方向，改革的目的不是改革，而是为了提高人民的生活水平、幸福水平。就当下来看，我们认为推行资本账户开放是弊大于利的。

结合上述原因，我们认为进一步推动资本账户开放需要相应的一些准备。一是人民币国际化有较为明显的成就。人民币应当在全球贸易结算中成为能与美元相媲美的货币，至少是重要的备选货币，有一部分全球商品是以人民币进行标价的。这一条件提供了人民币最坚实的需求基础。二是打击腐败，健全法制，清理非法收入，基本消除这一部分资本外逃风险，否则未来靠海外追缴将不得不付出更大的成本。三是需要全球经济金融系统的稳定，应当选择国内外风险水平均相对较小的时期推动资本账户的进一步开放。

三、完善服务于实体经济的金融系统

金融应当服务于实体经济。推行利率市场化改革的目的之一在于增强企业获取融资的能力，进而促进实体经济发展。投资者也能够通过金融系统更好地参与到实体经济发展，分享经济发展带来的回报。但是，并非只要推行利率市场化改革就会起到这一效果，还需要推出一些配套的改革措施。

（一）防范银行恶性竞争，损害实体经济

利率是银行吸纳资金和投放资金的价格，银行恶性竞争会导致利率出现极端的单边波动，形成巨大的利率风险，扰乱市场，最终损害实体经济发展。

银行恶性竞争的动机在于银行做大规模往往比做大利润更有吸引力。一方面，大规模的银行存在大而不倒的问题，能够得到政府的变相保护。长期来看，这种变相保护会使银行出现挤兑的可能性下降，降低银行面临的倒闭风险，与此同时，银行也能够参与更多的高风险项目，获取与风险不相匹配的超额回报。另一方面，银行是高杠杆经营的行业，规模越大加杠杆的能力就越强，而且绝对收

益也会更高。显然，人们会更愿意信任大规模银行的安全性，愿意将资金存放在这类银行中，这使得这些银行可以加更高的杠杆开展业务，尤其是在市场上风险较高的时期，大规模的银行在法定存款准备金外不需要留存一定的超额资金来应对可能的风险；而且当这类银行资本不足时，其也能更方便地从拆借市场上获得资金。金融市场中的许多业务回报率是不高的，但银行通过高杠杆可以提高投资这些业务带来的权益回报率，而大规模的银行在投资这类收益率较低的业务时，由于投资规模大，也可以获得可观的绝对收入。在计算项目的净现值时，虽然有时项目的内部收益率不够高，但大规模的银行仍然有可能获得较高的净现值。因此，把规模做大对于银行长远利益来说是更有利的。而迅速将银行规模做大的最有效方式就是采取恶性竞争，最终挤垮小银行或兼并收购小银行。

在利率市场化改革的过程中，需要逐步建立能够防范银行采取恶性竞争，导致利率极端单边波动的制度。我们可以从如下几个方面入手。

（1）借鉴汇率市场的经验，明确银行定价的参考基准；建立完善的基准价形成机制和定价偏差过大时的问责机制。

这一基准价分为两种，一种是统一对外公布的所有利率参考的基准价，类似于汇率市场上美元对人民币的中间价。这一基准价既可以是Shibor，也可以是其他央行设定的关键参考利率。这种利率的计算必须是市场化的，而且要有类似于汇率中间价的较为明确的参考基准和计算公式。甚至我们也可以考虑在Shibor报价中引入逆周期因子，并使之成为一种相对更为稳定的基准利率。如果这一基准价采取的是报价制，上述明确的报价公式将有利于保证报价机构不会不负责任地报出过度的单边价格，市场也能更好地预测未来利率走势。基准价也可以是央行定期对外公布的一个基准利率，这一基准利率决定了利率走廊的范围，Shibor可以在这一走廊内自由波动。有一个统一的基准价作为参考，是我们确定银行是否进行了恶性竞争的前提，否则将无从判断银行制定的利率是相对过高还是相对过低。

另一种是每家银行自身需要对外公布的存贷款利率基准价。就贷款来说，这类似于美国的最优惠贷款利率。也就是银行对于资质最优良的客户愿意给出的最低贷款利率和最高存款利率。这一基准价是银行对不同客户制定不同存贷款利率水平的基础，其只需要根据客户的实际情况调整真实利率与其基准利率的价差即可。

这种情况下，央行或银监会需要密切关注两个利差，一是央行利率基准与银行存贷款利率基准的价差，二是银行实际利率与其存贷款基准利率的最高价差。央行或是银监会可以设定某个心理预期，当价差超过预期时，定期对价差最高的银行进行约谈，要求其给出定价的合理说明，如理由不够充分，则可采取提高存款保证金比率，或者暂时加收一部分存款保险费用以后退还等方式作为惩罚。

减少政府对市场的干预可以更好地发挥价格在配置资源方面的作用，但也不能完全排除政府对市场的干预，资本是逐利的，没有政府的干预，恶性竞争是不可避免的。恶性竞争短期内会给公众带来好处，但长远是会造成损害的，毕竟恶性竞争的目的是为了获得利益，而不是为了给社会提供福利。

（2）发挥党组织深入基层的组织动员能力，强化党员管理者对恶性竞争的监督扼制能力。

恶性竞争的主要发动者是大型银行，小银行提高存款价格或降低贷款价格的原因是其在与大银行的竞争过程中处于劣势，需要提供溢价或抑价来吸引存款或项目，是不得已而为之。大规模的银行由于有更充裕的资本做后盾，才能够承担恶性竞争需要的成本，竞争的结果也往往是大银行吞并小银行，进一步扩大规模。

我国独特的政治环境在银行体系中的反映就是大规模的银行均是国有银行，其管理人员均具有行政级别。这种独特的制度会使银行管理者更关注自己的政治前途，不会为了过度追逐利润而冒损害经济进而损害政治前途的风险。除了政治前途的考虑，我国的党组织深入基层，也可以对银行的管理者形成一定约束。党员不顾后果的为谋取小集团利益而不顾大局，无疑是背离其党性原则的，必将受到惩罚。

（3）继续发挥行业自律机制的同时，健全完善相关法律法规。

目前我国已基本实现了存贷款利率的市场化，之所以没有出现银行之间的恶性竞争，竞相抬价的现象，这与行业自律机制的存在有很大关系。礼制和法制是管理社会的两条重要手段，自律机制是礼制，我们还需要完善和强化法制。

一方面是通过完善法制强调投资者自负盈亏的理念。在存款保险制度之外的亏损如没有特殊条款明确说明，投资者应当自行承担亏损风险。对于煽动公众要挟政府给亏损买单的行为必须进行严厉惩处。投资者自负盈亏的情况下，才能够认真甄别银行风险，对银行行为进行监督。如果银行进行恶性竞争，必然要承担较高的风险，这会使其失去大量不愿一同承担风险的优质客户。因此可以从投资者的角度约束银行行为。

另一方面是通过强化法制，对金融市场上的各种不正当行为进行严格执法。从而为银行的经营活动画出底线，在有底线的情况下，银行才能放手展开正常的竞争活动，不至于因为政府对恶性竞争的担忧而缩手缩脚，反而让金融市场没有了活力。

（二）回归金融管理风险的功能，减少"赚快钱""赚容易钱"的现象

金融服务于实体经济，是指通过金融系统将资金更好地分配到与需求相匹配

的实体经济中去,但金融系统自身存在着的闭环可以让资金在系统内自循环,从而使金融系统发挥了虹吸实体经济资金的反向作用,即形成所谓的资金在金融体系内空转。而说到底,资金是在金融系统内自循环还是被投入到实体经济中去,关键要素是哪一个部门的出价高,或者说给出的利率高。正如《管子》所说,"商人通贾,倍道兼行,夜以继日,千里而不远者,利在前也。渔人之入海,海深万仞,就波逆流乘危百里,宿夜不出者,利在水也。故利之所在,虽千仞之山无所不上,深源之下,无所不入焉。"

因此,金融服务于实体经济的根本在于使实体经济投资带来的相对于风险的回报率要高于金融系统,即提升实体经济的夏普比率或特雷诺比率。过去的一段时期内,我国有较高的货币增发现象,这使得通过金融系统快速流转往往能获得更低风险且回报更高的收益,其本质上是更快速地瓜分新发行货币的能力。因而金融系统只是起到了新发货币的重新分配作用,而未能很好地服务于实体经济,并促成了"赚快钱""赚容易钱"的现象。在新发货币较高的情况下,这是趋利的自发结果,瓜分新发货币迅速赚取回报显然要比投资于实体经济需要的投资周期更短,风险更低。资金在金融体系内空转,形成能够自循环的闭环,关键在于货币发行量的不断增加,这种资金闭环的表现之一就是庞氏信贷。因而一旦货币政策转向趋紧,这种资金自循环的模式要么需要加快流动速度,要么不得不面对流量下降的情形,一旦循环体系存在大量的债务模式,即对流量存在最低限制,那么便会引爆金融风险,最终导致循环终结,流量枯竭。

完善服务于实体经济的金融系统,除了需要构建一套系统性的制度来防范银行恶性竞争外,还需要在如下两个方面做出努力。

(1) 推动技术创新,产业升级,做强实体经济是根本。

实体经济的强大自然会引导金融资源流入,不需要政府的过度倡导和干预,因而真正做强实体经济是根本。我国出现资金在金融系统内的空转,主要是因为美国次贷危机引发的全球经济衰退,进而冲击了我国的出口经济,过去我国长期依赖于低端产业出口来促进经济,对于需要承担风险,不容易开展的高端产业发展不足,国际经济衰退导致我国经济增速下降,依赖于低端产业的实体经济利润下滑,回报率不足。这才进一步出现了杠杆高涨,庞氏信贷增多的现象。

(2) 回归金融管理风险的功能。

目前我国的金融系统更主要的还是发挥"圈钱"的功能,而不是管理风险的功能,这也与长期的金融压抑导致金融系统不够发达有关系。

20世纪70年代美国开启金融自由化,随之而来的是美国科学技术的不断进步,互联网、电脑等大批科学技术改变了现代人类的生活。技术创新往往需要较多的资金进行长期投入,不仅投资周期长,而且往往有较高的风险,可能会让投资者血本无归。因此技术创新往往会面临着较强的融资约束。金融的参与可以从两个方面改善技术创新活动面临的困境，一是让技术创新的风险由更多的投资者共同分担，使每个人承担的风险大幅下降，从而可以提升开展技术创新活动的意愿；二是可以改善创新活动中的信息不对称，学术研究表明，当存在卖空交易时，企业的信息不对称程度会下降，从而有助于改善创新企业面临的融资约束。

在利率管制阶段，金融机构受到政府的严密保护，能够非常容易地赚取价差收益，因而其功能的发挥也必然是会受到扭曲的。随着我国的利率市场化改革不断完善，金融机构和市场不断完善发展，竞争力不断增强，其应当逐渐回归到管理风险的主要功能上来，通过管理风险从而更好地促进技术创新，经济发展。推动这一功能上的转变，可以从两个方面入手，一是逐步减少政府对金融机构和市场的干预和保护，用生存的压力来逼迫机构和市场不得不主动发挥风险管理功能；二是适当对外开放金融市场和机构准入，引入国外金融机构和投资者，一方面通过与国外机构的交流可以学习其在风险管理风险方面的成功经验，另一方面也能够增强机构和市场间的竞争，竞争是让机构和市场提供更好更有效服务的主要手段。

第三节　中央银行货币政策的调整

中央银行是金融监管应对风险的重要组成部分，是金融安全网的提供者。金融安全网包含两部分内容，一是存款保险制度，二是最后贷款人制度。其中最后贷款人角色是央行通过货币政策应对金融风险的一种主要方式。在利率市场化的背景下，央行可以通过货币政策调整和进行宏观审慎管理等手段应对金融风险，本节主要阐述央行通过货币政策调节应对金融风险的方式，宏观审慎管理将在下一章金融监管的部分进行探讨。

一、利率走廊机制与利率管制的区别

货币政策传导机制的完善是利率市场化改革的一个重要组成部分。各经济体在利率市场化改革之后均逐步实现了货币政策从数量调控型向价格调控型的转变。这一转变出于两方面的原因，第一，数量调控型货币政策要求货币需求函数的稳定，即实际货币需求与有关影响变量之间存在着稳定的关系，央行可以根据

这些宏观经济变量来判断市场上对货币的需求情况，进而决定合适的货币供给水平，但利率市场化改革会使货币需求与宏观经济变量间的关系不再稳定，央行对货币需求的判断会受到干扰，从而使央行货币供给在与货币需求达成均衡时所决定的利率会有较大幅度波动，导致央行难以有效的实现货币政策目标。第二，利率市场化促进金融创新，会使货币乘数变得不再稳定，央行在提供基础货币后，在判断实际货币供给水平时也会受到干扰。因而在利率市场化改革后，央行为实现货币政策调控目标，向价格型调控方式转变是必然的方向。

世界各经济体在逐步确立价格调控型货币政策的同时，也纷纷设立了利率走廊机制，作为货币政策一项重要补充。利率走廊机制可以有效的引导市场预期，降低市场利率波动；减少市场对流动性的"囤积性需求"，从而减少央行公开市场操作的频率和幅度，降低操作成本（牛慕鸿等，2015）。从各经济体的经验来看，一般是设定银行在央行进行存贷款业务的利率，通常是存款便利利率和贷款便利利率，然后将其作为市场基准利率的下限和上限。如果银行向公众吸收存款需要支付比向央行贷款还高的利率，那么向央行贷款无疑是补充流动性成本最低的方式。因此贷款便利利率会自然成为银行存款利率的上限，相同地，存款便利利率则会成为银行贷款利率的下限。这与利率管制时期为银行存款利率和贷款利率分别设置上限和下限的操作是很相似的。显然，如果基准利率在这个区间内波动，其是能起到稳定利率的作用的。那么，采取利率走廊机制与利率区间管制的区别是什么呢？我们认为，二者有如下两方面的不同。

1. 出发点上的根本差异

利率管制是一种主动的行为，出发点是为了减少利率波动风险。通过政府帮助银行或企业来承担利率波动产生的风险，从而产生较高的特许权价值，帮助银行在经济发展的早期能够快速成长。此时的利率主要反映的是政府部门的意志，而不是市场上对货币的真实供需情况。利率走廊机制则是一种被动的行为，出发点是为了应对市场上出现的流动性风险。金融危机加剧的主要原因是市场上流动性的紧缺，此时往往需要央行能够及时有效的介入市场，改善流动性不足的情况，从而消弭危机爆发的风险。利率走廊的上限，使得银行在出现流动性危机时可以通过触发上限利率的方式从央行快速获得流动性补充；利率走廊的下限，使得银行有过剩流动性时不会过度投资。利率走廊机制下的市场利率是对流动性充裕情况的直接反映，是了解市场风险，掌握金融压力程度的重要参考。

2. 约束力上的差异

利率管制是一种强制性的手段，银行在制定存贷款利率时是不能超过央行设定的利率上限或下限的，其具有较强的约束性，因而能够很好地控制利率波动。利率走廊机制则并不是一种强制性的手段，而是通过市场化的方式，将利率限定在某个区间内，是央行承诺在危急时刻可以向银行提供一个更加便利的存贷款渠道。通常银行如果陷入流动性困境，想从央行获得贷款补充时需要提供足够质量的抵押品。因此，利率走廊机制对利率形成的约束力度要弱很多，银行可以以走廊区间之外的利率进行交易，只是需要额外付出一些成本。应注意到如果银行向央行申请贷款往往意味着自身流动性不足，那么向央行贷款就有可能会损害银行的声誉，引起存款者的恐慌，如果银行只是出现暂时性的流动性不足，考虑到声誉成本，那么其以利率走廊之外的利率进行交易活动是完全可能的。因此，利率走廊机制只是有助于稳定利率，但与利率管制比起来效果要弱很多。

通过对利率走廊机制和利率管制之间区别的分析，我们可以发现，利率走廊机制的推出是为了辅助应对金融系统可能出现的流动性风险，发挥央行最后贷款人的功能。因此，在利率市场化改革不断完善的过程中，完善利率走廊机制，选择合适的基准利率将是央行通过货币政策应对金融风险的最主要手段。

二、我国的利率走廊机制和基准利率

自 2013 年央行推出常备借贷便利利率（Standing Lending Facility，SLF）以来，我国已基本明确了采取利率走廊的货币政策制度，并在不断的积累经验，进行相关调整。从目前来看，SLF 已基本明确为利率走廊的上限，超额存款准备金利率已基本明确为利率走廊的下限。当市场基准利率超过利率走廊上限时，央行首先通过 SLF 工具，将利率调节到上限附近，然后再通过公开市场操作将利率调整到目标附近。

在大体明确了利率走廊的上限和下限后，下一项重要工作就是选择或培养基准利率，也就是央行主要关注的，应当在走廊内波动的利率。2016 年，央行推出了存款类机构 7 天期质押式回购利率，即 DR007。存款类机构的质押式回购业务只能使用利率债作为质押物，央行认为，基于这一回购业务的利率能够降低交易对手信用风险和抵押品质量对利率定价的扰动，能够更好地反映银行体系流动性的松紧状况。未来这一存款类机构的质押式回购利率很可能会成为央行所选择关注的基准利率。

利率走廊的选取是比较明确的，未来只需要通过不断的经验积累，设定比较合适的走廊宽度。就基准利率的选取，还应该更加慎重。我们认为，央行最终确定的基准利率应该能够充分反映市场的流动性风险，这是选择基准利率的核心原则，我们设定利率走廊的目的即在于通过触发走廊利率实现对流动性风险的防范。基准利率充分反映市场的流动性风险状况应该满足如下两个原则：一是有充足的交易量作为保障。交易量不足的情况下，利率便很难反映市场上大多数参与者对流动性充裕情况的看法，容易被扭曲，在 Shibor 与质押式回购利率的对比过程中，质押式回购利率更被看好的一个重要原因即在于其交易量要远高于 Shibor 所在的同业拆借市场。二是有较强的覆盖性，能更综合地反映市场整体的流动性情况。我们认为，存款类机构的质押式回购利率并不能很好地实现这一点。实际上信用风险的本质也还是流动性风险，如果金融机构流动性充足，是不会主动违约的，信用风险正体现了机构的流动性短缺情况，是很难将其与流动性风险做区分的；而抵押品的质量是流动性风险的重要影响因素，如果抵押品质量很好，将可以很容易变现，那么即使不是利率债，其也能有效降低流动性风险，当抵押品质量下降时，最直接的体现也往往是机构的可能调动的流动性会受到冲击。因而排除了这些因素看似使流动性风险的衡量更纯粹了，但也使该利率不能综合反映市场上整体的真实流动性情况。存款类机构的质押式回购将非银机构排除在外，也会让市场上暴露出更高的流动性风险，如果仅是关注存款类机构的流动性风险，那么就丧失了我们构建利率走廊机制的本意。试想银行的流动性风险和非银机构的流动性风险有何区别，难道后者的风险就不会引发金融危机？相反地，由于银行有较强的监管，其流动性是最后一道屏障，因而其对市场总体流动性情况的反映会存在低估，而非银行机构与金融创新有较高的关系，其流动性风险反而会更高，存款类机构的质押式回购利率通常比交易所的质押式回购利率低正反映了这一情况。2016 年底，国海证券的代持事件引发了市场对非银机构的普遍不信任，导致银行间质押式回购利率与存款类机构质押式回购利率的利差大涨，银行间质押式回购利率一度超过了 SLF 利率，即利率走廊上限。货币市场天然对风险存在高度厌恶，2008 年金融危机期间，雷曼兄弟公司倒闭使得许多货币市场基金面临赎回风险，即使在美联储提供担保的情况下许多货币市场基金也不愿开展业务，使得货币市场流动性瞬间枯竭，许多依靠短期融资的企业受到严重打击，这是金融危机从金融系统开始大规模冲击实体经济的开始，也是将雷曼兄弟公司倒闭这一天视为金融危机深化的原因。因此，人为地将货币市场流动性分割成两部分是危险的，只关注其中一部分的流动性情况是片面的，如果非银机构出现了较为严重的流动性危机，待其冲击到银行系统时再触发救助，或许为时已晚。

此外，我们认为基准利率的选取不应将风险作为重要的参考指标，甚至利率波动性太小反而应当视为不好的指标。利率波动性太少要么是对风险不敏感，要么是风险过低，这两种都会违背我们选取基准利率的初衷。选取基准利率的目的是其能够很好地反映市场风险，央行可以通过各种货币政策操作调节基准利率进而消除风险带来的冲击。如果利率是市场中风险最低的利率，那么等到这种利率出现大幅波动时，央行再做出反应，采取什么救助措施都已经为时已晚，作为最安全的利率都已经不再安全，意味着市场已经充斥风险，金融危机已经大规模爆发。

综上，在利率市场化改革的背景下，央行会逐步将货币政策的主要调节指标变为利率，并推行利率走廊机制。通过触发利率走廊的上限和下限，央行将能够有效的实现通过货币政策调控金融风险的目的。这主要是基于央行的最后贷款人功能，由于央行是流动性的最后提供者，这会引发一定程度的道德风险，利率走廊上限与基准利率间的利差是一种惩罚利率，即银行如果出现流动性不足的情况就需要付出更高的获得流动性的成本，这种惩罚性的利率可以在一定程度上缓解道德风险。但是也需注意由此可能会产生的逆向选择问题，银行在不得不触发利率走廊上限时已是陷入了流动性不足，资金短缺的困境，此后还要对其处以惩罚，无异于会让这类银行雪上加霜。美国往往采用比基准利率还低的利率为这类银行提供流动性补充，但会附加一些限制条款，这或许可以是一种借鉴。各种政策均各有利弊，需要结合实际情况进行权衡。

本 章 小 结

本章主要探讨在利率市场化改革的背景下，为使改革能够更好地发挥效用，实现我们推行改革的初衷，应当配套推进的一些改革措施。

金融风险是本书的研究主题，我们在前文的论述中已通过定性和定理两种方式说明了推行利率市场化改革会导致金融风险的上升，为防止金融风险积聚演变成金融危机，需要我们能够提前发现风险隐患，并做出有效应对。构建一套行之有效的金融风险预警机制，将有助于我们实现这一目标。但遗憾的是，现有的所有金融风险预警机制均未能有效的对金融危机提出预警，尤其是2008年的美国金融危机。现有的金融风险预警机制存在着数据严重滞后和对定性事件反映不足等缺陷。我们认为，通过结合金融市场的数据，构建金融压力指数的方法将能够有效地应对其中的部分缺陷。本书基于现有文献中的方法，就构建中国金融市场压力指数进行了一些初步的尝试。我们认为，金融风险预警机制应该是一整套系统，应既包括传统方法的各种预警，也包括我们所提出的基于高频数据的压力指数。预警过多产生的接受假的错误相对不重要，预警不足产生的拒绝真的错误是相对更值得关注的。

为应对利率市场化带来的利率波动风险，我们也应该进一步完善利率衍生品市场。目前我国仅有5年期国债期货和10年期国债期货，尚不能形成可以覆盖整个利率期限结构的衍生品市场,这将不利于机构和企业对冲有关利率风险。未来还需要进一步完善短期和长期的利率衍生品,在需要的情况下发展超长期利率衍生品。

汇率市场化和资本账户开放是金融自由化进程中另两项重要改革。目前我国的利率中间价定价机制正不断完善,围绕中间价的汇率波动区间也在不断放大,未来在积累了一定经验和准备的情况下,应当进一步推动汇率市场化的实现。我国的经常项目账户早已开放,目前资本账户还存在一定限制,人民币在贸易结算和商品标价的中竞争力还远不如美元,资本外逃压力仍在,以及全球金融风险较高的情况下,我们认为资本账户开放不宜过快推进。

金融要服务于实体经济,推动利率市场化改革的目的之一即在于使金融能够更好地为实体经济提供融资。使金融更好地服务于实体经济,最根本的是推动产业升级,提高实体经济相对于风险的回报率。此外还应回归金融管理风险的功能,减少"赚快钱""赚容易钱"的现象,使金融机构真正提高自身甄别和管理风险的能力,更好地服务于技术创新。

中央银行是风险监管的重要组成部分,在利率市场化改革的背景下,其也会相应调整货币政策,从而借助货币政策管理和应对金融风险。从各经济体的经验来看,实现货币政策从数量调控型向价格调控型转变是必由之路,在以利率作为主要调控目标后,各经济体还纷纷推出了利率走廊制度。我国目前也明确了推行利率走廊制度的思路,常备借贷便利利率将成为基准利率的上限,超额存款准备金利率将成为基准利率的下限。单就基准利率的选取,目前还没有最终明确,我们认为,存款类机构7天期质押式回购利率在反映市场整体流动性风险方面还不够全面,应当选取能够更全面综合地反映市场流动性风险的指标作为基准利率,对基准利率的关注应该使央行可以提前做出反映的时间。

除了上述应与利率市场化协调推进的一些改革外,在整个改革过程中,为应对金融风险可能带来的冲击,最需要进行的是监管上的调整。强化监管是遏制风险激增,降低危机爆发可能性的核心手段。下一章,我们将重点探讨利率市场化背景下对金融监管的调整。

第十章

利率市场化背景下的金融监管调整

中国金融监管制度的变迁一直是由中央政府主导的，自上而下的，循序渐进的过程。当前金融监管改革的重点关注如何授予监管机构更大的独立决策权，而不是强化对这些机构的治理，这无异于拿我国金融的未来做赌注。如果不能修补金融监管者面临的系统性问题，那么监管机构的制度性问题将会引发许多严重的问题。本章主要分析在利率市场化条件下如何重构我国的金融监管体系。本章首先指出，我国金融监管体系在制定、实施、评估和修正金融政策时存在着政治关联、监管自由化倾向和缺少监督机制等系统的问题。为了应对以利率市场化为代表的金融自由化过程，我国必须对监管理念、监管模式和监管方式和手段等实现全方位的彻底的改革，重构中国的金融监管体系。进而，从金融监管结构改革、金融监管组织体系构建、监管队伍与监管监督体系建设三个方面提出了我国金融监管机构改革的方案。本章最后探讨了利率市场化背景下的金融监管政策实施。

第一节 中国金融监管的历史沿革

我国的金融监管实践与体制变迁是与我国经济发展和金融体制改革一脉相承、紧密交织的，但它并非自我演进的结果，而是由我国政府主动主导的。本节将新中国成立以来我国金融监管的制度按照其发展历程划分为四个阶段：第一阶段为"大一统"的金融体系与金融管理制度（1949～1977年），第二阶段为市场经济金融体系的引进与统一监管的实施（1978～1992年），第三阶段为金融体制改革深化与分业监管模式的确立（1993～2003年），第四阶段为"一行三会"监管模式的发展与完善（2004年至今）。

一、"大一统"的金融体系与金融管理制度（1949～1977年）

新中国成立以后，我国建立起高度集中的计划经济体制，自1953年以后，与经济体制相适应，我国建立起一个高度集中的金融体系，该体系一直延续到20世纪70年代末。这一时期，中国农业银行经历了四起三落，直到1979年3月正式恢复；中国银行虽然被撤并，但实际上成为中国人民银行内部办理国际金融业务的一个职能部门；中国人民建设银行虽作为一个银行而存在，但不从事银行业务活动，实际上只是基本建设投资的一个财政拨款机构。在这种体制下，一切信用归银行，既没有单独设立的金融监管机构也没有专门的监管法律法规，中国人民银行几乎是仅有的金融机构，既从事信贷业务，又有金融监管的职能，是国家的"信贷中心、现金中心和结算中心"。金融抑制是这一阶段金融监管的基本特征，中国人民银行以行政手段为主，对市场准入、金融创新执行既严格又简单的统一监管。

客观地说，在当时的计划经济体制和金融发展水平下，这样一种以中国人民银行为单一主体的金融集中管理体制，保证了当时新中国的金融体系的统一与高效，也为其以后以央行监管为主导的金融监管提供了一定的经验、组织机构和人员方面的准备。

二、市场经济金融体系的引进与统一监管的实施（1978～1992年）

改革开放以后，我国国民经济开始向市场经济转轨，金融领域展开了一系列改革：在金融机构方面，恢复了中国农业银行、中国人民保险公司等金融机构，中国银行从中国人民银行中分离出来，形成国家外汇管理总局，与中国银行"两块牌子"，同一机构。中国人民建设银行同财政部分开，成为一家独立的银行。成立了中国国际信托投资公司等非银行金融机构。在金融业务方面，1979年开始，中国着手改革僵化的"统存统贷"的信贷资金计划管理体制，开始发放固定资产投资贷款，扩大银行贷款对象，大力推进商业票据等。

金融机构的不断增加和金融市场的进一步发展,迫切需要加强金融业的统一管理和综合协调。1983年9月17日,国务院做出决定,由中国人民银行专门行使中央银行的职能,1984年1月中国工商银行成立,负责专门运营过去由人民银行承担的工商信贷和储蓄业务,至此我国形成了中央银行、专业银行的双层银行体系。1986年国务院颁布《中华人民共和国银行管理暂行条例》,中国银行业监管开始了法制化进程。

这一时期由于我国计划经济体制的基础尚未发生根本改变,我国的国家专业银行和中央银行作为货币资金计划分配工具的地位仍未改变。在此期间,我国的金融监管仍处于探索阶段,虽然金融监管已经取得实质性进展,但是与规范化、市场化的金融监管还有相当的差距,其监管制度和监管行为仍带有鲜明的计划性和行政性的金融管理特点。监管手段仍然单一。

三、金融体制改革深化与分业监管模式的确立(1993~2003年)

在邓小平"南方谈话精神"的推动下,金融改革发展以党的十四大和十四届三中全会为根据,与国家开始建立社会主义市场经济基本框架相平行,主要特征就是建立符合市场经济的金融市场和组织结构的基本框架。

在反思以往金融改革问题的基础上,1993年12月,国务院颁布《关于金融体制改革的决定》,明确了金融体制改革的总体目标,即建立在国务院领导下,独立执行货币政策的中央银行调控体系;建立政策性金融与商业性金融分离,以国有商业银行为主体、多种金融机构并存的金融组织体系;建立统一开放、有序竞争、严格管理的金融市场体系;把人民银行办成真正的中央银行,把专业银行办成真正的商业银行。该决定明确了中国人民银行指定并实施货币政策和实施金融监管的两大职能。

1994年,三家政策性银行相继成立并开始运作,实现了政策性金融和商业性金融的分离。1995年,《中国人民银行法》颁布实施,首次以国家立法形式确立了中国人民银行作为中央银行的地位。

1995年在中国金融法治建设史上是具有里程碑意义的一年。除《中国人民银行法》外,全国人大及其常委会又相继通过《商业银行法》《保险法》《票据法》和《担保法》等金融法律,形成了中国金融体制的基本法律框架。

1997年11月召开的全国金融工作会议是我国金融发展史上的重要里程碑。会议指出:要用三年时间大体建立与社会主义市场经济发展相适应的金融机构体系、金融市场体系、金融调控监管体系,显著提高金融业水平和监管水平,增强防范和抵御金融风险的能力，跟上国际经济金融发展步伐，为中国经济步入国际化和现代化行列创造良好的金融环境。

1998年6月，国务院对中国人民银行的职责进行了重新界定。同年，原国务院证券委员会与1992年成立的原证监会合并为正部级的中国证券监督管理委员会，原来由中国人民银行监管的证券机构移交给证监会管理，各省、市的证券监督机构全部划归证监会垂直领导，证券监管的垂直管理的加强表明我国金融的分业经营和分业监管制度建设又向前迈进了一步。这一时期保险业取得较快发展，特别是寿险开始初步发展。1998年，专门成立了中国保险业监督管理委员会，原来由人民银行监管的保险机构移交给保监会。

在亚洲金融危机不断蔓延之时，我国金融体制改革迈开了实质性步伐，中国人民银行、中国证监会、中国保监会共同作为金融监管的主体分别对银行业、证券业和保险业实施监管。

2003年3月，第十届全国人民代表大会第一次会议通过《关于国务院机构改革方案的决定》，批准国务院成立通过银行业监督管理委员会（以下简称"银监会"）。至此，中国人民银行、银监会、证监会和保监会这"一行三会"分工明确、互相协调的金融分工监管体制逐步形成。

四、"一行三会"监管模式的发展与完善（2004年至今）

从走出亚洲金融风波影响开始，到美国次贷危机爆发，中国金融改革和发展进入了一个新的阶段。这个阶段金融改革和发展的主要内容可归纳为健康化、规范化和专业化。

在"一行三会"的分业监管体制形成之后，我国陆续颁布和修订了《中华人民共和国银行业监督管理办法》《中华人民共和国证券法》《中华人民共和国证券投资基金法》《中华人民共和国保险法》等金融领域的重要法律，这些法律作为我国金融监管体系的基础和重要组成部分，为监管机构依法监管提供了有利条件。

全球金融危机过后，我国的金融监管体系开始了新一轮的改革和借鉴，确定了构建逆周期的金融宏观审慎管理制度框架，强化了中央银行的系统性风险管理职能，加强对系统重要性金融机构的监管，建立存款保险制度和消费者保护的改革方向。

中国保监会的保险消费者保护局于2011年10月正式成立，中国证监会的投资者保护局也于2011年底成立。专门的金融消费者保护机构的成立为维护消费者的合法权益具有重要意义。

2017年11月，国务院金融稳定发展委员会成立，旨在强化人民银行宏观审慎管理和系统性风险防范职责，强化金融监管部门监管职责，确保金融安全与稳定发展。2018年3月，国务院机构改革方案出台，将银监会与保监会合并，成立中国银行保险监督管理委员会。至此，我国形成了"一委一行两会"的新金融监管格局。

总之，我国已经建立起一个基于分业监管模式的金融监管体系。监管当局为维护金融稳定和保护投资者做出了不懈的努力。我国的金融监管体系取得了相当的成就并经受住了金融危机的考验。

第二节　中国金融监管体系重构

一、监管理念重构

（一）明确金融监管目标

我国金融监管制度的变迁是一直由中央政府主导的，延续自上而下的政府强制性行为，而不是自下而上的需求的诱致性行为，采取政府供给性制度变迁方式。制度变迁受到传统文化及价值观的影响，中国适应相对稳定的渐进性改革方式。在中国金融监管制度发展中始终遵循"循序渐进"的改革模式，金融监管制度改革中保证适应经济发展的稳定要求，与经济体制改革相一致。在这种体制下，金融监管目标的定位也存在着偏差，金融监管既要承担金融行业发展的责任，又要为宏观调控背书，而"金融监管的根本目标"的基本问题却居于次要位置。在重构我国金融监管体系中需要明确监管思路，转变以往以社会稳定和政治目标为中心的旧的监管价值取向，建立以风险控制为核心的新的监管理念。

学术界认为好的监管（包括管制）能够使金融市场顺畅运转并通过纠正市场失灵（特别是外部性、信息不对称），减少市场波动风险（Barth et al., 2006; Brunnermeier et al., 2009）。监管目标的选择与定位并非易事，多重目标往往并存，不同监管目标间时而也会发生冲突（曹凤岐等，2012）。金融监管到底管什么是重构我国金融监管体系必须回答的核心问题。我们认为我国金融监管的目标应该是：第一，维护金融机构的稳健经营，防范系统性金融风险；第二，维护市场公开公平交易，保护金融消费者合法权益。

以利率市场化为代表的金融自由化过程带来金融业竞争加剧的同时必将促进金融混业经营，企业融资成本提高，加之中国金融体系开放程度加大使得中国金融改革迅猛推进的同时也蕴含着大量风险。习近平同志在"十三五规划"起草的说明中强调指出，"近年来，我国金融业发展明显加快，形成了多样化的金融机构体系、复杂的产品结构体系、信息化的交易体系、更加开放的金融市场，特别是综合经营趋势明显。这对现行的分业监管体制带来重大挑战。近来频繁显露的局部风险特别是近期资本市场的剧烈波动说明，现行监管框架存在着不适应我国金融业发展的体制性矛盾，也再次提醒我们必须通过改革保障金融安全，有效防范系统性风险"[①]。

金融消费者是金融市场的重要参与者，也是金融业持续健康发展的推动者。加强金融消费者权益保护工作，是防范和化解金融风险的重要内容，对提升金融消费者信心、维护金融安全与稳定、促进社会公平正义和社会和谐具有积极意义。由于金融业务的专业特性，消费者通常对自身享有的金融消费权益不了解，对权益被侵害不知情，也不知道如何维权。鉴于金融消费者的弱势地位，在市场经济条件下，代表公共权力的政府应适当介入，不然，金融侵权问题也会深远地影响整个金融业的健康发展和金融稳定。金融消费者的保护在西方发达经济体的金融监管中已有较为充分的理论依据和实践经验。20世纪60年代后，随着全球范围内消费者保护运动的蓬勃兴起，消费者保护开始为监管者所重视，并被逐渐纳入金融监管目标体系中。20世纪90年代后半期以来，金融监管者对消费者的保护问题不再停留在政策层面，而是进一步深入到体制设计和改造之中。1995年，泰勒提出了著名的"双峰"理论。泰勒认为，虽然金融监管有很多目标，但主要的目标只有两个：一是针对系统性风险进行审慎性监管，以维护金融机构的稳健经营和金融体系的稳定，防止发生系统性金融危机或金融市场崩溃；二是针对金融机构的机会主义行为进行合规监管，防止发生欺诈行为，保护知情较少者、中小消费者和投资者的合法利益。泰勒建议成立一个独立的针对金融领域系统性风险进行审慎监管的"金融稳定委员会"和一个独立的针对金融机构机会主义行为进行合规监管的"消费者保护委员会"（陈超和李文华，2011）。

次贷危机表明，金融消费者保护不足是导致危机发生的重要原因之一。金融危机爆发后，世界各国纷纷改革本国的金融监管体系，金融消费者保护作为金融监管的目标得到进一步强化。美国通过出台《多德－弗兰克华尔街改革与消费者

---

① 新华社，2015年11月3日（http://www.xinhuanet.com/politics/2015-11/03）。

保护法案》并在美联储内部设立相对独立的消费者金融保护局（CFPB），行使金融消费者权益保护职责。在金融消费者保护领域建立起了相对完善的立法和监管体系。英国设立了独立于英格兰银行的金融行为监管局（FCA），负责对包括银、证、保在内的所有金融机构以及诸如债务催收等行业的行为监管和消费者保护。这一改革使得微观金融消费者的保护机构变得更为独立、精细和专业。

随着我国金融市场改革发展不断深化，金融产品与服务日趋丰富，在为金融消费者带来便利的同时，也存在提供金融产品与服务的行为不规范，金融消费纠纷频发，金融消费者权益保护意识不强、识别风险能力亟待提高等问题。尽管证监会、银监会和保险会均成立了专门的"金融消费者（投资者）保护局"，但由于我国监管机构与金融机构普遍存在交叉任职现象，不可避免存在"监管者俘获"，从而忽视广大金融消费者的利益。同时，受制于传统文化的影响，在我国，集体主义目标优先于个体目标、整体利益大于个体利益的观念根深蒂固。这一理念的内在逻辑是：由于个体目标之上还存在着一个更大的、更高层次的目标，即民族的复兴与社会的发展，个人的目标也需要管理，以服从国家和社会的建设发展大局。受此影响，在中国金融监管中，个体目标服从于集体目标理念被认为是理所当然的。这一理念包含了两方面的含义：其一，金融监管体系是国家行政体系的一部分，要为国家战略服务；其二，个体消费者的福利目标服从于金融体系整体秩序的要求。这与西方有关契约社会的思想和基于个人主义的思维方式迥然不同。与之相对应，中国金融监管层的思路是：保证了金融体系的整体秩序，也就保护了消费者的个体利益；金融监管要为国家的阶段目标服务。

完善的金融消费者保护体系是决定一个国家金融业国际竞争力的重要因素，也是维护金融安全与金融稳定的重要保障。加强金融消费者权益保护、提升金融消费者信心、促进金融市场健康运行、维护国家金融稳定、实现全面建成小康社会战略目标具有重要意义。金融监管的最终目的应该是服务于公众的利益。因此，在重构我国金融监管体系中应将金融消费者保护作为金融监管的目标之一。

（二）理顺金融监管中的七大关系

当前，我国开始步入"三期叠加"的"新常态"，金融业出现大量新情况、新问题。金融监管是一项复杂的系统工程，我们认为在重构金融监管理念时应理顺如下七大关系：

第一，理顺金融与实体经济的关系。改革开放以来，我国金融业改革发展取得巨大成就，但金融服务实体经济的质量和水平仍有较大提升空间。只有全面准确地把握金融对实体经济的关系，才能维护好金融稳定与发展。提高金融服务实体经济效率首先要丰富金融机构体系，满足对经济发展提供金融服务的需要。我国目前的金融体系仍是以银行业为主导,直接融资占主导地位,这与美国等发达国家的直接融资占主导地位、通过资本市场来获得融资的金融发展模式完全不同。造成我国实体经济某些领域"融资难、融资贵"的根本原因是金融系统及银行结构不合理、金融资源供给与企业需求间存在错位。周小川坦言[①]"虽然我们有数量上不少的商业银行、证券公司、保险公司,但是因为国家很大,到了基层金融服务总体来讲还是不足。"因此,要推动形成多层次、广覆盖、差异化的金融机构体系。提高金融服务实体经济的效率更要加强金融监管,避免经济过度虚拟化。始于华尔街的次贷危机暴露了美国金融与实体经济严重脱节的缺陷,再次警示金融创新的边界以及国民经济发展必须立足于实体经济的客观现实(王文,2014)。历次金融危机警示,过度的金融创新是危机的始作俑者。在过去的二十年里,金融体系与实体经济之间严重失衡、杠杆化过高,金融脆弱性加大,这些都无疑增加了整个经济系统的风险。在金融改革深化过程中,需要时刻树立以"风险控制"为核心的监管理念,把控经济虚拟化的"度"。消除监管盲点,提高监管有效性,要维护金融稳健运行,有效防范和化解金融风险才能真正发挥金融服务实体经济的作用!

第二,理顺金融监管与金融行业发展的关系。长期以来,我国将金融行业发展也当作了金融监管的潜在目标和责任。金融监管同时承担了金融行业发展、金融稳定和金融消费者保护的责任本身就存在着利益冲突,并且不利于经济的发展。吴晓灵认为[②]:"发展是市场主体的行为结果,监管的责任是防范发生系统性风险,个别风险的暴露是市场发展中必然伴随的现象。把市场发展作为监管者的目标之一会产生角色冲突,难以坚持监管原则的持续性。监管当局想要推进市场发展的时候,他会放松监管,因而在这方面,我们会有一种角色冲突。监管者的报告应该是风险状况评估,行业发展状况应是金融统计的结果和行业协会的报告,要鼓励行业协会的发展。当监管者对工作作出评价的时候,更多地应该是评判一下这个市场发展潜在的风险和风险的大小。如果谈市场发展,则应该更多的让市场主体、行业协会来做报告,而且市场上更多的中介组织、行业协会自律地发展,才会使市场发展有更坚实的基础和自律的基础。让个别产品和机构释放风险是化解系统性风险的必要措施,处置好风险是监管的功绩而不是失职,这样才能够打破刚性兑付,严肃市场纪律。

第三,理顺金融监管与金融创新的关系。金融监管与金融创新是一种辩证关系。卡内(Kane,1981,1984,1994)建立了"规避管制"理论和动态博

---

① 2016年3月20日中国人民银行行长周小川在中国发展高层论坛2016年年会上的发言。
② 2015年12月13日中国人民银行原副行长吴晓灵在2016年网易经济学家年会上的发言。

弈模型。指出金融创新与金融监管存在密切联系：金融创新主要是金融机构为了获得利润而回避政府管制所引起的。当金融机构的创新出现以后，监管当局可能会为适应形势的变化而放松原有的监管政策，或者当创新危及金融稳定与货币政策执行时又进行新的监管，从而形成了金融机构与监管当局之间的"管制—创新（规避管制）—放松管制或再管制—再创新"的动态博弈进程。金融机构和监管当局好像跷跷板的两端，他们彼此不断地适应，形成一个黑格尔式的辩证过程，共同推动金融深化和发展。我们要以辩证的态度处理金融监管与金融创新之间的关系。首先，不能以金融稳定为名限制金融创新。金融创新对经济增长长期而言是必不可少的，如果为了强化金融监管而限制金融创新，这种行为将带来巨大的负面影响（Barth et al.，2014）。我们在强调金融危机成本的同时不能忽视限制金融创新和技术进步的高昂代价。因此，在实施金融监管时有必要将金融创新对经济增长的长期影响考虑进去。其次，监管措施必须不断调整，在动态中规范金融创新，并非所有的金融创新都能促进技术进步和经济发展，有些金融机构滥用了金融创新，设计出大量过于复杂的，连金融机构自身都难以识别风险的金融创新产品。金融监管部门要在动态中监控金融创新，区分好的金融创新和坏的金融创新，不助长有害的金融创新的发展。

第四，理顺金融监管与货币政策的关系。理论上认为，货币政策的目标是促进经济增长、维护物价稳定、充分就业和维护国际收支平衡等。而金融监管的目标应是维护金融稳定和金融消费者保护。但是，在我国金融监管实践中，金融监管的目的不够清晰，金融监管的目标和宏观调控的目标往往混为一谈。在我国，金融监管成为宏观目标的手段的原因主要在于金融监管缺少独立性。由于没有走上制度化、法制化的轨道，行政手段偏多，我国的金融监管有较大的弹性、可调整性。这为金融监管作为追求宏观目标的手段提供了可能。在现实中，金融监管部门经常出于金融稳定与投资者保护之外的考虑，调整金融监管力度，甚至牺牲金融监管的基本目标与基本原则。金融危机发生后尽管有文献（Kellermann et al.，2013）认为，货币政策知识和监管实践中的金融发展知识存在潜在的协同效应，这些协同效应来源于央行的货币政策职责与金融稳定领域的分析和专业知识、央行作为最后贷款人的角色相结合。但这一思想强调的是央行在审慎监管中的优势。以金融监管为宏观目标的政策工具，既无法有效地实现宏观政策目标也是导致中国金融监管不够理想的主要原因（曹凤岐等，2012）。综上所述，我国应理顺金融监管和货币政策的关系，在加强货币政策和金融监管协调的同时，保持货币政策和金融监管的相对独立性。

第五，理顺监管与管制的关系。如前文所述，我国的金融体系一直是由政府主导的。监管，是指对市场主体的行为进行有效的规范，目的是为了防止和杜绝垄断、欺诈及内幕交易等有害于市场公平竞争的行为。从经济学的角度看，之所以会出现上述不公平竞争，根源在于市场交易双方不能掌握对称的信息。因此，在发达市场经济国家，政府监管最常用的手段主要是要求企业做到信息透明公开。管制，是以行政力量给一部分特定的市场行为主体（如国有企业、本地企业等）撑起一顶保护伞，同时将大部分行为主体排除在市场竞争之外。管制所最常用的手段是审批、发牌照、对企业限定经营范围等。既然管制的根本目的是为了保护特殊利益，所以一旦市场行为主体成功地进入管制之内，它之后的行为往往不会受到有效制约。监管的着力点在市场交易的过程中，而管制则将其主要重点倾注于交易之前。金融危机爆发前，各国政府大都信奉自由主义，认为金融监管不应当阻碍金融业的加速发展，金融监管机构的履职能力被削弱。"轻触式监管"理念登峰造极，监管放松、监管空白和监管套利愈演愈烈，最终导致金融危机的爆发。我国理应推进金融的市场化与国家化，提高金融在资源配置中的作用，但中国在推动金融市场化改革的同时，不应再重复西方国家的监管教训，中国金融业应该在解除管制的同时强化监管。

第六，理顺中央与地方的关系。自20世纪90年代以来，中国的金融体制和国有金融机构改革沿着纵向垂直管理体制的路径不断深化。金融事务由中央统一监管。但是现有的监管体系没有考虑地方差异发展的金融需求，并且目前的分业管理体制难以做到全覆盖，存在着重复监管和监管盲区并存的现象。自2002年上海金融办成立以来，截至目前，我国已有31个省级政府成立了金融办，有的升级为金融服务局。成为"一行三会"在地方监管的重要补充，逐步承担了包括民间金融、小贷公司、担保公司在内的一些监管责任。但是，目前的央地分层监管分工不清，权责不明：首先，地方金融办缺乏明确的法律地位、权利与责任界定。对金融机构的约束力不强。金融办通常不具有人事权、执法权和资金调配权等，导致其所能发挥的作用较为有限。其次，地方金融办承担的监管职能与发展职能存在冲突。最后，各地区经济文化和金融发展水平迥异，导致监管之手鞭长莫及，地方具有独特的信息优势，而缺乏相应的监管职能定位。目前，地方政府直接或间接地掌控大量的金融机构和金融资产，以及非正规金融活动的蓬勃发展，客观上需要有地方的金融监管框架，因此我们建议，实行中央和地方双层监管体系。第一，理清中央和地方的监管边界，使得中央和地方权责分明，各司其职。中央负责大型金融机构的监管和货币政策的实施，地方负责准金融领域或者地方中小金融机构的监管。第二，明确地方金融监管的责任，地方负责本地的机构负有金融风险处置的首要责任，以抑制其发展金融的冲动。第三，给予地方金融监管机构相应的人事权、执法权和资金调配权，以保证监管的有效实施。

第七，理顺宏观审慎和微观审慎的关系。传统的监管观点认为，只要单体金融机构是稳健的，加总起来的整个金融体系就是稳健的。但是，本轮金融危机带来的启示为，个体稳健不代表总体稳健。在宏观货币政策和微观审慎监管之间，有一块防范系统性风险的空白，亟须从宏观和整体的角度来观察和评估，防范系统性风险，弥补金融管理制度的不足，维护金融体系的整体稳定（李波，2016）。在重构我国金融监管体系中应理顺宏观审慎和微观审慎的关系：首先，宏观审慎和微观审慎是有区别的。稳定的金融体系必然要求单个金融机构的稳健运行，单个金融机构的稳健运行也离不开金融体系的稳定。宏观审慎监管强调系统性风险给整个社会带来的损失，而微观审慎监管旨在通过限制金融机构的风险承担来保护储户的利益。宏观审慎监管考虑的是整个金融体系时间上的顺周期性和空间上的传染性；而微观审慎监管将传染风险视为外生。但有关事实表明，宏观审慎政策的工具仍是不完善的，但微观审慎的监管工具已经较为完善。其次，宏观审慎和微观审慎需要有机结合。凯勒曼等人（Kellermann et al.，2013）认为宏观审慎监管和微观审慎监管需要在两个层面双向进行，这会产生协同效应。一方面，微观审慎丰富了宏观审慎分析，如识别常规性风险敞口、集中度风险以及网络弹性；另一方面，宏观审慎监管数据输入对于充分评估单个金融机构的风险也至关重要。事实上，这是加强监管最快捷有效的方式。

二、监管模式重构

（一）主要监管模式及比较

美联储前主席沃尔克建立"30人集团"（G30）在2008年发表报告，将金融监管分为四大类[①]：（1）以机构类型为本的监管模式（institutional approach）；（2）以业务性质为本的监管模式（functional approach）；（3）综合监管模式（integrated approach）；（4）"双峰"监管模式（twin peaks approach）。

（1）以机构类型为本的监管模式。这种监管模式是一种以机构法人地位为主导的监管模式，针对不同机构的法定地位，如银行、保险公司、证券公司等来决定哪一类监管机构对其从安全性、稳健性，以及业务经营方面进行监管。中国内地、中国香港、墨西哥的监管体制都可以视作这一模式。这种监管模式

[①] 本部分内容主要参照了邓海清，陈曦：《再造央行4.0——新常态下的中国金融改革顶层设计》社会科学文献出版社2015年版.第七章第三节的内容。

的优点在于专业化程度高，最有利于保护银行监管的审慎文化，但是随着金融混业趋势日益明朗，这种监管模式的弊端也逐渐凸显出来。不同法人地位的金融机构开展类似的业务，面临的监管条件可能会不同，这会使监管的一致性和有效性大打折扣，同时存在着信息不对称，套利空间大和协调成本相对较高的缺点。

（2）以业务性质为本的监管模式。与第一种监管模式不同，在这种模式下，不同监管机构根据金融机构业务的不同而对其分别实施监管，与其法定地位并没有关系。例如，如果某家金融机构涉足商业银行业务、投资银行业务和保险业务，则会由不同的机构分别对其不同的业务进行监管。法国、意大利、巴西等国家的监管可视做这种模式。理论上讲，这种模式有其独有的优点，因为按照业务性质进行分类监管可以确保监管措施的一致性，然而在实际操作中，现在这种监管模式也面临着一些问题，因为划分不同性质业务的界限越来越模糊，从而在这种监管模式下可能会导致重复监管或者监管真空。同时，这种按照业务严格划分的监管模式也会在一定程度上抑制金融创新。

（3）综合监管模式。这其实是混业监管的一种，在这一模式下，由一个单一的监管机构负责监管整个金融部门，确保其安全性、稳健性和业务规范。在过去十年间，随着混业经营的发展，这一模式也越来越流行。在混业经营的背景下，综合监管模式可以避免权责划分不明确的问题，同时也可以更好地从宏观审慎的角度出发，降低系统性金融危机发生的风险。尤其是随着全球金融混业经营的趋势越来越明显，综合监管可以更好地适应市场上的新变化。不过这种混业监管模式虽然适应了市场上的新情况，但也并非毫无缺点。首先，缺乏监管治理机制。经济中只存在于唯一的监管机构缺乏竞争，并且一旦出现问题，没有其他机构可以填充其不足。其次，也有人指出单一监管机构会因为工作太繁重而难以管理。

（4）"双峰"模式。该模式是按照监管目标的不同来划分监管部门，在这种模式下共有两个监管部门：一个部门负责金融机构的安全性和稳定性，另一个部门则负责金融机构具体的业务规范。"双峰"模式有着混业监管的特征，具备综合监管模式的优点，可以保证监管政策上的一致性，同时也在透明度、消费者保护方面更好地发挥监管机构的功能。但是，该模式也存在着两个监管机构监管重叠部分较高，协调成本也较高的问题。澳大利亚的"双峰"监管模式在金融危机中的出色表现受到各国的大加赞赏，这种模式受到了越来越多的关注，2008年，在美国财政部发布的金融改革方案白皮书中，也提到未来的改革方向是要建立以监管目标为导向的两大主要监管机构：一个负责审慎监管，另一个则着力于解决合规管理、消费者保护等方面的问题，可以看出，这和"双峰"的内在本质是一致的。而在 2013 年，英国的金融监管已经开始采用这种模式。

以上四种监管模式并不是完全分裂的，事实上由于金融业的混业经营和全球化趋势，加之以市场本身的复杂程度较高，实际操作中各国的监管框架往往具有多种模式特征，且随着环境和情况的变化而变化。

(二) 危机后主要国家的监管改革的主要特点

2008 年的全球金融危机暴露了现有监管模式的缺陷，美国、英国、欧盟等国家和地区纷纷对金融监管体系进了改革。美国次贷危机反映了传统的美国多头监管体制难以应对金融混业的现代趋势。金融危机后美国最重要的金融监管改革就是通过《多德－弗兰克华尔街改革与消费者保护法》，美国新的金融改革法案分别从金融机构监管、金融市场监管、消费者权益保护、危机处置和国际合作等方面着手进行改革。新设立了金融稳定监督委员会（FSOC），负责识别和应对威胁金融稳定的风险，促进市场自律。扩大了美联储的监管职权，负责对具有系统重要性的银行、证券、保险和金融控股公司等各类机构及基础设施进行监管。由联邦存款保险公司（FDIC）和美联储等共同负责系统性风险处置，包括大型金融机构的破产清算，解决"大而不能倒"问题。同时，在美联储内部设立了相对独立的消费者金融保护局（CFPB），行使金融消费者权益保护职责。

危机前，英国采取的是"三头监管体制"，即：英格兰银行、金融服务局（FSA）和英国财政部共同负责金融监管，维系金融稳定。在反思为什么英国金融体系会受到源于美国危机的巨大冲击时，英国经济和金融体系自身的特点以及这种三头监管体制成为关注的焦点。英国这种割裂的"三头监管体制"未能有效发挥监管职能，暴露出宏观审慎监管不力、缺乏有效监管工具、不能有效实现对破产银行有序清算等问题，受到了广泛的批评。针对上述监管缺陷，英国政府开始对金融监管体制进行一系列的改革。英国监管改革的核心就是由英格兰银行来承担所有宏观和微观审慎监管职能，负责维护整个英国金融体系的稳定及大型银行集团的稳健经营。把宏观与微观审慎监管职能集中于英格兰银行的目的在于彻底消除职责不清和监管漏洞等问题。为了实现这一目的，三个新机构——金融政策委员会（FPC）、审慎监管局（PRA）和金融行为管理局（CPA）将分别成立，同时 FSA 将被撤销，相关职能将转移给新成立的监管机构。此外，作为中央银行，英格兰银行还将直接负责监管支付系统、清算系统等重要的市场基础设施。

金融危机爆发后，欧盟采取了一系列金融体制改革措施用以摆脱金融危机所带来的负面影响，其中于 2009 年 6 月 19 日通过的《欧盟金融监管体系改革》是金融危机以来欧盟最为重大的改革事件，由此成立了欧盟系统风险委员会和欧盟金融监管系统，分别负责欧盟的宏观审慎监管和微观审慎监管。

长期以来,欧洲的宏观审慎分析是分离的,由不同国家、不同层次的金融监管机构进行,这使欧洲金融市场积累了很多风险因素。新设立的欧盟系统风险委员会负责对整个欧盟金融体系的宏观审慎监管。旨在能够识别金融稳定面临的潜在风险,提前发布风险预警,并提出风险处置方案。其主要职责是在宏观经济和金融市场发展背景下评估欧盟金融体系的稳定性。尽管欧盟系统风险委员会是一个独立的、没有法人地位的监管机构,仅具有咨询功能,但它仍将是欧盟金融监管新体系中的核心。欧盟系统风险委员会由欧洲中央银行牵头设立,并依赖于欧洲央行的分析行政服务机构。其指导委员会由12位成员组成,其中包括七位欧洲中央银行系统成员(其中之一为欧洲中央银行行长)、欧盟监管局的三位主席、欧盟委员会的一位成员以及经济和金融委员会的主席。其一般董事会则完全由欧盟国的央行行长组成,这也进一步明确了央行在欧盟系统风险委员会的掌控地位。2009年,欧盟理事会通过关于建立欧洲金融监管系统的决议,作为欧洲监管的操作系统,其旨在通过建立更强大、一致性更高的趋同规则来提高各国的监管能力,实现对跨国金融机构的有效监管。ESFS由各国金融监管当局组成,与新的欧洲监管机构一起确保单个金融机构层面的金融稳定,并保护金融服务消费者的利益。新的欧洲监管体系一方面建立在平均分摊和相互强化的职责基础上,将各国监管与整个欧洲层面的集中监管结合起来,以促进规则统一以及监管实践和执法的一致性。另一方面,则建立在伙伴关系基础上,灵活而有效主要目的是要增进各国监管者的相互信任,确保东道国监管者有合适的权力,来制定有关金融稳定和消费者保护的政策,从而使跨境风险得到更有效的管理和防范在欧盟层面上,欧洲金融监管者体系下设三个新的欧洲监管机构,即欧洲银行业管理局(EBA)、欧洲保险和职业年金管理局(EIOPA)和欧洲证券业管理局(ESA)。

危机后的金融监管改革呈现出如下趋势:

第一,都不同程度地体现了"双峰"监管理念。与传统监管模式相比,双峰监管有助于避免监管交叉和监管空白,澳大利亚的双峰监管体系在金融危机中的突出表现受到了广泛的认可。

第二,都突出了央行在宏观审慎监管中的核心地位。英国撤销FSA,将大部分监管职能纳入英格兰银行,并以独立于英格兰银行的英国金融行为监管局作为补充。美国也提出将美联储打造成"超级监管者",授权其监管系统重要性金融机构。

第三,都更强调金融消费者保护的监管职责。美国、英国均成立了专门的金融消费者保护机构。金融消费者保护职能得到加强。

在重构我国金融监管体系时,应充分借鉴发达国家的先进经验。国际金融危机发生以来,主要经济体都对其金融监管体制进行了重大改革。主要做法是统筹监管系统重要金融机构和金融控股公司，尤其是负责对这些金融机构的审慎管理；统筹监管重要金融基础设施，包括重要的支付系统、清算机构、金融资产登记托管机构等，维护金融基础设施稳健高效运行；统筹负责金融业综合统计，通过金融业全覆盖的数据收集，加强和改善金融宏观调控，维护金融稳定。这些做法都值得我们研究和借鉴。表 10-1 总结了主要国家的监管趋势。

表 10-1　　　　　　　危机后主要国家的金融监管模式

国家	分业模式	双峰模式	单一监管	央行是否履行监管职责
美国			√	√（得到加强）
加拿大			√	
英国		√		√（得到加强）
德国			√	√（得到加强）
法国		√		
日本			√	
意大利	√	√		
比利时		√		√（得到加强）
西班牙	√			√
丹麦			√	
荷兰		√		√
奥地利			√	√（得到加强）
葡萄牙		√		√（得到加强）
芬兰			√	
瑞典			√	
澳大利亚		√		

注：这里的双峰监管指那些分别设立审慎监管部门和行为监管部门的国家；单一监管指那些没有独立设立行为监管部门的国家；标准得到强化是指金融危机后央行的监管职能得到了强化。

资料来源：根据曹凤岐等：《金融市场全球化下的中国金融监管体系改革》，经济科学出版社 2012 年版和张晓朴：《系统性金融风险研究：演进、成因与监管》，载于《国际金融研究》2010 年第 7 期等文献资料整理。

（三）利率市场化条件下适合我国的监管模式

金融危机后，各国央行在金融监管中的地位得到了加强，国内有观点认为应将一行三会合并形成"超级监管者",在我国金融监管机构需要与央行整合吗?中国人民银行作为中央银行自 1984～1991 年开始对金融业实施统一监管,但是 1992 年、1998 年、2003 年分别把证券监管职能、保险监管职能、银行监管职能从中国人民银行中分离出来,中国人民银行主要保留有功能监管职能,分离了机构监管职能。就目前我国的国情来看,虽然银监会、证监会、保监会成立时间不长,但监管已经逐步进入正轨。自 2003 年"一行三会"的监管格局形成以来,我国货币政策和金融监管的专业性大大提高。当前,我国金融业规模巨大、业务复杂并且发展迅速。我们认为将"三会"并入人民银行形成超大的金融监管机构的做法并不可取。将证券、银行、保险等监管职能悉数并入人民银行存在很多弊端:第一,我国人民币快速国际化的进程,把中国经济金融体系过早地暴露在全球经济金融体系面前。央行需要面对的局面,已经从国内扩展到全球,任务更加艰巨复杂(王君,2016)。第二,金融监管所对应的微观问题(比如个别金融机构倒闭)可能会影响到央行的声誉,从而威胁宏观形势的稳定。第三,金融监管与货币政策操作之间可能发生利益冲突。直接面对被监管机构,可能会削弱货币政策的独立性,导致监管的随意性。第四,合并各个监管部门还将面临利益分配及官员安置等极大阻力。同时,我们注意到我国宏观审慎监管政策与其他宏观调控政策的协调需要加强。王兆星(2015)指出宏观审慎监管和宏观调控政策二者都是宏观视角,但各有侧重,不可相互替代。其中,包括货币政策和财政政策在内的宏观调控政策,其主要目标是保持宏观经济稳定,包括经济增长与就业稳定可持续,以及物价稳定与汇率稳定;而包括逆周期资本监管、系统重要性金融机构资本监管及房地产金融政策在内的宏观审慎监管政策,则主要是致力于金融体系稳定,包括不发生大面积的金融机构破产和金融市场恐慌等区域性和系统性风险。此外,我们在区分宏观审慎与宏观调控的同时,也要关注到两者之间的交叉和相互影响。经济不稳会对金融稳定产生冲击,反过来金融危机也会严重拖累实体经济。因此,两者之间需要紧密地协调配合。故而,我们建议将宏观审慎的监管职能划归央行。

就我们目前所处的发展阶段来看,有必要让人民银行承担宏观审慎监管职能。第一,我国目前处于利率市场化阶段,多国经验表明,在利率市场化过程中,银行倒闭数量剧增,由央行承担系统重要性金融机构监管职责,有利于央行及时获取信息,统一意见,从而快速施救,避免小事件的冲击酿成全行业的恐慌。第二,金融自由化的过程中,金融创新十分活跃,独立的监管机关主要从微观审慎角度考察这些创新可能带来的影响,而忽视了其中对金融稳定,货币政策有效性方面的负面作用,因而,由中央银行对系统重要性金融机构监管能够更加全面考察创新业务的影响,既能保证微观主体健康运营,同时又能保证金融稳定和货币政策的执行。第三，由央行对系统重要性金融机构进行监管有利于保证过程结果的一致性。在监管权归属于央行时，央行对金融机构的经营情况较为熟悉，为了避免金融企业的最后救助，中央银行一般倾向于更严厉的监管，过程结果存在一致性。但将监管权从央行剥离之后，央行仍然承担"最后贷款人"的职能，出现危机时需要对问题企业进行救助。而监管部门承担着维护行业金融稳定，促进行业健康发展的双重目标。显然，对监管机关而言，第一个目标风险和收益是不对称的。维护行业金融稳定固然是监管机关的成就，但如果出现危机，承担最后救助的是央行。所以，监管机关存在弱化监管或监管不力的动机。由人民银行对系统重要性机构监督能够消除监管层面的道德风险，由于银行出现危机时需要央行动用资源进行救助，因此央行有足够的动机在事前严加监管，以避免危机事件发生。

金融危机以后，国际社会对各自的金融监管模式进行了深刻反思，美国和英国等主要发达国家都在对现行的监管模式进行改革。随着利率市场化的不断深入，我国金融混业经营不断发展。我国现行的分业监管体制，面临许多重大和严峻的挑战，金融分业监管模式的弊端愈发明显，从顶层设计着手重构金融监管框架，以适应经济"新常态"下我国金融发展和稳定的要求迫在眉睫。

从上一小节的分析可以看出，在市场环境不断变化的情况下，监管体制并不存在最优。监管并非越集中越好，也不是越分散越好，关键要看监管的理念、功能是否能与监管的权责对应。如果能够对应，不论是合并还是分拆，都能实现监管功能。在改革和完善我国金融监管体制时，应优先考虑本国的金融体系发展、金融监管体制沿革和面临的主要挑战，同时，体制变革的短期冲击成本也是最优决策要考虑的重要因素。我们认为"双峰监管"模式最值得我们借鉴。由央行负责宏观审慎政策制定、执行和系统重要性金融机构重要金融基础设施监管，并负责金融业综合统计。"三会"专门负责系统重要性金融机构以外的微观审慎监管。

三、监管方式和手段重构

（一）机构监管还是功能监管？

机构监管是按照不同机构来划分监管对象的金融监管模式。我国现有的金融监管体系是按照现有金融机构的类型划分的，证监会负责证券期货市场的监管，保监会负责保险市场的监管，银监会负责银行、金融资产管理公司、信托投资公司及其他存款类金融机构的监管。在利率市场化的驱动下，金融创新不断持续，金融机构提供的金融产品与服务的范围不断变化，金融机构与金融市场的边界也是不断变化的。金融机构的业务范围和风险暴露已经跨越了原有的传统范围和领域。随着金融机构经营范围的扩大，以机构为对象的监管范围也开始扩大和交叉，监管重叠与监管真空同时并存的问题更加突出，监管套利的空间明显增加，单纯的机构监管理念和框架越来越不适应金融业务发展的需要。理财业务由于监管机构不同，审批、发行、信息披露标准不一，导致无序竞争，风险巨大。因此，在利率市场化的趋势下，金融监管开始引入功能监管方式。

所谓功能监管是按照经营业务的性质来划分监管对象的金融监管模式，如将金融业务划分为银行业务、证券业务和保险业务，监管机构针对业务进行监管，而不管从事这些业务经营的机构性质如何。莫顿（Merton，1993）开创了功能监管理论，他指出在持续的金融创新中，金融机构提供的金融产品与服务的范围实际上是不断变化的，金融机构与金融市场的边界也是不断变化的，传统的机构监管者就会不断面临严重的监管重叠和监管真空共存的尴尬局面。因此，他主张对发挥同一金融功能的不同金融机构所开展的类似业务与金融活动进行大体相同的监管。与功能监管非常相似但又有所区别的另一个概念是行为监管，由英国学者迈克尔·泰勒在1995年的"双峰监管"理论中提出。莫顿的功能监管理论针对的是美国分业经营、分业监管的金融环境，强调在不断的金融创新下，限定金融机构业务范围的机构监管理念与方式是低效和无效的，主张放松金融管制，提高金融活力（王兆星，2015）。功能监管理论对美国的金融监管实践产生了巨大影响，成为1999年美国出台《金融服务现代化法案》的重要推动因素之一，其第二章的章名即为"功能监管"。

美国合作功能性监管的主要内容是伞形监管结构下实施并表监管的联储和各"功能监管"当局之间的监管协调与协作。具体包括三方面的内容：首先是清晰的职责划分。联储的监管对象仅限于金融控股公司整体和未受"功能监管"当局监管的附属机构，原则上不直接对金融控股公司附属的银行、证券和保险法人实体实施具体监管。其次是畅通的监管信息共享安排。各类机构监管当局的监管信息应与联储共享，为避免加大金融机构的监管负担，原则上由各类机构监管当局负责银行、证券和保险法人实体的信息收集。最后就是有效的监管政策协调和危机处理合作机制，主要由联储牵头协调，尽量避免政策冲突和在危机处置过程中的不公正待遇。

相较于传统的机构监管，功能监管具有如下优势（廖凡，2012）：第一，功能监管更有利于金融监管的专业性和针对性。现代金融市场瞬息万变，金融产品纷繁复杂，没有哪个金融监管机构拥有全面监管所有金融业务和金融活动所需要的人才、资源和专业知识。在金融机构跨业经营广泛存在的情况下，功能监管无疑比机构监管更能确保监管的专业性和针对性。第二，功能监管更有利于监管理念的一致性。在金融混业经营的背景下，同一金融机构可能会从事在性质和特点上大相径庭的不同金融业务，而与这些业务相关的监管理念也可能大为不同。在此情况下，依据功能原则将同类业务置于同一监管机构之下，更有利于保持监管理念的一致性。第三，功能监管更有利于实现监管公平，促进竞争。相同或者至少是基本相同的激励和约束条件是公平竞争的前提，而银行、保险、证券等不同种类的金融机构在监管方面的激励和约束条件不尽相同，有些方面甚至大相径庭。因此，将不同金融机构体系的相同或相近的金融产品按照机构原则归属不同的监管机构监管，无疑会造成监管差异，使得所受监管较为宽松的金融机构获得制度优势，不利于公平竞争，乃至诱发监管套利（即把特定金融业务置于所受监管最为宽松的机构之中）。在此情况下，以业务而非机构作为监管基础更有利于促进金融市场上的公平竞争。

在强调功能监管的同时，我们应该注意到功能监管与机构监管并非是非此即彼的关系。在金融混业经营大趋势下，机构监管也并非没有存在价值，在混业经营的背景下也并不是不存在单一业务的金融机构。并且，功能监管也不是万能的，功能监管对宏观审慎监管作用不大，并且提供不同功能性产品的金融机构可能需要频繁接受不同金融机构的监管从而增加监管成本。因此，我们建议采取功能监管与机构监管相结合的监管方式，应通过高效的协调配合机制形成两者之间的有机结合，共同维护我国的金融稳定。首先，应明确功能监管的定位，对功能监管的职责范围进行法律界定。其次，在应对利率市场化的过程中，突出审慎监管的理念，进一步完善机构监管体系。最后，加强功能监管与机构监管的协调与共享机制建设。

（二）行政手段还是法律手段？

好的金融监管需要好的金融监管手段，在我国的金融监管体制改革中需要重构监管手段。长期以来，我国金融监管没有走上制度化、法制化的道路，大量运用行政手段而不是法治手段，这导致了我国监管存在大量问题：第一，规则的随意性。由于没有法律约束，监管具有较大的灵活性。第二，执法缺少专业性。执法的不专业得不到被监管者的尊重，既增加被监管者应对监管的成本又降低监管的有效性。第三，政策的不可预见性。众所周知预期在金融市场中发挥着重要作用，对法律手段的忽视，监管的随意，使市场参与者无法形成对市场的有效预期，进而导致越管越乱的局面。因此，在重构中国金融监管的过程中必须强调法律手段的运用。

（三）转变监管方式，切实提高金融机构公司治理水平

利率市场化改革的推进将对我国金融各行业造成巨大冲击，对金融机构的经营管理风险控制产生深远影响。究其原因，不仅仅是因为利率市场化带来的经济系统性风险，以及在这一大环境下面临的行业冲击，更重要的是金融机构内部的治理机制与风险管控能力将遭遇前所未有的挑战。金融机构薄弱的内部管理是金融危机爆发的重要原因之一，金融机构并不缺乏内部管理规定，而是这些规定没有被有效地执行（EBA，2009）。金融危机也彰显了一家金融机构内部治理和文化要素的重要性，因为这些要素可能会深刻地影响到审慎要求和道德要求。企业文化可能会反映出金融机构内部的种种风险。一个运行良好、有信誉且以良好、适当的公司治理体系为支撑的银行系统是现代经济的关键组成部分（FSA，2009；EBA，2009；张晓朴，2016）。

在我国，监管层面、市场层面和金融机构层面的道德风险是加剧我国利率市场化后银行等金融机构风险的根本原因。金融机构对短期资金的依赖性越来越强和银行业和非银行业的刚性兑付一直存在是金融市场层面道德风险的表现。而金融机构尤其是银行层面的道德风险则主要表现为，银行从业人员谋取个人利益，受贿或向特定关联方利益输送和银行业务中的违规操作。政府控制商业银行来服务于国家经济政策，同时增加了商业银行经营风险。商业银行承担部分政策职能造成银行同质性强、系统风险升高。商业银行承担了政策性负担的同时，也依赖于政府的救助。这种隐含关系的存在使得商业银行更倾向于冒险而疏于风险控制。

在利率市场化条件下，提高公司治理水平是维护金融稳定的基石，为此，监管机构要改变监管方式：

第一，前瞻性监管。导致危机的许多导火索都与金融机构的战略、行为和文化有关，但是对此我们总是"后知后觉"（Kellermann et al.，2013）。对金融机构的监管要由更多地关注数量指标向战略性指标转变。既要严守偿付能力、流动性指标不动摇，又要更多地关注被监管机构的商业模式、战略和企业文化等，切实在提高监管对象的公司治理水平上下功夫。例如荷兰央行危机后采用的"董事会评估"就是前瞻性监管的一种有效方式，值得我国监管机构借鉴。该措施"有助于确定董事会运行中存在的问题，并且能够促进金融机构董事会和审慎监管机构主动采取行动。"

第二，嵌入式监管。金融危机前的一种代表性观点是，金融机构可以通过模型或市场价格精确量化风险，而监管机构则效率偏低、官僚化、且缺少附加值，

因此监管者无权质疑金融机构高管层的判断和市场规则（Bank of England，2011；张晓朴，2016）。监管者在必要时要雷厉风行，而不是依靠软弱的执行和循循善诱地劝导这类软性策略（DNB，2010）。行为科学表明，如果被监管机构缺乏能力或者不愿意遵循规范，那么劝说技巧通常会徒劳无功（Kellermann et al.，2013）。在监管过程中，要对金融机构业务模式及利润来源进行充分的质疑和评价，不能过度信赖市场的力量，金融机构作为一种企业其目的是利润最大化，在这一目标下寄希望于金融机构自觉有效控制风险往往是徒劳的，事实往往是金融机构"无孔不入"，应以结果为导向，做到完全熟知监管对象的治理结构、商业模式、企业战略和文化，察觉每一个可能的风险源。

第三，分析式监管。无论西方发达国家还是我国，目前监管的重点往往是进行合规审查，而不是风险预警，监管者往往在风险爆发后才采取措施，这难以阻止金融危机的发生。分析式监管致力于全面、前瞻地判断金融机构的商业模式、治理结构和风险轮廓的基础上实施早期干预（Kellermann et al.，2013）。马丁·安德森（Martin Andersen）、尤迪斯·赛普斯（Uldis Cerps）和马丁·诺雷斯（Martin Noreus）三位经济学家认为分析师监管包含四方面的重要因素[①]：一是鼓励创新，将监管判断和评估作为监管工作的中心，加强监管人员对商业模式、战略风险和风险心理的认知。二是促进原则导向监管。将法律规定和经营中的有效性、稳健性等一般监管原则相结合，发现金融机构在战略、治理和文化方面的风险，进而实施早期监管干预。三是增强透明度。将监管干预和监管决定背后的理由公之于众。四是树立底线思维。时刻准备应对最坏的情形，以此为出发点考虑金融机构的状况，可采取的监管措施及监管工作的优先次序。

第三节 中国金融监管机构改革

一、金融监管结构改革

我国金融业在20世纪90年代中后期确立了分业经营、分业监管体制，而近年来随着金融改革特别是利率市场化的不断深入，又开始了商业银行综合经营和

[①] 乔安妮·凯勒曼、雅各布·德汗、费姆克·德弗里斯、张晓朴译：《21世纪金融监管》，中信出版社2016年版，第51~52页。

金融混业的态势，金融监管需要适应这些新变化并做出相应的结构改革，实施综合化监管。

（一）中国金融混业经营的发展路径

在改革开放之前的计划经济时代，我国"大一统"的金融体系中只有人民银行一家。当时金融体系最明显的特征是，人民银行既管宏观平衡，又提供商业性金融服务。随着改革开放，我国金融业改革的大幕也随之拉开。我国金融业经营模式大体可分为三个时期：第一个时期从1978年到1993年是初级混业时期，第二个时期是1993~1998年是分业经营时期，第三个时期是1998年以来进入自发混业时期。其中，前两个时期都是国家强制规定的结果，第三个时期是金融机构根据市场环境自发地进行混业的过程，当然，国家遵循了市场发展的规律，在宏观层面给予了引导。

1978年，党的十一届三中全会通过了《关于农业发展若干问题的决定（草案）》，提出恢复农业银行主要办理农村金融业务，自此我国金融业的改革大幕拉开。新成立的金融机构基本都是遵循混业经营的发展思路，原有的国有专业银行逐步打破相对分割的业务格局。这一时期，银行广泛涉足信托和证券投资业务。此外，银行还通过信托公司或自身直接持有保险公司和其他经济实体的股权。当时还存在非银行金融机构和非金融机构乱办银行业务的局面。这一时期的混业经营不仅没能实现金融深化，反而造成了金融秩序的混乱，成为分业经营改革的导火索。

由于监管能力不足，混业经营的风险不断积聚。在此背景下，1993年12月26日国务院颁布《关于金融体制改革的决定》对"分业经营"做出了明确的规定，"保险业、证券业和银行业等金融子行业实行分业经营"，金融秩序得以稳定。1997年亚洲金融危机爆发以后，我国金融领域多年来累积的风险也开始显现，中共中央、国务院于1997年底下发了《关于深化金融改革、整顿金融秩序，防范金融风险的通知》严格规定了各类金融机构的业务范围，自此，我国分业经营的格局正式确立。

然而，分业格局确立之时，同时也是金融综合经营孕育之始，1999年来我国银行、证券、保险业分别试水各自边缘业务。2002年，国务院批准中信集团、光大集团和平安集团成为综合金融控股集团试点，此举被认为是中国金融机构分业走向混业的标志性事件。表10-2总结了我国混业经营发展路径。

表 10 - 2　　　　　　　我国金融业混业经营发展路径

阶段	时间	事件	法律法规
银行独大	1953 年	确立起与计划经济相适应的"大一统"银行体系	
强制混业	1978 年	中国国际信托投资公司成立，独立经营中国信托业务	
	1980 年	中国人民保险公司恢复运营，银行、信托、保险经营格局并存，但并无分业或混业的法律法规	
	1987 年	企业债券可以"委托银行或其他金融机构代理发售"；经中国人民银行批准，各专业银行和其他金融机构可以经办企业债权转让业务	《企业债券管理暂行条例》
	1986 年起	自国家成立"体制外银行"起，四大国有专业银行陆续经营证券、信托保险等业务	
回归分业	1993 年	保险业、证券业和银行业务等金融子行业实行分业经营	《关于金融体制改革的决定》
	1995 年	商业银行不得从事信托投资和股票业务，不得投资非自用不动产	《商业银行法》
	1995 年	证券和银行业、信托业、保险业分业经营、分业管理，证券公司与银行、信托、保险业务机构分别设立	《中华人民共和国证券法》
走向混业	2002 年	国务院批准中信集团、光大集团和平安集团成为综合金融控股集团试点	

随着利率市场化的不断深化，银行利差将不断收窄，这将迫使银行寻找中间业务收入，2015 年 3 月 1 日，我国存贷利差降到 2.85% 的水平，相比国际 2% 左右的存贷利差水平依然较高。以工商银行为例，2005 年以来，银行利息净收入占营业收入的比重由 91% 降至 74%。此外，随着居民收入水平的提高，居民的理财需求不断增大。金融产品的日益多元化，对存款作为资产保值渠道的地位造成了巨大冲击。这些因素加总起来使我国金融混业经营大趋势已然形成。到目前为止，国有四大银行以及民生银行等大型股份制商业银行都已通过子公司的形式获得两种以上金融牌照，银行母公司的模式已初现雏形。

目前，我国的金融控股集团已经初步形成了三种模式：一是银行母公司模式，如工商银行集团、中银集团等。二是非银行金融控股公司模式，如平安集团。三是广义金融控股公司模式，其特征为母公司不经营具体业务，只做纯粹的投资管理，如中信集团、光大集团等。或者为产融结合模式，即母公司作为产业集团，如招商局集团、五矿集团、国家电网、中航工业集团、中国石油、华能集团、中粮集团、宝钢等大型国有工商企业，长城资产、华融资产、中国信达等资产管理类机构，以及万向系、复星系、明天系、美的、雅戈尔等民营企业均已持股多牌照金融机构，形成金融控股公司的雏形。表10-3列示了我国主要金融控股公司。

表10-3　　　　　　我国大型金融控股公司概览

模式	公司名称	控股银行	控股证券	控股基金	控股保险	控股信托
银行母公司模式	中银集团	中国银行	中银国际	中银基金	中银集团保险	
	工商银行集团	工商银行	工商国际	工银瑞信基金	工银安盛基金	
	建设银行集团	建设银行	建银国际	建信基金	建信人寿	建信信托
非银行金融控股公司模式	平安集团	平安银行	平安证券	平安大华基金	平安寿险、平安产险	平安信托
广义金融控股公司模式	中信集团	中信银行	中信证券	中信基金、华夏基金	信诚人寿	中国国际信托
	光大集团	光大银行	光大证券	光大保德基金	光大永明人寿	
	招商局集团	招商银行	招商证券	招商基金	招商信诺、海达保险	
	上海国际集团	浦发银行、上海农商银行	国泰君安、上海证券		华安基金、上投摩根	上海国际信托

资料来源：作者根据各公司主页公开信息整理。

金融混业经营有利于发挥规模经济和业务协同效应，在宏观层面改善整个社会的融资结构，降低企业融资成本。但是金融控股公司也面临着巨大的风险。金融控股公司跨行业经营的各个专业业务本身就存在着不同性质的风险。金融混业经营除了各项专业业务自有的金融风险外，由于其错综复杂的内部网络不同于单一的金融机构，其风险又具有特殊性：第一，关联交易风险。追求高收益是企业的天性，金融控股公司拥有的各种不同类型的金融机构为通过关联交易获得利益创造了可能。金融控股公司可在其内部实现风险收益间的转换，也可以通过关联交易实现会计作假、利益输送和逃税等。然而，这些行为蕴含着巨大的风险。第二，利益冲突风险。金融控股公司旗下各金融企业之间、金融企业与客户之间都普遍存在着利益冲突，故而，金融控股公司普遍存在着利益冲突风险。第三，传染风险。金融控股公司旗下的各种金融机构之间联系程度明显大于其他企业。当金融控股公司旗下众多的银行、证券、保险等企业之一由于外部环境或内部机制发生恶化都会使原本在本行业的单一风险，通过彼此之间的交易被传染、放大，进而迅速传递和蔓延。金融控股公司内部遭遇传染性风险的概率就会远远大于其他任何企业。混业经营的风险在很大程度上体现在整个金融控股公司的经营中，加之金融衍生产品的日益丰富和金融控股公司在规避监管上所具有的独特优势，使得监管工作本身就具有极大的难度。因此，只对某一行业有监管权的部门难以全面、综合评估金融控股公司的风险。

（二）分业监管体制面临的挑战

利率市场化改革的快速推进，我国金融混业经营大潮已然形成。在这一趋势下，我国目前金融分业监管模式的弊端愈发显现。金融监管体制改革势在必行。

第一，分业监管难以应对混业经营的大趋势。我国目前对金融控股公司的监管基本上是按照分业监管的思路，根据其最主要业务来决定相应的监管部门。由银监会、证监会和保监会分别负责各自经营领域的监管有利于明确各自的监管职责，提高监管的专业化程度，但是这样的监管模式使得监管金融控股公司存在诸多弊端。首先，在目前的分业监管体制下，不同监管机构之间的协作不足，各监管部门主要集中于本领域的监管，而对其他领域关注不足，甚至各监管部门的监管原则之间存在冲突，这既不利于监管部门之间的行动一致性，也给金融控股公司的经营带来困扰。其次，分业监管模式也难以应对金融控股公司的监管规避和监管套利。金融控股公司能够利用监管部门之间的行动不一致和监管盲区规避监管。目前，银行、保险、证券等不同金融机构之间的交叉业务日益丰富，在利率市场化的推动下，这一趋势会进一步加强，在金融产品日益丰富和同业业务日益复杂的背景下，监管往往落后于业务的发展。此外，按机构类型分业监管容易产生监管标准不统一与监管真空，导致监管套利，形成系统性风险隐患。最后，现行分业监管体制也无法识别和防控金融风险跨行业、跨领域传染。在金融混业经营趋势下，不同金融业务的融合不断加深，不同类型金融机构之间的相互风险敞口逐步加大，金融机构的资产与金融市场的关联度逐步提升，使得金融风险传染更加迅速和普遍。在现行分业监管体制下，单一监管机构都缺乏防范和识别整体金融风险的能力。

第二，分业监管体制难以适应金融创新的发展。随着利率市场化等金融改革的不断推进，我国的金融创新也蓬勃发展。金融工具创新往往属于从无到有，现行的监管法规和制度设计很难进行事前的预见，从而加以预防。新的金融工具应用后的优势和弊端往往需要经过一段时间才能显现。尤其是互联网金融的发展明显增加了金融监管的难度。随着互联网金融的兴起，传统的金融行业出现了令人瞩目的变化和发展。由于网络的加入，使得原本已经界限不清的各种金融行业变得更加模糊。此外，分业监管在一定程度上阻碍了金融创新（曹凤岐，2012）：多年以来，各监管部门都以管制的方式在各自的职权范围内直接控制。为降低监管风险，监管部门往往会对不属于本监管范围内的金融新产品采取抵制态度，不利于混业经营模式的发展，而且现行的监管模式多采用事前审批制，效率低下，部门协调成本高。这种"对所监管范围内的市场风险过于谨慎，对所有创新产品进行合规性审查"的方式，阻碍了金融创新活动，降低了金融市场的活力，从长远看是不利于金融控股企业的发展和自身竞争力的提升。

第三，现有分业监管体制难以实现及时有效的协调。2013年8月15日，国务院正式批复人民银行提交的《关于金融监管协调机制工作方案的请示》，同意建立由人民银行牵头的金融监管协调部际联席会议制度。其职责和任务包括：货币政策与金融监管政策之间的协调；金融监管政策、法律法规之间的协调；维护金融稳定和防范化解区域性系统性金融风险的协调；交叉性金融产品、跨市场金融创新的协调；金融信息共享和金融业综合统计体系的协调；国务院交办的其他事项。虽然工作内容涉及整个金融领域的监管，但是由于"不改变现行金融监管体制，不替代、不削弱有关部门现行职责分工，不替代国务院决策"，仍无法保证金融监管协调的及时有效。同时，不同监管部门之间沟通和信息交换如果不充分，将显著降低监管部门对整个金融市场的监测能力，无法及时发现影响金融稳定的因素，极大降低危机时期的沟通效率。

（三）利率市场化条件下的综合化监管

整体来看，全球金融体制的变革可以分为三个阶段。第一阶段混业是自然混业经营状态，这一阶段一直持续到1929年开始的经济"大萧条"之前。自然混业状态是金融发展初期，监管缺失下，金融机构自然发展的产物。第二阶段是强制分业阶段。经历了1929年"大萧条"之后，各国纷纷对市场进行宏观调控和干预，金融市场的调控对策有二：其一是将金融业的几大子行业相互割裂开，这可以极大地控制风险，避免风险大规模扩散；其二是进行利率管控。在这种情况下，全球性的分业格局形成。此后，随着利率市场化进程加速，形成"金融脱媒"。由于利率管控，银行对储户也失去了吸引力，存款大量流失，传统银行业务利率急剧收窄。此后便进入第三个阶段：自发混业阶段。在利率市场化的背景下，银行经营受到冲击。为改变现状，各大银行开始类混业经营，分业名存实亡。此后政府政策逐渐放松，出台标志性的法律文件，混业经营模式正式确立。可见，利率市场化深化的过程也是混业经营形成的过程。金融危机爆发以来，西方发达国家掀起了新一轮的金融结构改革，限制商业银行经营风险业务，防范道德风险，促进公平竞争，强化市场约束。但是，从全球范围来看，金融混业经营的大趋势并没有发生根本变化，在防范金融风险交叉传染和利益冲突的同时，规模经济和业务协同效应仍然是混业经营的持久动力（王兆星，2015）。在利率市场化条件下，我国的金融混业经营趋势不可逆转，我国现行的分业监管体制面临许多问题与挑战，所以有必要变金融分业监管为混业监管，实施综合化监管。

二、中国金融监管组织体系改革

（一）金融监管机构改革的原则

经过前文的分析，我们认为我国金融监管组织体系重构需要坚持下列原则：第一，金融监管重构应转变以往以社会稳定和政治目标为中心的旧的监管价值取向，建立以风险控制为核心的新的监管理念，以金融稳定和金融消费者保护为金融监管的两大目标，剥离金融监管不应承担的金融行业发展和引导金融创新的职责；第二，我国应理顺金融监管和货币政策的关系，在加强货币政策和金融监管协调的同时，保持货币政策和金融监管的相对独立性；第三，建立中央和地方双层金融监管体制；第四，金融监管同样需要监管，应建立独立于现有监管体系的监管监督体系；第五，从危机后国际金融监管改革和我国当前金融业发展形势来看，"双峰监管"较适合我国的国情；第六，将"三会"并入人民银行形成超大的金融监管机构的做法并不可取，但有必要让人民银行承担宏观审慎监管职能；第七，应引入功能监管方式；第八，应注意在金融监管体制改革中由于利益分配与官员安置等造成的不确定性；第九，金融监管体系应与金融市场利益相关各方完全隔离、运用法律手段独立行使监管职能。

（二）监管机构改革方案比较

在当前关于金融监管改革的讨论中，金融监管机构改革是各方关注的焦点。目前关于监管机构改革的讨论中，可能的方案有以下几种：

（1）"金融监管协调委员会+一行三会"方案：即保留现有的一行三会格局基本不变，在国务院层面成立金融监管协调委员会，发挥咨询议事功能，做实金融监管协调。这一方案的优点在于，只有"加法"而没有"减法"，不改变现有机构的格局，不涉及原有人员的重新安置，能将利益分配与官员安置等造成的不确定性降到最低，实施难度也最小。然而，这一方案并未突出宏观审慎监管功能，不利于宏观审慎政策与微观审慎政策之间的协调，也没有解决金融自由化条件下，金融混业经营与分业监管之间的突出矛盾，另外，金融监管的协调机制能够做实，充分发挥作用有待商榷。

（2）"一行一会"方案：即保留央行的职能不变，合并"三会"为金融监管委员会。该方案只涉及机构的简单重组，并不涉及具体央行与"三会"的监管职能的重新分配，即简单地将银监会、证监会和保监会合并成为一个新的综合性金融监管机构，实施综合监管。这一方案的最大优点在于能够加强"三会"之间的协调，也符合混业经营和混业监管的金融业发展趋势，但是该方案仍然会造成"最终贷款人"的央行与实施宏观审慎监管的"一会"之间的割裂，"三会"之间的协调问题得以解决，但"一行"和"一会"之间的协调可能会存在更大的协调成本。

（3）"一行"方案：即撤销三会，将所有的监管职能划归央行，形成"超级央行"。毋庸置疑，央行在我国金融发展中发挥着无可替代的作用。当前的央行面临更大的挑战，人民币快速国际化进程，把中国经济金融体系过早地暴露在全球经济金融体系面前，中国人民银行需要准备面对的局面，已经从国内扩展到全球，任务更加艰巨复杂，因此也比以往任何时候更需要集中精力、心无旁骛地做好宏观经济和货币政策的指定和实施（王君，2016）。

（4）"央行+审慎监管局"方案：即央行负责宏观审慎政策的制定和执行，以及系统重要性金融机构的监管，非系统重要性金融机构由三会合并后成立一个审慎监管局进行微观审慎监管。既强化了央行的宏观审慎政策制定、执行和系统重要性金融机构监管职能，又适当减小了改革的阻力，并通过机构间合理和明确的分工降低协调成本。但该方案仍然造成了宏观审慎与微观审慎的割裂，面临央行和审慎监管局之间的协调问题。

（三）利率市场化条件下的金融监管机构设置

金融危机以后，国际社会对各自的金融监管模式进行了深刻反思，美国和英国等主要发达国家都在对现行的监管模式进行改革。但是，整体而言，目前各国的金融监管模式迥异。从历史上看，金融业从混业到分业，再从分业到混业，以及监管机构设置的其他选择，往往都发生在一场大危机之后，但也会随着一场新危机的到来又走回头路,究竟是分业监管还是混业监管更有效率没有绝对的标准,有意思的是,澳大利亚和加拿大作为安然度过危机的两个国家,它们在危机后并未对监管与央行分离的体系作出调整(周皓和朱海斌,2016)。随着利率市场化的不断深入,我国金融混业经营不断发展。我国现行的分业监管体制,面临许多重大和严峻的挑战,金融分业监管模式的弊端愈发明显,从顶层设计着手重构金融监管框架,以适应经济"新常态"下我国金融发展和稳定的要求迫在眉睫。

在市场环境不断变化的情况下,监管体制并不存在最优。监管并非越集中越好,也不是越分散越好,关键要看监管的理念、功能是否能与监管的权责对应。如果能够对应,不论是合并还是分拆,都能实现监管功能。在改革和完善我国金融监管体制时,应优先考虑本国的金融体系发展、金融监管体制沿革和面临的主要挑战,同时,体制变革的短期冲击成本也是最优决策要考虑的重要因素。

在金融自由化不断深入,我国金融风险逐渐显现,金融体系问题暴露集中,需要加强监管和现实可操作的角度下,我们认为不宜对现有金融框架进行大的调整合并。我们建议在维持现有"一行三会"的基础上,设立国家层面的金融稳定委员会,负责明确各部门监管职能、统一监管标准,做实日常重大监管协调决策机制,负责全局性监管决策的指定与执行,具体建议如下。

第一,成立国家层面的金融稳定委员会。负责明确各部门监管职能、统一监管标准,做实日常重大监管协调决策机制,负责全局性监管决策的指定,监督中国人民银行和银监会、证监会、保监会监管政策的执行。统筹监管系统重要性金融机构和金融控股公司,尤其是负责对这些机构的审慎管理;统筹监管主要金融基础设施,包括重要的支付系统、清算机构、金融资产登记托管机构等,维护金融基础设施稳健高效运行;统筹负责金融业综合统计,通过金融业全覆盖的数据收集,加强和改善金融宏观调控,维护金融稳定。金融稳定委员会的负责人应当由副国级领导人担任,为更好地做实重大监管协调决策机制,更好地体现对金融消费者的保护,更好地监督监管政策的执行,建议在金融稳定委员会下设立金融监管协调委员会、金融消费者保护委员会和金融监管监督委员会三个具体办事机构。

目前我国处于利率市场化的关键阶段,这一阶段也是金融创新活跃和金融风险频发阶段,成立更高层级的金融稳定委员会的好处在于:(1)保证监管部门的信息共享准确及时。(2)提高风险处置效率。协调机制如没有决策权,监管机关意见不合难以统一,意图难以贯彻执行,难以要求监管机关实施具有内在逻辑一致性的监管,无法做到减少监管缺位和监管重叠,防止监管套利的产生。(3)在金融监管委员会统一决策部署下,能够对金融混业经营和金融控股公司进行有效监管。目前，中国的金融控股公司很多是国有并且是行政级别与监管机关平级的金融集团，现在由更高级别的金融稳定委员会统一实施监管，有利于保证监管的客观公正。改革后的金融监管组织体系结构如图10-1所示。

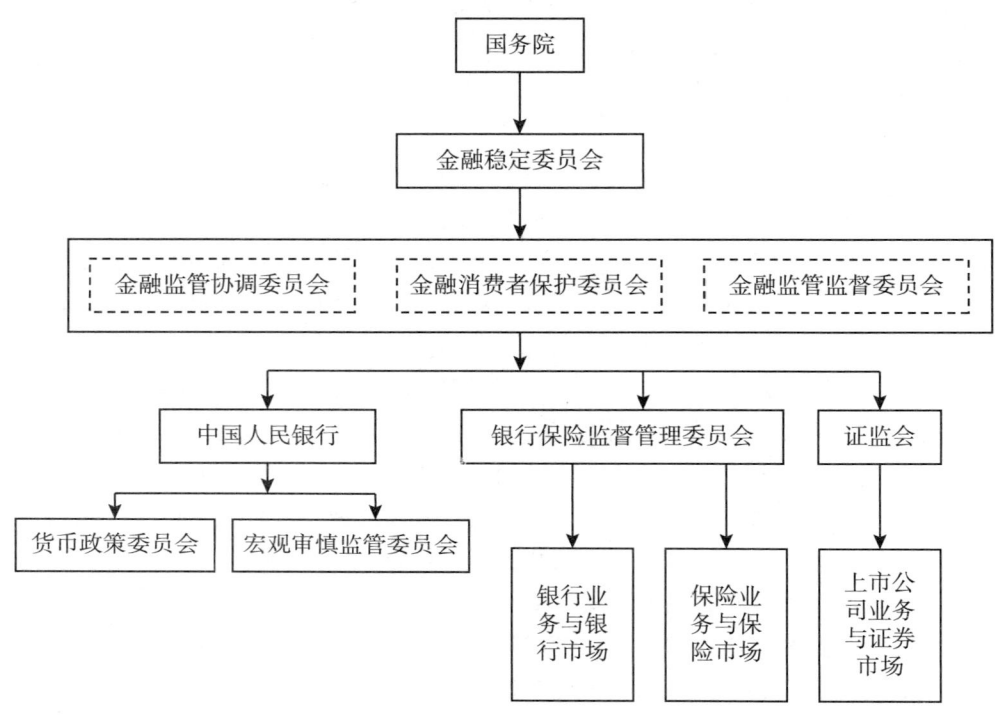

图10-1　未来的金融监管组织体系

资料来源：作者设计绘制。

第二，明确中国人民银行的监管职责。中国人民银行除了负责制定和执行货币政策外，具体负责宏观审慎监管和货币市场、外汇市场监管。中国人民银行下设货币政策委员会与宏观审慎监管委员会。这样既能避免货币政策与微观监管政策可能存在的利益冲突，又能实现宏观调控与宏观审慎监管的协调。宏观审慎监管委员会主要负责宏观审慎监管政策的制定、监督和执行，负责对我国系统重要性金融机构实施监管，并对金融稳定委员会负责。

第三，明确所谓"两会"的监管职责。银行保险监督管理委员会和证监会保留原有的行政界别与人员编制，但是改变原有的以机构监管为主的监管方式，转变为以分别对银行业、证券业和保险业进行功能监管为主，机构监管为辅的监管方式。

三、监管队伍和监管监督体系建设

(一) 加强监管队伍建设，切实提高监管效率

金融监管的技术细节固然重要，但是金融监管中最重要的应当是监管的实施，保证金融监管的有效实施就需要一支专业、高效、协调充分的监管队伍。金融风险的日益深化和复杂化对监管者的应对能力提出了严峻的挑战。瓦纳斯和菲希特（Vinals and Fiechter，2010）发表了题为"打造良好监管：学会说'不'的工作论文"，阐述了良好监管的五要素，提出了好的监管者应具备的素质：

1. 好的监管具备入侵性

监管者应熟知被监管对象，实施现场检查，并对重大问题进行问询；让市场感觉到金融监管的持续存在。

2. 好的监管要敢于质疑，还要积极主动

监管机构应当始终秉持批判的态度，尤其是经济景气的时候。当经济快速增长时，金融市场的风险意识淡薄，这往往为金融危机的发生埋下了种子。

3. 好的监管要具有全面性

监管者必须持续地关注金融发展前沿以及随时可能出现的风险。关注的范围不仅包括单个机构，也包括整个金融体系。

4. 好的监管要有适应性

金融业是一个经常变化和不断创新的行业。监管者必须处于不断学习的状态，能够快速识别新产品、新市场以及新服务中的潜在风险，并能够采取有效的风险缓释措施或及时叫停某项业务。

5. 好的监管要形成决定性的结论

监管者在做出分析后，必须继之以行动。这意味着监管者不仅要采取降低风险的措施，更要确保这些措施被实实在在地执行下去。如有必要，可采取干预手段以达到期望的目标。

加强监管能力建设，全面提高监管专业化水平，必须努力建设一支专业、高效、协调充分的监管队伍。第一，打破"监管俘获"。我们建议借鉴西方国家的经验，建立监管人员轮岗制度，确保监管人员监管某一金融机构的时间不得超过一定年限（Kellermann et al.，2013）。这样做的目的是保证监管者与被监管机构能够保持充分的距离以抵制监管俘获，同时丰富监管人员的知识结构，鼓励监管知识共享和团结协作。第二，建设学习型组织，不断提高监管技能。我们有必要对监管人员进行终身教育，鼓励到其他监管机构、国际监管组织交流学习等。第

三，保证充分合理地监管资源配置。张晓朴（2015）提出要提高监管资源的配置效率，根据风险的演进和严重性动态配置金融的人力、财力。我国金融监管资源的配置情况如表10-4所示，从表中可以看出，近年来，我国金融业发展迅速，金融机构资产规模快速增长，但是金融监管资源增长幅度落后于金融发展，这会造成我国监管资源不足。

（二）打造监管监督体系，充分捍卫公众利益

金融监管者同样需要监管。监管者也未必是理性的。唐纳德（Donald，2002）指出，由于市场和监管者都存在明显的行为偏差，因此金融监管理论要研究的是"非理性博弈非理性"的问题。同时，金融监管是监管者和被监管者的互动，监管者始终受到外部条件的制约或者诱惑，这同样造成了监管效率的低下。监管供求理论将监管政策看作借助政府的强制力量向特定的个人或集团提供利益的产品，政党或政府是产品的供给方；相关行业的利益集团是监管的需求方，他们在接受监管的过程中要力争做到自身效用的最大化。因此，监管活动受到供求规律的支配，管制的范围、程度及最终效果取决于供求双方的博弈。监管寻租理论认为，金融监管是政府管制的重要组成部分，因此金融监管中同样存在寻租现象，影响金融监管的公平与效率。政府管制加剧了市场中的寻租机会，产生了政府及其代理人的租金创造和抽租，使市场竞争更加不完全和不公平，所以，通过政府管制来纠正市场失灵是理想化的、不现实的，越是金融管制广泛的国家，寻租问题越普遍。寻租的结果是造成了不公平，在管制者获得利益的同时，降低了金融效率。俘获理论认为，尽管监管者的初衷是好的，但是，在监管的过程中，被监管者逐渐熟悉和适应了相关的法律法规和行政工作流程之后，必然会通过各种手段来影响和改变监管者的立法程序和行政管理模式，利用金融监管机构为他们自身的利益服务。逐渐地，监管者成为被监管者的俘虏。欧文和布劳蒂卡姆（Owen and Braeutiqam，1981）认为，产业巨头往往能够俘获监管机构，将其变成自己的大管家，从而使监管行为损害了市场配置资源的正常机制，导致不公平竞争。波斯纳（Posner，1974）甚至认为，监管者的存在就是利益集团造成的，因为利益集团要到立法者那里去游说，通过建立起监管机构来保护自身的利益。既然监管者代表了既得利益集团，监管政策会被利益集团所左右，所以监管者会损害公共利益。上述理论说明，为保证金融监管的有效进行必须对监管者进行监管。

对金融监管进行监管必然会涉及金融监管质量的评估。监管绩效评估可以加强监管者的公信力和工作透明度，因此成为程序不可或缺的一环（Baldwin and Black，2007）。然而，在实践中，监管活动的有效评估并非易事。金融监管机构

表10-4　我国金融监管资源配置情况（2010~2014年）

类别	行业	2010年	2011年	2012年	2013年	2014年
被监管机构数 （单位：个）	银行	3 769	3 800	3 747	3 949	4 089
	保险	142	152	164	174	180
	证券	106	109	114	115	120
被监管机构资产 （单位：亿元）	银行	942 584.60	1 115 184.00	1 312 658.00	1 480 467.00	1 681 611.00
	保险	50 481.61	59 828.94	73 545.73	82 886.95	101 591.47
	证券	19 665.00	15 728.00	17 200.00	20 800.00	40 900.00
被监管机构 从业人数 （单位：位）	银行	2 990 716	3 197 913	3 362 088	3 550 427	3 763 435
	保险	685 856	776 258	861 706	831 303	904 253
	人行	—	—	—	—	—
金融监管事务 支出预算 （单位：万元）	外管局	—	—	—	—	—
	银监会	435 013.03	447 915.36	446 417.81	445 467.10	434 909.51
	证监会	70 062.65	73 160.62	78 479.28	89 873.01	88 185.73
	保监会	63 350.66	66 983.31	69 284.64	71 883.76	69 854.52
监管机构 人员配置 （单位：位）	人行	133 986	133 328	133 298	131 888	131 002
	外管局	495*	533*	589	593	610
	银监会	23 704	23 383	23 888	2 3878	2 3750
	证监会	25 88	2 745	2 114	3 183	3 183
	保监会	2 844	2 745	2 299	2 792	2 835

续表

类别	行业	2010年	2011年	2012年	2013年	2014年
监管机构总数（单位：个）	人行	2 179	2 179	2 178	2 178	2 181
	外管局	863	862	36	36	36
	银监会	2 074	2 075	2 075	2 072	2 072
	证监会	38	38	38	38	38
	保监会	41	41	41	41	41

注：＊代表外汇总局人数。

资料来源：《中国金融年鉴》，Wind 数据库。

通常要面临三大挑战（Kellermann et al.，2013）。第一个挑战是方法论上的，关系到（监管行为与结果之间的）因果关系是否可检验这一问题。斯派瑞（Sparrow，2008）认为，风险的增减可能与监管干预关系很小甚至没有关系。风险的发生可以仅仅是经济状况变化或者是一些其他外部因素作用的结果。为了证明监管与风险控制之间的因果关系，监管者们必须要把自己施加的影响从要解决的问题中独立出来。在理想状态下，这需要建立对照样本，或者是采取一个更高级的研究方案，例如随机控制实验。但是在金融监管当中此类控制实验是非常罕见的。第二个挑战是法律问题，即监管者是否可以公布他们所有的干预结果。在实践中，多数审慎监管机构要承担法定的保密责任，因而不允许他们将自己所有的行为都公之于众。第三个挑战与监管的预防性特征有关，衡量预防性干预的影响是很困难的。综上所述，我们认为金融监管机构自身无法对监管绩效进行有效的评价。

我们建议，建立独立于现有监管体系的监管监督体系。正如前文所述，我们必须从根本上改革金融监管规则的制定、实施以及评价。建议成立专门的金融监管监督委员会，会员应具备如下特征：第一，具有充分的法律赋予的职权，能够随时获取其认为有利于评估金融监管状况的任何信息。第二，独立于金融市场。杜绝金融机构与该委员会的交叉任职。该机构高层管理人员任期期满后，在相当长的一段时间内不能到金融机构任职。第三，具有一支由金融学家、经济学家、会计师、律师组成的跨学科专业化队伍，能够有效分析金融监管的信息，对金融监管进行权威评估。

第四节 利率市场化背景下的金融监管政策实施

一、利率市场化背景下的微观审慎监管

（一）完善微观监管体系

1. 资本监管制度

在国际现行的银行业监管体系中，资本监管制度一直居于核心地位。本轮金融危机发生后，资本监管制度改革成为国际金融监管改革的核心内容。巴塞

尔银行监管委员会在反思国际金融危机教训的基础上制定了巴塞尔资本协议Ⅲ。巴塞尔资本协议Ⅲ大幅提高了对核心一级资本的要求，要求银行在达到最低核心一级资本 4.5% 水平的基础上，还要进一步分别满足 2.5% 的储备资本和 0~2.5% 的逆周期资本要求。我国的资本监管制度起步较晚，2004 年，银监会发布《商业银行资本充足率管理办法》确立了资本监管制度在银行监管体系中的核心作用。金融危机发生后，我国成为二十国集团成员，成为金融稳定理事会和巴塞尔银行监管委员会的正式成员。银监会参照 2010 年巴塞尔协议Ⅲ，结合中国实际，于 2012 年发布了新的《商业银行资本管理办法（试行）》。我国的资本监管制度只有十几年的历史，目前，我国金融改革不断深化，利率市场化已接近完成，监管当局需要在实践中不断探索和完善资本监管制度。我国资本监管制度变革如表 10-5 所示。

表 10-5　　　　　　　　我国资本监管制度变革

时间	内容及法律依据
1994 年 2 月	人民银行发布《关于对商业银行实行资产负债比例管理的通知》，参照巴塞尔资本监管协议，提出了包括资本充足率在内的九项监管指标
1995 年 5 月	颁布第一部《商业银行法》。该法明确规定商业银行应保持充足的资本，其中，核心资本充足率不低于 4%，总资本充足率不低于 8%。自此，我国银行业真正确立了资本监管理念
2004 年 2 月	银监会发布《商业银行资本充足率管理办法》进一步确立了资本监管制度在银行监管标准体系中的核心作用
2012 年 6 月	银监会参照巴塞尔协议Ⅲ和 2004 年发布的巴塞尔协议Ⅱ，结合中国实际，发布了新的《商业银行资本管理办法（试行）》
2014 年 4 月	银监会核准了工、农、中、建、交、招 6 家银行实施资本管理高级办法。标志以巴塞尔Ⅱ和巴塞尔Ⅲ为代表的国际监管规则和风险梯子在中国落地
2014 年 12 月	银监会、证监会发布《关于商业银行发行优先股补充一级资本的指导意见》，新型资本工具发行有了制度基础

资料来源：作者根据公开资料整理。

在利率市场化过程中应进一步强化资本监管的作用，确立资本监管在整个监管体系中的核心地位。在利率市场化的环境下，银行面临的风险成本会显著上升。一方面，银行出于盈利压力可能转向相对高风险、高收益的业务；另一方面，银行需要应对的风险种类也相应增加。在利率管制时期，银行主要面对的是信用风险，其他风险敞口不大。而在利率市场化的环境下，应对其他风险的重要性凸显，其中包括利率风险、流动性风险、定价风险等。银行管理新的风险敞口（如利率风险等）的经验不足，也可能导致更大损失。在资本监管过程中，应扩大资本监管的风险覆盖范围，不仅要覆盖信用风险、市场风险和操作风险，还应重视对声誉风险、利率风险和流动性风险等的监管（见表10-6）。

表10-6　　　　　　　我国商业银行资本充足率情况　　　　　　单位:%

时间	大型商业银行	股份制商业银行	城商行	农商行	外资银行
2014年第1季度	12.56	10.55	11.90	13.29	16.61
2014年第2季度	12.89	10.92	11.87	13.32	16.92
2014年第3季度	13.57	11.44	12.01	13.61	17.17
2014年第4季度	14.10	11.23	12.19	13.81	17.08
2015年第1季度	14.17	11.21	11.91	13.36	17.20
2015年第2季度	13.81	11.34	11.94	13.09	17.72
2015年第3季度	13.99	11.63	12.16	13.18	18.20
2015年第4季度	14.50	11.60	12.59	13.34	18.48

资料来源：Wind数据库。

在利率市场化后，大部分市场的银行业利差会显著收窄。银行同业业务、理财业务及其他表外业务和影子银行业务会进一步快速增长，然而这些业务并没有处于资本监管范围之内，隐藏了真实承担的风险，没有计提相应的资本。监管当局应不断完善此类业务的监管，对逃避资本监管的行为及时予以纠正。

当然，我们也应该注意到，资本监管不是万能的，在完善金融监管的过程中，需要将资本监管制度与其他因素相互配合，稳定的宏观经济环境、完善的金融市场体系和商业银行自身的风险管理能力也是影响整体金融稳定的重要因素。

2. 流动性监管标准

本轮国际金融危机凸显了流动性管理与监管的重要性。本轮金融危机表明，流动性的突然紧缺是金融危机迅速蔓延的重要因素。传统商业银行的基本功能之一就是"借短贷长"的期限转换，这导致了金融机构资产负债表普遍存在着期限错配问题，流动性风险始终是金融机构面临的首要风险。最新颁布的巴塞尔Ⅲ将流行性覆盖率（LCR）和净稳定资金比例（NSFR）两项指标作为全球统一的流动性监管标准。我国在1995年第一部《商业银行法》中就将流动性与安全性、盈利性作为商业银行运营的首要前提之一。但是，在随后相当长的一段时间内，在高储蓄率和直接融资市场不发达的环境中，商业银行的流动性并没有成为一个特别突出的问题与风险，实际的流动性管理也就更多地停留在原则性要求或简单满足监管指标上，缺乏精细化管理的内生动力和相应的机制安排。2005年银监会指定了商业银行流动性监管的核心指标，初步确立了流动性风险监管理念，2014年银监会根据国际金融监管改革的最新进展，颁布了我国首个《商业银行流动性管理办法》并于2014年3月1日起正式实施。《办法》的颁布和实施标志着我国正式确立了流动性风险监管制度框架，对我国银行体系抵御流动性风险和维护金融安全产生了积极而深远的影响。

利率市场化后，商业银行的负债结构发生变化，存款占负债的比重下降，存款中较为稳定的传统型存款如储蓄存款比重也逐渐下降，商业银行更加依赖主动负债工具吸收资金，同业存款的比重上升，直接的后果就是负债的利率敏感性更高。如前文所述，我国商业银行流动性风险主要有两个来源，一是同业负债预期外"断供"，存款搬家对商业银行影响不会很大，货币市场基金等分流的银行存款最终会流回银行体系，存款端的流动性风险主要在于同业负债预期外"断供"；二是中小银行依赖高风险同业业务的程度更高，自身规范程度低，有可能出现大规模的资产变现困难引发流动性风险（见图10-2）。

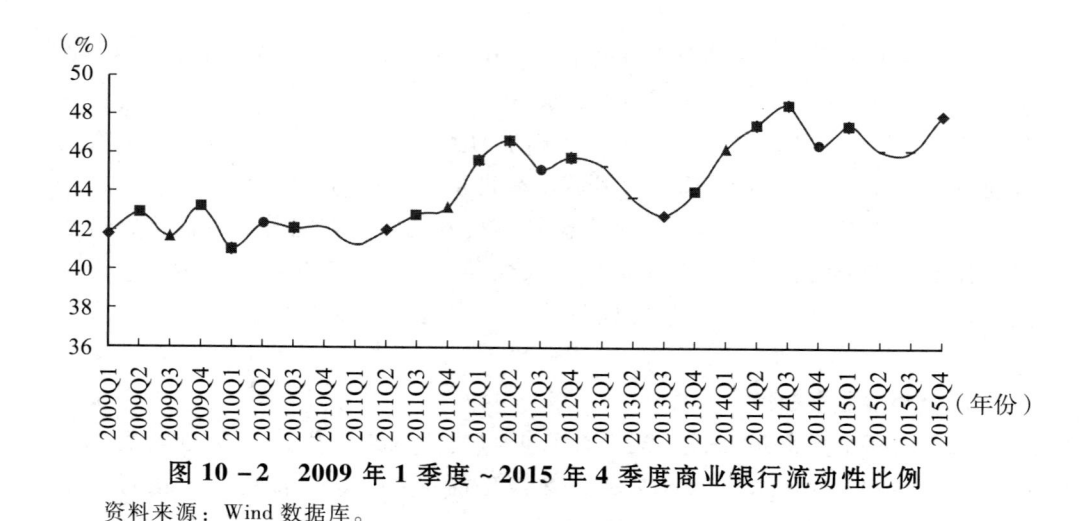

图10-2　2009年1季度~2015年4季度商业银行流动性比例

资料来源：Wind数据库。

虽然银监局发布的《办法》对银行建立健全流动性风险管理体系提出了一系列的定性和定量要求，但在监管实践中，监管当局更多依靠几个指标进行流动性监管，对商业银行整体流动性管理框架、策略、政策、程序和管理工具的了解并不充分，对商业银行对流动性管理的有效性并没有非常清晰、准确和全面的判断。实际上，流动性风险是渗透在商业银行整个经营管理之中的，监管人员需要全面了解和动态掌握商业银行的整体管理框架，才能理解和把握其流动性管理体系是否真正有效，这对监管当局无疑是很大的挑战，需要更多的资源投入和更有效的资源配置来加强和改进流动性监管。

（二）改善公司治理，提高金融机构抗风险能力

有效的公司治理是获得公众对银行体系信任的基础，也是银行业稳健运行的关键。除五大国有银行之外，股份制银行大多数由地方国资委和央企持股。国家股、国有法人股和国有企业持股是我国商业银行乃至整体金融机构股权结构的突出特点。虽然在组织架构与法律程序上，商业银行满足了董事会基本需求和法律要求，但实际上，企业是没有发展自主权的，董事会并不能代表出资人的角色行使权利（聂日明，2014）。工商银行、农业银行、中国银行、建设银行、交通银行等国有大型金融机构的人事任免权归中央组织部所有，其他商业银行董事（理事）、高层管理人员的任职资格需银监会通过，这意味着政府实际控制着金融机构高层管理人员的任命。在任命环节没有实现市场化聘任，那么在薪酬激励方面也无法采取股权激励等市场化手段。

政府控制商业银行来服务于国家经济政策，同时增加了商业银行经营风险；商业银行牺牲部分经济利益、承担部分政策职能来换取破产保护；国有企业获得商业银行长期的低价资金支持。利率市场化后，丧失破产保护的同时，商业银行经营业务压力增大，商业银行承担国家职能与自身逐利的矛盾会被激化。

随着利率市场化逐步推进，基于真实供需形成的以利率为代表的资金价格将主导资产配置活动，过去利率管制带来的刚性收益也会逐渐消失，利差收入转而取决于风险定价能力。为应对利率市场化的挑战，需要继续改革和完善银行的现代公司治理机制，逐步建立和完善市场参与主体的优胜劣汰机制。国有大型上市银行还要继续改革和完善银行的现代公司治理机制，建立起经得起国内外市场竞争的财务硬约束机制，真正实行自主经营、自担风险、自我发展。对于其他商业银行，在利率市场化大潮中因经营不善而倒闭的，应当通过优胜劣汰机制而淘汰出局。金融监管当局应当按照一定的监管标准或财务指标将那些具备硬约束的金融机构培养成为竞争性市场的定价主体。在逐渐消除银行机构的财务软约束，使其经营行为更加市场化的同时，监管当局应督促金融机构增强风险管理水平，健全内控制度，增强自主合理定价能力和风险管理水平，规范竞争行为。随着利率市场化的加快，借贷利差会大大缩小，导致市场竞争日趋激烈，产品价格战也会越来越激烈，开发设计利率相关创新产品的意愿强烈，这其中既有理性的有益探索，也有不合规的非理性竞争。监管当局应加强

对非理性定价行为的监督管理，采取差别存款准备金率等方式激励约束利率定价行为，强化行业自律和风险防范。防控和监管越到位，利率市场化程度就会越高。

二、利率市场化背景下的宏观审慎监管

（一）利率市场化条件下系统性风险的新特征

随着利率市场化改革推进，系统性金融风险将表现出一些新的特征。

1. 系统性风险演变为金融危机的概率提高

国外经验表明，利率市场化使系统性风险的爆发概率显著提高。世界银行的一项报告显示，调查的44个实行利率市场化的国家，近半数发生了银行业危机，有的甚至触发严重的经济危机。美国也在利率市场化的过程中爆发了长达十余年的储贷危机。利率市场化降低了银行的传统利差收入，加剧了银行之间的竞争，为了应对利率市场化的挑战银行将拓展表外业务和产品创新，证券化产品等金融衍生品交易和理财产品等金融创新的风险暴露将显著提高银行的风险水平。金融稳定理事会（FSB）表示"在新兴市场中，中国的影子银行规模庞大且增长迅速，值得特别关注。"其测算的中国影子银行规模已达到全球第三。IMF则提醒公众需警惕中国非银行金融机构的道德风险，由此看出影子银行已成为金融风险重雷区。同时，存贷利差的收窄将促使各银行机构调整信贷结构，将资金投向更有议价能力但风险更高的中小企业客户和房地产等行业，使系统性风险因素逐步向高风险客户和行业集聚。如前文所述，日本是利率市场化改革导致房地产市场泡沫最典型的例子。大企业可以很方便地通过货币市场、股票市场等直接融资渠道获得资金支持，因而远离了传统的银行信贷。但此时存款一方尚没有足够的投资机会，仍受到诸多限制，多数家庭依然只能将金钱存到银行，使得银行拥有大量的存款却没有如过去一样充分的贷款机会。这导致银行一方面缺乏开发非息收入业务的动力，另一方面会到处寻找机会将存款放贷出去。银行为了将资金贷出，不得不更多地向中小企业提供贷款。由于中小企业本身存在着经营风险，而银行对企业风险的识别能力尚且不足，而且政府的隐性担保又使银行在甄别客户风险方面没有足够的动力，因此这些银行更倾向于将资金放贷给与房地产业务及股市业务有关的中小企业。这一现象导致了大量的银行资金流入房地产市场和股票市场，并放大了资产价格泡沫。此外，我国存在大量的城商行、农村信用社等地方中小银行机构，不少中小银行机构的公司治理、内控和风险管理较为薄弱，抵御风险的能力较弱，

利率市场化可能导致这样一批银行机构经营风险集中爆发（赖志坚和房昱，2014）。

2. 风险传染性增强

利率市场化条件下，银行间的风险传染和银行与其他行业的风险传染都将增强。利率市场化条件下，银行之间的竞争加剧，使银行的流动性风险加大，此外，利率的频繁无序波动使得银行业面临的银行账户利率风险明显加大，而各银行机构通过交易账户操作来对冲和分散经营风险将使其交易账户利率风险不断增加。这些都将使单个银行的风险透过银行间市场等渠道相互传染。同时，为了应对利差收窄等不利影响，利率市场化条件下，银行必须进行业务转型和产品创新，跨市场，跨行业的金融产品将使银行、证券、保险、基金之间的界限更加模糊，导致银行业与其他金融业的关联度将不断上升，只要一个行业爆发风险就会迅速传染到其他相关行业。

3. 对宏观经济的溢出效应加大

王福明（2013）认为，间接融资为主的市场结构使得银行业对宏观经济的依存度和外溢效应都更加显著。利率市场化是直接融资市场发展的必要前提，在利率市场化完成初期，国内间接融资为主的市场格局尚不能有效改观的情况下，一方面，逆向选择和风险偏好的改变将强化银行业经营行业的顺周期性，尤其是客户群体的"整体下移"将使宏观经济下行风险更加集中于银行体系；另一方面，利率市场化实际利率上升将影响价格水平、产业结构、投资消费等宏观变量，在一些国家甚至成为诱发宏观经济危机的因素。

（二）利率市场化背景下的宏观审慎监管框架

我国宏观审慎监管体系建设还刚刚起步，随着利率市场化的不断深入，金融混业经营趋势方兴未艾，金融风险跨业、跨境、跨市场传染更为复杂和突出。在此情况下，如何构建职责明确、覆盖广泛、协调高效的宏观审慎监管框架，既意义重大，又任务艰巨。

第一，要尽快建立清晰的宏观审慎监管的目标与架构。宏观审慎监管的最终目标是监测、识别、防范和化解系统性金融风险，维护金融稳定。这就需要我们建立一个职责清晰和协调高效的宏观审慎组织架构体系，一个覆盖广泛和动态识别的系统性风险监测体系，以及一个兼具针对性和有效性的宏观审慎监管工具箱，这是有效宏观审慎监管的三大基石（王兆星，2015）。

第二，要加快建立科学的经济周期识别和系统性金融风险监测体系。王兆星（2015）认为，系统性风险监测体系应当包括三个层面：第一个层面是对宏观经济运行的监测，更加科学地识别经济周期，并将着眼点放到经济波动对金融体系的冲击上来。第二个层面是对金融体系稳健性的评估，压力测试应当常态化，要经常动态地评估金融体系，特别是银行体系抵御外部冲击和吸收损失的能力。第三个层面是对区域性风险的监测，包括政府融资平台信贷风险、房地产市场风险，以及行业（如过剩产能行业）和地域风险，也包括一些大型和超大型集团客户信贷风险。从各国金融危机的教训来看，系统性风险往往是在某个领域内率先加速积累的，通过对区域性风险的实时监测，可以做到防范系统性风险的关口前移。

第三，要加快完善宏观审慎监管政策工具箱。首先，我们要进一步梳理各类微观审慎监管工具所具有的宏观审慎职能，分析其实施和运用所带来的宏观审慎作用，提出如何综合运用各类监管工具应对系统性风险的预案。其次，我们要加快两个宏观审慎监管专项工具的制度建设，尽早出台我国商业银行系统重要性识别与资本附加的制度方案，并与相关部门共同起草制定逆周期资本附加的实施方案，既要防范和化解系统性金融风险，维护金融安全，也要注意与货币政策等宏观经济政策的协调配合，实现经济金融的长期可持续发展。

三、利率市场化背景下的金融基础设施建设

（一）高风险金融机构的处置与退出机制

随着利率市场化的不断深入，银行信贷利差会大大缩小，银行传统业务利润也会不断收窄，金融机构竞争加剧，经营成本和风险也会显著上升，金融机构经营失败的概率会大大增加，加强我国高风险金融机构处置与退出机制建设是摆在金融监管当局面前的一项急迫任务。政府控制商业银行来服务于国家经济政策，同时增加了商业银行经营风险；商业银行牺牲部分经济利益、承担部分政策职能来换取破产保护；国有企业获得商业银行长期的低价资金支持。利率市场化后，丧失破产保护的同时，商业银行经营业务压力增大，商业银行承担国家职能与自身逐利的矛盾会被激化。

目前，我国对高风险金融机构的处置仍然主要依靠行政手段，政府成为金融风险处置与化解的主体，政府救助成为常规手段。

依靠行政手段处理问题金融机构的确有助于迅速控制金融风险的传染和外溢，但却带来了严重的道德风险和逆向选择问题，削弱了市场纪律约束，损害了我国金融体系的长期活力与效率。首先，政府救助带来严重的道德风险问题。2014年之前，我国还没有建立显性的存款保险制度，而是采用隐性的完全保险制度，事实上的银行破产并不存在。监管机构可能并不允许真正破产的情况出

现，由于不需承担破产带来的一系列后果，商业银行必然倾向于承担更多风险：第一，我国商业银行经营模式粗放，规模扩张冲动强烈，忽视安全性和流动性，资产负债期限错配严重，极易引发流动性紧张。第二，国际经验表明，利率市场化初期，商业银行会更加倾向于高风险、高收益的领域。而我国商业银行不必承担违约成本的事实和商业银行开发高收益领域能力的欠缺，使得我国商业银行在利率市场化初期的阶段性风险更加难以预测。在政府最终救助的预期下，无序扩张的收益为股东和高管所有，而一旦出现损失则由政府和纳税人埋单。高风险金融机构处置与退出机制的缺失是我国金融机构盲目地扩大规模，缺乏自我约束机制和核心竞争力的重要原因。其次，市场退出机制的缺失造成了金融监管困境（王兆星，2015）。由于对金融机构只生不死的刚性预期和以往"一管就死，一放就乱"的客观现实，我国监管当局对金融创新和市场准入一直持较为保守的态度，在金融机构退出渠道不畅的情况下，对金融机构的市场准入设置更高的门槛也是一种无奈的逆向选择。虽然在一定程度上减缓了金融风险的集聚，但另一方面也遏制了金融活力。

在利率市场化条件下，必须加快建设市场化、规范化、法制化的高风险金融机构处置与退出机制，充分发挥市场优胜劣汰的作用，实现金融安全与金融效率的平衡，否则又会走上"一管就死、一放就乱"的老路。第一，加强对高风险金融机构的早期识别。我国监管当局已经建立了对金融机构的风险评级体系，并探索建立了金融风险的预警体系，下一步应在完善风险评级和预警体系的基础上，进一步细化不同风险等级的早期干预措施。真正做到风险的早发现、早处置、早化解，不至于酿成系统性风险与危机。第二，打破政府救助的刚性预期，让股东真正承担起剩余风险。只有建立正常的金融机构退出机制，才能形成不断改善风险管理体系的激励机制，使各家银行建立起不同领域的核心竞争力，出现细分市场下的良性竞争与差异化发展。第三，妥善运用"购买与承接"等市场化处置手段，最大限度降低处置成本，提高处置效率。国际经验表明，"购买与承接"是处置成本、道德风险和市场冲击最小的处置手段之一，我们应当积极借鉴，使其成为常态化的高风险金融机构退出方式。第四，充分发挥存款保险机制的定位与作用。《存款保险条例》已于 2015 年 5 月 1 日起正式实施，存款保险制度的建立，对于更好地保护存款人的利益，进一步完善金融安全网，建立金融稳定的长效机制，对于促进银行业健康发展，进一步提高我国银行业的发展水平和竞争力，提升银行业服务实体经济的水平，都具有十分重要的意义。但从国际经验来看，存款保险基金在处置小型金融机构过程中发挥着更重要的作用，大中型金融机构的退出需要更为复杂的风险补偿机制和处置安排。

（二）加强金融消费者保护机制建设

在市场化利率条件下，市场主体的议价能力和风险管理能力，不断挑战政府的监管能力，也考验金融消费者和金融投资者的应变能力。随着利率市场化的加速推进，银行竞争日趋激烈，存在银行不顾风险盲目抬高收益承诺的倾向，从而对消费者的合法权益造成损害。利率市场化极易引发金融业恶性竞争。恶性竞争又会引发金融危机，出现银行倒闭潮，按照 IMF 统计，实行利率市场化的国家有一半以上发生过银行危机。而银行倒闭的最大受害者，无疑是以存款客户名义出现的金融消费者。

目前，"一行三会"金融监管模式作为专门的金融消费者保护机构，难以对金融消费者进行有效的机构保护。由于监管机构重叠，监管边界模糊，金融消费者机构保护存在监管盲区，统一的高效的专业监管机构至今难觅踪影。同时，我国金融消费者自我保护意识薄弱，保护能力不足，自身的知情权、公平交易权、隐私权和求偿权等合法权益时常受损。信息不透明、告知不充分、擅自收取年费、信息费、恶意推销、捆绑销售、虚假承诺、信息外泄和存款失踪等现象时有发生。不仅如此，利率市场化后，商业银行自主决定利率水平，风险加大，国家不再为其提供隐性担保，银行倒闭的可能性加大，忽视银行的经营风险和资产安全，使得金融消费者的求偿权更容易受到侵害。

全球金融危机爆发以来，各国都加强了对金融消费者的保护力度，最具代表性的是美国《多德－弗兰克法案》的出台，赋予金融消费者保护局超越监管机构的监管权力。在利率市场化条件下，我国监管当局应把金融消费者保护放在更加突出的位置：第一，可以借鉴美国的经验成立专门的全国金融消费者保护委员会，赋予超越"一行三会"的统一的监管权力。2015 年 11 月国务院办公厅印发《关于加强金融消费者权益保护工作的指导意见》，这是我国首次从国家层面对金融消费者权益保护进行具体部署。第二，建立健全消费者权益保护法律体系，健全金融消费者咨询投诉受理处理机制，积极探索金融消费者纠纷非诉讼处理。第三，构建全民金融教育体系，不断提升金融消费者自我保护能力。

本 章 小 结

利率市场化会带来金融系统微观、中观、宏观以及系统性风险的上升，应对金融风险，守住不发生系统性金融危机的底线是我们的重要目标。应对风险，防范危机的核心是强化调整金融监管，本章重点分析了在利率市场化改革的背景下，为应对各种金融风险，我国应当如何调整金融监管政策。

重构监管理念需要转变以往以社会稳定和政治目标为中心的旧的监管价值取向，建立以风险控制为核心的新的监管理念。明确维护金融机构的稳健经营，防范系统性金融风险和维护市场公开公平交易、保护金融消费者合法权益是金融监管的两大目标。理顺金融与实体经济的关系，金融监管与行业发展的关系，金融监管与金融创新的关系，金融监管与货币政策的关系，监管与管制的关系，中央与地方的关系，宏观审慎和微观审慎的关系。

在改革和完善我国金融监管模式时，应优先考虑本国的金融体系发展、金融监管体制沿革和面临的主要挑战，同时，体制变革的短期冲击成本也是最优决策要考虑的重要因素，我们认为"双峰监管"模式最值得我们借鉴，将"三会"并入人民银行形成超大的金融监管机构的做法并不可取，但有必要让人民银行承担宏观审慎监管职能。

机构监管的方式越来越不适应金融业务发展的需要，我国应采用功能监管为主，功能监管与机构监管相结合的监管方式，防止监管真空和监管套利。在重构中国金融监管的过程中必须强调法律手段的运用。金融机构薄弱的内部管理是金融危机爆发的重要原因之一，在利率市场化条件下，提高公司治理水平是维护金融稳定的基石，为此要进行前瞻性监管、嵌入式监管和分析式监管，全面、准确地判断金融机构的商业模式、治理结构和风险轮廓，预警金融风险，切实提高金融机构公司治理水平。

就中国监管机构的改革调整而言，我们认为不宜对现有金融框架进行大的调整合并。我们建议在维持现有监管格局的基础上，设立国家层面的金融稳定委员会，负责明确各部门监管职能、统一监管标准，制定好日常重大监管协调决策机制，负责全局性监管决策的指定与执行。金融监管的技术细节固然重要，但是金融监管中最重要的应当是监管的实施，保证金融监管的有效实施就需要一支专业、高效、协调充分的监管队伍，金融监管者同样需要监管。对金融监管进行监管必然会涉及金融监管质量的评估。在实践中，监管活动的有效评估并非易事。我们建议成立具有充分授权、独立于金融市场、由相关专家组成的专门的金融监管监督委员会。

随着我国存款利率上限的彻底放开，利率市场化关键步骤基本完成。但这并不意味着利率市场化已大功告成。在利率市场化过程中，如果不加强监管，有可能导致银行业危机，甚至触发严重的金融危机。我国应借鉴国际经验并结合实践从微观审慎、宏观审慎和金融基础设施三个方面加强监管：完善资本监管和流动性监管等微观监管体系，提高金融机构抗风险能力和自主定价能力，改善公司治理水平；构建职责明确、覆盖广泛、协调高效的宏观审慎监管框架；加强我国高风险金融机构处置与退出机制等金融基础设施建设，切实保护金融消费者的合法权益。

参考文献

[1] 阿查亚、理查森:《恢复金融稳定性:如何修复崩溃的系统》,刘蔚、邹紫露和周金朝译,中国人民大学出版社2014年版。

[2] 爱德华·肖:《经济发展中的金融深化》,格致出版社2015年版。

[3] 巴瑞·易臣格瑞:《金融危机的防范与管理》,刘士余译,经济科学出版社2003年版。

[4] 巴曙松、华中炜、朱元倩:《利率市场化的国际比较:路径,绩效与市场结构》,载于《华中师范大学学报(人文社会科学版)》2012年第5期。

[5] 巴曙松、刘孝红、牛播坤:《转型时期中国金融体系中的地方治理与银行改革的互动研究》,载于《金融研究》2005年第5期。

[6] 巴曙松、严敏、王月香:《我国利率市场化对商业银行的影响分析》,载于《华中师范大学学报(人文社会科学版)》2013年第4期。

[7] 巴曙松:《金融消费者保护:全球金融监管改革重点》,载于《资本市场》2010年第4期。

[8] 巴曙松:《利率市场化会对银行业的市场结构形成显著影响——基于美、日等国的国际比较与借鉴》,载于《江淮论坛》2012年第4期。

[9] 巴曙松:《应从金融结构演进角度客观评估影子银行》,载于《经济纵横》2013年第4期。

[10] 巴曙松:《中小银行在利率市场化中的优劣》,载于《中国经济时报》2012年4月11日。

[11] 巴曙松:《香港利率市场化风暴的现实背景与演变轨迹》,载于《武汉金融》2002年第3期。

[12] 毕秋香、何荣天:《证券公司风险评估及指标预警系统设计》,载于《证券市场导报》2002年第10期。

[13] 薛亮、唐友伟:《利率市场化改革对欠发达地区中小金融机构和企业的影响调查》,载于《管理现代化》2006年第2期。

［14］伯南克：《金融的本质——伯南克四讲美联》，中信出版社 2014 年版。

［15］卜林、李政：《我国上市金融机构系统性风险溢出研究——基于 CoVaR 和 MES 的比较分析》，载于《当代财经》2015 年第 6 期。

［16］步艳红、赵晓敏、杨帆：《我国商业银行同业业务高杠杆化的模式、影响和监管研究》，载于《金融监管研究》2014 年第 2 期。

［17］财政部财政科研所课题组：《我国财政赤字和债务政策取向》，载于《财政研究》1999 年第 7 期。

［18］曹芳：《中国信托业制度变迁与业务发展研究》，西北农林科技大学博士学位论文，2004 年。

［19］曹凤岐：《金融国际化、金融危机与金融监管》，载于《金融论坛》2012 年第 2 期。

［20］曹凤岐等：《金融市场全球化下的中国金融监管体系改革》，经济科学出版社 2012 年版。

［21］曹贵仁：《利率市场化对中资保险公司的影响》，载于《保险研究》2002 年第 4 期。

［22］曾康霖、高宇辉：《中国转型期商业银行公司治理研究》，中国金融出版社 2006 年版。

［23］曾康霖：《论利率市场化的可行性》，载于《财贸经济》1994 年第 11 期。

［24］曾鹏、张静：《中国的投资利率弹性：改革中的两难选择》，载于《上海经济研究》2000 年第 8 期。

［25］曾志耕：《加强金融监管规范金融创新——"金融创新与风险管理"研讨会综述》，载于《经济研究》2012 年第 2 期。

［26］曾忠生：《中国信托机构风险管理研究》，暨南大学博士学位论文，2006 年。

［27］陈斌开、林毅夫：《金融抑制、产业结构与收入分配》，载于《世界经济》2012 年第 1 期。

［28］陈超、李文华：《金融监管目标新趋势：金融消费者保护——兼论我国金融监管目标的改革》，载于《法治与经济》2011 年第 11 期。

［29］陈晨：《利率市场化与金融危机：诱发机理、国际案例与政策启示》，载于《上海金融》2012 年第 7 期。

［30］陈涤非、戴国海：《房地产价格波动的宏观经济影响及货币政策应对研究》，载于《金融监管研究》2012 年第 6 期。

［31］陈国进、张贻军、刘淳：《机构投资者是股市暴涨暴跌的助推器

吗？——来自上海 A 股市场的经验证据》，载于《金融研究》2010 年第 11 期。

[32] 陈金德：《拉美国家金融危机初探及其借鉴》，载于《福建金融》2004 年第 7 期。

[33] 陈抗等：《财政集权与地方政府行为变化——从援助之手到攫取之手》，载于《经济学（季刊）》2002 年第 1 期。

[34] 陈敏强：《2009 年美、欧、英、日央行非常规货币政策及其效应比较分析》，载于《国际金融研究》2010 年第 10 期。

[35] 陈文君、刘晓明、殷林森：《金融消费者保护监管目标的法经济学分析》，载于《金融监管研究》2013 年第 3 期。

[36] 陈雨露、马勇：《金融自由化、国家控制力与发展中国家的金融危机》，载于《中国人民大学学报》2009 年第 3 期。

[37] 陈志英：《美国处理储贷协会危机的经验教训及借鉴》，载于《南方金融》2001 年第 4 期。

[38] 陈志勇、陈思霞：《制度环境、地方政府投资冲动与财政预算软约束》，载于《经济研究》2014 年第 3 期。

[39] 陈忠阳：《金融机构风险管理机制有效性研究——对风险管理长效机制问题的思考》，载于《国际金融研究》2006 年第 5 期。

[40] 陈忠阳：《信用风险量化管理模型发展探析》，载于《国际金融研究》2000 年第 10 期。

[41] 程惠霞：《金融监管目标权衡及其模式的递进》，载于《改革》2010 年第 2 期。

[42] 程鹏、吴冲锋、李为冰：《信用风险度量和管理方法研究》，载于《管理工程学报》2002 年第 1 期。

[43] 崔光灿：《房地产价格与宏观经济互动关系实证研究——基于我国 31 个省份面板数据分析》，载于《经济理论与经济管理》2009 年第 1 期。

[44] 邓海清、陈曦：《再造央行 4.0：新常态下的中国金融改革顶层设计》，社会科学文献出版社 2015 年版。

[45] 邓海清、林虎：《利率市场化：突围中国债务困局》，社会科学文献出版社 2013 年版。

[46] 杜金岷、方志平：《中国利率市场化进程中的宏微观风险分析》，载于《南方经济》2004 年第 11 期。

[47] 樊纲：《两种改革成本与两种改革方式》，载于《经济研究》1993 年第 1 期。

[48] 樊纲：《论"国家综合负债"——兼论银行如何处理不良资产》，载于

《经济研究》1999 年第 5 期。

[49] 范文仲、綦相：《2014 年国际金融监管改革综述及未来展望》，载于《金融监管研究》2014 年第 2 期。

[50] 范文仲：《国际金融监管改革新进展》，载于《中国金融》2015 年第 21 期。

[51] 范希文：《别再为债务违约兜底》，载于《银行家》2014 年第 2 期。

[52] 范小云、王道平、刘澜飚：《规模、关联性与中国系统重要性银行的衡量》，载于《金融研究》2012 年第 11 期。

[53] 范小云、王道平、方意：《我国金融机构的系统性风险贡献测度与监管——基于边际风险贡献与杠杆率的研究》，载于《南开经济研究》2011 年第 4 期。

[54] 范亚苇、张孝锋：《俘虏理论及其对证券监管的启示》，载于《江西社会科学》2002 年第 3 期。

[55] 方先明、孙镞、熊鹏、张谊浩：《中国货币政策利率传导机制有效性的实证研究》，载于《当代经济科学》2005 年第 4 期。

[56] 方意、赵胜民、谢晓闻：《货币政策的银行风险承担分析——兼论货币政策与宏观审慎政策协调问题》，载于《管理世界》2012 年第 11 期。

[57] 菲兹罗、颇特、泰科斯：《中国的利率市场化：比较与借鉴》，载于《新金融》2010 年第 10 期。

[58] 冯维江、何帆：《日本股市与房地产泡沫起源及崩溃的政治经济解释》，载于《世界经济》2008 年第 1 期。

[59] 冯玉明、刘娟娟：《我国证券公司有效风险管理体系探讨》，载于《证券市场导报》2006 年第 1 期。

[60] 盖笑婷：《浅谈美国利率市场化改革的进程与经验》，载于《经济视角》2013 年第 10 期。

[61] 高田甜、陈晨：《基于金融消费者保护视角的英国金融监管改革研究》，载于《经济社会体制比较》2013 年第 3 期。

[62] 高伟生、许培源：《证券公司股票质押式回购业务的现状、问题及对策》，载于《证券市场导报》2014 年第 7 期。

[63] 官晓林：《互联网下的新金融形式》，载于《中国金融》2013 年第 24 期。

[64] 官晓琳：《未定权益分析方法与中国宏观经济金融风险的测度分析》，载于《经济研究》2012 年第 3 期。

[65] 顾成军：《我国同业拆借市场发展问题分析》，载于《市场论坛》2014

年第 2 期。

[66] 关志雄：《从日本经验看中国经济的新常态》，载于《新金融评论》2015 年第 2 期。

[67] 管清友、朱振鑫、牟云磊：《混业经营——成就中国金融的大时代》，载于《民生证券研究报告》2015 年。

[68] 郭奔宇：《利率风险测量方法综述》，载于《南方金融》2005 年第 1 期。

[69] 郭奔宇：《商业银行利率风险识别实证研究》，载于《金融研究》2005 年第 11 期。

[70] 郭敏：《威廉姆森的组织理论与金融控股公司的组织经济学分析》，载于《金融研究》2003 年第 2 期。

[71] 郭涛、宋德勇：《中国利率期限结构的货币政策含义》，载于《经济研究》2008 年第 5 期。

[72] 郭伟、刘扬：《后危机时代欧盟与法国金融监管的新变化及启示》，载于《国际金融研究》2013 年第 12 期。

[73] 国务院发展研究中心《进一步化解产能过剩的政策研究》课题组：《当前我国产能过剩的特征、风险及对策研究——基于实地调研及微观数据的分析》，载于《管理世界》2015 年第 4 期。

[74] 哈耶克：《货币的非国家化》，姚中秋译，新星出版社 2007 年版。

[75] 韩国高、高铁梅、王立国：《中国制造业产能过剩的测度、波动及成因研究》，载于《经济研究》2011 年第 12 期。

[76] 韩立岩、谢朵：《基于期权的资金信托违约风险度量》，载于《金融研究》2005 年第 3 期。

[77] 韩鑫涛：《韩国利率市场化改革的教训及启示》，载于《中国金融》2011 年第 15 期。

[78] 何东、王红林：《利率双轨制与中国货币政策实施》，载于《金融研究》2011 年第 12 期。

[79] 何东：《中国利率何处去——利率市场化后政策利率的制定与操作》，载于《新金融评论》2013 年第 6 期。

[80] 何帆、朱鹤：《僵尸企业的识别与应对》，载于《中国金融》2016 年第 5 期。

[81] 何旭艳：《信托业在中国的兴起和初步发展（1921—1937 年）》，载于《中国经济史研究》2005 年第 1 期。

[82] 贺聪、项燕彪、陈一稀：《我国均衡利率的估算》，载于《经济研究》2013 年第 8 期。

[83] 贺聪：《利率市场化与货币政策框架转型》，浙江大学博士学位论文，2015年。

[84] 洪梅、黄华珍：《我国保险公司操作风险管控体系建设研究——基于国际经验视角》，载于《保险研究》2012年第11期。

[85] 胡乃武、张海峰：《国有金融企业改制上市模式探讨》，载于《金融研究》2003年第5期。

[86] 胡维波：《金融监管的理论综述》，载于《当代财经》2004年第3期。

[87] 胡新智、袁江：《渐进式改革：中国利率市场化的理性选择——利率市场化的国际经验及其对中国的启示》，载于《国际经济评论》2011年第6期。

[88] 黄建宏、齐君：《利率决定理论发展综述》，载于《社会科学家》2005年第6期。

[89] 黄剑、刘甚秋、桥本信哉：《商业银行资产负债管理：理论、实务与系统构建》，北京大学出版社2013年版。

[90] 黄金老：《把握好利率市场化的节奏》，载于《新金融评论》2013年第1期。

[91] 黄金老：《金融自由化与金融脆弱性》，中国城市出版社2001年版。

[92] 黄金老：《利率市场化悄然前行》，载于《国际金融》2011年第11期。

[93] 黄金老：《利率市场化与商业银行风险控制》，载于《经济研究》2001年第1期。

[94] 黄静、屠梅曾：《房地产财富与消费：来自于家庭微观调查数据的证据》，载于《管理世界》2009年第7期。

[95] 黄小军：《美国利率市场化进程及其对我国银行业的启示》，载于《银行家》2014年第12期。

[96] 黄益平、常健、杨灵修：《中国的影子银行会成为另一个次债》，载于《国际经济评论》2012年第2期。

[97] 黄志强：《英国金融监管改革新架构及其启示》，载于《国际金融研究》2012年第5期。

[98] 纪洋、徐建炜、张斌：《利率市场化的影响，风险与时机——基于利率双轨制模型的讨论》，载于《经济研究》2005年第1期。

[99] 贾春新：《国有银行与股份制银行资产组合配置的差异研究》，载于《经济研究》2007年第7期。

[100] 贾甫、冯科：《当金融互联网遇上互联网金融：替代还是融合》，载于《上海金融》2014年第2期。

[101] 江春、刘春华：《经济转轨国家利率市场化的制度分析》，载于《武

汉大学学报》2006 年第 1 期。

[102] 江时学：《比较拉美和东亚的金融自由化》，载于《世界经济》2001 年第 9 期。

[103] 江伟、李斌：《制度环境、国有产权与银行差别贷款》，载于《金融研究》2006 年第 11 期。

[104] 姜再勇：《银行理财业务对货币政策的影响》，载于《中国金融》2011 年第 12 期。

[105] 蒋序标：《证券公司经营者监控失灵——基于公司治理视角的研究》，经济管理出版社 2009 年版。

[106] 金雁：《波兰经济转机的成就，经验与教训》，载于《国际经济评论》2003 年第 3 期。

[107] 金中夏：《利率市场化对货币政策有效性和经济结构调整的影响》，载于《经济研究》2013 年第 4 期。

[108] 孔丽娜：《利率市场化经验对我国的启示》，载于《国际金融》2011 年第 4 期。

[109] 赖志坚、房昱：《利率市场化下的风险管控》，载于《中国金融》2014 年第 17 期。

[110] 劳佳迪：《上海钢贸业信贷黑洞曝光》，载于《中国经济周刊》2014 年第 6 期。

[111] 雷震、彭欢：《我国银行业改革与存贷款市场结构分析》，载于《管理世界》2009 年第 6 期。

[112] 李保民、刘勇：《十一届三中全会以来历届三中全会与国企国资改革》，载于《经济研究参考》2014 年第 57 期。

[113] 李波：《以完善宏观审慎政策框架为核心，推进新一轮金融监管体制改革》，中国金融四十人论坛研究周报，2016 年。

[114] 李博、董亮：《互联网金融的模式与发展》，载于《中国金融》2013 年第 10 期。

[115] 李成、杨礼、高智贤：《利率市场化对商业银行风险承担的影响研究——基于非平衡面板数据的实证分析》，载于《金融经济学研究》2015 年第 5 期。

[116] 李春平：《台湾金融自由化改革及其启示》，载于《上海经济研究》2006 年第 5 期。

[117] 李稻葵、梅松：《美元 M2 紧缩诱发世界金融危机：金融危机的内外因论及其检验》，载于《世界经济》2009 年第 4 期。

[118] 李国柱、马君潞：《风险承担、风险缓冲与管理理念——关于信托公司风险管理的思考》，载于《经济与管理》2006 年第 7 期。

[119] 李建军、薛莹：《中国影子银行部门系统性风险的形成、影响与应对》，载于《数量经济技术经济研究》2014 年第 8 期。

[120] 李剑阁：《监管部门人才危机不解决，股市危机还会来》，载于《在第二十届中国资本市场论坛上的讲话》，2016 年。

[121] 李婧：《后危机时代美国货币政策的走势——兼论资产价格与货币政策操作规则》，载于《世界经济研究》2010 年第 6 期。

[122] 李俊江、张东奎：《日本利率政策变革对中小企业融资模式影响的分析》，载于《现代日本经济》2012 年第 3 期。

[123] 李麟、冯军政、徐宝林：《互联网金融：为商业银行发展带来"鲶鱼效应"》，载于《上海证券报》2013 年 1 月 22 日，第 A08 版。

[124] 李沛：《金融危机后英国金融消费者保护机制的演变及对我国的启示》，载于《清华大学学报（哲学社会科学版）》2011 年第 3 期。

[125] 李启明：《论中国房地产业与国民经济的关系》，载于《中国房地产》2002 年第 6 期。

[126] 李庆云：《中国利率市场化的结构主义分析》，载于《经济科学》2001 年第 5 期。

[127] 李荣：《钢铁电商烧钱卡位借力"互联网＋"谋转型》，载于《经济参考报》2015 年 5 月。

[128] 李锐、朱喜：《农户金融抑制及其福利损失的计量分析》，载于《经济研究》2007 年第 2 期。

[129] 李涛：《混合所有制公司中的国有股权——论国有股减持的理论基础》，载于《经济研究》2002 年第 8 期。

[130] 李廷芳、陈伟忠、吕楠：《我国信托公司经营行为异化的博弈分析》，载于《中国工业经济》2007 年第 7 期。

[131] 李维安、曹廷求：《商业银行公司治理——基于商业银行特殊性的研究》，载于《南开学报（哲学社会科学版）》2005 年第 1 期。

[132] 李伟、吴敬琏、夏斌：《小趋势：中国经济的关键变数》，中信出版社 2014 年版。

[133] 李文钊、毛寿龙：《中国政府改革：基本逻辑与发展趋势》，载于《管理世界》2010 年第 8 期。

[134] 李霞：《俄罗斯利率市场化改革简析》，载于《俄罗斯中亚东欧市场》2011 年第 2 期。

［135］李扬、彭兴韵：《解析美联储的利率政策及其货币政策理念》，载于《国际金融研究》2005年第2期。

［136］李扬、王国刚、刘煜辉等著：《中国金融体制发展道路》，经济管理出版社2013年版。

［137］李扬、王国刚等：《中国金融发展报告》，社会科学文献出版社2015年版。

［138］李扬：《马克思、恩格斯对庇尔法及通货学派和银行学派的研究》，载于《安徽大学学报（哲学社会科学版）》1983年第4期。

［139］李扬：《提升金融服务实体经济的质量》，载于《财经界》2015年第25期。

［140］李扬：《新常态下的几个宏观经济问题》，载于《金融论坛》2015年第4期。

［141］李扬：《中国利率市场化：做了什么，要做什么》，载于《国际金融研究》2003年第9期。

［142］李志辉、刘胜会：《我国商业银行利率风险的度量研究——以同业拆借市场为例》，载于《南开经济研究》2006年第3期。

［143］李志辉、李源、李政：《中国银行业系统性风险监测研究——基于SCCA技术的实现与优化》，载于《金融研究》2016年第3期。

［144］厉以宁：《中国经济双重转型之路》，中国人民大学出版社2013年版。

［145］连平：《我国利率市场化改革攻坚的战略思考》，载于《金融监管研究》2013年第6期。

［146］连平等：《利率市场化：谁主沉浮》，中国经济出版社2014年版。

［147］梁琪、李政、郝项超：《我国系统重要性金融机构的识别与监管——基于系统性风险指数SRISK方法的分析》，载于《金融研究》2013年第9期。

［148］梁琪：《企业信用风险的主成分判别模型及其实证研究》，载于《财经研究》2003年第5期。

［149］梁云芳、高铁梅、贺书平：《房地产市场与国民经济协调发展的实证分析》，载于《中国社会科学》2006年第3期。

［150］廖凡：《金融市场：机构监管？功能监管？》，载于《金融市场研究》2012年第1期。

［151］廖强：《制度错位与重建：对我国信托业问题的思考》，载于《金融研究》2009年第2期。

［152］林文顺等：《大型商业银行股份制改革过程中引入境外战略投资者的总结与思考》，载于《金融发展评论》2013年第11期。

[153] 林毅夫、蔡昉、李周：《中国的奇迹：发展战略与经济改革》，上海人民出版社 1994 年版。

[154] 林毅夫、孙希芳：《信息、非正规金融与中小企业融资》，载于《经济研究》2005 年第 7 期。

[155] 凌星光：《日本泡沫经济的破灭及启示》，载于《管理世界》1993 年第 3 期。

[156] 刘鹤：《两次全球大危机的比较研究》，中国经济出版社 2013 年版。

[157] 刘宏峰、杨晓光：《违约损失率的估计：发达国家的经验及启示》，载于《管理评论》2003 年第 6 期。

[158] 刘鸿儒：《我国中央银行体制的形成》，载于《中国金融》2013 年第 23 期。

[159] 刘澜飚、王博：《国有商业银行不良贷款处置迟缓现象分析》，载于《金融研究》2006 年第 3 期。

[160] 刘明志：《货币供应量和利率作为货币政策中介目标的适用性》，载于《金融研究》2006 年第 1 期。

[161] 刘鹏、温彬：《国有商业银行股份制改革——一个制度经济学视角》，载于《南开经济研究》2007 年第 3 期。

[162] 刘胜会：《美国储贷协会危机对我国利率市场化的政策启示》，载于《国际金融研究》2013 年第 4 期。

[163] 刘胜军：《中国金融监管体制如何变革》，载于《金融时报（中文版）》2016 年 2 月 11 日。

[164] 刘逖：《市场微观结构与交易机制设计高级指南》，上海人民出版社 2012 年版。

[165] 刘伟、黄桂田：《中国银行业改革的侧重点：产权结构还是市场结构》，载于《经济研究》2002 年第 8 期。

[166] 刘伟等：《我国货币政策体系与传导机制研究》，经济科学出版社 2015 年版。

[167] 刘新立：《论我国保险公司上市的收益与风险》，载于《金融研究》2003 年第 2 期。

[168] 刘义圣：《利率市场化的宏观风险与"安全模式"初探》，载于《经济学动态》2001 年第 6 期。

[169] 卢峰、姚洋：《金融压抑下的法治、金融发展和经济增长》，载于《中国社会科学》2004 年第 1 期。

[170] 鲁政委：《基准利率体系完善与货币政策操作模式转变：国际经验》，

载于《中国货币市场》2008年第7期。

[171] 罗伯特·希勒：《新金融秩序》，束宇译，中信出版社2013年版。

[172] 罗纳德·麦金农：《经济市场化的次序——向市场经济过渡时期的金融控制》，格致出版社2014年版。

[173] 吕劲松：《关于中小企业融资难、融资贵问题的思考》，载于《金融研究》2015年第11期。

[174] 吕晓敏：《经济周期、产权性质与短融长投——来自中国制造业上市公司的经验证据》，载于《经营与管理》2015年第5期。

[175] 马九杰、郭宇辉、朱勇：《县域中小企业贷款违约行为与信用风险实证分析》，载于《管理世界》2004年第5期。

[176] 马君潞、范小云、曹元涛：《中国银行间市场双边传染的风险估测及其系统性特征分析》，载于《经济研究》2007年第1期。

[177] 马骏、王红林：《政策利率传导机制的理论模型》，载于《金融研究》2014年第12期。

[178] 马丽、庞无忌：《钢铁卖出白菜价环保欠账怎么还？》，载于《中国环境报》2014年10月。

[179] 马卫寰：《信托公司集约发展模式研究》，载于《上海金融》2011年第7期。

[180] 马蔚华：《资本约束和经营转型》，中信出版社2005年版。

[181] 孟建华：《日本利率市场化的背景、方式及特点》，载于《上海金融》2004年第1期。

[182] 孟建华：《台湾的利率政策与利率市场化》，载于《武汉金融》2003年第6期。

[183] 孟建华：《香港利率制度和利率市场化研究》，载于《金融纵横》2003年第8期。

[184] 米建国、李扬、黄金老：《构建完善的银行服务市场基础》，载于《农村金融研究》2002年第1期。

[185] 聂庆平：《我国银行不良贷款与银行改革政策的建议》，载于《经济科学》2002年第3期。

[186] 潘林伟：《国际金融监管改革进展与我国的制度期待》，载于《管理世界》2012年第6期。

[187] 潘敏：《商业银行公司治理：一个基于银行业特征的理论分析》，载于《金融研究》2006b年第3期。

[188] 潘敏：《银行管制与商业银行公司治理》，载于《经济评论》2006a

年第 2 期。

[189] 彭建刚、王舒军、关天宇：《利率市场化导致商业银行利差缩窄吗？——来自中国银行业的经验证据》，载于《金融研究》2016 年第 7 期。

[190] 綦相：《国际金融监管改革启示》，载于《金融研究》2015 年第 2 期。

[191] 乔安妮·凯乐曼等：《21 世纪金融监管》，张小朴译，中信出版社 2016 年版。

[192] 邱力生：《从国际经验看中国信托业的重新定位》，载于《世界经济》2001 年第 3 期。

[193] 曲彬：《成熟经济体利率市场化改革对我国的经验启示》，载于《财经界》2014 年第 3 期。

[194] 让·梯若尔：《金融危机、流动性与国际货币体制》，陈志俊、闻俊译，中国人民大学出版社 2003 年版。

[195] 饶育蕾、赵鹏、汪金凤：《我国短期融资券募集资金是否存在短融长投——对中国上市公司的实证研究》，载于《金融论坛》2008 年第 3 期。

[196] 萨奇：《利率市场化与高利率关系的国际经验》，载于《国际金融研究》1996 年第 1 期。

[197] 三木谷良一：《日本泡沫经济的产生，崩溃与金融改革》，载于《金融研究》1998 年第 6 期。

[198] 上海社会科学院世界经济研究所宏观经济分析小组：《砥砺前行中的世界经济：新常态、新动力、新趋势》，载于《世界经济研究》2015 年第 1 期。

[199] 邵伏军：《利率市场化改革的风险分析》，载于《金融研究》2004 年第 6 期。

[200] 邵宇：《金融监管应由机构监管向功能监管转变》，http://finance.jrj.com.cn/2016/01/20145520451083.shtml。

[201] 沈沛龙、任若恩：《现代信用风险管理模型和方法的比较研究》，载于《经济科学》2002 年第 3 期。

[202] 沈荣华等：《地方政府改革与深化行政管理体制改革研究》，经济科学出版社 2013 年版。

[203] 盛斌、吕越：《外国直接投资对中国环境的影响——来自工业行业面板数据的实证研究》，载于《中国社会科学》2012 年第 5 期。

[204] 盛松成、翟春：《中央银行与货币供给》，中国金融出版社 2015 年版。

[205] 盛松成：《社会融资规模理论与实践》，中国金融出版社 2014 年版。

[206] 盛松成等：《我国利率市场化的历史、现状与政策思考》，载于《中国金融》2011 年第 15 期。

[207] 石晓军、陈殿左：《债权结构、波动率与信用风险——对中国上市公司的实证研究》，载于《财经研究》2004 年第 9 期。

[208] 史宝平：《利率市场化——国际比较与中国的时机选择》，载于《国际金融研究》2003 年第 12 期。

[209] 宋芳秀、王一江、任颋：《利率、实际控制人类型和房地产业上市公司的投资行为》，载于《管理世界》2010 年第 4 期。

[210] 宋珊：《利率市场化条件下的信托业发展》，载于《中国外资》2014 年第 3 期。

[211] 宋玮：《国有商业银行公司治理的理论分析及政策含义》，载于《金融论坛》2003 年第 3 期。

[212] 孙国峰、蔡春春：《货币市场利率、流动性供求与中央银行流动性管理——对货币市场利率波动的新分析框架》，载于《经济研究》2014 年第 12 期。

[213] 孙浦阳、张蕊：《金融创新是促进还是阻碍了经济增长——基于技术进步视角的面板分析》，载于《当代经济科学》2012 年第 3 期。

[214] 孙少锋、冯邦彦：《利率市场化：台湾的改革及启示》，载于《东南亚纵横》2002 年第 12 期。

[215] 孙文基：《开放经济下财政赤字和通货膨胀关系的理论分析》，载于《财政研究》2001 年第 5 期。

[216] 孙晓华、李明珊：《国有企业的过度投资及其效率损失》，载于《中国工业经济》2016 年第 10 期。

[217] 谈俊：《银行顺周期性文献述评》，载于《金融评论》2012 年第 3 期。

[218] 唐倩、李蓉：《利率市场化对证券市场的影响》，载于《证券市场导报》2000 年第 10 期。

[219] 唐志军、徐会军、巴曙松：《中国房地产市场波动对宏观经济波动的影响研究》，载于《统计研究》2010 年第 2 期。

[220] 田国强、陈旭东：《中国改革历史、逻辑和未来》，中信出版社 2014 年版。

[221] 田国强、赵金华、林立国：《关于高度重视和有效推进环境污染治理的几点建议》，载于《上海财经大学高等研究院政策研究报告》2013 年第 1 期。

[222] 田利辉、谭德凯、马君壮：《房地产市场、局部性泡沫和广义虚拟经济的"新"解读》，载于《现代财经（天津财经大学学报）》2014 年第 4 期。

[223] 田利辉、谭德凯：《大宗商品现货定价的金融化和美国化问题——股票指数与商品现货关系研究》，中国工业经济出版社 2014 年版。

[224] 田利辉、谭德凯：《原油价格的影响因素分析：金融投机还是中国需

求?》，载于《经济学（季刊）》2015 年第 3 期。

［225］田利辉、张伟：《政治关联影响我国上市公司长期绩效的三大效应》，载于《经济研究》2013 年第 11 期。

［226］田利辉：《杠杆治理、预算软约束和中国上市公司绩效》，载于《经济学（季刊）》2004 年第 3 期。

［227］田利辉：《广义虚拟经济视角下的房地产泡沫及其经济治理》，载于《中国高校社会科学》2014 年第 3 期。

［228］田利辉：《国有产权、预算软约束和中国上市公司杠杆治理》，载于《管理世界》2005b 年第 7 期。

［229］田利辉：《海外上市、制度跃迁和银行绩效——"中银香港"案例分析》，载于《管理世界》2006 年第 2 期。

［230］田利辉：《扬弃凯恩斯》，载于《第一财经日报》2012 年 12 月 19 日。

［231］田利辉：《制度变迁、银企关系和扭曲的杠杆治理》，载于《经济学（季刊）》2005a 年第 4 期。

［232］田利辉：《中国金改评点》，载于《中国经济报告》2015 年第 2 期。

［233］万荃、年志远、孙彬：《制度质量有效性与稳定性对利率市场化改革的影响——基于跨国数据的实证研究》，载于《国际金融研究》2012 年第 10 期。

［234］万荃、孙彬：《利率市场化改革：比较与借鉴》，载于《当代经济研究》2012 年第 5 期。

［235］王春丽：《市场起决定作用下的利率调控模式：国际比较与借鉴》，载于《亚太经济》2015 年第 2 期。

［236］王达：《美国主导下的现行国际金融监管框架：演进、缺陷与重构》，载于《国际金融研究》2013 年第 10 期。

［237］王道平：《利率市场化、存款保险制度与系统性银行危机防范》，载于《金融研究》2016 年第 1 期。

［238］王福明：《未雨绸缪：应对利率市场化的系统性风险》，载于《中国农村金融》2013 年第 19 期。

［239］王国军、刘水杏：《房地产业对相关产业的带动效应研究》，载于《经济研究》2004 年第 8 期。

［240］王国松：《中国的利率管制与利率市场化》，载于《经济研究》2001 年第 6 期。

［241］王鹤立：《我国金融混业经营前景研究》，载于《金融研究》2008 年第 9 期。

［242］王辉、袁江天：《信托公司基本回归信托主业——2004 年信托业年报

分析》,载于《经济导刊》2005 年第 7 期。

[243] 王洁:《钢贸商债务危机频发商会抱团"救赎"》,载于《21 世纪经济报道》2012 年 2 月。

[244] 王君:《金融监管体制改革的内在逻辑》,财新网:http://weekly.caixin.com/2015 - 11 - 13/100873736.html。

[245] 王任:《成本传导机制、企业行为与货币政策》,载于《金融研究》2014 年第 4 期。

[246] 王世伟、赵保国:《中国利率市场化改革前景分析:理论依据与经验借鉴》,载于《金融论坛》2005 年第 5 期。

[247] 王舒军、彭建刚:《中国利率市场化进程测度及效果研究——基于银行信贷渠道的实证分析》,载于《金融经济学研究》2014 年第 6 期。

[248] 王文:《金融服务实体经济为何难》,载于《中国金融》2014 年第 12 期。

[249] 王文甫、明娟、岳超云:《企业规模、地方政府干预与产能过剩》,载于《管理世界》2014 年第 10 期。

[250] 王艺明、陈浪南:《金融机构混业经营绩效的全球实证研究》,载于《国际金融研究》2005 年第 7 期。

[251] 王兆星:《后危机时代国际金融监管改革探索》,中国金融出版社 2015 年版。

[252] 王忠生:《中国金融监管制度变迁》,湖南大学出版社 2012 年版。

[253] 魏曼、刘孝成:《三元悖论框架下德国经济政策组合研究及启示——以 1971—1990 年为例》,载于《金融理论与实践》2012 年第 9 期。

[254] 魏志华、李茂良、李常青:《半强制分红政策与中国上市公司分红行为》,载于《经济研究》2014 年第 6 期。

[255] 温思雅、余建军:《证券公司类贷款业务的现状、前景与发展建议》,载于《证券市场导报》2015 年第 5 期。

[256] 巫和懋:《金融监管改革的学术思想基础》,载于《金融发展评论》2010 年第 7 期。

[257] 吴敬琏、马国川:《重启改革议程——中国经济改革二十讲》,上海三联书店 2013 年版。

[258] 吴敬琏:《当代中国经济改革教程》,上海远东出版社 2010 年版。

[259] 吴敬琏:《计划经济还是市场经济》,中国经济出版社 1992 年版。

[260] 吴世农、卢贤义:《我国上市公司财务困境的预测模型研究》,载于《经济研究》2001 年第 6 期。

[261] 吴晓灵：《调整监管理念推进金融改革，提升金融服务质量》，2016 网易经济学家年会上的讲话。

[262] 吴晓求：《经济成长、金融结构变革与证券公司的未来发展》，载于《财贸经济》2012 年第 3 期。

[263] 夏秋、黄荣冬：《商业银行公司治理的特殊性及其政策含义》，载于《经济社会体制比较》2005 年第 2 期。

[264] 肖欣荣、伍永刚：《美国利率市场化改革对银行业的影响》，载于《国际金融研究》2011 年第 1 期。

[265] 谢璐、韩文龙：《地方政府债务问题与危机风险防范》，载于《企业经济》2014 年第 1 期。

[266] 谢平、徐忠、沈明高：《农村信用社改革绩效评价》，载于《金融研究》2006 年第 1 期。

[267] 谢平、邹传伟：《金融危机后有关金融监管改革的理论综述》，载于《金融研究》2010 年第 2 期。

[268] 谢平、邹传伟：《互联网金融模式研究》，载于《金融研究》2012 年第 12 期。

[269] 谢平、袁沁敔：《我国近年利率政策的效果分析》，载于《金融研究》2003 年第 5 期。

[270] 邢早忠：《小额贷款公司可持续发展问题研究》，载于《上海金融》2009 年第 11 期。

[271] 徐滇庆等：《泡沫经济与金融危机》，中国人民大学出版社 2002 年版。

[272] 徐爽、李宏瑾：《一个利率市场化的理论模型》，载于《世界经济》2006 年第 6 期。

[273] 徐为山、蒋蓉：《银行控股模式下银行与信托公司的战略协同》，载于《上海金融》2007 年第 10 期。

[274] 徐彦、许歆、金隽：《美国利率传导机制对我国利率市场化的启示》，载于《经济论坛》2005 年第 11 期。

[275] 徐勇：《内核—边层：可控的放权式改革——对我国改革的政治学解读》，载于《开放时代》2005 年第 2 期。

[276] 许多奇：《从"分业"到"混业"：日本金融业的法律转变及其借鉴》，载于《法学评论》2003 年第 4 期。

[277] 许年行、于上尧、伊志宏：《机构投资者羊群行为与股价崩盘风险》，载于《管理世界》2013 年第 7 期。

[278] 阎庆民、李建华：《中国影子银行监管研究》，中国人民大学出版社

2014 年版。

[279] 阎庆民：《银行业公司治理与外部监管》，载于《金融研究》2005 年第 9 期。

[280] 阎庆民：《银行业金融机构信息科技风险监管研究》，中国金融出版社 2013 年版。

[281] 杨爱文、林丹红：《金融监管理论：一个文献综述》，载于《浙江社会科学》2002 年第 3 期。

[282] 杨栋梁：《20 世纪末日本不良债权问题探析》，载于《南开学报》2015 年第 1 期。

[283] 杨虎锋、何广文：《小额贷款公司经营有效率吗——基于 42 家小额贷款公司数据的分析》，载于《财经科学》2011 年第 12 期。

[284] 杨娉：《城投债券发行定价、预算约束与利率市场化》，载于《中国人民银行工作论文》，2015 年。

[285] 杨其静、吴海军：《产能过剩、中央管制与地方政府反应》，载于《世界经济》2016 年第 11 期。

[286] 杨其静：《国企改革：在摸索与争论中前进》，载于《世界经济文辉》2008 年第 1 期。

[287] 杨再平：《我国台湾地区银行业利率市场化的经验与教训》，载于《国际金融》2013 年第 6 期。

[288] 姚玲珍、王叔豪：《市场机制缺位下的利率政策与投资》，载于《数量经济技术经济研究》2003 年第 11 期。

[289] 姚洋、徐高：《我国利率市场化的前提条件与推进策略》，载于《新金融评论》2015 年第 2 期。

[290] 姚洋、徐高、林念、王艺伟：《我国利率市场化的前提条件与推进策略研究》，载于《金融监管研究》2015 年第 3 期。

[291] 叶建光：《信贷决策与银行绩效的影响因素研究》，暨南大学博士学位论文，2014 年。

[292] 叶康涛、祝继高：《银根紧缩与信贷资源配置》，载于《管理世界》2009 年第 1 期。

[293] 易纲、郭凯：《中国银行业改革思路》，载于《经济学（季刊）》2002 年第 4 期。

[294] 易纲、宋旺：《中国金融资产结构演进：1991—2007》，载于《经济研究》2008 年第 8 期。

[295] 易纲：《中国改革开放三十年的利率市场化进程》，载于《金融研究》

2009 年第 1 期。

[296] 易纲:《中国金融改革思考录》,商务印书馆 2009 年版。

[297] 易宪容、王国刚:《美国次贷危机的流动性传导机制的金融分析》,载于《金融研究》2010 年第 5 期。

[298] 易宪容:《中国股市如何回归常态——A 股暴涨暴跌的原因及政府救退市之路径》,载于《探索与争鸣》2015 年第 8 期。

[299] 益言:《金融自由化与国家经济安全——阿根廷金融危机及其启示》,载于《中国金融》2004 年第 11 期。

[300] 殷剑峰:《中国金融发展报告》,社会科学文献出版社 2016 年版。

[301] 尹龙:《金融创新理论的发展与金融监管体制演进》,载于《金融研究》2005 年第 3 期。

[302] 游春、胡才龙:《利率市场化对我国中小银行影响的问题研究》,载于《农村金融研究》2011 年第 8 期。

[303] 于立勇:《商业银行信用风险评估预测模型研究》,载于《管理科学学报》2003 年第 5 期。

[304] 余明桂、潘红波:《政治关系、制度环境与民营企业银行贷款》,载于《管理世界》2008 年第 8 期。

[305] 余永定:《亚洲金融危机的经验教训与中国宏观经济管理》,载于《国际经济评论》2007 年。

[306] 余永定:《最后的屏障:资本项目自由化和人民币国际化之辩》,东方出版社 2016 年版。

[307] 禹钟华、祁洞之:《对全球金融监管的逻辑分析与历史分析》,载于《国际金融研究》2013 年第 3 期。

[308] 袁志刚、樊潇彦:《房地产市场理性泡沫分析》,载于《经济研究》2003 年第 3 期。

[309] 詹姆斯·巴斯、小杰勒德·卡普里奥、罗斯·列文:《金融守护人:监管机构如何捍卫公众利益》,杨农、钟帅、勒飞等译,三联出版社 2014 年版。

[310] 战明华、蒋婧梅:《金融市场化改革是否弱化了银行信贷渠道的效应》,载于《金融研究》2013 年第 10 期。

[311] 张成思:《货币政策传导机制:理论发展与现实选择》,载于《金融评论》2011 年第 11 期。

[312] 张纯:《利率市场化对我国商业银行影响的分析》,载于《财政研究》2004 年第 4 期。

[313] 张春生、蒋海:《利率市场化,汇率自由化与资本项目开放的次序:

理论,经验与选择》,载于《经济学家》2015年第5期。

[314] 张健华:《利率市场化的全球经验》,机械工业出版社2012年版。

[315] 张杰:《市场化与金融控制的两难困局——解读新一轮国有银行改革的绩效》,载于《管理世界》2008年第11期。

[316] 张敬国:《人民币利率水平与利率市场化》,载于《新金融评论》2014年第5期。

[317] 张磊、徐忠:《利率市场化和我国宏观金融调控体制改革》,载于《金融研究》2000年第9期。

[318] 张玲、白效锋:《试论信用风险计量法在金融机构风险管理中的应用》,载于《金融理论与实践》2000年第5期。

[319] 张配豪:《电商能否让中国钢铁行业"解冻"》,载于《人民周刊》2015年第9期。

[320] 张前荣:《资产证券化:可化解地方政府债务风险》,载于《宏观经济管理》2015年第8期。

[321] 张桥云、王宁:《我国商业银行存款利率浮动幅度影响因素实证研究——基于全国124家银行的数据》,载于《国际金融研究》2013年第5期。

[322] 张帅:《韩国利率市场化的经验与启示》,载于《世界经济》2003年第10期。

[323] 张涛、龚六堂、卜永祥:《资产回报、住房按揭贷款与房地产均衡价格》,载于《金融研究》2006年第2期。

[324] 张晓朴、陈璐、毛竹青:《台湾地区利率市场化改革》,载于《中国金融》2013年第16期。

[325] 张晓朴:《系统性金融风险研究:演进、成因与监管》,载于《国际金融研究》2010年第7期。

[326] 张孝岩、梁琪:《中国利率市场化的效果研究——基于我国农村经济数据的实证分析》,载于《数量经济技术经济研究》2010年第6期。

[327] 张颖:《香港利率市场化的特点,影响及对内地的借鉴》,载于《国际金融研究》2011年第3期。

[328] 章忠志、符林、唐焕文:《基于人工神经网络的商业银行信用风险模型》,载于《经济数学》2003年第3期。

[329] 郑联盛:《中国互联网金融:模式、影响、本质与风险》,载于《国际经济评论》2014年第5期。

[330] 中国金融四十人论坛:《中国经济发展与改革中的利率市场化》,中国金融出版社2015年版。

[331] 中国人民银行福州中心支行调查统计处：《日本利率市场化的经验及对中国的启示》，载于《福建金融》2011 年第 5 期。

[332] 中国银监会银行风险早期预警综合系统课题组：《单体银行风险预警体系的构建》，载于《金融研究》2009 年第 3 期。

[333] 中金公司：《中国金融监管框架改革可借鉴英国模式》，中金公司研究报告 2015 年版。

[334] 中信建投证券：《向日本网络券商取经》，载于《资本市场》2014 年第 7 期。

[335] 钟震、董小君：《双峰型监管模式的现状、思路和挑战——基于系统重要性金融机构监管视角》，载于《宏观经济研究》2013 年第 2 期。

[336] 周方：《利率市场化条件下我国信托业的发展策略研究》，载于《金融经济》2015 年第 2 期。

[337] 周皓、朱海斌：《关于金融监管机构改革的可操作方案的建议》2016. http：//www. pbcsf. tsinghua. edu. cn/phone/content/details206_12156. html.

[338] 周见：《对日本泡沫经济的再思考》，载于《世界经济》2001 年第 7 期。

[339] 周开国：《当代信贷风险度量模型及评析》，载于《南方金融》2005 年第 7 期。

[340] 周素芳、姚枝仲：《利率市场化：理论与实践》，载于《世界经济》2002 年第 3 期。

[341] 周天芸、周开国、黄亮：《机构集聚、风险传染与香港银行的系统性风险》，载于《国际金融研究》2012 年第 4 期。

[342] 周小川：《关于推进利率市场化改革的若干思考》，载于《金融时报》2011 年 1 月。

[343] 周小川：《金融改革发展及其内在逻辑》，载于《中国金融》2015 年第 19 期。

[344] 周小川：《全面深化金融业改革开放加快完善金融市场体系》，载于《理论导报》2013 年第 12 期。

[345] 周小川：《推进利率市场化贷款利率改革可先行》，载于《第一财经日报》2012 年 4 月 24 日。

[346] 周小川：《逐步推进利率市场化改革》，载于《中国金融家》2012 年第 1 期。

[347] 周业安：《金融抑制对中国企业融资能力影响的实证研究》，载于《经济研究》1999 年第 2 期。

［348］朱剑红：《谁来解围产能过剩》，载于《人民日报》2013 年 8 月。

［349］祝红梅、雷曜、王亮亮：《英国利率市场化回顾及其对金融业改革的影响》，载于《中国货币市场》2012 年第 6 期。

［350］卓贤：《利率市场化改革研究》，中国发展出版社 2013 年版。

［351］Abiad A., E. Detragiache and T. Tressel. A New Database of Financial Reforms. IMF Working Paper, 2008.

［352］Acharya V., R. Engle and M. Richardson. Capital Shortfall: A New Approach to Ranking and Regulating Systemic Risks. *American Economic Review*, 2012, 102 (3).

［353］Acharya V. V., L. H. Pedersen and T. Philippon et al. Measuring Systemic Risk. *Review of Financial Studies*, 2017, 30 (1).

［354］Acharya, V. V. A Theory of Systemic Risk and Design of Prudential Bank Regulation, *Journal of Financial Stability*, 2009, 5.

［355］Adrian T. and M. K. Brunnermeier. CoVaR. NBER Working Paper, 2011.

［356］Allen, F. and A. M. Santomero. What Do Financial Intermediaries Do? *Journal of Banking & Finance*, 2001, 25 (2).

［357］Allen, F. and D. Gale. Financial Contagion, *Journal of Political Economy*, 2000, 108 (1).

［358］Arestis P. and P. Demetriades. Financial Development and Economic Growth: Assessing the Evidence. *Economic Journal*, 1997, 107 (442).

［359］Arrow K. J. Essays in the Theory of Risk – Bearing. North – Holland, 1970.

［360］Baldwin R. and J. Black. Really Responsive Regulation. London School of Economics Working Paper 15, 2007.

［361］Banerjee A. V. A Theory of Misgovernance. *Quarterly Journal of Economics*, 1998, 112 (4).

［362］Bank of England. The Bank of England, Prudential Regulation Authority, Our Approach to Banking Supervision. Bank of England, London. www. bankofengland. co. uk. 2011.

［363］Barth J. R, G. J. Caprio, and R. Levine. Rethinking Bank Regulation: Till Angles Govern. Cambridge: Cambridge University Press, 2006.

［364］Barth J. R., G. Caprio and R. Levine. Guardians of Finance: Making Regulators Work for US. Cambridge, MA: The MIT Press, 2012.

［365］Barth, J., G. Caprio and R. Levine, Banking Systems around the Globe:

Do Regulation and Ownership Affect Performance and Stability? The World Bank Working Paper No. 2325, 2000.

［366］Basak, S. and A. Shapiro. Value-at-risk-based Risk Management: Optimal Policies and Asset Prices, *Review of Financial Studies*, 2001, 14 (2).

［367］Bekaert, G., C. Harvey and C. Lundblad, Does Financial Liberalization Spur Growth? *Journal of Financial Economics*, 2005, 77 (1).

［368］Berg A. and C. Pattillo. Predicting Currency Crises: The Indicators Approach and an Alternative. *Journal of International Money and Finance*, 1999, 18.

［369］Berger A. N. and G. F. Udell, Small Business Credit Availability and Relationship Lending: the Importance of Bank Organisational Structure, *Economic Journal*, 2002, 112 (477).

［370］Berger A. N. and G. F. Udell. Did Risk-based Capital Allocate Bank Credit and Cause a "Credit Crunch" in the United States? *Journal of Money Credit & Banking*, 1994, 26 (3).

［371］Berger A. N. and G. F. Udell. Relationship Lending and Lines of Credit in Small Firm Finance, *Journal of Business*, 1995, 68 (3).

［372］Berger A. N., G. R. Clarke, R. Cull, et al. Corporate Governance and Bank Performance: A Joint Analysis of the Static, Selection, and Dynamic Effects of Domestic, Foreign, and State Ownership. *Journal of Banking & Finance*, 2005, 29 (8).

［373］Bernanke B. S. and K. N. Kuttner. What Explains the Stock Market's Reaction to Federal Reserve Policy? *Journal of Finance*, 2005, 60 (3): 1221–1257.

［374］Biehl A. R. The Extent of the Market for Retail Banking Deposits. Antitrust Bulletin, 2002.

［375］BIS. Central Bank Operations in Response to the Financial Turmoil. *Cgfs Papers*, 2008.

［376］Bisias D., M. Flood, A. W. Lo and S. Valavanis, A Survey of Systemic Risk Analytics, Office of Financial Research Working Paper No. 0001, 2012.

［377］Blyth M. Great Transformations: Economic Idea and International Change in the Twentieth Century. Cambridge, UK: Cambridge University Press, 2002.

［378］Blyth M. Transformations: Economic Idea and International Change in the Twentieth Century. Cambridge, UK: Cambridge University Press, 2002.

［379］Boot W. and A. Thakor. Self-interested Bank Regulation. *American Economic Review*, 1993, 83 (2).

［380］Bordo M. , B. Eichengreen, D. Klingebiel, et al. Is the Crisis Problem Growing More Severe? *Economic Policy*, 2001, 16 (32).

［381］Brownlees C. T. and R. Engle. Volatility, Correlation and Tails for Systemic Risk Measurement. SSRN Working Paper, 2011.

［382］Brunermeier M. , et al. The Fundamental Principles of Financial Regulation. Geneva Reports on the Word Economy, 2009.

［383］Brunnermeier, M. K. and M. Oehmke, Bubbles, Financial Crises, and Systemic Risk, NBER Working Paper No. 18398, 2012.

［384］Bussiere M. and M. Fratzscher. Towards a New Early Warning System of Financial Crises. *Journal of International Money and Finance*, 2006, 25 (6).

［385］Caggiano G. , P. Calice and L. Leonida et al. Comparing Logit-based Early Warning Systems: Does the Duration of Systemic Banking Crises Matter? *Journal of Empirical Finance*, 2016, 37.

［386］Caggiano G. , P. Calice and L. Leonida. Early Warning Systems and Systemic Banking Crises in Low Income Countries: A Multinomial Logit Approach. *Journal of Banking & Finance*, 2014, 47.

［387］Campbell J. Y. and R. J. Shiller. Stock Prices, Earnings, and Expected Dividends. *Journal of Finance*, 1988, 43 (3).

［388］Caprio G. , I. Atiyas and J. A. Hanson. Financial Reform: Theory and Experience. New York: Cambridge University Press, 1996.

［389］Cassola N. and C. Morana. Modelling Short-term Interest Rate Spreads in the Euro Money Market, European Central Bank working paper, 2010.

［390］Chan－Lau J. A. Regulatory Capital Charges for Too-Connected-to-Fail Institutions: A Practical Proposal. *Financial Markets Institutions & Instruments*, 2010, 19 (5).

［391］Chapple S. A Sequence of Errors? Some Notes on the Sequencing of Liberalization in Developing Countries, United Nations Conference on Trade and Development, 1990.

［392］Chatov R. Government Regulation: Process and Substantive Impacts. Research in Corporate Social Performance and Policy. JAL Press INC, 1978.

［393］Cherubini, U. , E. Luciano and W. Vecchiato. Copula Methods in Finance, London, John Wiley. 2004.

［394］Cherubini, U. , S. Mulinacci, F. Gobbi and S. Romagnoli. Dynamic Copula Methods in Finance, London, John Wiley. 2011.

[395] Christofides C., T. S. Eicher and C. Papageorgious. Did Established Early Warning Signals Predict the 2008 Crises? *European Economic Review*, 2016, 81.

[396] Cifuentes, R., G. Ferrucci and H. Shin. Liquidity Risk and Contagion, *Journal of the European Economic Association*, 2005, 3.

[397] Corsetti, G., M. Pericoli and M. Sbracia. Some Contagion, Some Interdependence: More Pitfalls in Tests of Financial Contagion, *Journal of International Money and Finance*, 2005, 24.

[398] Cypher J. M. Mexico: Financial Fragility or Structural Crisis? *Journal of Economic Issues*, 1996, 30 (2).

[399] De Nederlandsche Bank. From Analysis to Action: Action Plan for a Change in the Conduct of Supervision. DNB, Amsterdam, 2014.

[400] Degryse, H. and G. Nguyen, Interbank Exposures: An Empirical Examination of Contagion Risk in the Belgian Banking System, *International Journal of Central Banking*, 2007, 2.

[401] Demirgtif-Kunt, A. and E. Detragiache, Financial Liberalization and Financial Fragility, In Annual World Bank Conference on Development Economics, World Bank, DC, 1999.

[402] Demirgüç-Kunt, A. and R. Levine, Financial Structure and Economic Growth: A Cross-country Comparison of Banks, Markets, and Development, the MIT press. 2004.

[403] Demsetz R. S., et al. Banks with Something to Lose: The Disciplinary Role of Franchise Value. *Economic Policy Review* (Federal Reserve Bank of New York), October, 1996.

[404] Dewatripont M. and J. Tirole. The Prudential Regulation of Banks, MIT Press, Cambridge, MA, 1994.

[405] Diamond D. W. and P. H. Dybvig. Bank Runs, Deposit Insurance, and Liquidity. *Quarterly Review*, 1983, 91 (3).

[406] Diamond D. W. and R. G. Rajan. Liquidity Risk, Liquidity Creation and Financial Fragility: A Theory of Banking. Crsp Working Papers, 1999.

[407] Diamond, D. W. and P. H. Dybvig. Bank Runs, Deposit Insurance, and Liquidity, *Journal of Political Economy*, 1983, 91.

[408] Diebold F. X. and K. Yilmaz. Better to Give than to Receive: Predictive Directional Measurement of Volatility Spillovers. *International Journal of Forecasting*, 2012, 28 (1).

[409] Diebold F. X. and K. Yilmaz. Measuring Financial Asset Return and Volatility Spillovers, with Application to Global Equity Markets. *Economic Journal*, 2009, 119.

[410] Donald C. L. Taming the Animal Spirits of the Stock Market: a Behavioral Approach to Securities Regulation. *Northwestern University Law Review*, 2002, 97 (1).

[411] Dornbusch R. Expectations and Exchange Rate Dynamics. *Journal of Political Economy*, 1976, 84 (6).

[412] Duan J. C., A. Moreau and C. Sealey. Fixed-Rate Deposit Insurance and Risk-shifting Behavior at Commercial Banks. *Journal of Banking and Finance*, 1992, 16 (4).

[413] Duffie D. Innovations in Credit Risk Transfer: Implications for Financial Stability. *Ssrn Electronic Journal*, 2008, 68 (3).

[414] Eatwell J. International Financial Liberalization: The Impact on World Development, UNDP Discussion Paper. 1997.

[415] EBA. Summary of the Survey on the Implementation of CEBS Principles for Internal Governance. http://www.eba.europa.eu/documents/About-us/Key-dates/Summary-of-surveyresults-Workshop-on-Internet-Gov.aspx. 2009.

[416] Edwards S. The Order of Liberalization of the External Sector in Developing Countries. Princeton, New Jersey: International Finance Section, Department of Economics, Princeton University, 1984.

[417] Eichengreen B. Capital Account Liberalization: What Do Cross-Country Studies Tell Us? *World Bank Economic Review*, 2001, 15 (3).

[418] Eisenberg, L. and T. H. Noe. Systemic Risk in Financial Systems, *Management Science*, 2001, 47.

[419] Ely B. Savings and Loan Crisis, Fortune Encyclopedia of Economics, New York: Time Warner, 1993.

[420] Engle R. and T. Ruan. How Much SRISK Is Too Much? SSRN Working Paper, 2018.

[421] Engle, R. F. and V. K. Ng. Measuring and Testing the Impact of News on Volatility, *Journal of Finance*, 1993, 48 (5).

[422] Estrella A. Mixing and Matching Prospective Financial Sector Mergers and Market Valuation, *Journal of Banking and Finance*, 2001, 25 (12).

[423] Financial Services Authority. The Turner Review: A Regulatory Response to the Global Banking Crisis. FSA, London, 2009.

［424］Forbes, K. J. and R. Rigobon, No Contagion, Only Interdependence: Measuring Stock Market Comovements, *Journal of Finance*, 2002, 57.

［425］Frankel, J. A. and S. L. Schmukler. Crisis, Contagion, and Country Funds: Effects on East Asia and Latin America, Managing Capital Flows and Exchange Rates, edited by R. Glick, Cambridge University Press, 1998.

［426］Franklin A. and C. Elena. Financial System: Shock Absorber or Amplifier? *Bankarstvo*, 2008, 37 (9 – 10).

［427］French, K. R. and R. Roll. Stock Return Variances: The Arrival of Information and the Reaction of Traders, *Journal of Financial Economics*, 1986, 17 (1).

［428］Friedman M. and A. J. Schwartz. Has Government any Role in Money? *Journal of Monetary Economics*, 1986, 17 (1).

［429］Froot, K. A. and J. C. Stein, Risk Management, Capital Budgeting, and Capital Structure Policy for Financial Institutions: An Integrated Approach, *Journal of Financial Economics*, 1998, 47 (1).

［430］Geithner T. F. Reducing Systemic Risk in a Dynamic Financial System. Federal Reserve Bank of New York, 2008, 15.

［431］Gennaioli N., A. Shleifer and R. Vishny. Neglected Risks, Financial Innovation, and Financial Fragility, *Journal of Financial Economics*, 2012, 104 (6).

［432］George G. K. Bank Failures, Systemic Risk, and Bank Regulation. *Cato Journal*, 1996.

［433］Ginsburg D. A New Economic theory of Regulation: Rent Extraction rather than Rent Creation. *Michigan Law Review*, 1999, 97 (6).

［434］Goldstein I. and A. Pauzner. Contagion of Self-fulfilling Financial Crises Due to Diversification of Investment Portfolios, *Journal of Economic Theory*, 2004, 119.

［435］Goldstein I. and A., Pauzner. Demand – Deposit Contracts and the Probability of Bank Runs, *Journal of Finance*, 2005, 60.

［436］Gorton G. and A. Metrick. Regulating the Shadow Banking System, *Brookings Paperson Economic Activity*, 2010, 41 (2): 261 – 312.

［437］Gorton G. Banking Panics and Business Cycles, *Oxford Economic Papers*, 1988, 40.

［438］Gray D. F. and S. Malone. Macrofinancial Risk Analysis. New York: Wiley, 2008.

［439］Gromb D. and D. Vayanos. Equilibrium and Welfare in Markets with Financially Constrained Arbitrageurs, *Journal of Financial Economics*, 2002, 66.

［440］ Guttentag J. M. and R. J. Herring. Emergency Liquidity Assistance for International Banks, International Banking Center, Wharton School, University of Pennsylvania, 1986.

［441］ Hamdaoui M. Are Systemic Banking Crises in Developed and Developing Countries Predictable? *Journal of Multinational Financial Management*, 2016, 37.

［442］ Hamilton J. D. Rational – Expectations Econometric Analysis of Changes in Regime: An Investigation of the Term Structure of Interest Rates. *Journal of Economic Dynamics and Control*, 1988, 12.

［443］ Hamilton J. D. Regime Switching Methods, University of California. Prepared for: Palgrave Dictionary of Economics, 1995.

［444］ Hannan T. H. Retail Deposit Fees and Multimarket Banking. Ssrn Electronic Journal, 2006, 30 (9).

［445］ Haslag J. H. and J. Koo. Financial Repression, Financial Development and Economic Growth, Federal Reserve Bank of Dallas Working Paper No. 99 – 02, 1999.

［446］ Hellmann T. F., K. Murdock and J. Stiglitz. Liberalization, Moral Hazard in Banking and Prudential Regulation: Are Capital Requirement Enough? *American Economic Review*, 2000, 90 (1).

［447］ Horne J. C. Financial Innovations and Excesses. *Journal of Finance*, 1985, 40 (3).

［448］ Hoshi T. and A. Kashyap. The Japanese Banking Crisis: Where Did It Come from and How Will It End? . NBER Working Paper, 2000.

［449］ Hovakimian A., E. J. Kane. Effectiveness of Capital Regulation at U. S. Commercial Banks: 1985 to 1994. *Journal of Finance*, 2000, 55 (1).

［450］ Hull J. Risk Management and Financial Institutions, Web Site, Vol. 733, Wiley, 2012.

［451］ Jobst A. A. and D. F. Gray. Systemic Contingent Claims Analysis – Estimating Market – Implied Systemic Risk. IMF Working Paper, 2013.

［452］ Jorion P. Value at Risk: the New Benchmark for Managing Financial Risk, New York: McGraw-Hill, 2007.

［453］ Kaminsky G. L. and C. M. Reinhart. On Crises, Contagion, and Confusion, *Journal of International Economics*, 2000, 51.

［454］ Kaminsky G. L. and S. L. Schmukler. Short – Run Pain, Long – Run Gain: Financial Liberalization and Stock Market Cycles, *Review of Finance*, 2008, 12 (2).

［455］ Kaminsky G., S. Lizondo and C. Reinhart. Leading Indicators of Currency

Crises. IMF Staff Papers, 1998.

[456] Kane E. J. A Market Perspective on Financial Regulation. CATO, 1994, 113.

[457] Kane E. J. Accelerating Inflation, Technological Innovation, and the Decreasing Effectiveness of Banking Regulation, *Journal of Finance*, 1981, 36 (2).

[458] Kane E. J. Regulatory Structure in Futures Markets: Jurisdictional Competition between the SEC, the CFTC and Other Agencies, *Journal of Futures Markets*, 1984, 4 (3).

[459] Kaufman G. G. Banking and Currency Crisis and Systemic Risk: A Taxonomy and Review, *Financial Markets, Institutions & Instruments*, 2000, 9.

[460] Keeley M. C. Deposit Insurance, Risk, and Market Power in Banking. *American Economic Review*, 1990, 80 (5).

[461] Kellermann A. J., J. D. Haan and F. D. Vries. Financial Supervision in the 21st Century. Berlin: Springer, 2013.

[462] Kenourgios, D., A. Samitas and N. Paltalidis. Financial Crises and Stock Market Contagion in a Multivariate Time – varying Asymmetric Framework, *Journal of International Financial Markets, Institutions and Money*, 2011, 21.

[463] Kevin J. and R. Adrienne. The Dark Side of Dversification: The Case of US Financial Holding Companies, *Journal of Banking & Finance*, 2006, 30 (8).

[464] Kohler M., A. Schindler and S. Sperlich. A Review and Comparison of Bandwidth Selection Methods for Kernel Regression. *International Statistical Review*, 2014, 82 (2).

[465] Koop G., M. H. Pesaran and S. M. Potter. Impulse Response Analysis in Non – Linear Multivariate Models. *Journal of Econometrics*, 1996, 74.

[466] Kornai J., E. Maskin and G. Roland. Understanding the Soft Budget Constraint, *Journal of Economic Literature*, 2003, 41 (4).

[467] Kregel J. A. Margins of Safety and Weight of the Argument in Generating Financial Fragility. *Journal of Economics Issues*, 1997, 31 (2).

[468] Krugman P. Bubble, Boom, Crash: Theoretical Notes on Asia's Crisis, MIT mimeo, 1998.

[469] Kunt A. and E. Detragiache. Financial Liberalization and Financial Fragility. World Bank Working Paper, 1998.

[470] Kwan S. Securities Activities by Commercial Banking Firms' Section 20 Subsidiaries: Risk, Return, and Diversification Benefits, Federal Reserve Bank of

San Francisco Working Papers No. 98 – 10, 1997.

[471] Kyle A. S. and W. Xiong. Contagion as a Wealth Effect, *Journal of Finance*, 2001, 56.

[472] LaBonte, T. J. Building a New Performance Vision for Results, *Industrial & Commercial Training*, 2003, 35 (1).

[473] Laeven L. and F. Valencia. Resolution of Banking Crises: The Good, the Bad, and the Ugly. IMF Working Paper, 2010.

[474] Laeven L. and F. Valencia. Systemic Banking Crises Database: An Update. IMF Working Paper, 2012.

[475] Laeven L. and F. Valencia. Systemic Banking Crises: A New Database. IMF Working Paper, 2008.

[476] Laina P., J. Nyholm and P. Sarlin. Leading Indicators of Systemic Banking Crises: Finland in a Panel of EU Countries. *Review of Financial Economics*, 2015, 24.

[477] Lang M. and P. G. Schmidt. The Early Warnings of Banking Crises: Interaction of Broad Liquidity and Demand Deposits. *Journal of International Money and Finance*, 2016, 61.

[478] Lardy N. R. Financial Repression in China, Peterson Institute for International Economics Working Paper No. PB08 – 8. 2008.

[479] Levonian M. and J. Soller. Small Banks, Small Loans, Small Business, Federal Reserve Bank of San Francisco Working Paper, 1995.

[480] Levy J. V. and I. Halikias. Aspects of the Monetary Transmission Mechanism under Exchange Rate Targeting: The Case of France, International Monetary Fund, 1997.

[481] Liao W. and S. Tapsoba. China's Monetary Policy and Interest Rate Liberalization: Lessons from International Experiences. IMF Working Paper, 2014.

[482] Malkiel B. G. and E. F. Fama. Efficient Capital Markets: a Review of Theory and Empirical Work. *Journal of Finance*, 1970, 25 (2).

[483] Masciandaro D. and F. Passarelli. Financial Systemic Risk: Taxation or Regulation? *Journal of Banking & Finance*, 2013, 37.

[484] McKinnon R. I. Financial Liberalisation and Economic Development: A Reassessment of Interest Rate Policies in Asia and Latin America. *Oxford Review of Economic Policy*, 1989, 5 (4).

[485] McKinnon R. I. Money and Capital in Economic Development, Brookings Institution Press. 1973.

［486］Meltzer J. E. *The Theory of Economic Externalities*. Geneve, 1973.

［487］Mendoza E. G. and V. Quadrini. Financial Globalization, Financial Crises and Contagion, *Journal of Monetary Economics*, 2010, 57.

［488］Merton R. C. A Functional Perspective of Financial Intermediation, *Financial Management*, 1995, 24 (2).

［489］Merton R. C. and A. Perold. Theory of Risk Capital in Financial Firms, *Journal of Applied Corporate Finance*, 1993, 6 (3).

［490］Merton R. C. Financial Innovation and Economic Performance. *Journal of Applied Corporate Finance*, 1992, 4 (4).

［491］Merton R. C. On the Application of the Continuous-time Theory of Finance to Financial Inter-mediation and Insurance, *Geneva Papers on Risk and Insurance*, 1989, 14 (3).

［492］Merton R. C. Operation and Regulation in Financial Intermediation: a Functional Perspective. In Operation and Regulation of Financial Markets, Sweden: P. Englund. Stockholm: Ekonomiska radet, 1993.

［493］Minsky H. P. The Financial Instability Hypothesis. SSRN Working Paper, 1992.

［494］Minsky H. P. The Financial Instability Hypothesis: Capitalist Processes and the Behavior of the Economy, Financial Crises: Theory, History and Policy. London, Cambridge University Press, 1982.

［495］Morris S. and H. Shin. Rethinking Multiple Equilibria in Macroeconomic Modelling, NBER Marcoeconomics Annual 2000, ed. by B. S. Bernanke and K. Rogo, 2001: 139 – 161.

［496］Myers S. C. and N. S. Majluf. Corporate Financing and Investment Decisions When Firms Have Information that Investors Do Not Have, *Journal of Financial Economics*, 1984, 13 (2).

［497］Nelson M. E. Gene Flow, Effective Population Size, and Genetic Population Structure in White-tailed Deer (Odocoileus Virginianus) in Northeastern Minnesota, Ph. D. dissert, University of Minnesota, Minneapolis, 1990.

［498］Owen B. M. and R. Braeutiqam. The Regulation Game. Baillinger: Baillinger Publishing Company, 1981.

［499］Peek J. and E. S. Rosengren. Determinants of the Japan Premium: Actions Speak Louder than Words. *Journal of International Economics*, 2001, 53.

［500］Peltzman S. Toward a More General Theory of Regulation. *Journal of Law &*

Economics, 1976, 19 (2).

［501］ Peria M. S. and S. L. Schmukler. Do Depositors Punish Banks for Bad Behavior? Market Discipline, Deposit Insurance, and Banking Crises. *Journal of Finance*, 2001, 56 (3).

［502］ Pesaran M. H. and Y. Shin. Generalized Impulse Response Analysis in Linear Multivariate Models. *Economics Letters*, 1998, 58.

［503］ Pindyck R. S. and J. J. Rotemberg. The Excess Co – Movement of Commodity Prices. *Economic Journal*, 1990, (100).

［504］ Posner R. Theories of Economic Regulation. *Bell Journal of Economics and Management*, 1971, 2 (1).

［505］ Quirk P. Capital Account Convertibility: A New Model for Developing Countries, 1994.

［506］ Ralph C. and F. Connel. Trust and Efficiency. *Journal of Banking & Finance*, 2002, 26.

［507］ Renaud B. The Real Estate Economy and the Design of Russian Housing Reforms, Part I, *Urban Studies*, 1995, 32 (8).

［508］ Rijckeghem C. V. and B. Weder. Sources of Contagion: Is It Finance or Trade? *Journal of International Economics*, 2001, 54.

［509］ Roland G. The Political Economy of Sequencing Tactics in the Transition Period. *Université libre de Bruxelles*, 1990.

［510］ Roubini N. and X. Sala-i-Martin. Financial Repression and Economic Growth, *Journal of Development Economics*, 1992, 39 (1).

［511］ Sachs J. Understanding "Shock Therapy", *Social Market Foundation*, 1994.

［512］ Scholtens B. and D. V. Wensveen. A Critique on the Theory of Financial Intermediation, *Journal of Banking & Finance*, 2000, 24 (8).

［513］ Schwarcz S. L. Systemic Risk, American Law & Economics Association Annual, 2008.

［514］ Segoviano M. A. and C. Goodhart. Banking Stability Measures. IMF Working Paper, 2009.

［515］ Shaw E. Financial Deepening in Economic Development, Oxford University Press, New York, 1973.

［516］ Shiller R. J. Do Stock Prices Move Too Much to be Justified by Subsequent Changes in Dividends? *American Economic Review*, 1981, 71 (3).

[517] Shiller R. J. The Volatility of Long – Term Interest Rates and Expectations Models of the Term Structure. *Journal of Political Economy*, 1979, 87 (6).

[518] Shleifer A. and R. W. Vishny. Liquidation Values and Debt Capacity: A Market Equilibrium Approach, *Journal of Finance*, 1992, 47.

[519] Smith L. D. and Spooner N. J. The Sequencing of Structural Adjustment Policy Instruments in the Agricultural Sector. *Policy Adjustment in Africa*, Palgrave Macmillan UK, 1992.

[520] Sparrow M. K. The Character of Harms. Cambridge: Cambridge University Press, 2008.

[521] Sparrow M. K. The Regulatory Craft. Washington, D. C: Brooking Instution Press, 2000.

[522] Steel W. F., Changing the Institutional and Policy Environment for Small Enterprise Development in Africa, *Small Enterprise Development*, 1994, 5 (2).

[523] Stigle J. G. The Theory of Economic Regulation. *The Bell Journal of Economics and Management Science*, 1971, 2 (1).

[524] Stigler G. J. The Theory of Economic Regulation. *Bell Journal of Economics*, 1971, 2 (1).

[525] Stiglitz E. J. The Role of the State in Financial Markets. *World Bank Economic Review*, 1993, 7 (suppl_1).

[526] Stiglitz J. and A. Weiss. Credit Rationing in Markets with Imperfect Information, *American Economic Review*, 1981, 71 (3).

[527] Stiglitz J. E. Capital Market Liberalization, Economic Growth, and Instability. *World Development*, 2000, 28 (6).

[528] Summers L. H. Does the Stock Market Rationally Reflect Fundamental Values? *Journal of Finance*, 1986, 41 (3).

[529] Tang K. and W. Xiong. Index Investment and the Financialization of Commodities. *Financial Analysts Journal*, 2012, 68 (6).

[530] Taylor L. Varieties of Stabilization Experience: Towards a Sensible Macroeconomics in the Third World, Clarendon Press, Oxford, 1988.

[531] Taylor M. W. Twin Peaks: A Regulatory Structure for the New Century. Center for the Study of Financial Innovation, 1995, 2.

[532] Thomas F. H., K. C. Murdock and J. E. Stiglitz. Liberalization, Moral Hazard in Banking and Prudential Regulation: Are Capital Requirements Enough? *Ssrn Electronic Journal*, 2000, 90 (1).

[533] Upper C. and A. Worms. Estimating Bilateral Exposures in the German Interbank Market: Is There a Danger of Contagion? *European Economic Review*, 2004, 48.

[534] Vasicek B., D. Zigraiova and M. Hoeberichts. Leading Indicators of Financial Stress: New Evidence. *Journal of Financial Stability*, 2017, 28.

[535] Vermeulen R., M. Hoeberichts and B. Vasicek. Financial Stress Indices and Financial Crises. *Open Economies Review*, 2015, 26 (3).

[536] Vinals J. and J. Fiechter. The Making of Good Supervision: Learning to Say "no". IMF Staff Position Note, May 18, 2010.

[537] Vining A. R. Boardman A E. Ownership Versus Competition: Efficiency in Public Enterprise. Public Choice, 1992, 73 (2).

[538] Williamson J. and M. Mahar. A Survey of Financial Liberalization. *Princeton University International Economics*, 1998.

[539] Xiao F. Irrational Exuberance and Stock Market Valuations: Evidence from China. *Journal of Post Keynesian Economics*, 2006, 29 (2).

[540] Xiong W. Convergence Trading with Wealth Effects: an Amplification Mechanism in Financial Markets, *Journal of Financial Economics*, 2001, 62.

教育部哲学社会科学研究重大课题攻关项目成果出版列表

序号	书　名	首席专家
1	《马克思主义基础理论若干重大问题研究》	陈先达
2	《马克思主义理论学科体系建构与建设研究》	张雷声
3	《马克思主义整体性研究》	逄锦聚
4	《改革开放以来马克思主义在中国的发展》	顾钰民
5	《新时期　新探索　新征程——当代资本主义国家共产党的理论与实践研究》	聂运麟
6	《坚持马克思主义在意识形态领域指导地位研究》	陈先达
7	《当代资本主义新变化的批判性解读》	唐正东
8	《当代中国人精神生活研究》	童世骏
9	《弘扬与培育民族精神研究》	杨叔子
10	《当代科学哲学的发展趋势》	郭贵春
11	《服务型政府建设规律研究》	朱光磊
12	《地方政府改革与深化行政管理体制改革研究》	沈荣华
13	《面向知识表示与推理的自然语言逻辑》	鞠实儿
14	《当代宗教冲突与对话研究》	张志刚
15	《马克思主义文艺理论中国化研究》	朱立元
16	《历史题材文学创作重大问题研究》	童庆炳
17	《现代中西高校公共艺术教育比较研究》	曾繁仁
18	《西方文论中国化与中国文论建设》	王一川
19	《中华民族音乐文化的国际传播与推广》	王耀华
20	《楚地出土戰國簡册［十四種］》	陈伟
21	《近代中国的知识与制度转型》	桑兵
22	《中国抗战在世界反法西斯战争中的历史地位》	胡德坤
23	《近代以来日本对华认识及其行动选择研究》	杨栋梁
24	《京津冀都市圈的崛起与中国经济发展》	周立群
25	《金融市场全球化下的中国监管体系研究》	曹凤岐
26	《中国市场经济发展研究》	刘伟
27	《全球经济调整中的中国经济增长与宏观调控体系研究》	黄达
28	《中国特大都市圈与世界制造业中心研究》	李廉水

序号	书　名	首席专家
29	《中国产业竞争力研究》	赵彦云
30	《东北老工业基地资源型城市发展可持续产业问题研究》	宋冬林
31	《转型时期消费需求升级与产业发展研究》	臧旭恒
32	《中国金融国际化中的风险防范与金融安全研究》	刘锡良
33	《全球新型金融危机与中国的外汇储备战略》	陈雨露
34	《全球金融危机与新常态下的中国产业发展》	段文斌
35	《中国民营经济制度创新与发展》	李维安
36	《中国现代服务经济理论与发展战略研究》	陈　宪
37	《中国转型期的社会风险及公共危机管理研究》	丁烈云
38	《人文社会科学研究成果评价体系研究》	刘大椿
39	《中国工业化、城镇化进程中的农村土地问题研究》	曲福田
40	《中国农村社区建设研究》	项继权
41	《东北老工业基地改造与振兴研究》	程　伟
42	《全面建设小康社会进程中的我国就业发展战略研究》	曾湘泉
43	《自主创新战略与国际竞争力研究》	吴贵生
44	《转轨经济中的反行政性垄断与促进竞争政策研究》	于良春
45	《面向公共服务的电子政务管理体系研究》	孙宝文
46	《产权理论比较与中国产权制度变革》	黄少安
47	《中国企业集团成长与重组研究》	蓝海林
48	《我国资源、环境、人口与经济承载能力研究》	邱　东
49	《"病有所医"——目标、路径与战略选择》	高建民
50	《税收对国民收入分配调控作用研究》	郭庆旺
51	《多党合作与中国共产党执政能力建设研究》	周淑真
52	《规范收入分配秩序研究》	杨灿明
53	《中国社会转型中的政府治理模式研究》	娄成武
54	《中国加入区域经济一体化研究》	黄卫平
55	《金融体制改革和货币问题研究》	王广谦
56	《人民币均衡汇率问题研究》	姜波克
57	《我国土地制度与社会经济协调发展研究》	黄祖辉
58	《南水北调工程与中部地区经济社会可持续发展研究》	杨云彦
59	《产业集聚与区域经济协调发展研究》	王　珺

序号	书　名	首席专家
60	《我国货币政策体系与传导机制研究》	刘　伟
61	《我国民法典体系问题研究》	王利明
62	《中国司法制度的基础理论问题研究》	陈光中
63	《多元化纠纷解决机制与和谐社会的构建》	范　愉
64	《中国和平发展的重大前沿国际法律问题研究》	曾令良
65	《中国法制现代化的理论与实践》	徐显明
66	《农村土地问题立法研究》	陈小君
67	《知识产权制度变革与发展研究》	吴汉东
68	《中国能源安全若干法律与政策问题研究》	黄　进
69	《城乡统筹视角下我国城乡双向商贸流通体系研究》	任保平
70	《产权强度、土地流转与农民权益保护》	罗必良
71	《我国建设用地总量控制与差别化管理政策研究》	欧名豪
72	《矿产资源有偿使用制度与生态补偿机制》	李国平
73	《巨灾风险管理制度创新研究》	卓　志
74	《国有资产法律保护机制研究》	李曙光
75	《中国与全球油气资源重点区域合作研究》	王　震
76	《可持续发展的中国新型农村社会养老保险制度研究》	邓大松
77	《农民工权益保护理论与实践研究》	刘林平
78	《大学生就业创业教育研究》	杨晓慧
79	《新能源与可再生能源法律与政策研究》	李艳芳
80	《中国海外投资的风险防范与管控体系研究》	陈菲琼
81	《生活质量的指标构建与现状评价》	周长城
82	《中国公民人文素质研究》	石亚军
83	《城市化进程中的重大社会问题及其对策研究》	李　强
84	《中国农村与农民问题前沿研究》	徐　勇
85	《西部开发中的人口流动与族际交往研究》	马　戎
86	《现代农业发展战略研究》	周应恒
87	《综合交通运输体系研究——认知与建构》	荣朝和
88	《中国独生子女问题研究》	风笑天
89	《我国粮食安全保障体系研究》	胡小平
90	《我国食品安全风险防控研究》	王　硕

序号	书　名	首席专家
91	《城市新移民问题及其对策研究》	周大鸣
92	《新农村建设与城镇化推进中农村教育布局调整研究》	史宁中
93	《农村公共产品供给与农村和谐社会建设》	王国华
94	《中国大城市户籍制度改革研究》	彭希哲
95	《国家惠农政策的成效评价与完善研究》	邓大才
96	《以民主促进和谐——和谐社会构建中的基层民主政治建设研究》	徐　勇
97	《城市文化与国家治理——当代中国城市建设理论内涵与发展模式建构》	皇甫晓涛
98	《中国边疆治理研究》	周　平
99	《边疆多民族地区构建社会主义和谐社会研究》	张先亮
100	《新疆民族文化、民族心理与社会长治久安》	高静文
101	《中国大众媒介的传播效果与公信力研究》	喻国明
102	《媒介素养：理念、认知、参与》	陆　晔
103	《创新型国家的知识信息服务体系研究》	胡昌平
104	《数字信息资源规划、管理与利用研究》	马费成
105	《新闻传媒发展与建构和谐社会关系研究》	罗以澄
106	《数字传播技术与媒体产业发展研究》	黄升民
107	《互联网等新媒体对社会舆论影响与利用研究》	谢新洲
108	《网络舆论监测与安全研究》	黄永林
109	《中国文化产业发展战略论》	胡惠林
110	《20世纪中国古代文化经典在域外的传播与影响研究》	张西平
111	《国际传播的理论、现状和发展趋势研究》	吴　飞
112	《教育投入、资源配置与人力资本收益》	闵维方
113	《创新人才与教育创新研究》	林崇德
114	《中国农村教育发展指标体系研究》	袁桂林
115	《高校思想政治理论课程建设研究》	顾海良
116	《网络思想政治教育研究》	张再兴
117	《高校招生考试制度改革研究》	刘海峰
118	《基础教育改革与中国教育学理论重建研究》	叶　澜
119	《我国研究生教育结构调整问题研究》	袁本涛 王传毅
120	《公共财政框架下公共教育财政制度研究》	王善迈

序号	书　名	首席专家
121	《农民工子女问题研究》	袁振国
122	《当代大学生诚信制度建设及加强大学生思想政治工作研究》	黄蓉生
123	《从失衡走向平衡：素质教育课程评价体系研究》	钟启泉 崔允漷
124	《构建城乡一体化的教育体制机制研究》	李　玲
125	《高校思想政治理论课教育教学质量监测体系研究》	张耀灿
126	《处境不利儿童的心理发展现状与教育对策研究》	申继亮
127	《学习过程与机制研究》	莫　雷
128	《青少年心理健康素质调查研究》	沈德立
129	《灾后中小学生心理疏导研究》	林崇德
130	《民族地区教育优先发展研究》	张诗亚
131	《WTO主要成员贸易政策体系与对策研究》	张汉林
132	《中国和平发展的国际环境分析》	叶自成
133	《冷战时期美国重大外交政策案例研究》	沈志华
134	《新时期中非合作关系研究》	刘鸿武
135	《我国的地缘政治及其战略研究》	倪世雄
136	《中国海洋发展战略研究》	徐祥民
137	《深化医药卫生体制改革研究》	孟庆跃
138	《华侨华人在中国软实力建设中的作用研究》	黄　平
139	《我国地方法制建设理论与实践研究》	葛洪义
140	《城市化理论重构与城市化战略研究》	张鸿雁
141	《境外宗教渗透论》	段德智
142	《中部崛起过程中的新型工业化研究》	陈晓红
143	《农村社会保障制度研究》	赵　曼
144	《中国艺术学学科体系建设研究》	黄会林
145	《人工耳蜗术后儿童康复教育的原理与方法》	黄昭鸣
146	《我国少数民族音乐资源的保护与开发研究》	樊祖荫
147	《中国道德文化的传统理念与现代践行研究》	李建华
148	《低碳经济转型下的中国排放权交易体系》	齐绍洲
149	《中国东北亚战略与政策研究》	刘清才
150	《促进经济发展方式转变的地方财税体制改革研究》	钟晓敏
151	《中国—东盟区域经济一体化》	范祚军

序号	书　　名	首席专家
152	《非传统安全合作与中俄关系》	冯绍雷
153	《外资并购与我国产业安全研究》	李善民
154	《近代汉字术语的生成演变与中西日文化互动研究》	冯天瑜
155	《新时期加强社会组织建设研究》	李友梅
156	《民办学校分类管理政策研究》	周海涛
157	《我国城市住房制度改革研究》	高　波
158	《新媒体环境下的危机传播及舆论引导研究》	喻国明
159	《法治国家建设中的司法判例制度研究》	何家弘
160	《中国女性高层次人才发展规律及发展对策研究》	佟　新
161	《国际金融中心法制环境研究》	周仲飞
162	《居民收入占国民收入比重统计指标体系研究》	刘　扬
163	《中国历代边疆治理研究》	程妮娜
164	《性别视角下的中国文学与文化》	乔以钢
165	《我国公共财政风险评估及其防范对策研究》	吴俊培
166	《中国历代民歌史论》	陈书录
167	《大学生村官成长成才机制研究》	马抗美
168	《完善学校突发事件应急管理机制研究》	马怀德
169	《秦简牍整理与研究》	陈　伟
170	《出土简帛与古史再建》	李学勤
171	《民间借贷与非法集资风险防范的法律机制研究》	岳彩申
172	《新时期社会治安防控体系建设研究》	宫志刚
173	《加快发展我国生产服务业研究》	李江帆
174	《基本公共服务均等化研究》	张贤明
175	《职业教育质量评价体系研究》	周志刚
176	《中国大学校长管理专业化研究》	宣　勇
177	《"两型社会"建设标准及指标体系研究》	陈晓红
178	《中国与中亚地区国家关系研究》	潘志平
179	《保障我国海上通道安全研究》	吕　靖
180	《世界主要国家安全体制机制研究》	刘胜湘
181	《中国流动人口的城市逐梦》	杨菊华
182	《建设人口均衡型社会研究》	刘渝琳
183	《农产品流通体系建设的机制创新与政策体系研究》	夏春玉

序号	书　名	首席专家
184	《区域经济一体化中府际合作的法律问题研究》	石佑启
185	《城乡劳动力平等就业研究》	姚先国
186	《20世纪朱子学研究精华集成——从学术思想史的视角》	乐爱国
187	《拔尖创新人才成长规律与培养模式研究》	林崇德
188	《生态文明制度建设研究》	陈晓红
189	《我国城镇住房保障体系及运行机制研究》	虞晓芬
190	《中国战略性新兴产业国际化战略研究》	汪　涛
191	《证据科学论纲》	张保生
192	《要素成本上升背景下我国外贸中长期发展趋势研究》	黄建忠
193	《中国历代长城研究》	段清波
194	《当代技术哲学的发展趋势研究》	吴国林
195	《20世纪中国社会思潮研究》	高瑞泉
196	《中国社会保障制度整合与体系完善重大问题研究》	丁建定
197	《民族地区特殊类型贫困与反贫困研究》	李俊杰
198	《扩大消费需求的长效机制研究》	臧旭恒
199	《我国土地出让制度改革及收益共享机制研究》	石晓平
200	《高等学校分类体系及其设置标准研究》	史秋衡
201	《全面加强学校德育体系建设研究》	杜时忠
202	《生态环境公益诉讼机制研究》	颜运秋
203	《科学研究与高等教育深度融合的知识创新体系建设研究》	杜德斌
204	《女性高层次人才成长规律与发展对策研究》	罗瑾琏
205	《岳麓秦简与秦代法律制度研究》	陈松长
206	《民办教育分类管理政策实施跟踪与评估研究》	周海涛
207	《建立城乡统一的建设用地市场研究》	张安录
208	《迈向高质量发展的经济结构转变研究》	郭熙保
209	《中国社会福利理论与制度构建——以适度普惠社会福利制度为例》	彭华民
210	《提高教育系统廉政文化建设实效性和针对性研究》	罗国振
211	《毒品成瘾及其复吸行为——心理学的研究视角》	沈模卫
212	《英语世界的中国文学译介与研究》	曹顺庆
213	《建立公开规范的住房公积金制度研究》	王先柱

序号	书　名	首席专家
214	《现代归纳逻辑理论及其应用研究》	何向东
215	《时代变迁、技术扩散与教育变革：信息化教育的理论与实践探索》	杨　浩
216	《城镇化进程中新生代农民工职业教育与社会融合问题研究》	褚宏启 薛二勇
217	《我国先进制造业发展战略研究》	唐晓华
218	《融合与修正：跨文化交流的逻辑与认知研究》	鞠实儿
219	《中国新生代农民工收入状况与消费行为研究》	金晓彤
220	《高校少数民族应用型人才培养模式综合改革研究》	张学敏
221	《中国的立法体制研究》	陈　俊
222	《教师社会经济地位问题：现实与选择》	劳凯声
223	《中国现代职业教育质量保障体系研究》	赵志群
224	《欧洲农村城镇化进程及其借鉴意义》	刘景华
225	《国际金融危机后全球需求结构变化及其对中国的影响》	陈万灵
226	《创新法治人才培养机制》	杜承铭
227	《法治中国建设背景下警察权研究》	余凌云
228	《高校财务管理创新与财务风险防范机制研究》	徐明稚
229	《义务教育学校布局问题研究》	雷万鹏
230	《高校党员领导干部清正、党政领导班子清廉的长效机制研究》	汪　曦
231	《二十国集团与全球经济治理研究》	黄茂兴
232	《高校内部权力运行制约与监督体系研究》	张德祥
233	《职业教育办学模式改革研究》	石伟平
234	《职业教育现代学徒制理论研究与实践探索》	徐国庆
235	《全球化背景下国际秩序重构与中国国家安全战略研究》	张汉林
236	《进一步扩大服务业开放的模式和路径研究》	申明浩
237	《自然资源管理体制研究》	宋马林
238	《高考改革试点方案跟踪与评估研究》	钟秉林
239	《全面提高党的建设科学化水平》	齐卫平
240	《"绿色化"的重大意义及实现途径研究》	张俊飚
241	《利率市场化背景下的金融风险研究》	田利辉
	……	